Marketing essencial
Conceitos, estratégias e casos

Marketing essencial
Conceitos, estratégias e casos

5ª edição

Philip Kotler
Northwestern University

Kevin Lane Keller
Dartmouth College

Tradução
Sabrina Cairo

Revisão técnica
Iná Futino Barreto
Mestre e doutoranda pela FEA/USP e professora da FIA e FECAP

Edson Crescitelli
Professor da FEA/USP e diretor acadêmico de pós-graduação da ESPM

© 2014 by Pearson Education do Brasil
© 2012, 2009, 2007, 2003, 2001 by Pearson Education, Inc.

Tradução autorizada a partir da edição original em inglês, *A framework for marketing management*, 5. ed, de Philip Kotler e Kevin Keller, publicada pela Pearson Education, Inc., sob o selo Addison-Wesley.

Todos os direitos reservados. Nenhuma parte desta publicação poderá ser reproduzida ou transmitida de qualquer modo ou por qualquer outro meio, eletrônico ou mecânico, incluindo fotocópia, gravação ou qualquer outro tipo de sistema de armazenamento e transmissão de informação, sem prévia autorização, por escrito, da Pearson Education do Brasil.

DIRETOR EDITORIAL E DE CONTEÚDO	Roger Trimer
GERENTE EDITORIAL	Kelly Tavares
SUPERVISORA DE PRODUÇÃO EDITORIAL	Silvana Afonso
COORDENADORA DE DESENVOLVIMENTO	Danielle Sales
COORDENADOR DE PRODUÇÃO EDITORIAL	Sérgio Nascimento
COORDENADORA DE PRODUÇÃO GRÁFICA	Tatiane Romano
EDITOR DE AQUISIÇÕES	Vinícius Souza
EDITORA DE TEXTO	Ana Mendes
EDITORES ASSISTENTES	Luiz Salla e Marcos Guimarães
PREPARAÇÃO	Eloiza Lopes
REVISÃO	Rebeca Michelotti
CAPA	Solange Rennó
PROJETO GRÁFICO E DIAGRAMAÇÃO	Casa de Ideias

Dados Internacionais de Catalogação na Publicação (CIP)
(Câmara Brasileira do Livro, SP, Brasil)

Kotler, Philip
  Marketing essencial: conceitos, estratégias e casos / Philip Kotler, Kevin Lane Keller; tradução Sabrina Cairo ; revisão técnica Iná Futino Barreto e Edson Crescitelli. – 5. ed. – São Paulo : Pearson Education do Brasil, 2013.

  Título original: A framework for marketing management
  ISBN 978-85-7605-982-0

  1. Marketing - Administração I. Keller, Kevin Lane. II. Título.

13-04991   CDD-658.8

Índices para catálogo sistemático:
1. Marketing: Administração de empresas 658.8

Direitos exclusivos para a língua portuguesa cedidos à
Pearson Education do Brasil Ltda.,
uma empresa do grupo Pearson Education
Avenida Santa Marina, 1193
CEP 05036-001 - São Paulo - SP - Brasil
Fone: 11 3821-3542
vendas@pearson.com

Sumário

Prefácio XVII

Parte 1 Entendendo a administração de marketing 1
Capítulo 1 Definição de marketing para o século XXI 1
Administração de marketing na campanha presidencial de Obama 1
A importância do marketing 2
O escopo do marketing 3
O que é marketing? 3
A que se aplica o marketing? 3
Quem faz marketing? 5
O que é um mercado? 5
Conceitos essenciais de marketing 7
Necessidades, desejos e demandas 7
Mercados-alvo, posicionamento e segmentação 8
Ofertas e marcas 8
Valor e satisfação 8
Canais de marketing 8
Cadeia de suprimento 9
Concorrência 9
Ambiente de marketing 9
As novas realidades do marketing 10
Importantes forças societais 10
Novas competências dos consumidores 11
Novas competências das empresas 11
Orientação da empresa para o mercado 12
Orientação de produção 12
Orientação de produto 12
Orientação de vendas 13
Orientação de marketing 13
Orientação de marketing holístico 13
Atualização dos 4Ps 17
Tarefas da administração de marketing 19

Capítulo 2   Desenvolvimento de planos e estratégias de marketing   23
Administração de marketing no Yahoo!   23
Marketing e valor para o cliente   24
   O processo de entrega de valor   25
   A cadeia de valor   25
   Competências essenciais   26
   Orientação de marketing holístico e valor para o cliente   27
   O papel central do planejamento estratégico   27
Planejamento estratégico corporativo e em nível de divisão   28
   Definição da missão corporativa   29
   Estabelecimento de unidades estratégicas de negócios   30
   Alocação de recursos para cada UEN   31
   Avaliação das oportunidades de crescimento   31
   Organização, cultura organizacional e inovação   32
Planejamento estratégico da unidade de negócios   33
   Missão do negócio   34
   Análise SWOT   34
   Estabelecimento das metas   36
   Formulação da estratégia   36
   Elaboração e implementação do programa   37
   Feedback e controle   38
Plano de marketing e marketing de desempenho   39
   Conteúdo de um plano de marketing   39
   Do plano de marketing à ação de marketing   40
   Mensuração do desempenho do marketing   40

Capítulo 3   Coleta de informações e previsão da demanda   45
Administração de marketing na Kimberly-Clark   45
O sistema de informações de marketing e a inteligência de marketing   46
   Registros internos e sistemas de banco de dados   46
   Inteligência de marketing   47
O sistema de pesquisa de marketing   48
   Definição de pesquisa de marketing   48
   O processo de pesquisa de marketing   49
   *Etapa 1: Definição do problema, das alternativas de decisão e dos objetivos
      da pesquisa   50*
   Etapa 2: Desenvolvimento do plano de pesquisa   50
   Etapa 3: Coleta das informações   53
   Etapa 4: Análise das informações   54
   Etapa 5: Apresentação dos resultados   54
   Etapa 6: Tomada de decisão   54
Previsão e mensuração da demanda   54
   As mensurações da demanda de mercado   55
   A função da demanda de mercado   55

Estimativa da demanda corrente 57
Estimativa da demanda futura 59
Análise do macroambiente 60
Identificação das principais forças 60
O ambiente demográfico 61
O ambiente econômico 63
O ambiente sociocultural 64
O ambiente natural 66
O ambiente tecnológico 67
O ambiente político-legal 67

Estudo de caso: A análise ambiental para impulsionar voos mais altos 70

Parte 2   Conectando-se com os clientes   73
Capítulo 4   Criação de relações de fidelidade de longo prazo   73
Administração de marketing na Harrah's Entertainment 73
Construção de valor, satisfação e fidelidade do cliente 74
Valor percebido pelo cliente 74
Satisfação total do cliente 76
Monitoramento da satisfação 77
Qualidade dos produtos 78
Maximização do valor vitalício do cliente 79
Lucratividade do cliente 79
Mensuração do valor vitalício do cliente 80
Cultivando relacionamentos com o cliente 81
Atração e retenção de clientes 82
Construção de fidelidade 84
Bancos de dados de cliente e database marketing 85
Data warehouse e data mining 86
As desvantagens do database marketing e do CRM 86

Capítulo 5   Análise dos mercados consumidores   91
Administração de marketing na LEGO 91
O que influencia o comportamento do consumidor? 92
Fatores culturais 92
Fatores sociais 93
Fatores pessoais 94
Principais fatores psicológicos 97
Motivação: Freud, Maslow, Herzberg 97
Percepção 98
Aprendizagem 99
Emoções 100
Memória 100
O processo de decisão de compra: o modelo de cinco estágios 102
Reconhecimento do problema 102

Busca por informações   102
Avaliação das alternativas   103
Decisão de compra   105
Comportamento pós-compra   105
Teoria da decisão comportamental e economia comportamental   107
Heurísticas de decisão   108
Enquadramento   108

Capítulo 6   Análise dos mercados organizacionais   113
Administração de marketing na Oracle   113
O que são compras organizacionais?   114
Mercado organizacional versus mercado consumidor   114
Mercados institucional e governamental   115
Situações de compra   116
Compra e venda de sistemas   117
Participantes do processo de compra organizacional   118
O centro de compras   118
Influências no centro de compras   119
Mirando empresas e centros de compras   120
Estágios no processo de compra   121
Reconhecimento do problema   121
Descrição geral da necessidade e especificação do produto   122
Busca por fornecedores   122
Solicitação de propostas   123
Seleção do fornecedor   123
Especificação do pedido de rotina   124
Análise do desempenho   125
Gestão do relacionamento com o cliente B2B   125
Benefícios da coordenação vertical   125
Relacionamentos organizacionais: riscos e oportunismo   127

Capítulo 7   Identificação de segmentos de mercado e públicos-alvo   131
Administração de marketing no Club Med   131
Bases para a segmentação de mercados consumidores   132
Segmentação geográfica   132
Segmentação demográfica   134
Segmentação psicográfica   136
Segmentação comportamental   136
Bases para a segmentação de mercados organizacionais   139
Seleção de mercado   141
Critérios para uma segmentação efetiva   141
Avaliação e seleção de segmentos de mercado   143
Estudo de caso: Os novos perfis dos mercados consumidores   149

Parte 3   Construindo marcas fortes   153
Capítulo 8   Criação de *brand equity*   153
        Administração de marketing na lululemon   153
        O que é *brand equity*?   154
            O papel das marcas   154
            O escopo do branding   155
            Definição de brand equity   155
            Modelos de brand equity   156
        Construção do *brand equity*   158
            Escolha dos elementos de marca   159
            Desenvolvimento de atividades de marketing holístico   160
            Reforço das associações secundárias   160
            Branding interno   161
            Comunidades de marca   161
        Medida e gerenciamento do *brand equity*   162
            Auditorias de marca e rastreamento da marca   162
            Avaliação da marca   163
            Gerenciamento do brand equity   163
        Planejamento de uma estratégia de branding   164
            Decisões de branding   165
            Portfólios de marca   166
            Extensões de marca   166
        Customer equity   168

Capítulo 9   **Desenvolvimento eficaz do posicionamento da marca e da competitividade**   173
        Administração de marketing na Method   173
        Desenvolvimento e implementação de um posicionamento de marca   174
            Estrutura de referência competitiva   175
            Pontos de diferença e pontos de paridade   175
            Escolha dos pontos de paridade e dos pontos de diferença   177
            Mantras de marca   178
            Implementação do posicionamento da marca   179
        Estratégias de diferenciação   180
            Dimensões da diferenciação   180
            Componentes racionais e emocionais da diferenciação   180
        Estratégias competitivas para líderes de mercado   181
            Expansão do mercado total   182
            Proteção da participação de mercado   183
            Aumento da participação de mercado   184
        Outras estratégias competitivas   184
            Estratégias de desafiante de mercado   185
            Estratégias de seguidora de mercado   186
            Estratégias de ocupante de nicho de mercado   187
Estudo de caso: Oportunidades e posicionamento competitivo   190

Parte 4   **Formatando ofertas ao mercado**   **193**
Capítulo 10   **Estabelecimento de estratégia e marketing de produto ao longo de seu ciclo de vida**   **193**

Administração de marketing na Ford   *193*

Características e classificações do produto   194
- *Níveis de produto*   *194*
- *Classificações de produto*   *195*

Diferenciação de bens e serviços   196
- *Diferenciação de produto*   *196*
- *Diferenciação de serviços*   *197*
- *Diferenciação do design*   *198*

Relações entre produto e marca   198
- *Análise da linha de produtos*   *199*
- *Extensão da linha de produtos*   *199*
- *Modernização, promoção e redução da linha*   *201*
- *Determinação de preços do mix de produtos*   *201*
- *Co-brands e marcas ingredientes*   *202*

Embalagem, rotulagem e garantias   202
- *Embalagem*   *202*
- *Rotulagem*   *203*
- *Garantia*   *203*

Gerenciamento de novos produtos   204
- *O imperativo da inovação e o sucesso de novos produtos*   *204*
- *Desenvolvimento de novos produtos*   *205*

O processo de adoção do consumidor   211
- *Etapas no processo de adoção*   *211*
- *Fatores que influenciam a adoção*   *212*

Marketing ao longo do ciclo de vida do produto   213
- *Ciclos de vida do produto*   *213*
- *Estratégias de marketing: estágio de introdução e a vantagem de ser a pioneira*   *214*
- *Estratégias de marketing: estágio de crescimento*   *214*
- *Estratégias de marketing: estágio de maturidade*   *215*
- *Estratégias de marketing: o estágio de declínio*   *215*
- *Críticas ao conceito de ciclo de vida do produto*   *216*

Capítulo 11   **Desenvolvimento e gerenciamento de serviços**   **221**

Administração de marketing no Cirque du Soleil   *221*

A natureza dos serviços   222
- *Categorias do mix de serviços*   *222*
- *Características dos serviços*   *224*

As novas realidades dos serviços   225
- *Mudança no relacionamento com o cliente*   *225*
- *Excelência de marketing*   *227*
- *Diferenciação dos serviços*   *230*

Gerenciamento da qualidade dos serviços 230
    Gerenciamento das expectativas do cliente 230
    Incorporação de tecnologias de autoatendimento 232
Gerenciamento dos serviços de suporte ao produto 232
    Identificação e satisfação das necessidades do cliente 232
    Estratégia de serviço pós-venda 233

Capítulo 12 Desenvolvimento de programas e estratégias de determinação de preços 237

Administração de marketing na Tiffany & Co. 237
Entendendo a determinação de preços 238
    O ambiente em mudança da determinação de preços 238
    Como as empresas determinam os preços 239
    Psicologia do consumidor e determinação de preços 240
Estabelecimento do preço 241
    Etapa 1: Seleção do objetivo da determinação de preços 241
    Etapa 2: Determinação da demanda 242
    Etapa 3: Estimativa dos custos 244
    Etapa 4: Análise dos custos, dos preços e das ofertas dos concorrentes 246
    Etapa 5: Seleção de um método de determinação de preços 246
    Etapa 6: Seleção do preço final 251
Adequação do preço 253
    Determinação de preços geográficos (dinheiro, permuta, escambo) 253
    Descontos e concessões de preço 253
    Determinação de preços promocionais 254
    Determinação de preços discriminatórios 255
Iniciativas e reações a mudanças de preço 256
    Iniciativas de redução de preços 257
    Iniciativas de aumento de preços 257
    Reações a mudanças de preços dos concorrentes 258

Estudo de caso: Desenvolvimento e gerenciamento de serviços 261

Parte 5 Entregando valor 265
Capítulo 13 Projeto e gerenciamento de canais de marketing integrados 265

Administração de marketing na Netflix 265
Canais de marketing e redes de valor 266
    A importância dos canais 266
    Canais híbridos e marketing de multicanal 267
    Redes de valor 267
O papel dos canais de marketing 268
    Funções e fluxos do canal 268
    Níveis de canal 270
    Canais do setor de serviços 271

Decisões de projeto do canal 271
   Análise das necessidades e dos desejos dos clientes 271
   Estabelecimento dos objetivos e reconhecimento dos obstáculos 272
   Identificação das principais alternativas de canal 272
   Avaliação das principais alternativas de canal 273
Decisões de gerenciamento do canal 274
   Seleção dos membros do canal 274
   Treinamento e motivação dos membros do canal 275
   Avaliação dos membros do canal 275
   Modificação do projeto e dos arranjos do canal 275
   Considerações acerca do canal global 276
Integração de canal e sistemas 277
   Sistemas verticais de marketing 277
   Sistemas horizontais de marketing 278
   Sistemas multicanais de marketing 278
Conflito, cooperação e concorrência 279
   Tipos de conflito e concorrência 279
   Causas do conflito de canal 279
   Gerenciamento do conflito de canal 280
   Diluição e canibalização 280
   Questões legais e éticas nas relações de canal 280
Práticas de marketing no e-commerce e no m-commerce 281
   As empresas totalmente virtuais e o e-commerce 281
   As empresas virtuais e reais e o e-commerce 282
   Marketing no m-commerce 282

Capítulo 14 Gerenciamento de varejo, atacado e logística 287
Administração de marketing na Zappos 287
Varejo 288
   Tipos de varejistas 288
   O novo ambiente do varejo 289
   Decisões de marketing do varejista 290
Marcas próprias 293
   O papel das marcas próprias 293
   Fatores de sucesso das marcas próprias 294
Atacado 294
   Funções do atacado 296
   Tendências no atacado 296
Logística de mercado 297
   Sistemas logísticos integrados 297
   Objetivos da logística de mercado 298
   Decisões de logística de mercado 299
   Lições organizacionais 301
Estudo de caso: A evolução e diversificação dos modelos do varejo brasileiro e sua influência nos fabricantes de produtos não duráveis 304

Parte 6   Comunicando valor   307

Capítulo 15   Planejamento de gestão da comunicação integrada de marketing   307

Administração de marketing na Ocean Spray   307

O papel da comunicação de marketing   308
- O ambiente em mudança da comunicação de marketing   308
- Comunicação de marketing, brand equity e vendas   309
- Modelos de processo de comunicação   311

Desenvolvimento de uma comunicação eficaz   312
- Identificação do público-alvo   313
- Determinação dos objetivos   314
- Elaboração da comunicação   314
- Seleção dos canais de comunicação   316
- Estabelecimento do orçamento da comunicação total de marketing   318

Decisão sobre o mix de comunicação de marketing   319
- Características do mix de comunicação de marketing   319
- Fatores no estabelecimento do mix de comunicação de marketing   320
- Avaliação dos resultados da comunicação   321

Gerenciamento do processo de comunicação integrada de marketing   322
- Coordenação de mídia   322
- Implementação da comunicação integrada de marketing (CIM)   322

Capítulo 16   Gerenciamento da comunicação de massa: propaganda, promoção de vendas, eventos e experiências e relações públicas   325

Administração de marketing na Old Spice   325

Desenvolvimento e gerenciamento de um programa de propaganda   326
- Estabelecimento dos objetivos   327
- Decisão sobre o orçamento de propaganda   328
- Desenvolvimento da campanha de propaganda   328

Decisão sobre a mídia e mensuração de sua eficácia   329
- Decisão sobre o alcance, a frequência e o impacto   329
- Escolha entre os principais tipos de mídia   330
- Opções alternativas de propaganda   330
- Seleção de veículos específicos   332
- Decisão sobre o timing e a alocação da mídia   332
- Avaliação da eficácia da propaganda   333

Promoção de vendas   335
- Objetivos da promoção de vendas   335
- Propaganda versus promoção   335
- Principais decisões   336

Eventos e experiências   339
- Objetivos dos eventos   339
- Principais decisões de patrocínio   340
- Criação de experiências   341

Relações públicas 341
  Relações públicas de marketing 342
  Principais decisões na RP de marketing 343

Capítulo 17 Gerenciamento da comunicação pessoal: marketing direto e interativo, boca a boca e vendas pessoais 347

Administração de marketing na PepsiCo 347
Marketing direto 348
  Os benefícios do marketing direto 348
  Mala direta 349
  Marketing de catálogo 350
  Telemarketing 350
  Outros meios para o marketing de resposta direta 351
  Questões públicas e éticas no marketing direto 351
Marketing interativo 351
Boca a boca 353
  Mídia social 354
  Buzz marketing e marketing viral 355
  Formadores de opinião 356
  Avaliação dos efeitos do boca a boca 356
Vendas pessoais e força de vendas 356
  Tipos de profissionais de vendas 357
  Vendas pessoais e marketing de relacionamento 357
  Organização da força de vendas 359
  Objetivos e estratégia da força de vendas 360
  Estrutura da força de vendas 360
  Tamanho da força de vendas 360
  Remuneração da força de vendas 361
Gerenciamento da força de vendas 362
  Recrutamento e seleção dos profissionais de vendas 362
  Treinamento e supervisão dos profissionais de vendas 363
  Produtividade dos profissionais de vendas 364
  Motivação dos profissionais de vendas 365
  Avaliação dos profissionais de vendas 365

Estudo de caso: Crescimento da Internet desafia a gestão da comunicação integrada de marketing 369

Parte 7 Gerando crescimento de longo prazo 373

Capítulo 18 Gerenciamento de marketing na economia global 373

Administração de marketing na Timberland 373
Concorrência em nível global 374
  Decisão sobre o ingresso no mercado internacional 375
  Decisão sobre em que mercados ingressar 376

        Decisão sobre a maneira como ingressar no mercado 376
         Decisão sobre o programa de marketing 378
         Efeitos do país de origem 381
 Marketing interno 381
         Organização do departamento de marketing 382
         Relacionamento com outros departamentos 384
 Marketing socialmente responsável 384
         Comportamento legal e ético 385
         Comportamento de responsabilidade social 385
         Sustentabilidade 386
         Marketing de causas 387
 Implantação e controle do marketing 388
         Controle e métricas de marketing 388
         Auditoria de marketing 390
 O futuro do marketing 391
Estudo de caso: Gestão da inovação e os novos desafios do marketing sob a ótica Brasil 395

Glossário 397

Índice de marcas e empresas 409

Índice remissivo 413

Prefácio

A 5ª edição de *Marketing essencial* é um livro conciso, escrito pelos renomados autores da obra *Administração de marketing*, Philip Kotler e Kevin Lane Keller. Sua abordagem simplificada é ideal para aqueles que querem um relato confiável das atuais práticas e teorias da administração de marketing; trata-se, além disso, de um texto que permite a incorporação de outros casos, simulações e projetos. Como as edições anteriores, esta tem como objetivo ajudar empresas, grupos e indivíduos a adaptar suas estratégias e sua gestão de marketing para o mercado do século XXI.

O que há de novo na 5ª edição

- *Apresentação das mudanças no cenário da mídia social e no ambiente de comunicação, incluindo o Facebook, o Twitter, o YouTube, o mobile marketing e outras tendências e questões importantes.*
- *Abordagem das mudanças recentes importantes no ambiente de marketing, entre elas: a ascensão da sustentabilidade e do marketing "verde", os desafios do marketing durante períodos de crise econômica e o efeito dos rápidos avanços tecnológicos sobre a administração de marketing.*
- *Novos casos de abertura em todos os capítulos mostram a administração de marketing na prática, em empresas do mundo real, e oferecem interessantes pontos de partida para discussões, em classe, dos conceitos apresentados. Entre as empresas abordadas aqui, estão: Yahoo!, Kimberly-Clark, LEGO, Club Med e lululemon.*
- *Seções "Insight de marketing", que tratam de uma série de situações de marketing e tópicos inovadores, apresentando os pensamentos e as técnicas mais recentes da área. Entre os tópicos abordados, estão: estratégias de aumento de preço, gestão dos canais de marketing, gerenciamento de conta e marketing de produtos orgânicos.*
- *Apresentação de teorias e abordagens modernas, como a teoria da decisão comportamental, os modelos de* brand equity, *os mantras de marca, o marketing multicanal, o buzz marketing, o e-commerce e o m-commerce.*
- *Materiais adicionais atualizados.*

Características da 5ª edição

Principais temas

Desenvolvida com base no amplo tema do marketing holístico, esta nova edição explora o papel essencial da criatividade e da inovação no marketing de sucesso. Outros temas importantes são: a criação de valor para o cliente, a responsabilidade social e ética do marketing e as métricas de marketing. Um tópico de particular destaque é o impacto da tecnologia sobre o marketing moderno, que impulsiona desenvolvimentos tão diversos quanto os podcasts e os painéis de marketing. Por fim, na atualização de cada capítulo, incorporamos os mais recentes conceitos e ideias extraídos de estudos acadêmicos.

Materiais adicionais

A Sala Virtual (<sv.pearson.com.br>) oferece recursos adicionais que auxiliarão professores e alunos na exposição das aulas e no processo de aprendizagem.

Para professores:

- *Apresentações em PowerPoint.*
- *Banco de exercícios (em inglês).*
- *Manual de soluções (em inglês).*

Para estudantes:

- *Estudos de caso complementares.*
- *Exercícios autocorrigíveis com diferentes níveis de dificuldade.*
- *Cases em vídeo com atividades.*

O material dos professores é protegido por senha. Para ter acesso a ele, os professores que adotam o livro devem entrar em contato com o seu representante Pearson ou enviar um e-mail para universitarios@pearson.com.

Agradecimentos

Esta edição de *Marketing essencial* conta com a marca de muitas pessoas que contribuíram com as anteriores deste livro e com a 14ª edição do *Administração de marketing*. Agradecemos, especialmente, a Marian Burk Wood, por seu enorme trabalho editorial e de desenvolvimento. Somos agradecidos também à equipe editorial e de produção da Prentice Hall e, ainda, aos muitos revisores que ajudaram a formar esta obra ao longo dos anos.

John H. Antil, University of Delaware
Bill Archer, Northern Arizona University
Timothy W. Aurand, Northern Illinois University
Ruth Clottey, Barry University
Jeff Conant, Texas A&M University
Mike Dailey, University of Texas, Arlington
Brian Engelland, Mississippi State University
Brian Gibbs, Vanderbilt University
Thomas Gruca, University of Iowa
Mark Houston, University of Missouri, Columbia
Nicole Howatt, University of Central Florida
Gopal Iyer, Florida Atlantic University
Jack Kasulis, University of Oklahoma
Susan Keaveney, University of Colorado, Denver
Bob Kent, University of Delaware
Robert Kuchta, Lehigh University
Jack K. H. Lee, City University of New York Baruch College
Ning Li, University of Delaware
Steven Lysonski, Marquette University
Naomi Mandel, Arizona State University
Ajay K. Manrai, University of Delaware
Denny McCorkle, Southwest Missouri State University
James McCullough, Washington State University
Ron Michaels, University of Central Florida
George R. Milne, University of Massachusetts, Amherst
Marian Chapman Moore, Duke University
Steve Nowlis, Arizona State University
Louis Nzegwu, University of Wisconsin, Platteville
K. Padmanabhan, University of Michigan, Dearborn
Mary Anne Raymond, Clemson University
William Robinson, Purdue University

Carol A. Scott, University of California, Los Angeles
Stanley F. Slater, Colorado State University
Robert Spekman, University of Virginia
Edwin Stafford, Utah State University
Vernon Stauble, California State Polytechnic
Mike Swenson, Brigham Young University
Kimberly A. Taylor, Florida International University
Bronis J. Verhage, Georgia State University

Philip Kotler
S. C. Johnson & Son Distinguished Professor of
   International Marketing
Kellogg School of Management
Northwestern University
Evanston, Illinois

Kevin Lane Keller
E.B. Osborn Professor of Marketing
Tuck School of Business
Dartmouth College
Hanover, New Hampshire

Agradecimento dos editores brasileiros

Agradecemos a todos que contribuíram para esta edição, em especial à professora Iná Futino e ao professor Edson Crescitelli, pelas ricas observações e explanações, que tornaram esta obra mais valiosa. Agradecemos também aos professores da EACH-USP Francisco J. S. M. Alvarez, Claudia Rosa Acevedo de Abreu Campanário, Julio Araujo Carneiro da Cunha, Daielly Melina N. Mantovani Ribeiro, Elias Frederico, Otávio Freire, Miguel A. Hemzo, Josmar Andrade e Luciane Meneguin Ortega pelo desenvolvimento dos estudos de casos adaptados à realidade brasileira ao final de cada parte do livro. Ficamos orgulhosos por levar um pouco do conhecimento e da experiência desses brilhantes profissionais ao leitor de *Marketing essencial*.

**PARTE 1:
Entendendo a administração de marketing**

capítulo **1**

Definição de marketing para o século XXI

Neste capítulo, abordaremos as seguintes questões:

1. Por que o marketing é importante?
2. Qual o escopo do marketing?
3. Quais são alguns dos principais conceitos de marketing e suas novas realidades?
4. Quais são as tarefas necessárias para uma administração de marketing bem-sucedida?

Administração de marketing na campanha presidencial de Obama

A primeira campanha presidencial de Obama reuniu um político carismático, uma poderosa mensagem de esperança e um programa de marketing cuidadosamente integrado. O objetivo do plano de marketing era expandir o eleitorado por meio de mensagens mais gerais ao mesmo tempo em que públicos muito específicos eram alcançados pelo uso de mídias *on-line* e *off-line*, gratuitas e pagas. Quando as pesquisas mostraram que, quanto mais os eleitores conheciam Barack Obama, mais eles se identificavam com o político, a campanha adicionou vídeos aos tradicionais cartazes, *outdoors* e transmissões de rádio e TV.

A equipe de Obama — auxiliada pela agência GMMB — também colocou a Internet no centro da campanha nos 50 estados norte-americanos, buscando "desenvolver ferramentas *on-line* para ajudar as pessoas a se organizar e, então, rever sua posição". Embora mídias sociais como Facebook, Meetup, YouTube e Twitter tenham sido fundamentais, talvez a mais importante ferramenta digital de Obama tenha sido um enorme *mailing* com 13,5 milhões de nomes. Os resultados: cerca de 500 milhões de dólares arrecadados *on-line* (a maioria proveniente de somas inferiores a cem dólares) de três milhões de doadores, 35 mil grupos organizados por meio do site My.BarackObama.com, 1.800 vídeos postados no YouTube e, claro, Obama eleito presidente.[1]

O bom marketing não é acidental. Ele é resultado de um planejamento e uma execução cuidadosos, que utilizam as melhores e mais modernas ferramentas e técnicas. O marketing se torna uma arte e uma ciência à medida que as empresas se esforçam para encontrar novas soluções criativas para desafios geralmente complexos em meio a mudanças profundas no ambiente de marketing do século XXI. Neste livro, mostramos como as grandes empresas equilibram disciplina e imaginação para lidar com essas novas realidades do marketing. Neste primeiro capítulo, fornecemos a base de tudo, revisando importantes conceitos, ferramentas, estruturas e questões de marketing.

A importância do marketing

A primeira década do século XXI desafiou as empresas não apenas a prosperar financeiramente, mas também a sobreviver em um ambiente econômico que não perdoa erros. Para lidar com esses desafios, o marketing vem desempenhando um papel-chave. Finanças, operações, contabilidade e outras áreas funcionais realmente não fazem sentido se não houver uma demanda suficiente pelos produtos da empresa, capaz de fazê-la lucrar. Em outras palavras, deve haver vendas para que haja resultados financeiros. Com isso, concluímos que o sucesso financeiro muitas vezes depende da habilidade de marketing.

A importância do marketing se estende por toda a sociedade. Ele ajudou na introdução e na aceitação de novos produtos que facilitaram e enriqueceram a vida das pessoas. Ele também pode inspirar melhorias nos produtos existentes, uma vez que as empresas inovam para melhorar sua posição no mercado. O marketing de sucesso cria demanda para produtos, que, por sua vez, geram empregos. Ao contribuir com os resultados financeiros, o marketing bem-sucedido também possibilita à empresa se envolver mais em atividades socialmente responsáveis.[2]

Muitas organizações contam agora com um *chief marketing officer* (CMO – diretor de marketing), colocando o profissional de marketing em pé de igualdade com outros executivos de "nível C", como *chief financial officer* (CFO – diretor financeiro) e *chief information officer* (CIO – diretor de informação).[3] Contudo, tomar as decisões de marketing corretas nem sempre é fácil. Os profissionais de marketing precisam decidir quais características inserir em um novo produto, que preço estabelecer, onde vender suas ofertas e quanto gastar com propaganda, vendas, marketing via Internet e mobile marketing. Eles também devem tomar decisões em um ambiente impulsionado pela Internet, no qual, além de consumidores, concorrência, tecnologia e forças econômicas mudarem rapidamente, as consequências das palavras e ações de uma empresa podem se multiplicar com rapidez.

Em maior risco estão as empresas que fracassam em monitorar com cuidado seus clientes e concorrentes, em melhorar continuamente suas ofertas de valor e estratégias de marketing ou em satisfazer seus funcionários, acionistas, fornecedores e parceiros de canal. Bons profissionais de marketing estão sempre buscando novas maneiras de satisfazer seus clientes e vencer a concorrência.[4]

O escopo do marketing

Em sua preparação para trabalhar com marketing, você precisa entender o que é marketing, como ele funciona, a que se aplica e quem o faz.

O que é marketing?

O **marketing** envolve a identificação e a satisfação de necessidades humanas e sociais. Para defini-lo de uma maneira bem simples, podemos dizer que ele "atende a necessidades de maneira lucrativa". Quando a eBay percebeu que as pessoas não conseguiam localizar alguns dos itens que mais desejavam, ela criou um espaço para leilões on-line. Quando a IKEA notou que as pessoas queriam bons móveis a preços substancialmente mais baixos, ela criou móveis baratos. Essas duas empresas demonstraram competência de marketing e transformaram uma necessidade particular ou social em uma lucrativa oportunidade de negócios.

A American Marketing Association propõe a seguinte definição formal para marketing: *Marketing é a atividade, o conjunto de conhecimentos e os processos de criar, comunicar, entregar e trocar ofertas que tenham valor para consumidores, clientes, parceiros e sociedade em geral.*[5] Nós vemos a **administração de marketing** como *a arte e a ciência da escolha de mercados-alvo e da captação, manutenção e fidelização de clientes por meio da criação, da entrega e da comunicação de um valor superior para eles.*

Observe que vender *não* é a parte mais importante do marketing. De acordo com Peter Drucker, um dos principais teóricos da administração, "o objetivo do marketing é tornar supérfluo o processo de venda. O objetivo do marketing é conhecer e entender o cliente tão bem que o produto seja adequado a ele e se venda por si só. Idealmente, o marketing deve resultar em um cliente disposto a comprar. Nesse caso, a única coisa necessária é tornar o produto disponível".[6] Quando a Apple lançou o iPhone e quando a Toyota apresentou o Prius, seu carro híbrido, elas receberam uma enxurrada de pedidos porque haviam projetado o produto certo, com base em uma cuidadosa lição de casa de marketing.

A que se aplica o marketing?

As empresas envolvem-se no marketing de dez principais grupos: bens, serviços, eventos, experiências, pessoas, lugares, propriedades, organizações, informações e ideias.

Bens. Bens tangíveis constituem a maior parte do esforço de produção e marketing da maioria dos países. Por exemplo: todos os anos, as empresas norte-americanas comercializam bilhões de produtos alimentícios frescos, enlatados, ensacados e congelados, além de outros itens tangíveis.

Serviços. À medida que as economias se desenvolvem, uma porção cada vez maior de suas atividades se concentra na produção de serviços. Hoje, a economia norte-americana, por exemplo, consiste em um mix de 70% de serviços e 30% de bens. Entre os serviços estão aqueles prestados por companhias aéreas, hotéis, empresas de aluguel de carro, barbeiros e cabeleireiros, contadores, banqueiros, advogados, engenheiros, médicos e programadores. Muitas ofertas ao mercado consistem em uma mistura de bens e serviços, como as dos restaurantes, que oferecem tanto comida como serviço.

Eventos. Em períodos específicos, as empresas promovem eventos como grandes feiras setoriais, espetáculos artísticos e comemorações de aniversário. Eventos esportivos mundiais, como os Jogos Olímpicos e a Copa do Mundo, são promovidos de modo agressivo tanto para seus fãs como para empresas.

Experiências. Orquestrando serviços e mercadorias, uma empresa pode criar, apresentar e comercializar experiências. No Magic Kingdom da Walt Disney World, por exemplo, os clientes podem visitar um reino de conto de fadas ou um navio pirata. Existe também um mercado para experiências customizadas, como participar de um acampamento de beisebol com grandes nomes do esporte já aposentados.[7]

Pessoas. Artistas, músicos, presidentes de empresa e estrelas da medicina, entre outros profissionais, estão buscando ajuda de empresas de marketing de celebridades.[8] O consultor Tom Peters, um mestre do marketing pessoal, aconselha as pessoas a se tornaram uma "marca".

Lugares. Cidades, estados, regiões e países competem para atrair turistas, fábricas e sedes de empresas.[9] Entre os profissionais de marketing de lugares estão especialistas em desenvolvimento econômico, corretores imobiliários, bancos comerciais, associações de negócios locais e agências de publicidade e relações públicas.

Propriedades. Propriedades são direitos intangíveis de posse de bens tanto reais (imóveis) como financeiros (ações e títulos). Elas podem ser compradas e vendidas por meio de esforços de marketing de imobiliárias, empresas de investimento e bancos.

Organizações. As organizações trabalham para construir uma imagem sólida e positiva na mente de seu público-alvo. Por exemplo: o programa de marketing "Every little helps" ("Um pouquinho já ajuda"), da Tesco, levou a empresa ao topo do setor de supermercados do Reino Unido. Universidades, museus, grupos de teatro e organizações sem fins lucrativos também utilizam o marketing para lapidar sua imagem e competir por público e recursos.

Informação. Essencialmente, escolas e universidades produzem, comercializam e distribuem informação a um determinado preço para pais, alunos e comunidades.

O ex-CEO da Siemens Medical Solutions USA certa vez observou que o produto da empresa "não é necessariamente um aparelho de raios X ou de ressonância magnética, mas sim a informação. Nosso negócio é, na verdade, tecnologia de informação para a saúde. E nosso produto final é, de fato, um registro eletrônico do paciente – informações sobre exames, patologias e medicamentos, bem como registros de sua voz".[10]

Ideias. Toda oferta ao mercado possui uma ideia básica. Por exemplo: os profissionais de marketing social estão promovendo ideias como "Amigos não deixam amigos dirigirem alcoolizados" e "Não envie mensagens de texto enquanto dirige".

Quem faz marketing?

Um **profissional de marketing** é alguém que busca uma resposta – atenção, uma compra, um voto, uma doação – de outra parte, denominada **cliente potencial** (*prospect*). Se duas partes estão procurando vender algo uma para a outra, ambas são denominadas profissionais de marketing. Os profissionais de marketing devem possuir habilidades quantitativas e qualitativas, atitudes empreendedoras e um profundo entendimento de como o marketing gera valor na organização.[11]

Cada vez mais, o marketing *não* é feito somente por um departamento específico. Os profissionais de marketing devem embutir a orientação e a perspectiva do cliente nas decisões de negócios, afetando todos os *pontos de contato* com ele, ou seja, todos os pontos em que o cliente interage direta ou indiretamente com a empresa de alguma maneira – layout da loja, design da embalagem, funções do produto, treinamento dos funcionários, transporte e logística. Eles também devem estar envolvidos em importantes atividades gerenciais, como inovação de produto e desenvolvimento de novos negócios. Para criar uma organização de marketing sólida, os profissionais de marketing devem pensar como os executivos de outros departamentos, ao passo que os executivos de outros departamentos devem pensar mais como os profissionais de marketing.[12]

O que é um mercado?

Antigamente, um mercado era um espaço físico onde compradores e vendedores se reuniam para comprar e vender produtos. Os economistas descrevem um *mercado* como um conjunto de compradores e vendedores que efetuam transações relativas a um determinado produto ou classe de produto (como o mercado imobiliário). Já os profissionais de marketing usam o termo **mercado** para tratar de agrupamentos de clientes. Eles veem os vendedores como o setor e os compradores como o mercado. Falam em mercados de necessidade (o mercado das pessoas que querem emagrecer), mercados de produto (o mercado de sapatos), mercados demográficos (o mercado jovem) e em mercados geográficos (o mercado chinês). Ou, então, estendem o conceito para abranger mercados de eleitores, mercados de trabalho e mercados de doadores, por exemplo. Os profissionais de marketing podem ainda atender a mercados consumidores, mercados organizacionais, mercados globais, mercados sem fins lucrativos ou uma combinação desses mercados.

A Figura 1.1 mostra a relação entre o setor e o mercado. Os vendedores enviam bens, serviços e comunicações (como propagandas e mala direta) para o mercado; em troca, eles recebem dinheiro e informações (atitudes do cliente, dados de vendas). O fluxo interno mostra uma troca de dinheiro por bens e serviços, ao passo que o fluxo externo aponta uma troca de informações.

O *mercado físico* (*marketplace*) é concreto, como uma loja em que se compra; o *mercado virtual* (*marketspace*) é digital, como um site em que se compra pela Internet.[13] Mohan Sawhney, da Universidade de Northwestern, propôs o conceito de *metamercado* para descrever um agrupamento de produtos complementares estreitamente relacionados na mente dos consumidores, mas que se estendem por diversos setores. O metamercado automobilístico, por exemplo, consiste em fabricantes de automóveis, concessionários de carros novos e usados, financeiras, seguradoras, oficinas, revendedores de autopeças, postos de atendimento, revistas especializadas em automóveis, anúncios classificados de carros em jornais e sites sobre carros na Internet.

Ao adquirir um carro, o comprador se envolve com muitas partes desse metamercado, criando oportunidades para *metaintermediários* ajudarem-no a se movimentar por esses grupos fisicamente separados. Por exemplo: o Edmunds (www.edmunds.com) permite ao comprador encontrar as características e os preços de diferentes veículos, bem como buscar o menor preço para financiamento, acessórios e carros usados. Metaintermediários também atendem outros mercados, como o de imóveis residenciais e o de serviços matrimoniais.[14]

FIGURA 1.1 UM SISTEMA SIMPLES DE MARKETING.

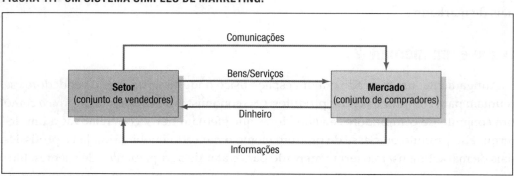

Conceitos essenciais de marketing

Para compreender a função de marketing, precisamos entender o seguinte conjunto essencial de conceitos.

Necessidades, desejos e demandas

Necessidades são exigências humanas básicas por ar, comida, água, roupa e abrigo. Os humanos também têm grande necessidade por lazer, instrução e entretenimento. Essas necessidades se tornam desejos quando são direcionadas a objetos específicos capazes de satisfazê-las. Um norte-americano necessita de comida, mas pode desejar hambúrguer e chá gelado. Um afegão também necessita de comida, mas pode desejar arroz, carneiro e cenoura. Os desejos são moldados pela sociedade em que se vive. As *demandas* são desejos por produtos específicos apoiados pela possibilidade de pagar por eles. Muitas pessoas desejam um Mercedes, mas poucas podem comprar um. As empresas devem avaliar não apenas quantas pessoas desejam seu produto, mas também quantas podem pagar por ele e estão dispostas a fazê-lo.

Essas diferenciações lançam luz à crítica frequente de que "o marketing cria necessidades" ou "o marketing faz as pessoas comprarem coisas que não querem". O marketing não cria necessidades: as necessidades vêm antes dele. O marketing, juntamente a outros fatores sociais, influencia os desejos. Os profissionais de marketing podem, por exemplo, promover a ideia de que um Mercedes satisfaz a necessidade por status social. Contudo, eles não têm como criar a necessidade por status social.

Alguns clientes têm necessidades de que nem sempre são totalmente conscientes ou que não conseguem explicar. Considere um cliente que quer um "carro barato". Nesse caso, os profissionais de marketing podem distinguir cinco tipos de necessidade:

1. Necessidades declaradas (o cliente quer um carro barato).
2. Necessidades reais (o cliente quer um carro cujo custo de manutenção seja baixo, e não o preço inicial).
3. Necessidades não declaradas (o cliente espera um bom atendimento por parte do revendedor).
4. Necessidades de "algo a mais" (o cliente gostaria que o revendedor incluísse no pacote um sistema de navegação GPS).
5. Necessidades secretas (o cliente quer ser visto pelos amigos como um consumidor inteligente).

Responder apenas à necessidade declarada pode não ser o bastante para o cliente.[15] Às vezes, os consumidores não sabem o que querem em um produto, especialmente em produtos inovadores, como os *e-books*. Para conquistar uma vantagem, as empresas devem ajudar os clientes a entender o que querem.

Mercados-alvo, posicionamento e segmentação

Nem todo mundo gosta do mesmo cereal, restaurante, faculdade ou filme. Por conta disso, examinando diferenças demográficas, psicográficas e comportamentais entre os compradores, os profissionais de marketing identificam e traçam o perfil de grupos de pessoas que podem preferir ou exigir mixes de produtos variados. Em seguida, eles decidem quais grupos representam as melhores oportunidades – quais são seus *mercados-alvo*. Para cada mercado-alvo, a empresa desenvolve uma *oferta ao mercado*, a qual *posiciona* na mente dos compradores-alvo algo que oferece um ou mais benefícios essenciais. A Volvo, por exemplo, posiciona seu carro como o mais seguro que os motoristas podem comprar, desenvolvido para compradores preocupados com a segurança proporcionada pelo veículo.

Ofertas e marcas

As empresas atendem a muitas necessidades emitindo uma **proposta de valor** – um conjunto de benefícios que satisfazem essas necessidades. A intangível proposta de valor é materializada por uma *oferta*, que pode ser a combinação de produtos, informações e experiências. Uma *marca* é uma oferta de uma fonte conhecida. Uma marca como McDonald's, por exemplo, desperta muitas associações na mente das pessoas: hambúrgueres, limpeza, conveniência, serviços cordiais e arcos amarelos. Todas as empresas lutam para construir uma imagem de marca única, forte e positiva.

Valor e satisfação

Se ficar claro que a oferta entrega *valor* superior, ela será bem-sucedida. *Valor* é a soma dos benefícios tangíveis e intangíveis e dos custos para os clientes. Conceito fundamental no marketing, ele é basicamente uma combinação de qualidade, serviço e preço, chamada de *tríade de valor para o cliente*. As percepções de valor aumentam com a qualidade e o serviço, mas diminuem com o preço. O marketing pode ser visto como a identificação, a criação, a comunicação, a entrega e o monitoramento de valor para o cliente.

A *satisfação* reflete o julgamento que uma pessoa tem do desempenho de um produto em relação às suas expectativas. Se o desempenho não atende às expectativas, o cliente fica desapontado; se ele atende, o cliente fica satisfeito; se ele as ultrapassa, o cliente fica encantado.

Canais de marketing

Para atingir um mercado-alvo, as empresas usam três tipos de canais de marketing. Os *canais de comunicação* entregam e recebem mensagens dos compradores-alvo. Esses canais incluem jornais, revistas, televisão, correio, telefone, *outdoors*, pôsteres e a Internet.

As empresas também se comunicam por meio do visual de suas lojas, de seu site e de muitos outros meios. Cada vez mais, elas estão disponibilizando canais bidirecionais, como e-mail, blogs e números de telefone gratuitos, para complementar os canais unilaterais, como a propaganda.

As empresas também usam *canais de distribuição* para apresentar, vender ou entregar produtos para o comprador ou o usuário. Os canais podem ser diretos para o comprador ou indiretos, com distribuidores, atacadistas, varejistas e agentes servindo de intermediários. Por fim, as empresas realizam transações com os compradores usando *canais de serviço*, tais como armazéns, transportadoras, bancos e seguradoras. Diante disso, fica claro que as empresas se deparam com um desafio de projeto na hora de escolher o melhor mix de canais de comunicação, distribuição e serviço para suas ofertas.

Cadeia de suprimento

A cadeia de suprimento (*supply chain*) é um canal longo que se estende das matérias-primas até os componentes dos produtos acabados, que são entregues aos compradores finais. A cadeia de suprimento para o café pode começar com os agricultores, que plantam, cultivam e colhem os grãos. Depois de os agricultores venderem sua colheita para um atacadista ou talvez uma cooperativa, os grãos são lavados, secos e embalados para transporte, sendo então levados para empresas que vendem diretamente para os compradores ou por meio de canais de atacado e varejo. Cada empresa fica com apenas uma porcentagem do valor total gerado pelo sistema de entrega de valor da cadeia de suprimento. Quando uma empresa adquire um concorrente ou se expande para um estágio superior ou inferior na cadeia produtiva, seu objetivo é conquistar uma porcentagem maior de valor da cadeia de suprimento.

Concorrência

A concorrência inclui todas as ofertas e substitutos rivais, atuais ou potenciais, que um comprador pode considerar. Uma montadora de automóveis pode comprar aço da U.S. Steel, de uma empresa baseada no Japão ou na Coreia ou de uma pequena siderúrgica. Outras alternativas são: comprar alumínio para determinadas peças, reduzindo o peso do carro, e optar por plásticos especiais para os para-choques, em vez de aço. Como fica claro, a U.S. Steel estaria pensando em concorrência de maneira muito restrita se levasse em conta apenas as outras siderúrgicas integradas. No longo prazo, é mais provável que a U.S. Steel seja afetada por produtos substitutos do que por outras siderúrgicas.

Ambiente de marketing

O ambiente de marketing é constituído pelo microambiente e pelo macroambiente. O *microambiente* inclui todos os envolvidos na produção, distribuição e promoção da oferta, tais como a empresa, os fornecedores, os distribuidores, os revendedores e os clientes-alvo. No grupo dos fornecedores, encontram-se os fornecedores de materiais e os de serviços (por exemplo, agências de pesquisa de marketing, agências de publicidade, bancos, seguradoras, transportadoras e empresas de telecomunicações). Já os distribuidores e os revendedores incluem agentes, corretores, representantes de fabricantes e todos aqueles que facilitam o processo de encontrar os clientes e vender para eles.

O *macroambiente* consiste de seis componentes: ambiente demográfico, ambiente econômico, ambiente sociocultural, ambiente natural, ambiente tecnológico e ambiente político-legal. Os profissionais de marketing devem prestar atenção nas tendências e nos acontecimentos desses ambientes e, à medida que for necessário, ajustar suas estratégias de marketing.

As novas realidades do marketing

O mercado hoje é muito diferente de dez anos atrás. As novas realidades do marketing estão sendo moldadas por importantes forças societais e por novas competências tanto dos consumidores como das empresas.

Importantes forças societais

Importantes forças societais, muitas vezes interligadas, estão agora criando novos comportamentos, oportunidades e desafios de marketing. A tecnologia da informação em rede garante níveis de produção mais precisos, comunicações mais focadas e determinação de preços mais pertinentes. A globalização, em especial os avanços no transporte e nas comunicações, faz com que fique mais fácil para as empresas fazer negócios em praticamente qualquer país no mundo – e facilita para os consumidores comprar desses países. A desregulamentação tem gerado maior concorrência e oportunidades de crescimento em muitas áreas. Em alguns países, a privatização está colocando empresas públicas em mãos privadas como uma maneira de aumentar a eficiência.

A intensa concorrência entre as marcas nacionais e estrangeiras está aumentando os custos de marketing e encolhendo as margens de lucro. Muitas marcas fortes se tornaram megamarcas e se estenderam para outras categorias de produtos, representando uma significativa ameaça competitiva. A abrangência dos setores está crescendo, à medida que as empresas reconhecem novas oportunidades na intersecção de duas ou mais indústrias – como exemplo, pense na convergência dos setores de computação e eletrodoméstico.

O varejo está passando por transformações, com varejistas baseados em lojas competindo com varejistas sem lojas. Os consumidores, por sua vez, estão buscando novas "experiências" de compra. Entre outras empresas, a Amazon.com criou a *desintermediação* na entrega de produtos, interferindo no fluxo tradicional de bens por meio de canais de distribuição quando a Internet ainda estava começando. Desde então, empresas tradicionais estão engajadas na *reintermediação*, mantendo lojas físicas que oferecem serviços *on-line*.

Novas competências dos consumidores

A desintermediação é um dos motivos pelos quais os consumidores têm aumentado substancialmente seu poder de compra. Além disso, eles podem navegar *on-line* para coletar informações sobre praticamente qualquer oferta. Conexões interpessoais e conteúdos gerados por usuários estão prosperando em mídias sociais como Facebook, Flickr (fotos), Wikipedia (artigos enciclopédicos) e YouTube (vídeo).[16] Em decorrência dessas novas competências dos consumidores, algumas empresas estão fortalecendo o relacionamento com seus clientes convidando-os para ajudá-las a elaborar e comercializar ofertas. Contudo, alguns clientes percebem poucas diferenças entre os produtos hoje em dia, e muitos se tornaram menos fiéis e mais resistentes a esforços de marketing.

Novas competências das empresas

As empresas também têm novas competências. Elas podem usar a Internet como uma poderosa fonte de informação e como canal de vendas para ampliar seu alcance geográfico. Além disso, podem coletar informações mais completas e ricas sobre mercados, clientes, clientes potenciais e concorrentes, bem como serem capazes de fornecer informações para os consumidores e encorajar compras por meio de atividades *on-line* e em mídias sociais. A Dell, por exemplo, gerou mais de 6 milhões de dólares em vendas a partir de suas várias contas no Twitter nos últimos três anos.[17]

As empresas também estão se beneficiando do burburinho *on-line* e *off-line* por meio de defensores da marca e comunidades de usuários. Graças a canais de TV e revistas altamente especializadas, além da tecnologia da Internet, as empresas podem, de maneira mais eficiente, mirar micropúblicos para entregar anúncios, cupons e mensagens personalizadas. Elas estão ainda usando o mobile marketing para atingir consumidores em movimento. Por causa de avanços na customização da produção, na tecnologia da computação e nos softwares de marketing de banco de dados, os fabricantes podem agora fazer e vender bens diferenciados em bases individuais. Outra coisa: as empresas estão usando a Internet para melhorar os processos de compra e de recrutamento e treinamento de funcionários, bem como para facilitar as comunicações internas. Por fim, compradores corporativos estão aumentando sua eficiência em custos e melhorando a qualidade de seus serviços por meio do uso competente de tecnologias *on-line*.

A seção "Insight de marketing", a seguir, traz algumas recomendações às empresas para que se ajustem às novas realidades do marketing.

Insight de marketing

Marketing em uma era de turbulência

Philip Kotler e John Caslione acreditam que a administração esteja caminhando para uma nova era de turbulência, na qual caos, risco e incerteza caracterizam muitos setores, mercados e empresas. Para eles, a turbulência é hoje a nova regra, pontuada por picos periódicos e intermitentes de prosperidade e quedas. Kotler e Caslione veem muitos novos desafios em um futuro próximo. E, diferentemente do que ocorreu em recessões passadas, não há nenhuma certeza de que antigas práticas administrativas serão bem-sucedidas. Assim, os profissionais precisam ter sempre em mente os oito fatores a seguir quando estiverem criando estratégias para lidar com a turbulência:

1. Proteja seus principais segmentos de clientes de movimentos da concorrência.
2. Aja agressivamente para obter participação do mercado de concorrentes enfraquecidos.
3. Conduza mais pesquisas enquanto as necessidades e os desejos dos clientes estiverem em transformação.
4. Em vez de cortar o orçamento de marketing, mantenha-o ou até mesmo aumente-o.
5. Enfatize os valores centrais, bem como a segurança de sua empresa e de sua oferta.
6. Aja rapidamente para abandonar programas que não estão funcionando.
7. Não ofereça desconto para suas melhores marcas.
8. Salve as marcas e os produtos mais fortes; perca os mais fracos.

Fonte: baseado em Philip Kotler and John A. Caslione, *Chaotics*: the business and marketing in the age of turbulence. Nova York: AMACOM, 2009, p. 151-153.

Orientação da empresa para o mercado

Diante das novas realidades de marketing, que filosofia deve orientar os esforços das empresas nessa área? Cada vez mais, as empresas operam de acordo com a orientação de marketing holístico. Antes de abordar essa orientação, vamos revisar a evolução das ideias de marketing.

Orientação de produção

A **orientação de produção**, um dos conceitos mais antigos em administração, afirma que os consumidores preferem produtos fáceis de encontrar e de baixo custo. Os gerentes de empresas orientadas para a produção concentram-se em alcançar alta eficiência de produção, baixos custos e distribuição em massa. Essa orientação faz sentido em países em desenvolvimento como a China, onde a maior fabricante de PCs, a Lenovo, se aproveita da enorme mão de obra barata do país para dominar o mercado.[18] As empresas também utilizam a orientação de produção quando querem expandir o mercado.

Orientação de produto

De acordo com a **orientação de produto**, os consumidores dão preferência a produtos que oferecem qualidade e desempenho superiores ou possuem características inovadoras.

Os gerentes, contudo, muitas vezes se apaixonam por seus produtos. Com isso, eles podem escorregar no "mito da ratoeira melhor", acreditando que um produto melhor fará com que as pessoas se acotovelem a sua porta. Um produto novo ou aperfeiçoado não será bem-sucedido a menos que seja precificado, distribuído, promovido e vendido de maneira apropriada.

Orientação de vendas

A **orientação de vendas** parte do princípio de que, por vontade própria, consumidores e empresas não comprarão os produtos da organização em quantidade suficiente. Assim, a organização deve empreender um esforço de vendas agressivo. Esse esforço é mais agressivo com produtos pouco procurados, que os compradores normalmente não pensam em comprar – como seguros e jazigos funerários –, e quando empresas com excesso de capacidade têm como objetivo vender aquilo que fabricam, e não o que o mercado quer. O marketing baseado em vendas agressivas é arriscado.

Orientação de marketing

A **orientação de marketing** surgiu em meados nos anos 1950[19] como uma filosofia de "sentir e responder" centrada no cliente. O que se precisa não é encontrar os clientes certos para seus produtos, mas sim os produtos certos para seus clientes. A orientação de marketing afirma que o segredo para atingir os objetivos organizacionais é ser mais eficaz do que os concorrentes na criação, entrega e comunicação de valor superior aos clientes.

Theodore Levitt, de Harvard, elaborou uma comparação perspicaz das orientações de vendas e marketing:

> A venda está voltada para as necessidades do vendedor; o marketing, para as necessidades do comprador. A venda preocupa-se com a necessidade do vendedor de converter seu produto em dinheiro; o marketing, com a ideia de satisfazer as necessidades do cliente por meio do produto e de todo um conjunto de coisas associado à sua criação, entrega e consumo final.[20]

Vários pesquisadores descobriram que empresas que abraçam a orientação de marketing alcançam desempenho superior.[21]

Orientação de marketing holístico

A **orientação de marketing holístico** é baseada no desenvolvimento, no projeto e na implementação de programas, processos e atividades de marketing, com o reconhecimento de sua amplitude e suas interdependências. Ela reconhece que, no marketing, tudo é importante – e que uma perspectiva abrangente e integrada geralmente é necessária. Portanto, o marketing holístico reconhece e concilia o escopo e as complexidades das atividades de marketing. A Figura 1.2 traz uma visão geral dos quatro amplos temas que caracterizam o marketing holístico – temas estes que aparecerão ao longo deste livro: marketing de relacionamento, marketing integrado, marketing interno e marketing de desempenho. Empresas bem-sucedidas aplicam o marketing holístico para manter seus programas e atividades mudando de acordo com as alterações que ocorrem em seu local e espaço de mercado.

FIGURA 1.2 DIMENSÕES DO MARKETING HOLÍSTICO.

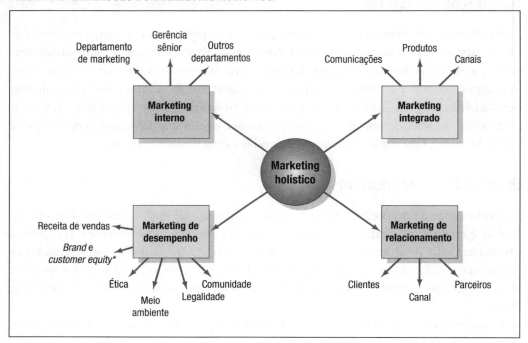

Marketing de relacionamento. O **marketing de relacionamento** tem como objetivo construir relacionamentos de longo prazo mutuamente satisfatórios com partes-chave a fim de conquistar ou manter negócios com elas.[22] Quatro partes-chave para o marketing de relacionamento são: clientes, funcionários, parceiros de mercado (canais, fornecedores, distribuidores, concessionárias, agências) e membros da comunidade financeira (acionistas, investidores, analistas).

Em última instância, o resultado do marketing de relacionamento é um ativo exclusivo para a empresa chamado **rede de marketing**, que consiste na empresa e nos *stakeholders* que a apoiam – clientes, funcionários, fornecedores, distribuidores e varejistas, entre outros –, com quem a organização construiu relacionamentos profissionais mutuamente compensadores. Seu princípio operacional é simples: construa uma rede de relacionamento efetiva com seus principais *stakeholders* e os lucros serão uma consequência.[23]

---

* N. do R.T.: *customer equity* é a soma dos valores vitalícios de todos os clientes. O valor vitalício do cliente (CLV, do inglês *customer lifetime value*) descreve o valor presente do fluxo de lucros futuros que a empresa espera obter com o cliente em compras ao longo do tempo.

As empresas também estão moldando ofertas, serviços e mensagens para clientes individuais com base em informações sobre transações passadas e em dados demográficos e psicográficos, bem como em preferências de mídias e distribuição. Concentrando-se em seus clientes, produtos e canais mais lucrativos, as empresas esperam conquistar crescimento lucrativo capturando uma parcela maior dos gastos de cada cliente por meio do alto nível de fidelidade deles. Elas estimam o valor que cada cliente terá ao longo de sua vida e projetam suas ofertas ao mercado e seu preço de modo a ter um lucro superior a esse valor. Por fim, as empresas devem conduzir de maneira competente não apenas o gerenciamento do relacionamento com os clientes, mas também o gerenciamento do relacionamento com os parceiros, para que tanto parceiros como fornecedores e distribuidores possam se beneficiar.

Marketing integrado. O **marketing integrado** ocorre quando a empresa elabora atividades e monta programas de marketing para criar, comunicar e entregar valor para os clientes, de modo que "o todo se torne maior do que a soma das partes". Aqui, dois temas-chave são: (1) várias atividades de marketing podem criar, comunicar e entregar valor; (2) as empresas devem elaborar e implementar uma atividade tendo todas as outras em mente. Por exemplo: quando um hospital compra um aparelho de ressonância magnética da divisão de sistemas médicos da General Electric, ele espera receber, com a compra, bons serviços de instalação, manutenção e treinamento.

Utilizar uma estratégia de comunicação integrada significa selecionar opções de comunicação e mensagem que se reforçam e se complementam. A empresa também deve desenvolver uma estratégia de canal integrada, considerando o lado bom e o ruim de ter muitos canais (o que leva a conflitos entre os membros do canal e/ou a falta de apoio) e poucos canais (resultando na perda de oportunidades de mercado).

Marketing interno. O **marketing interno**, um elemento do marketing holístico, consiste na tarefa de contratar, treinar e motivar funcionários capazes que queiram atender bem os clientes. Ele garante que todos na organização absorvam os princípios de marketing apropriados, especialmente os gerentes sêniores. Profissionais de marketing inteligentes sabem que as atividades de marketing dirigidas para *dentro* da empresa podem ser tão importantes quanto aquelas dirigidas para fora – se não mais importantes. Não faz nenhum sentido prometer um serviço excelente antes de a equipe estar pronta para oferecê-lo (veja a seção "Habilidades em marketing", a seguir).

O marketing não é mais responsabilidade de um único departamento – trata-se de um esforço de toda a empresa,[24] que orienta sua visão, sua missão e seu planejamento estratégico. Ele ocorre quando todos os departamentos trabalham juntos para alcançar as metas do cliente: quando a engenharia projeta os produtos certos, o financeiro reserva a quantidade certa de recursos, o setor de compras adquire os materiais certos, a produção faz os produtos certos no tempo certo, a contabilidade avalia a lucratividade das maneiras certas. Essa harmonia interdepartamental, contudo, só acontece realmente quando a administração mostra, de maneira clara, como a filosofia e a orientação de marketing da empresa atendem os clientes.

Habilidades em marketing

Marketing interno

Um das mais valiosas habilidades que um profissional de marketing pode ter é a capacidade de selecionar, instruir e reunir pessoas de dentro da organização para construir relacionamentos de longo prazo, mutuamente satisfatórios, com *stakeholders*. O marketing interno tem início com a seleção de gerentes e funcionários que tenham atitudes positivas em relação não apenas à empresa, mas também a seus produtos e clientes. A etapa seguinte consiste em treinar e motivar toda a equipe, bem como lhe fornecer *empowerment*, de modo que ela tenha conhecimento, ferramentas e autoridade para oferecer valor aos clientes. Após estabelecer padrões para o desempenho dos funcionários, vem a etapa final, que consiste em monitorar as ações dos colaboradores, recompensando e reforçando o bom desempenho.

O marketing interno é prioridade no Snowshoe Mountain, um resort para quem gosta de esquiar localizado em Snowshoe, West Virginia, nos EUA. O resort recentemente se redefiniu, com a promessa de ser uma "autêntica, rústica e cativante experiência selvagem" para os esquiadores. No lançamento de sua iniciativa de marketing, a empresa começou de dentro. Ela incorporou a nova promessa de marca em um livreto de 40 páginas sobre a história do resort, no qual incluiu as sete palavras de ordem que caracterizam o modo como os funcionários devem interagir com os hóspedes. Mensagens e placas nas montanhas também lembram os funcionários de entregar a promessa da marca. Por fim, novos contratados passam por uma apresentação de marketing especial, que os ajuda a entender melhor a marca e a se tornar defensores eficazes dela.[25]

Marketing de desempenho. O **marketing de desempenho** requer o entendimento dos retornos financeiros e não financeiros gerados para a empresa e a sociedade pelas atividades e programas de marketing. Grandes empresas estão cada vez mais indo além da receita de vendas para examinar o desempenho do marketing e interpretar o que está acontecendo com a participação de mercado, o índice de perda de clientes, a satisfação do cliente, a qualidade do produto e outras métricas.

- *Finanças.* Cada vez mais os profissionais de marketing precisam justificar seus investimentos em termos financeiros e de lucratividade, assim como em termos de construção da marca e de crescimento da base de clientes.[26] Eles estão usando uma variedade maior de métricas e mensurações financeiras para avaliar o valor direto e indireto criado por seus esforços de marketing. Estão também reconhecendo que muito do valor de mercado de suas empresas é proveniente de ativos intangíveis, em especial relacionamento com distribuidores e fornecedores, marcas, base de clientes, funcionários e capital intelectual.
- *Marketing de responsabilidade social.* As empresas devem levar em conta o contexto ético, ambiental, legal e social de seu papel e de suas atividades.[27] A tarefa da organização é determinar as necessidades, os desejos e os interesses dos mercados-alvo e satisfazê-los de modo mais eficaz que seus concorrentes, ao mesmo tempo que preserva e intensifica o bem-estar dos consumidores e da so-

ciedade no longo prazo. À medida que os produtos se tornam mais comoditizados e os consumidores crescem mais socialmente conscientes, algumas empresas – entre elas a Timberland e a Patagonia – incorporam a responsabilidade social como uma maneira de se diferenciar de seus concorrentes, obter a preferência do consumidor e aumentar as vendas e os lucros. O Quadro 1.1 traz alguns diferentes tipos de iniciativas sociais corporativas, exemplificadas pelo McDonald's.[28]

QUADRO 1.1 INICIATIVAS SOCIAIS CORPORATIVAS.

Tipo	Descrição	Exemplo
Marketing social corporativo	Apoia campanhas de mudança de comportamento.	Promoção, por parte do McDonald's, de uma campanha estadual de imunização infantil em Oklahoma.
Marketing de causas	Promove questões sociais por meio de esforços como patrocínios, acordos de licenciamento e propaganda.	O patrocínio que o McDonald's oferece a Forest, um gorila do zoológico de Sydney – um compromisso de dez anos de patrocínio, destinado a preservar essa espécie ameaçada.
Marketing relacionado a causas	Doa uma porcentagem das receitas a uma causa específica, com base na receita obtida durante o período de apoio anunciado.	No McDia Feliz, todo recurso arrecadado com a venda de Big Mac é destinado a instituições que combatem o câncer infantojuvenil e são apoiadas pelo Instituto Ronald McDonald's.
Filantropia corporativa	Oferece dinheiro, bens ou tempo para ajudar organizações sem fins lucrativos, grupos ou indivíduos.	As contribuições do McDonald's às instituições que fazem parte do Programa Casas Ronald McDonald's.
Envolvimento empresarial na comunidade	Fornece produtos voluntários à comunidade.	O fornecimento de alimentos, pelo McDonald's, aos bombeiros que combatiam incêndios nas florestas australianas em dezembro de 1997.
Práticas de negócios socialmente responsáveis	Adapta e conduz práticas de negócios que protejam o ambiente, os seres humanos e os animais.	A exigência do McDonald's de que os fornecedores aumentassem o espaço físico das galinhas poedeiras nas fazendas de produção.

Fonte: KOTLER, Philip; LEE, Nancy. *Corporate social responsibility:* doing the most good for your company and your cause. Hoboken: Wiley, 2004. Copyright © 2005 by Philip Kotler e Nancy Lee. Usado com permissão da John Wiley & Sons, Inc.

Atualização dos 4Ps

McCarthy dividiu várias atividades de marketing em ferramentas de *mix de marketing* para quatro grupos abrangentes, denominados por ele *4Ps do marketing*: produto, preço, praça (ou ponto de venda) e promoção (veja a Figura 1.3).[29]

FIGURA 1.3 OS 4PS DO MIX DE MARKETING.

Diante da amplitude, da complexidade e da riqueza do marketing, fica evidente que esses 4Ps já não são mais suficientes. O Quadro 1.2 traz um conjunto de Ps atualizado, mais representativo, que abarca as novas realidades da orientação de marketing holístico: pessoas, processos, programas e performance. Esses novos 4Ps se aplicam a todas as áreas dentro da organização – e, pensando dessa maneira, possibilitam que os gerentes cresçam mais alinhados com o restante da empresa.

Pessoas – funcionários e marketing interno – são fundamentais para o sucesso do marketing. Além disso, como parte dos novos 4Ps, as empresas devem ver os consumidores como pessoas que têm uma visão mais ampla de sua vida, e não como indivíduos que simplesmente compram e consomem as ofertas ao mercado.

Os *processos* consistem em toda a criatividade, disciplina e estrutura associada à administração de marketing. Somente por meio da institucionalização do conjunto certo de processos para orientar atividades e programas uma empresa pode se envolver em relacionamentos de longo prazo mutuamente benéficos, gerar percepções e criar produtos e atividades de marketing inovadores.

QUADRO 1.2 A EVOLUÇÃO DA ADMINISTRAÇÃO DE MARKETING.

4Ps do mix de marketing	4Ps da administração de marketing moderna
Produto	Pessoas
Praça (ou ponto de venda)	Processos
Promoção	Programas
Preço	Performance

Programas são todas as atividades *on-line* e *off-line* da empresa dirigidas para o consumidor. Eles englobam os antigos 4Ps, bem como outras atividades de marketing que, apesar de não se encaixarem muito bem com a velha visão do marketing, devem ser integradas a fim de atingir diversos objetivos para a empresa.

No marketing holístico, a *performance* reflete uma série de possíveis resultados que têm implicações financeiras e não financeiras (lucratividade, *brand* e *customer equity*), assim como implicações que vão além da empresa (responsabilidade social, legalidade, ética).

Tarefas da administração de marketing

Com o marketing holístico como pano de fundo, podemos identificar um conjunto específico de tarefas que compõem a administração e a liderança de marketing bem-sucedidas.

- *Desenvolvimento de estratégias e planos de marketing.* A primeira tarefa consiste em identificar as oportunidades de longo prazo da organização, tendo em vista sua experiência de mercado e suas competências centrais. O Capítulo 2 aborda detalhadamente esse processo.
- *Captura de percepções de marketing.* As empresas devem monitorar de perto o ambiente de marketing para continuamente avaliar o potencial do mercado e a previsão de demanda. O Capítulo 3 trata das informações e da pesquisa de marketing, bem como da demanda de mercado e do ambiente de marketing.
- *Conexão com os clientes.* A empresa deve determinar a melhor maneira de criar valor para os mercados-alvo selecionados e desenvolver relacionamentos fortes, lucrativos e de longo prazo com clientes, como discutido no Capítulo 4 (os Capítulos 5 e 6 tratam da análise dos mercados consumidor e organizacional). Em seguida, ela deve dividir o mercado em grandes segmentos, avaliar cada um e selecionar aquele que pode ser mais bem atendido, como mostra o Capítulo 7.
- *Construção de marcas fortes.* As empresas precisam entender como os clientes percebem as forças e as fraquezas de suas marcas – tema do Capítulo 8. Além disso, elas devem desenvolver uma estratégia de posicionamento e planejar maneiras de lidar com a concorrência, como discutido no Capítulo 9.
- *Desenvolvimento de ofertas ao mercado.* No centro do programa de marketing reside o produto, ou seja, a oferta tangível da empresa para o mercado, que inclui a qualidade, o design, as características e a embalagem – elementos que são explorados no Capítulo 10. O Capítulo 11 explica como as empresas podem comercializar serviços, ao passo que o Capítulo 12 examina as principais decisões de marketing relacionadas à determinação de preços.

- *Entrega de valor.* Como a empresa pode entregar valor para seu mercado-alvo? O Capítulo 13 apresenta as atividades de canal necessárias para tornar a oferta de produto acessível e disponível aos clientes. O Capítulo 14 traz os vários tipos de varejistas, atacadistas e empresas de distribuição e o modo como eles tomam suas decisões.
- *Comunicação do valor.* As empresas devem comunicar de maneira apropriada para seu mercado-alvo o valor embutido em seus produtos. Para tanto, elas precisam de um programa de comunicação integrada de marketing que maximize as contribuições individuais e coletivas de todas as atividades de comunicação, como discutido no Capítulo 15. O Capítulo 16 aborda o uso da comunicação de massa, como a propaganda e as relações públicas. O Capítulo 17, por sua vez, trata das comunicações pessoais, entre elas o marketing direto e o interativo.
- *Geração de sucesso no longo prazo.* A estratégia de marketing deve levar em conta oportunidades e desafios globais em transformação. A administração deve também estabelecer uma organização de marketing capaz de implementar o plano de marketing. Veja o Capítulo 18 para mais detalhes.

Resumo

O marketing é a atividade, o conjunto de instituições e os processos que envolvem a criação, a comunicação, a entrega e a troca de ofertas que têm valor para os clientes, os parceiros e a sociedade em geral. A administração de marketing é a arte e a ciência de escolher mercados-alvo e obter, manter e desenvolver clientes por meio da criação, da entrega e da comunicação de valor superior para eles. As empresas podem trabalhar no marketing de bens, serviços, eventos, experiências, pessoas, lugares, propriedades, organizações, informações e ideias. Elas operam em quatro diferentes mercados: consumidor, organizacional, global e não lucrativo.

O mercado hoje é fundamentalmente diferente em razão de importantes forças societais que resultaram em muitas novas competências para consumidores e empresas. As organizações podem escolher conduzir seus negócios de acordo com cinco orientações competitivas: a orientação de produção, a orientação de produto, a orientação de vendas, a orientação de marketing e a orientação de marketing holístico. A orientação de marketing holístico é baseada no desenvolvimento, no projeto e na implementação de programas, processos e atividades de marketing, com reconhecimento de sua amplitude e suas interdependências. O marketing holístico reconhece que, no marketing, tudo é importante, e que uma perspectiva ampla, integrada é geralmente necessária. Os quatro componentes do marketing holístico são: marketing de relacionamento, marketing integrado, marketing interno e marketing de desempenho.

A administração de marketing bem-sucedida inclui: desenvolvimento de estratégias e planos de marketing, captura de percepções de marketing, conexão com os clientes, construção de marcas fortes, desenvolvimento de ofertas ao mercado, entrega e comunicação de valor e geração de sucesso no longo prazo. Isso é alcançado por meio de um novo conjunto de 4Ps baseado na orientação de marketing holístico: pessoas, processos, programas e performance.

Notas

1. SOCIAL ELECTIONEERING: how the U.S. created the 'social election', **Marketing**, p. 18, Apr. 2010.; LEARMONTH, Michael. Social media paves way to White House. **Advertising Age**, p. 16, March 30, 2009; O'LEARY, Noreen. GMBB. **AdweekMedia**, p. 2, June 15, 2009.; QUELCH, John. The marketing of a president. **Harvard Business School Working Knowledge**, November 12, 2008.
2. KOTLER, Philip. Marketing: the underappreciated workhorse. **Market Leader**, p. 8-10, 2009.
3. VERHOEF, Peter C.; LEEFLANG, Peter S. H. Understanding the marketing department's influence within the firm. **Journal of Marketing**, 73, p. 14-37, Mar. 2009.
4. FINE, Jon. Marketing's drift away from media. **BusinessWeek**, p. 64, August 17, 2009.
5. AMERICAN Marketing Association (AMA). Disponível em: <www.marketingpower.com/AboutAMA/Pages/DefinitionofMarketing.aspx>. Acesso em: Mar. 2013; KEEFE, Lisa. Marketing defined. **Marketing News**, p. 28-29, January 15, 2008.
6. DRUCKER, Peter. **Management**: tasks, responsibilities, practices. Nova York: Harper and Row, 1973. p. 64-65.
7. PINE II, B. Joseph; GILMORE, James. **The experience economy**. Boston: Harvard Business School Press, 1999; SCHMITT, Bernd. **Experience marketing**. Nova York: Free Press, 1999; KOTLER, Philip. Dream vacations: the booming market for designed experiences. **The Futurist**, p. 7-13, Oct. 1984.
8. REIN, Irving J.; KOTLER, Philip; HAMLIN, Michael; STOLLER, Martin. **High visibility**, 3ed. Nova York: McGraw-Hill, 2006.
9. KOTLER, Philip; ASPLUND, Christer; REIN, Irving; HAIDER, Donald H. **Marketing places in Europe**: attracting investments, industries, residents, and visitors to European cities, communities, regions, and nations. Londres: Financial Times Prentice Hall, 1999; KOTLER, Philip; REIN, Irving J.; HAIDER, Donald. **Marketing places**: attracting investment, industry, and tourism to cities, states, and nations. Nova York: Free Press, 1993.
10. BRANDT, John R. Dare to be different. **Chief Executive**, p. 34-38, May 2003.
11. RAWLINSON, Richard. Beyond brand management. **Strategy+Business**, Summer 2006.
12. HOFFMAN, Constantine von. Armed with intelligence. **Brandweek**, p. 17-20, May 29, 2006.
13. RAYPORT, Jeffrey; SVIOKLA, John. Exploring the virtual value chain. **Harvard Business Review**, p. 75-85, Nov./Dec. 1995; RAYPORT, Jeffrey; SVIOKLA, John. Managing in the marketspace. **Harvard Business Review**, p. 141-150, Nov./Dec. 1994.
14. SAWHNEY, Mohan. **Seven steps to Nirvana**. Nova York: McGraw-Hill, 2001.
15. FRANKE, Nikolaus; KEINZ, Peter; STEGER, Christoph J. Testing the value of customization: when do customers really prefer products tailored to their preferences? **Journal of Marketing**, 73, nº 5, p. 103-121, Sep. 2009.
16. KAMENETZ, Anya. The network unbound. **Fast Company**, p. 69-73, June 2006.
17. CALNAN, Christopher. Dell, others, don't pigeonhole social media. **Austin Business Journal**, June 19, 2010; GONSALVES, Antonio. Dell makes $3 million from Twitter-related sales. **InformationWeek**, June 12, 2009.
18. SCHUMAN, Michael. Lenovo's legend returns, **Time**, June 10, 2010.
19. KEITH, Robert J. The marketing revolution. **Journal of Marketing**, p. 35-38, jan. 1960; MCKITTERICK, John B. What is the marketing management concept? In: BASS, Frank M. (ed.) **The frontiers of marketing thought and action**. Chicago: American Marketing Association, p. 71-82. 1957; BORCH, Fred J. The marketing philosophy as a way of business life. **The Marketing Concept:** Its Meaning to Management. Marketing Series. nº 99. p. 3-5. Nova York: American Management Association, 1957.
20. LEVITT, Theodore. Marketing myopia. **Harvard Business Review**, p. 50, jul./aug. 1960.
21. DESHPANDE, Rohit; FARLEY, John U. Measuring market orientation: generalization and synthesis. **Journal of Market-Focused Management 2**, p. 213-232, 1998; KOHLI, Ajay K.; JAWORSKI, Bernard J. Market orientation: the construct, research propositions, and managerial implications. **Journal of Marketing**, p. 1-18, apr. 1990; NARVER, John C.; SLATER, Stanley F. The effect of a market orientation on business profitability. **Journal of Marketing**, p. 20-35, oct. 1990.
22. GUMMESSON, Evert. **Total relationship marketing**. Boston: Butterworth-Heinemann, 1999; MCKENNA, Regis. **Relationship marketing**. Reading: Addison-Wesley, 1991; CHRISTOPHER, Martin; PAYNE, Adrian; BALLANTYNE, David. **Relationship marketing:** bringing quality, customer service, and marketing together. Oxford: Butterworth-Heinemann, 1991.
23. ANDERSON, James C.; HAKANSSON, Hakan; JOHANSON, Jan. Dyadic business relationships within a business network context. **Journal of Marketing**, p. 1-15, October 15, 1994.
24. HOMBURG, Christian; WORKMAN JR., John P.; KROHMEN, Harley. Marketing's influence within the firm. **Journal of Marketing**, p. 1-15, Jan. 1999.
25. ANDRUSS, Paula. Employee ambassadors. **Marketing News**, p. 26–27, December 15, 2008.
26. SHAW, Robert; MERRICK, David. **Marketing payback:** is your marketing profitable? Londres: Pearson Education, 2005.
27. SISODIA, Rajendra; WOLFE, David; SHETH, Jagdish. **Firms of endearment:** how world-class companies profit from passion. Upper Saddle River: Wharton School Publishing, 2007.

28. Caso opte por desenvolver um programa de responsabilidade social corporativa, veja: PORTER, Michael E.; KRAMER, Mark R. Strategy and society: the link between competitive advantage and corporate social responsibility. **Harvard Business Review**, p. 78-92, Dec. 2006.

29. MCCARTHY, E. Jerome; PERREAULT, William D. **Basic marketing:** a global-managerial approach, 14ed. Homewood: McGraw-Hill/Irwin, 2002.

**PARTE 1:
Entendendo a administração de marketing**

capítulo **2**

Desenvolvimento de planos e estratégias de marketing

Neste capítulo, abordaremos as seguintes questões:

1. Como o marketing afeta o valor para o cliente?
2. Como o planejamento estratégico é realizado nos diferentes níveis da organização?
3. Quais elementos um plano de marketing possui?
4. Como a administração pode avaliar o desempenho do marketing?

Administração de marketing no Yahoo!

Fundado em 1994 por estudantes de graduação da Universidade de Stanford que navegavam na Web, o Yahoo! começou como uma pequena novidade e hoje é uma poderosa força na Internet. O Yahoo! tem trabalhado bastante para ser mais do que uma ferramenta de busca. A empresa, que oferece e-mail, notícias, informações sobre o tempo, música, fotos, jogos, possibilidade de compras, leilões e serviços de viagem, autoproclama-se, com orgulho, "o único lugar em que uma pessoa precisa ir para encontrar o que procura, comunicar-se com alguém e comprar". Uma grande porcentagem das receitas do Yahoo! é proveniente de propaganda, mas a empresa também lucra com anúncios pessoais on-line, e-mail premium e pequenos serviços empresariais, entre outros.

Apesar de, com sua vasta variedade de conteúdo digital, o Yahoo! lutar para conquistar uma vantagem competitiva em relação a sua rival Google, a repentina ascensão da Google para a liderança em busca, e-mail e serviços relacionados fez dela a queridinha dos anunciantes. Com a aquisição do serviço de compartilhamento de fotos Flickr, do gerenciador de links favoritos Del.icio.us e do site de edição de vídeo on-line Jumpcut, o Yahoo! fortaleceu suas competências. A empresa também tem um acordo de dez anos para usar a ferramenta Bing, da Microsoft, para buscas em seu site, com a qual compartilha a receita oriunda dos anúncios. Além disso, o Yahoo! continua crescendo na Europa e na Ásia. Olhando para o futuro, o que o Yahoo! deve fazer para que seu marketing seja bem-sucedido no longo prazo?[1]

Os ingredientes-chave do processo de administração de marketing são: perspicácia, estratégias criativas e planos que possam orientar as atividades de marketing. Como o Yahoo! sabe, desenvolver a estratégia de marketing certa ao longo do tempo requer uma mistura de disciplina e flexibilidade. As empresas devem se fixar em uma estratégia, mas também constantemente melhorá-la. Elas também devem desenvolver estratégias para uma variedade de produtos da organização e determinar como avaliar o desempenho do marketing, como veremos neste capítulo.

Marketing e valor para o cliente

O dever de qualquer negócio é fornecer valor para o cliente mediante lucro. Em uma economia extremamente competitiva, com compradores cada vez mais informados diante de uma abundância de opções, uma empresa só é capaz de vender ajustando o processo de entrega de valor e selecionando, proporcionando e comunicando um valor superior. Empresas reconhecidas pelo seu marketing obtiveram sucesso porque seus profissionais de marketing souberam não apenas elaborar planos de maneira criativa e bem pensada para entregar valor, mas também trazê-los à vida (veja o Quadro 2.1).

QUADRO 2.1 CARACTERÍSTICAS DE EMPRESAS RECONHECIDAS PELO SEU MARKETING.

- A empresa seleciona mercados-alvo nos quais desfruta de vantagens superiores e sai ou evita mercados em que é intrinsecamente fraca.
- Praticamente todos os funcionários e departamentos da empresa são orientados para o cliente e para o mercado.
- Há uma boa relação de trabalho entre marketing, P&D, produção, vendas e atendimento ao cliente.
- A empresa tem incentivos desenvolvidos para orientar aos comportamentos certos.
- A empresa está sempre desenvolvendo e mensurando a satisfação e a fidelidade do cliente.
- A empresa gerencia um sistema de entrega de valor em parceria com fornecedores e distribuidores fortes.
- A empresa é hábil na construção de sua imagem e seu(s) nome(s) de marca.
- A empresa é flexível no atendimento das variadas exigências dos clientes.

O processo de entrega de valor

De acordo com a visão tradicional do marketing, a empresa faz alguma coisa e a vende, com o marketing surgindo no processo de vendas. As empresas que aceitam essa visão têm mais chances de serem bem-sucedidas em economias caracterizadas pela escassez de bens, em que os consumidores não fazem questão de qualidade, recursos ou estilo – é o caso, por exemplo, dos itens de primeira necessidade nos mercados emergentes.

Essa visão tradicional, contudo, não funciona em economias com muitos diferentes tipos de pessoas, cada uma delas com seus próprios desejos, percepções, preferências e critérios de compra. A empresa inteligente deve elaborar e entregar ofertas para mercados-alvo bem definidos. Isso leva a uma nova visão dos processos de negócios, que coloca o marketing no *início* do planejamento. Em vez de enfatizar a fabricação e as vendas, as empresas agora se veem como parte de um processo de entrega de valor.

A sequência de criação e entrega de valor consiste em três fases.[2] Na primeira fase, *seleção do valor*, os profissionais de marketing segmentam o mercado, selecionam o mercado adequado e desenvolvem o posicionamento de valor da oferta. A fórmula "segmentação, seleção de mercado-alvo (*targeting*), posicionamento" é a essência do marketing estratégico. A segunda fase consiste no *fornecimento de valor* por meio de características específicas, preços e distribuição do produto. A terceira fase consiste na *comunicação do valor* por meio da força de vendas, da Internet, da propaganda e de outras ferramentas de comunicação para anunciar e promover o produto. O processo de entrega de valor começa antes da existência de um produto e continua não apenas enquanto ele é desenvolvido, mas também depois que é lançado.

A cadeia de valor

Michael Porter, da Universidade de Harvard, propôs a **cadeia de valor** como uma ferramenta para identificar maneiras de criar mais valor para o cliente.[3] De acordo com esse modelo, toda empresa é uma síntese das atividades desempenhadas para projetar, produzir, comercializar, entregar e apoiar seu produto. A cadeia de valor identifica nove atividades estrategicamente relevantes – cinco primárias e quatro de apoio – que criam valor e geram custo em um determinado negócio.

As *atividades primárias* são: (1) logística interna, ou levar materiais para dentro da empresa; (2) operações, ou converter materiais em produtos finais; (3) logística externa, ou expedir os produtos finais; (4) marketing, que inclui vendas; (5) serviços. Departamentos especializados lidam com *atividades de apoio* – (1) compras; (2) desenvolvimento de tecnologia; (3) administração de recursos humanos; (4) infraestrutura da empresa. (A infraestrutura abrange os custos ligados a administração geral, planejamento, finanças e contabilidade, jurídico e assuntos governamentais.)

A tarefa da empresa é examinar seus custos e desempenho em cada atividade geradora de valor e buscar maneiras de melhorá-los. Os gerentes precisam estimar os custos e o desempenho de seus concorrentes, que devem servir de padrões de referência com os quais comparar os seus. Eles também devem ir além, estudando as "melhores práticas" empregadas pelas melhores empresas do mundo. O sucesso da empresa depende não apenas do grau de excelência com que cada departamento desempenha seu trabalho, mas também do grau de excelência com que a empresa coordena as atividades departamentais para conduzir os cinco *processos centrais de negócios*, que são:[4]

- *Processo de compreensão do mercado.* Todas as atividades relacionadas à coleta de informações sobre o mercado e à sua utilização.
- *Processo de realização de uma nova oferta.* Todas as atividades relacionadas à pesquisa, ao desenvolvimento e ao lançamento de ofertas de alta qualidade, com rapidez e dentro do orçamento.
- *Processo de aquisição de clientes.* Todas as atividades relacionadas à definição de mercados-alvo e à prospecção de novos clientes.
- *Processo de gerência de relacionamento com os clientes.* Todas as atividades relacionadas à construção de um entendimento mais profundo, de relacionamentos e de ofertas para clientes individuais.
- *Processo de gestão completa do pedido.* Todas as atividades relacionadas ao recebimento e à aprovação de pedidos, à expedição pontual de mercadorias e ao recebimento do pagamento.

Para ter sucesso, a empresa também deve buscar vantagens competitivas fora de suas operações, nas cadeias de valor de fornecedores, distribuidores e clientes. Atualmente, muitas empresas têm formado parcerias com determinados fornecedores e distribuidores para criar uma **rede de entrega de valor** superior, também chamada de **cadeia de suprimento** (ou *supply chain*).

Competências essenciais

Tradicionalmente, as empresas são proprietárias e controladoras da maioria dos recursos que fazem parte de seus negócios – mão de obra, materiais, máquinas, informações e energia. Hoje, contudo, muitos recursos menos essenciais são terceirizados quando, com isso, as empresas podem obter melhor qualidade e custos mais baixos. O segredo, portanto, é possuir e manter os recursos e as competências que constituem a *essência* dos negócios. Por exemplo: muitas empresas norte-americanas de produtos têxteis, químicos e computacionais/eletrônicos não fabricam seus próprios produtos porque fabricantes de outros países são mais competentes nessa tarefa. Em vez disso, elas se concentram no projeto, no desenvolvimento e no marketing de seus produtos, ou seja, em suas competências essenciais.

Uma **competência essencial** possui três características: (1) é fonte de vantagem competitiva e oferece uma contribuição significativa para os benefícios percebidos pelo cliente; (2) tem aplicações em uma ampla variedade de mercados; (3) é difícil de os concorrentes imitarem.[5] Vantagens competitivas também se acumulam em empresas que possuem *competências distintivas* ou excelência em processos de negócios mais amplos.

George Day, da Wharton, vê as organizações impulsionadas pelo mercado como excelentes em três competências distintivas: inteligência de mercado, proximidade do cliente e vínculo com o canal.[6] Segundo Day, enormes oportunidades e ameaças geralmente começam como "sinais fracos" vindo da "periferia" de um negócio.[7] Ele oferece um processo sistemático para a construção de "organizações vigilantes", capazes de lidar com as mudanças no ambiente em razão do aprendizado do passado, da avaliação do presente e da previsão do futuro. Em última instância, a vantagem competitiva deriva da capacidade que a empresa tem de inserir suas competências essenciais e suas competências distintivas em "sistemas de atividades" estreitamente interligados. Concorrentes acham difícil imitar a Southwest Airlines, o Walmart e a IKEA porque não conseguem copiar seus sistemas de atividades.

Orientação de marketing holístico e valor para o cliente

As empresas que seguem a orientação de marketing holístico obtêm sucesso gerenciando uma cadeia de valor superior que entrega altos níveis de qualidade do produto, serviço e agilidade. Elas alcançam crescimento lucrativo expandindo a participação do cliente, desenvolvendo sua fidelidade e capturando seu valor ao longo do tempo – tudo isso por meio de foco no cliente, competências essenciais e rede colaborativa.[8] Os profissionais que praticam marketing holístico se deparam com três questões gerenciais básicas referentes à criação, à manutenção e à renovação do valor para o cliente:

1. *Exploração de valor:* como a empresa identifica novas oportunidades de valor?
2. *Criação de valor:* como a empresa cria, de maneira eficiente, novas ofertas de valor mais promissoras?
3. *Entrega de valor:* como a empresa usa suas competências e sua infraestrutura para entregar as novas ofertas de valor de maneira mais eficiente?

O papel central do planejamento estratégico

O marketing bem-sucedido requer capacidades como: entendimento, criação, entrega, captura e apoio de valor para o cliente. A fim de assegurar que as atividades certas sejam selecionadas e executadas, os profissionais de marketing devem priorizar o planejamento estratégico em três pontos-chave: (1) gerenciamento dos negócios da empresa como uma carteira de investimentos; (2) avaliação dos pontos fortes de cada negócio, considerando a taxa de crescimento do mercado e a posição da empresa nesse mercado;

(3) estabelecimento de uma estratégia. A empresa deve desenvolver um plano de ação para atingir os objetivos de longo prazo de cada negócio.

A maioria das grandes empresas é composta por quatro níveis organizacionais: corporativo, de divisão, de unidade de negócios e de produto. O nível corporativo é responsável pela elaboração de um plano estratégico para orientar toda a empresa; ele toma decisões sobre os recursos a serem alocados em cada divisão, assim como decide quais negócios iniciar ou descontinuar. Toda divisão estabelece um plano que abrange a alocação de fundos para cada unidade de negócios que faz parte dela. Por sua vez, cada unidade de negócios desenvolve um plano estratégico para levá-la a um futuro lucrativo. Por fim, cada nível de produto (linha de produto, marca) desenvolve um plano de marketing para atingir seus objetivos.

O **plano de marketing** é o instrumento central para direcionar e coordenar o esforço de marketing. Ele opera tanto no nível estratégico como no tático. O **plano de marketing estratégico** estabelece os mercados-alvo e a proposta de valor da empresa, com base em uma análise das melhores oportunidades de mercado. O **plano de marketing tático** especifica as táticas de marketing, incluindo características do produto, promoção, comercialização, determinação de preço, canais de venda e serviços. O ciclo completo de planejamento, implementação e controle estratégicos pode ser visto na Figura 2.1.

FIGURA 2.1 PLANEJAMENTO, IMPLEMENTAÇÃO E CONTROLE ESTRATÉGICOS.

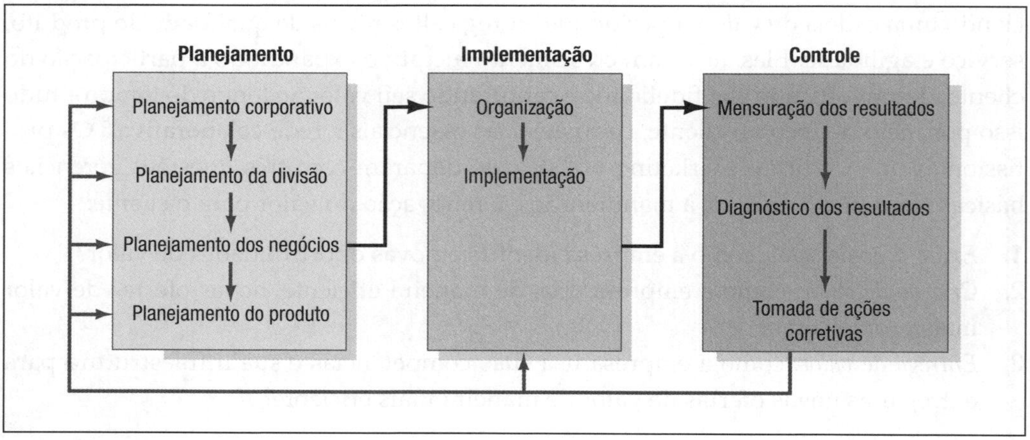

Planejamento estratégico corporativo e em nível de divisão

O nível corporativo realiza quatro atividades de planejamento: (1) definição da missão corporativa; (2) estabelecimento de unidades estratégicas de negócios; (3) alocação de recursos para cada unidade; (4) avaliação das oportunidades de crescimento. Essas atividades são discutidas a seguir.

Definição da missão corporativa

Uma organização existe para realizar alguma coisa: fabricar carros, emprestar dinheiro, fornecer acomodação por uma noite. Com o tempo, sua missão pode mudar para aproveitar novas oportunidades ou responder a novas condições de mercado. Por exemplo: a Amazon mudou sua missão – antes sua missão era ser a maior livraria on-line do mundo; agora é se tornar a maior loja on-line do mundo.

Para definir sua missão, a empresa deve responder às clássicas perguntas de Peter Drucker:[9] Qual é nosso negócio? Quem é o cliente? O que tem valor para o cliente? Qual será nosso negócio? O que nosso negócio deve ser? Empresas de sucesso fazem essas perguntas e as respondem sempre – perguntas estas que estão entre as mais difíceis que a administração tem de responder.

Uma clara **declaração de missão** daquilo que a organização existe para realizar oferece aos funcionários um senso compartilhado de propósito, direção e oportunidade. Boas declarações de missão concentram-se em um número limitado de metas, enfatizam as mais importantes políticas e valores da empresa e definem as principais esferas competitivas da organização. Elas também levam em conta uma visão de longo prazo, além de serem as mais curtas, cheias de significados e fáceis de memorizar possíveis.

Algumas das principais esferas competitivas das declarações de missão incluem:

- *Setor*. Algumas empresas operam somente em um setor; outras operam em um conjunto de setores relacionados; outras ainda atuam somente no setor de bens industriais, de bens de consumo ou de serviços; há ainda aquelas que atuam em todos os setores. Por exemplo: a Caterpillar se concentra no mercado industrial, ao passo que a John Deere opera tanto no mercado industrial como no de consumo.
- *Produtos e aplicações*. As empresas definem o leque de produtos e aplicações que vão fornecer. A St. Jude Medical é "voltada para o desenvolvimento de produtos que, além de proporcionarem mais controle aos médicos, fazem com que a prática da medicina avance e contribua para bons resultados com todos os pacientes".
- *Competência*. As empresas definem a gama de competências tecnológicas e outras competências essenciais que vão dominar e alavancar. A japonesa NEC construiu suas competências essenciais em computação, comunicação e componentes para apoiar a produção de laptops, aparelhos de televisão e telefones sem fio.
- *Segmento de mercado*. O tipo de mercado ou clientes que a empresa vai atender constitui seu segmento de mercado. A Gerber, por exemplo, atende principalmente o mercado de bebês.
- *Verticalidade*. A esfera vertical constitui o número de níveis de canal que a empresa vai participar, considerando desde a matéria-prima até o produto final e a distribuição. Em um extremo estão as empresas com grande escopo vertical. Em outro estão as "organizações ocas", que terceirizam a produção de praticamente todos os produtos.

- *Geografia*. O leque de regiões, países ou grupos de países em que a empresa vai operar define sua dimensão geográfica. Algumas empresas operam em determinada cidade ou estado. Outras são multinacionais, como a Royal Dutch/Shell, que opera em mais de cem países.

Estabelecimento de unidades estratégicas de negócios

Geralmente, as empresas se definem em termos de produtos – elas estão no "negócio de automóveis" ou no "negócio de roupas". Contudo, as *definições de mercado* de um negócio o descrevem como um processo de satisfação dos clientes. Produtos são passageiros; necessidades básicas e grupos de clientes duram para sempre. O transporte é uma necessidade; o cavalo e a carruagem, o carro, o trem, o avião, o navio e o caminhão são produtos que atendem a essa necessidade.

Vislumbrar os negócios em termos de necessidades dos clientes pode sugerir oportunidades adicionais de crescimento. Uma *definição de mercado-alvo* tende a se concentrar na venda de um produto para um mercado atual. Isso significa que a Pepsi poderia definir seu mercado-alvo como todos aqueles que bebem refrigerantes gaseificados; nesse caso, seus concorrentes seriam as outras empresas que vendem esse tipo de refrigerante. Entretanto, uma *definição de mercado estratégico* também foca o mercado potencial. Assim, se a Pepsi levasse em conta todos aqueles que, para matar a sede, bebem alguma coisa, sua concorrência incluiria refrigerantes desgaseificados, água engarrafada, sucos, chá e café. Para competir melhor, a Pepsi poderia decidir vender bebidas adicionais com taxas de crescimento promissoras.

Um negócio pode ser definido em termos de três dimensões: grupos de clientes, necessidades dos clientes e tecnologia.[10] Imagine uma pequena empresa que defina seu negócio da seguinte maneira: projetos de sistemas de iluminação incandescente para estúdio de televisão. Seu grupo de clientes são os estúdios de televisão; a necessidade dos clientes é a iluminação; a tecnologia é a iluminação incandescente. Essa empresa pode querer se expandir, oferecendo iluminação para residências e escritórios ou outros serviços também necessários para estúdios de televisão, como aquecimento e ventilação. Ela pode também desenvolver outras tecnologias de iluminação para estúdios de televisão, como lâmpadas fluorescentes "verdes", que não agridem o meio ambiente.

Normalmente, grandes empresas administram negócios bastante diferentes, cada qual exigindo uma estratégia própria. Uma **unidade estratégica de negócios (UEN)** possui três características: (1) é um negócio isolado ou um conjunto de negócios relacionados que podem ser planejados separadamente do restante da empresa; (2) possui seu próprio grupo de concorrentes; (3) possui um gerente responsável pelo planejamento estratégico e pelo desempenho financeiro, o qual controla a maioria dos fatores que afetam os lucros. O objetivo de identificar as unidades estratégicas de uma empresa é desenvolver estratégias separadas e alocar os recursos de maneira apropriada. A alta administração sabe que seu portfólio de negócios geralmente inclui uma série de "antigos sucessos", assim como algumas "promessas para o amanhã".[11]

Alocação de recursos para cada UEN[12]

Uma vez que as UENs tenham sido definidas, a administração deve decidir como alocar os recursos corporativos em cada uma delas. Os mais recentes métodos de tomada de decisão referentes a investimentos em UENs levam em conta a análise de valor dos acionistas, bem como o fato de o valor de mercado da empresa ser maior com a UEN ou sem ela, que pode ser vendida ou remodelada. Esses cálculos de valor avaliam o potencial de um negócio com base nas oportunidades de crescimento derivadas da expansão global; do reposicionamento ou da redefinição do público-alvo; e da terceirização estratégica.

Avaliação das oportunidades de crescimento

A avaliação das oportunidades de crescimento inclui o planejamento de novos negócios, bem como a redução e a eliminação de negócios mais antigos. Se houver uma lacuna entre as vendas desejadas futuras e as vendas projetadas, a administração corporativa precisará desenvolver ou adquirir novos negócios para preenchê-la. Três opções para aumentar as vendas e os lucros são: oportunidades de crescimento intensivo, oportunidades de crescimento integrativo e oportunidades de crescimento por diversificação.

- *Crescimento intensivo.* Um modelo bastante útil para detectar novas oportunidades de crescimento intensivo é a "matriz de expansão produto-mercado".[13] Com essa matriz, a empresa primeiro considera se pode conquistar mais participação de mercado com seus produtos atuais em seus mercados atuais usando uma estratégia de *penetração de mercado*. Depois, ela considera se pode encontrar ou desenvolver novos mercados para seus produtos atuais, em uma *estratégia de desenvolvimento de mercado*. Então, considera se pode desenvolver novos produtos de potencial interesse para seus mercados atuais com uma *estratégia de desenvolvimento de produto*. Por fim, a empresa verifica as oportunidades de desenvolver novos produtos para novos mercados, em uma *estratégia de diversificação*.
- *Crescimento integrado.* Um negócio pode aumentar suas vendas e lucros por meio de integração para trás (aquisição de um fornecedor), integração para a frente (aquisição de um distribuidor) ou integração horizontal (aquisição de um concorrente). Fusões e alianças horizontais nem sempre funcionam. Nesses casos, a empresa deve considerar a diversificação.
- *Crescimento por diversificação.* A diversificação faz sentido quando existem boas oportunidades que vão além do escopo dos negócios atuais – o setor está altamente atrativo e

a empresa possui a composição de forças necessária para ser bem-sucedida. A empresa deve buscar novos produtos que tenham sinergias tecnológicas ou de marketing com as linhas de produtos existentes, embora atraiam um grupo diferente de clientes. Ela também pode usar a estratégia horizontal para buscar novos produtos não relacionados que interessem os clientes atuais. Por fim, pode buscar novos negócios sem nenhuma relação com sua tecnologia, produtos ou mercados atuais, adotando uma estratégia de conglomerado para a diversificação.

Para liberar os recursos necessários para outros usos e reduzir os custos, as empresas devem, cuidadosamente, enxugar, colher ou mesmo abandonar negócios antigos, exauridos. Por exemplo: para concentrar suas operações de cartão de crédito e de viagem, a American Express reformulou a American Express Financial Advisors, que oferecia seguros, fundos mútuos, conselho de investimento e serviços de corretagem e gestão de ativo – a empresa passou a se chamar Ameriprise Financial.

Organização, cultura organizacional e inovação

O planejamento estratégico acontece no contexto da organização. A *organização* de uma empresa consiste em suas estruturas, políticas e cultura corporativa – elementos que podem se tornar disfuncionais em um ambiente de negócios em rápida transformação. A **cultura corporativa** tem sido definida como "as experiências, histórias, crenças e normas compartilhadas que caracterizam uma organização". Uma cultura centrada no cliente pode afetar todos os aspectos de uma organização.

Às vezes, a cultura corporativa se desenvolve de maneira orgânica e é transmitida aos funcionários diretamente pela personalidade e pelos hábitos do CEO. Mike Lazaridis, presidente e co-CEO da Research In Motion, fabricante do BlackBerry, mantém um encontro semanal, centrado na inovação, chamado "Vision series", no qual foca novas pesquisa e metas da empresa: "Eu acho que temos uma cultura de inovação aqui, e eles [os engenheiros] têm total acesso a mim. Eu vivo uma vida que tenta promover a inovação".[14]

No marketing, a inovação é essencial. Ideias criativas sobre estratégia existem em muitos lugares dentro da empresa.[15] A alta administração deve identificar e encorajar novas ideias de três grupos em geral mal representados: funcionários jovens ou com perspectivas diferentes, funcionários que trabalham longe da sede e funcionários novos no setor. A seção "Insight de marketing", a seguir, mostra como algumas empresas líderes lidam com a inovação.

As empresas desenvolvem estratégias identificando e selecionando diferentes visões de futuro. A Royal Dutch/Shell foi pioneira na **análise de cenários**, que desenvolve representações plausíveis do possível futuro de uma empresa com base em suposições sobre as forças que dirigem o mercado e diferentes incertezas. Os gerentes refletem sobre cada cenário perguntando-se: "O que vamos fazer se isso acontecer?". Eles, então, selecionam o cenário mais provável e ficam atentos aos sinais que possam confirmá-lo ou refutá-lo.[16]

Insight de marketing

Farejando tendências

Quando a IBM realizou uma pesquisa com importantes CEOs e líderes governamentais sobre suas prioridades, a inovação do modelo de negócios e o desenvolvimento de maneiras únicas de fazer as coisas foram bastante lembrados. A orientação da própria IBM para a inovação do modelo de negócios levou a muita colaboração, tanto dentro da empresa como fora, por meio de empresas, governos e instituições de ensino. De modo similar, a Procter & Gamble (P&G) estabeleceu a seguinte meta: 50% de seus novos produtos devem vir de outros lugares que não os laboratórios da empresa – de inventores, cientistas e fornecedores cujas ideias de novos produtos possam ser desenvolvidas internamente, bem como de parceiros internacionais, como a rede de supermercados Tesco.

Por fim, para encontrar ideias totalmente inovadoras, algumas empresas apostam na imersão de um grupo de funcionários, que devem resolver problemas de marketing. O programa Value Innovation, da Samsung, garante que equipes de engenheiros de desenvolvimento de produtos, designers e projetistas fiquem isolados, com um cronograma de tarefas e uma data de conclusão do trabalho, na sede da empresa na região sul de Seul, na Coreia, enquanto 50 especialistas orientam suas atividades. A fim de fomentar a troca de ideias, os membros da equipe desenham "curvas de valor", que pontuam atributos como som do produto ou qualidade da imagem em uma escala de 1 a 5.

Fontes: Lucy Handley, "Brands and retailers take a collaborative approach", *Marketing Week*, 24 jun. 2010, www.marketingweek.co.uk; Steve Hamm, "Innovation: the view from the top", *BusinessWeek*, 3 abr. 2006, p. 52-53; Jena McGregor, "The world's most innovative companies", *BusinessWeek*, 24 abr. 2006, p. 63-74; Rich Karlgard, "Digital rules", *Forbes*, 13 mar. 2006, p. 31; Moon Ihlwan, "Camp Samsung", *BusinessWeek*, 3 jul. 2006, p. 46-47.

Planejamento estratégico da unidade de negócios

O processo de planejamento estratégico da unidade de negócios consiste das etapas mostradas na Figura 2.2. Nas seções a seguir, vamos examinar cada uma delas.

FIGURA 2.2 O PROCESSO DE PLANEJAMENTO ESTRATÉGICO DA UNIDADE DE NEGÓCIOS.

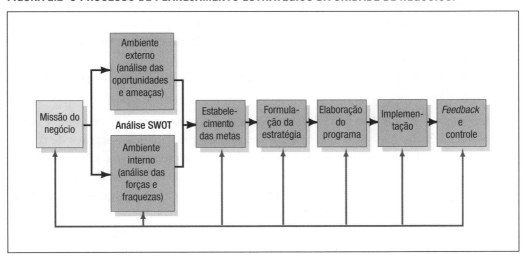

Missão do negócio

Cada unidade de negócio precisa definir sua missão específica considerando a missão da empresa em seu sentido mais amplo. Assim, uma empresa de equipamentos de iluminação para estúdio de televisão pode definir sua missão da seguinte maneira: "ter como alvo os maiores estúdios de televisão e se tornar sua primeira opção para o fornecimento de tecnologias de iluminação que representem as soluções mais avançadas e confiáveis de iluminação de estúdios".

Análise SWOT

A avaliação geral das forças, fraquezas, oportunidades e ameaças de uma empresa é chamada de *análise SWOT* (dos termos em inglês: *strengths, weaknesses, opportunities, threats*). Trata-se de uma maneira de monitorar os ambientes interno e externo de marketing.

Análise do ambiente externo (oportunidade e ameaça). As unidades de negócio devem monitorar *forças macroambientais* importantes e *fatores microambientais* significativos que afetem sua capacidade de obter lucro. Elas devem acompanhar as tendências e os acontecimentos importantes, bem como quaisquer oportunidades ou ameaças a eles relacionados.

Uma **oportunidade de marketing** é uma área de necessidade e interesse do comprador que a empresa tem grande probabilidade de satisfazer de maneira lucrativa. Existem três grandes fontes de oportunidades de mercado.[17] A primeira consiste em oferecer algo cuja oferta seja escassa. A segunda consiste em oferecer um produto existente de maneira nova ou superior. Como? O *método de detecção de problema* pede aos consumidores que deem sua sugestão, o *método ideal* pede que eles imaginem uma versão ideal do produto e o *método de cadeia de consumo* pede que descrevam como adquirem, usam e descartam um produto. A terceira fonte geralmente leva a um produto totalmente novo.

Os profissionais de marketing precisam ser bons na identificação de oportunidades. Considere o seguinte:

- *Uma empresa pode se beneficiar de uma tendência de convergência entre os setores e lançar produtos híbridos que sejam novos para o mercado.* Os principais fabricantes de celular têm lançado telefones que, além de tirarem fotos e fazerem vídeos, vêm com GPS.
- *Uma empresa pode tornar um processo de compra mais conveniente ou eficiente.* Os consumidores podem usar a Internet para encontrar, com apenas alguns cliques, uma quantidade infindável de livros e procurar o melhor preço.
- *Uma empresa pode atender à necessidade por mais informações e orientação.* A Angel's List coloca pessoas em contato com empreiteiras locais que realizam melhorias em residências e com médicos que foram analisados por outros.

- *Uma empresa pode customizar um produto.* A Timberland permite que os clientes escolham a cor de diferentes partes de suas botas, insiram iniciais ou números nos calçados e escolham entre as diversas costuras e bordados disponíveis.
- *Uma empresa pode lançar um recurso.* Os consumidores podem criar e editar "iMovies" com o iMac e carregá-los em um servidor Web ou em um site como o YouTube para compartilhar com amigos do mundo inteiro.
- *Uma empresa pode conseguir entregar um produto mais rapidamente.* Nos Estados Unidos, a FedEx descobriu uma maneira de entregar correspondências e encomendas muito mais rápida do que os correios.
- *Uma empresa pode conseguir entregar um produto a um preço muito mais baixo.* Laboratórios farmacêuticos criaram versões genéricas de medicamentos antes vendidos com nomes comerciais e empresas que trabalham com vendas diretas e geralmente comercializam essas versões a um preço mais baixo.

Para avaliar as oportunidades, as empresas aplicam **análises de oportunidade de mercado (AOM)**. Para tanto, elas respondem a perguntas como:

1. Como podemos articular os benefícios de maneira convincente para um mercado-alvo definido?
2. Como podemos localizar o(s) mercado(s)-alvo e alcançá-lo(s) por meio de mídias e canais de comercialização eficientes em termos de custo?
3. Nossa empresa possui ou tem acesso a capacidades e recursos fundamentais para proporcionar os benefícios aos clientes?
4. Podemos entregar os benefícios melhor do que quaisquer concorrentes atuais ou potenciais?
5. A taxa de retorno sobre o investimento será igual ou superior ao percentual estipulado pela empresa?

Uma **ameaça ambiental** é um desafio imposto por uma tendência ou um acontecimento desfavorável que, na ausência de ações de marketing defensivas, levaria a níveis mais baixos de vendas ou lucros. Ameaças menores podem ser ignoradas, embora aquelas um pouco mais sérias devam ser cuidadosamente monitoradas. Ameaças maiores, que têm grande probabilidade de ocorrer e podem afetar seriamente a empresa, exigem planos de contingência.

Análise do ambiente interno (forças e fraquezas). Uma coisa é encontrar oportunidades atrativas; outra é ser capaz de tirar vantagem dessas oportunidades. Todo negócio precisa avaliar suas fraquezas e forças internas. Naturalmente, ele não precisa corrigir *todas* as suas fraquezas, nem se vangloriar de todas as suas forças. A grande questão é se o negócio deve se limitar às oportunidades para as quais possui as forças requeridas ou se deve considerar aquelas que podem exigir que ele encontre ou desenvolva novas forças.

Estabelecimento das metas

Após ter realizado uma análise SWOT, a empresa pode partir para o estabelecimento das metas, desenvolvendo propósitos específicos para o período que está sendo planejado. Metas são objetivos específicos em termos de magnitude e tempo. Muitas unidades de negócio buscam um conjunto de objetivos, incluindo lucratividade, crescimento das vendas, melhoria da participação de mercado, contenção de riscos, inovação e reputação. Elas estabelecem esses objetivos e, então, praticam a *administração por objetivos* (*APO*). Para que um sistema de administração por objetivos funcione, os objetivos da unidade precisam ser (1) hierarquicamente organizados, do mais para o menos importante; (2) o mais quantitativo possível; (3) realistas; (4) consistentes. Outras importantes escolhas incluem: lucro no curto prazo *versus* lucro no longo prazo, penetração profunda nos mercados existentes *versus* desenvolvimento de novos mercados, metas de lucro *versus* metas sem lucros e alto crescimento *versus* baixo risco. Cada escolha requer uma estratégia de marketing diferente.[18]

Formulação da estratégia

As metas indicam aquilo que a unidade de negócios quer alcançar; a **estratégia** é o plano de ação para chegar lá. Para alcançar suas metas, todo negócio precisa elaborar uma estratégia, a qual consiste de uma *estratégia de marketing*, bem como de uma *estratégia de tecnologia* e uma *estratégia de busca de recursos* compatíveis. Michael Porter propôs três estratégias genéricas que constituem um bom ponto de partida para o pensamento estratégico: liderança total em custos, diferenciação e foco.[19]

- *Liderança total em custo*. Nela, as empresas trabalham para atingir os menores custos possíveis de produção e distribuição, de modo que possam praticar preços mais baixos que os dos concorrentes e conquistar participação de mercado. Essas empresas não precisam ser muito boas em marketing. O problema é que outras organizações competirão com custos ainda mais baixos e afetarão as empresas que apostaram todo seu futuro nos custos.
- *Diferenciação*. O negócio se concentra em alcançar desempenho superior em uma importante área de benefício para os clientes, valorizada por uma grande parcela do mercado.
- *Foco*. O negócio se concentra em um ou mais segmentos de mercado, conhece-os a fundo e busca a liderança em custo ou a diferenciação no segmento-alvo.

Empresas que direcionam a mesma estratégia para o mesmo mercado-alvo constituem um *grupo estratégico*.[20] Nesse caso, a empresa que melhor segue a estratégia adotada conquista os maiores lucros. A Circuit City abandonou os negócios porque não era reconhecida no setor de bens eletrônicos de consumo como a empresa com custo mais baixo, com maior valor percebido ou com melhor atendimento a alguns segmentos de mercado.

Porter faz uma distinção entre eficiência operacional e estratégia. Concorrentes podem copiar com rapidez a empresa operacionalmente eficaz mediante a utilização de *benchmark* e outras ferramentas, diminuindo a vantagem da eficiência operacional. Porter define estratégia como "a criação de uma posição única e valiosa que envolve um diferente conjunto de atividades". Uma empresa possui uma estratégia quando "realiza atividades diferentes das de suas rivais ou atividades similares de maneiras diferentes".[21]

Mesmo empresas gigantes como a AT&T e a Philips em geral não conseguem alcançar a liderança, em nível nacional ou global, sem formar alianças com empresas locais ou multinacionais que complementem ou alavanquem suas competências e recursos. Alianças de marketing podem envolver produtos (licenciamento ou comercialização em conjunto de uma oferta), promoções (realização de promoção para outra empresa), logística (entrega ou distribuição dos produtos de outra companhia) ou determinação de preço (fornecimento de descontos mútuos). Para garantir que suas alianças estratégicas continuassem prosperando, as empresas começaram a desenvolver estruturas organizacionais para apoiá-las, e muitas acabaram por tomar a capacidade de formar e gerenciar parcerias mutuamente satisfatórias no longo prazo como uma habilidade essencial chamada **gestão de relacionamento com parceiros**.

Elaboração e implementação do programa

Grandes estratégias de marketing podem ser arruinadas por uma implementação ruim. Por exemplo: se uma empresa decide alcançar liderança em tecnologia, ela deve fortalecer seu departamento de P&D, reunir informações sobre tecnologia, desenvolver produtos de ponta, treinar sua força de técnicas de vendas e comunicar sua liderança tecnológica. A administração também deve estimar os custos e os retornos de cada programa de marketing. O custeio baseado em atividades (*activity-based cost* – ABC) pode ajudar a determinar se cada um dos programas de marketing é propenso a gerar resultados que justifiquem seus custos.[22]

As empresas de hoje reconhecem que podem não gerar lucros suficientes para os acionistas se não prestarem atenção nos outros *stakeholders* – clientes, funcionários, distribuidores. Uma empresa pode ter como objetivo encantar seus clientes, sair-se bem com seus funcionários e entregar um nível aceitável de satisfação para seus fornecedores. Ao estabelecer esses objetivos, a empresa não deve violar o senso de justiça de nenhum grupo de *stakeholder* no que diz respeito ao tratamento que ele recebe em relação aos outros.[23]

De acordo com a McKinsey & Company, a estratégia é apenas um dos sete elementos, dos 7Ss, da prática de gestão bem-sucedida.[24] Os primeiros três – estratégia (*strategy*), estrutura (*structure*) e sistemas – são considerados o "hardware" do sucesso. Os outros quatro – estilo (*style*, como os funcionários pensam e se comportam), habilidades (*skills*, para levar adiante a estratégia), equipe (*staff*, pessoas capazes que são adequadamente treinadas) e valores compartilhados (*shared values*, valores que orientam

Habilidades em marketing

**Farejando tendências:
Gestão da implementação**

Uma implementação cuidadosa pode fazer com que boas estratégias de marketing gerem grandes lucros. Em primeiro lugar, os profissionais de marketing devem quebrar os programas considerando as atividades que os compõem, identificar os recursos necessários e os custos associados a elas, estimar quanto tempo cada atividade deve durar e estabelecer métricas para monitorar os resultados. Em um segundo momento, eles devem conseguir o apoio de outros departamentos para intensificar a criatividade e preparar-se para potenciais problemas. Então, devem ser flexíveis o bastante para encontrar opções viáveis quando lidarem com situações inesperadas, como atraso na entrega de materiais. Por fim, os profissionais de marketing precisam nutrir um senso de urgência no que diz respeito à implementação de cada fase de todas as estratégias e programas.

Por exemplo: a estratégia da ESPN é estar onde os fãs de esporte assistem, leem e discutem sobre o assunto. Implementando essa estratégia de maneira criativa, os profissionais de marketing da empresa expandiram a marca para diversos canais a cabo e sites, uma revista, a rede de restaurantes ESPN Zone, mais de 750 rádios, filmes, editoras, uma loja on-line e um catálogo de produtos esportivos, videogames e serviços prestados por meio de telefonia celular. Os profissionais de marketing da ESPN planejam e monitoram cada detalhe de todas as iniciativas e trabalham de perto com parceiros antes de importantes eventos esportivos, como a Copa do Mundo. Agora pertencente à Walt Disney, a ESPN está presente em 197 países e obtém mais de 5 bilhões de dólares em receitas anuais.[25]

---

as ações dos funcionários) — são o "software". Quando esses elementos estão presentes, as empresas normalmente são bem-sucedidas na implementação da estratégia.[26] Veja a seção "Habilidades em marketing", acima, para mais informações sobre implementação eficaz.

Feedback e controle

A adequação estratégica da empresa com o ambiente inevitavelmente se desgastará, tendo em vista que o ambiente de mercado muda mais rápido do que os 7Ss da empresa. Assim, a companhia deve permanecer eficiente enquanto perde efetividade. Peter Drucker assinalou que é mais importante "fazer a coisa certa" (ser efetivo) do que "fazer as coisas de maneira certa" (ser eficiente). As empresas mais bem-sucedidas fazem bem ambas as coisas. Organizações, em especial as grandes, estão sujeitas à inércia. É difícil mudar uma parte sem ajustar todo o resto. Contudo, as organizações podem mudar por meio de lideranças fortes, de preferência antes da crise. O segredo para a saúde organizacional é a disposição de examinar o ambiente em transformação e adotar novas metas e comportamentos.

Plano de marketing e marketing de desempenho

Trabalhando de acordo com planos estabelecidos por pessoas em níveis hierárquicos superiores, os gerentes de produto elaboram um plano de marketing para produtos individuais, linhas, marcas, canais ou grupos de cliente. Cada nível de produto – linha de produto, marca – precisa elaborar um plano de marketing para atingir seus objetivos. Um *plano de marketing* resume aquilo que o profissional do ramo sabe sobre o mercado e indica como a empresa planeja alcançar seus objetivos de marketing.[27] Ele contém diretrizes para os programas de marketing e para as alocações financeiras durante o período abarcado pelo planejamento.[28]

Os planos de marketing estão se tornando mais orientados pelo cliente e pelo concorrente, mais bem elaborados e mais realistas. Já o planejamento está se tornando um processo contínuo para responder às rápidas mudanças nas condições do mercado. De acordo com executivos da área, os principais problemas dos planos de marketing atuais são falta de realismo, análise competitiva insuficiente e foco no curto prazo.

Conteúdo de um plano de marketing

Um plano de marketing normalmente possui as seguintes seções:

- *Sumário e resumo executivo.* O plano deve começar com um sumário e um breve resumo das principais metas e recomendações.
- *Análise da situação.* Essa seção traz dados relevantes sobre as vendas, os custos, o mercado, os concorrentes e as várias forças do macroambiente. Como definimos o mercado, qual o seu tamanho e com que velocidade está crescendo? Quais são as tendências relevantes e as questões críticas? As empresas usarão essas informações para realizar uma análise SWOT.
- *Estratégia de marketing.* Nela, o gerente de marketing define a missão, os objetivos financeiros e de marketing e as necessidades que a oferta tenciona satisfazer, bem como seu posicionamento competitivo. Tudo isso requer informações de outras áreas, como compras, produção, vendas, financeiro e recursos humanos.
- *Projeções financeiras.* As projeções financeiras incluem uma previsão de vendas (por mês e por categoria de produto), uma previsão de gastos (custos do marketing desdobrados em categorias menores) e uma análise de ponto de equilíbrio (quantas unidades a empresa precisa vender para compensar os custos fixos e os custos variáveis médios por unidade).
- *Controles de implementação.* Essa seção descreve as métricas e os controles para monitorar e ajustar a implementação do plano. Normalmente, ela traz as metas, o cronograma e o orçamento de cada mês ou trimestre, de modo que a administração possa revisar os resultados do período e tomar ações corretivas se necessário. Algumas organizações incluem planos de contingência para lidar com acontecimentos específicos (como guerras de preço).

Do plano de marketing à ação de marketing

Muitas empresas elaboram planos de marketing anualmente, começando bem antes da data de implementação para dar tempo para a pesquisa de marketing, as análises, as revisões da administração e a coordenação entre os departamentos. À medida que cada programa de ação se inicia, essas empresas monitoram os resultados, investigam qualquer desvio dos planos e tomam ações corretivas, se necessário, prontas para atualizar e adaptar o plano de marketing a qualquer momento. O plano também deve descrever como o progresso em direção aos objetivos será mensurado, de modo que a organização possa avaliar não apenas os resultados, mas também a efetividade e a eficiência do marketing da organização.

Mensuração do desempenho do marketing

Os profissionais de marketing estão se deparando com pressões cada vez maiores para mostrar como a função de marketing está ajudando a empresa a alcançar suas metas e objetivos. Em uma pesquisa, 65% dos profissionais indicaram que o retorno sobre o investimento em marketing era uma preocupação.[29] Contudo, resultados como consciência de marca mais difundida, imagem de marca intensificada, maior fidelidade do cliente e prospecção de novos produtos melhorada podem levar meses ou mesmo anos para se manifestar. Assim, as organizações usam métricas de marketing, painéis de marketing e várias análises para avaliar o desempenho do marketing ao longo do tempo.

Métricas de marketing. As **métricas de marketing** são um conjunto de mensurações que ajudam as organizações a quantificar, comparar e interpretar seu desempenho de marketing. Tim Ambler, da London Business School, acredita que os gerentes podem dividir a avaliação em duas partes: (1) resultados de curto prazo e (2) mudanças no *brand equity*. Resultados no curto prazo geralmente refletem preocupações referentes a perdas e lucros, apontadas por métricas como alteração nas vendas, valor da ação ou uma combinação de ambas. Mensurações de *brand equity* podem incluir consciência, atitudes e comportamentos do cliente; participação de mercado; preço premium relativo; número de reclamações; distribuição e disponibilidade; número total de clientes; qualidade percebida; fidelidade e retenção.[30] As empresas também podem monitorar um vasto conjunto de métricas internas, como a inovação. Por exemplo: a 3M monitora a proporção de vendas resultantes de suas recentes inovações. Veja o Capítulo 18 para mais informações sobre as métricas de marketing.

Painéis de marketing. A administração pode reunir um conjunto resumido de mensurações internas e externas relevantes em um *painel de marketing* para sínteses e interpretações. Os painéis de marketing são como os painéis de carro e avião: eles mostram os indicadores em tempo real, assegurando o adequado funcionamento e melhorando a capacidade de entendimento e análise. Em condições ideais, com o tempo, o número de métricas presente no painel de marketing é reduzido a alguns impulsionadores-chave.

As empresas podem alimentar o painel de marketing com duas análises baseadas no mercado, que refletem seu desempenho e oferecem sinais de possíveis problemas antecipadamente. A *análise de desempenho em relação ao atendimento aos clientes* registra o desempenho da empresa ano após ano em algumas avaliações que têm como base os clientes, como a porcentagem deles que comprariam o produto novamente. A *análise de desempenho em relação aos stakeholders* monitora a satisfação de várias entidades que têm especial interesse e impactam no desempenho da empresa: funcionários, fornecedores, bancos, distribuidores, varejistas e acionistas. Mais uma vez, a administração deve empreender ações quando um ou mais grupos registrarem níveis mais altos ou acima do normal de insatisfação.[31]

Desempenho do plano de marketing. Existem quatro maneiras de avaliar os aspectos-chave do desempenho do plano de marketing. São elas: análise de vendas, análise de participação de mercado, análise de despesas de marketing em relação às vendas e análise financeira. A *análise de vendas* mede e avalia as vendas reais em relação às metas. Com a *análise de variação das vendas*, a administração avalia a contribuição relativa de diferentes fatores para um desvio no desempenho das vendas. Já com a *microanálise de vendas* ela analisa produtos, territórios e outros fatores específicos que não conseguem gerar as vendas esperadas.

As vendas da empresa não revelam como ela está se saindo em relação a seus concorrentes. Para isso, a administração precisa monitorar a participação de mercado da organização, que pode ser feito seguindo uma das três opções disponíveis. A *participação de mercado total* apresenta as vendas da empresa como uma porcentagem das vendas no mercado total. A *participação de mercado atendido* mostra as vendas como uma porcentagem das vendas totais no mercado atendido. O *mercado atendido* é composto por todos os compradores capazes de adquirir o produto e dispostos a fazê-lo. E a participação de mercado atendido é sempre maior do que a participação de mercado total – uma empresa pode capturar 100% de seu mercado atendido e ainda assim ter uma participação relativamente pequena do mercado total. A *participação de mercado relativa* é a participação de mercado em relação ao principal concorrente. Uma participação de mercado relativa de 100% indica que a empresa está empatada na liderança; uma participação superior a 100% mostra que ela é a líder do mercado. Um aumento na participação de mercado relativa indica que a empresa está avançando sobre a líder.

Para se certificar de que a empresa não está gastando demais para alcançar suas metas de vendas, a administração deve monitorar o índice *despesas de marketing/vendas* e investigar flutuações fora do normal. Ela também deve analisar os índices de *despesas/vendas* de acordo com a estrutura financeira geral para determinar como e onde a empresa está ganhando dinheiro.

A administração pode ainda usar a *análise financeira* para identificar fatores que afetam a *taxa de retorno sobre o patrimônio líquido* da empresa.[32] O retorno sobre o patrimônio líquido é o produto de duas razões: o *retorno sobre os ativos* da empresa e sua *alavancagem financeira*. Para incrementá-lo, a empresa precisa aumentar a razão entre seus lucros líquidos e seus ativos ou a razão entre seus ativos e seu patrimônio líquido.

A empresa deve analisar a composição de seus ativos (caixa, contas a receber, estoques, fábricas e equipamento) e verificar se pode gerenciá-los melhor. O *retorno sobre os ativos* é produto de duas razões: a *margem de lucro* e o *giro dos ativos*. O executivo de marketing pode procurar melhorar o desempenho de duas maneiras: (1) aumentando a margem de lucro por meio de aumento nas vendas ou corte nos custos e (2) aumentando o giro dos ativos por meio de crescimento nas vendas ou redução dos ativos (estoque, contas a receber), mantendo o mesmo nível de vendas.

Análise da lucratividade. Avaliar a rentabilidade de produtos, territórios, grupos de cliente, segmentos, canais de venda e tamanho dos pedidos ajuda as empresas a determinar se alguma coisa deve ser mudada ou eliminada. Para começar, os gerentes identificam as despesas específicas de cada função de marketing (como propaganda e distribuição) e designam esses custos para entidades de marketing (como tipo de canal). Em seguida, eles elaboram um demonstrativo de resultados para cada entidade. Então, determinam se ações corretivas são necessárias para melhorar a rentabilidade relativa das diferentes entidades de marketing. Hoje, muitas empresas usam análises de lucratividade de marketing – ou sua versão mais ampla, o ABC – para quantificar a verdadeira lucratividade de diferentes atividades.[33] Com isso, os gerentes podem reduzir os recursos adquiridos para a realização de várias atividades, tornar esses recursos mais produtivos, adquiri-los a um custo mais baixo ou aumentar os preços de produtos que consomem uma grande quantidades de recursos.

Resumo

O processo de entrega de valor inclui escolha (ou identificação), fornecimento (ou entrega) e comunicação de valor superior. A cadeia de valor é uma ferramenta para identificar atividades-chave que geram valor e custos em um negócio. Empresas fortes desenvolvem competências superiores em processos de negócios centrais, como percepção do mercado, desenvolvimento de novos produtos, aquisição e retenção de clientes e administração da realização. As empresas não competem mais – quem faz isso agora são as redes de marketing. Por meio do marketing holístico, uma empresa pode integrar exploração de valor, criação de valor e entrega de valor administrando seu relacionamento com clientes e colaboradores.

O planejamento estratégico orientado para o mercado é o processo gerencial que envolve o desenvolvimento e a manutenção de um encaixe entre os objetivos, as habilidades e os recursos da empresa com as oportunidades provenientes do mercado em transformação. A estratégia corporativa estabelece a estrutura em que divisões e unidades de negócios preparam planos estratégicos. Estabelecer uma estratégia corporativa significa definir uma missão, estabelecer unidades estratégicas de negócios (UENs), designar recursos e avaliar oportunidades de crescimento. O planejamento da estratégia da UEN inclui a definição da missão da empresa, a análise de oportunidades e ameaças, a análise de forças e fraquezas, a formulação de metas e estratégias, a elaboração e

CAPÍTULO 2 | Desenvolvimento de planos e estratégias de marketing

a implementação de programas, a obtenção de *feedback* e o exercício do controle. Cada produto deve ter um plano de marketing para alcançar suas metas. As organizações usam métricas de marketing, painéis de marketing e várias análises para avaliar o desempenho do marketing.

Notas

1. MORRISON, Scott. Yahoo chief defends her site, strategy, **Wall Street Journal**, June 25, 2010; FRIED, Ina. Microsoft's Mehdi on Yahoo, Bing Cashback, and more. **CNet News**, June 23, 2010; HOLAHAN, Catherine. Yahoo!'s bid to think small. **BusinessWeek**, p. 94, February 26, 2007; ELGIN, Ben. Yahoo!'s boulevard of broken dreams. **BusinessWeek**, p. 76-77, March 13, 2006; HIBBARD, Justin. How Yahoo! gave itself a face-lift. **BusinessWeek**, p. 74-77, October 9, 2006; DELANEY, Kevin J. As Yahoo! falters, executive's memo calls for overhaul. **Wall Street Journal**, November 18, 2006; YAHOO!'S personality crisis. **Economist**, p. 49-50, August 13, 2005; VOGELSTEIN, Fred. Yahoo!'s brilliant solution. **Fortune**, p. 42-55, August 8, 2005.
2. KUMAR, Nirmalya. **Marketing as strategy:** the CEO's agenda for driving growth and innovation. Boston: Harvard Business School Press, 2004; WEBSTER JR., Frederick E. The future role of marketing in the organization. In: LEHMANN, Donald R.; JOCZ, Katherine (eds.). **Reflections on the futures of marketing**. Cambridge: Marketing Science Institute, 1997. p. 39-66.
3. PORTER, Michael E. **Competitive advantage:** creating and sustaining superior performance. Nova York: Free Press, 1985.
4. HAMMER, Michael; CHAMPY, James. **Reengineering the corporation:** a manifesto for business revolution. Nova York: HarperBusiness, 1993.
5. PRAHALAD, C. K.; HAMEL, Gary. The core competence of the corporation. **Harvard Business Review**, p. 79-91, May/June 1990.
6. DAY, George S. The capabilities of market-driven organizations. **Journal of Marketing**, p. 38, Oct. 1994.
7. DAY, George S.; SCHOEMAKER, Paul J. H. **Peripheral vision:** detecting the weak signals that will make or break your company. Cambridge: Harvard Business School Press, 2006; SCHOEMAKER, Paul J. H.; DAY, George S. How to make sense of weak signals. **MIT Sloan Management Review**, p. 81-89, Spring 2009.
8. KOTLER, P.; JAIN, D. C.; MAESINCEE, S. **Marketing moves**. Boston: Harvard Business School Press, 2002. p. 29.
9. DRUCKER, Peter. Chapter 7. In: _____. **Management:** tasks, responsibilities, and practices. Nova York: Harper and Row, 1973.
10. RAYPORT, Jeffrey F.; JAWORSKI, Bernard J. **e-commerce**. Nova York: McGraw-Hill, 2001. p. 116.
11. KEMMLER, Tilman; KUBICOVÁ, Monika; MUSSLEWHITE, Robert; PREZEAU, Rodney. e-performance II: the good, the bad, and the merely average. **McKinsey Quarterly**, 2001. Disponível em: <www.mckinseyquarterly.com>. Acesso em: Mar. 2013.
12. Essa seção é baseada em: GRANT, Robert M. Chapter 17. In: _____. **Contemporary strategy analysis**, 7ed. Nova York: Wiley, 2009.
13. A mesma matriz pode ser expandida em nove células com a adição de produtos e mercados modificados. Veja: JOHNSON, S. J.; JONES, Conrad. "How to organize for new products". **Harvard Business Review**, p. 49-62, May/June 1957.
14. MCGREGOR, Jena. The world's most innovative companies. **BusinessWeek**, p. 63-74, April 24, 2006.
15. MCCARTHY, E. Jerome. **Basic marketing:** a managerial approach. 12ed. Homewood: Irwin, 1996.
16. SHOEMAKER, Paul J. H. Scenario planning: a tool for strategic thinking. **Sloan Management Review**, p. 25-40, Winter 1995.
17. KOTLER, Philip. **Kotler on marketing**. Nova York: Free Press, 1999.
18. DODD, Dominic; FAVARO, Ken. Managing the right tension. **Harvard Business Review**, p. 62-74, Dec. 2006.
19. PORTER, Michael E. Chapter 2. In: _____. **Competitive strategy:** techniques for analyzing industries and competitors. Nova York: Free Press, 1980.
20. PORTER, Michael E. What is strategy? **Harvard Business Review**, p. 61-78, Nov./Dec. 1996.
21. PORTER, Michael E. Chapter 2. In: _____. *Competitive strategy*. Nova York: Free Press, 1980.; PORTER, Michael E. What is strategy? **Harvard Business Review**, p. 61-78, Nov./Dec. 1996.
22. COOPER, Robin; KAPLAN, Robert S. Profit priorities from activity-based costing. **Harvard Business Review**, p. 130-135, May/June 1991.
23. Veja como ferramenta para monitorar a satisfação dos *stakeholders*: KAPLAN, Robert S.; NORTON, David P. **The balanced scorecard**. Boston: Harvard Business School Press, 1996.
24. PETERS, Thomas J.; WATERMAN JR., Robert H. **In search of excellence:** lessons from America's best-run companies. Nova York: Harper and Row, 1982. p. 9-12.
25. SANDOMIR, Richard. World Cup ratings certify a TV winner. **New York Times**, June 28, 2010; LOWRY, Tom. ESPN's cell phone fumble. **BusinessWeek**, p. 26, October 30, 2006.

26. KOTTER, John P.; HESKETT, James L. **Corporate culture and performance**. Nova York: Free Press, 1992; DAVIS, Stanley M. **Managing corporate culture**. Cambridge: Ballinger, 1984; DEAL, Terrence E.; KENNEDY, Allan A. **Corporate cultures:** the rites and rituals of corporate life. Reading: Addison-Wesley, 1982; "Corporate culture". **BusinessWeek**, p. 148-160, October 27, 1980.
27. WOOD, Marian Burk. **The marketing plan handbook**. 4. ed. Upper Saddle River: Prentice Hall, 2011. p. 5.
28. LEHMANN, Donald R.; WINER, Russell S. **Product management**. 3ed. Boston: McGraw-Hill/Irwin, 2001.
29. REPORT: marketers place priority on nurturing existing customers. Disponível em: <http://directmag.com/roi/0301customer-satisfaction-retention>. Acesso em: 9 dez. 2010.
30. AILAWADI, Kusum L.; LEHMANN, Donald R.; NESLIN, Scott A. Revenue premium as an outcome measure of brand equity. **Journal of Marketing**, p. 1-17, 67, Oct. 2003.
31. KAPLAN, Robert S.; NORTON, David P. **The balanced scorecard**. Boston: Harvard Business School Press, 1996.
32. Alternativamente, as empresas precisam se concentrar em fatores que afetam o valor para os acionistas. A meta do planejamento de marketing é aumentar o valor para o acionista, que é valor presente do fluxo de receitas futuras gerado pelas atuais iniciativas da empresa. A análise da taxa de retorno geralmente se concentra nos resultados de apenas um ano. Veja: RAPPORT, Alfred. **Creating shareholder value**. ed. rev. Nova York: Free Press, 1997.
33. COOPER, Robin; KAPLAN, Robert S. Profit priorities from activity-based costing. **Harvard Business Review**, p. 130-135, May/June 1991; para uma recente aplicação voltada para transporte, veja: KELLEY, Tom. What is the real cost: how to use lifecycle cost analysis for an accurate comparison. **Beverage World**, p. 50-51, Jan. 2010.

**PARTE 1:
Entendendo a administração de marketing**

capítulo **3**

Coleta de informações e previsão da demanda

Neste capítulo, abordaremos as seguintes questões:

1. Quais são os componentes de um moderno sistema de informações de marketing?
2. Como as empresas podem coletar informações de marketing?
3. O que constitui uma boa pesquisa de marketing?
4. Como os profissionais de marketing podem avaliar e prever com precisão a demanda?
5. Quais são algumas das mais importantes ocorrências no macroambiente?

Administração de marketing na Kimberly-Clark

Uma série de inovações ao longo dos anos fez com que a Kimberly-Clark deixasse de ser uma fabricante de papel para se tornar uma importante empresa de produtos de consumo. Um bom exemplo disso é o lançamento bem-sucedido das fraldas descartáveis Huggies Supreme Natural Fit após cerca de três anos de pesquisa e projeto. Os profissionais de marketing da Kimberly-Clark selecionaram uma amostra de mães de diferentes partes dos Estados Unidos, de perfis de renda e grupos étnicos variados. Então, conduziram entrevistas na casa dessas mães e instalaram ali câmeras sensíveis ao movimento, para saber mais sobre a rotina de troca de fraldas.

Ao verem as mães com dificuldade de esticar as pernas contraídas dos bebês enquanto colocavam a fralda, os profissionais de marketing tiveram a ideia de moldar a nova fralda para as curvas do corpo dos pequenos. Eles também projetaram a nova fralda para ser justa, com melhor caimento e mais elasticidade na cintura. Quando a pesquisa mostrou que as mães usavam os desenhos de uma segunda fralda para distrair o bebê durante a troca, a Kimberly-Clark adicionou a seu produto mais imagens de personagens do Ursinho Pooh licenciados na Disney. Ao, cuidadosamente, pesquisar as necessidades do mercado e responder a elas, bem como comunicar os benefícios de suas fraldas, a empresa melhorou sua participação de mercado e aumentou suas vendas anuais para um patamar superior a 4 bilhões de dólares.[1]

Bons profissionais de marketing precisam de *insights* para ajudá-los a analisar o mercado e as necessidades dos clientes, a interpretar o desempenho e as tendências passadas e a planejar atividades futuras. Captar um *insight* do consumidor e entender suas implicações de marketing pode levar ao lançamento de um produto de sucesso ou estimular o crescimento de uma marca. Neste capítulo, analisamos como as empresas podem obter informações sobre seus mercados, pesquisar problemas e oportunidades específicas, perseguir importantes tendências ambientais e prever a demanda.

O sistema de informações de marketing e a inteligência de marketing

Em uma empresa, a responsabilidade maior por identificar mudanças significativas no mercado é dos profissionais de marketing. Para realizar essa tarefa, eles têm duas vantagens: métodos consistentes para coletar informações e tempo para interagir com os clientes e observar os concorrentes e outros grupos externos.

Toda empresa precisa organizar e distribuir um fluxo contínuo de informações para seus gerentes de marketing. Um **sistema de informações de marketing (SIM)** consiste em pessoas, equipamentos e procedimentos dedicados a coletar, selecionar, analisar, avaliar e distribuir informações necessárias, oportunas e precisas a tomadores de decisões de marketing. Esse sistema é desenvolvido a partir de dados provenientes dos registros internos da empresa, da inteligência de marketing e da pesquisa de marketing.

Registros internos e sistemas de banco de dados

Para identificar importantes oportunidades e potenciais problemas, os gerentes de marketing precisam de todo tipo de relatório interno e banco de dados.

Ciclo pedido-pagamento. O núcleo do sistema de registros internos é o ciclo pedido-pagamento. Representantes de vendas, distribuidores e clientes enviam pedidos para a empresa. O departamento de vendas prepara as faturas, transmite cópias delas para vários departamentos e encomenda itens que estão faltando no estoque. Itens expedidos geram documentos de remessa e cobrança, que também são enviados a vários departamentos. Como os clientes preferem as empresas que podem prometer entregas eficientes, as organizações têm de desempenhar as etapas descritas de maneira rápida e precisa.

Sistemas de informações de vendas. Para tomar decisões, os gerentes de marketing precisam de relatórios atualizados sobre as vendas. O Walmart capta os dados de venda de todos os itens, de todos os clientes e de cada loja todos os dias, atualizando-os de hora em hora. Contudo, as empresas devem interpretar os dados com cuidado, para que não cheguem a conclusões erradas.

Bancos de dados, *data warehouses* e *data mining*. As empresas geralmente organizam suas informações em bancos de dados de cliente, produto e vendedor e, então, criam *data warehouses*. O banco de dados de cliente contém o nome, o endereço, as transações passadas e, às vezes, os dados demográficos e psicográficos (atividades, interesses e opiniões) de cada cliente. Analistas podem "garimpar" esses bancos de dados (*data mining*) e obter informações atualizadas sobre segmentos de cliente negligenciados, tendências recentes de consumo e fidelidade do cliente, entre outras informações úteis, como veremos no Capítulo 4. O cruzamento do banco de dados de cliente com o de produto e o de vendedor fornecem informações ainda mais profundas.

Inteligência de marketing

Um **sistema de inteligência de marketing** é um conjunto de procedimentos e fontes que os gerentes usam para obter informações diárias sobre acontecimentos no ambiente de marketing. O sistema de registros internos fornece dados sobre *resultados*, ao passo que o sistema de inteligência de marketing oferece dados sobre *eventos*. Os gerentes de marketing coletam informações de marketing de várias maneiras: lendo livros, jornais e publicações setoriais; conversando com clientes, fornecedores e distribuidores; monitorando redes sociais e outras fontes na Internet; participando de encontros com gerentes de outras empresas. O Quadro 3.1 mostra oito maneiras de melhorar a qualidade e a quantidade de informações de marketing.

Em especial, os profissionais de marketing podem usar a Internet para obter dados sobre consumidores e concorrentes. Por exemplo: fóruns independentes como o Bizrate.com coletam críticas de seus membros e de clientes que fazem compras no site. Os profissionais de marketing também podem ler comentários no site dos distribuidores, como no da Amazon.com, ou verificar sites como o ZDNet.com, que posta a opinião de especialistas e consumidores de produtos de alta tecnologia. Fóruns como o PlanetFeedback, em que os clientes contam experiências ruins que tiveram com empresas, são outra fonte. Por fim, os profissionais de marketing podem analisar comentários em mídias sociais e blogs para obter informações sobre o sentimento geral dos consumidores.

As empresas que fazem bom uso dos *cookies* – registros de uso de sites armazenados em *browsers* pessoais – são inteligentes usuárias do marketing segmentado. Muitos consumidores ficam felizes em cooperar: em uma recente pesquisa, 49% dos entrevistados concordaram que os *cookies* são importantes para eles na hora de usar a Internet. Essas pessoas não apenas *não* deletam os *cookies*, como também esperam que eles lhes rendam ofertas de marketing customizadas.

QUADRO 3.1 MELHORANDO A INTELIGÊNCIA DE MARKETING.

Ação	Exemplo
Treinar e motivar a força de vendas para identificar e registrar novos acontecimentos.	Ter representantes de vendas para observar como os clientes usam os produtos da empresa de maneiras diferenciadas, o que pode levar a novas ideias de produtos.
Motivar distribuidores, varejistas e outros intermediários a passar adiante informações importantes.	Estudar a combinação de produtos comprados juntos pode oferecer informações sobre *displays* de lojas eficazes e vendas sazonais.
Contratar especialistas externos para coletar informações.	Usar compradores misteriosos para descobrir problemas com a qualidade, os serviços e as instalações.
Obter informações úteis interna e externamente.	Comprar produtos dos concorrentes, ler relatórios publicados por eles e compilar seus anúncios.
Estabelecer um conselho formado por clientes.	Convidar os maiores, mais sinceros, mais sofisticados ou mais representativos clientes para fornecer *feedback*.
Utilizar dados do governo.	Verificar dados do Censo para saber mais sobre as oscilações da população, grupos demográficos e mudanças na estrutura familiar.
Comprar informação de empresas de pesquisa.	Obter dados de fornecedores conhecidos, como a A.C. Nielsen Company e a Information Resources Inc.
Coletar informações de marketing na Internet.	Verificar sites, blogs e redes sociais que postam críticas e reclamações de clientes, opiniões de especialistas e *feedback* sobre produtos e empresas.

O sistema de pesquisa de marketing

Os gerentes de marketing com frequência encomendam estudos de marketing formais referentes a problemas e oportunidades específicos, como pesquisa de mercado, teste de preferência de produto, previsão de vendas por região e avaliação de propaganda. *Informações de marketing* oferecem diagnósticos sobre como e por que observamos determinados efeitos no mercado, além de apontarem o que esses efeitos significam para as empresas.[2] Com mais de 50% do mercado mundial, a Venus, da Gillette, se tornou a mais bem-sucedida linha de lâminas femininas da história graças a uma perspicaz pesquisa que resultou em dicas de design, embalagem e propaganda que melhor satisfaziam as necessidades de depilação das mulheres.[3]

Definição de pesquisa de marketing

Pesquisa de marketing é o projeto, a coleta, a análise e a divulgação, de maneira sistemática, de dados e descobertas relevantes para uma situação de marketing específica com a qual a empresa está se deparando. Muitas grandes empresas possuem seu próprio departamento de pesquisa de marketing. A Procter & Gamble aloca grupos de pesquisa de mercado denominados Consumer & Market Knowledge (CMK – conhecimento do mercado e do consumidor) para trabalhar com seus negócios no mundo inteiro, a fim de melhorar as estratégias de marca e a execução do marketing da empresa. Ela também mantém um grupo CMK descentralizado que tem como objetivo pesquisar grandes preocupações que transcendem todas as linhas de negócios. Em empresas muito menores, todos fazem pesquisa de marketing – inclusive, em alguns casos, clientes.

Muitas empresas utilizam uma combinação dos recursos de pesquisa de marketing para estudar seus setores, concorrentes, públicos e estratégias de canal, reservando para isso um orçamento de 1 a 2% das vendas da empresa. Muito do orçamento é gasto com serviços de empresas externas, que são classificadas em três categorias. Os institutos de pesquisa sindicalizados, como a Nielsen, coletam informações comerciais e sobre os consumidores, as quais vendem mediante um determinado valor. Os institutos de pesquisa customizada de marketing elaboram e realizam estudos e relatam as descobertas. Os institutos de pesquisa especializada de marketing oferecem serviços específicos, como entrevistas de campo.

O processo de pesquisa de marketing

A pesquisa de marketing efetiva segue as seis etapas mostradas na Figura 3.1. Vamos ilustrar essas etapas com a seguinte situação: a American Airlines está analisando novas

FIGURA 3.1 O PROCESSO DE PESQUISA DE MARKETING.

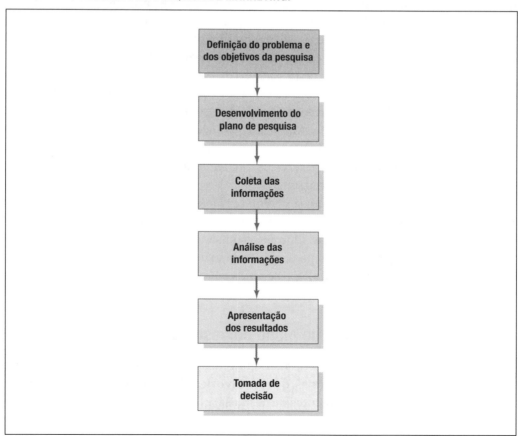

ideias para atender os clientes, em especial executivos que compram passagens na primeira classe para voos longos. Entre essas novas ideias estão: (1) conexão à Internet para e-mails e acesso limitado a páginas da Web, (2) 24 canais de TV a cabo via satélite e (3) um sistema de áudio com 50 CDs que permite aos passageiros customizarem sua playlist durante o voo. O gerente de pesquisa de marketing está investigando como os passageiros de primeira classe avaliariam esses serviços, especialmente a conexão à Internet, e quanto a mais estariam dispostos a pagar por eles. De acordo com uma estimativa, oferecendo conexão à Internet, a empresa receberia uma receita de 70 bilhões de dólares ao longo de dez anos, caso um número suficiente de passageiros de primeira classe pagassem 25 dólares a mais. Disponibilizar a conexão custaria para a companhia área 90 mil dólares por aeronave.[4]

Etapa 1: Definição do problema, das alternativas de decisão e dos objetivos da pesquisa

Os gerentes de marketing devem tomar cuidado para não definir o problema de maneira muito genérica ou limitada para o pesquisador de marketing. O gerente e o pesquisador da American Airlines definiram o problema da seguinte maneira: "Fornecer um serviço de Internet a bordo gerará lucro e preferência adicionais suficientes para a American Airlines, justificando seu custo em detrimento a outros possíveis investimentos na melhoria de serviços que a empresa poderia fazer?" O objetivo é responder às seguintes questões: (1) Que tipos de passageiro de primeira classe reagiriam a um serviço de Internet a bordo? (2) Quantos passageiros de primeira classe estariam dispostos a usar o serviço por diferentes níveis de preço? (3) Quantos passageiros a mais de primeira classe poderiam escolher a American Airlines por conta desse novo serviço? (4) No longo prazo, em que medida esse serviço agregaria valor à imagem da companhia aérea? (5) Em relação a outros serviços, qual a importância do serviço de Internet para os passageiros de primeira classe?

Nem todos os projetos de pesquisa podem ser tão específicos quanto esse. Algumas pesquisas são *exploratórias*; elas lançam luz sobre a natureza do problema e sugerem possíveis soluções ou novas ideias. Outras pesquisas são *descritivas*; elas quantificam a demanda (por exemplo: quantos passageiros de primeira classe pagariam 25 dólares por um serviço de Internet a bordo). Existe ainda a pesquisa *causal*, que testa relações de causa e efeito.

Etapa 2: Desenvolvimento do plano de pesquisa

Na segunda etapa da pesquisa de marketing, os gerentes desenvolvem um plano para obter as informações necessárias, que envolve decisões acerca das fontes de dados, abordagens de pesquisa, instrumentos de pesquisa, plano de amostragem e métodos de contato.

Fontes de dados. O pesquisador pode reunir dados secundários, dados primários ou ambos. *Dados secundários* são aqueles que foram coletados para outro propósito e já existem em algum lugar. *Dados primários* são dados novos coletados para um propósito específico ou um determinado projeto de pesquisa.

Normalmente, os pesquisadores começam analisando os dados secundários. Se os dados necessários não existirem ou estiverem desatualizados, imprecisos, incompletos ou não confiáveis, o pesquisador precisará coletar dados primários.

Abordagens de pesquisa. Os profissionais de marketing coletam dados primários por meio de cinco maneiras: pesquisa por observação, pesquisa de focus group, levantamentos, dados comportamentais e experimentos.

- *Pesquisa por observação.* Pesquisadores podem reunir dados novos observando pessoas e cenários relevantes. A *pesquisa etnográfica* é uma forma de pesquisa por observação que usa conceitos e ferramentas da antropologia e de outras disciplinas da ciência social para fornecer um profundo entendimento cultural de como as pessoas vivem e trabalham.[5] Os pesquisadores da American Airlines poderiam se infiltrar nos lounges da primeira classe para ouvir o que os viajantes falam a respeito das diferentes companhias aéreas ou das viagens no avião dos concorrentes, a fim de observar seu serviço de bordo.
- *Pesquisa de focus group.* Um focus group é uma reunião de seis a dez pessoas selecionadas por pesquisadores com base em determinadas considerações demográficas e psicográficas, entre outras. Nessa reunião, as pessoas discutem a fundo vários tópicos de interesse, auxiliadas por um moderador de pesquisa profissional. Para possibilitar discussões mais profundas, os focus groups estão cada vez menores.[6] No caso da American Airlines, o moderador poderia perguntar: "Qual a sua impressão acerca das viagens aéreas de primeira classe?" Ele poderia, então, perguntar às pessoas como elas veem as diferentes companhias aéreas e os serviços propostos, em especial o de Internet.
- *Surveys.* As empresas realizam surveys para avaliar o conhecimento, as crenças, as preferências e o nível de satisfação das pessoas para mensurar essas grandezas na população geral. Os pesquisadores da American Airlines poderiam preparar suas próprias perguntas e adicioná-las a uma survey mais abrangente. Eles poderiam também conduzir uma survey por meio de um painel permanente de consumidores, com pessoas em shopping centers ou pela Internet.
- *Dados comportamentais.* Os consumidores deixam rastros de seu comportamento de compra nos dados coletados pelos leitores de código de barras, em suas compras *on-line* e por catálogo e em bancos de dados de cliente. As compras atuais refletem as preferências dos consumidores e geralmente são mais confiáveis do que as declarações que eles fazem a pesquisadores de mercado. A American Airlines pode aprender mais sobre seus passageiros analisando seu comportamento *on-line* e os registros de compra de passagem.

- *Experimentos.* A pesquisa mais válida em termos científicos é o *experimento*, elaborado para captar as relações de causa e efeito por meio da eliminação de explicações contraditórias das descobertas observadas. A American Airlines poderia lançar o serviço de Internet em um de seus voos internacionais cobrando 25 dólares em uma semana e 15 em outra. Se ambos os voos tivessem aproximadamente o mesmo número de passageiros de primeira classe e as semanas em particular não fizessem diferença, os pesquisadores poderiam relacionar qualquer alteração significativa no número de passageiros usando o serviço à mudança no preço cobrado.

Instrumentos de pesquisa. Para a coleta de dados primários, os pesquisadores dispõem de três instrumentos de pesquisa: questionários, pesquisas qualitativas e instrumentos mecânicos. Um questionário consiste de um conjunto de perguntas que são feitas aos entrevistados. Por causa de sua flexibilidade, é o instrumento mais usado para a coleta de dados primários.

Os pesquisadores precisam desenvolver, testar e aperfeiçoar com cuidado os questionários antes de aplicá-los em larga escala. A forma, a linguagem e a sequência das perguntas podem influenciar as respostas. As *perguntas fechadas* especificam as possíveis respostas, são mais fáceis de interpretar e tabular. As *perguntas abertas* permitem que os entrevistados respondam com suas próprias palavras, deixando mais evidente o modo como eles pensam. Essas perguntas são especialmente úteis em pesquisas exploratórias, nas quais o pesquisador tem como objetivo buscar informações sobre como as pessoas pensam, e não mensurar quantas pessoas pensam de determinada maneira.

Alguns profissionais de marketing preferem métodos mais qualitativos para avaliar a opinião dos consumidores porque as ações destes nem sempre refletem as respostas que dão em questionários. *Técnicas de pesquisa qualitativa* são abordagens de mensuração relativamente desestruturadas que permitem uma ampla gama de possíveis respostas. Elas podem constituir um importante primeiro passo na exploração da percepção dos consumidores em relação a uma marca ou um produto. Além disso, sua natureza indireta faz com que os consumidores possam revelar mais sobre si durante o processo.

Nos últimos anos, tem havido muito interesse nos instrumentos mecânicos para pesquisa de marketing. Os galvanômetros podem avaliar o interesse e as emoções suscitadas pela exposição a uma determinada mensagem de marketing. Os profissionais de marketing muitas vezes utilizam sensores cutâneos e realizam varreduras nas ondas cerebrais e no corpo todo para avaliar as reações dos consumidores.[7] O termo *neuromarketing* descreve pesquisas sobre os efeitos dos estímulos de marketing no cérebro. Aplicando técnicas neurológicas, os pesquisadores tentam entender melhor o que se passa na cabeça dos consumidores.

Plano de amostragem. Após decidir sobre a abordagem e os instrumentos da pesquisa, o pesquisador de marketing deve elaborar um plano de amostragem, que o leva a três decisões:

1. *Unidade de amostragem – quem será pesquisado?* Na pesquisa da American Airlines, a unidade de amostragem deve ser composta por passageiros que viajam de primeira classe a negócios, a turismo ou ambos? Uma vez determinada a unidade de amostragem, os pesquisadores de marketing desenvolvem uma estrutura de amostragem, para que todos na população-alvo tenham a mesma chance de ser entrevistados.
2. *Tamanho da amostra – quantas pessoas devem ser entrevistadas?* Grandes amostras oferecem resultados mais confiáveis do que pequenas amostras. Contudo, desde que seja adotado um procedimento de amostragem confiável, amostras de menos de 1% de uma população oferecem um alto grau de confiabilidade.
3. *Procedimento de amostragem – como devemos selecionar os entrevistados?* A amostragem probabilística permite aos profissionais de marketing calcular limites de confiabilidade para erros de amostragem e torna a amostra mais representativa.

Métodos de contato. Agora o pesquisador de marketing precisa decidir como contatar os entrevistados: por correio, por telefone, pessoalmente ou *on-line*. As vantagens e desvantagens de cada método são apresentadas no Quadro 3.2.

QUADRO 3.2 MÉTODOS DE CONTATO EM PESQUISA DE MARKETING.

Método de contato	Vantagens	Desvantagens
Por correio	Boa maneira de alcançar pessoas que não dariam entrevistas pessoais e cujas respostas poderiam ser influenciadas ou distorcidas pelo entrevistador.	O índice de resposta normalmente é baixo ou lento.
Por telefone	Bom método para coletar informações rapidamente, esclarecendo perguntas que os entrevistados não entenderem.	As entrevistas devem ser breves e não muito pessoais. Os contatos por telefone estão ficando mais difíceis por causa do crescimento da antipatia dos consumidores pelas ligações de telemarketing.
Pessoalmente	É o método mais versátil, uma vez que o pesquisador pode fazer mais perguntas e registrar informações adicionais sobre os entrevistados, como suas roupas e sua linguagem corporal.	É o método mais caro e mais sujeito a influências do entrevistador, além de ser o que requer mais planejamento e supervisão.
On-line	Barato, rápido e versátil. As empresas podem postar um questionário em seu site, colocar banners em outros sites, hospedar um painel de consumidores ou um focus group virtual, patrocinar uma sala de bate-papo ou um blog.	As amostras podem ser distorcidas e pequenas. A pesquisa *on-line* pode ser prejudicada por problemas técnicos e inconsistências. Painéis *on-line* podem ter rotatividade em excesso.

Etapa 3: Coleta das informações

A etapa da coleta de dados da pesquisa de marketing geralmente é a mais cara e a mais sujeita a erros. Os quatro principais problemas que surgem nos levantamentos são:

(1) alguns entrevistados não estarão em casa ou estarão ocupados e precisarão ser contatados novamente ou substituídos; (2) alguns entrevistados não cooperarão; (3) alguns entrevistados darão respostas tendenciosas ou desonestas; (4) alguns entrevistados serão tendenciosos ou desonestos.

Etapa 4: Análise das informações

Essa etapa consiste em extrair os resultados tabulando os dados e desenvolver distribuições de frequência. Os pesquisadores calculam as médias e as medidas de dispersão para as principais variáveis e aplicam técnicas estatísticas e modelos de decisão na esperança de encontrar resultados adicionais. Eles podem testar diferentes hipóteses e teorias, aplicando análises de sensibilidade para avaliar suposições e a força das conclusões.

Etapa 5: Apresentação dos resultados

Nessa etapa, o pesquisador apresenta os resultados relevantes para as principais decisões de marketing com que a administração se depara. Cada vez mais, tem sido pedido aos pesquisadores para desempenhar um papel mais proativo, de consultoria, traduzindo os dados e as informações em *insights* e recomendações.[8] Eles também estão buscando maneiras mais compreensíveis de apresentar os resultados da pesquisa. No caso da American Airlines, os resultados mostram que cerca de cinco entre dez passageiros usariam o serviço a 25 dólares, ao passo que cerca de seis o usariam a 15 dólares. Assim, o valor de 15 dólares geraria menos receita (US$ 90 = 6 x US$ 15) do que o de 25 dólares (US$ 125 = 5 x US$ 25). Considerando que o voo opera 365 dias por ano, a American Airlines arrecadaria, anualmente, US$ 45.625 (US$ 125 = 5 x US$ 25). Como o investimento é de US$ 90 mil, a companhia aérea levaria dois anos para atingir o ponto de equilíbrio.

Etapa 6: Tomada de decisão

Os gerentes da American Airlines que encomendaram a pesquisa precisam pesar as evidências. Se não estiverem muito convictos com relação aos resultados, eles podem decidir não lançar o serviço de Internet a bordo. Se estiverem predispostos a lançar o serviço, os resultados apoiarão sua intenção. Eles podem decidir também fazer mais pesquisas. A decisão é deles, mas a pesquisa lhes forneceu *insights* sobre o problema.

Previsão e mensuração da demanda

Conduzir pesquisas e coletar informações de marketing pode ajudar a identificar oportunidades de marketing. Feito isso, a empresa deve mensurar e prever o tamanho, o crescimento e o potencial de lucro de cada nova oportunidade. As previsões de vendas preparadas pelo marketing são usadas: pelo financeiro, para levantar o caixa necessário para os investimentos e as operações; pela produção, para definir os níveis de capacidade e saída; por compras, para adquirir a quantidade certa dos fornecedores; por recursos humanos, para contratar os funcionários necessários. A primeira etapa desse processo consiste em determinar qual mercado mensurar.

As mensurações da demanda de mercado

Existem muitas maneiras produtivas de esmiuçar o mercado na hora de preparar a avaliação de oportunidades. O **mercado potencial** é o conjunto de consumidores com um nível suficiente de interesse em uma oferta ao mercado. Contudo, somente o interesse dos consumidores não é suficiente para definir um mercado; eles também precisam ter renda suficiente e acesso ao produto. O **mercado disponível** é o conjunto de consumidores que tem interesse, renda e acesso a uma determinada oferta. Um subconjunto do mercado disponível é o *mercado disponível qualificado*, composto por consumidores que têm interesse, renda, acesso e qualificação para adquirir a oferta. O **mercado-alvo** é a porção do mercado disponível qualificado no qual a empresa decide focar. Por fim, o **mercado atendido** é o conjunto de consumidores que estão comprando o produto da empresa.

Essas definições constituem uma ferramenta útil para o planejamento de mercado. Se a empresa não estiver satisfeita com suas vendas atuais, ela pode tentar atrair uma quantidade maior de compradores de seu mercado-alvo, reduzir as qualificações dos compradores potenciais, expandir o mercado disponível por meio de distribuição e redução de preço ou se reposicionar na mente dos consumidores.

A função da demanda de mercado

A etapa seguinte na avaliação de novas oportunidades consiste em estimar a demanda de mercado total. A **demanda de mercado** para um produto é o volume total que seria comprado por um grupo de clientes definido, em uma área geográfica definida, em um período definido, em um ambiente de marketing definido e sob um programa de marketing definido. A demanda de mercado não é um número fixo, mas sim uma função das condições determinadas – é por esse motivo que é chamada de *função de demanda de mercado*.

A Figura 3.2(a) mostra como a demanda de mercado depende das condições definidas. O eixo horizontal mostra diferentes níveis de despesas de marketing possíveis no setor em um determinado período de tempo. O eixo vertical mostra o nível de demanda resultante. A curva representa a demanda de mercado estimada associada a vários níveis de despesa de marketing.

Algumas vendas básicas (o *mercado mínimo*, indicado por Q_1 na figura) ocorreriam mesmo sem nenhuma despesa estimulando a demanda. Despesas de marketing mais elevadas levariam a níveis mais altos de demanda, primeiro a uma taxa crescente e depois a uma taxa decrescente. Após um determinado nível, as despesas de marketing não estimulariam muita demanda adicional, sugerindo um limite superior denominado *potencial de mercado* (indicado por Q_2).

Mercados e potencial de mercado. Dois tipos extremos de mercado são o expansível e o não expansível. O tamanho do *mercado expansível* é altamente afetado pelas despesas de marketing do setor; na Figura 3.2(a), a distância entre Q_1 e Q_2 é relativamente grande. O tamanho de um *mercado não expansível* não é muito afetado pelo nível de despesas de marketing, de modo que a distância entre Q_1 e Q_2 é relativamente pequena. Organizações que vendem em um mercado não expansível devem aceitar o tamanho do mercado – o nível de *demanda primária* para a classe do produto – e tentar conquistar **participação de mercado**, ou seja, um nível maior de *demanda seletiva* por seu produto.

Lembre-se: a função de demanda de mercado não é um retrato da demanda de mercado ao longo do tempo. Em vez disso, ela mostra previsões atuais de alternativas de demanda de mercado associadas a possíveis níveis de esforço de marketing no setor. Apenas um nível de despesa de marketing no setor efetivamente ocorrerá; nesse nível, a demanda de mercado é a **previsão de mercado**. Essa previsão mostra a demanda esperada, e não a demanda total.

Potencial de mercado é o limite do qual se aproxima a demanda de mercado, à medida que as despesas de marketing do setor chegam perto de se tornarem infinitas em determinado ambiente de marketing. O trecho "em um determinado ambiente de marketing" é essencial. O potencial de mercado para muitos produtos é maior durante períodos de prosperidade do que os de recessão, como mostra a Figura 3.2(b). As empresas não podem fazer nada com relação à posição da função de demanda de mercado, a qual é determinada pelo ambiente de marketing. Contudo, seus gastos em marketing podem influenciar sua localização na função.

FIGURA 3.2 FUNÇÕES DE DEMANDA DE MERCADO.

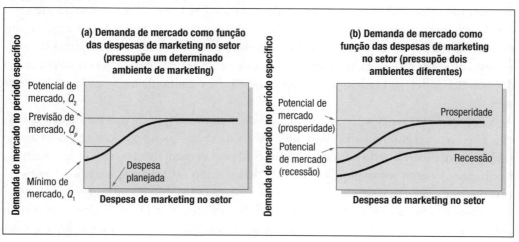

Demanda e previsão de vendas da empresa. A **demanda da empresa** constitui sua participação estimada na demanda de mercado em níveis alternativos de esforço de marketing em um determinado período de tempo. Ela depende de como os produtos, preços e comunicações da organização são percebidos em relação aos dos concorrentes. Se os outros fatores estiverem iguais, a participação de mercado da empresa dependerá da escala e da efetividade de suas despesas de marketing. Especialistas na elaboração de modelos de marketing têm desenvolvido funções de resposta de vendas para avaliar como as vendas de uma empresa são afetadas por seus níveis de despesa de marketing, seu mix de marketing e sua efetividade de marketing.[9]

Uma vez estimada a demanda da empresa, os profissionais de marketing escolhem um nível de esforço de marketing. A **previsão de vendas da empresa** é o nível esperado de vendas baseado em um plano de marketing selecionado e em um ambiente de marketing hipotético. Graficamente, representamos a previsão de vendas da empresa com as vendas no eixo vertical e o esforço de marketing no eixo horizontal, como na Figura 3.2 (a previsão de vendas é resultado de um plano hipotético de despesa de marketing).

Uma **quota de vendas** é a meta de vendas estabelecida para uma linha de produtos, uma divisão da empresa ou um representante de vendas. Ela é, basicamente, um dispositivo gerencial para definir e estimular o esforço de vendas, geralmente estabelecida em um patamar ligeiramente superior ao das vendas estimadas a fim de aumentar o esforço da força de vendas. Um **orçamento de vendas** é uma estimativa conservadora do volume de vendas esperado utilizado, basicamente, para tomadas de decisão relativas a compras, produção e fluxo de caixa. Ele se baseia na necessidade de evitar riscos em excesso e é geralmente estabelecido a um patamar um pouco mais baixo que o da previsão de vendas.

O *potencial de vendas da empresa* é o limite de vendas do qual se aproxima a demanda da empresa, à medida que o esforço de marketing da organização aumenta em relação ao dos concorrentes. O limite absoluto da demanda da empresa é, naturalmente, o potencial de mercado. Os dois seriam iguais se a empresa tivesse 100% do mercado. Na maioria dos casos, o potencial de vendas da empresa é menor do que o potencial de mercado, mesmo quando as despesas de marketing da organização aumentam consideravelmente. Todo concorrente possui um núcleo consistente de compradores fiéis que não respondem aos esforços de outras empresas para aliciá-los.

Estimativa da demanda corrente

Ao estimar a demanda corrente de mercado, os executivos de marketing buscam estimar o potencial total do mercado e o potencial de mercado da área, assim como as vendas do setor e as participações de mercado.

Potencial total do mercado. O *potencial total do mercado* é o máximo de vendas disponível para todas as empresas em um setor durante certo período, sob determinado nível de esforço de marketing e condições ambientais. Uma maneira de estimar o potencial total do mercado consiste em multiplicar o número potencial de compradores pela quantidade média que cada comprador adquire e, então, multiplicar o resultado pelo preço. Se todos os anos 100 milhões de pessoas compram livros e, em média, cada comprador adquire três livros a um preço médio de 20 dólares cada, o potencial total do mercado de livros é de 6 bilhões de dólares (100 milhões x 3 x US$ 20). Pode ser difícil estimar o número de compradores. Os profissionais de marketing geralmente começam com a população total para, em seguida, eliminar grupos que claramente não comprariam o produto e conduzir pesquisa para descartar grupos sem interesse ou renda para comprar.

Potencial de mercado da área. Uma vez que as empresas precisam alocar seu orçamento de marketing em seus territórios da melhor maneira possível, elas precisam estimar o potencial de mercado de diferentes cidades, estados e países. Os dois principais métodos para isso são: método de desenvolvimento de mercado, usado principalmente por profissionais de marketing organizacional, e método de indexação multifatorial, utilizado sobretudo por profissionais de marketing de produtos de consumo.

O *método de desenvolvimento de mercado* requer a identificação de todos os compradores potenciais em cada mercado e a estimativa das compras potenciais desses compradores. Ele gera resultados precisos se existir uma lista de todos os compradores potenciais e uma boa estimativa do que cada um deles comprará. Essa informação, contudo, nem sempre é fácil de se obter. Para serem eficientes, alguns profissionais de marketing organizacional utilizam o *North American Industry Classification System* (NAICS), desenvolvido pelo U.S. Bureau of the Census em parceria com o governo canadense e o mexicano.[10]

Para usar o NAICS, um fabricante de torno primeiro determina o código NAICS de seis dígitos que representa os produtos cujos fabricantes provavelmente precisarão de tornos. Em seguida, ele determina uma base apropriada para estimar o número de tornos que cada setor usará, como vendas setoriais. Uma vez estimado o índice de propriedade de tornos relativo às vendas setoriais, o fabricante pode calcular o potencial de mercado.

As empresas de produtos de consumo também estimam o potencial de mercado da área. No entanto, uma vez que seus clientes são numerosos demais para serem relacionados, elas normalmente utilizam um índice mais direto. Um fabricante de medicamentos pode partir do princípio de que o potencial de mercado para remédios está diretamente relacionado ao tamanho da população. Nesse caso, se o estado da Virgínia possui 2,55% da população dos Estados Unidos, ele pode ser um mercado para 2,55% do total de medicamentos vendidos. Contudo, um único fator raramente é um indicador completo das oportunidades de vendas. Assim, faz sentido desenvolver uma indexação multifatorial, atribuindo a cada fator um peso específico. Vamos supor que o estado da Virgínia possua 2% da renda pessoal disponível nos Estados Unidos, 1,96% das vendas de varejo do país e 2,28% da população norte-americana. Vamos supor ainda que cada fator tenha os seguintes pesos, respectivos: 0,5, 0,3 e 0,2. O índice de poder de compra da Virgínia é 2,04 [0,5(2,00) + 0,3(1,96) + 0,2 (2,28)].

Vendas do setor e participações de mercado. Uma empresa também precisa conhecer as vendas setoriais em seu mercado, que significa identificar os concorrentes e estimar suas vendas. Algumas informações podem ser obtidas de associações comerciais do setor, mas elas não trazem dados sobre concorrentes individuais. Com essas informações, contudo, as empresas podem avaliar seu desempenho em relação ao setor. Uma vez que os distribuidores geralmente não fornecem informações sobre a quantidade de produtos dos concorrentes que estão vendendo, os profissionais de marketing *business to business* (B2B) operam com menos conhecimento sobre sua participação de mercado.

Estimativa da demanda futura

Previsão é a arte de antecipar aquilo que os compradores provavelmente farão sob um determinado conjunto de condições. Os poucos produtos que são fáceis de prever possuem nível absoluto ou tendência razoavelmente constante, além de não terem concorrência (serviços públicos) ou terem concorrência estável (oligopólios puros). Na maioria dos mercados, contudo, a boa pesquisa é um fator-chave para o sucesso.

Normalmente, as empresas primeiro preparam uma previsão macroeconômica, seguida por uma previsão setorial e uma previsão de suas vendas. A previsão macroeconômica projeta a inflação, o desemprego, as taxas de juros, os gastos dos consumidores, os investimentos das empresas, os gastos governamentais e as exportações líquidas, entre outras variáveis. O resultado final é uma previsão do produto interno bruto (PIB), que a empresa utiliza com outros indicadores para prever as vendas setoriais. A empresa elabora sua previsão de vendas partindo do pressuposto de que conquistará alguma participação de mercado. Métodos para prever as vendas são apresentados no Quadro 3.3.

QUADRO 3.3 MÉTODOS PARA PREVER AS VENDAS.

Método de previsão	Descrição	Uso
Pesquisa das intenções dos compradores	Pesquisa os clientes, a fim de verificar a probabilidade de eles comprarem, sua situação financeira futura e suas expectativas com relação à economia.	Estimar a demanda por produtos industriais, bens de consumo duráveis, compras que exigem planejamento avançado e novos produtos.
Composição das opiniões da força de vendas	Os representantes de vendas estimam suas vendas futuras.	Obter estimativas detalhadas de previsão por produto, cliente e representante de vendas.
Opinião de especialistas	Obtêm-se previsões de especialistas, como distribuidores, fornecedores, consultores e associações comerciais, ou elas são compradas de empresas de previsões econômicas.	Obter estimativas de especialistas que podem oferecer bons *insights*.
Análise de vendas passadas	Utiliza análise de séries cronológicas, análise de tendência exponencial, análise de demanda estatística e análise econométrica para examinar vendas passadas.	Projetar a demanda futura com base na análise da demanda passada.
Método de teste de mercado	Conduz um teste direto de mercado para entender a resposta dos clientes e estimar as vendas futuras.	Prever as vendas de novos produtos ou de um produto estabelecido em um novo canal ou área.

Análise do macroambiente

Outra forma de os profissionais de marketing encontrarem oportunidades é identificando tendências no macroambiente. Uma **tendência** é um direcionamento ou uma sequência de eventos com força e durabilidade, que revela como será o futuro. Em contrapartida, um **modismo** é algo imprevisível, de curta duração e sem importância em longo prazo. Uma empresa pode até faturar com um modismo, mas isso requer sorte e senso de oportunidade. Os profissionais de marketing devem desenvolver sua capacidade de "farejar tendências", de modo que possam diferenciar tendências de modismos e se preparar para reagir (veja a seção "Habilidades em marketing", a seguir).

Identificação das principais forças

O fim da primeira década do novo século trouxe novos desafios: o declínio acentuado do mercado de ações, que afetou poupanças, investimentos e fundos de pensão; o aumento do desemprego; escândalos corporativos; fortes indícios do aquecimento global e outros sinais de deterioração do meio ambiente; e, claro, a intensificação do terrorismo. Esses eventos vieram acompanhados pela continuidade de muitas tendências que já tinham influenciado profundamente o cenário global (veja o Quadro 3.4).[11]

As empresas devem monitorar seis principais forças no macroambiente: demográfica, econômica, sociocultural, natural, tecnológica e político-legal. Apesar de descrevermos essas forças separadamente, é importante lembrar que suas interações levarão a novas oportunidades e ameaças.

Habilidades em marketing

Farejando tendências

Os profissionais de marketing precisam ter uma boa capacidade de farejar tendências, de modo que possam empreender ações a tempo de transformar uma mudança em uma oportunidade lucrativa, em vez de uma ameaça capaz de minar os lucros. Farejar tendências exige a capacidade de analisar o quadro geral sem se concentrar muito em um único fator. Os profissionais de marketing também podem utilizar seus modelos mentais de expectativas futuras — baseados nas previsões setoriais ou de vendas — para identificar desvios que poderiam afetar o marketing. No setor de tecnologia, em constante mudança, os especialistas usam uma combinação de cinco abordagens: ver o futuro como uma extensão do passado, procurar ciclos e padrões, analisar as ações dos clientes e de outros *stakeholders*, monitorar eventos técnicos e sociais à medida que eles surgem; identificar tendências a partir da interação das quatro abordagens anteriores.

Por exemplo: a Apple utiliza uma série de métodos para identificar tendências emergentes e responder a elas com ofertas oportunas. A análise do que, de quando e de como os consumidores baixam conteúdo de seus sites iTunes, App Store e iBooks ajuda a empresa a entender melhor o uso das mídias, avaliar a popularidade de cada produto digital e elaborar planos para o mobile marketing. A Apple foi uma das primeiras a reconhecer a tendência à adoção da tecnologia *touch-screen*, que impulsionou as vendas de seu iPod, iPhone, iTouch e, mais recentemente, iPad — que vendeu 3 milhões nos primeiros 80 dias de mercado do produto. Com a Apple na liderança, o mercado para *gadgets touch-screen* está florescendo.[12]

QUADRO 3.4 UM PERFIL GLOBAL DOS EXTREMOS.

Maior índice de fertilidade	Nigéria	6,88 filhos por mulher
Maior porcentagem do PIB gasta com educação	Kiribati	17,8% do PNB
Maior número de assinantes de telefonia celular	China	574.286.000 assinantes
Maior número de aeroportos	Estados Unidos	14.951 aeroportos
Maior porcentagem do PIB gasta com as Forças Armadas	Omã	11,4% do PNB
Maior população refugiada	Paquistão	21.075.000 pessoas
Maior índice de divórcio	Aruba	4,4 divórcios por 1.000 pessoas
Maior número de proprietário de TV em cores a cada 100 domicílios	Emirados Árabes Unidos	99,7 TVs
Maior número de assinantes de telefonia celular *per capita*	Lituânia	138,1 assinantes para cada 100 pessoas
Maior número de idas ao cinema	Índia	1.473.400.000 idas
Maior consumo de cerveja *per capita*	República Checa	81,9 litros *per capita*
Maior consumo de vinho *per capita*	Portugal	33,1 litros *per capita*
Maior número de fumantes *per capita*	Grécia	8,2 cigarros por pessoa por dia
Maior PIB por pessoa	Luxemburgo	US$ 87.490
Maior porcentagem do PIB gasta com doações	Suécia	1,03% do PNB
Maior dependência econômica da agricultura	Libéria	66% do PNB
Maior número de pessoas no mercado de trabalho	Ilhas Cayman	69,2%
Maior porcentagem de mulheres no mercado de trabalho	Bielorrússia	53,3%
Maior número de veículos na malha viária	Qatar	283,6 veículos por quilômetro de malha viária
Maior número de mortes em acidentes de trânsito	África do Sul	31 mortes a cada 100.000 pessoas
Maior número de turistas	França	79.083.000 turistas
Maior expectativa de vida	Andorra	83,5 anos
Maior taxa de diabetes	Emirados Árabes Unidos	19,5% da população com idade entre 20 e 70 anos

Fontes: CIA World Fact Book. Disponível em: <http://www.cia.gov/library/publications/the-world-factbook/geos/xx.html>. Acesso em: 24 jul. 2009; *The Economist's Pocket World in Figures, 2009 edition.* Disponível em: <www.economist.com>. Acesso em: 24 jul. 2009.

O ambiente demográfico

A principal força demográfica monitorada pelos profissionais de marketing é a *população*, incluindo seu tamanho e sua taxa de crescimento em cidades, regiões e países; a distribuição etária; a diversidade; os graus de instrução; e os padrões familiares.

Crescimento da população mundial. O crescimento da população mundial é explosivo: a população da Terra totalizou 6,8 bilhões em 2010 e ultrapassará os 9 bilhões em 2040.[13] Regiões em desenvolvimento contam atualmente com 84% da população mundial.

Essas regiões estão crescendo de 1 a 2% ao ano, enquanto a população em países desenvolvidos cresce somente 0,3%.[14] Nos países em desenvolvimento, a medicina moderna vem diminuindo a taxa de mortalidade, mas o índice de nascimento permanece razoavelmente estável. Às vezes, lições extraídas de mercados em desenvolvimento ajudam empresas que atuam em mercados desenvolvidos. Veja a seção "Insight de marketing", a seguir.

Composição etária da população. Geralmente, os profissionais de marketing dividem a população em seis grupos etários – pré-escolares, crianças em idade escolar, adolescentes, adultos jovens (25 a 40 anos), adultos de meia-idade (40 a 65 anos) e idosos (mais de 65 anos) –, e há uma tendência global de envelhecimento da população. Alguns profissionais de marketing se concentram em *cohorts*, grupos de indivíduos nascidos no mesmo período de tempo que caminham pela vida juntos. Os momentos de definição pelos quais eles passam à medida que vão crescendo e se tornam adultos (por volta dos 17 aos 24 anos) podem permanecer com eles ao longo da vida e influenciar seus valores, suas preferências e seus comportamentos de compra.

Diversidade nos mercados. A diversidade étnica e racial varia de país para país, o que afeta necessidades, desejos e hábitos de compra. Em um extremo está o Japão, onde quase todo mundo é japonês; no outro, está os Estados Unidos, onde aproximadamente 25 milhões de pessoas – mais de 9% da população – nasceram em outro país. Os principais grupos que constituem a população norte-americana são: brancos,

Insight de marketing

Encontrando ouro na base da pirâmide

O professor de administração C. K. Prahalad escreveu que muita inovação pode vir de ocorrências em mercados emergentes, como a China e a Índia. Ele estima que na chamada "base da pirâmide" haja 5 bilhões de pessoas que não estão sendo atendidas ou que não estão sendo atendidas a contento. Um estudo mostrou que 4 bilhões de pessoas vivem com, no máximo, 2 dólares por dia. Empresas que operam nesses mercados têm tido que aprender a fazer mais com menos.

No Brasil, no Leste Europeu e em outros mercados, a Microsoft lançou o programa pré-pago FlexGo, que permitia aos usuários efetuar um pré-pagamento para utilizar um PC completo na medida em que quisessem e necessitassem, não precisando pagar o preço cheio do produto. Quando os créditos obtidos com o pagamento terminavam, o PC parava de funcionar, e o usuário efetuava um novo pagamento para reiniciá-lo. Outras empresas aplicam a "inovação reversa", desenvolvendo produtos para países como China e Índia e, então, distribuindo-os globalmente. Depois de lançar, com sucesso, um aparelho de eletrocardiograma portátil de US$ 1 mil para atender a região rural da Índia e um aparelho de ultrassom portátil para atender a região rural da China, a GE começou a vender esses produtos nos Estados Unidos.

Fontes: PRAHALAD, C. K. *The fortune at the bottom of the pyramid.* Upper Saddle River: Wharton School Publishing, 2010; BREEN, Bill. "C. K. Prahalad: pyramid schemer". *Fast Company*, mar. 2007. p. 79; ENGARDIO, Pete. "Business prophet: how C. K. Prahalad is changing the way CEOs think". *BusinessWeek*, 23 jan. 2006. p. 68-73; JANE, Reena. "Inspiration from emerging economies". *BusinessWeek*, 23 e 30 mar. 2009. p. 38-41; IMMELT, Jeffrey R.; GOVINDARAJAN, Vijay; TRIMBLE, Chris. "How GE is disrupting itself". *Harvard Business Review*, out. 2009. p. 56-65; WILLIAMSON, Peter J.; ZENG, Ming. "Value-for-money strategies for recessionary times". *Harvard Business Review*, mar. 2009. p. 66-74.

afro-americanos, latino-americanos (com grandes subgrupos de descendentes de mexicanos, porto-riquenhos e cubanos) e asiáticos (com grandes subgrupos de descendentes de chineses, filipinos, japoneses, indianos e coreanos). Contudo, os profissionais de marketing não devem generalizar demais os grupos étnicos. Isso porque dentro de cada grupo há consumidores que são muito diferentes entre si.[15] A diversidade vai além de mercados étnicos e raciais. Mais de 51 milhões de consumidores norte-americanos têm alguma deficiência, e eles constituem um mercado para muitos produtos.

Grupos educacionais. Em qualquer sociedade, a população é classificada em cinco grupos educacionais: analfabetos, pessoas com ensino médio incompleto, pessoas com ensino médio completo, pessoas com diploma universitário e pós-graduados. Mais de dois terços dos 785 milhões de adultos analfabetos no mundo residem em apenas oito países (Índia, China, Bangladesh, Paquistão, Nigéria, Etiópia, Indonésia e Egito), e dois terços dos adultos analfabetos são mulheres.[16] Os Estados Unidos possuem uma das mais altas porcentagens de cidadãos com diploma universitário do mundo, que impulsiona a demanda por revistas, livros e viagens.

Padrões familiares. A família tradicional consiste de marido, esposa e filhos (e, às vezes, avós). Contudo, somente um em cada cinco lares norte-americanos é composto de um casal com filhos menores de 18 anos. Outros lares são compostos de solteiros que moram sozinhos, famílias com um único adulto, casais sem filhos, casais que já não vivem com os filhos e amigos que moram juntos, entre outras estruturas familiares.[17] Muitas pessoas estão se divorciando e se separando, escolhendo não casar, casando mais tarde ou casando sem a intenção de ter filhos, o que afeta suas necessidades e hábitos de consumo. Lares não tradicionais estão crescendo mais rapidamente do que lares tradicionais. Por exemplo: estima-se que a população homossexual abranja de 4 a 8% da população total dos Estados Unidos, concentrando-se mais em áreas urbanas.[18]

O ambiente econômico

O poder de compra em uma economia depende da renda, da poupança, do endividamento e da disponibilidade de crédito. Como recentes problemas econômicos demonstraram, tendências que afetam o poder de compra podem ter um forte impacto sobre os negócios, especialmente sobre empresas cujos produtos são voltados para consumidores de alta renda ou sensíveis a preço.

Psicologia do consumidor. Os novos padrões de gastos dos consumidores durante a recente recessão refletem ajustes temporários, de curto prazo ou mudanças permanentes, de longo prazo?[19] Identificar o cenário mais provável em longo prazo ajudaria os profissionais de marketing a decidir sobre seus investimentos. Por exemplo: após meses de pesquisa e desenvolvimento no mercado dos *baby-boomers*, a Starwood lançou duas novas redes de hotel como alternativas acessíveis, porém elegantes, a suas requintadas redes. Na mira de consumidores que buscam, ao mesmo tempo, economia e luxo, os hotéis Aloft refletem o estilo descolado urbano dos lofts, ao passo que os hotéis Element possuem suítes com banheiros que se assemelham a um spa.[20]

Distribuição de renda. Existem quatro tipos de estruturas industriais: *economias de subsistência*, com poucas oportunidades para as empresas; *economias exportadoras de matérias-primas*, como a Arábia Saudita (petróleo), um bom mercado para equipamentos, ferramentas, suprimentos e produtos luxuosos para os ricos; *economias em processo de industrialização*, como a Índia e as Filipinas, onde as classes alta e média demandam novos tipos de produto; e *economias industrializadas*, como a Europa Ocidental, que é um bom mercado para todo tipo de produto. Geralmente, os profissionais de marketing diferenciam os países usando cinco padrões de distribuição de renda: rendas muito baixas, maior parte das rendas baixas; rendas muito baixas e muito altas; rendas baixas, médias e altas; e maior parte das rendas médias.

Renda, poupança, endividamento e crédito. Os gastos dos consumidores são afetados pelos níveis de renda, os índices de poupança, as práticas de endividamento e a disponibilidade de crédito. Os consumidores norte-americanos possuem um alto índice de endividamento/renda, que reduz os gastos com moradia e itens muito caros. Em uma recessão, quando o crédito se torna escasso, especialmente para pessoas de renda mais baixa, o número de pessoas emprestando dinheiro cai. Nos Estados Unidos, uma questão econômica que vem ganhando cada vez mais importância diz respeito à migração de empregos da indústria e do setor de serviços para outros países, que afeta a renda norte-americana e das nações para onde os empregos são realocados.

O ambiente sociocultural

Do nosso ambiente sociocultural absorvemos, quase inconscientemente, uma visão de mundo que define nossa relação com nós mesmos, com os outros, com as organizações, com a sociedade, com a natureza e com o universo.

- **Visões de nós mesmos.** Nos Estados Unidos, durante as décadas de 1960 e 1970, os que "valorizavam o prazer" buscavam diversão e fuga, ao passo que outros buscavam a "autorrealização". Hoje, alguns estão adotando comportamentos e ambições mais conservadores.
- **Visões dos outros.** As pessoas estão preocupadas com os moradores de rua, com os crimes e suas vítimas e com outros problemas sociais. Ao mesmo tempo, buscam pessoas parecidas com elas para relacionamentos de longa duração, que sugere um mercado crescente para academias, cruzeiros e atividades religiosas, assim como para "substitutos sociais", como videogames e sites de relacionamentos.

- **Visões das organizações.** Após uma onda de demissões e escândalos corporativos, a fidelidade às organizações diminuiu.[21] As empresas precisam encontrar novas maneiras de reconquistar a confiança dos consumidores e funcionários, assegurar que são bons cidadãos corporativos e mostrar sua honestidade.[22]
- **Visões da sociedade.** Algumas pessoas defendem a sociedade, outras a fazem funcionar, alguns extraem dela o que podem, outros querem mudá-la, alguns estão buscando algo mais profundo e outros querem deixá-la.[23] Os padrões de consumo geralmente refletem essas atitudes sociais. Por exemplo: aqueles que querem mudar a sociedade podem viver mais moderadamente e dirigir carros menores.
- **Visões da natureza.** As empresas responderam à maior conscientização com relação à fragilidade da natureza e ao fato de ela ser finita produzindo uma variedade mais ampla de equipamentos para caminhadas, acampamentos, passeios de barco e pesca, como botas, barracas, mochilas e acessórios.
- **Visões do universo.** A maioria dos cidadãos norte-americanos é monoteísta. Contudo, práticas e convicções religiosas estão diminuindo ao longo dos anos ou sendo redirecionadas para um interesse em movimentos evangélicos, religiões orientais, misticismo, ocultismo e desenvolvimento do potencial humano.

Persistência dos valores culturais centrais. *Crenças e valores centrais* são passados de pais para filhos e reforçados por instituições sociais – escolas, igrejas, empresas e governos. *Crenças e valores secundários* são mais abertos a mudanças. Acreditar na instituição do casamento é um valor central; acreditar que as pessoas devem se casar cedo é um valor secundário. Os profissionais de marketing têm alguma chance de mudar valores secundários, mas pouca de mudar valores centrais. A organização sem fins lucrativos MADD (*Mothers Against Drunk Drivers* – mães contra motoristas embriagados) não tenta impedir a venda de bebidas alcoólicas, mas sim promover níveis legais mais baixos de álcool no sangue para quem está dirigindo e limitar o horário de funcionamento de negócios que vendem bebidas alcoólicas.

Existência de subculturas. Toda sociedade possui **subculturas** – grupos com valores, crenças, preferências e comportamentos compartilhados que surgem de experiências ou circunstâncias de vida especiais. Os profissionais de marketing sempre amaram os adolescentes porque eles lançam tendências na moda, na música, no entretenimento e na atitude. Atraia uma pessoa quando ela for adolescente e, provavelmente, você a manterá como cliente na fase adulta. A Frito-Lay, que tem 15% de suas vendas realizadas entre adolescentes, notou um aumento no consumo de salgadinhos por adultos. "Achamos que é porque nós os conquistamos quando eram adolescentes", disse o diretor de marketing da empresa.[24]

O ambiente natural

Na Europa Ocidental, partidos "verdes" pressionam por ações públicas para reduzir a poluição industrial. Nos Estados Unidos, especialistas documentam a deterioração ecológica e grupos de defesa do meio ambiente, como o Sierra Club, levam essas preocupações para a esfera das ações políticas e sociais. Embora regulamentações ambientais tenham atingido duramente determinados setores, existem oportunidades à espera daqueles que podem conciliar prosperidade com proteção do meio ambiente.

O *ambientalismo corporativo* reconhece a necessidade de integrar questões ambientais aos planos estratégicos da empresa. Tendências no ambiente natural incluem escassez de matérias-primas, especialmente de água; aumento do custo da energia; aumento dos níveis de poluição e mudanças no papel dos governos:[25]

- As matérias-primas da Terra são renováveis infinitas, renováveis finitas e não renováveis finitas. Empresas cujos produtos exigem *recursos não renováveis finitos* – petróleo, carvão, platina, zinco, prata – deparam-se com aumentos de custo substanciais à medida que o esgotamento se aproxima. As empresas que podem desenvolver materiais substitutos têm em mãos uma excelente oportunidade.
- O petróleo, um recurso não renovável finito, tem criado sérios problemas para a economia mundial. À medida que seu preço sobe, as empresas buscam meios práticos para utilizar a energia solar, nuclear e eólica, entre outras alternativas.
- Algumas atividades industriais inevitavelmente prejudicarão o ambiente natural, criando um grande mercado para soluções de controle de poluição – como filtros de gases, centros de reciclagem e sistemas de aterro sanitário – e modos alternativos de produzir e embalar mercadorias.
- Diversos países pobres estão fazendo muito pouco para controlar a poluição; falta-lhes recursos ou vontade política. Existe interesse por parte dos países mais ricos em ajudá-los, mas, hoje, faltam os recursos necessários até mesmo para as nações mais abastadas.

No passado, alguns programas de marketing verde tiveram dificuldade em obter aceitação; os consumidores podem ter achado que os produtos eram inferiores por serem verdes ou que não eram realmente verdes. Os produtos verdes de sucesso convenceram o consumidor de que estavam agindo, ao mesmo tempo, em defesa dos interesses dele e da sociedade em longo prazo. Por exemplo: a linha de produtos de limpeza verdes Green Works, da Clorox, encontrou o ponto nevrálgico de um mercado-alvo que queria dar pequenos passos em direção a um estilo de vida mais verde. A Clorox lançou mão de um preço premium modesto para competir com os outros produtos e de um marketing desenvolvido a partir do zero para levar sua mensagem de sustentabilidade ao mercado-alvo.[26]

O ambiente tecnológico

Novas tecnologias importantes estimulam a taxa de crescimento da economia; no intervalo entre inovações, uma economia pode estagnar. Inovações menores, de risco mais baixo, podem preencher essa lacuna, mas, por outro lado, elas desviam os esforços de pesquisa de inovações maiores. As consequências da inovação em longo prazo nem sempre são previsíveis, e, quando indústrias estabelecidas ignoram novas tecnologias ou lutam contra ela, seus negócios declinam. Para estarem preparados, os profissionais de marketing devem monitorar as seguintes tendências tecnológicas:

- **Aceleração do ritmo tecnológico.** Nunca tantas novas ideias estiveram em desenvolvimento, e o tempo entre a ideia e a implentação dela está diminuindo, assim como o tempo entre o lançamento e o pico de produção.
- **Oportunidades ilimitadas para a inovação.** Hoje, algumas das mais empolgantes inovações vêm das áreas de biotecnologia, computação, microeletrônica, telecomunicação, robótica e desenvolvimento de materiais.
- **Variação nos orçamentos de P&B**. Uma parcela cada vez maior dos gastos com P&D nos Estados Unidos vai para o desenvolvimento, em vez de para a pesquisa, o que suscita preocupações quanto à capacidade do país em manter sua liderança em ciências básicas. Muitas empresas usam seu dinheiro para copiar produtos dos concorrentes e fazer pequenas melhorias em suas características e estilo. Mesmo empresas que desenvolvem pesquisa básica, como a Dow Chemical e a Pfizer, estão agindo com cautela, e cada vez mais consórcios, em vez de empresas individuais, estão direcionando esforços de pesquisa para grandes inovações.
- **Maior regulamentação das mudanças tecnológicas**. O governo aumentou o poder de suas agências para investigar e proibir produtos potencialmente inseguros. As regulamentações envolvendo segurança e saúde se tornaram mais rígidas para alimentos, automóveis, roupas, eletrodomésticos e construção.

O ambiente político-legal

O ambiente político-legal consiste de leis, agências governamentais e grupos de pressão que influenciam várias organizações e indivíduos. Às vezes, essas leis criam novas oportunidades de negócios – as leis que tornaram a reciclagem obrigatória estimularam o setor de reciclagem e encorajaram empresas a fabricar novos produtos com materiais reciclados. Duas importantes tendências nesse ambiente são: o aumento da legislação que regulariza os negócios e o crescimento de grupos com interesse especial.

Aumento da legislação que regulariza os negócios. A legislação que regulariza os negócios tem como propósito proteger as empresas de concorrência desleal, proteger os consumidores de práticas de negócios desleais, proteger a sociedade de comportamentos descontrolados das empresas e cobrar das organizações os custos sociais de seus produtos ou processos. Contudo, toda nova lei pode ter o efeito involuntário de minar as iniciativas e desacelerar o crescimento. Os Estados Unidos têm muitas leis de proteção ao consumo, as quais abrangem concorrência, segurança do produto e responsabilidade por ele, práticas comerciais e de crédito justas, embalagem e rotulagem. A Comissão Europeia possui leis que tratam do comportamento da concorrência, dos padrões dos produtos, da responsabilidade pelos produtos e das transações comerciais entre os membros da União Europeia.

Crescimento de grupos com interesse especial. Os comitês de ação política pressionam os membros do governo e os executivos a respeitar os direitos dos consumidores, das mulheres, dos idosos, das minorias e dos homossexuais. O *movimento dos consumidores* uniu cidadãos e governo para reforçar os direitos e o poder dos compradores em relação aos vendedores. Os consumidores conquistaram muitos direitos, incluindo o de saber o real custo de um empréstimo e o de obter a informação nutricional dos alimentos. Questões de privacidade e roubo de identidade também são pontos nevrálgicos da política pública. Empresas sensatas possuem um departamento voltado para o consumidor que tem como objetivo formular políticas e resolver reclamações.

Resumo

Um sistema de informações de marketing (SIM) consiste de pessoas, equipamentos e procedimentos dedicados a coletar, selecionar, analisar, avaliar e distribuir informações necessárias, oportunas e precisas a tomadores de decisões de marketing. Esse sistema é desenvolvido a partir de dados provenientes dos registros internos da empresa, assim como da inteligência e da pesquisa de marketing. O processo de pesquisa de marketing possui seis etapas: definição do problema e dos objetivos da pesquisa, desenvolvimento do plano de pesquisa, coleta das informações, análise das informações, apresentação dos resultados e tomada de decisão. As empresas utilizam previsões e mensurações da demanda para avaliar o tamanho, o crescimento e o potencial lucrativo de cada nova oportunidade.

Os profissionais de marketing devem monitorar as seis principais forças macroambientais: demográfica, econômica, sociocultural, natural, tecnológica e político-legal. No ambiente demográfico, esses profissionais devem prestar atenção no crescimento da população mundial, na composição etária da população, na diversidade nos mercados, nos grupos educacionais e nos padrões familiares. No ambiente econômico, eles precisam se concentrar na distribuição de renda e nos níveis de renda, poupança, endividamento e disponibilidade de crédito, assim como na psicologia do consumidor. No ambiente sociocultural, devem entender a maneira como as pessoas veem a si mesmas, os outros, as organizações, a sociedade, a natureza e o universo; eles devem entender também o papel dos valores culturais centrais e das subculturas. No ambiente natural, tais profissionais precisam estar atentos às preocupações cada vez maiores das pessoas em relação à saúde do meio ambiente. No ambiente tecnológico, eles devem observar a aceleração do ritmo tecnológico, as oportunidades para a inovação, a variação nos orçamentos de P&B e a maior regulamentação das mudanças tecnológicas. No ambiente político-legal, os profissionais de marketing devem trabalhar de acordo com as muitas leis que regulamentam as práticas de negócios e ao lado de vários grupos com interesse especial.

Notas

1. NEWMAN, A. A. Getting dad to do diaper (buying) duty. **New York Times**, USA, June 22, 2010; YANG, J. L. The bottom line. **Fortune**, p. 107-112, September 1, 2008; NEFF, J. From mucus to maxi Pads: marketing's dirtiest jobs. **Advertising Age**, p. 9, February 16, 2009.
2. Para uma discussão abrangente sobre como gerar *insights* de clientes para impulsionar os resultados dos negócios, veja: SCHIEFFER, Robert. **Ten key customer insights:** unlocking the mind of the market. Mason: Thomson, 2005.
3. ABELSON, J. Gillette sharpens its focus on women. **Boston Globe**, January 4, 2009.
4. Para informações sobre serviços de Internet em voos, veja: IN-FLIGHT wireless Internet to expand to hundreds of American airlines planes. **Los Angeles Times**, March 30, 2009; BOEING in-flight Internet plan goes airborne. **Associated Press**, April 18, 2004; BLAU, J. IN-FLIGHT Internet service ready for takeoff. **IDG News Service**, June 14, 2002; IN-FLIGHT dogfight. **Business2.com**, p. 84-91, January 9, 2001.
5. Para analisar um trabalho acadêmico relevante, veja: ARNOULD, Eric J.; EPP, Amber. Deep engagement with consumer experience. In: GROVER, Rajiv; VRIENS, Marco (eds.). **Handbook of marketing research**. Thousand Oaks: Sage Publications, 2006. Para uma discussão acadêmica, veja: CAN ETHNOGRAPHY uncover richer consumer insights? **Journal of Advertising Research**, 46, Sep. 2006. Para dicas práticas, veja: DURANTE, Richard; FEEHAN, Michael. Leverage ethnography to improve strategic decision making. **Marketing Research**, Winter 2005.
6. LEVY, Piet. In with the old, in spite of the new. **Marketing News**, p. 19, May 30, 2009.
7. WITT, Louise. Inside intent. **American Demographics**, p. 34-39, Mar. 2004.; RASKIN, Andy. A face any business can trust. **Business 2.0**, p. 58-60, dec. 2003; BURKITT, Laurie. Battle for the brain. **Forbes**, p. 76-77, November 16, 2009.
8. FIELDING, Michael. Global insights: Synovate's Chedore discusses MR trends. **Marketing News**, p. 41-42, May 15, 2006.
9. Para uma discussão adicional, veja: LILIEN, Gary L.; KOTLER, Philip; MOORTHY, K. Sridhar. **Marketing models**. Upper Saddle River: Prentice Hall, 1992.
10. NAICS Association. Disponível em: <http://www.naics.com>; NORTH AMERICAN INDUSTRY CLASSIFICATION SYSTEM. Disponível em: <http://www.census.gov/epcd/naics02>. Acesso em: 9 dez. 2010.
11. INDATA, **IN**, p. 27, June 2006.
12. SATARIANO, Adam. Apple studies user downloads to fine-tune mobile ads. **BusinessWeek**, July 6, 2010; NEEDLE, David. iPad raises fortunes for touchscreen makers. **InternetNews**, July 7, 2010; BISSON, Peter; STEPHENSON, Elizabeth; VIGUERIE, S. Patrick. Global forces: an introduction. **McKinsey Quarterly**, June 2010; WAGNER, Cynthia G. Top 10 reasons to watch trends. **The Futurist**, p. 68, Mar./Apr. 2002; BURKAN, Wayne. Developing your wide-angle vision. **The Futurist**, p. 35, Mar. 1998; CORNISH, Edward. How we can anticipate future events. **The Futurist**, p. 26, July 2001; Techniques for forecasting. **The Futurist**, p. 56, Mar. 2001.
13. World POPClock, U.S. Census Bureau, 2009.
14. WORLD DEVELOPMENT indicators database, **World Bank**. Disponível em: <http://siteresources.worldbank.org/ DATASTATISTICS/Resources/POP.pdf>. Acesso em: 15 set. 2009; WORLD POPULATION growth. Disponível em: <www.worldbank.org/depweb/english/beyond/beyondco/beg_03.pdf>.
15. FOREHAND, Mark R.; DESHPANDÉ, Rohit. What we see makes us who we are: priming ethnic self-awareness and advertising response. **Journal of Marketing Research**, p. 336-348, Aug. 2001.
16. THE CENTRAL INTELLIGENCE AGENCY'S world factbook. Disponível em: <http://www.cia.gov/library/publications/the-world-factbook>. Acesso em: 9 dez. 2010.
17. PROJECTIONS of the number of households and families in the United States: 1995-2010, p. 25--1129. **U.S. Department of Commerce**, Bureau of the Census. Disponível em: <http://www.census.gov/prod/1/pop/p25-1129.pdf>. Acesso em: 9 dez. 2010.
18. GARDYN, Rebecca. A market kept in the closet. **American Demographics**, p. 37-43, Nov. 2001.
19. SULLIVAN, Elisabeth. The age of prudence. **Marketing News**, p. 8-11, April 15, 2009; HAMM, Steve. The new age of frugality. **BusinessWeek**, p. 55-60, October 20, 2008; DECKLER, Jessica. Never pay retail again. **CNNMoney.com**, May 30, 2008.
20. WELCH, David. The incredible shrinking boomer economy. **BusinessWeek**, p. 27-30, August 3, 2009.
21. PAUL, Pamela. Corporate responsibility. **American Demographics**, p. 24-25, May 2002.
22. BAKER, Stephen. Wiser about the Web. **BusinessWeek**, p. 53-57, March 27, 2006.
23. CLEARING house suit chronology. **Associated Press**. January 26, 2001; WENSKE, Paul. You too could lose $19,000!. **Kansas City Star**, October 31, 1999.
24. ZINN, Laura. Teens: here comes the biggest wave yet. **BusinessWeek**, p. 76-86, April 11, 2004.
25. BANERJEE, Subhabrata Bobby; IYER, Easwar S.; KASHYAP, Rajiv K. Corporate environmentalism: antecedents and influence of industry type. **Journal of Marketing**, 67, p. 106-122, Apr. 2003.
26. UNRUH, Gregory. Sustainable product strategies for going green. **Environmental Leader**, June 21, 2010.

Estudo de caso

A análise ambiental para impulsionar voos mais altos

Prof.ª dr.ª Claudia Rosa Acevedo de Abreu Campanário, prof. dr. Julio Araujo Carneiro da Cunha e prof.ª dr.ª Daielly Melina N. Mantovani Ribeiro – EACH-USP

A previsão da demanda é um componente fundamental para a gestão estratégica das organizações, em especial para as companhias aéreas, que possuem altos custos de operação. Essas empresas devem calcular quantos voos realizar em suas rotas, bem como estimar uma taxa de ocupação desses voos – e preços das passagens em cada um deles –, para garantir a rentabilidade da operação. Isto é, uma vez que um voo está programado para viagem, é fundamental que se consiga uma taxa de ocupação mínima que iguale as receitas aos custos da operação. A empresa deve estimar de forma precisa sua demanda para cada rota em cada voo, a fim de que estabeleça sua precificação adequadamente, garantindo ocupação mínima do voo e, por conseguinte, rentabilidade da operação.

Todavia, estimar a demanda não é tarefa simples, tendo em vista que esta possui alta correlação com os ciclos econômicos dos ambientes nos quais as companhias aéreas estão inseridas. Isso ocorre, primeiramente, por questão de sazonalidade, já que os ciclos dos mercados domésticos e internacionais, por exemplo, em épocas de férias, estimulam as pessoas a viajarem mais, impactando o mercado de viagens aéreas. Da mesma forma, o nível de consumo da população também influencia a demanda das companhias aéreas; pessoas com maior poder de compra tendem a viajar mais e podem escolher o transporte aéreo como meio de viagem, em vez de transportes rodoviários ou marítimos. Por fim, as flutuações da moeda, em especial a relação real e dólar para o mercado nacional, podem influenciar as pessoas a viajarem mais ou menos ao exterior, ou seja, quando há um câmbio real/dólar menor, as pessoas se sentem mais estimuladas a viajar ao exterior. Analogamente, quando o real se desvaloriza, torna-se mais caro viajar ao exterior, podendo haver redução da demanda por voos externos e aumento da demanda por viagens domésticas. Além da complexidade de se estimar o tamanho do mercado por influências macroeconômicas, ainda há de se levar em conta a atuação da concorrência. É necessário prever quantos clientes potenciais há para cada rota e voo e quantos desse mercado estão dispostos a fazer negócio com uma determinada companhia aérea, e não com a concorrência.

No Brasil, o mercado aéreo doméstico de passageiros é concentrado em poucas empresas, com duas delas – TAM e GOL – disputando a liderança e que, juntas, representavam em março de 2013 75,5% de parcipação desse mercado, com vantagem da TAM (39,26% de *market share*) (ANAC, 2013). Para competir nesse mercado, a GOL adotou, desde o início de suas atividades em 2001, um modelo até então inovador no Brasil, voltado para a diferenciação por custos (*low cost – low fare*). A empresa de custos e preços baixos revolucionou o mercado nacional, até então dominado por empresas com estruturas infladas e preços altos. Em pouco tempo tornou-se uma das líderes com participação de mercado elevada. O novo modelo de negócios previu serviços mais enxutos: nada de refeições a bordo e outros mimos aos passageiros, reduzindo assim o tempo em solo, implicando menos custos e preços mais competitvos. Todavia, a estratégia da GOL ia além, buscando uma nova segmentação e definindo um novo público-alvo. A revista *HSM*, em 2005, comentou: "O que a GOL fez foi desenvolver um modelo de negócio de baixo preço/baixo custo tropicalizado, inspirado não na pura disposição em ter preços mais competitivos, mas na percepção de um mercado-alvo de baixo poder aquisitivo."

Pode-se perceber também que, para sustentar essa estratégia, desde o início a empresa buscou dados oriundos de pesquisa do mercado. Nas palavras do ex-presidente da GOL, Constantino de Oliveira Júnior, extraídas da mesma reportagem da *HSM*, pode-se perceber com clareza essa inclinação da empresa, em ter preço e custos baixos, público segmentado e sustentação das decisões baseada em dados do mercado, mesmo que para defender a intuição dos gestores: "Buscamos dados para dar fundamento ao que estávamos intuindo. Nós verificamos o poder aquisitivo por região, o fluxo de passageiros por carro ou por ônibus em determinadas regiões. E, quando nós falamos em poder aquisitivo, analisamos o nível de sensibilidade à variação de preço. Mesmo com os especialistas recomendando o contrário, nós decidimos trabalhar para um passageiro sensível a preço, e não para aquele que visa o *glamour*."

Os negócios da GOL iam de vento em popa. Já em seu primeiro ano de operação a empresa conseguiu custo por assento disponível menor do que o das principais concorrentes (Varig, Vasp e TAM) e lucro operacional positivo, quando as demais operaram no vermelho. Pesquisas de mercado mostravam que a nova classe média brasileira atendida pelas baixas tarifas da GOL tendia a gastar mais com viagens. Assim, a empresa desbravou um segmento de mercado até então inexplorado, trazendo um novo modelo de serviço, e despontou como a segunda empresa aérea mais rentável do mundo. A conjuntura favorável e sua dinâmica de monitoramento do mercado, previsão da demanda e estratégia de composto de marketing vinham dando certo, até que, em 2007, uma mudança estratégica da empresa trouxe grandes problemas. A aquisição da Varig acarretou aumento nos custos operacionais em 60%, pois os aviões desta, além de antigos, eram diferentes dos até então operados pela GOL. Adicionalmente, a criação do programa de fidelidade Smiles e de outros serviços, como salas VIP, também contribuíram para o aumento dos custos e para o desvio da visão *low cost – low fare*. Ainda, o crescimento da empresa elevou a burocracia e engessou seus processos. Por outro lado, o mercado igualmente mudou: a TAM, sua principal concorrente, se reinventou, cortou custos e tornou suas tarifas, antes elevadas, equivalentes às da GOL. Novos concorrentes ingressaram no mercado, com destaque para a Azul, em 2008, e a Avianca, em 2010 (antiga OceanAir). Todas adotaram a mesma proposta de *low cost – low fare*, acirrando ainda mais a concorrência. Por fim, a conjuntura econômica, em especial o câmbio, prejudicou as companhias áreas de forma geral.

A conjunção de todos esses fatores fez com que a GOL tivesse menores taxas de ocupação, prejuízos, e, com isso, ela precisou rever seu modelo de previsão de demanda e do composto de marketing como um todo. Era necessário voltar às origens. Houve reestruturação, corte de pessoal, cancelamento de voos, reorganização estratégica. A empresa também simplificou seus serviços de bordo e está passando a cobrar pelos produtos oferecidos em voo. Finalmente, abriu o capital de seu programa de fidelidade, buscando elevar o valor da marca.

Baseando-se novamente em estudo de mercado, a GOL decidiu limitar a sua oferta para o ano de 2013. A piora das expectativas do mercado brasileiro (projeção da expansão do PIB – Produto Interno Bruto – reduzido), associada com o aumento do preço da moeda norte-americana diante do real, fizeram com que a empresa diminuísse sua oferta. A Standard & Poor's, agência de classificação de risco, aponta que a desaceleração econômica do Brasil fez com que as tarifas aéreas ficassem em patamares de preço baixos, enquanto o preço dos combustíveis se elevaram, prejudicando a lucratividade da GOL e seus fluxos de caixa; 90% das receitas da empresa são recebidas em reais, e ela tem despesas em dólares (como manutenção e combustível).

Fica evidente que as companhias aéreas determinam suas ofertas considerando sua previsão de demanda. Todo o planejamento de quantos voos e assentos serão disponibilizados depende de uma coleta de dados, além de uma minuciosa análise desses dados e informações geradas, para determinar como, de quanto e qual será a oferta de voos, mantendo-se coerência com o posicionamento adotado. Todavia, segundo dados apresentados pelo jornal *Valor Econômico*, a taxa de ocupação da GOL em maio de 2013 foi de 66,1% – a menor do mercado. Embora tenha havido reestruturação da empresa, a instabilidade da economia brasileira não garante que os tempos de bonança voltarão. Assim, os modelos de análise do ambiente interno e externo, incluindo a sistemática de previsão de demanda, devem ser constantemente revistos e aprimorados para garantir a conquista de vantagem competitiva e adaptação às contingências do mercado.

Questões para reflexão

1. Quais informações do ambiente interno e externo você coletaria para realizar um diagnóstico e prever a demanda da GOL?
2. Se você fosse ajudar o gestor da GOL a realizar um planejamento estratégico de marketing para os próximos cinco anos, baseando-se nas informações coletadas no item anterior, quais seriam as suas recomendações (baseie-se no composto de marketing)?
3. Quais ações a GOL poderia tomar para se diferenciar das concorrentes que também adotam a estratégia *low cost – low fare*?
4. Você acha que os transportes rodoviários e marítimos podem ser uma ameaça para a GOL? Justifique sua resposta.

Referências

AGÊNCIA NACIONAL DE AVIAÇÃO CIVIL – ANAC. Demanda cresce e tem recorde em março. 17/04/2013. Disponível em: <http://www.anac.gov.br/Noticia.aspx?ttCD_CHAVE=946#>. Acesso em: 11 jul. 2013.

FOLHA DE SÃO PAULO. Gol amplia sua meta de reduzir oferta de assentos em voos domésticos. 24/06/2013. Disponível em: <http://www1.folha.uol.com.br/mercado/2013/06/1300314-gol-amplia-sua-meta-de-reduzir-oferta-de-assentos-em-voos-domesticos.shtml>. Acesso em: 8 jul. 2013.

GOL. Divulgação de resultados – 1º trimestre de 2013. Disponível em: <http://www.voegol.com.br/pt-br/investidores/paginas/default.aspx>. Acesso em: 8 jul. 2013.

HSM. Redesenhando a aviação. Barueri, nov./dez. 2005.

REVISTA EXAME. A rota mudou para a GOL. De novo. 02/05/2012. Disponível em: <http://exame.abril.com.br/revista-exame/edicoes/1015/noticias/a-rota-mudou-para-a-gol-de-novo?page=1>. Acesso em: 11 jul. 2013.

_____. S&P afirma rating B da GOL, com perspectiva negativa. 05/07/2013. Disponível em: <http://exame.abril.com.br/mercados/noticias/s-p-afirma-rating-b-da-companhia-aerea-gol-2>. Acesso em: 11 jul. 2013.

_____. TAM tem maior perda de mercado do setor em março. 18/04/2013. Disponível em: <http://exame.abril.com.br/negocios/noticias/tam-tem-a-maior-perda-de-mercado-do-setor-em-marco>. Acesso em: 11 jul. 2013.

VALOR ECONÔMICO. Taxa de ocupação da GOL fica em 66,1% em maio. 17/06/2013. Disponível em: <http://www.valor.com.br/empresas/3164114/taxa-de-ocupacao-da-gol-fica-em-661-em-maio>. Acesso em: 11 jul. 2013.

**PARTE 2:
Conectando-se com os clientes**

capítulo **4**

Criação de relações de fidelidade de longo prazo

Neste capítulo, abordaremos as seguintes questões:

1. Como as empresas podem proporcionar valor e satisfação e criar fidelidade?
2. O que é o valor dos clientes ao longo do tempo e como os profissionais de marketing podem maximizá-lo?
3. Como as empresas podem atrair e manter os clientes certos e cultivar fortes relacionamentos com eles?
4. Quais são os prós e os contras do database marketing?

Administração de marketing na Harrah's Entertainment

Sediada em Las Vegas, a Harrah's Entertainment foi pioneira em um programa de fidelidade que armazena todos os dados dos clientes em um *data warehouse* centralizado e fornece análises sofisticadas para entender o valor do investimento feito neles. A Harrah's tem mais de 10 milhões de membros ativos em seu programa de fidelidade Total Rewards, um sistema desenvolvido para obter análises praticamente em tempo real: à medida que os clientes interagem com os caça-níqueis, registram-se nos cassinos e compram refeições, eles recebem ofertas de recompensa – como vales para trocar por comida e créditos para jogar, por exemplo – com base em análises de previsão.

Hoje, a empresa tem identificados centenas de segmentos altamente específicos de clientes. E, ao direcionar ofertas para cada um deles, ela pode quase dobrar sua participação na quantia que os clientes reservam para jogar, gerando 6,4 bilhões de dólares por ano (80% de sua receita proveniente de jogo). A Harrah's cortou drasticamente seus gastos tradicionais com anúncios, substituindo-os por mala direta e e-mail; um bom cliente pode chegar a receber 150 comunicados em um ano. A Harrah's também aposta no mobile marketing, enviando ofertas baseadas no momento e na localização para os dispositivos móveis dos clientes em tempo real.[1]

Como a Harrah's sabe, a base do marketing holístico são relacionamentos fortes com os clientes. As empresas devem conquistar os clientes conectando-se com eles – ouvindo-os e respondendo a eles, informando-os e envolvendo-os e mesmo tornando-os mais ativos no processo. Este capítulo mostra como as empresas podem combater os concorrentes conectando-se com os clientes para construir valor, satisfação e fidelidade no longo prazo.

Construção de valor, satisfação e fidelidade do cliente

Os consumidores estão mais bem informados do que nunca, e eles possuem as ferramentas para verificar os discursos das empresas e buscar melhores alternativas.[2] Como, então, eles fazem suas escolhas? Os clientes tendem a maximizar o valor, dentro dos limites impostos pelos custos envolvidos na procura e pelas limitações de conhecimento, mobilidade e renda. Eles estimam quais ofertas entregarão mais valor e agem com base nisso. Se a oferta supera a expectativa do cliente, sua satisfação é afetada, assim como a probabilidade de ele comprar o produto novamente. A concorrência efetiva depende muito da capacidade da empresa de fazer um trabalho melhor no fornecimento de valor para os clientes e no atendimento ou superação de suas expectativas.

Valor percebido pelo cliente

O **valor percebido pelo cliente** é a diferença entre a avaliação que o cliente potencial faz de todos os benefícios e os custos de uma oferta e das alternativas percebidas (veja a Figura 4.1). O **benefício total para o cliente** é o valor monetário percebido de um conjunto de benefícios econômicos, funcionais e psicológicos que os clientes esperam de determinada oferta ao mercado por conta do produto, dos serviços, dos funcionários e da imagem. O **custo total para o cliente** é o conjunto de custos percebidos em que os clientes esperam incorrer para avaliar, obter, utilizar e descartar as ofertas de determinado mercado, incluindo os custos monetário, de tempo, de energia e psicológico.

Imagine que um comprador de uma empreiteira queira comprar um trator da Caterpillar ou da Komatsu. Após avaliar o trator das duas empresas com base na confiabilidade, na durabilidade, no desempenho e no valor de revenda, o comprador conclui que o da Caterpillar oferece maior benefício em termos de produto. Ele também conclui que a Caterpillar oferece melhores serviços, além de contar com uma equipe mais especializada e atenciosa. Por fim, atribui maior valor à imagem corporativa e à reputação da Caterpillar. O comprador junta todos os benefícios provenientes do produto, dos serviços, dos funcionários e da imagem e chega à conclusão de que a Caterpillar é a empresa que entrega maiores benefícios para os clientes.

FIGURA 4.1 DETERMINANTES DO VALOR PERCEBIDO PELO CLIENTE.

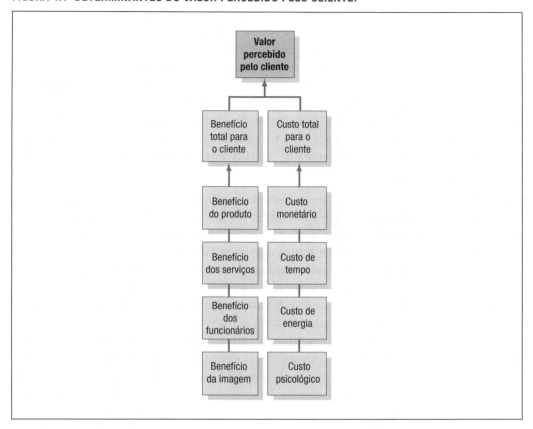

O comprador também examina o custo total de transação com a Caterpillar e com a Komatsu, considerando não apenas o custo monetário, mas também os custos de tempo, energia e psicológico gerados pela aquisição, pelo uso, pela manutenção, pela posse e pelo descarte do produto. Ele, então, verifica se o custo total para o cliente da Caterpillar é muito alto em comparação com o benefício total. Se for, ele pode escolher a Komatsu. O comprador adquirirá o produto daquele que entregar o mais alto valor percebido.

Nessa situação, a Caterpillar pode melhorar sua oferta de três maneiras. Em primeiro lugar, ela pode aumentar o benefício total para o cliente melhorando os benefícios econômicos, funcionais e psicológicos. Em segundo, pode reduzir os custos não monetários dos compradores, diminuindo seu investimento psicológico, de tempo e de energia. Por fim, a Caterpillar pode reduzir o custo monetário para o comprador.

Algumas empresas podem argumentar que esse processo é racional demais. Imagine que o cliente escolha o trator da Komatsu. Como podemos explicar essa escolha. Eis três possibilidades:

1. *O comprador pode ter recebido ordens para comprar o produto de menor preço.* Nesse caso, a tarefa da Caterpillar consiste em convencer o gerente do comprador de que a aquisição do produto com base apenas no preço resultará em lucros menores no longo prazo, bem como em menor valor para o cliente.
2. *O comprador vai se aposentar antes que a empresa perceba que o trator da Komatsu é mais caro de operar.* A tarefa da Caterpillar aqui é convencer outras pessoas na empresa do comprador de que ela entrega valor superior ao cliente.
3. *O comprador mantém uma longa amizade com o vendedor da Komatsu.* Aqui, a Caterpillar deve mostrar ao vendedor que o trator da Komatsu suscitará reclamações dos operadores quando estes perceberem que o custo com combustível é alto e a necessidade de reparo é frequente.

O valor percebido pelo cliente é uma estrutura útil, que se aplica a muitas situações e gera ricos *insights*. Ele sugere que o vendedor precisa avaliar o benefício e o custo total do cliente em relação a cada oferta do concorrente, a fim de entender como sua oferta é vista pelo comprador. Ele também indica que o vendedor em desvantagem tem duas opções: aumentar o benefício total do cliente ou diminuir o custo total do cliente.

Os consumidores possuem níveis variados de fidelidade em relação a marcas, lojas e empresas específicas. Oliver define **fidelidade** como "um compromisso profundo de comprar ou recomendar repetidamente um produto preferido no futuro, apesar das influências situacionais e dos esforços de marketing potencialmente capazes de causar mudanças comportamentais".[3] A *proposta de valor* consiste em todo o conjunto de benefícios que a empresa espera entregar. Por exemplo: o posicionamento central da Volvo é "segurança", mas ela também promete outros benefícios, como um carro duradouro e bons serviços. A proposta de valor é, então, uma promessa referente à experiência total que os clientes podem esperar e a seu relacionamento com o fornecedor. Se a promessa será ou não mantida, isso dependerá da capacidade da empresa de administrar seu **sistema de entrega de valor** – todas as experiências que o cliente terá o longo do processo de obtenção e uso da oferta.[4]

Satisfação total do cliente

Em geral, **satisfação** é a sensação de prazer ou desapontamento de uma pessoa que resulta da comparação entre o desempenho percebido do produto (ou resultado) e suas expectativas.[5] Se o desempenho não alcança as expectativas, o cliente fica insatisfeito. Se ele atende às expectativas, o cliente fica satisfeito. Se ele supera as expectativas, o cliente fica altamente satisfeito ou encantado.[6] A avaliação do cliente acerca do desempenho do produto depende de muitos fatores, especialmente do tipo da relação de fidelidade que ele tem com a marca.[7]

Os compradores formam suas expectativas a partir de experiências de compra passadas, do conselho de amigos e colegas e de promessas e informações de empresas e concorrentes. Se os profissionais de marketing aumentarem muito as expectativas, é provável que o comprador fique desapontado. Se estabelecerem expectativas muito baixas, não atrairão compradores suficientes, mas satisfarão aqueles que comprarem.[8] Algumas das empresas de mais sucesso hoje em dia estão aumentando as expectativas e encontrando maneiras de atendê-las. A fabricante de automóveis coreana Kia alcançou sucesso nos Estados Unidos lançando carros de baixo custo e alta qualidade, confiáveis a ponto de a empresa oferecer garantias de 10 anos ou 160 mil quilômetros.

Contudo, a alta satisfação do cliente não é a grande meta a ser seguida. O aumento da satisfação do cliente por meio da diminuição do preço ou da melhoria dos serviços pode resultar em lucros mais baixos. A empresa pode aumentar sua lucratividade de outras maneiras, como, por exemplo, melhorando seus processos de fabricação. Além disso, ela tem muitos *stakeholders*, incluindo funcionários, distribuidores, fornecedores e acionistas. Gastar mais para aumentar a satisfação do cliente pode desviar fundos do aumento de satisfação de outros "parceiros". Em última instância, a empresa deve tentar entregar um alto nível de satisfação para o cliente ao mesmo tempo em que entrega níveis aceitáveis para os outros *stakeholders*.[9]

Monitoramento da satisfação

Muitas empresas estão sistematicamente avaliando como tratam os clientes, identificando os fatores que modelam a satisfação e, como consequência, fazendo mudanças em operações e marketing.[10] Um cliente altamente satisfeito geralmente permanece fiel por bastante tempo, compra mais à medida que a empresa lança produtos novos ou melhorados, presta menos atenção nas marcas concorrentes e é menos sensível a preço, dá ideias de produtos e custa menos para atender do que novos clientes, pois as transações podem se tornar rotineiras.[11] A maior satisfação do cliente também está ligada a retornos mais altos e riscos mais baixos no mercado de ações.[12]

No entanto, a relação entre satisfação e fidelidade do cliente não é proporcional. Vamos supor que a satisfação do cliente seja classificada em um escala de um a cinco. No nível mais baixo de satisfação (nível um), os clientes são propensos a abandonar a empresa e até mesmo a falar mal dela. Nos níveis dois a quatro, os clientes são razoavelmente satisfeitos, mas não veem dificuldades para ir atrás de uma oferta melhor. No nível cinco, o cliente é muito propenso a comprar novamente e a espalhar coisas boas sobre a empresa. O alto nível de satisfação cria um vínculo emocional com a marca ou com a empresa, e não apenas uma preferência racional. A Xerox descobriu que seus clientes "totalmente satisfeitos" eram seis vezes mais propensos a adquirir novamente seus produtos nos 18 meses seguintes à compra do que seus clientes "muito satisfeitos".[13]

Além disso, o modo como os clientes definem um bom desempenho varia. Uma boa entrega pode significar entrega antecipada, entrega no prazo ou entrega do pedido completo. E dois clientes podem dizer que estão "altamente satisfeitos" por razões diferentes – um dos clientes pode ficar facilmente satisfeito a maior parte do tempo, ao passo que o outro pode ser difícil de agradar, mas ficou satisfeito dessa vez. Frederick

Reichheld, da Bain, sugere que somente uma pergunta para o cliente seja realmente importante: "Você recomendaria esse produto para um amigo ou colega?". De acordo com Reichheld, a disposição do cliente em recomendar a empresa resulta do modo como ele é tratado pelos funcionários da linha de frente, o que, por sua vez, é determinado por todas as áreas funcionais que contribuem para a experiência do cliente.[14] Para mais informações sobre o monitoramento da satisfação, veja a seção "Habilidades em marketing".

Habilidades em marketing
Avaliando a satisfação do cliente

A habilidade essencial de avaliar a satisfação do cliente requer um conhecimento de pesquisa de marketing acoplado a uma sensibilidade com relação às preocupações do cliente que realmente funcione. Os profissionais de marketing começam definindo suas metas específicas de pesquisa, relacionando-as à satisfação do cliente. Em seguida, partindo do conhecimento que já têm sobre o comportamento do cliente, eles elaboram o estudo e encorajam a participação. Após coletar e analisar os dados, os profissionais de marketing comunicam suas descobertas internamente, assinalando as boas notícias, agindo em relação às más e planejando novas maneiras de satisfazer os clientes. A repetição dessa pesquisa em intervalos regulares permite que os profissionais de marketing monitorem as tendências relacionadas à satisfação e determinem o efeito das mudanças.

Por exemplo: a JD Sports, uma varejista britânica de produtos esportivos, monitora a satisfação por meio do *feedback* de uma amostra de compradores de suas 450 lojas espalhadas pelo Reino Unido. Mesmo quando, em uma visita, os entrevistados não efetuam nenhuma compra, a varejista quer que eles tenham uma boa experiência, de modo que retornem no futuro. A JD Sports exige rápida ação sobre os resultados da pesquisa, para que possa influenciar a satisfação imediata do consumidor com o treinamento dos funcionários, as promoções e outros esforços. O foco na satisfação ajudou a rede a atrair e manter clientes mesmo durante períodos econômicos difíceis, levando a empresa a atingir vendas anuais de mais de 1 bilhão de dólares.[15]

Qualidade dos produtos

A satisfação também depende da qualidade do produto. Mas o que exatamente é qualidade? Vários especialistas a definem como "adequada ao uso", "conforme as exigências" e "uniforme". Nós usaremos a definição da American Society for Quality: qualidade é a totalidade de atributos e características de um produto que afetam positivamente sua capacidade de satisfazer necessidades declaradas ou implícitas.[16] O vendedor entrega qualidade quando seu produto atende às expectativas dos clientes ou as supera. É importante distinguir qualidade de conformidade de qualidade de desempenho (ou grau). Um Lexus oferece qualidade de desempenho superior a um Hyundai: ele é mais macio, corre mais e também dura mais. Contudo, um Lexus e um Hyundai oferecerão a mesma qualidade de conformidade, caso todas as suas unidades entreguem a qualidade prometida.

Estudos mostram uma forte correlação entre qualidade relativa do produto e lucratividade da empresa.[17] A qualidade total é uma tarefa de todos, assim como o marketing o é. Os profissionais de marketing desempenham diversos papéis ao ajudar suas empresas a definir e entregar produtos de alta qualidade para os clientes-alvo. Eles precisam (1) identificar corretamente as necessidades e as exigências dos clientes; (2) comunicar as expectativas dos clientes de maneira adequada para os projetistas de produtos; (3) assegurar que os pedidos dos clientes sejam expedidos corretamente e dentro do prazo; (4) verificar se os clientes receberam instruções, treinamento e assistência técnica apropriados para utilizar o produto; (5) efetuar *follow-ups* depois da venda para garantir que os clientes estão e permanecerão satisfeitos; (6) coletar ideias dos clientes para melhorias nos produtos e nos serviços e comunicá-las internamente. Quando fazem tudo isso, os profissionais de marketing contribuem substancialmente para a gestão da qualidade total e a satisfação do cliente, assim como para a lucratividade do cliente e da empresa.

Maximização do valor vitalício do cliente

Em última instância, o marketing é a arte de atrair e manter clientes fiéis. Contudo, toda empresa perde dinheiro com alguns de seus clientes. A conhecida regra do 80-20 afirma que 80% ou mais dos lucros de uma empresa são provenientes dos melhores 20% de seus clientes. Alguns casos podem ser ainda mais extremos – os 20% dos clientes mais lucrativos (em uma base *per capita*) podem contribuir de 150 a 300% na lucratividade de uma empresa. Por outro lado, uma base de 10 a 20% dos clientes menos lucrativos podem reduzir os lucros de 50 a 200% por conta, com 60 a 70% dos clientes gerando lucros suficientes apenas para pagar as despesas com eles.[18] Isso significa que uma empresa poderia aumentar seus lucros "demitindo" seus piores clientes.

Os maiores clientes nem sempre são os mais lucrativos, pois demandam um nível considerável de serviços e grandes descontos. Os clientes menores pagam o preço integral e recebem o mínimo de serviços, mas seus custos de transação podem reduzir sua lucratividade. Os clientes de porte médio, que recebem bons serviços e pagam quase o preço integral, geralmente são os mais lucrativos.

Lucratividade do cliente

Um **cliente lucrativo** é uma pessoa, uma família ou uma organização que, ao longo do tempo, gera um fluxo de receita que excede, por uma margem aceitável, o fluxo de custo da empresa para atraí-lo, vender para ele e atendê-lo. Observe que a ênfase recai sobre o fluxo da receita e do custo ao *longo do tempo*, e não sobre os lucros provenientes de uma determinada transação.[19] Os profissionais de marketing podem avaliar a lucratividade do cliente em base individual, por segmento de mercado ou por canal.

Muitas empresas avaliam a satisfação dos clientes, mas poucas avaliam a lucratividade de cada um deles, em base individual.[20] Os bancos dizem que isso se deve ao fato de que os clientes utilizam diversos serviços bancários e as transações são registradas em departamentos diferentes. Contudo, o número de clientes não lucrativos tem assustado os bancos, que conseguem monitorar as transações. Alguns reportam perdas com mais de 45% de seus clientes de varejo.

A Figura 4.2 traz um modelo útil de análise da lucratividade.[21] Os clientes são dispostos ao longo das colunas, e os produtos, das linhas. Cada célula contém um sinal que representa a lucratividade obtida com a venda do produto ao cliente. O Cliente 1, que compra dois produtos lucrativos, é altamente lucrativo. O Cliente 2 gera uma lucratividade variável, uma vez que compra um produto lucrativo e outro não lucrativo. O Cliente 3 traz prejuízo, pois compra um produto lucrativo e dois não lucrativos. O que a empresa pode fazer com relação aos clientes 2 e 3? Ela pode (1) aumentar o preço dos produtos menos lucrativos ou descontinuá-los e (2) tentar vender seus produtos lucrativos para os clientes 2 e 3. De fato, a empresa deve incentivar os clientes não lucrativos a mudar para os concorrentes.

A *análise da lucratividade do cliente* é mais bem conduzida com uma técnica contábil chamada *custeio baseado em atividades* (*activity-based cost* – ABC). A empresa estima toda a receita proveniente do cliente e subtrai os custos (incluindo os custos diretos e indiretos associados ao atendimento de cada cliente). As empresas que não conseguem mensurar seus custos corretamente também não medem seus lucros da maneira certa – e são propensas a alocar erroneamente seus esforços de marketing.

FIGURA 4.2 ANÁLISE DA LUCRATIVIDADE CLIENTE-PRODUTO.

		C_1	C_2	C_3	
Produtos	P_1	+	+	+	Produto altamente lucrativo
	P_2	+			Produto lucrativo
	P_3		–	–	Produto não lucrativo
	P_4			–	Produto altamente não lucrativo
		Cliente altamente lucrativo	Cliente com lucratividade variável	Cliente que traz prejuízo	

Mensuração do valor vitalício do cliente

A ideia de maximizar a lucratividade do cliente no longo prazo está ligada ao conceito de valor vitalício do cliente.[22] O **valor vitalício do cliente** (CLV, do inglês *customer* *lifetime value*) descreve o valor presente líquido do fluxo de lucros futuros que se espera obter com as compras do cliente ao longo do tempo. A empresa deve subtrair de suas receitas esperadas os custos em que espera incorrer para atrair, vender e atender os clientes, aplicando a taxa de desconto apropriada (digamos, de 10 a 20%, dependendo do custo de capital e das atitudes perante o risco). Os cálculos de valor ao longo do tempo para um produto podem envolver dezenas de milhares de dólares ou mais.[23]

Os cálculos do CLV oferecem uma estrutura quantitativa formal para planejar o investimento no cliente e ajudar os profissionais de marketing a adotar uma perspectiva de longo prazo. Existem muitos métodos para mensurar o CLV.[24] Don Lehmann, da Universidade de Colúmbia, e Sunil Gupta, da Universidade de Harvard, ilustram sua abordagem calculando o CLV de cem clientes ao longo de um período de dez anos (veja a Tabela 4.1). Nesse exemplo, a empresa adquire cem clientes a um custo de aquisição de 40 dólares por cliente. Portanto, no ano 0, ela gasta 4 mil dólares. Todos os anos, alguns desses clientes deixam a empresa. Ao longo de dez anos, o valor presente dos lucros desse grupo de clientes é de US$ 13.286,52. O CLV líquido (após a dedução dos custos de aquisição) é de US$ 9.286,52 ou US$ 92,87 por cliente.[25]

TABELA 4.1 UM EXEMPLO HIPOTÉTICO PARA ILUSTRAR OS CÁLCULOS DO CLV.

	Ano 0	Ano 1	Ano 2	Ano 3	Ano 4	Ano 5	Ano 6	Ano 7	Ano 8	Ano 9	Ano 10
Número de clientes	100	90	80	72	60	48	34	23	12	6	2
Receita por cliente		100	110	120	125	130	135	140	142	143	145
Custo variável por cliente		70	72	75	76	78	79	80	81	82	83
Margem por cliente		30	38	45	49	52	56	60	61	61	62
Custo de aquisição por cliente	40										
Custo ou lucro total	-4.000	2.700	3.040	3.240	2.940	2.496	1.904	1.380	732	366	124
Valor presente	-4.000,00	2.454,55	2.512,40	2.434,26	2.008,06	1.549,82	1.074,76	708,16	341,48	155,22	47,81

Fonte: Sunil Gupta e Donald R. Lehmann, "Models of customer value". In: Berend Wierenga (ed.). *Handbook of marketing decision models*. Springer Science Business Media, 2007.

Cultivando relacionamentos com o cliente

Uma vez que entendem o valor vitalício do cliente, as empresas podem utilizar informações sobre ele para estabelecer o marketing de precisão desenvolvido com o intuito de construir fortes e lucrativos relacionamentos de longo prazo.[26] A **gestão do relacionamento com o cliente** (*customer relationship management* – CRM) é o processo de gerenciar cuidadosamente informações detalhadas sobre cada cliente e de todos os pontos de contato com ele, a fim de maximizar a fidelidade.[27] Um *ponto de contato* é qualquer ocasião em que o cliente encontra a marca e o produto – incluindo desde a experiência em si até as comunicações de marketing e uma observação casual. No caso de um hotel, entre os pontos de contato estão: o momento da reserva, o *check-in* e o *check-out*, os programas de fidelidade, os serviços de quarto, os serviços de escritório, as salas de ginástica e os restaurantes.

O CRM permite que as empresas ofereçam um excelente atendimento ao cliente em tempo real, por meio do uso efetivo de informações sobre cada conta. Com base no que sabem sobre os clientes, as empresas podem customizar ofertas ao mercado, serviços, programas, mensagens e mídias. O CRM é importante porque um grande impulsionador da lucratividade de uma empresa é o valor agregado de sua base de clientes.[28] Don Peppers e Martha Rogers desenvolveram um modelo para o marketing um-para-um que pode ser adaptado para o marketing de CRM da seguinte maneira:[29]

1. *Identifique seus clientes atuais e potenciais.* Não vá atrás de todo mundo. Construa, mantenha e garimpe um rico banco de dados de cliente, com informações de todos os canais e de todos os pontos de contato.
2. *Diferencie os clientes com base em (1) suas necessidades e (2) seu valor para a empresa.* Dedique-se mais aos clientes mais valiosos. Calcule o valor vitalício do cliente e estime o valor presente líquido dos lucros futuros provenientes de compras, os níveis de margem e as indicações; então, subtraia os custos específicos de atendimento ao cliente.
3. *Interaja com cada cliente para saber mais sobre suas necessidades e construir um relacionamento mais sólido.* Facilite a interação com o cliente usando os pontos de contato e o site da empresa.
4. *Customize produtos, serviços e mensagens para cada cliente.* Elabore ofertas customizadas que você possa oferecer de maneira personalizada.

Embora muito já tenha sido feito com esse "recém-poderoso" consumidor – ele está no comando, estabelecendo a direção da marca e desempenhando um papel muito mais importante na maneira como ela é comercializada –, ainda é certo que *somente alguns* querem se relacionar com *algumas marcas* que eles usam e, mesmo assim, somente às vezes. Apesar de a maior influência sobre a escolha do consumidor ainda ser a recomendação de parentes e amigos, um fator cada vez mais importante é a recomendação de outros consumidores. Isso significa que, hoje, classificações e críticas on-line de clientes são importantes para varejistas tanto on-line, como a Amazon.com, quanto tradicionais, como a Staples.[30] Os profissionais de marketing também estão prestando mais atenção nos blogs, pois seus comentários podem influenciar o início ou a manutenção do relacionamento com alguns consumidores.

Atração e retenção de clientes

As empresas que querem expandir seus lucros e vendas precisam investir tempo e recursos consideráveis buscando novos clientes. Para gerar *leads*, elas usam propaganda, telemarketing, feiras comerciais e outros métodos a fim de alcançar novos clientes potenciais.

Diferentes métodos de aquisição geram clientes com CLV variados. Um estudo mostrou que o valor vitalício dos clientes adquiridos por meio de descontos de 35% representava metade do valor dos clientes adquiridos sem nenhum desconto.[31]

Mas não basta atrair novos clientes: a empresa precisa mantê-los e aumentar o volume de negócios com eles.[32] Muitas empresas sofrem de um alto índice de *churn* **de clientes** ou deserção. Algumas operadoras de celular e empresas de TV a cabo perdem 25% de seus assinantes por ano, a um custo estimado de 2 a 4 bilhões de dólares. Para reduzir o índice de deserção, a empresa precisa, em primeiro lugar, definir e avaliar seu índice de retenção, entendendo a causa da diminuição de clientes e identificando aqueles que podem ser mais bem administrados. Em seguida, ela deve comparar a perda do CLV do cliente com o custo de conter o índice de deserção. Se o custo para conter a evasão for menor do que o lucro perdido, a empresa deve investir para manter o cliente. Além do mais, geralmente é mais fácil atrair novamente antigos clientes (porque a empresa os conhece) do que encontrar novos.

A Figura 4.3 traz as principais etapas do processo de atração e retenção de clientes representadas em um funil. O **funil de marketing** identifica a porcentagem do mercado-alvo potencial em cada etapa do processo de decisão, que vai do meramente consciente ao altamente fiel. Alguns profissionais de marketing estendem o funil, acrescentando clientes fiéis que são defensores da marca ou mesmo parceiros da empresa. Por meio do cálculo das *taxas de conversão* – a porcentagem de clientes de uma etapa que passam para outra –, o funil permite que os profissionais de marketing identifiquem quaisquer gargalos ou barreiras para a construção da fidelidade. O funil também enfatiza a importância não apenas de atrair novos clientes, mas também de reter e cultivar os já existentes.

FIGURA 4.3 O FUNIL DE MARKETING.

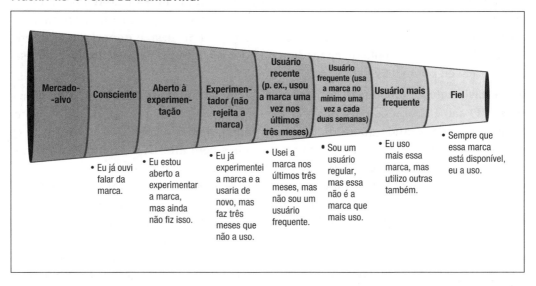

A análise da lucratividade do cliente e o funil de marketing ajudam os profissionais de marketing a decidir como administrar os grupos de clientes que variam em termos de fidelidade, lucratividade e outros fatores.[33] Empresas de sucesso sabem como reduzir o índice de deserção de clientes; aumentar a longevidade do relacionamento com os clientes; intensificar o potencial de crescimento de cada cliente por meio de participação em sua carteira (*share of wallet*), venda incremental (*up-selling*) e venda cruzada (*cross-selling*); tornar lucrativos clientes pouco lucrativos ou dispensá-los; e tratar clientes altamente lucrativos de maneira especial. Mesmo aqueles clientes que pagam pouco ou mesmo nada e são subsidiados pelos clientes que pagam – como nas mídias on-line e impressa – podem ser importantes para a empresa por conta dos efeitos diretos e indiretos de networking.[34]

Construção de fidelidade

Criar uma sólida conexão com os clientes é o sonho de todo profissional de marketing e, muitas vezes, o segredo para o sucesso do marketing no longo prazo. Um grupo de pesquisadores veem as atividades para promover a retenção como acréscimos de benefícios financeiros, de benefícios sociais e de vínculos estruturais.[35] Nos itens a seguir abordamos três tipos de atividades de marketing que as empresas estão usando para intensificar a fidelidade e a retenção.

Interação com os clientes. Ouvir os clientes é fundamental para a gestão do relacionamento com eles. Algumas empresas desenvolveram um mecanismo contínuo que mantém seus profissionais de marketing permanentemente ligados ao *feedback* dos clientes. Por exemplo: a Deere & Company, que fabrica os tratores John Deere e possui um excelente registro de fidelidade de clientes – aproximadamente 98% de retenção anual em algumas áreas –, tem utilizado funcionários aposentados para entrevistar clientes atuais e que evadiram.[36] Mas ouvir é somente parte da história. É importante também ser um defensor dos clientes e, na medida do possível, levá-los para dentro da empresa e entender seu ponto de vista.[37]

Desenvolvimento de programas de fidelidade. Os **programas de frequência de compras (PF)** são elaborados para oferecer recompensas aos clientes que compram com frequência e em grande quantidade.[38] Eles podem ajudar a construir um relacionamento de fidelidade de longo prazo com clientes com alto CLV, criando oportunidades de vendas cruzadas no processo. Oferecidos em um primeiro momento por companhias aéreas, hotéis e empresas de cartão de crédito, os programas de frequência de compras agora existem em muitos outros setores. Normalmente, a primeira empresa a lançar um programa de frequência no setor fica com o maior benefício. Após a reação dos concorrentes, o programa pode se tornar um fardo para todas as empresas que o oferecem, mas algumas são mais eficientes e criativas em sua gestão. Alguns programas de frequência de compras oferecem recompensas de tal modo que prendem os clientes e criam significativos custos de mudança. Os programas de frequência também podem gerar uma sensação de ser especial e pertencer a uma elite que os clientes valorizam.[39]

Os *programas de filiação* podem ser abertos para todos que comprarem um produto; podem também ser limitados a um grupo de afinidade ou àqueles que estejam dispostos a pagar uma pequena taxa. Embora os programas de filiação aberta sejam bons para construir um banco de dados ou pegar clientes dos concorrentes, os de filiação limitada são mais eficientes na construção de fidelidade de longo prazo. Taxas e restrições a associação impedem que aqueles com pouco interesse pelos produtos da empresa participem do programa. Os programas restritos atraem e mantêm os clientes responsáveis pela maior parcela dos negócios. Por exemplo: a Apple incentiva seus clientes a formar grupos de usuários locais. Hoje, são mais de 700 grupos, que variam de menos de 30 a mais de mil membros.[40]

Criação de vínculos estruturais. A empresa pode oferecer aos clientes equipamentos ou serviços especiais que os ajudem a gerenciar pedidos ou o estoque. Os clientes são menos inclinados a trocar de fornecedor quando isso implica altos custos de capital e de busca, bem como perda de desconto para clientes fiéis. Um bom exemplo é a Milliken & Company, que oferece softwares proprietários, pesquisa de marketing, treinamento de vendas e indicações de vendas para os clientes fiéis.

Bancos de dados de cliente e database marketing

As empresas precisam conhecer seus clientes.[41] E, para conhecer os clientes e vender para eles, elas precisam coletar informações e armazená-las em um banco de dados. Um *banco de dados de cliente* é um conjunto organizado de informações abrangentes sobre cada cliente regular e potencial – conjunto esse atualizado e acessível, que pode ser acionado para a geração e a qualificação de *leads*, para vendas ou para a manutenção do relacionamento com o cliente. **Database marketing** é o processo de desenvolver, manter e utilizar bancos de dados de cliente e de outros itens (produto, fornecedor, revendedor) para efetuar contatos e transações com os clientes, bem como construir relacionamento com eles.

Um banco de dados de cliente contém informações acumuladas por meio de transações, registros, consultas telefônicas, *cookies* e todos os tipos de contato com o cliente. Além de nome, endereço e dados para contato, esse banco de dados deve conter informações sobre compras anteriores, dados demográficos (idade, renda, membros da família, datas de aniversário), dados psicográficos (atividades, interesses e opiniões), dados sobre mídias (preferência de mídia) e outras informações úteis.

Um *banco de dados de empresa* deve conter as compras anteriores do cliente; os volumes, preços e lucros anteriores; o nome dos membros da equipe (com idade, datas de aniversários, *hobbies* etc.); o status dos contratos em andamento; os fornecedores concorrentes;

uma avaliação dos pontos fortes e fracos da concorrência no processo de vendas e de fornecimento de serviços ao cliente; e práticas, padrões e políticas de compra importantes do cliente.

Data warehouse e data mining

Empresas inteligentes captam informações toda vez que um cliente entra em contato com qualquer um de seus departamentos – na hora da compra, da solicitação de serviços por telefone, da resposta a uma enquete on-line ou do envio de cartas-resposta por correio. As informações coletadas pela empresa são organizadas em um *data warehouse*, onde os profissionais de marketing podem capturá-las, consultá-las e analisá-las, tirando conclusões sobre as necessidades e as respostas dos clientes em base individual. Isso permite que a empresa responda aos clientes com base em uma visão geral de seu relacionamento com ele; permite também que ela customize as atividades de marketing para cada cliente. Por meio do *data mining*, analistas de marketing podem extrair informações úteis sobre indivíduos, tendências e segmentos de uma massa de dados.

Em geral, as empresas podem utilizar seus bancos de dados para: (1) identificar os melhores clientes potenciais, classificando-os de acordo com as respostas aos esforços de marketing; (2) combinar ofertas específicas com clientes específicos e encontrar uma maneira de realizar vendas, vendas incrementais e vendas cruzadas; (3) intensificar a fidelidade do cliente lembrando-se de suas preferências e oferecendo incentivos e informações importantes; (4) reativar as compras dos clientes por meio de lembretes ou promoções; e (5) evitar erros sérios, como enviar para um cliente duas ofertas com o mesmo produto, mas preços diferentes.

O database marketing é usado com mais frequência por empresas que atuam no mercado organizacional e por prestadoras de serviços que normalmente coletam, com facilidade, uma série de informações sobre o cliente, como hotéis, bancos, companhias aéreas, empresas de cartão de crédito e empresas de telecomunicações. Outros tipos de empresa que se beneficiam do database marketing são aquelas que realizam muitas vendas cruzadas e incrementais (como a General Electric) e aquelas cujos clientes possuem necessidades altamente diferenciadas ou têm um valor muito diferenciado para a empresa.

As desvantagens do database marketing e do CRM

Cinco principais problemas impedem as empresas de utilizarem efetivamente o database marketing para fins de CRM. Em primeiro lugar, algumas situações não são propícias para a gestão do banco de dados – por exemplo, quando o produto é de aquisição única ou a unidade de venda é muito pequena. Em segundo, construir e manter um banco de dados de cliente requer um grande investimento em hardware, software de banco de dados, programas analíticos, links de comunicação e equipe habilitada. Em terceiro, fazer com que todos na empresa sejam orientados para o cliente e usem as informações disponíveis para CRM pode ser um desafio.

Um quarto problema é que nem todos os clientes querem manter um relacionamento com a empresa e podem não gostar de ter seus dados pessoais coletados e armazenados (veja a seção "Insight de marketing", a seguir, para uma visão geral das questões envolvendo privacidade e segurança). Por fim, o quinto problema diz respeito ao fato de que algumas premissas do CRM nem sempre se comprovam na prática. Clientes que adquirem grandes volumes sabem de seu valor para a empresa e podem alavancá-lo para obter serviços e preços especiais, e isso pode fazer com que não custe menos para a empresa atendê-los. Clientes fiéis podem esperar e demandar mais, ressentindo-se de qualquer tentativa de ser cobrado deles o preço total.

Assim, os benefícios do database marketing vêm acompanhados de custos e riscos não apenas na coleta de informações dos clientes, mas também na manutenção e no garimpo dessas informações. Quando funciona, um *data warehouse* gera muito mais do que custa, mas os dados precisam estar em boas condições e os relacionamentos encontrados precisam ser válidos e aceitáveis para os consumidores.

Insight de marketing

A polêmica seleção de mercado-alvo por critério comportamental

A seleção de mercado-alvo por critério comportamental permite que as empresas rastreiem o comportamento on-line dos clientes e encontrem a melhor combinação entre anúncios e clientes potenciais. O rastreamento do comportamento on-line tem como base *cookies* – dados armazenados no disco rígido do computador do usuário que revelam quais sites ele visitou, quanto tempo gastou em cada um deles e assim por diante. Por exemplo: para ter uma conta de e-mail gratuita do Hotmail, da Microsoft, um cliente precisa fornecer seu nome, idade, sexo e, pelo menos nos Estados Unidos, seu código postal. A Microsoft, então, combina esses dados com os fatores comportamentais – por exemplo, ela combina o comportamento on-line observado com as características da área em que o cliente mora – para ajudar seus anunciantes a entender melhor quando e como contatar esse cliente. Embora a Microsoft diga que vai preservar a privacidade dessas pessoas, ela, ainda assim, pode fornecer a seus anunciantes informações provenientes da seleção de mercado-alvo por critério comportamental.

Os defensores da seleção de mercado-alvo por critério comportamental alegam que, com essa prática, os consumidores veem anúncios mais relevantes. Contudo, os consumidores estão apreensivos em ser rastreados on-line por anunciantes. Em uma pesquisa, cerca de dois terços dos entrevistados rechaçaram a prática. Agora, legisladores estão considerando se a autorregulamentação do setor é suficiente ou se uma legislação específica é necessária.

Fontes: BIRKETT, L. The cookie that won't crumble, **Forbes**, p. 32, January 18, 2010; HAYASHI, Alden M. How not to market on the Web, **MIT Sloan Management Review**, p. 14-15, Winter 2010; SULLIVAN, Elisabeth. Behave, **Marketing News**, p.12-15, September 15, 2008; CLIFFORD, Stephanie. Two-thirds of Americans object to online tracking, **New York Times**, September 30, 2009; MINTZ, Jessica. Microsoft adds behavioral targeting, **Associated Press**, December 28, 2006; EBENKAMP, Becky. Behavior issues, **Brandweek**, p. 21-25, October 29, 2008; MORRISSEY, Brian. Connect the thoughts, **Adweek Media**, p. 10-11, June 29, 2009.

Resumo

Os clientes maximizam o valor. Eles compram da empresa com maior valor percebido – valor este que é definido como a diferença entre os benefícios e os custos totais para o cliente. A satisfação do comprador é uma função do desempenho percebido do produto e de suas expectativas. Ao reconhecer que um grau mais alto de satisfação do cliente leva a um nível mais elevado de fidelidade, as empresas devem assegurar o atendimento e a superação das expectativas do cliente.

O valor vitalício do cliente (CLV) é o valor presente líquido do fluxo de lucros futuros que se espera obter com as compras do cliente ao longo do tempo. As empresas estão se habilitando na gestão do relacionamento com o cliente, que se concentra no desenvolvimento de programas para atrair e reter os clientes certos, bem como no atendimento das necessidades individuais dos clientes valiosos. A gestão do relacionamento com o cliente geralmente exige a construção de um banco de dados de cliente, além de requerer *data mining* para detectar tendências, segmentos e necessidades individuais. Aqui, existe uma série de riscos significativos, o que significa que os profissionais de marketing devem agir de maneira cuidadosa.

Notas

1. BUSH, Michael. Why Harrah's loyalty effort is industry's gold standard. **Advertising Age**, p. 8, October 5, 2009; COLUMBUS, Louis. Lessons learned in Las Vegas: loyalty programs pay. **CRM Buyer**, July 25, 2005; GARCIA, Oskar. Harrah's broadens customer loyalty program; monitors customer behavior. **Associated Press**, September 27, 2008; BUTCHER, Dan. Harrah's casino chain runs mobile coupon pilot. **Mobile Marketer**, November 19, 2008.
2. URBAN, Glen L. The emerging era of customer advocacy. **Sloan Management Review**, 45, no 2, p. 77-82, 2004.
3. HAMEL, Gary. Strategy as revolution. **Harvard Business Review**, p. 69-82, july/aug. 1996.
4. LANNING, Michael J. **Delivering profitable value**. Oxford: Capstone, 1998.
5. TSIROS, Michael; MITTAL, Vikas; ROSS Jr., William T. The role of attributions in customer satisfaction: a reexamination. **Journal of Consumer Research**, 31, p. 476-483, Sep. 2004; para uma sucinta revisão, veja: OLIVER, Richard L. Customer satisfaction research. In: GROVER, Rajiv; VRIENS, Marco (eds.). **Handbook of marketing research**. Thousand Oaks: Sage Publications, 2006. p. 569-587.
6. Para algumas análises e discussões, veja: KOPALLE, Praveen K.; LEHMANN, Donald R. Setting quality expectations when entering a market: what should the promise be? **Marketing Science**, 25, p. 8-24, Jan./Feb. 2006; FOURNIER, Susan; GLENMICK, David. Rediscovering satisfaction. **Journal of Marketing**, p. 5-23, Oct. 1999.
7. AAKER, Jennifer; FOURNIER, Susan; BRASEL, S. Adam. When good brands do bad. **Journal of Consumer Research**, 31, p. 1-16, June 2004; AGGRAWAL, Pankaj. The effects of brand relationship norms on consumer attitudes and behavior. **Journal of Consumer Research**, 31, p. 87-101, June 2004.
8. Para uma análise dos efeitos dos diferentes tipos de expectativas, veja: BOULDING, William; KALRA, Ajay; STAELIN, Richard. The quality double whammy. **Marketing Science**, 18, nº 4, p. 463-484, Apr. 1999.
9. Para mais discussões, veja: JOHNSON, Michael D.; GUSTAFSSON, Anders. **Improving customer satisfaction, loyalty, and profit**. São Francisco: Jossey-Bass, 2000.
10. MORGAN, Neil A.; ANDERSON, Eugene W.; MITTAL, Vikas. Understanding firms' customer satisfaction information usage. **Journal of Marketing**, 69, p. 131-151, July 2005.
11. Veja, por exemplo: HOMBURG, Christian; KOSCHATE, Nicole; HOYER, Wayne D. Do satisfied customers really pay more? A study of the relationship between customer satisfaction and willingness to pay. **Journal of Marketing**, 69, p. 84-96, Apr, 2005.
12. FORNELL, Claes; MITHAS, Sunil; MORGESON III, Forrest V.; KRISHNAN, M. S. Customer satisfaction and stock prices: high returns, low risk. **Journal of Marketing**, 70, p. 3-14, Jan. 2006. Veja também GRUCA, Thomas S.; REGO, Lopo L. Customer satisfaction, cash flow, and shareholder value. **Journal of Marketing**, 69, p. 115-130, July 2005.; ANDERSON, Eugene W.; FORNELL, Claes; MAZVANCHERYL, Sanal K. Customer satisfaction and shareholder value. **Journal of Marketing**, 68, p. 172-185, Oct. 2004.
13. JONES, Thomas O.; SASSER JR., W. Earl. Why satisfied customers defect. **Harvard Business Review**, p. 88-99, Nov./Dec. 1995.

14. REICHHELD, Frederick F. The one number you need to grow. **Harvard Business Review**, p. 46-54, Dec. 2003.
15. GENUINE buy-in is key to mystery shopping. **Marketing**, p. 36, June 9, 2010; DAVEY, James. JD Sports eyes world cup as profit tops hopes. **Reuters**, April 14, 2010; CUDDEFORD-JONES, Morag. Now you're talking my language. **Marketing Week**, July 2, 2009; HAYES, Jack. Industry execs: best customer feedback info is "real" thing. **Nation's Restaurant News**, p. 4, March 18, 2002; WOOD, Leslie; KIRSCH, Michael. Performing your own satisfaction survey. **Agency Sales Magazine**, p. 26, Feb. 2002.
16. BASIC concepts. **ASQ**. Disponível em: <www.asq.org/glossary/q.html>. Acesso em: 9 dez. 2010.
17. BUZZELL, Robert D.; GALE, Bradley T. Quality is king. **The PIMS principles**: linking strategy to performance. Nova York: Free Press, 1987. p. 103-134. (PIMS: *profit impact of market strategy* – impacto de lucro da estratégia de mercado.)
18. AKSOY, Lerzan; KEININGHAM, Timothy L.; VAVRA, Terry G. Nearly everything you know about loyalty is wrong. **Marketing News**, p. 20-21, October 1, 2005; KEININGHAM, Timothy L.; VAVRA, Terry G.; AKSOY, Lerzan; WALLARD, Henri. **Loyalty myths**. Hoboken: Wiley, 2005.
19. REINARTZ, Werner J.; KUMAR, V. The impact of customer relationship characteristics on profitable lifetime duration. **Journal of Marketing**, 67, p. 77-99, Jan. 2003; REINARTZ, Werner J.; KUMAR, V. On the profitability of long-life customers in a noncontractual setting. **Journal of Marketing**, 64, p. 17-35, Oct. 2000.
20. NIRAJ, Rakesh; GUPTA, Mahendra; NARASIMHAN, Chakravarthi. Customer profitability in a supply chain. **Journal of Marketing**, p. 1-16, July 2001.
21. PETRO, Thomas M. Profitability: the fifth 'P' of marketing. **Bank Marketing**, p. 48-52, Sep. 1990; Who are your best customers? **Bank Marketing**, p. 48-52, Oct. 1990.
22. KUMAR, V. Customer lifetime value. In: GROVER, Rajiv; VRIENS, Marco (eds.). **Handbook of marketing research**. Thousand Oaks: Sage Publications, 2006. p. 602-627; GUPTA, Sunil; LEHMANN, Donald R.; STUART, Jennifer Ames. Valuing customers. **Journal of Marketing Research**, 61, p. 7-18, Feb. 2004; VENKATESAN, Rajkumar; KUMAR, V. A customer lifetime value framework for customer selection and resource allocation strategy. **Journal of Marketing**, 68, p. 106-125, Oct. 2004.
23. KUMAR, V. Profitable relationships. **Marketing Research**, 18, p. 41-46, fall 2006.
24. Veja HAENLEIN, Michael; KAPLAN, Andreas M.; SCHODER, Detlef. Valuing the real option of abandoning unprofitable customers when calculating customer lifetime value. **Journal of Marketing**, 70, p. 5-20, July 2006; HO, Teck-Hua; PARK, Young-Hoon; ZHOU, Yong-Pin. Incorporating satisfaction into customer value analysis: optimal investment in lifetime value. **Marketing Science**, 25, p. 260-277, may/june 2006; FADER, Peter S.; HARDIE, Bruce G. S.; LEE, Ka Lok. RFM and CLV: using iso-value curves for customer base analysis. **Journal of Marketing Research**, 62, p. 415-430, Nov. 2005; KUMAR, V.; VENKATESAN, Rajkumar; BOHLING, Tim; BECKMANN, Denise. The power of CLV: managing customer lifetime value at IBM. **Marketing Science**, 27, n° 4, p. 585-599, 2008.
25. Para mais informações sobre VCLP, veja: GUPTA, Sunil; LEHMANN, Donald R. Models of customer value. In: WIERENGA, Berend (ed.). **Handbook of marketing decision models**. Berlim: Springer Science and Business Media, 2007; GUPTA, Sunil; LEHMANN, Donald R. Customers as assets. **Journal of Interactive Marketing**, 17, n° 1, p. 9-24, Winter 2006; GUPTA, Sunil; LEHMANN, Donald R. **Managing customers as investments**. Upper Saddle River: Wharton School Publishing, 2005; GUPTA, Sunil; LEHMANN, Donald R.; STUART, Jennifer Ames. Valuing customers. **Journal of Marketing Research**, 41, n° 1, p. 7-18, Feb. 2004.
26. COVIELLO, Nicole E.; BRODIE, Roderick J.; DANAHER, Peter J.; JOHNSTON, Wesley J. How firms relate to their markets: an empirical examination of contemporary marketing practices. **Journal of Marketing**, 66, p. 33-46, July 2002. Para um conjunto abrangente de artigos que trazem uma série de perspectivas sobre relacionamentos com marca, veja: MACINNIS, Deborah J.; PARK, C. Whan; PREISTER, Joseph R. (eds.). **Handbook of brand relationship**. Armonk: M.E. Sharpe, 2009.
27. Para uma perspectiva acadêmica, veja seção especial sobre gestão do relacionamento com o cliente. **Journal of Marketing**, 69, Oct. 2005. Para um estudo do processo envolvido, veja: REINARTZ, Werner; KRAFFT, Manfred; HOYER, Wayne D. The customer relationship management process: its measurement and impact on performance. **Journal of Marketing Research**, 61, p. 293-305, Aug. 2004.
28. LANNING, Michael J. **Delivering profitable value**. Nova York: Basic Books, 1998.
29. PEPPERS, Don; ROGERS, Martha. **One-to-one B2B:** customer development strategies for the business-to-business world. Nova York: Doubleday, 2001; PEPPERS, Don e ROGERS, Martha, **The one-to-one future:** building relationships one customer at a time. Londres: Piatkus Books, 1996; PEPPERS, Don; ROGERS, Martha. **The one-to-one manager:** real-world lessons in customer relationship management. Nova York: Doubleday, 1999; PEPPERS, Don; ROGERS, Martha; DORF, Bob. **The one-to-one fieldbook:** the complete toolkit for implementing a one-to-one marketing program. Nova York: Bantam, 1999; PEPPERS, Don; ROGERS, Martha. **Enterprise one to one:** tools for competing in the interactive age. Nova York: Currency, 1997.
30. MANGALINDAN, Mylene. New marketing style: clicks and mortar. **Wall Street Journal**, p. B5, December 21, 2007.

31. LEWIS, Michael. Customer acquisition promotions and customer asset value. **Journal of Marketing Research**, 63, p. 195-203, May 2006.
32. REINARTZ, Werner; THOMAS, Jacquelyn S.; KUMAR, V. Balancing acquisition and retention resources to maximize customer profitability. **Journal of Marketing**, 69, p. 63-79, Jan. 2005.
33. JOHNSON, Michael D.; SELNES, Fred. Diversifying your customer portfolio. **MIT Sloan Management Review**, 46, n° 3, p. 11-14, Spring 2005.
34. GUPTA, Sunil; MELA, Carl F. What is a free customer worth. **Harvard Business Review**, p. 102-109, Nov. 2008.
35. BERRY, Leonard L.; PARASURAMAN, A. **Marketing services:** computing through quality. Nova York: Free Press, 1991. p. 136-142. Para uma discussão sobre B2B, veja: PALMATIER, Robert W.; GOPALAKRISHNA, Srinath; HOUSTON, Mark B. Returns on business-to-business relationship marketing investments: strategies for leveraging profits. **Marketing Science**, 25, p. 477-493, Sep./Oct. 2006.
36. REICHHELD, Frederick F. Learning from customer defections. **Harvard Business Review**, p. 56-69, March 3, 2009.
37. DHOLAKIA, Utpal M. How consumer self-determination influences relational marketing outcomes. **Journal of Marketing Research**, 43, p. 109-120, Feb. 2006.
38. Para uma análise, veja: DOWLING, Grahame R.; UNCLES, Mark. Do customer loyalty programs really work? **Sloan Management Review**, 38, n° 4, p. 71-82, Summer 1997.
39. NUNES, Joseph C.; DRÈZE, Xavier. Feeling superior: the impact of loyalty program structure on consumers' perception of status. **Journal of Consumer Research**, 35, p. 890-905, Apr. 2009; NUNES, Joseph C.; DRÈZE, Xavier. Your loyalty program is betraying you. **Harvard Business Review**, p. 124-131, Apr. 2006.
40. LASHINSKY, Adam. The decade of Steve Jobs. **Fortune**, p. 93-100, 23 Nov. 2009; APPLE <www.apple.com>; BURROWS, Peter. Apple vs. Google. **BusinessWeek**, p. 28-34, January 25, 2010.
41. KUMAR, V.; VENKATESAN, Rajkumar; REINARTZ, Werner. Knowing what to sell, when, and to whom, **Harvard Business Review**, p. 131-137, Mar. 2006.

**PARTE 2:
Conectando-se
com os clientes**

capítulo **5**

Análise dos mercados consumidores

Neste capítulo, abordaremos as seguintes questões:

1. Como as características do consumidor influenciam seu comportamento de compra?
2. Quais são os principais fatores psicológicos que influenciam as respostas do consumidor ao programa de marketing?
3. Como os consumidores tomam decisões de compra?

Administração de marketing na LEGO

Situada em Billund, na Dinamarca, a LEGO pode ter sido uma das primeiras marcas de customização em massa. Afinal, desde sempre, toda criança que tem blocos de LEGO dá vida a suas próprias criações únicas e surpreendentes, tijolo por tijolo de plástico. Contudo, quando a LEGO decidiu se tornar uma marca voltada para o estilo de vida e lançou parques temáticos, além de uma linha própria de roupas, relógios, videogames e outros produtos, ela deixou de lado seu mercado central, composto por garotos de 5 a 9 anos. Os lucros em queda levaram à demissão de quase metade dos funcionários, ao mesmo tempo em que a empresa simplificava seu portfólio de marcas a fim de enfatizar seus negócios centrais.

Para coordenar melhor as atividades dos novos produtos, a LEGO se reorganizou em quatro grupos funcionais que passaram a gerenciar oito áreas-chave. Por exemplo: agora, um grupo é responsável por apoiar as comunidades de clientes e obter delas ideias de produtos. A LEGO também desenvolveu o software Digital Designer para a criação de novos conjuntos de LEGO – o software está disponível, por meio de download gratuito, para os clientes que querem projetar, compartilhar e construir seus próprios conjuntos de LEGO customizados. Os clientes podem compartilhar suas criações *on-line* com outros entusiastas ou solicitar os conjuntos, incluindo instruções de montagem passo a passo, do depósito da LEGO em Connecticut. Voltado para pré-adolescentes, o novo jogo *on-line* LEGO Universe também convida à customização, ao permitir que os jogadores personalizem seus avatares e criem personagens de blocos de LEGO virtuais.[1]

Adotar a orientação de marketing holístico significa entender os clientes – adquirir uma visão completa tanto de seu cotidiano como das mudanças que ocorrem ao longo de seu ciclo de vida, de modo que os produtos certos sejam comercializados para os clientes certos de maneira certa e no momento certo. Este capítulo aborda a dinâmica de compra do consumidor individual. O próximo capítulo trata da dinâmica de compra dos compradores organizacionais.

O que influencia o comportamento do consumidor?

Comportamento do consumidor é o estudo de como os indivíduos, os grupos e as organizações selecionam, utilizam e descartam bens, serviços, ideias ou experiências para satisfazer suas necessidades e seus desejos.[2] Os profissionais de marketing devem ter total domínio tanto da teoria como da prática do comportamento do consumidor. O comportamento de compra de um consumidor é influenciado por fatores culturais, sociais e pessoais. Desses fatores, os culturais exercem a maior e mais profunda influência.

Fatores culturais

Cultura, subcultura e classe social são influências particularmente importantes sobre o comportamento de compra do consumidor. A **cultura** é o principal determinante dos desejos e do comportamento de uma pessoa. Por meio da família e de outras instituições-chave, uma criança que cresce nos Estados Unidos é exposta a valores como realização e sucesso, eficiência e praticidade, progresso, conforto material, individualismo, liberdade, humanitarismo e juventude.[3]

Toda cultura é constituída de *subculturas* menores que fornecem identificação e socialização mais específicas para seus membros. Subculturas incluem nacionalidades, religiões, grupos raciais e regiões geográficas. Quando as subculturas crescem e se tornam grandes e influentes o bastante, as empresas geralmente elaboram programas de marketing específicos para atendê-las.

Classes sociais são divisões relativamente homogêneas e duradouras de uma sociedade. Elas são hierarquicamente ordenadas e seus membros possuem valores, interesses e comportamentos similares. Uma clássica representação das classes sociais nos

Estados Unidos traz sete níveis ascendentes: (1) baixo, (2) baixo-alto, (3) médio-baixo, (4) médio, (5) médio-alto, (6) alto e (7) alto-alto.[4] Cada classe social apresenta nítidas preferências por produtos e marcas em diversas áreas, como roupas, móveis, atividades de lazer e carros. Elas também se diferenciam na linguagem – o texto e o diálogo do anunciante deve se ajustar à classe social que ele quer alcançar.

Fatores sociais

Além dos fatores culturais, fatores sociais – como grupos de referência, família, papéis sociais e status – afetam o comportamento de compra do consumidor.

Grupos de referência. **Grupos de referência** são todos aqueles que exercem influência direta ou indireta sobre as atitudes ou o comportamento do cliente. Os grupos que exercem influência direta são chamados de **grupos de afinidade**. Alguns grupos de afinidade são *primários*, como família, amigos, vizinhos e colegas de trabalho, com os quais se interage de maneira razoavelmente contínua e informal. As pessoas também pertencem a grupos *secundários*, como grupos religiosos e profissionais ou associações de classe, os quais tendem a ser mais formais e a requerer menos interação contínua.

Os grupos de referência expõem os consumidores a novos comportamentos e estilos de vida, influenciam atitudes e a autoimagem, fazem pressões que podem afetar as escolhas de produto e marca. As pessoas também são influenciadas por grupos aos quais *não* pertencem. Os **grupos aspiracionais** são aqueles do qual a pessoa espera participar; os **grupos dissociativos** são aqueles cujos valores ou comportamentos ela rejeita.

Quando a influência do grupo de referência é forte, os profissionais de marketing devem alcançar e influenciar os líderes de opinião desse grupo. Um **líder de opinião** é uma pessoa que oferece conselho informal ou informações acerca de um produto específico ou de uma categoria de produtos, dizendo, por exemplo, qual a melhor marca entre as várias disponíveis ou como determinado produto pode ser usado.[5] Os profissionais de marketing tentam alcançar os líderes de opinião identificando suas características demográficas e psicográficas, descobrindo as mídias que eles usam e direcionando mensagens para eles.

Família. A família é a mais importante organização de compra de produtos de consumo na sociedade, e seus membros constituem o mais influente grupo de referência primário.[6] A **família de orientação** é composta por pais e irmãos. Dos pais, a pessoa adquire uma orientação em relação à religião, à política e à economia, além de uma noção de ambição, autoestima e amor.[7] Uma influência mais direta no comportamento de compra cotidiano é a **família de procriação**, ou seja, o cônjuge e os filhos. No caso de produtos caros, como carros, férias e imóveis, a grande maioria dos maridos e esposas toma as decisões de compra em conjunto.[8] Contudo, homens e mulheres podem responder de maneira diferente às mensagens de marketing.[9]

Outra mudança nos padrões de compra é o aumento da influência direta e indireta exercida pelas crianças e pelos adolescentes. Uma pesquisa mostrou que mais de dois terços dos jovens entre 13 e 21 anos tomam ou influenciam decisões de compra referentes a equipamentos de áudio e vídeo, softwares e destinos de férias.[10] No total, eles gastam mais de 120 bilhões de dólares por ano. Para terem certeza de estarem adquirindo os produtos certos, eles afirmam que prestam atenção no que os amigos dizem e fazem exatamente o que viram e ouviram no anúncio ou o que foi dito pelo vendedor na loja.[11] Geralmente, por volta dos 2 anos, as crianças conseguem reconhecer personagens, logos e marcas. Elas conseguem diferenciar as propagandas da programação com cerca de seis ou sete anos. Depois de um ano ou mais, elas são capazes de entender o conceito de intenção persuasiva por parte dos anunciantes. Lá pelos nove ou dez anos, percebem as discrepâncias entre a mensagem e o produto.[12]

Papéis e status. Cada um de nós participa de muitos grupos – família, clubes, organizações. Os grupos geralmente são uma importante fonte de informação e ajudam a definir regras para o comportamento. Definimos a posição de uma pessoa em um grupo em termos de seu papel e status. Um **papel** consiste das atividades que se espera que uma pessoa realize. Todo papel, por sua vez, carrega um **status**. O vice-presidente de uma empresa tem mais status do que um auxiliar de escritório, por exemplo. As pessoas escolhem os produtos que refletem e comunicam seu papel e seu status atual ou desejado na sociedade. Os profissionais de marketing precisam prestar atenção no potencial de símbolo de status dos produtos e marcas.

Fatores pessoais

Entre as características pessoais que influenciam as decisões do comprador, estão idade e estágio no ciclo de vida, ocupação e circunstâncias econômicas, personalidade e autoimagem, estilo de vida e valores.

Idade e estágio no ciclo de vida. Nosso gosto por comidas, roupas, móveis e atividades de lazer geralmente está relacionado à nossa idade. O consumo também é moldado pelo *ciclo de vida da família*, bem como pelo número, idade e sexo de seus membros. Além disso, fases *psicológicas* de ciclo de vida podem ser importantes. Os adultos vivenciam determinadas "passagens" e "transformações" ao longo da vida.[13] Os profissionais de marketing também devem levar em conta *importantes transições* ou *mudanças na vida* – casamento, nascimento dos filhos, doença, transferência, primeiro emprego, mudança na carreira, viuvez –, uma vez que fazem surgir novas necessidades e comportamentos de compra.

Ocupação e circunstâncias econômicas. A ocupação também influencia os padrões de consumo. Os profissionais de marketing tentam identificar os grupos ocupacionais que possuem interesse acima da média por seus bens e serviços e, então, desenvolvem produtos sob medida para determinados grupos ocupacionais – empresas de software, por exemplo, elaboram diferentes produtos para engenheiros, advogados e médicos. Como a recente recessão mostrou, as escolhas de produtos são fortemente afetadas por circunstâncias econômicas: renda disponível (nível, estabilidade e periodicidade), poupanças e ativos, endividamento, capacidade de obter empréstimo e atitude em relação a gastar e economizar. Se os indicadores econômicos apontarem para uma recessão, os profissionais de marketing podem tomar providências para reformular, reposicionar e rever os preços de seus produtos ou, então, podem lançar ou dar destaque a marcas mais baratas, de modo que consigam continuar oferecendo valor para seus clientes-alvo.

Personalidade e autoimagem. Toda pessoa possui características de personalidade que influenciam seu comportamento de compra. **Personalidade** se refere a traços psicológicos distintos que levam a reações relativamente consistentes e coerentes a um estímulo do ambiente (incluindo comportamento de compra). Em geral, descrevemos a personalidade em termos de traços como autoconfiança, domínio, autonomia, submissão, sociabilidade, postura defensiva e adaptabilidade.[14] A personalidade pode ser uma variável útil na análise de escolhas de marca do consumidor.

As marcas também têm personalidade, e os consumidores tendem a escolher marcas cuja personalidade combine com a sua. Definimos **personalidade de marca** como a combinação específica de traços humanos que podemos atribuir a uma determinada marca. Jennifer Aaker, da Universidade de Stanford, identificou cinco traços de personalidade de marca: sinceridade, entusiasmo, competência, sofisticação e resistência.[15] Estudos interculturais descobriram que alguns desses traços, mas não todos, se aplicam fora dos Estados Unidos.[16]

Os consumidores geralmente escolhem e usam marcas que sejam coerentes com sua *autoimagem atual* (como eles se veem), embora essa coerência possa ser baseada na *autoimagem ideal* que eles têm (como eles gostariam de se ver) ou na *autoimagem dos outros* (como acham que os outros os veem).[17] Esses efeitos podem ser mais acentuados em produtos consumidos em público do que naqueles consumidos em particular.[18] Por outro lado, os consumidores que se cobram demais – isto é, que são sensíveis ao modo como os outros os veem – são mais propensos a escolher marcas cuja personalidade combine com a situação de consumo.[19] Por fim, em geral, os consumidores possuem vários aspectos de seu eu (profissional sério, dedicado membro da família, festeiro) que podem ser suscitados de maneiras diversas em diferentes situações ou perto de diferentes tipos de pessoas.

Estilo de vida e valores. As pessoas da mesma subcultura, classe social e ocupação podem ter estilos de vida bem diferentes. Um **estilo de vida** é o padrão de vida de uma pessoa expresso por atividades, interesses e opiniões. Ele representa a "pessoa por inteiro", interagindo com seu ambiente. Os profissionais de marketing procuram relações entre seus produtos e os grupos de estilo de vida. Um fabricante de computadores, por exemplo, pode descobrir que a maioria dos compradores de seu produto é empreendedora e, então, direcionar a marca mais claramente para um estilo de vida empreendedor. Outro exemplo: muitas empresas estão focando os consumidores do segmento Lohas (*lifestyles of health and sustainability* – estilos de vida voltados para a saúde e a sustentabilidade). Além de se preocuparem com o meio ambiente e com a questão da sustentabilidade, esses consumidores investem em sua saúde e em seu desenvolvimento pessoais comprando alimentos orgânicos, eletrodomésticos com baixo consumo de energia, painéis solares, pacotes de ecoturismo e outras ofertas relacionadas ao Lohas (veja o Quadro 5.1).[20]

Em parte, os estilos de vida são moldados pela *restrição financeira* ou *restrição de tempo* dos consumidores. As empresas interessadas em atender consumidores com restrição financeira vão criar produtos com custo mais baixo. Em algumas categorias, empresas que visam a consumidores com restrição de tempo precisam estar conscientes de que seu público-alvo quer acreditar que *não* vive sob tal condição. A Hamburguer Helper, por exemplo, sabe que, em vez de utilizarem o micro-ondas, seus clientes usam, ao menos, uma panela ou refratário e gastam, pelo menos, 15 minutos cozinhando. A marca sempre lança novos sabores para acompanhar as tendências de mudança de gosto. Suas vendas aumentaram 9% durante o período de recessão.[21]

As decisões dos consumidores também são influenciadas por **valores centrais** – os sistemas de crença que embasam as atitudes e os comportamentos. Os valores centrais vão bem além do comportamento e da atitude e determinam, em um nível básico, as escolhas e os desejos das pessoas em longo prazo. As empresas que miram os consumidores com base em seus valores acreditam que, apelando para o subconsciente das pessoas, é possível influenciar seu consciente – ou seja, seu comportamento de compra.

QUADRO 5.1 OS SEGMENTOS DE MERCADO LOHAS.

Saúde	Estilos de vida naturais
Produtos orgânicos, naturais	Móveis para ambientes internos e externos
Produtos nutricionais	Materiais de limpeza orgânicos
Medicina alternativa	Luzes fluorescentes compactas
Suplementos	Filantropia de mudança social
Produtos voltados para o trinômio mente-corpo-espírito	Roupas diferenciadas
Mercado norte-americano: 118,03 bilhões de dólares	*Mercado norte-americano: 10,6 bilhões de dólares*
Edifícios verdes	**Transporte alternativo**
Certificação de edifício verde	Veículos híbridos
Eletrodomésticos Energy Star	Biocombustível
Piso sustentável	Programas de compartilhamento de carros
Sistemas de energia renovável	*Mercado norte-americano: 6,12 bilhões de dólares*
Alternativas de madeira	
Mercado norte-americano: 50 bilhões de dólares	
Ecoturismo	**Energia alternativa**
Pacote de ecoturismo	Créditos de energia renovável
Pacote de ecoturismo de aventura	Precificação verde
Mercado norte-americano: 24,17 bilhões de dólares	*Mercado norte-americano: 380 milhões de dólares*

Fonte: reproduzido com permissão do Lohas, www.lohas.com.

Principais fatores psicológicos

O ponto de partida para entender o comportamento do consumidor é o modelo de estímulo e resposta apresentado na Figura 5.1. Estímulos ambientais e de marketing penetram no consciente do consumidor e um conjunto de fatores psicológicos combinado com determinadas características dele, resultam em processos de decisão e decisões de compra. A tarefa do profissional de marketing é entender o que se passa no consciente do consumidor do momento em que ele recebe o estímulo de marketing até a decisão de compra final. Cinco principais fatores psicológicos – motivação, percepção, aprendizagem, emoções e memória – influenciam bastante as reações do consumidor.[22]

FIGURA 5.1 MODELO DO COMPORTAMENTO DO CONSUMIDOR.

Estímulos de marketing	Outros estímulos	Psicologia do consumidor	Processo de decisão de compra	Decisão de compra
Produtos Preço Distribuição Comunicação	Econômico Tecnológico Político Cultural	Motivação Percepção Aprendizagem Emoções Memória **Características do consumidor** Culturais Sociais Pessoais	Reconhecimento do problema Busca por informações Avaliação das alternativas Decisão de compra Comportamento pós-compra	Escolha do produto Escolha da marca Escolha do revendedor Quantidade de compra Frequência de compra Forma de pagamento

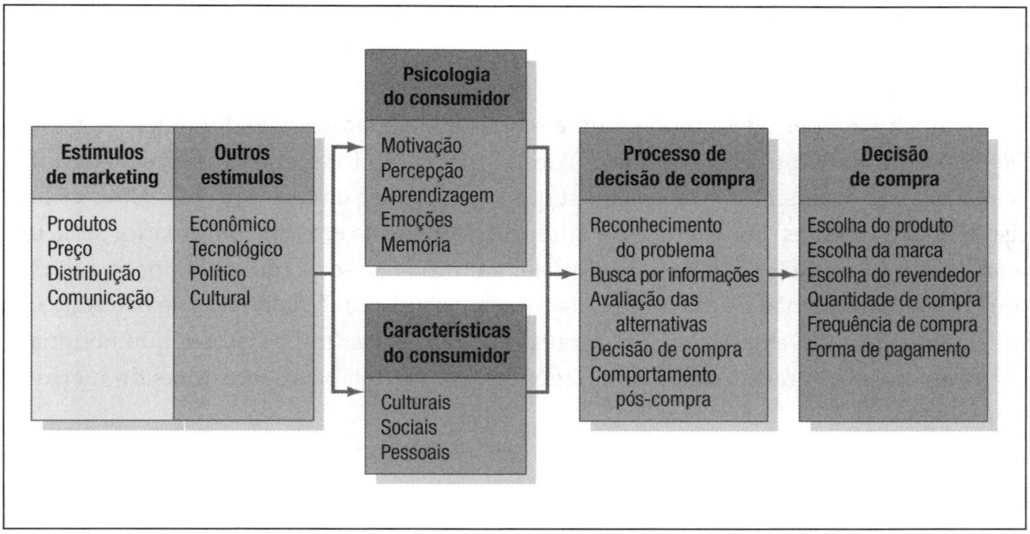

Motivação: Freud, Maslow, Herzberg

Todos nós possuímos muitas necessidades o tempo inteiro. Algumas necessidades são *fisiológicas*; elas surgem de estados de tensão fisiológicos, como fome, sede e desconforto. Outras necessidades são *psicológicas*; elas surgem de estados de tensão psicológicos, como necessidade de reconhecimento, estima ou pertencimento. Uma necessidade se torna um **motivo** quando alcança um nível tal de intensidade que nos direciona à ação. Uma motivação possui tanto *direção* (selecionamos uma meta em detrimento de outra) como *intensidade* (perseguimos a meta com mais ou menos vigor). Três das mais conhecidas teorias sobre motivação humana – as de Sigmund Freud, Abraham Maslow e Frederick Herzberg – trazem diferentes implicações para a análise do consumidor e a estratégia de marketing.

Sigmund Freud concluiu que as forças psicológicas que moldam o comportamento das pessoas são basicamente inconscientes e que um indivíduo não consegue entender totalmente suas próprias motivações. Quando uma pessoa avalia uma marca específica, ela não reage apenas às funcionalidades declaradas, mas também a outros sinais menos conscientes, como formato, tamanho, peso e nome de marca. Uma técnica chamada *laddering* pode ser usada para traçar desde as declarações instrumentais declaradas de uma pessoa até as mais profundas. Com isso, os profissionais de marketing podem decidir em qual nível desenvolver sua mensagem e seu apelo.[23]

Abraham Maslow procurou explicar por que as pessoas são motivadas por certas necessidades em determinados momentos.[24] Sua resposta para isso é que as necessidades humanas são dispostas em uma hierarquia, da mais para a menos urgente – necessidades fisiológicas, necessidades de segurança, necessidades sociais, necessidades de estima e necessidades de autorrealização. As pessoas tentam satisfazer sua necessidade mais importante primeiro e, quando conseguem, tentam satisfazer a próxima mais importante.

Frederick Herzberg desenvolveu uma teoria de dois fatores que diferencia os *insatisfatores* (fatores que causam insatisfação) dos *satisfatores* (fatores que causam satisfação).[25] A ausência de insatisfatores não é suficiente para motivar uma compra; satisfatores precisam estar presentes. Por exemplo: a ausência de garantia em um computador seria um insatisfator. Contudo, o fato de o produto ter garantia não seria um satisfator ou motivador, pois a garantia não é uma fonte de satisfação intrínseca. A facilidade de uso seria um satisfator. Seguindo essa teoria, as empresas devem evitar insatisfatores que poderiam coibir a venda do produto, bem como identificar os principais satisfatores do mercado e oferecê-los.

Percepção

Uma pessoa motivada está pronta para agir – a maneira *como* ela agirá é influenciada por sua percepção da situação. No marketing, as percepções são mais importantes do que a realidade, porque afetam o comportamento atual dos consumidores. **Percepção** é o processo por meio do qual selecionamos, organizamos e interpretamos as informações recebidas para criar uma imagem cheia de significados do mundo.[26] Ela depende não somente de estímulos físicos, mas também da relação desses estímulos com o ambiente ao redor e das condições internas de cada indivíduo. As pessoas possuem diferentes percepções do mesmo objeto por causa de três processos perceptivos: atenção seletiva, distorção seletiva e retenção seletiva.

Embora sejamos expostos a milhares de anúncios e outros estímulos diariamente, filtramos a maioria deles – um processo chamado **atenção seletiva**. Isso significa que os profissionais de marketing precisam se esforçar bastante para atrair a atenção dos consumidores. Pesquisas mostram que as pessoas são mais propensas a prestar atenção em estímulos relacionados a uma necessidade atual; é por isso que pessoas que querem comprar um carro notam anúncios de carro, e não de DVD. Além disso, há uma chance maior de as pessoas notarem estímulos que conseguem prever, como laptops em exposição em uma loja de informática. Por fim, é mais provável que as pessoas percebam estímulos cujos desvios são grandes em relação a um estímulo normal, como um desconto de cem dólares em vez de cinco.

Mesmo os estímulos que são notados nem sempre agem da maneira como os emissores da mensagem esperavam. A **distorção seletiva** é a tendência que temos de interpretar as informações de modo que elas se ajustem a nossos prejulgamentos. Com frequência, os consumidores distorcem informações para serem coerentes com as expectativas e as crenças que já possuem em relação a produtos e marcas.[27] A distorção seletiva pode beneficiar empresas com marcas fortes – os consumidores distorcem informações neutras ou ambíguas sobre essas marcas, tornando-as mais positivas. Em outras palavras, dependendo da marca, o café pode parecer mais saboroso, e o carro, mais macio.

A maioria de nós não se lembra muito das informações a que fomos expostos, mas guardamos aquelas que confirmam nossas atitudes e crenças. Em razão da **retenção seletiva**, somos propensos a lembrar dos pontos positivos de um produto que gostamos e a esquecer dos pontos positivos de produtos concorrentes. A retenção seletiva também beneficia marcas fortes. É por causa dela que os profissionais de marketing precisam repetir as mensagens a fim de assegurar que as informações não sejam ignoradas.

Aprendizagem

Quando agimos, nós aprendemos. A **aprendizagem** provoca mudanças em nosso comportamento decorrentes da experiência. A maior parte do comportamento humano é aprendida, e a maior parte da aprendizagem ocorre por acaso. Teóricos acreditam que a aprendizagem é gerada por meio da interação de impulsos, estímulos, sinais, respostas e reforços. Um **impulso** é um forte estímulo interno que impele à ação. **Sinais** são estímulos menores que determinam quando, onde e como uma pessoa responde.

Vamos supor que você tenha comprado um computador Hewlett-Packard (HP). Se sua experiência for recompensadora, sua resposta aos computadores e à HP será positivamente reforçada. Quando você quiser comprar uma impressora, pode partir do princípio de que, uma vez que a HP fabrica bons computadores, a empresa fabrica boas impressoras também. Você *generaliza* sua resposta a um estímulo similar. Uma tendência oposta à generalização é a *discriminação*, em que aprendemos a reconhecer diferenças em conjuntos de estímulo similares e a ajustar nossas respostas de acordo com elas. A teoria da aprendizagem ensina os profissionais de marketing que eles podem criar demanda para um produto associando-o a fortes impulsos, usando sinais motivadores e fornecendo reforço positivo.

Emoções

A resposta do consumidor não é totalmente cognitiva e racional; ela pode conter muita emoção e suscitar diferentes tipos de sensação. Uma marca ou um produto pode fazer o consumidor se sentir orgulhoso, entusiasmado ou confiante. Um anúncio pode gerar sensações de diversão, nojo ou encantamento. Anúncios da Procter & Gamble, por exemplo, relacionam o Tide (o sabão em pó da empresa líder de mercado) a sensações positivas referentes ao uso de roupas para expressar o estilo pessoal e demonstrar boa aparência.[28]

Memória

Psicólogos cognitivos diferenciam a memória de curto prazo (um repositório de informações temporário e limitado) da memória de longo prazo (um repositório mais permanente, essencialmente ilimitado). Todas as informações que absorvemos e experiências pelas quais passamos ao longo da vida podem acabar em nossa memória de longo prazo.

As visões mais bem aceitas acerca da estrutura de memória de longo prazo partem do princípio de que formamos algum tipo de modelo associativo.[29] Por exemplo: o **modelo de memória de rede associativa** vê a memória de longo prazo como um conjunto de nós e ligações. Os *nós* são informações armazenadas que se conectam por *ligações*, as quais variam de intensidade. Qualquer tipo de informação pode ser armazenada na rede de memória, incluindo informações verbais, visuais, abstratas e contextuais. Um processo de disseminação da ativação de nós determina a extensão do que podemos recuperar e as informações que podemos, de fato, recordar em qualquer situação. Quando um nó é ativado porque estamos codificando uma informação externa (quando lemos ou ouvimos uma palavra ou frase) ou recuperando uma informação interna da memória de longo prazo (quando pensamos sobre um conceito), outros nós também são ativados caso tenham forte associação com aquele nó.

Seguindo esse modelo, podemos imaginar o conhecimento de marca do consumidor como um nó na memória com uma série de associações ligadas a ele. A força e a organização dessas associações constituem importantes determinantes das informações que podemos recordar sobre a marca. **Associações de marca** consistem de todos os pensamentos, sensações, percepções, imagens, experiências, crenças, atitudes etc. relacionados à marca que são associados ao nó da marca.

Algumas empresas elaboram mapas mentais que descrevem o conhecimento dos consumidores de uma determinada marca em termos das associações-chave que são propensas a serem desencadeadas por uma ação de marketing e de sua relativa força, benefício e singularidade para os consumidores. A Figura 5.2 traz um mapa mental simples que destaca as crenças de marca de um consumidor hipotético sobre a seguradora State Farm.

FIGURA 5.2 MAPA MENTAL HIPOTÉTICO.

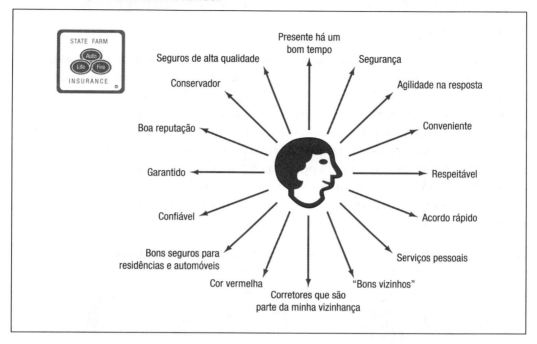

Processos de memória. A *codificação* se refere à maneira e ao local em que a informação é armazenada na memória. A força das associações resultantes depende do quanto processamos a informação na codificação (por exemplo, do quanto sabemos sobre ela) e de que maneira.[30] Em geral, quanto mais atenção dispensamos ao significado da informação durante a codificação, mais fortes são as associações resultantes na memória.[31]

Memória de recuperação. A *recuperação* se refere à maneira como a informação é extraída da memória. Os profissionais de marketing devem prestar atenção ao fato de que a presença de outras informações de produto na memória pode gerar interferências e fazer com que ignoremos ou confundamos novos dados. Um desafio de marketing em uma categoria com muitos concorrentes consiste em evitar que os consumidores confundam as marcas. Além disso, o tempo entre a exposição à informação e a codificação deve ser levado em conta. Uma vez que a informação é armazenada na memória, sua força de associação diminui muito lentamente.

Por fim, a informação pode estar *disponível* na memória, mas não *acessível* para ser recordada sem sinais ou lembretes de recuperação. A efetividade dos sinais de recuperação é um dos motivos pelos quais o marketing *dentro* de uma loja é tão importante. A embalagem do produto e outros sinais que lembrem os consumidores da propaganda e de outras informações transmitidas fora da loja são determinantes na tomada de decisão do comprador.

O processo de decisão de compra: o modelo de cinco estágios

Empresas inteligentes tentam entender por completo o processo de decisão de compra dos clientes – todas as suas experiências de aprendizagem, escolha, uso e mesmo descarte de um produto.[32] A Figura 5.3 traz os cinco estágios do processo: reconhecimento do problema, busca por informações, avaliação das alternativas, decisão de compra e comportamento pós-compra. Como fica claro, o processo de compra começa bem antes da compra em si e tem consequências que permanecem por um longo tempo.[33] Os consumidores nem sempre passam pelos cinco estágios – eles podem pular ou inverter alguns deles. O modelo oferece uma boa referência porque capta a gama total de considerações que surgem quando um consumidor se depara com uma nova compra altamente envolvente.[34]

FIGURA 5.3 O MODELO DE CINCO ESTÁGIOS DO PROCESSO DE COMPRA DO CONSUMIDOR.

Reconhecimento do problema

O processo de compra começa quando o comprador reconhece um problema ou uma necessidade desencadeada por estímulos internos (como fome ou sede) ou externos (como ver um anúncio). Os profissionais de marketing precisam identificar as circunstâncias que desencadeiam uma determinada necessidade coletando informações de vários consumidores. Com isso, eles podem desenvolver estratégias de marketing que suscitem o interesse do consumidor e o levem para o segundo estágio no processo de compra.

Busca por informações

Surpreendentemente, em geral, os consumidores buscam uma quantidade limitada de informação. Pesquisas mostram que, para a compra de bens duráveis, metade dos consumidores pesquisa apenas uma loja, e somente 30% deles avaliam mais de uma marca de eletrodoméstico. Podemos distinguir dois níveis de engajamento na busca. No estado de busca mais moderado, a *atenção elevada*, a pessoa simplesmente se torna mais receptiva às informações sobre o produto. Na *busca ativa de informações*, a pessoa conversa com amigos, faz pesquisas *on-line* e visita lojas para aprender sobre o produto.

As fontes de informação dos consumidores dividem-se em quatro grupos: pessoais (família, amigos, vizinhos, conhecidos), comerciais (propaganda, sites, vendedores, distribuidores, embalagem, displays), públicas (mídias de massa, organizações de classificação do consumo) e experimentais (manuseio, exame, uso do produto). Embora os consumidores recebam a maior parte das informações sobre o produto de fontes comerciais (que são dominadas pelas empresas), geralmente as informações mais efetivas vêm de fontes pessoais ou experimentais e de fontes públicas independentes.

No processo de coleta de informações, o consumidor aprende sobre marcas concorrentes e suas características. O primeiro quadro da Figura 5.4 mostra o *conjunto total* de marcas disponíveis. Cada consumidor conhece um subconjunto desse total, o *conjunto de conscientização*. Somente algumas marcas atendem os critérios de compra iniciais, o *conjunto de consideração*. À medida que o consumidor obtém mais informações, poucos concorrentes permanecem fortes, o *conjunto de escolha*. O consumidor faz sua escolha final a partir desse conjunto.[35]

A Figura 5.4 deixa claro que a empresa precisa inserir sua marca nos conjuntos de conscientização, consideração e escolha. Ela precisa também identificar as outras marcas que fazem parte do conjunto de escolha para que possa planejar apelos competitivos. Além disso, os profissionais de marketing devem descobrir as fontes de informação do consumidor e avaliar sua importância relativa, de modo que possam preparar comunicações eficazes.

FIGURA 5.4 CONJUNTOS ENVOLVIDOS NA TOMADA DE DECISÃO DO CONSUMIDOR.

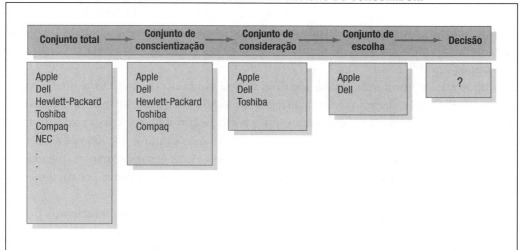

Avaliação das alternativas

Como o consumidor processa informações de marcas concorrentes e chega a um julgamento de valor final? Existem vários processos para isso, e os modelos mais atuais consideram que os consumidores formam seus julgamentos principalmente em uma base consciente e racional.

Alguns conceitos básicos vão nos ajudar a entender o processo de avaliação do consumidor. Em primeiro lugar, o consumidor está tentando satisfazer uma necessidade. Em segundo, está procurando determinados benefícios em um produto. Em terceiro, ele vê cada produto como um pacote de atributos com capacidades variadas de entrega dos benefícios. Os atributos que interessam aos compradores variam de produto para produto; os atributos procurados em um hotel, por exemplo, podem ser localização, ambiente e preço. Sabendo que os consumidores prestarão mais atenção nos atributos que oferecem os benefícios procurados, as empresas podem segmentar seus mercados de acordo com os benefícios e os atributos que são importantes para diferentes grupos de consumidores.

Por meio da experiência e da aprendizagem, as pessoas adquirem crenças e atitudes, as quais, por sua vez, influenciam o comportamento de compra. Uma **crença** é um pensamento descritivo que uma pessoa mantém a respeito de alguma coisa. Tão importante quanto ela são as **atitudes**, que correspondem a avaliações, sentimentos e tendências de ação duradouros, favoráveis ou não, referentes a um objeto ou ideia.[36] As pessoas têm atitudes em relação a quase tudo: religião, política, roupas, música, comida. Uma vez que as atitudes economizam energia e reflexão, elas podem ser muito difíceis de mudar. O melhor que uma empresa tem a fazer é adaptar seus produtos às atitudes existentes, em vez de tentar alterá-las.

O consumidor sedimenta suas atitudes relativas a várias marcas por meio de um procedimento de avaliação de atributos, desenvolvendo um conjunto de crenças sobre onde cada marca se posiciona em relação a cada atributo.[37] O **modelo de expectativa de valor** de formação de atitude propõe que os consumidores avaliem os produtos considerando suas crenças de marca – as positivas e as negativas – de acordo com sua importância.[38]

Vamos supor que Linda tenha restringido seu conjunto de escolha a quatro notebooks (A, B, C e D). Digamos que ela esteja interessada em quatro atributos: capacidade de memória, resolução gráfica, tamanho e preço. Se um notebook fosse superior aos outros em todas as categorias, poderíamos prever que Linda o escolheria. Contudo, como geralmente acontece, seu conjunto de escolha é composto por marcas que variam em seu apelo. Uma marca oferece mais capacidade de memória, outra possui a melhor resolução gráfica e assim por diante.

Se soubéssemos o peso que Linda atribui aos quatro atributos, poderíamos prever com mais certeza sua escolha. Imaginemos que ela atribua 40% de importância à capacidade de memória do notebook, 30% à resolução gráfica, 20% ao tamanho e 10% ao preço. Nesse caso, para encontrar o valor percebido de Linda em relação a cada notebook, multiplicaríamos seus pesos por suas crenças sobre cada atributo. Considerando que, para a marca A, ela desse nota 8 para capacidade de memória, 9 para resolução gráfica, 6 para tamanho e 9 para preço, o resultado final para o notebook A seria:

$$\text{Notebook A} = 0{,}4(8) + 0{,}3(9) + 0{,}2(6) + 0{,}1(9) = 8{,}0$$

O cálculo do resultado final de todos os outros notebooks que Linda estava considerando mostraria qual deles possuía o mais alto valor percebido. Quando um fabricante de computador sabe como os compradores formam suas preferências, ele pode tomar medidas para influenciar suas decisões. Ele pode, por exemplo, reprojetar o notebook (reposicionamento real), alterar crenças sobre a marca (reposicionamento psicológico), modificar crenças sobre os concorrentes (reposicionamento competitivo), mudar a importância dos atributos (persuadindo os compradores a atribuir mais importância aos atributos nos quais a marca sobressai), chamar a atenção para atributos negligenciados (como design) ou alterar as exigências do comprador (persuadindo os compradores a alterar seu nível de exigência para um ou mais atributos).[39]

Decisão de compra

No estágio de avaliação, o consumidor cria preferências entre as marcas do conjunto de escolha e pode também desenvolver uma intenção de comprar a marca preferida. Mesmo quando os consumidores estabelecem preferências entre as marcas, dois elementos podem interferir entre a intenção e a decisão de compra.[40] O primeiro elemento é a *atitude dos outros*. A influência da atitude de outra pessoa depende de duas coisas: (1) da intensidade da atitude negativa da outra pessoa em relação à alternativa que preferimos; (2) de nossa motivação para acatar os desejos da outra pessoa.[41] Quanto mais intensa a negação da outra pessoa e quanto mais próxima ela for de nós, mais ajustaremos nossa intenção de compra. O contrário também é verdadeiro.

O segundo elemento são *fatores situacionais imprevistos* que podem surgir e mudar a intenção de compra. Linda poderia perder o emprego, alguma outra compra poderia se tornar mais urgente ou um vendedor poderia desagradá-la. As preferências e mesmo as intenções de compra não são indicadores totalmente confiáveis do comportamento de compra.

A decisão do consumidor de modificar, postergar ou evitar uma decisão de compra é altamente influenciada por um ou mais tipos de *risco percebido*.[42] O grau de risco percebido varia de acordo com a quantidade de dinheiro envolvida, o nível de incerteza quanto aos atributos e o nível de autoconfiança do consumidor. Os consumidores desenvolvem hábitos para reduzir a incerteza e as consequências negativas do risco. Por exemplo: eles evitam decisões, coletam informações e desenvolvem preferências por nomes de marca. Os profissionais de marketing devem entender os fatores que provocam uma sensação de risco nos consumidores e, então, fornecer informações e apoio para reduzir o risco percebido.

Comportamento pós-compra

Após a compra, o consumidor pode experimentar alguma dissonância ao perceber características inquietantes ou ouvir falar bem de outras marcas; além disso, estará alerta a informações que apoiem sua decisão. Isso significa que o trabalho do profissional de marketing não termina com a compra. De fato, depois de efetuada a compra, ele precisa monitorar a satisfação e as ações do consumidor, bem como o uso e o descarte do produto. A seção "Habilidades em marketing: lidando com a perda de clientes", a seguir, mostra como os profissionais da área podem descobrir por que os clientes vão embora e retornam.

Um cliente satisfeito é mais propenso a comprar o produto novamente e tende a dizer coisas boas sobre a marca para os outros. Clientes insatisfeitos podem descartar ou devolver o produto, tomar medidas públicas (reclamar com a empresa, procurar um advogado, reclamar com órgãos do governo ou outros grupos) ou tomar medidas privadas (não comprar mais o produto, alertar os amigos).[43]

As comunicações pós-compra ajuda a reduzir o número de devoluções e cancelamento de pedidos. Os profissionais de marketing também precisam monitorar o uso e o descarte do produto. Um elemento importante da frequência de vendas é a taxa de consumo do produto – quanto mais rapidamente os compradores consomem um produto, mais depressa eles podem retornar ao mercado para comprá-lo de novo. Uma estratégia para acelerar a substituição consiste em criar uma relação entre a troca e um determinado feriado, evento ou época do ano. Outra estratégia diz respeito a oferecer aos consumidores mais informações da primeira vez em que utilizam o produto, incluindo a necessidade de substituí-lo, ou deixar claro seu nível atual de desempenho. Se os consumidores jogam o produto fora, os profissionais de marketing precisam saber como o fazem, principalmente se ele prejudicar o meio ambiente, como é o caso das pilhas.

Habilidades em marketing

Lidando com a perda de clientes

O caminho para reconquistar clientes começa com um entendimento dos motivos que fizeram com que decidissem ir embora – quando, como, por quê. As empresas que faturam mensalmente percebem logo quando um cliente vai embora, assim como aquelas que recebem reclamações e pedidos de cancelamento; já as empresas cujo contato com os clientes não são programados ou frequentes podem demorar um pouco mais para notar. Os profissionais de marketing também podem utilizar contatos informais (como ligações telefônicas e redes sociais) ou pesquisa formal (como entrevista de saída) para entender por que os clientes foram embora. A meta é encontrar fontes de insatisfação que possam ser revistas para reconquistar e manter os clientes, demonstrando que a empresa não apenas os ouve e responde a eles, mas também os valoriza.

A EarthLink, uma importante provedora de serviços pela Internet, utiliza softwares sofisticados para segmentar sua base de clientes, analisar o comportamento deles e identificar potenciais "desertores". Em especial, a empresa se concentra nos clientes mais lucrativos, nos pontos de contato e nos sinais de deserção. Seus representantes são treinados para trabalhar com os clientes a fim de resolver reclamações, manter os clientes atuais e trazer de volta clientes lucrativos. Tudo isso ajudou a EarthLink a diminuir o índice de rotatividade de clientes em 18%, ao mesmo tempo em que reduziu as despesas de marketing da empresa.[44]

Teoria da decisão comportamental e economia comportamental

Os consumidores nem sempre tomam decisões de compra de maneira deliberada, racional. Nas últimas três décadas, uma das áreas mais ativas da pesquisa acadêmica voltada para o marketing foi a da teoria da decisão comportamental. Os teóricos da decisão comportamental identificaram muitas situações em que os consumidores fizeram escolhas aparentemente irracionais.[45] (Para *insights* do autor de *Previsivelmente irracional* e *Positivamente irracional*, veja a seção "Insight de marketing", a seguir.)

As pesquisas acadêmicas reforçam que o comportamento do consumidor e o contexto das decisões realmente importam. O trabalho dos pesquisadores também desafiou previsões da teoria econômica e suposições sobre a racionalidade, levando ao surgimento do campo da *economia comportamental*.[46] Aqui, analisamos alguns pontos em duas áreas-chave: heurísticas de decisão e enquadramento.

Insight de marketing

Previsivelmente irracional

O dr. Dan Ariely, especialista em economia comportamental, afirma que as decisões aparentemente irracionais são, na verdade, sistêmicas e previsíveis. Entre seus inquietantes *insights* para os profissionais de marketing, estão:

- Ao vender um novo produto, os profissionais de marketing devem compará-lo a algo que os consumidores já conhecem, mesmo se houver poucas comparações diretas a serem feitas. Os consumidores acham difícil julgar produtos isolados e se sentem mais confortáveis quando baseiam, pelo menos em parte, uma nova decisão em uma decisão passada.
- Os consumidores acham a palavra "grátis" quase irresistível. Em um experimento, eles tinham que escolher entre as geralmente caras trufas da Lindt, que estavam sendo vendidas por 15 centavos, e os bastante comuns bombons kisses da Hershey, que saíam por 1 centavo. Setenta e três por cento dos consumidores escolheram as trufas. Contudo, quando o preço das trufas abaixou para 14 centavos e os kisses passaram a ser oferecidos gratuitamente, 69 por cento dos clientes optaram pelos bombons da Hershey, embora as trufas fossem mais negócio.
- O "viés de otimismo" (ou "ilusão de positividade") é um efeito difuso que transcende sexo, idade, grau de instrução e nacionalidade. As pessoas tendem a superestimar suas chances de vivenciar coisas boas (terem filhos saudáveis ou segurança financeira) e subestimar suas chances de passarem por coisas ruins (terem um ataque cardíaco ou receberem uma multa de trânsito).

Fontes: Dan Ariely, *Predictably irrational*. Nova York: HarperCollins, 2008; Dan Ariely, "The curious paradox of optimism bias", *BusinessWeek*, 24 e 31 ago. 2009, p. 48; Dan Ariely, "The end of rational economics", *Harvard Business Review*, jul./ago. 2009, p. 78-84; Russ Juskalian, "Not as rational as we think we are", *USA Today*, 17 mar. 2008; Elizabeth Kolbert, "What was I thinking?", *New Yorker*, 25 fev. 2008.

Heurísticas de decisão

No processo de decisão, os consumidores muitas vezes tomam "atalhos mentais" chamados de **heurísticas** ou lançam mão de regras básicas. Na tomada de decisão do dia a dia, quando estimam a probabilidade de ocorrência de resultados ou eventos futuros, os consumidores podem utilizar uma das seguintes heurísticas:[47]

1. *Heurística da disponibilidade.* Os consumidores baseiam suas previsões na facilidade e na rapidez com que determinado exemplo de um evento vem a sua mente. Se o exemplo é lembrado com rapidez, eles podem superestimar sua probabilidade de ocorrência. Por exemplo: um defeito em um produto adquirido recentemente pode fazer com que o consumidor superestime a probabilidade de defeito em outro produto e fique mais inclinado a adquirir uma garantia para ele.
2. *Heurística da representatividade.* Os consumidores baseiam suas previsões na representatividade ou na semelhança de um resultado em relação a outros exemplos. Um dos motivos pelos quais, em uma mesma categoria de produtos, a embalagem de diferentes marcas pode ser tão parecida é que os profissionais de marketing querem que seus produtos sejam vistos como representativos da categoria como um todo.
3. *Heurística da ancoragem e ajustamento.* Os consumidores chegam a uma conclusão inicial e, então, a ajustam com base em informações adicionais. Por conta disso, os profissionais de marketing se esforçam para causar uma boa primeira impressão, estabelecendo uma âncora positiva de modo que experiências subsequentes sejam interpretadas com olhos favoráveis.

Enquadramento

Enquadramento de decisão é a maneira como as escolhas são apresentadas para um tomador de decisão e vistas por ele. Um celular de 200 dólares pode não parecer caro ao lado de vários outros que custam 400, mas pode parecer muito caro junto de outros que custam 50. Os efeitos do enquadramento são difusos e podem ser poderosos. De fato, pesquisas mostram que os consumidores utilizam a *contabilidade mental* quando lidam com seu dinheiro, codificando, categorizando e avaliando os resultados financeiros de suas escolhas.[48] Os princípios da contabilidade mental derivam, em parte, da *teoria dos prospectos*, a qual afirma que os consumidores enquadram suas alternativas de decisão em termos de ganhos e perdas, de acordo com uma função de valor. Em geral, os consumidores são avessos a perdas. Eles tendem a superestimar o peso de eventos com baixa probabilidade e subestimar o peso de eventos com alta probabilidade.

Resumo

O comportamento do consumidor é influenciado por três fatores: cultural (cultura, subcultura e classe social), social (grupos de referência, família, papéis sociais e status) e pessoal (idade, estágio no ciclo de vida, ocupação, circunstâncias econômicas, personalidade e autoimagem, estilo de vida e valores). Os principais fatores psicológicos que afetam o comportamento do consumidor são motivação, percepção, aprendizagem, emoções e memória.

O típico processo de compras consiste da seguinte sequência de eventos: reconhecimento do problema, busca por informações, avaliação das alternativas, decisão de compra e comportamento pós-compra. A tarefa do profissional de marketing é entender o comportamento em cada um desses estágios. A atitude dos outros, os fatores situacionais imprevistos e o risco percebido podem afetar a decisão de compra, assim como os níveis de satisfação, uso e descarte do produto no pós-compra. A teoria da decisão comportamental ajuda os profissionais de marketing a entender as situações em que os consumidores fazem escolhas aparentemente irracionais. Dois aspectos importantes dessa teoria são as heurísticas de decisão e o enquadramento.

Notas

1. PHAM, Alex. Lego universe's quest: build on toy's offline success. **Los Angeles Times**, June 20, 2010; Lego's turnaround: picking up the pieces. **Economist**, p. 76, October 28, 2006; GRIMALDI, Paul. Consumers design products their way. **Knight Ridder Tribune Business News**, November 25, 2006; PROSPERO, Michael A. Brick by brick: Lego's new building blocks. **Fast Company**, p. 35, Sep. 2005; ROBERTSON, David; HJULER, Per. Innovating a turnaround at LEGO. **Harvard Business Review**, p. 20-21, Sep. 2009; HJELMGAARD, Kim. Lego, refocusing on bricks, builds on image. **Wall Street Journal**, December 24, 2009.
2. SOLOMON, Michael R. **Consumer behavior:** buying, having, and being, 9.ed. Upper Saddle River: Prentice Hall, 2011.
3. SCHIFFMAN, Leon G.; KANUK, Leslie Lazar. **Consumer behavior**, 10.ed. Upper Saddle River: Prentice Hall, 2010.
4. Para algumas perspectivas clássicas, veja: COLEMAN, Richard P. The continuing significance of social class to marketing. **Journal of Consumer Research**, p. 265-280, Dec. 1983; COLEMAN, Richard P.; RAINWATER, Lee P. **Social standing in America: new dimension of class**. Nova York: Basic Books, 1978.
5. SCHIFFMAN, Leon G.; KANUK, Leslie Lazar. **Consumer behavior**, 10.ed. Upper Saddle River: Prentice Hall, 2010.
6. MOORE, Elizabeth S.; WILKIE, William L.; LUTZ, Richard J. Passing the torch: intergenerational influences as a source of brand equity. **Journal of Marketing**, p. 17-37, apr. 2002.; BOUTILIER, Robert. Pulling the family's strings. **American Demographics**, p. 44-48, Aug. 1993; BURNS, David J. Husband-wife innovative consumer decision making: exploring the effect of family power. **Psychology & Marketing**, p. 175-189, May/June 1992; SPIRO, Rosann L. Persuasion in family decision making. **Journal of Consumer Research**, p. 393-402, Mar. 1983. Para comparações interculturais dos papéis de compra de marido e mulher, veja: FORD, John B.; Latour, Michael S.; HENTHORNE, Tony L. Perception of marital roles in purchase-decision processes: a cross-cultural study. **Journal of the Academy of Marketing Science**, p. 120-131 Winter 1995.
7. PALAN, Kay M.; WILKES, Robert E. Adolescent-parent interaction in family decision making. **Journal of Consumer Research**, 24, nº 2, p. 159-169, Mar. 1997; BEATTY, Sharon E.; TALPADE, Salil. Adolescent influence in family decision making: a replication with extension. **Journal of Consumer Research**, 21, p. 332-341, Sep. 1994.
8. SU, Chenting; FERN, Edward F.; YE, Keying. A temporal dynamic model of spousal family purchase-decision behavior. **Journal of Marketing Research**, 40, p. 268-281, Aug. 2003.
9. CHURA, Hillary. Failing to connect: marketing messages for women fall short. **Advertising Age**, p. 13-14, September 23, 2002.
10. YouthPulse: the definitive study of today's youth generation. **Harris Interactive**, December 9, 2010.
11. MARKOW, Dana. Today's youth: understanding their importance and influence, **Trends & Tudes**, 7, nº 1, Feb. 2008.
12. JOHN, Deborah Roedder. Consumer socialization of children: a retrospective look at twenty-five years of research. **Journal of Consumer Research**, 26, p. 183-213, Dec. 1999.; CHAPLIN, Lan Nguyen;

JOHN, Deborah Roedder. The development of self-brand connections in children and adolescents. **Journal of Consumer Research**, 32, p. 119-129, June 2005; CHAPLIN, Lan Nguyen; JOHN, Deborah Roedder. Growing up in a material world: age differences in materialism in children and adolescents. **Journal of Consumer Research**, 34, p. 480-493, Dec. 2007.

13. DU, Rex Y.; KAMAKURA, Wagner A. Household life cycles and lifestyles in the United States. **Journal of Marketing Research**, 48, p. 121-132, Feb. 2006; LEPISTO, Lawrence. A life span perspective of consumer behavior. In: HIRSHMAN, Elizabeth; HOLBROOK, Morris (eds.). **Advances in consumer research**, v. 12. Provo: Association for Consumer Research, 1985. p. 47; veja também: SHEEHY, Gail. **New passages:** mapping your life across time. Nova York: Random House, 1995.

14. KASSARJIAN, Harold H.; SHEFFET, Mary Jane. Personality and consumer behavior: an update. In: KASSARJIAN, Harold H.; ROBERTSON, Thomas S. (eds.). **Perspectives in consumer behavior**. Glenview: Scott Foresman, 1981. p. 160-180.

15. AAKER, Jennifer. Dimensions of measuring brand personality. **Journal of Marketing Research**, 34, p. 347-356, Aug. 1997.

16. SUNG, Yongjun; TINKHAM, Spencer F. Brand personality structures in the United States and Korea: common and culture-specific factors. **Journal of Consumer Psychology**, 15, nº 4, p. 334-350, Dec. 2005; AAKER, Jennifer L.; BENET-MARTINEZ, Veronica; GAROLERA, Jordi. Consumption symbols as carriers of culture: a study of Japanese and Spanish brand personality constructs. **Journal of Personality and Social Psychology**, 81, nº 3, p. 492-508, Mar. 2001.

17. SIRGY, M. Joseph. Self-concept in consumer behavior: a critical review. **Journal of Consumer Research**, 9, p. 287-300, Dec. 1982.

18. GRAEFF, Timothy R. Consumption situations and the effects of brand image on consumers' brand evaluations. **Psychology & Marketing**, 14, nº 1, p. 49-70, Jan. 1997; GRAEFF, Timothy R. Image congruence effects on product evaluations: the role of self-monitoring and public/private consumption. **Psychology & Marketing**, 13, nº 5, p. 481-499, Aug. 1996.

19. AAKER, Jennifer L. The malleable self: the role of self-expression in persuasion. **Journal of Marketing Research**, 36, nº 1, p. 45-57, Feb. 1999.

20. LOHAS forum attracts Fortune 500 companies. **Environmental Leader**, June 22, 2009.

21. PAUL, Noel C. Meal kits in home. **Christian Science Monitor**, 9 p. 13, june 2003; D'INNOCENZIO, Anne. Frugal times: hamburger helper, kool-aid in advertising limelight. **Associated Press**, April 29, 2009.

22. Para uma análise da pesquisa acadêmica sobre comportamento do consumidor, veja: LOKEN, Barbara. Consumer psychology: categorization, inferences, affect, and persuasion. **Annual Review of Psychology**, 57, p. 453-495, 2006. Para mais informações sobre como a teoria do comportamento do consumidor pode ser aplicada a decisões políticas, veja: SPECIAL ISSUE on helping consumers help themselves: improving the quality of judgments and choices. **Journal of Public Policy & Marketing**, 25, nº 1, Spring 2006.

23. REYNOLDS, Thomas J.; GUTMAN, Jonathan. Laddering theory, method, analysis, and interpretation. **Journal of Advertising Research**, p. 11-34, Feb./Mar. 1988; REYNOLDS, Thomas J.; OLSON, Jerry C. **Understanding consumer decision-making:** the means-ends approach to marketing and advertising. Mahwah: Lawrence Erlbaum, 2001; WANSINK, Brian. Using laddering to understand and leverage a brand's equity. **Qualitative Market Research**, 6, nº 2, 2003.

24. MASLOW, Abraham. **Motivation and personality**. Nova York: Harper & Row, 1954. p. 80-106. Para uma interessante aplicação empresarial, veja: CONLEY, Chip. **Peak:** how great companies get their mojo from Maslow. São Francisco: Jossey-Bass, 2007.

25. Veja: HERZBERG, Frederick. **Work and the nature of man**. Cleveland: William Collins, 1966; THIERRY, H.; KOOPMAN-IWEMA, A. M. Motivation and satisfaction. In: DRENTH, P. J. D.; THIERRY, H.; WILLEMS, P. J.; WOLFF, C. J. de (eds.). **A handbook of work and organizational psychology**. East Sussex: Psychology Press, 1984. p. 141-142.

26. BERELSON, Bernard; STEINER, Gary A. **Human behavior:** an inventory of scientific findings. Nova York: Harcourt Brace Jovanovich, 1964. p. 88.

27. RUSSO, J. Edward; MELOY, Margaret G.; MEDVEC, Victoria Husted. The distortion of product information during brand choice. **Journal of Marketing Research**, 35, p. 438-452, Nov. 1998.

28. ELLIOTT, Stuart. A campaign linking clean clothes with stylish living. **New York Times**, January 7, 2010; BYRON, Ellen. Tide, woolite tout their fashion sense. **Wall Street Journal**, March 11, 2009.

29. WYER JR., Robert S.; SRULL, Thomas K. Person memory and judgment. **Psychological Review**, 96, nº 1, p. 58-83, Jan. 1989; ANDERSON, John R. **The architecture of cognition**. Cambridge: Harvard University Press, 1983.

30. Para discussões adicionais, veja: LYNCH JR., John G.; SRULL, Thomas K. Memory and attentional factors in consumer choice: concepts and research methods. **Journal of Consumer Research**, 9, p. 18-36, June 1982; e ALBA, Joseph W.; HUTCHINSON, J. Wesley; LYNCH JR., John G. Memory and decision making. In: KASSARJIAN, Harold H.; ROBERTSON, Thomas S. (eds.). **Handbook of consumer theory and research**. Englewood Cliffs: Prentice Hall, 1992. p. 1-49.

31. LOCKHART, Robert S.; CRAIK, Fergus I. M.; JACOBY, Larry. Depth of processing, recognition, and recall. In: BROWN, John (ed.). **Recall and rec-

ognition. Nova York: Wiley, 1976; CRAIK, Fergus I. M.; TULVING, Endel. Depth of processing and the retention of words in episodic memory. **Journal of Experimental Psychology**, 104, nº 3, p. 268--294, Sep. 1975; CRAIK, Fergus I. M.; LOCKHART, Robert S. Levels of processing: a framework for memory research. **Journal of Verbal Learning and Verbal Behavior**, 11, p. 671-684, 1972.

32. SHAPIRO, Benson; RANGAN, V. Kasturi; SVIOKLA, John. Staple yourself to an order. **Harvard Business Review**, p. 113-122, July/Aug. 1992. Veja também: HEILMAN, Carrie M.; BOWMAN, Douglas; WRIGHT, Gordon P. The evolution of brand preferences and choice behaviors of consumers new to a market. **Journal of Marketing Research**, p. 139-155, May 2000.

33. Ao longo dos anos, estudiosos do marketing desenvolveram diversos modelos do processo de compra do consumidor. Veja: LUCE, Mary Frances; BETTMAN, James R.; PAYNE, John W. **Emotional decisions:** tradeoff difficulty and coping in consumer choice. Chicago: University of Chicago Press, 2001; ENGEL, James F.; BLACKWELL, Roger D.; MINIARD, Paul W. **Consumer behavior**, 8.ed. Fort Worth: Dryden, 1994; HOWARD, John A.; SHETH, Jagdish N. **The theory of buyer behavior.** Nova York: Wiley, 1969.

34. PUTSIS JR., William P.; SRINIVASAN, Narasimhan. Buying or just browsing? The duration of purchase deliberation. **Journal of Marketing Research**, p. 393-402, Aug. 1994.

35. NARAYANA, Chem L.; MARKIN, Rom J. Consumer behavior and product performance: an alternative conceptualization. **Journal of Marketing**, p. 1-6, Oct. 1975. Veja: também COOPER, Lee G.; INOUE, Akihiro. Building market structures from consumer preferences. **Journal of Marketing Research**, 33, nº 3, p. 293-306, Aug. 1996; DESARBO, Wayne S.; JEDIDI, Kamel. The spatial representation of heterogeneous consideration sets. **Marketing Science**, 14, nº 3, p. 326-342, Summer 1995.

36. KRECH, David; CRUTCHFIELD, Richard S.; BALLACHEY, Egerton L. Chapter 2. In: ____, **Individual in society.** Nova York: McGraw-Hill, 1962.

37. Veja MCALISTER, Leigh. Choosing multiple items from a product class. **Journal of Consumer Research**, p. 213-224, Dec. 1979; GREEN, Paul E.; WIND, Yoram. **Multiattribute decisions in marketing:** a measurement approach. Hinsdale: Dryden, 1973. Capítulo 2; LUTZ, Richard J. The role of attitude theory in marketing. In: KASSARJIAN, H.; ROBERTSON, T. (eds.). **Perspectives in consumer behavior.** Lebanon: Scott Foresman, 1981. p. 317-339.

38. Esse modelo de expectativa em relação ao valor foi originalmente desenvolvido por: FISHBEIN, Martin. Attitudes and prediction of behavior. In: FISHBEIN, Martin (ed.). **Readings in attitude theory and measurement**. Nova York: Wiley, 1967. p. 477-492. Para uma análise crítica, veja: MINIARD, Paul W.; COHEN, Joel B. An examination of the Fishbein-Ajzen behavioral-intentions model's concepts and measures. **Journal of Experimental Social Psychology**, p. 309-339, May 1981.

39. SOLOMON, Michael R. **Consumer behavior:** buying, having, and being, 9.ed. Upper Saddle River: Prentice Hall, 2011.

40. SHETH, Jagdish N. An investigation of relationships among evaluative beliefs, affect, behavioral intention, and behavior. In: FARLEY, John U.; HOWARD, John A.; RING, L. Winston (eds.). **Consumer behavior:** theory and application. Boston: Allyn & Bacon, 1974. p. 89-114.

41. FISHBEIN, Martin. Attitudes and prediction of behavior. In: FISHBEIN, M. (ed.). **Readings in attitude theory and measurement**. Nova York: Wiley, 1967. p. 477-492.

42. CAMPBELL, Margaret C.; GOODSTEIN, Ronald C. The moderating effect of perceived risk on consumers' evaluations of product incongruity: preference for the norm. **Journal of Consumer Research**, p. 439-449, 28, Dec. 2001; DOWLING, Grahame R. Perceived risk. In: EARL, Peter E.; KEMP, Simon (eds.). **The Elgar companion to consumer research and economic psychology.** Cheltenham: Edward Elgar, 1999. p. 419-424; DOWLING, Grahame R. Perceived risk: the concept and its measurement. **Psychology and Marketing**, 3, p. 193-210, fall 1986; BETTMAN, James R. Perceived risk and its components: a model and empirical test. **Journal of Marketing Research**, 10, p. 184-190, May 1973; BAUER, Raymond A. Consumer behavior as risk taking. In: COX, Donald F. (ed.). **Risk taking and information handling in consumer behavior.** Boston: Division of Research, Harvard Business School, 1967.

43. HIRSCHMAN, Albert O. **Exit, voice, and loyalty.** Cambridge: Harvard University Press, 1970.

44. SAVITZ, Eric. EarthLink Q4 EPS beats; churn down; stock gains. **Barron's**, February 4, 2010; MCKAY, Lauren. EarthLink connects to a world of loyalty. **CRM Magazine**, p. 46, Dec. 2009; ABRAMS, Rhonda. Strategies: make customer retention priority nº 1. **USA Today**, May 29, 2009; KASSING, Jay. Increasing customer retention. **Financial Services Marketing**, p. 32, Mar./Apr. 2002.

45. Para uma visão geral de algumas questões envolvidas, veja: BETTMAN, James R.; LUCE, Mary Frances; PAYNE, John W. Constructive consumer choice processes. **Journal of Consumer Research**, 25, p. 187-217, Dec. 1998; e SIMONSON, Itamar. Getting closer to your customers by understanding how they make choices. **California Management Review**, 35, p. 68-84, Summer 1993. Para estudos clássicos na área, veja: ARIELY, Dan; CARMON, Ziv. Gestalt characteristics of experiences: the defining features of summarized events. **Journal of Behavioral Decision Making**, 13, nº 2, p. 191-201, Apr. 2000; Ravi Dhar e Klaus Wertenbroch, Consumer choice

between hedonic and utilitarian goods, **Journal of Marketing Research**, 37, p. 60-71, Feb. 2000; SIMONSON, Itamar; TVERSKY, Amos. Choice in context: tradeoff contrast and extremeness aversion, **Journal of Marketing Research**, 29, p. 281-295, Aug. 1992; SIMONSON, Itamar. The effects of purchase quantity and timing on variety-seeking behavior, **Journal of Marketing Research**, 27, p. 150-162, May 1990.

46. SCHIFFMAN, Leon; KANUK, Leslie. **Consumer behavior**, 10.ed. Upper Saddle River: Prentice Hall, 2010; HOYER, Wayne D.; MACINNIS, Deborah J. **Consumer behavior**, 5.ed. Cincinnati: South-Western College Publishing, 2009.

47. Para um ponto de vista prático da tomada de decisão do consumidor, veja: SIMONSON, Itamar. Get close to your customers by understanding how they make their choices. **California Management Review**, 35, p. 78-79, Summer 1993.

48. Veja THALER, Richard H. Mental accounting and consumer choice. **Marketing Science**, 4, nº 3, p. 199-214, Summer 1985; THALER, Richard. Mental accounting matters. **Journal of Behavioral Decision Making**, 12, nº 3, p. 183-206, Sep. 1999.

**PARTE 2:
Conectando-se
com os clientes**

capítulo **6**

Análise dos mercados organizacionais

Neste capítulo, abordaremos as seguintes questões:

1. O que é o mercado organizacional e como ele difere do mercado consumidor?
2. Com quais tipos de compra os compradores organizacionais se deparam?
3. Quem participa do processo de compra organizacional e como são tomadas as decisões?
4. Como as empresas podem construir relacionamentos sólidos com seus clientes organizacionais?

Administração de marketing na Oracle

Ao oferecer uma gama completa de produtos para satisfazer as necessidades de softwares dos clientes organizacionais, a Oracle se tornou uma usina de alta tecnologia. Conhecida originalmente por seus sistemas de gerenciamento de banco de dados, a Oracle gastou 30 bilhões de dólares nos últimos anos para adquirir 56 empresas, incluindo 7,4 bilhões para comprar a Sun Microsystems, dobrando sua receita para 24 bilhões de dólares e elevando muito o valor de suas ações no processo.

Para ser uma empresa completa para todos os tipos de clientes organizacionais, a Oracle procura oferecer a maior variedade de ofertas de software do setor. Ela também lançou o projeto Fusion, a fim de unificar suas diferentes aplicações de modo que os clientes possam colher os benefícios de consolidar muitas das suas necessidades de software com a Oracle. Embora o poder de mercado da empresa muitas vezes gere críticas e suscite preocupações regulatórias, diversos clientes antigos da Oracle gostam muito de seu histórico de inovação de produto e de seu foco na satisfação do cliente.[1]

Organizações como a Oracle não se limitam a vender; elas também compram vastas quantidades de matéria-prima, componentes manufaturados, equipamentos, suprimentos e serviços. Para gerar e captar valor, os vendedores precisam entender as necessidades, os recursos, as políticas e os procedimentos de compra dessas organizações. Neste capítulo, destacamos alguns dos principais elementos que os profissionais de marketing devem analisar nos mercados organizacionais.[2]

O que são compras organizacionais?

Frederick E. Webster Jr. e Yoram Wind definem **compra organizacional** como o processo de tomada de decisão por meio do qual organizações formais estabelecem a necessidade de adquirir produtos, bem como identificam, avaliam e escolhem as alternativas de marcas e fornecedores disponíveis.[3] As compras organizacionais ocorrem no mercado organizacional, que se diferencia do mercado consumidor de diversas maneiras.

Mercado organizacional *versus* mercado consumidor

O **mercado organizacional** consiste de todas as organizações que adquirem produtos utilizados na produção de outros produtos, os quais são vendidos, alugados ou fornecidos a terceiros. Os principais setores que compõem o mercado organizacional são: agricultura, exploração florestal e pesca; mineração; manufatura; construção civil; transporte; comunicação; serviços públicos; serviços bancários, financeiros e de seguros; distribuição; serviços. O Quadro 6.1 traz as características exclusivas dos mercados organizacionais.

Para um exemplo do mercado organizacional, considere o processo de produção e venda de um par de sapatos. Os matadouros vendem o couro cru para os curtumes; estes vendem o couro para os fabricantes de sapatos, que vendem os sapatos para os atacadistas; os atacadistas, por sua vez, vendem os sapatos para os varejistas que, finalmente, os vendem para os consumidores finais. Cada elo da cadeia de suprimento também compra muitos outros produtos para apoiar suas operações.

As empresas que atuam no mercado organizacional se deparam com muitos desafios enfrentados pelas organizações de bens de consumo. Em especial, entender seus clientes e o que eles valorizam é de suprema importância para ambas. Uma pesquisa com empresas líderes no mercado *business to business* (B2B) identificou outros importantes desafios: identificar novas oportunidades para crescimento empresarial orgânico, melhorar as técnicas e as ferramentas de gestão de valor e desenvolver melhores métricas para conferir o desempenho e avaliar os resultados de marketing.[4]

QUADRO 6.1 CARACTERÍSTICAS DOS MERCADOS ORGANIZACIONAIS.

Características	Descrição
Menos compradores, porém maiores	Os mercados organizacionais geralmente lidam com muito menos compradores do que os mercados consumidores. Esses compradores, contudo, são muito maiores.
Relacionamento próximo entre fornecedor e cliente	Como a base de clientes é menor e a importância e o poder deles são maiores, espera-se que os fornecedores customizem ofertas para as necessidades individuais dos clientes organizacionais.
Compra profissional	Compradores treinados seguem políticas, normas e exigências formais de compra. Muitos instrumentos de compra – como propostas e contratos – geralmente não são usados nas compras feitas por consumidores finais.
Diversas influências de compra	Muitas pessoas influenciam as decisões de compra organizacional. As empresas que atuam nesse mercado devem enviar equipes e representantes de vendas bem treinados para lidar com compradores também bem treinados e com comitês de compra.
Diversos contatos de vendas	Como mais pessoas estão envolvidas no processo, são necessários diversos contatos de vendas para conquistar a maioria dos pedidos organizacionais durante um ciclo de vendas frequentemente avaliado em anos.
Demanda derivada	A demanda por bens organizacionais é, em última instância, derivada da demanda por bens de consumo. Por essa razão, as empresas que atuam no mercado organizacional devem monitorar os padrões de compra dos consumidores finais.
Demanda inelástica	A demanda total por muitas ofertas organizacionais é inelástica, isto é, não é muito afetada por mudanças de preço, especialmente no curto prazo, porque os clientes não têm como fazer mudanças rápidas na produção.
Demanda flutuante	A demanda por produtos organizacionais tende a ser mais volátil do que a demanda por produtos de consumo. Um aumento na demanda do consumidor pode levar a um aumento muito maior na demanda por instalações e equipamentos necessários para gerar a produção adicional.
Concentração geográfica dos compradores	Mais da metade dos compradores organizacionais dos Estados Unidos está concentrada em sete estados: Nova York, Califórnia, Pensilvânia, Illinois, Ohio, Nova Jersey e Michigan.
Compra direta	Em geral, os compradores organizacionais compram diretamente dos fabricantes, em vez de por meio de intermediários. Isso ocorre, sobretudo, com itens que são tecnicamente complexos ou caros.

Mercados institucional e governamental

Além das empresas que visam ao lucro, o mercado organizacional total inclui organizações institucionais e governamentais. O *mercado institucional* consiste de escolas, hospitais, casas de repouso e outras instituições que oferecem produtos para pessoas sob sua responsabilidade. Muitas dessas organizações possuem baixo orçamento e clientela cativa.

Por exemplo: os hospitais precisam decidir que tipo de comida comprar para os pacientes. Nesse caso, o objetivo da compra não é o lucro, uma vez que a comida é parte do pacote total; também não é apenas a minimização do custo, já que uma comida ruim gerará reclamações e manchará a reputação do hospital. O hospital deve procurar fornecedores cuja qualidade atenda a um determinado padrão mínimo ou o supere e cujos preços sejam baixos. Sabendo disso, muitas empresas que fornecem comida estabelecem uma divisão de vendas separada para atender às necessidades especiais dos compradores institucionais. A Heinz fabrica, embala e precifica seu catchup de maneira diferente para atender às exigências de hospitais, universidades e presídios. A ARAMARK possui uma vantagem competitiva em seu mercado graças a suas práticas de compra e sua gestão da cadeia de suprimento.[5]

Na maioria dos países, os órgãos governamentais são os maiores compradores de produtos. O governo norte-americano é o maior cliente do mundo – ele compra, anualmente, produtos avaliados em mais de 220 bilhões de dólares. Embora a maior parte dos itens adquiridos custe entre 2.500 e 25 mil dólares, o governo também faz compras de bilhões, em geral de tecnologia. Os órgãos governamentais geralmente exigem que os fornecedores apresentem propostas e contratam aquele com o preço mais baixo. Às vezes, eles abrem exceções, contratando fornecedores pela qualidade superior ou pela reputação de pontualidade na entrega. Demonstrar experiência e sucesso em situações anteriores por meio de estudos de caso, principalmente com outros órgãos governamentais, pode influenciar a escolha.[6]

Situações de compra

O comprador organizacional se depara com muitas decisões na hora de realizar uma compra. A quantidade de decisões depende da complexidade do problema a ser resolvido, do nível de novidades no requerimento de compras, do número de pessoas envolvidas e do tempo exigido. Três tipos de situações de compra são: recompra simples, recompra modificada e nova tarefa.[7]

- *Recompra simples.* Na *recompra simples*, o departamento de compras encomenda, em uma base rotineira, suprimentos como produtos químicos e escolhe os fornecedores a partir de uma lista aprovada. Esses fornecedores se esforçam para manter a qualidade de seus produtos e, com frequência, oferecem sistemas de pedidos automáticos para economizar tempo. "Fornecedores alternativos" tentam oferecer algo novo ou explorar a insatisfação com um fornecedor atual. A meta deles é conquistar um pedido pequeno e, então, ao longo do tempo, aumentar sua participação nas compras.
- *Recompra modificada.* Na *recompra modificada*, o comprador quer mudar as especificações do produto, os preços, as exigências de entrega ou outros termos. Isso geralmente requer mais participantes de ambos os lados. Os fornecedores aprovados ficam tensos e precisam proteger a conta. Os fornecedores alternativos veem uma oportunidade de oferecer uma oferta melhor para conquistar algum negócio.

- *Nova tarefa.* Um comprador de nova tarefa adquire um produto pela primeira vez (um prédio de escritórios, um novo sistema de segurança). Quanto maior o custo ou o risco, maiores o número de participantes e a quantidade de informações coletadas – e mais demorada a decisão.[8]

O comprador organizacional toma menos decisões em situações de recompra simples e mais em situações de nova tarefa. Ao longo do tempo, as situações de nova tarefa se tornam recompras simples e o comportamento de compra começa a ser rotineiro.

A compra de nova tarefa passa por diversos estágios: conhecimento, interesse, avaliação, julgamento e adoção.[9] A mídia de massa pode ser importante no estágio inicial de conhecimento; geralmente, os vendedores causam maior impacto no estágio de interesse; e as fontes técnicas podem ser mais importantes no estágio de avaliação. Os esforços de vendas *on-line* podem ser úteis em todos os estágios. Na situação de nova tarefa, o comprador deve determinar as especificações do produto, os limites de preço, as condições e os prazos de entrega, as condições de serviço, as condições de pagamentos, as quantidades pedidas, os fornecedores aceitáveis e o fornecedor escolhido. Diferentes participantes influenciam cada decisão, e a ordem em que eles tomam as decisões pode variar.

Como esse processo de vendas é complicado, muitas empresas utilizam uma *força de vendas missionária* composta por seus melhores vendedores. A promessa de marca e o reconhecimento do nome de marca do fabricante são importantes para estabelecer confiança e estimular o cliente a cogitar uma mudança.[10] As empresas também tentam alcançar o maior número possível de influenciadores de compra, oferecendo informações úteis e assistência.

Compra e venda de sistemas

Muitos compradores organizacionais preferem adquirir uma solução completa para seus problemas de um único fornecedor. Chamada de *compra de sistemas*, essa prática teve início com compras governamentais de grandes sistemas de armamento e de comunicação. O governo solicitava orçamentos de *fornecedores primários* que, se ganhassem o contrato, ficavam responsáveis por cotar e montar os subcomponentes dos sistemas, adquiridos de *fornecedores secundários*. Com isso, o fornecedor primário oferecia uma solução *turnkey* (algo como uma solução de giro de chave) – assim chamada porque bastava o comprador girar uma chave para que seu trabalho estivesse pronto.

Os fornecedores cada vez mais reconhecem que os clientes gostam de comprar dessa maneira, e muitos têm adotado a venda de sistemas como uma ferramenta de marketing. Uma variante da venda de sistemas é a *contratação de sistemas*, em que um único fornecedor é responsável por todas as atividades de manutenção, reparo e operação. Os benefícios para os clientes vão desde a redução dos custos de compra e gerenciamento até a manutenção do preço durante a vigência do contrato. Os benefícios para o fornecedor incluem custos operacionais mais baixos graças à demanda regular e diminuição da burocracia.

As vendas de sistemas constituem uma importante estratégia de marketing na cotação para a construção de projetos industriais de larga escala, como sistemas de irrigação, sistemas de saneamento e mesmo novas cidades. As empresas de engenharia precisam competir com base em preço, qualidade, confiabilidade e outros atributos para conquistar contratos. Por exemplo: quando o governo da Indonésia solicitou cotações para construir uma fábrica de cimento perto de Jacarta, uma empresa norte-americana apresentou uma proposta que incluía a escolha do terreno, o projeto da fábrica, a contratação das equipes para a construção, a montagem de materiais e equipamentos e a entrega da fábrica concluída para o governo. A proposta de uma empresa japonesa incluía todos esses serviços mais a contratação e o treinamento de funcionários para tocar a fábrica, a exportação e a utilização do cimento para a construção de estradas e edifícios em Jacarta. Embora a proposta japonesa fosse mais cara, ela ganhou o contrato porque tinha uma visão mais ampla das necessidades dos clientes, que representa a verdadeira venda de sistemas.

Participantes do processo de compra organizacional

Quem compra os produtos avaliados em trilhões de dólares que são necessários para as organizações? Os compradores influenciam bastante as situações de recompra simples e recompra modificada, enquanto funcionários de outros departamentos influenciam mais situações de novas tarefas. Geralmente, os engenheiros exercem grande influência sobre a escolha dos componentes do produto, ao passo que os compradores dominam a seleção de fornecedores.[11]

O centro de compras

Frederic Webster e Yoram Wind denominam a unidade de tomada de decisões de uma organização compradora de *centro de compras*. Ele consiste de "todos os indivíduos e grupos que participam do processo de tomada de decisão de compra, que compartilham algumas metas e os riscos provenientes das decisões".[12] O centro de compras inclui todos os membros da organização que desempenham um dos sete papéis a seguir no processo de decisão de compra:

1. *Iniciadores*: usuários ou outros na organização que solicitam que algo seja comprado.
2. *Usuários*: aqueles que vão usar o produto. Em muitos casos, os usuários dão início à proposta de compra e ajudam a definir as exigências do produto.
3. *Influenciadores*: pessoas que influenciam a decisão de compra (em especial, a equipe técnica), ajudando a definir especificações e fornecendo informações para a avaliação das alternativas.
4. *Decisores*: pessoas que decidem sobre as exigências do produto ou os fornecedores.

5. *Aprovadores*: pessoas que autorizam as ações propostas pelos decisores ou compradores.
6. *Compradores*: pessoas que têm autoridade formal para selecionar o fornecedor e acertar as condições de compra. Os compradores podem ajudar a formatar as especificações do produto, mas seu principal papel consiste em escolher fornecedores e negociar. Em compras mais complexas, podem ser vistos entre os compradores gerentes de nível alto.
7. *Filtros internos*: pessoas, como compradores e recepcionistas, que podem evitar que vendedores ou informações cheguem até os membros do centro de compras.

Diversas pessoas podem exercer um determinado papel – pode haver vários usuários ou influenciadores –, e uma única pessoa pode desempenhar múltiplos papéis.[13] Um gerente de compras, em geral, desempenha simultaneamente os papéis de comprador, influenciador e filtro interno, determinando quais representantes de vendas podem contatar outras pessoas na organização; o orçamento e outras restrições para compras; e qual fornecedor de fato ficará com o negócio, embora outros (decisores) possam selecionar dois ou mais fornecedores potenciais que tenham condições de atender às exigências da empresa. O centro de compras normalmente possui no mínimo cinco ou seis membros, incluindo alguns que não fazem parte da organização, como funcionários do governo e conselheiros técnicos.

Influências no centro de compras

Os centros de compra geralmente possuem diversos participantes com diferentes interesses, autoridade, status e poder de persuasão e, muitas vezes, esses participantes possuem critérios de decisão muito diferentes. Os engenheiros podem querer maximizar o desempenho do produto; a equipe de produção pode querer facilidade de uso e confiabilidade dos suprimentos; a equipe financeira se concentra nos aspectos econômicos da compra; o departamento de compras pode se preocupar com os custos de operação e substituição; os representantes do sindicato podem enfatizar as questões de segurança.

Os compradores organizacionais também possuem motivações, percepções e preferências pessoais influenciadas por sua idade, renda, grau de instrução, cargo, personalidade, atitude diante do risco e cultura (para mais informações sobre como lidar com influências culturais no marketing de negócios internacionais, veja a seção "Habilidades em marketing", a seguir). Os compradores definitivamente possuem diferentes estilos de compra. Alguns conduzem rigorosas análises das propostas concorrentes antes de escolher um fornecedor. Outros, os "durões", são da antiga escola e jogam um concorrente contra o outro.

Webster alerta para o fato de que, em última instância, são os indivíduos, e não as organizações, que tomam as decisões de compra.[14] Os indivíduos são motivados por suas próprias necessidades e percepções na tentativa de maximizar as recompensas

Habilidades em marketing

Marketing intercultural

Além das diferenças na linguagem, os profissionais de marketing devem partir do princípio de que executivos provenientes de outras culturas possuem costumes, crenças, preferências e valores diferentes até, no mínimo, encontrarem similaridades entre a cultura deles e a sua própria cultura. Pesquise a outra cultura para entender como os compradores e os vendedores interagem e os protocolos sociais, pois em muitos países a construção do relacionamento é tão importante quanto o preço ou outros aspectos da oferta – ou até mais importante do que eles. Além disso, descubra como os executivos de outras culturas preferem se comunicar, com qual frequência eles querem ser contatados e como tomam decisões. E esteja pronto para respeitar essas diferenças ao longo do tempo em que durar o relacionamento.

Quando a Bell Performance, que tem sua base na Flórida, pensou em comercializar seus aditivos de combustível na Ásia, seu presidente estudou a etiqueta organizacional local antes de visitar a região. Ele descobriu, por exemplo, que, no Japão, deveria se apresentar primeiro ao principal executivo de uma empresa para depois cumprimentar os outros por ordem de status na empresa. Atenção a detalhes como esse, somada à linha de produtos e ao atendimento ao cliente, permitiu que a Bell Performance se expandisse para mais de 20 países. Hoje, 40% de sua receita é proveniente de vendas internacionais.[15]

(salário, adiantamento, reconhecimento, sensação de realização) oferecidas pela organização. As necessidades pessoais motivam seu comportamento, ao passo que as necessidades organizacionais legitimam o processo de compra e os seus resultados.

Assim, os vendedores solucionam, de fato, dois problemas de compra: o problema estratégico e econômico da organização e seus problemas pessoais relacionados à necessidade de recompensa e realização individuais. Nesse sentido, as decisões de compra industriais são tanto "racionais" como "emocionais" – elas atendem às necessidades das organizações e dos indivíduos.[16] À medida que reconhecem essas influências extrínsecas e interpessoais, mais empresas enfatizam o fortalecimento de sua marca corporativa.

Mirando empresas e centros de compras

O marketing B2B bem-sucedido exige que os profissionais da área saibam em quais tipos de empresas concentrar seus esforços de vendas, assim como em quem se concentrar no centro de compras. Encontrar segmentos de mercado com clientes potenciais de grande crescimento, clientes lucrativos e oportunidades promissoras é fundamental. Além disso, os profissionais de marketing devem se lembrar de que muitas transações B2B envolvem a compra de componentes ou ingredientes para produtos que as empresas vendem aos usuários finais.

Para mirar seus esforços de maneira apropriada, os profissionais de marketing que atuam no mercado organizacional precisam descobrir: quem são os principais participantes do processo decisório? Quais decisões eles influenciam? Qual o nível de influência deles? Quais critérios de avaliação utilizam? Pequenos fornecedores se concentram nos *influenciadores-chave da compra*. Grandes fornecedores praticam *vendas multinível em profundidade*, a fim de alcançar o maior número possível de participantes. Seus vendedores praticamente "vivem" com os clientes com grande volume de compras. As empresas precisam contar muito com seus programas de comunicação para atingir influências de compra escondidas e manter os clientes atuais informados.[17]

Estágios no processo de compra

Como identificado por Patrick J. Robinson et al. na estrutura da *grade de compras*, o processo de decisão de compra organizacional possui oito estágios chamados de *fases de compra* (veja o Quadro 6.2).[18] Nas situações de recompra simples e recompra modificada, alguns estágios são simplificados ou suprimidos. Por exemplo: nesses casos, o comprador geralmente possui um fornecedor favorito ou uma lista de fornecedores aprovados, podendo pular os estágios de busca por fornecedores e solicitação de propostas. Há algumas importantes considerações a fazer sobre cada um dos oito estágios.

QUADRO 6.2 ESTRUTURA DA GRADE DE COMPRAS: PRINCIPAIS ESTÁGIOS (FASES DE COMPRA) DO PROCESSO DE COMPRA ORGANIZACIONAL EM RELAÇÃO ÀS PRINCIPAIS SITUAÇÕES DE COMPRA (TIPOS DE COMPRA).

		Tipos de compra		
		Nova tarefa	Recompra modificada	Recompra simples
Fases de compra	1. Reconhecimento do problema	Sim	Talvez	Não
	2. Descrição geral da necessidade	Sim	Talvez	Não
	3. Especificação do produto	Sim	Sim	Sim
	4. Busca por fornecedores	Sim	Talvez	Não
	5. Solicitação de propostas	Sim	Talvez	Não
	6. Seleção do fornecedor	Sim	Talvez	Não
	7. Especificação do pedido de rotina	Sim	Talvez	Não
	8. Análise do desempenho	Sim	Sim	Sim

Fonte: adaptado de Patrick J. Johnson, Charles W. Farris e Yoram Wind, *Industrial buying and creative marketing*. Boston: Allyn & Bacon, 1967, p. 14.

Reconhecimento do problema

O processo de compra tem início quando alguém na empresa reconhece um problema ou uma necessidade que pode ser atendida com a aquisição de um produto. O reconhecimento pode ser desencadeado por estímulos internos ou externos. Estímulos internos incluem a decisão de desenvolver um novo produto, que exige novos equipamentos e materiais; a quebra de uma máquina, que requer novas peças; a decisão de procurar novos fornecedores, preços mais baixos ou melhor qualidade. Externamente, o comprador pode obter novas ideias em uma feira setorial, ver um anúncio, visitar um site ou receber uma ligação de um representante de vendas oferecendo um produto melhor ou mais barato. Os profissionais de marketing que atuam no mercado organizacional podem estimular o reconhecimento do problema por meio de mala direta, telemarketing, vendas pessoais e comunicações via Internet.

Descrição geral da necessidade e especificação do produto

Nesse estágio, o comprador determina as características gerais do item necessário e a quantidade requerida. No caso de itens padronizados, isso é simples. No caso de itens complexos, o comprador trabalhará com outras pessoas – engenheiros, usuários – para definir características como confiabilidade, durabilidade e preço. Profissionais de marketing organizacional podem ajudar descrevendo como seus produtos atendem às necessidades do comprador ou mesmo as superam.

Como próximo passo, a organização compradora elabora as especificações técnicas do item. Geralmente, a empresa designa para o projeto uma equipe de engenharia para análise produto/valor. A *análise produto/valor* é uma abordagem para reduzir os custos que estuda se, sem prejudicar o desempenho do produto, os componentes podem ser reprojetados ou padronizados, bem como se podem ser fabricados com métodos mais baratos de produção. Por exemplo: a equipe para análise produto/valor identificará componentes projetados além dos requisitos que duram mais do que o produto em si. Especificações detalhadas permitem que os compradores rejeitem componentes que sejam muito caros ou que não atendam aos padrões especificados. Os fornecedores podem utilizar a análise produto/valor como uma ferramenta para se posicionar a fim de conseguir uma conta.

Busca por fornecedores

Aqui, o comprador tenta identificar os fornecedores mais apropriados por meio de listas e catálogos comerciais, propagandas e feiras setoriais, contatos com outras empresas e Internet.[19] As empresas que compram pela Internet estão utilizando os mercados eletrônicos de diversas formas (veja o Quadro 6.3). Os sites estão organizados em *centros de negócios eletrônicos verticais* (plásticos, papel) e *centros de negócios eletrônicos funcionais* (compra de mídia, gerenciamento de energia).

Passar a utilizar o e-procurement significa mais do que adquirir um software – exige mudanças na estratégia e na estrutura de compras. Contudo, os benefícios são muitos: centralizar as compras de diversos departamentos possibilita descontos maiores por causa do volume, uma equipe de compras menor e menos compras de produtos fora do padrão de fornecedores que não fazem parte da lista de aprovados.

A tarefa do fornecedor consiste em assegurar que ele seja considerado quando os clientes estiverem no mercado procurando por fornecedores. Identificar bons *leads* e convertê-los em vendas requer que as áreas de marketing e vendas lancem mão de uma abordagem coordenada, multicanal, que seja uma conselheira confiável dos potenciais

QUADRO 6.3 MERCADOS ELETRÔNICOS PARA COMPRAS ORGANIZACIONAIS.

Sites de catálogo	As empresas podem pedir milhares de itens por meio de catálogos eletrônicos distribuídos por softwares de e-procurement, como o Grainger.
Mercados verticais	As empresas que compram produtos industriais (como plástico) ou serviços (como mídia) podem consultar sites especializados, como o Plastics.com.
Sites de leilão virtual	Os leilões *on-line* podem atender compradores e vendedores organizacionais do mundo inteiro. A Ritchie Bros. opera o site de leilões multilíngue rbauction.com, no qual empresas de vários países podem comprar e vender.
Mercados spot	Nos mercados spot eletrônicos, os preços mudam a cada minuto. A ChemConnect.com é uma bolsa de mercadorias *on-line* para compradores e vendedores de produtos químicos como benzina.
Negociações privadas	A Hewlett-Packard, a IBM e o Walmart conduzem negociações *on-line* privadas com grupos de fornecedores e parceiros especialmente convidados.
Mercados de permuta	Nesses mercados, os participantes negociam produtos organizacionais.
Alianças de compra	Muitas empresas que compram os mesmos produtos podem se unir para formar um consórcio e obter maiores descontos por causa de seu volume de compras. A TopSource é uma aliança de compra de empresas que atuam no setor de minimercados.

clientes. O marketing deve trabalhar em parceria com vendas para definir o que faz com que um cliente potencial esteja "pronto para comprar". Além disso, deve cooperar enviando as mensagens certas por meio de ligações, feiras setoriais, atividades *on-line*, relações públicas, eventos, mala direta e indicações.[20]

Os fornecedores que apresentarem capacidade de produção insuficiente ou possuírem reputação ruim serão rejeitados. Aqueles que se qualificarem poderão ser visitados por compradores, que examinarão as instalações e conhecerão a equipe. Após avaliar todas as empresas, a organização compradora terá uma pequena lista de fornecedores qualificados.

Solicitação de propostas

Nesse estágio, o comprador convida os fornecedores qualificados a submeterem propostas. Se o item for complexo ou caro, a proposta será escrita e detalhada. Após avaliar as propostas, o comprador pedirá a alguns poucos fornecedores que façam apresentações formais. Os profissionais de marketing que atuam no mercado organizacional precisam saber pesquisar, escrever e apresentar propostas que apresentem valor e benefícios do ponto de vista do cliente. As apresentações orais devem inspirar confiança e posicionar as competências da empresa de modo que elas se destaquem em relação à concorrência.

Seleção do fornecedor

Antes de selecionar um fornecedor, o centro de compras especificará e classificará os atributos que se deseja que ele tenha. Para desenvolver propostas de valor persuasivas, os profissionais de marketing organizacional precisam entender melhor como os compradores organizacionais realizam suas avaliações.[21] Pesquisadores que estudam como esses profissionais de marketing avaliam o valor para o cliente encontraram oito diferentes métodos de *avaliação do valor para o cliente*. As empresas tendem a utilizar os métodos mais simples, embora os mais sofisticados levem a um quadro mais preciso do valor percebido pelo cliente.

Apesar de estarem mais voltados para fornecimentos, parcerias e participações estratégicas em equipes multifuncionais, os compradores ainda gastam um bom tempo pechinchando com os fornecedores. Os profissionais de marketing podem responder às solicitações de preço mais baixo de diversas maneiras. Eles podem mostrar que, ao longo do ciclo de vida, o custo de utilizar seu produto é menor do que o de usar o dos concorrentes. Podem citar o valor dos serviços, especialmente se estes forem superiores em termos competitivos. Suporte de serviços e interações pessoais, assim como know-how e capacidade de reduzir o tempo de lançamento de produtos da empresa compradora, podem ser importantes diferenciais para atingir o status de fornecedor-chave.[22] Algumas empresas lidam com compradores orientados pelo preço estabelecendo um preço mais baixo e, ao mesmo tempo, condições restritivas, como (1) quantidades limitadas, (2) nada de reembolso, (3) nada de ajustes e (4) nada de serviços.[23]

As empresas estão cada vez mais reduzindo o número de fornecedores. Isso significa que um fornecedor selecionado será responsável por um sistema maior de componentes, terá que melhorar continuamente seu desempenho e sua qualidade e diminuirá, todos os anos, uma determinada porcentagem do preço. Espera-se também que ele trabalhe de perto com os clientes durante o desenvolvimento do produto. Há até mesmo uma tendência em utilizar um único fornecedor.

Especificação do pedido de rotina

Após selecionar os fornecedores, o comprador negocia o pedido final, relacionando as especificações técnicas, a quantidade necessária, o prazo de entrega desejado, as políticas de devolução e assim por diante. No caso de itens de manutenção, reparo e operação, os compradores estão preferindo contratos em aberto a pedidos de compra periódicos. Um contrato em aberto estabelece um relacionamento de longo prazo no qual o fornecedor promete reabastecer o comprador sempre que necessário, a preços já negociados, durante um determinado período de tempo. Como o vendedor mantém o estoque, os contratos em aberto são muitas vezes chamados de *planos de compra sem estoque*. O computador do comprador envia automaticamente um pedido para o vendedor sempre que a reposição é necessária. Isso dificulta a entrada de fornecedores alternativos, a menos que o comprador esteja insatisfeito com o preço, a qualidade ou o serviço.

As empresas que temem a escassez de materiais essenciais se dispõem a comprar e manter grandes estoques. Elas assinam contratos de fornecimento de longo prazo para garantir um fluxo contínuo de materiais. A DuPont, a Ford e muitas outras grandes empresas consideram o planejamento de suprimentos de longo prazo uma das principais responsabilidades de seus gerentes de compra. Os profissionais de marketing organizacional também estão estabelecendo extranets com clientes importantes para facilitar as transações e diminuir seus custos. Os clientes fazem seus pedidos, os quais são transmitidos automaticamente para o fornecedor. Algumas empresas vão além e transferem a responsabilidade por colocar o pedido para seus fornecedores, em sistemas chamados *estoque gerenciado pelo fornecedor* (*VMI* – do inglês *vendor managed inventory*). Esses fornecedores monitoram os níveis de estoque do cliente e assumem a responsabilidade por reabastecê-lo automaticamente por meio de *programas de reposição contínua*.

Análise do desempenho

O comprador analisa periodicamente o desempenho do(s) fornecedor(es) selecionado(s) usando um dos três métodos a seguir: ele pode contatar os usuários finais e pedir a eles uma avaliação; pode classificar o(s) fornecedor(es) de acordo com diversos critérios, usando um método de pesos ponderados; pode agregar o custo do baixo desempenho e obter custos de compra ajustados, incluindo o preço. A análise do desempenho pode levar o comprador a manter, modificar ou finalizar o relacionamento com o fornecedor.

Gestão do relacionamento com o cliente B2B

Para melhorar a eficácia e a eficiência, fornecedores e clientes do mercado organizacional estão explorando diversas formas de gerenciar seus relacionamentos.[24] Cultivar relacionamentos certos com empresas é algo imprescindível em qualquer programa de marketing holístico.

Benefícios da coordenação vertical

Muitas pesquisas defendem uma maior coordenação vertical entre compradores e vendedores, de modo que eles possam ir além das transações, engajando-se em atividades que gerem mais valor para ambas as partes.[25] Confiança é um dos pré-requisitos para relacionamentos de longo prazo saudáveis (veja a seção "Insight de marketing", a seguir). O conhecimento que é específico e relevante para um parceiro é também um fator importante na força dos laços que unem as empresas.[26]

Uma série de forças influencia o desenvolvimento de um relacionamento entre os parceiros de negócios.[27] Quatro fatores relevantes são: disponibilidade de alternativas, importância do produto, complexidade do produto e dinamismo do mercado do produto. Com base nisso, podemos classificar o relacionamento entre comprador e vendedor em oito categorias:[28]

1. *Compra e venda básica:* são trocas simples, rotineiras, com níveis moderados de cooperação e troca de informações.

2. *Compra e venda com poucas informações:* esses relacionamentos requerem mais adaptação por parte do vendedor e menos cooperação e troca de informações.
3. *Transação contratual:* essas trocas são definidas por contratos formais e, em geral, possuem níveis mais baixos de confiança, cooperação e interação.
4. *Fornecimento para o cliente:* nessa situação tradicional de fornecimento, a concorrência é a forma dominante de governança, e não a cooperação.
5. *Sistemas cooperativos:* os parceiros estão ligados no âmbito operacional, mas não demonstram nenhum compromisso estrutural por meios legais ou adaptações.
6. *Colaboração:* nas trocas em que há colaboração, muita confiança e compromisso levam a uma verdadeira parceria.
7. *Adaptação mútua:* compradores e vendedores fazem muitas adaptações específicas para o relacionamento, mas sem necessariamente estabelecer uma forte confiança ou cooperação.
8. *O cliente é o rei:* o fornecedor se adapta para atender às necessidades do cliente sem esperar muita adaptação ou mudança em troca.

Insight de marketing

Estabelecendo confiança, credibilidade e reputação corporativas

A *credibilidade corporativa* – o grau em que os clientes acreditam que uma empresa pode projetar e entregar ofertas que satisfaçam suas necessidades e seus desejos – depende de três fatores:

- *Competência corporativa:* até que ponto a empresa é vista como capaz de fazer, vender e entregar suas ofertas.
- *Confiabilidade corporativa:* até que ponto a empresa é vista como honesta, confiável e sensível às necessidades do cliente.
- *Atratividade corporativa:* até que ponto a empresa é vista como amistosa, atraente, de prestígio e assim por diante.

A *confiança* – a disposição da empresa em confiar em um parceiro de negócios – depende de fatores como competência, integridade, honestidade e benevolência percebidas. A construção de confiança pode ser difícil em ambientes *on-line*, e as empresas geralmente impõem mais restrições aos parceiros de negócios virtuais do que aos outros. A preocupação dos compradores organizacionais é que os produtos não sejam entregues com a qualidade desejada, no lugar certo e dentro do prazo. Já a preocupação dos fornecedores é não receber em dia e oferecer mais crédito do que deveriam. Com o tempo, à medida que empresas compradoras e fornecedoras trabalham juntas, elas constroem confiança e fortalecem seu relacionamento para benefício mútuo.

Fontes: Bob Violino, "Building B2B trust", *Computerworld*, 17 jun. 2002, p. 32; Richard E. Plank, David A. Reid e Ellen Bolman Pullins, "Perceived trust in business-to-business sales: a new measure", *Journal of Personal Selling and Sales Management*, 19, nº 3, verão 1999, p. 61-72; Kevin Lane Keller e David A. Aaker, "Corporate-level marketing: the impact of credibility on a company's brand extensions", *Corporate Reputation Review*, 1, ago. 1998, p. 356-378; Robert M. Morgan e Shelby D. Hunt, "The commitment–trust theory of relationship marketing", *Journal of Marketing*, 58, nº 3, jul. 1994, p. 20-38; Christine Moorman, Rohit Deshpande e Gerald Zaltman, "Factors affecting trust in market research relationships", *Journal of Marketing*, 57, jan. 1993, p. 81-101; Glen Urban, *Where are you positioned on the trust dimensions? Don't just relate-advocate: a blueprint for profit in the era of customer power*. Upper Saddle River: Pearson Education/Wharton School Publishers, 2005.

Ao longo do tempo, contudo, os papéis no relacionamento podem mudar ou ser ativados sob diferentes circunstâncias.[29] Algumas necessidades podem ser satisfeitas com um desempenho razoavelmente básico do fornecedor. Nesses casos, os compradores podem não querer e nem requisitar um relacionamento próximo com ele. Da mesma maneira, alguns fornecedores podem não achar vantajoso investir em clientes com potencial limitado de crescimento.

Relacionamentos organizacionais: riscos e oportunismo

O estabelecimento do relacionamento entre cliente e fornecedor gera uma tensão entre salvaguarda (garantir soluções previsíveis) e adaptação (levar em conta a flexibilidade para eventos não previstos). A coordenação vertical pode facilitar a construção de vínculos mais fortes entre cliente e fornecedor, mas, ao mesmo tempo, pode aumentar o risco de investimentos específicos para ambos. *Investimentos específicos* são aqueles gastos feitos especialmente para uma determinada empresa ou um parceiro na cadeia de valor (investimentos em treinamento, equipamento e procedimentos ou sistemas de operação específicos da empresa).[30] Eles ajudam as empresas a aumentar seus lucros e a atingir o posicionamento desejado.[31]

No entanto, investimentos específicos envolvem considerável risco tanto para o cliente como para o fornecedor. A teoria econômica do custo de transação defende que, como esses investimentos são parcialmente irrecuperáveis, eles prendem as empresas no relacionamento. Informações sigilosas sobre custos e processos podem precisar ser trocadas. O comprador pode ter que aguentar muitas coisas por conta dos custos de mudança; o fornecedor pode ficar vulnerável por ter colocado em jogo ativos e/ou tecnologia/conhecimento.

Quando os compradores não conseguem monitorar com facilidade o desempenho do fornecedor, este pode esquivar-se da obrigação ou trapacear, não entregando o valor esperado. *Oportunismo* é "uma forma de trapaça ou ineficiência relativa a um contrato implícito ou explícito".[32] Ele diz respeito a interesses próprios ou distorções deliberadas que violam acordos contratuais. Uma forma mais passiva de oportunismo consiste em se recusar a se adaptar a novas circunstâncias ou relutar em fazê-lo.

O oportunismo é um problema, uma vez que obriga as empresas a empregar recursos que poderiam ser usados para fins mais lucrativos em controle e monitoramento. Os contratos podem ficar inadequados para administrar transações quando o oportunismo se torna difícil de detectar, quando as empresas fazem investimentos específicos em ativos que não podem ser usados para outra finalidade e quando é difícil antecipar contingências. Um fornecedor com boa reputação tentará evitar o oportunismo para proteger esse valioso ativo. Por fim, para iniciar e fortalecer relacionamentos com clientes B2B, empresas de sucesso estão redesenhando seus sites, melhorando os resultados de busca, trocando e-mails, entrando em mídias sociais e lançando Webnairs (seminários *on-line*) e *podcasts*.

Resumo

Compra organizacional é o processo de tomada de decisão por meio do qual organizações formais estabelecem a necessidade de adquirir produtos, bem como identificam, avaliam e escolhem as alternativas de marcas e fornecedores disponíveis. O mercado organizacional consiste de todas as organizações que adquirem produtos utilizados na produção de outros produtos, os quais são vendidos, alugados ou fornecidos a terceiros. O mercado institucional consiste de escolas e outras instituições que oferecem produtos para pessoas sob sua responsabilidade. Os órgãos governamentais também são grandes compradores de produtos. Comparado ao mercado consumidor, o mercado organizacional possui menos, porém maiores compradores, cultiva um relacionamento mais próximo entre cliente e fornecedor e seus compradores são mais geograficamente concentrados. No mercado organizacional, a demanda é derivada da demanda no mercado consumidor e flutua de acordo com o ciclo dos negócios.

Os três tipos de situações de compra são: recompra simples, recompra modificada e nova tarefa. O centro de compras consiste de iniciadores, usuários, influenciadores, decisores, aprovadores, compradores e filtros internos. Para influenciar esses elementos, os profissionais de marketing precisam estar cientes dos fatores ambientais, organizacionais, interpessoais e individuais. O processo de compras é composto por oito fases: (1) reconhecimento do problema, (2) descrição geral da necessidade, (3) especificação do produto, (4) busca por fornecedores, (5) solicitação de propostas, (6) seleção do fornecedor, (7) especificação do pedido de rotina e (8) análise do desempenho. As empresas que atuam no mercado organizacional devem estabelecer forte relacionamento com seus clientes e oferecer valor agregado.

Notas

1. KANARACUS, Chris. Oracle gearing up for more purchases. **BusinessWeek**, July 13, 2010. Disponível em: <http://www.businessweek.com> Acesso em; LASHINSKY, Adam. The enforcer. **Fortune**, p. 117--24, September 28, 2009; HAMM, Steve. Oracle faces its toughest deal yet. **BusinessWeek**, p. 24, May 4, 2009; HAMM, Steve; RICADELA, Aaron. Oracle has customers over a barrel. **BusinessWeek**, p. 52-55, September 21, 2009.
2. Para uma análise abrangente, veja: ANDERSON, James C.; NARUS, James A. **Business market management:** understanding, creating, and delivering value, 3.ed. Upper Saddle River: Prentice Hall, 2009.
3. WEBSTER JR., Frederick E.; WIND, Yoram. **Organizational buying behavior**. Upper Saddle River: Prentice Hall, 1972. p. 2. Para uma análise da recente literatura acadêmica sobre o tópico, veja: HÅKANSSON, Håkan; SNEHOTA, Ivan. Marketing in business markets. In: WEITZ, Bart; WENSLEY, Robin (eds.). **Handbook of marketing**. London: Sage Publications, 2002. p. 513-26; GLYNN, Mark; WOODSIDE, Arch (eds.). **Business-to-business brand management:** theory, research, and executive case study exercises in advances in business marketing & purchasing, v. 15. Bingley: Emerald Group Publishing, 2009.
4. B-TO-B marketing trends 2010, **Institute for the Study of Business Markets**. Disponível em: <http://isbm.smeal.psu.edu>. Acesso em: 9 dez. 2010.
5. KING, Paul. Purchasing: keener competition requires thinking outside the box. **Nation's Restaurant News**, p. 87, August 18, 2003.
6. GORMLEY, Bill. The U.S. government can be your lifelong customer. **Washington Business Journal**, 23 jan. 2009; WARREN, Chris. How to sell to Uncle Sam. **BNET Crash Course**. Disponível em: <www.bnet.com>. Acesso em: 9 dez. 2010.
7. ROBINSON, Patrick J.; FARIS, Charles W.; WIND, Yoram. **Industrial buying and creative marketing**. Boston: Allyn & Bacon, 1967.
8. BUNN, Michele D. Taxonomy of buying decision approaches. **Journal of Marketing**, 57, p. 38-56, Jan. 1993; MCQUISTON, Daniel H. Novelty, complexity, and importance as causal determinants of industrial buyer behavior. **Journal of Marketing**, p. 66-79, Apr. 1989; DOYLE, Peter; WOODSIDE, Arch G.; MITCHELL, Paul. Organizational buying in new task and rebuy situations. **Industrial Marketing Management**, p. 7-11, Feb. 1979.

9. OZANNE, Urban B.; CHURCHILL JR., Gilbert A. Five dimensions of the industrial adoption process. **Journal of Marketing Research**, p. 322-28, Aug. 1971.
10. Para mais informações sobre branding B2B, veja: KOTLER, Philip; PFOERTSCH, Waldemar. **B2B brand management**. Berlim: Springer, 2006.
11. LEWIN, Jeffrey E.; DONTHU, Naveen. The influence of purchase situation on buying center structure and involvement: a select meta-analysis of organizational buying behavior research. **Journal of Business Research**, 58, p. 1381-1390, Oct. 2005; VENKATESH, R.; KOHLI, Ajay K. Influence strategies in buying centers. **Journal of Marketing**, 59, p. 71-82, Oct. 1995; JACKSON JR., Donald W.; KEITH, Janet E.; BURDICK, Richard K. Purchasing agents' perceptions of industrial buying center influence. **Journal of Marketing**, p. 75-83, fall 1984.
12. WEBSTER JR., Frederick E.; WIND, Yoram. **Organizational buying behavior**. Upper Saddle River: Prentice Hall, 1972. p. 6.
13. ANDERSON, James C.; NARUS, James A. **Business market management**: understanding, creating, and delivering value, 3.ed. Upper Saddle River: Prentice Hall, 2009; WEBSTER JR., Frederick E.; WIND, Yoram. A general model for understanding organizational buying behavior. **Journal of Marketing**, 36, p. 12-19, Apr. 1972; WEBSTER JR., Frederick E.; WIND, Yoram. **Organizational buying behavior**. Upper Saddle River: Prentice Hall, 1972.
14. WEBSTER JR., Frederick E.; KELLER, Kevin Lane. A roadmap for branding in industrial markets. **Journal of Brand Management**, p. 388-402, May 11, 2004.
15. BANNAN, Karen J. Going global with e-mail marketing. **BtoB**, July 22, 2010; MOUNT, Ian. Tips for increasing sales in international markets. **New York Times**, p. B7, April 22, 2010; CUMMINGS, Betsy. Selling around the world. **Sales & Marketing Management**, p. 70, May 2001; COAST, Rhonda. Understanding cultural differences is a priority. **Pittsburgh Business Times**, p. 13, February 11, 2000.
16. WARD, Scott; WEBSTER JR., Frederick E. Organizational buying behavior. In: ROBERTSON, Tom; KASSARJIAN, Hal (eds.). **Handbook of consumer behavior**. Upper Saddle River: Prentice Hall, 1991. Capítulo 12. p. 419-458.
17. WEBSTER JR., Frederick E.; WIND, Yoram. **Organizational buying behavior**. Upper Saddle River: Prentice Hall, 1972. p. 6.
18. ROBINSON, Patrick J.; FARIS, Charles W.; WIND, Yoram. **Industrial buying and creative marketing**. Boston: Allyn & Bacon, 1967.
19. GREWAL, Rajdeep; COMER, James M.; MEHTA, Raj. An investigation into the antecedents of organizational participation in business-to-business electronic markets. **Journal of Marketing**, p. 17-33, 65, July 2001.
20. CARROLL, Brian J. **Lead generation for the complex sale**. Nova York: McGraw-Hill, 2006.
21. FLINT, Daniel J.; WOODRUFF, Robert B.; GARDIAL, Sarah Fisher. Exploring the phenomenon of customers' desired value change in a business-to-business context. **Journal of Marketing**, 66, p. 102-117, Oct. 2002.
22. ULAGA, Wolfgang; EGGERT, Andreas. Value-based differentiation in business relationships: gaining and sustaining key supplier status. **Journal of Marketing**, 70, p. 119-136, Jan. 2006.
23. KUMAR, Nirmalya. **Marketing as strategy**: understanding the CEO's agenda for driving growth and innovation. Boston: Harvard Business School Press, 2004.
24. Para materiais-base, veja: RINEHART, Lloyd M.; ECKERT, James A.; HANDFIELD, Robert B.; PAGE JR., Thomas J.; ATKIN, Thomas. An assessment of buyer–seller relationships. **Journal of Business Logistics**, 25, nº 1, p. 25-62, 2004; DWYER, F. Robert; SCHURR, Paul; OH, Sejo. Developing buyer–supplier relationships. **Journal of Marketing**, 51, p. 11-28, Apr. 1987; JACKSON, Barbara Bund. **Winning & keeping industrial customers**: the dynamics of customer relations. Lexington: Heath, 1985.
25. NARAYANDAS, Das; RANGAN, V. Kasturi. Building and sustaining buyer–seller relationships in mature industrial markets. **Journal of Marketing**, 68, p. 63-77, July 2004.
26. PALMATIER, Robert W.; DANT, Rajiv P.; GREWAL, Dhruv; EVANS, Kenneth R. Factors influencing the effectiveness of relationship marketing: a meta-analysis. **Journal of Marketing**, 70, p. 136-153, Oct. 2006, ; JOHNSON, Jean L.; SOHLI, Ravipreet S.; GREWAL, Rajdeep. The role of relational knowledge stores in interfirm partnering. **Journal of Marketing**, 68, p. 21-36, July 2004; SELNES, Fred; SALLIS, James. Promoting relationship learning. **Journal of Marketing**, 67, p. 80-95, July 2003; DONEY, Patricia M.; CANNON, Joseph P. An examination of the nature of trust in buyer–seller relationships. **Journal of Marketing**, 61, p. 35-51, Apr. 1997; GANESAN, Shankar. Determinants of long-term orientation in buyer–seller relationships. **Journal of Marketing**, 58, p. 1-19, Apr. 1994.
27. KEEP, William W.; HOLLANDER, Stanley C.; DICKINSON, Roger. Forces impinging on long-term business-to-business relationships in the United States: an historical perspective. **Journal of Marketing**, 62, p. 31-45, Apr. 1998.
28. CANNON, Joseph P.; PERREAULT JR.; William D. Buyer–seller relationships in business markets. **Journal of Marketing Research**, 36, p. 439-460, Nov. 1999.
29. HEIDE, Jan B.; WAHNE, Kenneth H. Friends, businesspeople, and relationship roles: a conceptual framework and research agenda. **Journal of Marketing**, 70, p. 90-103, July 2006.
30. ROKKAN, Akesel I.; HEIDE, Jan B.; WATHNE, Kenneth H. Specific investment in marketing relation-

ships: expropriation and bonding effects. **Journal of Marketing Research**, 40, p. 210-24, May 2003.
31. WATHNE, Kenneth H.; HEIDE, Jan B. Relationship governance in a supply chain network. **Journal of Marketing**, 68, p. 73-89, Jan. 2004; BOWMAN, Douglas; NARAYANDAS, Das. Linking customer management effort to customer profitability in business markets. **Journal of Marketing Research**, 61, p. 433-447, Nov. 2004; GHOSH, Mrinal; JOHN, George. Governance value analysis and marketing strategy. **Journal of Marketing**, 63, p. 131-45, 1999.
32. WATHNE, Kenneth H.; HEIDE, Jan B. Opportunism in interfirm relationships: forms, outcomes, and solutions. **Journal of Marketing**, 64, p. 36-51, Oct. 2000.

**PARTE 2:
Conectando-se
com os clientes**

capítulo **7**

Identificação de segmentos de mercado e públicos-alvo

Neste capítulo, abordaremos as seguintes questões:

1. Como uma empresa pode dividir um mercado consumidor ou organizacional em segmentos?
2. Como uma empresa deve escolher os segmentos de mercado mais atrativos?
3. Quais são os diferentes níveis de segmentação de mercado?

Administração de marketing no Club Med

Uma das mais famosas marcas de viagem de lazer do mundo, o francês Club Méditerranée, mais conhecido como Club Med, voltou-se para diferentes grupos de clientes ao longo dos anos. Fundado em 1950, o Club Med foi o primeiro a apostar em resorts *all-inclusive*, utilizando locais exóticos e acomodações simples para atrair solteiros, jovens casais e outros à procura de mar, areia e bons momentos. Mais tarde, o Club Med passou a trabalhar com serviços e locais de resort voltados para a família, com programas que iam desde aulas de trapézio até atividades corporais para esquiar na neve.

Hoje o Club Med opera em mais de 40 países. Depois da recente recessão, a empresa se reestruturou e investiu centenas de milhões de dólares para se reposicionar e atrair clientes mais ricos, construindo uma imagem mais sofisticada. Para celebrar seu sexagésimo aniversário, a empresa lançou uma nova campanha de comunicação, apoiada por marketing *on-line*, que proclamava que o Club Med era "onde a felicidade significava o mundo". Em breve, a empresa abrirá uma série de resorts na China, voltando-se para ricos viajantes nesse mercado em rápido crescimento.[1]

O marketing de mercado-alvo, que o Club Med está usando, exige que os profissionais de marketing (1) identifiquem e tracem o perfil de diferentes grupos de compradores que diferem em suas necessidades e seus desejos (segmentação de mercado), (2) escolham um ou mais segmentos de mercado para ingressar (seleção de mercado-alvo), (3) determinem e divulguem o(s) benefício(s) diferenciador(es) da oferta para cada segmento-alvo (posicionamento de mercado). Este capítulo se concentra nos dois primeiros itens. O Capítulo 9 aborda a questão do posicionamento e das dinâmicas competitivas.

Bases para a segmentação de mercados consumidores

A segmentação de mercado divide o mercado em fatias bem definidas. Um *segmento de mercado* consiste em um grupo de clientes que compartilham um conjunto similar de necessidades e desejos. A tarefa do profissional de marketing é identificar a quantidade de segmentos de mercado e sua natureza, decidindo, então, em qual (ou quais) se concentrar.

Utilizamos dois amplos grupos de variáveis para segmentar mercados consumidores. Alguns pesquisadores tentam definir segmentos analisando características descritivas: geográficas, demográficas e psicográficas. Feito isso, eles verificam se os segmentos de clientes possuem necessidades diversas ou reagem de maneira diferente ao produto. Outros pesquisadores tentam definir os segmentos analisando questões comportamentais, como as reações do consumidor em relação aos benefícios, às ocasiões de uso ou às marcas. Eles, então, verificam se existem características distintas que estejam associadas a cada segmento de resposta do consumidor.

Independentemente do tipo de segmentação utilizada, o importante é ajustar o programa de marketing para reconhecer diferenças entre os clientes. As principais variáveis de segmentação – geográficas, demográficas, psicográficas e comportamentais – estão resumidas no Quadro 7.1.

Segmentação geográfica

A segmentação geográfica divide o mercado em unidades geográficas, como nações, estados, regiões, cidades ou bairros. A empresa pode operar em uma ou algumas áreas; pode operar também em todas elas, prestando atenção às variações locais. Dessa maneira, a empresa pode desenvolver programas de marketing sob medida para as necessidades e os desejos de grupos de clientes de determinadas áreas de comércio, bairros ou mesmo lojas. Em uma tendência crescente chamada *marketing na base*, essas atividades se concentram em se tornar o mais próximo e relevante possível para cada cliente.

QUADRO 7.1 PRINCIPAIS VARIÁVEIS DE SEGMENTAÇÃO PARA MERCADOS CONSUMIDORES.

Geográficas	
Região	Montanhas do Pacífico, Centro-Norte Ocidental, Centro-Sul Ocidental, Centro-Norte Oriental, Centro-Sul Oriental, Atlântico-Sul, Atlântico Setentrional, Nova Inglaterra.
Porte da cidade ou região metropolitana	Menos de 5 mil; de 5 mil a 20 mil; de 20 mil a 50 mil; de 50 mil a 100 mil; de 100 mil a 250 mil; de 250 mil a 500 mil; de 500 mil a 1 milhão; de 1 milhão a 4 milhões; acima de 4 milhões.
Densidade	Urbana, suburbana, rural.
Área	Norte, sul.
Demográficas	
Idade	Abaixo de 6 anos; de 6 a 11 anos; de 12 a 17 anos; de 18 a 34 anos; de 35 a 49 anos; de 50 a 64 anos; 65 anos ou mais.
Tamanho da família	De 1 a 2 membros; de 3 a 4 membros; 5 membros ou mais.
Ciclo de vida da família	Jovem, solteiro; jovem, casado, sem filhos; jovem, casado, filho mais novo com menos de 6 anos; jovem, casado, filho mais novo com 6 anos ou mais; adulto, casado, com filhos; adulto, casado, sem filhos com menos de 18 anos; adulto, solteiro; outros.
Sexo	Masculino, feminino.
Renda	Menos de 10 mil; de 10 a 15 mil; de 15 a 20 mil; de 20 a 30 mil; de 30 a 50 mil; de 50 a 100 mil; acima de 100 mil (por ano).
Ocupação	Profissionais e técnicos; gerentes, funcionários públicos e empresários; funcionários de vendas que atuam internamente; artesãos; supervisores; operadores; agricultores; aposentados; estudantes; donas de casa; desempregados.
Grau de instrução	Ensino fundamental completo ou menos; ensino médio incompleto; ensino médio completo; ensino superior incompleto; ensino superior completo.
Religião	Católica, protestante, judaica, muçulmana, hindu e outras.
Raça	Branca, negra, amarela, vermelha.
Geração	Geração silenciosa, geração dos *baby-boomers*, geração X, geração Y.
Nacionalidade	Norte-americana, latino-americana, britânica, francesa, alemã, italiana, chinesa, indiana, japonesa.
Classe social	Baixa, baixa-alta, média-baixa, média, média-alta, alta, alta-alta.
Psicográficas	
Estilo de vida	Orientado para a cultura, orientado para esportes, orientado para atividades ao ar livre.
Personalidade	Compulsiva, gregária, autoritária, ambiciosa.
Comportamentais	
Ocasiões	Ocasião comum, ocasião especial.
Benefícios	Qualidade, serviço, economia, rapidez.
Status do usuário	Não usuário, ex-usuário, usuário potencial, usuário iniciante, usuário regular.
Índice de uso	*Light user, medium user* e *heavy user.*
Status de fidelidade	Nenhuma, média, forte, absoluta.
Estágio de disposição	Desconhece, conhece, informado, interessado, desejoso, pretende comprar.
Atitude em relação ao produto	Entusiasmada, positiva, indiferente, negativa, hostil.

Cada vez mais, marketing regional significa marketing dirigido a um código postal específico.[2] Algumas abordagens combinam dados geográficos e demográficos, obtendo descrições mais detalhadas dos consumidores e dos bairros. A Nielsen Claritas desenvolveu uma abordagem chamada PRIZM (*potencial rating index by zip markets* – índice de classificação de potencial de mercado dividido por código postal), que classifica mais de meio milhão de bairros residenciais norte-americanos em 14 grupos e 66 segmentos de estilo de vida denominados agrupamentos PRIZM.[3] Esses agrupamentos levam em conta 39 fatores em cinco amplas categorias: (1) grau de instrução e nível de renda; (2) ciclo de vida da família; (3) urbanização; (4) raça e etnia; (5) mobilidade social. Os grupos recebem títulos descritivos, como *mansões de sangue azul*, *jovens especialistas em tecnologia*, *aposentados da cidade natal* e *pessoal do interior*. Os membros de cada grupo tendem não apenas a levar uma vida semelhante, mas também a dirigir carros, ter empregos e ler revistas parecidas.

Segmentação demográfica

Na segmentação demográfica, dividimos o mercado usando variáveis como: idade, tamanho da família, ciclo de vida da família, sexo, renda, ocupação, grau de instrução, religião, raça, geração, nacionalidade e classe social. As variáveis demográficas são populares entre os profissionais de marketing por estarem frequentemente associadas às necessidades e aos desejos dos consumidores e por serem fáceis de mensurar. Mesmo quando descrevemos o mercado-alvo em termos não demográficos (quando o fazemos por tipo de personalidade, por exemplo), podemos ter que recorrer às características demográficas a fim de estimar o tamanho do mercado e definir a mídia que deve ser usada para alcançá-lo.

Eis como os profissionais de marketing têm usado algumas variáveis demográficas para segmentar os mercados:

- *Idade e estágio no ciclo de vida*. Os desejos e as habilidades do consumidor mudam com sua idade. Marcas de creme dental, como a Crest, oferecem três principais linhas de produto: uma voltada para crianças, outra para adultos e outra para pessoas mais velhas. A segmentação por idade pode ser ainda mais refinada. A Pampers divide seu mercado em pré-natais, recém-nascidos (zero a cinco meses), bebês (seis a 12 meses), crianças (13 a 23 meses) e crianças pré-escolares (com mais de 24 meses). Contudo, idade e ciclo de vida podem ser variáveis capciosas.[4]
- *Fase da vida*. Pessoas no mesmo estágio no ciclo de vida podem estar em diferentes fases da vida. A **fase da vida** define a maior preocupação, naquele momento, de uma pessoa, que pode estar passando por um divórcio, entrando em um segundo casamento, cuidando dos pais, decidindo morar com outra pessoa, decidindo comprar uma casa e assim por diante. Essas fases da vida representam oportunidades

para os profissionais de marketing, que podem ajudar as pessoas a lidar com suas grandes preocupações.

- *Gênero.* Homens e mulheres têm atitudes diferentes e se comportam de maneira diferente devido, em parte, à constituição genética e, em parte, à socialização.[5] Por exemplo: geralmente, os homens precisam ser convidados a tocar um produto, ao passo que as mulheres são mais propensas a pegá-lo sem necessidade de estímulo. Muitos homens gostam de ler informações sobre o produto, já as mulheres costumam se relacionar com ele em um nível mais pessoal.[6] Na hora de comprar um carro, as mulheres se preocupam mais do que os homens com o impacto ambiental, o design interno e as características que ajudam os motoristas a sobreviver a um acidente, e não a evitá-lo.[7]

- *Renda.* A segmentação por renda é normalmente usada em categorias como automóveis, roupas, cosméticos, serviços financeiros e viagens. Contudo, a renda nem sempre aponta o melhor cliente para o produto. Muitos profissionais de marketing estão deliberadamente indo atrás de grupos de renda mais baixa, deparando-se, muitas vezes, com menos pressões competitivas e mais fidelidade por parte do consumidor.[8] Cada vez mais as empresas estão descobrindo que seus mercados são como uma ampulheta, à medida que os consumidores de classe média migram tanto para produtos de desconto como para produtos premium.[9]

- *Geração.* Toda geração é profundamente influenciada pela época em que cresceu – pelas músicas, filmes, políticas e eventos daquele período. O Quadro 7.2 traz as quatro principais gerações norte-americanas.[10] Geralmente, nas propagandas que fazem visando a uma geração, os profissionais de marketing usam ícones e imagens importantes em suas experiências compartilhadas. As empresas também tentam desenvolver ofertas e abordagens de marketing que se encaixem aos interesses e às preferências da geração-alvo. Por exemplo, muitos membros da geração Y não gostam de táticas de venda "agressivas". Assim, alguns profissionais de marketing usam burburinho *on-line*, esportes não convencionais e outras mídias que fogem do tradicional para alcançá-los e persuadi-los.[11]

- *Raça e cultura. Marketing multicultural* é uma abordagem que reconhece que diferentes segmentos étnicos e culturais possuem necessidades e desejos suficientemente diferenciados para requerer atividades de marketing feitas sob medida para eles. Esse tipo de marketing também reconhece que uma abordagem de marketing de massa não é refinada o bastante para a diversidade do mercado. Como exemplo disso, considere que, hoje, 40% dos negócios do McDonald's nos Estados Unidos são feitos com minorias étnicas.[12] As regras, as nuances na linguagem e as práticas de negócio dos mercados multiculturais precisam ser levados em conta na formulação da estratégia de marketing, e não serem adicionadas como um elemento de última hora.[13] O marketing multicultural pode resultar em diferentes mensagens, mídias, canais e assim por diante.

QUADRO 7.2 PERFIL DAS GERAÇÕES NORTE-AMERICANAS.

Geração	Período de nascimento	Tamanho aproximado	Características
Geração do milênio (geração Y)	1979-1994	78 milhões	Nascidos com certo poder aquisitivo, tecnologicamente ligados e preocupados com o meio ambiente e com questões sociais, eles também têm um forte senso de independência e certa imunidade com relação a ações de marketing.
Geração X	1964-1978	50 milhões	Muitas vezes vistos como intermediários entre gerações bastante distintas, eles são a ponte entre os especialistas tecnológicos da geração Y e a realidade madura dos *baby-boomers*.
Baby-boomers	1946-1964	76 milhões	Em grande parte ainda no auge de seu ciclo de consumo, eles abraçam produtos e estilos de vida que lhes permitem voltar no tempo.
Geração silenciosa	1925-1945	42 milhões	Desafiando sua idade avançada, eles mantêm sua vida ativa, buscando produtos e ações de marketing que os ajudem nessa tarefa.

Fontes: GRONBACH, Kenneth. "The 6 markets you need to know now". *Advertising Age*, 2 jun. 2008. p. 21; MEREDITH, Geoffrey E.; SCHEWE, Charles D. *Managing by defining moments:* America's 7 generational cohorts, their workplace values, and why managers should care. Nova York: Hungry Minds, 2002.

Segmentação psicográfica

Psicografia é a ciência que utiliza a psicologia e a demografia para entender melhor os consumidores. Na *segmentação psicográfica*, os compradores são divididos em diferentes grupos com base nos traços psicológicos/de personalidade, no estilo de vida e nos valores. Pessoas do mesmo grupo demográfico podem ter perfis psicográficos diferentes.

Nos Estados Unidos, um dos mais populares sistemas de classificação baseado em avaliações psicográficas é o VALS™, da Strategic Business Insight. O VALS – que significa *values and lifestyles* ou valores e estilos de vida – classifica os adultos norte-americanos em oito grupos principais com base em dados demográficos e em atitudes. O sistema VALS é continuamente atualizado com novos dados extraídos de mais de 80 mil levantamentos realizados por ano (veja a Figura 7.1).[14]

As principais dimensões do VALS são: motivação e recursos do consumidor. Os consumidores são inspirados por uma dessas três motivações primárias: princípios, realizações e autoexpressão. Diferentes níveis de recursos intensificam ou contraem a expressão da motivação primária de uma pessoa.

Segmentação comportamental

Na segmentação comportamental, os profissionais de marketing dividem os compradores em grupos com base no conhecimento e no uso do produto, bem como na atitude e na reação em relação a ele. Entre as variáveis comportamentais, estão: necessidades ou benefícios, papéis de decisão e aquelas relacionadas ao usuário e ao uso. A combinação de

FIGURA 7.1 O SISTEMA DE SEGMENTAÇÃO VALS: UMA TIPOLOGIA DE OITO PARTES.

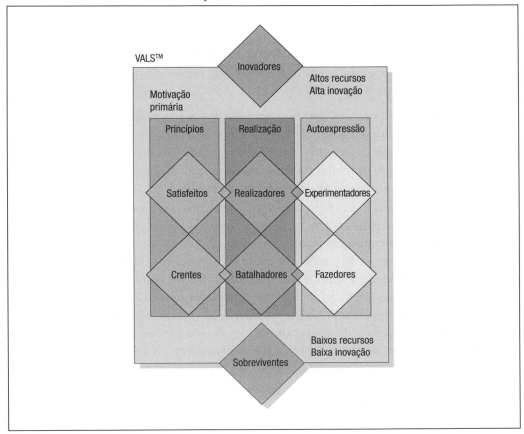

Fonte: VALS™, copyright Consulting Business Intelligence. Utilizado com permissão.

diferentes bases comportamentais pode oferecer uma visão mais abrangente e coesa de um mercado e seus segmentos.

Necessidades e benefícios. Nem todo mundo que compra um produto tem as mesmas necessidades ou deseja dele os mesmos benefícios. A segmentação baseada nas necessidades ou nos benefícios é bastante usada porque identifica segmentos distintos, com claras implicações para o marketing.

Papéis de decisão. Em uma decisão de compra, as pessoas podem desempenhar cinco papéis, podendo ser *iniciadoras, influenciadoras, decisoras, compradoras* e *usuárias*. Vamos imaginar a seguinte situação: a esposa inicia a compra pedindo uma esteira nova de aniversário. O marido pode buscar informações de muitas fontes, entre elas de um amigo que tem uma esteira e é um influenciador importante sobre quais modelos considerar. Após apresentar as alternativas para a esposa, o marido compra o modelo que ela escolheu, o qual acaba sendo usado por toda a família. Diferentes pessoas desempenham diferentes papéis de decisão, e todos são essenciais para o processo de decisão e a satisfação do consumidor.

Usuário e uso. Para muitos profissionais de marketing, variáveis relacionadas a diversos aspectos dos usuários ou do uso – ocasiões, status do usuário, índice de uso, estágio de disposição, status de fidelidade e atitude – são bons pontos de partida para a construção de segmentos de mercado.

- *Ocasiões.* Ocasiões marcam um momento do dia, da semana, do mês, do ano ou outros aspectos temporais bem definidos da vida de um consumidor. Podemos distinguir compradores de acordo com ocasiões quando eles desenvolvem uma necessidade, compram ou usam um produto. Por exemplo: viagens aéreas são motivadas por ocasiões relacionadas a negócios, férias ou família.
- *Status de usuário.* Todo produto possui não usuários, ex-usuários, usuários potenciais, usuários iniciantes e usuários regulares. No grupo de usuários potenciais estão aqueles consumidores que se tornarão usuários a partir de alguma fase ou evento da vida. O segredo para atrair usuários potenciais – ou mesmo possíveis não usuários – é entender por que eles não usam a oferta. Eles possuem atitudes, crenças ou comportamentos profundamente enraizados ou lhes falta conhecimento sobre o produto e seus benefícios? Empresas líderes de mercado tendem a se concentrar em usuários potenciais atrativos porque têm mais a ganhar. Empresas menores se concentram em tentar atrair usuários atuais para longe da líder.
- *Índice de uso.* Podemos segmentar os mercados em *light users, medium users* e *heavy users*. Os *heavy users* geralmente representam uma pequena fatia do mercado, mas são responsáveis por uma alta porcentagem do consumo total. Para as empresas, é melhor atrair um *heavy user* do que vários *light users*. Um problema é que os *heavy users* costumam ser muito fiéis a uma marca ou não ser fiéis a marca nenhuma. Além disso, estão sempre procurando o menor preço.
- *Estágios de disposição.* Algumas pessoas desconhecem o produto, outras o conhecem ou estão informadas a respeito dele, algumas estão interessadas nele, outras desejam tê-lo e outras ainda pretendem comprá-lo. Para ajudar a calcular quantas pessoas se encontram em cada um dos diferentes estágios e até que ponto elas estão sendo convertidas de um estágio para outro, os profissionais de marketing podem utilizar um *funil de marketing*. A Figura 7.2 traz um funil para duas marcas hipotéticas. Em comparação com a marca B, a marca A não está trabalhando bem na conversão de usuários iniciantes em usuários mais recentes (a marca A converteu somente 46% desses usuários, ao passo que a marca B converteu 61%). Uma campanha de marketing poderia fazer diferença ao destacar lojas mais acessíveis ou dissipar crenças incorretas de marca, por exemplo.
- *Status de fidelidade.* Os profissionais de marketing costumam vislumbrar quatro grupos baseados no status de fidelidade de marca: muito fiéis (compram sempre a mesma marca), fiéis divididos (são fiéis a duas ou três marcas), fiéis inconstantes

(mudam sempre de uma marca para a outra) e infiéis (não são fiéis a nenhuma marca).[15] Uma empresa pode estudar seus clientes muito fiéis para ajudar a identificar os pontos fortes de seu produto; estudar os fiéis divididos para saber quais marcas concorrem mais com a sua; estudar os clientes que deixam sua marca para aprender e corrigir quaisquer eventuais fraquezas de marketing. Um ponto importante: aquilo que parece ser padrões de compra relacionados à fidelidade a uma marca pode, na verdade, refletir hábito, indiferença, preço baixo, alto custo de mudança ou indisponibilidade de outras marcas.

- *Atitude.* As cinco atitudes de consumo referentes aos produtos são: entusiasta, positiva, indiferente, negativa e hostil. Em uma campanha política, cabos eleitorais utilizam a atitude para determinar quanto tempo gastar com cada eleitor. Eles agradecem eleitores entusiastas e os lembram de votar, reforçam a disposição daqueles que a demonstram positivamente, tentam conquistar os votos dos eleitores indecisos e não perdem tempo tentando mudar as atitudes de eleitores negativos e hostis.

FIGURA 7.2 FUNIL DE MARCA.

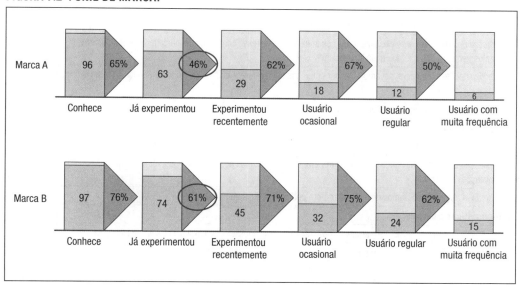

Bases para a segmentação de mercados organizacionais

Podemos segmentar os mercados organizacionais com algumas variáveis que usamos nos mercados consumidores, como variáveis geográficas, benefícios e índice de uso. Contudo, os profissionais de marketing que atuam no mercado organizacional também utilizam outras variáveis, como mostra o Quadro 7.3. As variáveis demográficas são as mais importantes, seguidas pelas variáveis operacionais – as menos importantes são as características pessoais do comprador. Dentro de um setor-alvo selecionado, os profissionais de marketing podem identificar segmentos de acordo com o tamanho da empresa ou o critério de compra.

QUADRO 7.3 PRINCIPAIS VARIÁVEIS DE SEGMENTAÇÃO PARA MERCADOS ORGANIZACIONAIS.

Variáveis demográficas
1. *Setor:* que setores devemos atender?
2. *Porte:* devemos atender empresas de que porte?
3. *Localização:* que áreas geográficas devemos atender?
Variáveis operacionais
4. *Tecnologia:* em quais tecnologias de cliente devemos nos concentrar?
5. *Status de usuário ou não usuário:* devemos atender *heavy users*, os *medium users*, os *light users* ou não usuários?
6. *Recursos do cliente:* devemos atender clientes que precisam de muitos ou poucos serviços?
Abordagens de compra
7. *Organização da função de compras:* devemos atender empresas com organizações de compra altamente centralizada ou descentralizada?
8. *Estrutura de poder:* devemos atender empresas em que predomina a engenharia, a área financeira e assim por diante?
9. *Natureza do relacionamento existente:* devemos atender as empresas com as quais temos forte relacionamento ou simplesmente ir atrás das que mais interessam?
10. *Políticas gerais de compra:* devemos atender empresas que preferem *leasing*, contrato de serviço, compra de sistema ou proposta lacrada?
11. *Critérios de compra:* devemos atender empresas que estão buscando qualidade, serviço ou preço?
Fatores situacionais
12. *Urgência:* devemos atender empresas que precisam de entregas ou serviços rápidos e repentinos?
13. *Aplicação específica:* devemos nos concentrar em uma determinada aplicação de nosso produto em vez de em todas as aplicações?
14. *Tamanho do pedido:* devemos nos concentrar em pedidos grandes ou pequenos?
Características pessoais
15. *Similaridade entre o comprador e o vendedor:* devemos atender empresas cujos funcionários e valores são semelhantes aos nossos?
16. *Atitude em relação ao risco:* devemos atender empresas que assumem ou que evitam o risco?
17. *Fidelidade:* devemos atender empresas que demonstram alto grau de fidelidade a seus fornecedores?

Fonte: adaptado de BONOMA, Thomas V.; SHAPIRO, Benson P. *Segmenting the industrial market.* Lexington: Lexington Books, 1983.

Os profissionais de marketing organizacional identificam segmentos por meio de um processo sequencial. Considere o exemplo de uma empresa de alumínio. Para começar, ela analisou os mercados de uso final que poderia atender: automotivo, residencial e de vasilhames para bebidas. Selecionado o mercado residencial, era preciso determinar a mais atrativa aplicação do produto: material semiacabado, componentes de construção ou móveis de alumínio. Ao decidir se concentrar nos componentes de construção, a empresa teve que escolher o porte dos clientes, optando pelos grandes.

Por fim, ela diferenciou os clientes que compravam com base no preço, no serviço e na qualidade. Como se destacava pelos serviços, a empresa decidiu se concentrar no segmento motivado por esse aspecto.

Seleção de mercado

Existem muitas técnicas estatísticas para o desenvolvimento de segmentos de mercado.[16] Uma vez identificados os segmentos de mercado potenciais, a empresa deve decidir em quantos e em quais se concentrar. Os profissionais de marketing estão cada vez mais combinando diversas variáveis em um esforço de identificar grupos-alvo menores, mais bem definidos. Dessa maneira, um banco pode não apenas identificar um grupo de aposentados abastados, mas também, dentro desse grupo, distinguir diversos segmentos de acordo com a renda atual, o patrimônio e as preferências de risco. Isso levou alguns pesquisadores de mercado a defender uma *abordagem de segmentação de mercado baseada em necessidades*. Roger Best propôs a abordagem de sete etapas mostrada no Quadro 7.4.

QUADRO 7.4 ETAPAS NO PROCESSO DE SEGMENTAÇÃO.

	Descrição
1. Segmentação baseada em necessidades	Agrupe os clientes em segmentos com base em necessidades similares e nos benefícios buscados por eles para resolver um determinado problema de consumo.
2. Identificação do segmento	Para cada segmento baseado em necessidades, determine quais variáveis demográficas, estilos de vida e comportamentos de uso o diferenciam e o tornam identificável (acionável).
3. Atratividade do segmento	Usando critérios predeterminados de atratividade de segmento (como crescimento do mercado, intensidade competitiva e acesso ao mercado), determine a atratividade geral de cada segmento.
4. Lucratividade do segmento	Determine a lucratividade do segmento.
5. Posicionamento do segmento	Para cada segmento, crie uma "proposta de valor" e uma estratégia de posicionamento produto/preço com base nas necessidades e nas características singulares dos clientes daquele segmento.
6. "Teste crítico" de segmento	Crie "simulações de segmento" para testar a atratividade da estratégia de posicionamento de cada segmento.
7. Estratégia de mix de marketing	Expanda a estratégia de posicionamento do segmento a fim de incluir todos os aspectos do mix de marketing: produto, preço, praça e promoção.

Fonte: adaptado de BEST, Roger J. *Market-based management*, 5.ed. Upper Saddle River: Prentice Hall, 2009.

Critérios para uma segmentação efetiva

Nem toda segmentação é útil. Embora possamos dividir os compradores de sal de cozinha entre loiros e morenos, a cor do cabelo é irrelevante na compra do sal. Além disso, se todos os compradores de sal adquirissem mensalmente a mesma quantidade do produto, acreditassem que todo sal é igual e pagassem por ele somente um único preço, esse mercado seria minimamente segmentável do ponto de vista do marketing.

Classificação dos segmentos. Para serem úteis, os segmentos de mercado precisam atender, preferencialmente, aos cinco critérios-chave a seguir:

- *Mensuráveis.* O tamanho, o poder de compra e as características dos segmentos devem poder ser mensurados.
- *Substanciais.* Os segmentos devem ser grandes e lucrativos o bastante para serem atendidos. Um segmento deve ser o maior grupo homogêneo possível, com um programa de marketing desenvolvido sob medida para ele.
- *Acessíveis.* Os segmentos devem poder ser efetivamente atingidos e atendidos.
- *Diferenciáveis.* Os segmentos devem ser conceitualmente distintos e reagirem de maneira diferente a cada elemento e programa do mix de marketing. Se dois segmentos reagirem da mesma maneira a uma oferta, eles não poderão ser considerados separadamente.
- *Acionáveis.* Programas efetivos devem poder ser formulados para atrair e atender os segmentos.

Atratividade do segmento no longo prazo. Michael Porter identificou cinco forças que determinam a atratividade intrínseca de um mercado ou segmento de mercado no longo prazo. A primeira força é a *ameaça de intensa rivalidade no segmento*. Um segmento não é atrativo se tiver concorrentes fortes, agressivos e em grande número. É ainda menos atrativo se for estável ou estiver declinando, se a capacidade de produção for ampliada apenas com grandes investimentos, se os custos fixos ou as barreiras de saída forem altas ou se os concorrentes tiverem interesse em permanecer no segmento.

A segunda força é a *ameaça de potenciais entrantes*. Um segmento é mais atrativo quando as barreiras de entrada são altas, e as de saída, baixas.[17] Nesse caso, somente algumas novas empresas conseguem entrar, ao passo que aquelas que não estão se saindo bem podem deixar o segmento com facilidade. Quando as barreiras tanto de entrada como de saída são altas, o potencial de lucro também é alto, mas as empresas se deparam com mais risco, uma vez que empresas com desempenho ruim permanecem e partem para a briga. Quando as barreiras de entrada e saída são baixas, as empresas entram e saem do segmento com facilidade. Nesse caso, os retornos são estáveis, mas baixos. O pior cenário é quando as barreiras de entrada são baixas, mas as de saída são altas. Isso porque, em períodos bons, as empresas entram no segmento, mas, em períodos ruins, têm dificuldade para deixá-lo.

A terceira força é a *ameaça de substitutos*. Um segmento não é atrativo quando existem substitutos atuais ou potenciais para o produto. Os substitutos limitam os preços e os lucros. Se a tecnologia avança ou a concorrência aumenta nos setores substitutos, os preços e os lucros tendem a cair.

A quarta força é a *ameaça de crescimento do poder de barganha dos compradores*. Um segmento não é atrativo quando os compradores possuem grande poder de barganha ou este está em crescimento. O poder de barganha dos compradores cresce quando eles se tornam mais concentrados ou organizados, quando o produto representa uma fração significativa de seus custos ou é indiferenciado, quando os custos de mudança dos compradores são baixos, quando os compradores são sensíveis ao preço devido ao baixo lucro e quando eles podem integrar para trás. Para se proteger, os vendedores devem selecionar compradores que tenham o mínimo poder para negociar ou mudar de fornecedores. A melhor defesa é desenvolver ofertas superiores que fortes compradores não tenham como recusar.

A quinta força é a *ameaça de crescimento do poder de barganha dos fornecedores*. Um segmento não é atrativo quando os fornecedores podem aumentar os preços ou reduzir a quantidade oferecida. Os fornecedores tendem a ser poderosos quando estão concentrados ou organizados, quando podem integrar para a frente, quando há poucos substitutos, quando o produto fornecido é um *input* importante e quando os custos de se trocar de fornecedor são altos. As melhores defesas são: construir fortes relacionamentos com os fornecedores e usar diversas fontes de fornecimento.

Avaliação e seleção de segmentos de mercado

Ao avaliar segmentos de mercado, a empresa deve analisar a atratividade geral do segmento e seus próprios objetivos e recursos. Até que ponto o segmento potencial atende aos cinco critérios? Ele possui características que o tornam atrativos, como tamanho, crescimento, lucratividade, economias de escala e baixo risco? Investir no segmento faz sentido, considerando os objetivos, as competências e os recursos da empresa? Alguns segmentos atrativos podem não combinar com os objetivos da empresa no longo prazo. Pode acontecer também de faltar à empresa as competências necessárias para oferecer valor superior (veja a seção "Habilidades em marketing", a seguir).

Os profissionais de marketing contam com um *continuum* de possíveis níveis de segmentação que podem guiar suas decisões de mercado-alvo (veja a Figura 7.3). Em um extremo desse *continuum*, está o mercado de massa com, essencialmente, um segmento; no outro extremo, estão os segmentos individuais ou compostos de uma única pessoa. Entre um extremo e outro estão os segmentos múltiplos e únicos.

FIGURA 7.3 POSSÍVEIS NÍVEIS DE SEGMENTAÇÃO.

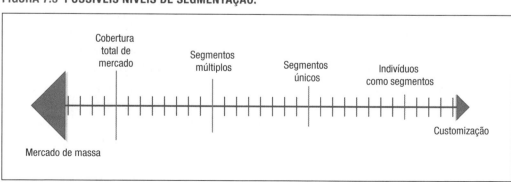

Habilidades em marketing

Avaliação de segmentos

Uma vez que a seleção de um ou mais segmentos errados pode levar a perda de dinheiro, além de desviar a atenção de segmentos mais lucrativos, os profissionais de marketing devem estar preparados para avaliar segmentos. Para começar, eles eliminam segmentos inadequados, determinando quais são ilegais, muito polêmicos, muito arriscados ou antiéticos. Em seguida, avaliam os segmentos que sobraram com base nos cinco critérios-chave e em sua atratividade no longo prazo, usando medidas de mercado apropriadas, como tamanho, lucro e potencial de crescimento; medidas competitivas, como facilidade de entrada e saída; e medidas de acessibilidade, como disponibilidade de canal. Por fim, classificam os segmentos utilizando um sistema — por exemplo, calculando o resultado total de cada segmento, de modo que possam priorizar aqueles com melhores resultados.

Os profissionais de marketing da Time Warner Cable são especialistas em avaliar segmentos para encontrar consumidores e empresas que precisam de pacotes específicos de TV a cabo, Internet e telefonia digital. Um segmento que eles selecionaram como prioridade foi o de lares com bom poder aquisitivo que querem assinar uma gama completa de serviços, com suporte personalizado e de primeira linha. Para esse segmento, a Time Warner Cable possui o seguinte pacote: acesso à TV a cabo com gravador de vídeo digital de alta capacidade, acesso à Internet sem fio de banda larga e telefone digital. Os clientes podem entrar em contato com a empresa solicitando serviços por telefone ou por *chat* 24 horas por dia; eles também têm à disposição até 13 dispositivos com *wireless* durante o processo de instalação — dois benefícios que particularmente valorizam.[18]

Cobertura total de mercado. A empresa tenta atender todos os grupos de cliente com todos os produtos de que eles possam precisar. Somente empresas muito grandes, como a Microsoft (software) e a Coca-Cola (bebidas não alcóolicas), podem fazer isso, cobrindo o mercado total por meio de marketing indiferenciado ou diferenciado.

No *marketing indiferenciado* ou *de massa*, a empresa ignora as diferenças dos segmentos e busca o mercado total com uma única oferta. Ela desenvolve um programa de marketing para o produto com uma imagem superior, que pode ser vendida para um amplo número de compradores por meio de distribuição e comunicação em massa. O marketing indiferenciado é apropriado quando todos os consumidores possuem aproximadamente as mesmas preferências e o mercado não apresenta segmentos naturais. A linha de produto limitada mantém baixos os custos de pesquisa e desenvolvimento, produção, estoque, transporte, propaganda e gestão do produto; com custos mais baixos, a empresa pode cobrar preços mais baixos para atrair clientes sensíveis a preço. Contudo, muitos apontam para a divisão cada vez maior do mercado, bem como para a proliferação de canais e meios de comunicação, o que torna difícil e caro atingir um público em massa.

No *marketing diferenciado*, a empresa vende diferentes produtos para diversos segmentos. O marketing diferenciado geralmente gera mais vendas totais do que o marketing indiferenciado. Entretanto, ele também aumenta os custos de se fazer negócio. Como o marketing diferenciado aumenta tanto as vendas como os custos, generalizações sobre sua lucratividade não são válidas.

Especialização em segmentos múltiplos. Na *especialização seletiva*, a empresa seleciona um subconjunto de todos os possíveis segmentos, cada qual objetivamente atrativo e apropriado. Eles podem ser pequenos e pode não haver nenhuma sinergia entre eles, mas precisam ser lucrativos. A estratégia multissegmento também diversifica o risco da empresa. Mantendo as sinergias em mente, as empresas podem tentar operar em supersegmentos, em vez de em segmentos isolados. Um **supersegmento** é um conjunto de segmentos com algumas similaridades que podem ser exploradas. Uma empresa pode tentar alcançar alguma sinergia com a especialização por produto ou por mercado:

- Com a *especialização por produto*, a empresa vende um determinado produto para diferentes segmentos de mercado. Por exemplo: um fabricante de microscópios vende seus produtos para laboratórios comerciais, de universidades e de governos, desenvolvendo diferentes instrumentos para cada público e construindo uma sólida reputação em uma área de produto específica. O risco é que o produto seja suplantado por uma tecnologia totalmente nova.
- Com a *especialização por mercado*, a empresa se concentra em atender a muitas necessidades de um determinado grupo de clientes – ela se concentra, por exemplo, em vender uma gama de produtos somente para laboratórios de universidades. A empresa conquista uma sólida reputação entre seu grupo de clientes e se torna um canal para produtos adicionais que seus membros possam utilizar. O risco é que o grupo de clientes tenha seu orçamento cortado ou reduzido.

Concentração em um único segmento. Na concentração em um único segmento, a empresa atende somente um segmento. Por meio do marketing concentrado, ela obtém um profundo conhecimento das necessidades do segmento e alcança uma forte presença de mercado. A empresa também desfruta economias operacionais ao especializar sua produção, distribuição e comunicação. Se conquista a liderança do segmento, a empresa pode conseguir um alto retorno sobre seu investimento.

Um *nicho* é um grupo de clientes definidos mais estritamente que buscam um mix distinto de benefícios dentro de um segmento. Geralmente, os profissionais de marketing identificam nichos dividindo um segmento em subsegmentos. Quais as características de um nicho atrativo? Os clientes possuem um conjunto distinto de necessidades; eles concordam em pagar um preço mais alto para a empresa que melhor satisfazê-los; o nicho tem um certo porte, é rentável e possui potencial de crescimento; não tende a atrair muitos concorrentes; a empresa pode utilizar a especialização para obter economias dentro do nicho (veja a seção "Insight de marketing", a seguir). À medida que a eficiência de marketing aumenta, os nichos que eram aparentemente muito pequenos podem se tornar mais lucrativos.[19]

Marketing individual. O nível definitivo de segmentação leva aos "segmentos de um", "marketing customizado" ou "marketing *one-to-one*".[20] Hoje em dia, os clientes estão tendo mais iniciativas para determinar o que e como comprar, usando a Internet para buscar informações e avaliações do produto; contatar fornecedores, usuários e críticos do produto; e, em muitos casos, projetar o produto que querem.

Insight de marketing

Correndo atrás da cauda longa

O advento do comércio *on-line* – que se tornou possível graças à tecnologia e foi definido pela Amazon.com, eBay e Netflix – levou a uma mudança nos padrões de compra do consumidor, segundo Chris Anderson, autor do livro *A cauda longa*. Na maioria dos mercados, a distribuição das vendas do produto segue uma curva que pende para um lado (a "cabeça"), em que a maior parte das vendas é gerada por uma pequena quantidade de produtos. A curva desce rapidamente em direção ao zero e se mantém um pouco acima do eixo x (a "cauda longa"), onde a grande maioria dos produtos gera muito pouca venda. Tradicionalmente, o marketing de massa se concentrou em gerar produtos campeões de venda.

Anderson afirma que a Internet está mudando a demanda "ao longo da cauda, passando de campeões de venda para nichos" em categorias de produto como música e livros. Sua teoria é baseada em três premissas: (1) custos de distribuição mais baixos fazem com que seja economicamente mais fácil vender produtos sem previsões de demanda precisas; (2) quanto mais produtos disponíveis para a venda, maior a probabilidade de suprir a demanda de nichos inatingíveis por meio de canais tradicionais; (3) se nichos suficientes forem agregados, um novo grande mercado poderá surgir. Embora algumas pesquisas apoiem essa teoria, outras garantem que produtos com participação muito pequenas na cauda podem ser tão obscuros que desapareçam antes de gerar um volume de compra que justifique sua existência. Além disso, os custos de armazenamento, estocagem e manipulação de produtos físicos podem sobrepor quaisquer benefícios financeiros resultantes da busca pela cauda longa.

Fontes: Chris Anderson, *The long tail*. Nova York: Hyperion, 2006; "Reading the tail", entrevista com Chris Anderson, *Wired*, 8 jul. 2006, p. 30; "Wag the dog: what the long tail will do", *Economist*, 8 jul. 2006, p. 77; Erik Brynjolfsson, Yu "Jeffrey" Hu e Michael D. Smith, "From niches to riches: anatomy of a long tail", *MIT Sloan Management Review*, verão 2006, p. 67; John Cassidy, "Going long", *New Yorker*, 10 jul. 2006; www.longtail.com; "Rethinking the long tail theory: how to define 'hits' and 'niches'", *Knowledge@Wharton*, 16 set. 2009.

Jerry Wind e Arvind Rangaswamy veem um movimento em direção à "customerização" da empresa.[21] A **customerização** combina a personalização em massa com o marketing customizado, permitindo aos consumidores desenvolver as ofertas de produto que escolherem. A empresa não precisa de informações antecipadas do cliente, tampouco precisa ser dona da produção. Ela oferece a plataforma e as ferramentas, "alugando" para os clientes os meios para desenvolverem seus próprios produtos. A empresa é customerizada quando consegue responder a cada cliente individualmente, customizando seus produtos, serviços e mensagens em uma base *one-to-one*.[22]

Com certeza, a personalização não é para qualquer empresa.[23] Pode ser muito difícil implantá-la para produtos complexos, como carros. Além disso, ela pode aumentar os custos dos produtos acima do que os clientes estão dispostos a pagar. Alguns clientes não sabem o que querem até verem os produtos prontos. Mas eles também não podem cancelar o pedido após a empresa já ter começado a trabalhar nele. Apesar disso tudo, a personalização tem funcionado bem com alguns produtos.

Escolha ética dos mercados-alvo. Às vezes, a seleção de mercados-alvo gera polêmicas. Isso acontece quando empresas se aproveitam de grupos vulneráveis (como crianças) ou menos favorecidos economicamente; acontece também quando promovem produtos potencialmente prejudiciais.[24] O estabelecimento de limites éticos e legais nas ações de marketing on-line e off-line para crianças continua sendo um tópico importante, à medida que grupos de defesa dos consumidores criticam publicamente o consumismo que eles acreditam que essas ações de marketing geram. Nem todas as tentativas de focalizar crianças ou outros segmentos especiais são criticadas. Por exemplo: o creme dental e a escova de dente do Bob Esponja, da Colgate, foram projetados para incentivar as crianças a escovar os dentes por mais tempo e mais vezes. Portanto, a questão não é quem é o alvo, mas sim como ele é perseguido e para quê. O marketing socialmente responsável pede uma segmentação que atenda não somente aos interesses da empresa, mas também àqueles que fazem parte do mercado selecionado.

Resumo

O marketing de mercado-alvo inclui três atividades: segmentação de mercado, seleção de mercado-alvo e posicionamento de mercado. Segmentos de mercado são grupos de clientes grandes e identificáveis que compartilham um conjunto similar de necessidades e desejos. As principais variáveis de segmentação para mercados consumidores são: geográficas, demográficas, psicográficas e comportamentais. Os profissionais de marketing utilizam essas variáveis isoladamente ou combinadas. As empresas que atuam no mercado organizacional utilizam todas essas variáveis em conjunto com variáveis operacionais, abordagens de compra e fatores situacionais. Para serem úteis, os segmentos de mercado precisam ser mensuráveis, substanciais, acessíveis, diferenciáveis e acionáveis.

Podemos segmentar os mercados em quatro principais níveis: de massa, segmentos múltiplos, segmentos únicos (ou de nicho) e individuais. Uma abordagem de mercado de massa é adotada somente por empresas maiores. Muitas empresas adotam segmentos múltiplos, definidos de várias maneiras. Um nicho é um grupo mais estritamente definido dentro de um segmento. Hoje em dia, muitas empresas praticam a personalização individual e em massa. No futuro, provavelmente mais consumidores individuais terão a iniciativa de desenvolver produtos e marcas. Os profissionais de marketing devem escolher os mercados-alvo de maneira ética e socialmente responsável.

Notas

1. LEUNG, Wendy. Club Med investor Fosun in talks to buy stakes in European luxury brands. **Bloomberg News**, July 29, 2010; SCHNEIDER, Jonathan. Club Med: sex, sand, and surf. **Brand Channel**, July 21, 2001; WHITE, Christina. It's raining hard on Club Med. **BusinessWeek**, February 4, 2002; Club Med. Disponível em: <www.clubmed.us>; SPANO, Susan. Club Med, swinging into the future. **Morning Call**, January 15, 2006./BEH, Cherisse. Club Med unveils global branding push. **Marketing Interactive.com**, March 31, 2008.
2. Os norte-americanos podem visitar o site do patrocinador da empresa, MyBestSegments.com, inserir seu código postal e descobrir os cinco principais grupos para sua área. Outro importante fornecedor de dados geodemográficos é a *ClusterPlus*, que distribui o *Strategic Mapping*.
3. EBENKAMP, Becky. Urban America redefined. **Brandweek**, p. 12-13, October 6, 2003.
4. CHON, Gina. Car makers talk 'bout g-g-generations. **Wall Street Journal**, May 9, 2006.
5. Para algumas implicações práticas, veja: BARLETTA, Marti. **Marketing to women:** how to increase share of the world's largest market, 2.ed. Nova York: Kaplan Business, 2006; BRENNAN, Bridget. **Why she buys:** the new strategy for reaching the world's most powerful consumers. Nova York: Crown Business, 2009.
6. Para mais perspectivas sobre o comportamento do consumidor que levem em conta o sexo, veja:

CUNNINGHAM, Jane; ROBERTS, Philippa. What woman want. **Brand Strategy**, p. 40-41, Dec. 2006; Jan. 2007; FISHER, Robert J.; DUBE, Laurette. Gender differences in responses to emotional advertising. **Journal of Consumer Research**, 31, p. 850-858, Mar. 2005; MEYERS-LEVY, Joan; MAHESWARAN, Durairaj. Exploring males' and females' processing strategies. **Journal of Consumer Research**, p. 63-70, June 18, 1991; MEYERS-LEVY, Joan; STERNTHAL, Brian. "Gender differences in the use of message cues and judgments. **Journal of Marketing Research**, 28, p. 84-96, Feb. 1991.
7. PASCUAL, Aixa. Lowe's is sprucing up its house. **BusinessWeek**, p. 56-57, June 3, 2002; RIDGE, Pamela Sebastian. Tool sellers tap their feminine side. **Wall Street Journal**, June 16, 2002.
8. ZACK, Ian. Out of the tube. *Forbes*, p. 200, November 26, 2001.
9. WHITE, Gregory L.; LEUNG, Shirley. Middle market shrinks as Americans migrate toward the higher end. **Wall Street Journal**, March 29, 2002.
10. SCHEWE, Charles D.; MEREDITH, Geoffrey. Segmenting global markets by generational cohort: determining motivations by age. **Journal of Consumer Behavior**, 4, p. 51-63, Oct. 2004; MEREDITH, Geoffrey E.; SCHEWE, Charles D. **Managing by defining moments:** America's 7 generational cohorts, their workplace values, and why managers should care. Nova York: Hungry Minds, 2002./MEREDITH, Geoffrey E.; SCHEWE, Charles D.; KARLOVICH, Janice. **Defining markets defining moments**. Nova York: Hungry Minds, 2001.
11. LEVY, Piet. The quest for cool. **Marketing News**, p. 6, February 28, 2009; CONLIN, Michelle. Youth quake. **BusinessWeek**, p. 32-36, January 21, 2008.
12. MILEY, Marissa. Don't bypass African-Americans. **Advertising Age**, February 2, 2009.
13. SULLIVAN, Elisabeth. Choose your words wisely. **Marketing News**, p. 22, February 15, 2008; YORK, Emily Bryson. Brands prepare for a more diverse "general market". **Advertising Age**, p. 6, November 30, 2009.
14. **Strategic Business Insights**. Disponível em: <www.strategicbusinessinsights.com>.
15. Essa classificação foi adaptada de: BROWN, George H. Brand loyalty: fact or fiction? **Advertising Age**, June 1952-Jan. 1953. Veja também: ROSSI, Peter E.; MCCULLOCH, Robert E.; ALLENBY, Greg M. The value of purchase history data in target marketing. **Marketing Science**, 15, nº 4, p. 321-340, fall 1996.
16. Para uma análise das questões metodológicas na segmentação, veja: DILLON, William R.; MUKHERJEE, Soumen. A guide to the design and execution of segmentation studies. In: GROVER, Rajiv; VRIENS, Marco (eds.). **Handbook of marketing research**. Thousand Oaks: Sage, 2006./ WEDEL, Michael; KAMAKURA, Wagner A. **Market segmentation:** conceptual and methodological foundations. Boston: Kluwer, 1997.
17. PORTER, Michael E. **Competitive strategy**. Nova York: Free Press, 1980. p. 22-23.
18. ROBUCK, Mike. Time Warner Cable digs in on segmentation strategy. **CED Magazine**, July 21, 2010; WOOD, Marian Burk. **The marketing plan handbook**, 4.ed. Upper Saddle River: Prentice Hall, 2011. p. 73-74; HAUGSTED, Linda. Segmenting rings up phone additions. **Multichannel News**, p. 18, December 18, 2006.
19. BLATTBERG, Robert; DEIGHTON, John. Interactive marketing: exploiting the age of addressibility. **Sloan Management Review**, 33, nº 1, p. 5-14, fall 1991.
20. PEPPERS, Don; ROGERS, Martha. **One-to-one** *B2B:* customer development strategies for the business-to-business world. Nova York: Doubleday, 2001; WIND, Jerry; RANGASWAMY, Arvind. Customerization: the next revolution in mass customization. **Journal of Interactive Marketing**, 15, nº 1, p. 13-32, Winter 2001.
21. ANDERSON, James C.; NARUS, James A. Capturing the value of supplementary services. **Harvard Business Review**, p. 75-83, Jan.-Feb. 1995.
22. SIMONSON, Itamar. Determinants of customers' responses to customized offers: conceptual framework and research propositions. **Journal of Marketing**, 69, p. 32-45, Jan. 2005.
23. MULLER, Joann. Kmart con salsa: will it be enough? **BusinessWeek**, September 9, 2002.
24. MACCHIETTE, Bart; ABHIJIT, Roy. Sensitive groups and social issues. **Journal of Consumer Marketing**, 11, nº 4, p. 55-64, fall 1994.

Estudo de caso

Os novos perfis dos mercados consumidores

Prof. dr. Elias Frederico – EACH-USP

O aumento da renda, do consumo e o fortalecimento da classe média, a interiorização do crescimento econômico e o acesso às novas tecnologias tornaram o consumidor mais informado e exigente. Ao longo deste texto, são apresentados exemplos de empresas nacionais que aproveitaram as oportunidades advindas desse novo contexto para estreitar os laços com sua clientela, com o uso de novas tecnologias e a segmentação geográfica, demográfica e por estilos de vida.

Relacionamento digital: Netshoes

A popularização do uso de telefonia móvel e o acesso à Internet vêm possibilitando o surgimento de novas formas de se conectar aos mercados. De fato, 40% dos domicílios (quase 25 milhões de residências) têm Internet de banda larga, e 77 milhões de brasileiros acima de 10 anos (46% da população) já acessaram a Internet pelo celular. Atualmente, há cerca de 65 milhões de perfis brasileiros no Facebook. Isso proporciona um imenso potencial para as empresas desenvolverem e intensificarem os relacionamentos com os mercados. O comércio eletrônico fatura anualmente no Brasil R$22,5 bilhões e cresceu 20% em 2012, e quase 40% dos compradores pertencem à classe C. Na esteira dessa tendência, a Netshoes, <www.netshoes.com.br>, maior crescimento do e-commerce nacional (54% em 2012), com faturamento de R$1,1 bilhão, joga por terra a crença de que a Internet é um canal inapropriado para a comercialização de produtos de alto envolvimento, como artigos esportivos, vestuário e calçados. É ágil, pois dispõe de uma agência dos Correios dentro do seu centro de distribuição, e se responsabiliza pelo frete em caso de trocas. Com isso conquistou a confiança dos compradores. Com campanhas na TV durante os intervalos de jogos e anúncios em camisas de times de futebol, a Netshoes se tornou conhecida inclusive por não usuários da Internet: em agosto de 2011 já era a loja virtual mais acessada do Brasil, ultrapassando a Americanas.com.

O florescimento dos mercados locais: o Minimercado Extra e as lojas compactas da Renner

Com a estabilização da economia, as empresas, principalmente os varejistas, detectaram um novo comportamento de consumo, impactando na forma como as empresas devem desenvolver suas ofertas para se relacionar com os clientes: as famílias não precisam mais fazer desesperadamente as compras do mês assim que recebem seus salários. Elas podem parcelar as compras conforme a necessidade e não necessitam estocar alimentos e produtos de limpeza. Em decorrência, observamos o florescimento do mercado de vizinhança.

Desde 2009, o grupo Pão de Açúcar concentra o seu foco no investimento no varejo de proximidade. Somente em 2012 foram inauguradas 39 Minimercados Extra, e a estimativa é de abrir 120 lojas nesse formato anualmente. Uma vantagem dessa estratégia é poder desenvolver uma oferta de produtos adequada a cada região, privilegiando gostos locais, o que não é uma tarefa fácil. Uma pesquisa indicou que as crianças, dependendo do bairro e da vizinhança, formam percepções distintas sobre o que é esporte de ação. Entretanto, a empresa que encomendou a pesquisa teve muita dificuldade em administrar diferentes sortimentos por agrupamento de praças comerciais. Essas distinções que emergem com a segmentação geodemográfica se aprofundam pelo maior crescimento econômico nos rincões. Assistimos ao esvaziamento das grandes capitais e ao aumento do potencial de consumo no Nordeste, no Centro-Oeste e no interior do estado de São Paulo. Mesmo cientes de que as preferências locais podem se impor aos formatos e modelos de negócios de sucesso presentes nos grandes centros, as lojas de departamento também se mobilizam para atender a esses mercados. As Lojas Renner, <www.lojasrenner.com.br>, desenvolveram um projeto de lojas compactas para facilitar a abertura de pontos em mercados menores, localizações de rua e pequenos centros comerciais. Seus executivos planejam ter entre 80 a 100 lojas nesse formato até 2015.

A mulher da nova classe média quer se cuidar mais – beleza natural e as lojas *plus size*

O surgimento de uma nova classe média trouxe o aumento do consumo, mas também desafios. Sociedades mais ricas também são mais exigentes. Agora que tem a casa toda equipada, com todos os eletrodomésticos, a mãe da família da classe C tem mais tempo e dinheiro para cuidar de si. No Brasil o cabelo é um importante indicador de beleza, distintamente do que acontece em outras partes no mundo, como a Ásia, em que a pele é o principal indicador. Uma experiência local que proveu soluções específicas à realidade da mulher brasileira é a rede de cabeleleiros Beleza Natural, <www.belezanatural.com.br>, que, com mais de 70 mil clientes, desenvolveu uma linha de produtos específica para quem tem cabelos crespos e encaracolados. Mesmo sabendo que o crescimento do negócio seria mais difícil, pois exige maior investimento em recursos financeiros e humanos, os empreendedores abriram mão de vender os xampus e os condicionadores nas prateleiras dos supermercados. Eles sabem que cabelo é coisa séria e oferecem não o produto, mas sim a satisfação com a experiência, e mantêm os salões para supervisionar o tratamento e conquistar a tão sonhada confiança e lealdade de seus clientes.

Outra consequência das transformações econômicas e sociais é a mudança de padrão físico da população. De acordo com um estudo realizado pelo Ministério da Saúde publicado em abril de 2011, 48,1% da população brasileira está acima do peso e 15% são obesos. O crescente número de consumidoras que vestem tamanhos grandes no Brasil representa atualmente uma grande oportunidade de negócios. Essas consumidoras não querem apenas se vestir; desejam ficar mais bonitas e sensuais com o uso de vestuário desenhado especialmente para as suas necessidades. No passado, era comum essa mulher ter que comprar roupas para gestante ou peças largas como batas. Agora, além das lojas de departamentos, existem diversas redes especializadas, feiras e até desfiles específicos para o segmento, como o FASHION WEEK PLUS SIZE. Há também lojas focalizadas como a Kara, para adolescentes gordinhas. Nas redes especializadas, as lojas são formatadas para atender bem o público: a Magnólia é uma butique toda projetada para a consumidora GG. "Construímos um provador que é o dobro de um convencional. E o mesmo acontece com a toalete." E o melhor: "O que a cliente vê na vitrine está disponível até o manequim 60."

Sofisticação dos mercados: marcas de estilos de vida na Renner

As grandes redes de lojas de departamentos especializadas em moda, dentre elas a C&A, Renner e Riachuelo, têm sofisticado as suas coleções, seja emprestando o nome de estilistas famosos, a exemplo da sueca H&M, seja pelo desenvolvimento de marcas que refletem estilos de vida. A Renner opera com quinze marcas, sendo seis delas segmentadas por estilo de vida e as demais por faixa etária, como roupas infantis, ou ocasião de uso, como moda praia e roupa esportiva. Uma das marcas de estilo de vida é a Blue Steel, *jeanswear* jovem e despojado, que está saindo das fronteiras da loja e ganhando unidades próprias com formato de butique. Segundo seus executivos, o conceito de coleções por estilo de vida também deve ser adotado na Camicado, recente aquisição do grupo. A Camicado é uma loja especializada em produtos para casa e decoração.

Questões para reflexão

1. Identifique outros setores e empresas que se aproveitaram do crescimento de renda para desenvolver serviços para a classe C no Brasil.
2. Como as empresas no Brasil estão se preparando para atender às novas necessidades de regionalização, pelo crescimento das regiões Norte, Nordeste e Centro-Oeste?
3. Visite as lojas da Renner e avalie as suas marcas segmentadas por estilo de vida. Quais estilos de vida elas representam? Trace um perfil de personalidade, interesses e atitudes de um consumidor ideal de cada marca. Tente imaginar a vida que essa pessoa leva, sua família, sua casa, seu automóvel, onde passa as férias, seus livros, discos e suas amizades.
4. Visite uma loja da Camicado e avalie os desafios para transferir a essa loja o conceito de coleções por estilos de vida. Como você faria essa segmentação e como organizaria a loja para refletir esse conceito?
5. Identifique demais setores da indústria e dos serviços que utilizam a segmentação por estilos de vida para aprimorar a sua oferta.

Referências

CARNETI, K. E-commerce no Brasil cresce 20% e fatura R$ 22,5 bilhões em 2012. Disponível em: <http://idgnow.uol.com.br/internet/2013/03/20/e-commerce-no-brasil-cresce-20-e-fatura-r-22-5-bilhoes-em-2012/>. Acesso em: 30 jun. 2013.

CONGO, M. Um terço dos brasileiros tem Facebook: País se torna o 2° em número de usuários. Disponível em: <http://blogs.estadao.com.br/radar-tecnologico/2013/01/23/um-terco-dos-brasileiros-tem-facebook-pais-se-torna-o-2o-em-numero-de-usuarios/>. Acesso em: 30 jun. 2013.

DATAMARK. Moda agora é vender xampu para qualquer cabelo e bolso. Disponível em: <ttps://www.datamark.com.br/noticias/2007/10/moda-agora-e-vender-xampu-para-qualquer-cabelo-e-bolso-101044/>. Acesso em: 30 jun. 2013

EBIT. Web Shoppers, ed.27. Disponível em: <http://www.ebitempresa.com.br/web-shoppers.asp>. Acesso em: 30 jun. 2013.

FRANÇA, V. Moda GG ganha espaço no mundo fashion. *O Estado de S.Paulo*, 16 jul. 2011. Disponível em: <http://www.estadao.com.br/noticias/impresso,moda-gg-ganha-espaco-no-mundo-fashion,745717,0.htm>. Acesso em: 30 jun. 2013.

FREDERICO, E.; TRISTÃO, J. A. M.; ROBIC, A. R. Segmentação dos perfis de consumo infantil de vestuário e sua associação à moda e aos esportes de ação. REAd. *Revista Eletrônica de Administração*, v. 14, n. 1, 2008. p. 4.

GRUPO Pão de Açúcar. Relatório Anual e de Sustentabilidade 2012. Disponível em: <http://www.gpari.com.br/grupopaodeacucar/web/default_pt.asp?idioma=0&conta=28>. Acesso em: 30 jun. 2013.

IBGE. Acesso à Internet e posse de telefone móvel celular para uso pessoal 2011 – PNAD. Disponível em: <ftp://ftp.ibge.gov.br/Acesso_a_internet_e_posse_celular/2011/tabelas_pdf/tab1011.pdf>. Acesso em: 30 jun. 2013.

INTERIOR de São Paulo lidera consumo no País. Agência Estado, 3 dez. 2011. Disponível em: <http://www.dgabc.com.br/Noticia/7885/interior-de-sao-paulo-lidera-consumo-no-pais?referencia=buscas-lista>. Acesso em: 30 jun. 2013.

JOLY, H. A domadora de cabeleiras. *Revista Veja*. Edição n. 1939. 18 de janeiro de 2006. Disponível em: <http://veja.abril.com.br/180106/p_088.html>. Acesso em: 30 jun. 2013.

LOJAS Renner – Perfil Institucional. Disponível em: <http://www.mzweb.com.br/renner/web/default_pt.asp?idioma=0&conta=28>. Acesso em: 30 jun. 2013.

MAMBRINI, V. Para ficar linda, ela ficou rica. Disponível em: <http://delas.ig.com.br/comportamento/para-ficar-linda-ela-ficou-rica/n1596821206506.html>. Acesso em: 30 jun. 2013

REUTERS. Netshoes se prepara para ser global e estuda abrir capital, diz vice-presidente. Disponível em: <http://www1.folha.uol.com.br/mercado/2013/04/1263840-netshoes-se-prepara-para-ser-global-e-estuda-abrir-capital-diz-vice-presidente.shtml>. Acesso em: 30 jun. 2013.

SOARES, L; RITTO, C. Pesquisa do IBGE confirma que obesidade é epidemia no Brasil. *Revista Veja online*. São Paulo, 27 ago. 2010. Disponível em: <http://veja.abril.com.br/noticia/saude/pesquisa-do-ibge-mostra-que-obesidade-e-epidemia-no-brasil>. Acesso em: 30 jun. 2013.

TIC DOMICÍLIOS e USUÁRIOS 2012. Disponível em: <http://www.cetic.br/usuarios/tic/2012/A4.html>. Acesso em: 30 jun. 2013.

VIEIRA, A.; FELITTI, G. Netshoes: e pensar que tudo começou num puxadinho. *Revista Época Negócios*. Disponível em: <http://epocanegocios.globo.com/Revista/Common/0,,ERT292822-16380,00.html>. Último acesso: 30 jun. 2013.

PARTE 3: Construindo marcas fortes

capítulo **8**

Criação de *brand equity*

Neste capítulo, abordaremos as seguintes questões:

1. O que é marca e como o branding funciona?
2. O que é *brand equity* e como ele é construído, avaliado e gerenciado?
3. Quais são as decisões importantes no desenvolvimento de uma estratégia de branding?

Administração de marketing na lululemon

Ao fazer aulas de ioga, o empreendedor canadense Chip Wilson percebeu que as roupas de algodão e poliéster que a maioria dos alunos usava eram muito desconfortáveis. Após desenvolver uma roupa preta com bom caimento e resistente ao suor para vender, ele decidiu abrir um estúdio de ioga – e assim nasceu a lululemon. A empresa tem usado uma abordagem de marketing na base para crescer, criando um forte vínculo emocional com os clientes.

Antes de abrir uma loja em uma nova cidade, a lululemon identifica os professores de ioga ou outros professores de ginástica mais influentes da região. Em troca de um ano de roupas, esses professores atuam como "embaixadores", recebendo os alunos em eventos de vendas e aulas patrocinadas pela lululemon. Eles também dão conselhos à empresa sobre o design dos produtos. A devoção dos clientes é evidente em sua disposição em pagar mais pelas roupas da lululemon, apesar de a empresa competir com a Nike e com outras grandes marcas. Com 450 milhões de dólares em vendas na América do Norte, a lululemon está buscando a expansão, inserindo sua marca em produtos para outros esportes, como corrida, natação e ciclismo.[1]

O *gerenciamento estratégico da marca* envolve o desenvolvimento e a implantação de atividades e programas de marketing para construir, avaliar e gerenciar marcas a fim de maximizar seu valor e fortalecer a fidelidade do cliente. Esse processo implica: (1) identificar e estabelecer o posicionamento da marca; (2) planejar e implantar o marketing da marca; (3) avaliar e interpretar o desempenho da marca; (4) fazer crescer e manter o valor da marca.[2] Neste capítulo analisamos o marketing, o desempenho e o valor da marca; no Capítulo 9 discutimos o posicionamento da marca e as dinâmicas competitivas.

O que é *brand equity*?

A American Marketing Association define **marca** como "um nome, termo, sinal, símbolo, design ou uma combinação de tudo isso, destinado a identificar os produtos de um fornecedor ou grupo de fornecedores para diferenciá-los dos concorrentes". Uma marca agrega dimensões que, de alguma maneira, diferenciam a oferta de outras desenvolvidas para satisfazer a mesma necessidade. Essas diferenças podem ser funcionais, racionais ou tangíveis – relacionadas ao desempenho do produto. Elas também podem ser mais simbólicas, emocionais ou intangíveis – relacionadas ao que a marca representa.

O papel das marcas

As marcas identificam a origem ou o fabricante de um produto e permitem aos clientes – sejam eles indivíduos ou organizações – atribuir responsabilidade por seu desempenho a uma determinada empresa ou distribuidor. Os consumidores podem avaliar um mesmo produto de maneira diferente, dependendo de como sua marca é estabelecida. Eles aprendem sobre as marcas por meio de experiências com o produto e seu programa de marketing, descobrindo quais satisfazem suas necessidades e quais não o fazem. À medida que a vida dos consumidores fica mais complicada, agitada e corrida, a capacidade de uma marca de simplificar a tomada de decisões e reduzir os riscos se torna inestimável.[3]

As marcas também desempenham funções valiosas para as empresas.[4] Para começar, elas simplificam o manuseio e o rastreamento dos produtos. As marcas ajudam a organizar os estoques e os registros contábeis. Elas também proporcionam à empresa proteção legal para as características e os aspectos exclusivos do produto.[5] O nome da marca pode ser protegido por marcas registradas, o processo de produção pode ser protegido por patentes e a embalagem pode ser protegida por direitos autorais. Esses direitos sobre a propriedade intelectual garantem que a empresa invista com segurança em uma marca e tire proveito dos benefícios de um ativo valioso.

Uma marca confiável transmite um determinado nível de qualidade, de modo que compradores satisfeitos podem facilmente optar pelo produto de novo.[6] A fidelidade à marca oferece previsibilidade e segurança da demanda para a empresa, criando barreiras que dificultam a entrada de outras organizações no mercado. A fidelidade também pode significar disposição do cliente em pagar um preço mais alto – geralmente, de 20 a 25% maior.[7] Embora os concorrentes possam copiar os processos de produção e o design dos produtos, eles não conseguem facilmente se equiparar às impressões duradouras deixadas na mente dos clientes depois de anos de experiência com o produto e as atividades de marketing. Portanto, o branding pode ser um poderoso meio de garantir vantagem competitiva.

O escopo do branding

Branding significa dotar produtos com o poder de uma marca. Ele está totalmente relacionado à criação de diferenças entre as marcas. A empresa precisa ensinar para os consumidores "quem" é o produto, dando a ele um nome e outros elementos de marca que o identifiquem; ela também precisa mostrar-lhes o que o produto faz e por que eles devem se interessar por ele. O branding cria estruturas mentais que ajudam os consumidores a organizar seu conhecimento com relação à oferta, aclarando sua tomada de decisões e fornecendo valor à empresa.

Para que as estratégias de branding sejam bem-sucedidas e o valor de marca seja criado, os consumidores devem estar convencidos de que existem diferenças significativas entre as marcas de uma categoria. É possível estabelecer uma marca para um produto físico (automóvel Ford Flex), um serviço (Singapore Airlines), uma loja (Nordstrom), uma pessoa (o campeão de *snowboard* Shaun White), um lugar (a cidade de Sydney), uma organização (American Automobile Association) ou uma ideia (comércio livre).[8]

Definição de *brand equity*

O *brand equity* é o valor agregado atribuído a produtos. Ele pode se refletir na maneira como os consumidores pensam, sentem e agem com relação à marca, bem como nos preços, na participação de mercado e na lucratividade que a marca proporciona.[9] Os profissionais de marketing e os pesquisadores lançam mão de várias perspectivas para estudar o *brand equity*.[10] O *brand equity baseado no cliente* diz respeito ao efeito diferencial que o conhecimento da marca exerce na reação do consumidor às ações de marketing dessa marca.[11] Uma marca possui *brand equity* baseado no cliente positivo se os consumidores reagem de maneira mais favorável a um produto e às suas ações de marketing quando a marca é identificada do que quando não o é. Uma marca possui *brand equity* baseado no cliente negativo se, sob as mesmas circunstâncias, os consumidores reagem de maneira menos favorável às atividades de marketing.

Três ingredientes-chave compõem o *brand equity* baseado no cliente. Primeiro, o *brand equity* surge a partir de diferenças na reação do consumidor. Se não há diferenças, o produto é essencialmente uma *commodity* e a concorrência provavelmente é baseada no preço.[12] Segundo, diferenças na reação resultam do **conhecimento de marca** do consumidor – todos os pensamentos, sentimentos, imagens, experiências e crenças associados à marca. As marcas devem criar associações fortes, favoráveis e exclusivas com os clientes. Terceiro, o *brand equity* se reflete em percepções, preferências e comportamentos relacionados a todos os aspectos do marketing da marca. Marcas mais fortes levam a maiores fidelidade, receita e margens de lucro, menos vulnerabilidade em relação à concorrência e mais eficácia nas comunicações de marketing.[13]

O conhecimento de marca dita o direcionamento adequado para a marca no futuro. A **promessa de marca** representa a visão da empresa em relação àquilo que a marca deve ser e fazer para os consumidores. Mas são os consumidores que decidem, com base no que pensam e sentem com relação à marca, para onde (e como) ela deve ir e dão permissão (ou não) para quaisquer ações ou programas de marketing. Novos produtos como o cereal Cracker Jack fracassaram porque os consumidores acharam as extensões de marca inadequadas.

Modelos de *brand equity*

Modelos de *brand equity* oferecem perspectivas distintas sobre o branding:

- *BrandAsset Valuator*. Modelo de *brand equity* da agência de publicidade Young and Rubicam (Y&R), o BrandAsset Valuator avalia quatro pilares do *brand equity* (veja a Figura 8.1). Marcas novas e fortes apresentam níveis mais altos de diferenciação potencial do que de relevância, ao passo que os níveis de estima e conhecimento ainda se encontram baixos. Marcas líderes apresentam níveis altos em todos os pilares. Marcas em declínio possuem alto nível de conhecimento, nível mais baixo de estima e nível mais baixo ainda de relevância e diferenciação potencial.
- *BrandZ*. As consultorias de pesquisa de marketing Millward Brown e WPP desenvolveram o modelo BrandZ de força da marca. De acordo com esse modelo, a construção de uma marca envolve uma série de etapas, que vai de um relacionamento fraco com ela a um forte (veja a Figura 8.2). Consumidores que criaram vínculos com a marca, os quais se encontram no topo da pirâmide, constroem relacionamentos mais fortes e gastam mais com ela do que aqueles que se encontram nos níveis inferiores.
- *Modelo de ressonância de marca*. O modelo de ressonância de marca também vê a construção da marca como uma série ascendente de etapas. Executar essas etapas significa estabelecer uma pirâmide de seis "blocos de construção de marca" (veja a Figura 8.3). O modelo enfatiza a dualidade das marcas: a rota racional para a construção da marca fica no lado esquerdo, e a rota emocional, no lado direito.[14]

FIGURA 8.1 MODELO BRANDASSET® VALUATOR.

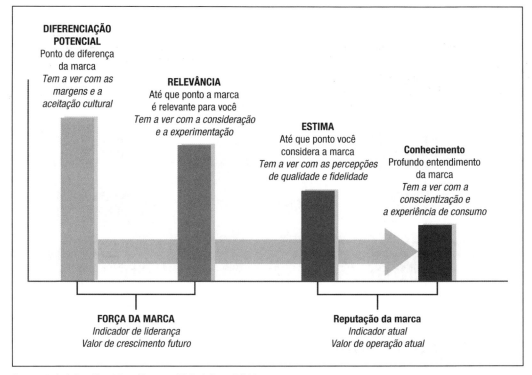

Fonte: cortesia da BrandAsset Consulting, uma divisão da Young & Rubicam.

FIGURA 8.2 PIRÂMIDE BRANDDYNAMICS™.

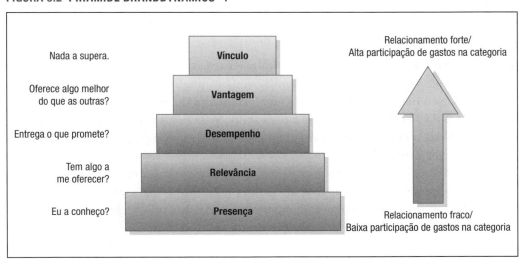

Fonte: Pirâmide BrandDynamics™. Reproduzido com permissão da Millward Brown.

FIGURA 8.3 MODELO BRANDASSET® VALUATOR.

Construção do *brand equity*

Os profissionais de marketing constroem *brand equity* criando as estruturas de conhecimento de marca certas com os consumidores certos. Esse processo depende de *todos* os contatos com a marca – iniciados ou não pela empresa.[15] Da perspectiva da administração de marketing, contudo, existem três conjuntos principais de *impulsionadores de brand equity*:

1. As escolhas iniciais dos elementos ou identidades da marca que a compõem (*nomes de marca, URLs, símbolos, caracteres, representantes*, slogans, jingles, *embalagens e sinais*). A Microsoft escolheu o nome Bing para sua ferramenta de busca também por ele estar relacionado ao momento em que a pessoa encontra o que está procurando (bingo!). Além disso, o nome é curto, possui apelo, é fácil de lembrar, é ativo e funciona em diferentes culturas.[16]
2. *O produto e todas as atividades de marketing que o acompanham e os programas de marketing que o apoiam*. A marca de roupas da Liz Claiborne de mais rápido crescimento é a Juicy Couture, comercializada como um luxo acessível que apela para um estilo de vida provocativo e possui distribuição limitada.[17]
3. *Outras associações indiretamente transferidas para a marca que a ligam a alguma outra entidade* (*uma pessoa, um lugar ou uma coisa*). O nome de marca da vodca neozelandesa

42BELOW refere-se tanto à latitude que corta a Nova Zelândia como ao teor alcoólico da bebida. A embalagem reforça a pureza associada ao país, ao mesmo tempo em que comunica o posicionamento da marca.[18]

As seções a seguir examinam cada um desses três impulsionadores de *brand equity*.

Escolha dos elementos de marca

Elementos de marca são traços próprios da empresa que identificam e diferenciam a marca. Por exemplo: a Nike possui o inconfundível logo que transmite a ideia de rapidez e um nome que é proveniente da deusa alada da vitória. É possível testar os elementos de construção da marca identificando o que os consumidores pensariam ou sentiriam em relação ao produto *se* tudo que soubessem fosse o elemento de marca que está sendo testado. Por exemplo: com base apenas no nome, o consumidor espera que o notebook Panasonic Toughbook seja durável e confiável.

Critérios de escolha dos elementos de marca. O Quadro 8.1 traz os seis critérios para escolher elementos de marca. Os três primeiros (memorável, significativo e cativante) constroem a marca. Os outros (transferível, adaptável e protegido) ajudam a reforçar e a preservar o *brand equity*.

Desenvolvimento dos elementos de marca. Os elementos de marca podem desempenhar uma série de papéis na construção da marca.[19] Se os consumidores não levantam muita informação na hora de tomar decisões, os elementos de marca devem ser fáceis de lembrar, além de inerentemente descritivos e persuasivos. A atratividade dos elementos de marca também pode aumentar a conscientização e as associações.[20] Quanto menos concretos são os benefícios da marca, mais importantes são os elementos de marca que capturam características intangíveis. É por isso que muitas companhias de seguro usam símbolos de força em sua marca (como a rocha de Gibraltar da Prudential). Contudo, a escolha do nome com um significado inerente pode dificultar a adição de outro significado ou a atualização do posicionamento.[21]

QUADRO 8.1 CRITÉRIOS DE ESCOLHA DOS ELEMENTOS DE MARCA.

Para a construção da marca	Para a defesa da marca
Memorável: o elemento é facilmente lembrado e reconhecido na compra e no consumo? Exemplo: Tide.	*Transferível:* o elemento pode ser usado em novos produtos da mesma categoria ou de outras categorias? Ele agrega *brand equity* em outras regiões e segmentos? Exemplo: Amazon.com.
Significativo: o elemento é confiável e sugestivo para a categoria? Ele sugere algo sobre um ingrediente ou um usuário da marca? Exemplo: Bom Ar.	*Adaptável:* o elemento pode ser adaptado e atualizado? Exemplo: personagens da Turma da Mônica.
Cativante: o elemento é cativante e inerentemente desejável em termos visuais e verbais, bem como em outros aspectos? Exemplo: Flickr.	*Protegido:* o elemento é protegido em termos legais e competitivos? A empresa pode manter os direitos de marca registrada? Exemplo: Yahoo!

Desenvolvimento de atividades de marketing holístico

Os clientes passam a conhecer uma marca por meio de uma série de contatos e pontos de contato: propaganda, observação e uso pessoais, boca a boca, interações com os funcionários, experiências *on-line* ou telefônicas e transações de pagamento. Um **contato de marca** é qualquer experiência positiva ou negativa apoiada por informações que um cliente atual ou potencial tem com a marca, sua categoria de produto ou seu mercado.[22] A empresa deve dedicar o mesmo esforço em gerenciar essas experiências e produzir seus anúncios.[23]

O **marketing integrado** diz respeito a mesclar e combinar atividades de marketing para maximizar seus efeitos individuais e coletivos.[24] Para conseguir isso, os profissionais de marketing precisam de uma série de diferentes atividades de marketing que reforcem, com consistência, a promessa de marca. Marcas cultuadas de sucesso são construídas com base em um marketing integrado criativo e consistente (veja a seção "Habilidades em marketing", a seguir).

Reforço das associações secundárias

A terceira e última maneira de construir *brand equity* é "emprestá-lo", associando a marca a outras informações presentes na memória dos consumidores que lhes transmitem significado. Como mostra a Figura 8.4, essas associações de marca "secundárias" podem se ligar a fontes como a empresa em si, os funcionários e as pessoas que endossam a marca, as regiões e os canais; podem se ligar também a eventos culturais ou esportivos, causas e outras fontes de terceiros.

Habilidades em marketing

Construindo uma marca cultuada

Construir uma marca cultuada pode aumentar significativamente as vendas e os lucros sem necessidade de fazer promoções caras e apelar para um mercado de massa, o que faz com que essa habilidade seja especialmente importante para empresas que trabalham com produtos não convencionais ou voltados para nichos. Para construir ou sustentar uma marca cultuada, os profissionais de marketing precisam saber criar burburinho entre os formadores de opinião. Eles também precisam saber intensificar o apelo da marca por meio do fornecimento e da distribuição. Um produto que pode ser encontrado em qualquer lugar vai parecer menos especial. Além disso, os profissionais de marketing podem montar uma estrutura para comunidades baseadas na marca, juntando os entusiastas em eventos especiais que tornam a experiência da marca mais relevante e incitam a fidelidade no longo prazo.

A Harley-Davidson sabe bem como nutrir o status de *cult* de sua marca de motocicletas para atrair clientes novos e fortalecer os laços com os clientes antigos. Quando entrou na Índia, a empresa planejou atividades exclusivas para proprietários de Harley, abriu algumas poucas concessionárias e lançou um número limitado de modelos. No mercado norte-americano, a Harley conta com a ajuda de formadores de opinião, como a banda de rock Korn, para projetar motos com estilo moderno, que têm forte apelo para os compradores mais jovens. Poucas marcas têm seguidores tão fiéis como a Harley-Davidson — e a empresa sabe trabalhar muito bem o entusiasmo de marca deles.[25]

FIGURA 8.4 FONTES SECUNDÁRIAS DE CONHECIMENTO DE MARCA.

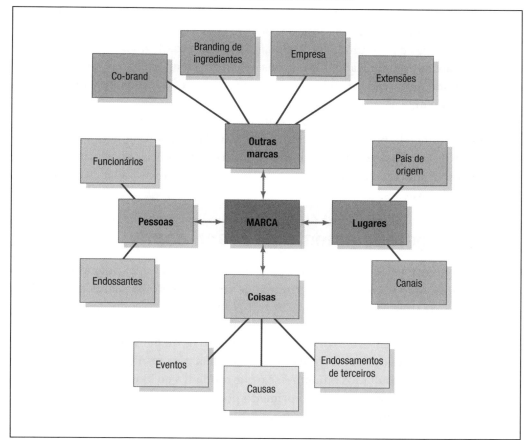

Branding interno

Os profissionais de marketing precisam "se virar" para cumprir a promessa de marca. Eles precisam adotar uma perspectiva *interna* para terem certeza de que os funcionários e os parceiros de marketing apreciam e compreendem as noções básicas do branding e como elas podem ajudar (ou prejudicar) o *brand equity*.[26] O *branding interno* consiste de atividades e processos que ajudam a informar e inspirar os funcionários.[27] Os profissionais de marketing holístico vão além, treinando os distribuidores e os incentivando a atender bem seus clientes.

Comunidades de marca

Graças em parte à Internet, as empresas estão colaborando com os consumidores para criar valor por meio de comunidades construídas ao redor da marca. Uma **comunidade**

de marca é formada por consumidores e funcionários especializados cuja identificação e atividades se concentram ao redor da marca.[28] Três características identificam comunidades de marca. São elas: (1) sensação de conexão com a marca, a empresa, o produto e os outros membros da comunidade; (2) rituais, histórias e tradições compartilhadas, que ajudam a transmitir significado; (3) responsabilidades compartilhadas pelos membros da comunidade e por cada membro.[29] O Harley Owners Group, por exemplo, é uma comunidade de marca.

Uma sólida comunidade de marca resulta em uma base de clientes mais fiel e comprometida. Protegê-la pode substituir algumas atividades com as quais a empresa, de outra maneira, teria que se envolver, aumentando a efetividade e a eficiência de marketing.[30] Uma comunidade de marca pode também ser uma fonte de ideias para melhorias de produto e inovações.

Medida e gerenciamento do *brand equity*

Como medir o *brand equity*? Uma abordagem *indireta* avalia fontes potenciais de *brand equity*, identificando e rastreando estruturas de conhecimento da marca por parte do consumidor.[31] Já uma abordagem *direta* avalia o impacto real do conhecimento da marca sobre a reação do consumidor a diferentes aspectos do marketing. Para que o *brand equity* oriente as estratégias e as decisões, os profissionais de marketing precisam saber (1) quais são as fontes de *brand equity* e como elas afetam os resultados relevantes e (2) como essas fontes e resultados mudam – se é que mudam – ao longo do tempo. Auditorias de marca são importantes para o primeiro ponto, ao passo que o rastreamento da marca é importante para o segundo.

Auditorias de marca e rastreamento da marca

Uma **auditoria de marca** consiste de uma série de procedimentos voltados para o consumidor que têm como objetivo avaliar a saúde da marca, desvendar suas fontes de *brand equity* e sugerir maneiras de aprimorá-lo e reforçá-lo. Os profissionais de marketing devem conduzir auditorias de marca quando forem elaborar seu plano de marketing e quando estiverem considerando mudanças estratégicas. A condução regular de auditorias permite aos profissionais de marketing gerenciar suas marcas de maneira proativa e responsável. *Estudos de rastreamento da marca* coletam dados quantitativos dos consumidores durante um determinado período, fornecendo informações baseadas em uma linha do tempo sobre como as marcas e os programas de marketing estão se saindo. Estudos de rastreamento mostram onde, em que medida e de que maneira está sendo criado valor de marca, facilitando a tomada de decisão de marketing.

Avaliação da marca

Os profissionais de marketing devem diferenciar *brand equity* de **avaliação da marca**, que diz respeito a estimar o valor financeiro total da marca. Em algumas empresas bastante conhecidas, o valor da marca é responsável por mais da metade de sua capitalização total no mercado. A Interbrand, empresa líder em gerenciamento de marca, desenvolveu um modelo para estimar o valor monetário de uma marca (veja a seção "Insight de marketing", a seguir).

Gerenciamento do *brand equity*

Uma vez que as respostas à atividade de marketing dependem do que os consumidores sabem e lembram sobre a marca, as ações de marketing da empresa que visam ao curto prazo e mudam o conhecimento da marca necessariamente aumentam ou diminuem o sucesso das ações futuras voltadas para o longo prazo.

Insight de marketing

Quanto vale uma marca?

A Interbrand utiliza avaliações de valor da marca como ferramenta estratégica para identificar e maximizar o retorno sobre o investimento na marca em várias áreas. Seu processo para avaliar uma marca segue cinco etapas:

1. *Segmentação de mercado:* a Interbrand divide o(s) mercado(s) em que a marca é vendida em segmentos que não se misturam, os quais ajudam a determinar variações no valor econômico da marca.
2. *Análise financeira:* a empresa avalia o preço, o volume e a frequência de compra da marca a fim de prever suas receitas futuras. Ela deduz todos os custos operacionais associados, obtendo o lucro antes de encargos financeiros e impostos (Ebit – *earnings before interest and tax*). Deduz também os impostos e uma taxa pelo capital empregado para operar os negócios paralelos, os quais levam a ganhos intangíveis, que são atribuídos aos ativos intangíveis da empresa.
3. *Papel do branding:* a avaliação do papel do branding, baseada em pesquisa de mercado, leva à porcentagem de ganhos intangíveis que a marca gera. Multiplicando o papel do branding pelos ganhos intangíveis, têm-se os ganhos da marca.
4. *Força da marca:* a Interbrand avalia o perfil da força da marca para determinar a probabilidade de ela obter os ganhos previstos. Para cada segmento, a Interbrand determina um prêmio de risco da marca e agrega esse prêmio a uma taxa livre de risco, representada por títulos do governo. Aplicando a taxa de desconto da marca à sua previsão de ganhos, tem-se o valor presente líquido dos ganhos da marca.
5. *Cálculo do valor da marca:* o valor da marca é o valor presente líquido (VPL) dos ganhos previstos descontada a taxa de desconto da marca. Esse cálculo de VPL reflete a capacidade das marcas de gerar ganhos futuros.

Fontes: Interbrand; glossário de marcas da Interbrand; Nik Stucky e Rita Clifton, da Interbrand.

Reforço da marca. Os profissionais de marketing podem reforçar o *brand equity* de maneira consistente transmitindo o significado da marca em termos de (1) quais produtos ela representa, quais benefícios centrais oferece e quais necessidades satisfaz e (2) como a marca torna os produtos superiores e quais associações fortes, favoráveis e exclusivas devem existir na mente dos consumidores.[32] A marca tem que estar sempre seguindo em frente, na direção certa, com ofertas e marketing novos e persuasivos. Embora haja pouca necessidade de desviar de um posicionamento bem-sucedido, muitas mudanças táticas podem ser necessárias para manter o impulso e a direção estratégica da marca ao longo do tempo. Quando a mudança é necessária, os profissionais de marketing devem preservar e defender com vigor as fontes de *brand equity*.

Revitalização da marca. Qualquer fato novo no ambiente de marketing pode afetar o sucesso de uma marca. Contudo, uma série de marcas conseguiu se recuperar de maneira impressionante nos últimos anos.[33] Após tempos difíceis, a Burberry, a Fiat e a Volkswagen recuperaram o sucesso de suas marcas em diferentes níveis.

Em geral, a primeira coisa a fazer ao revitalizar uma marca é entender as fontes originais de *brand equity*. As associações positivas estão perdendo sua força ou singularidade? Associações negativas se ligaram à marca? Em seguida, é preciso decidir sobre a manutenção do posicionamento ou a criação de outro. Às vezes, o programa de marketing é um problema, pois não cumpre a promessa de marca; nesse caso, uma estratégia de "retorno às origens" pode fazer sentido. Em outros casos, o antigo posicionamento não é mais viável e uma estratégia de reinvenção é necessária. No *continuum* das estratégias de revitalização, em um extremo estão as estratégias puras de "retorno às origens" e, no outro, as estratégias puras de "reinvenção". O desafio é mudar o suficiente para atrair novos clientes, mas não o bastante para deixar de lado os antigos. Praticamente todo tipo de revitalização de marca começa com o produto.[34]

Planejamento de uma estratégia de branding

A **estratégia de branding** de uma empresa reflete a quantidade e a natureza de elementos de marca comuns aos diferentes produtos comercializados pela empresa; e característicos de determinados produtos específicos. Decidir como estabelecer a marca de novos produtos é essencialmente fundamental. Uma empresa tem três principais escolhas: (1) desenvolver novos elementos de marca para o novo produto; (2) aplicar alguns de seus elementos de marca já existentes; (3) usar uma combinação de elementos de marca novos e existentes (veja as definições no Quadro 8.2).

QUADRO 8.2 BRANDING DE NOVOS PRODUTOS.

Conceito	Definição
Extensão de marca	Utilizar uma marca estabelecida para lançar um novo produto.
Submarca	Combinar nova marca com uma já existente.
Marca-mãe	Marca existente que origina uma extensão de marca ou submarca.
Marca de família	Marca-mãe associada a diversas extensões de marca.
Extensão de linha	Utilizar uma marca-mãe em um novo produto dentro de uma categoria que ela atende (por exemplo: novos sabores ou cores).
Extensão de categoria	Utilizar uma marca-mãe para ingressar em uma categoria diferente daquela que ela atende.
Linha de marca	Todos os produtos (incluindo extensões de linha e de categoria) vendidos com determinada marca.
Mix de marca	Conjunto de todas as linhas de marca que determinado fornecedor oferece.
Variantes de marca	Linhas específicas de marca fornecidas a determinados varejistas ou canais de distribuição.
Produto licenciado	Utilizar o nome de marca licenciado de uma empresa ou um produto feito por outra empresa.

Decisões de branding

Hoje em dia, dificilmente algo fica sem marca. Supondo que uma empresa decida estabelecer uma marca para suas ofertas, ela precisa escolher quais nomes de marca usar. Três estratégias gerais para isso são:

- *Nomes de família de marca separados ou individuais.* Se o produto for um fracasso ou der a impressão de ter baixa qualidade, a reputação da empresa não será prejudicada porque as marcas são separadas. Geralmente, as empresas utilizam diferentes nomes de marca para diferentes linhas de qualidade dentro da mesma classe de produtos. A General Mills usa diversos nomes de marca individuais, como Nature Valley para barras de granola e Wheaties para cereal.
- *Nome de marca da empresa ou guarda-chuva corporativo.* Muitas empresas, como a Heinz e a GE, utilizam sua marca corporativa como uma marca guarda-chuva que se estende por toda sua gama de produtos.[35] Os custos de desenvolvimento são mais baixos e as vendas tendem a ser sólidas se o nome da empresa for bem conceituado. Associações da imagem corporativa com inovação, especialidade e confiança têm se mostrado influenciadores diretos das avaliações do consumidor.[36]
- *Nome de submarca.* As submarcas combinam dois ou mais nomes de marca corporativos, de família ou individuais. A Kellogg faz isso ao combinar sua marca corporativa com marcas de produto individuais, como Kellogg's Rice Krispies. O nome da empresa legitima o novo produto, ao passo que o nome individual o individualiza.

O uso de nomes de marca de família separados ou individuais tem sido chamado de estratégia de "marcas individuais" (*house of brands*), ao passo que o uso de nome de marca corporativo ou de guarda-chuva corporativo tem sido chamado de estratégia de "guarda-chuva" (*branded house*). Essas duas estratégias representam os extremos de um *continuum* de relacionamento de marca. Uma estratégia de submarca fica em algum lugar entre esses dois extremos, dependendo de quais componentes da submarca são mais enfatizados.

Portfólios de marca

O **portfólio de marca** é o conjunto de todas as marcas e linhas de marca que uma determinada empresa oferece para venda em uma categoria ou um segmento de mercado específico. Seu princípio básico consiste em maximizar a abrangência de mercado de modo que nenhum cliente potencial seja ignorado, mas minimizar a sobreposição de marcas para que elas não concorram pela aprovação do cliente. Cada marca deve ser claramente diferenciada e se voltar para um segmento com tamanho suficiente para justificar seus custos de marketing e produção.[37] Os profissionais de marketing precisam monitorar os portfólios de marca cuidadosamente ao longo do tempo, a fim de identificar marcas fracas e exterminar aquelas que não são lucrativas.[38]

Como parte de um portfólio, as marcas também podem desempenhar uma série de papéis específicos:

- *Marcas de combate.* As marcas de cobate ou de flanco são posicionadas em relação às concorrentes de modo que os carros-chefes – as marcas mais importantes (e lucrativas) – possam manter o posicionamento desejado. As marcas de combate não devem ser muito atrativas, para não tirarem vendas das marcas similares de preço mais alto. Elas também não devem ser muito baratas, para não refletirem inferioridade em relação a essas marcas.
- *Vacas leiteiras.* Algumas marcas podem ser mantidas mesmo com as vendas reduzidas porque permanecem lucrativas com praticamente nenhum apoio de marketing. As empresas podem "ordenhar" essas marcas "vacas leiteiras" capitalizando suas reservas de *brand equity*.
- *Marcas de entrada de nível básico.* No portfólio, o papel de uma marca de preço relativamente baixo pode ser atrair clientes para uma franquia de marca. Os varejistas dão destaque a esses "chamarizes" porque eles são capazes de "conduzir" os clientes para uma marca mais cara.
- *Alto prestígio, alto nível.* Uma marca de preço relativamente alto pode agregar prestígio e credibilidade ao portfólio todo.

Extensões de marca

Muitas empresas reforçam seu ativo mais valioso lançando produtos com seus nomes de marca mais fortes. De fato, a maioria dos novos produtos é proveniente de extensões de linha – geralmente, de 80 a 90% dos lançamentos no ano. Além disso, muitos dos novos produtos mais bem-sucedidos são extensões, apesar de vários produtos novos serem lançados com marcas novas.

Vantagens das extensões de marca. As extensões de marca podem aumentar as chances de sucesso de novos produtos. Isso porque os consumidores criam expectativas com relação a um novo produto com base no que sabem sobre a marca-mãe e na medida em que sentem que essa informação é importante.[39] Ao estabelecer expectativas positivas, as extensões reduzem os riscos.[40] Além disso, pode ser mais fácil convencer os varejistas a estocar e promover uma extensão de marca. A campanha de lançamento de uma extensão não precisa gerar conscientização da marca e do novo produto; ela pode se concentrar apenas no novo produto.[41]

As extensões podem, assim, reduzir os custos de lançamento – algo bastante importante, tendo em vista que, nos Estados Unidos, estabelecer um novo nome de marca para um produto de consumo pode custar mais de 100 milhões de dólares! Elas também evitam as dificuldades – e os gastos – de apresentar um novo nome. As extensões possibilitam ganhos de eficiência na embalagem e na rotulagem e dão à marca mais destaque na loja.[42] Com um portfólio variado de marcas, os consumidores que quiserem trocar de marca podem migrar para um tipo diferente de produto sem deixar a família da marca.

A segunda vantagem diz respeito ao fato de as extensões de marca poderem oferecer benefícios em forma de *feedback*.[43] Elas podem ajudar a aclarar o significado de uma marca e seus benefícios centrais ou intensificar a fidelidade à empresa que está por trás da extensão.[44] As extensões de linha podem renovar o interesse e o desejo pela marca, bem como beneficiar a marca-mãe, expandindo a cobertura de mercado. Uma extensão de sucesso também pode gerar extensões subsequentes.[45]

Desvantagens das extensões de marca. As extensões de linha podem fazer com que o nome de marca não seja fortemente identificado a nenhum produto.[46] A **diluição da marca** ocorre quando os consumidores deixam de associar a marca a um produto específico ou a um conjunto altamente parecido de produtos e começam a lhe dar menos importância. Quando os consumidores consideram uma extensão inapropriada, eles podem questionar a integridade da marca, bem como ficar confusos ou frustrados: qual versão é a "correta" para eles? Os varejistas rejeitam muitos novos produtos e marcas por falta de espaço nas prateleiras ou nas gôndolas. Além disso, a própria empresa pode ficar sobrecarregada. Outra desvantagem da extensão de marca é que a empresa deixa de criar uma nova marca, com uma imagem única e *brand equity*.

O pior cenário possível para uma extensão é quando ela fracassa e prejudica a marca-mãe no processo. Felizmente, isso é raro acontecer. Os "fracassos de marketing", em que poucos consumidores são atraídos para a marca, costumam ser muito menos prejudiciais do que os "fracassos de produto", em que a marca basicamente não cumpre sua promessa. Mesmo assim, os fracassos de produto só diluem o *brand equity* quando a extensão é considerada muito similar à marca-mãe.

Mesmo quando as vendas de uma extensão de marca atingem seus objetivos, a receita pode ser proveniente de consumidores que optaram pela extensão, em detrimento das ofertas já existentes da marca-mãe, canibalizando-a. Em vendas, mudanças intramarcas podem não ser indesejáveis se assumirem a forma de canibalização antecipada. Em outras palavras, os consumidores poderiam ter migrado para uma marca concorrente se a extensão de linha não tivesse sido introduzida. O sabão em pó Tide possui a mesma participação de mercado há 50 anos graças à contribuição de vendas de muitas de suas extensões de linha.

Características do sucesso. Os profissionais de marketing devem julgar toda potencial extensão de marca considerando até que ponto, em termos efetivos, ela combina com o *brand equity* existente da marca-mãe e o reforça, bem como contribui com ele e sua lucratividade.[47] Um grande erro na hora de avaliar oportunidades de extensão consiste em não considerar *todas* as estruturas de conhecimento da marca dos consumidores e, em vez disso, se concentrar em uma ou algumas associações como base potencial de ligação.[48]

Customer equity

Por fim, podemos relacionar o *brand equity* a outro importante conceito de marketing, o *customer equity*. O objetivo da gestão do relacionamento com o cliente (*customer relationship management* – CRM) é gerar um alto *customer equity*.[49] Embora possamos calculá-lo de diferentes maneiras, uma de suas definições diz que ele é "a soma dos valores vitalícios de todos os clientes ao longo do tempo".[50]

As perspectivas de *brand equity* e *customer equity* compartilham muitas coisas em comum.[51] Ambas enfatizam a importância da fidelidade do cliente e a ideia de que criamos valor mantendo o maior número possível de clientes pagando o preço mais alto possível. Contudo, o *customer equity* se concentra no valor financeiro final e oferece uma orientação limitada sobre a construção de marcas e estratégias de mercado, não levando totalmente em conta as ações dos concorrentes, os efeitos da rede social, o boca a boca e as recomendações entre os clientes.

O *brand equity*, por outro lado, não apenas enfatiza o lado estratégico do gerenciamento de marcas, como também cria e reforça a consciência e a imagem de marca, oferecendo orientações para as atividades de marketing. Contudo, ao se concentrar nas marcas, os gerentes nem sempre desenvolvem análises detalhadas dos clientes em termos do *brand equity* que eles alcançaram ou da lucratividade de longo prazo que geraram.[52] A abordagem do *brand equity* poderia se beneficiar de uma segmentação mais precisa possibilitada por análises de nível de cliente e considerações adicionais sobre como desenvolver programas de marketing personalizados, customizados para cada cliente.

No entanto, tanto o *brand equity* como o *customer equity* são importantes. A marca serve de "isca", que os varejistas e outros intermediários de canal usam para atrair clientes, de quem extraem valor. Os clientes, ao monetizarem o valor da marca, representam seu motor de lucros tangíveis.

Resumo

Uma marca é um nome, termo, sinal, símbolo, design ou uma combinação de tudo isso destinada a identificar as ofertas de um fornecedor ou grupo de fornecedores para diferenciá-las das dos concorrentes. As marcas oferecem uma série de benefícios para os clientes e as empresas e precisam ser gerenciadas com cuidado. O *brand equity* deve ser definido em termos dos efeitos do marketing atribuíveis unicamente a uma marca. Três impulsionadores do *brand equity* são: (1) as escolhas iniciais dos elementos ou identidades que compõem a marca; (2) a maneira como a marca é integrada em um programa de marketing de apoio; (3) as associações que são indiretamente transferidas para a marca, as quais a ligam a alguma outra entidade.

Uma estratégia de branding identifica quais elementos de marca uma empresa escolhe para aplicar a seus vários produtos. Em uma extensão de marca, a empresa coloca um nome de marca estabelecido em um novo produto. Potenciais extensões devem ser julgadas considerando-se em que medida elas reforçam o *brand equity* existente e contribuem para o *brand equity* da marca-mãe. *Customer equity* é um conceito complementar ao *brand equity* que reflete a soma do valor vitalícios de todos os clientes da marca ao longo do tempo.

Notas

1. EVANS, Suzy. Om: national yoga month. **Fast Company**, 1 set. 2010; ARONOFF, Jen. Health and happiness: Lululemon's Yoga-inspired athletic apparel brands its way into Charlotte's heart. **Charlotte Observer**, July 1, 2010; MCCONNON, Alli. Lululemon's next workout. **BusinessWeek**, p. 43-44, June 9, 2008; SACKS, Danielle. Lululemon's cult of selling. **Fast Company**, Mar. 2009; URSTADT, Bryant. Lust for Lulu. **New York Magazine**, July 26, 2009.
2. Para um trabalho pioneiro sobre branding, veja: KAPFERER, Jean-Noel. **The new strategic brand management**, 4.ed. Nova York: Kogan Page, 2008; AAKER, David A.; JOACHIMSTHALER, Erich. **Brand leadership**. Nova York: Free Press, 2000; AAKER, David A. **Building strong brands**. Nova York: Free Press, 1996; AAKER, David A. **Managing brand equity**. Nova York: Free Press, 1991.
3. SURI, Rajneesh; MONROE, Kent B. The effects of time pressure on consumers' judgments of prices and products. **Journal of Consumer Research**, 30, p. 92-104, Jun. 2003.
4. CLIFTON, Rita; SIMMONS, John (eds.). **The economist on branding**. Nova York: Bloomberg Press, 2004; RIEZEBOS, Rik. **Brand management: a theoretical and practical approach**. Essex: Pearson Education, 2003; TEMPORAL, Paul. **Advanced brand management: from vision to valuation**. Cingapura: Wiley, 2002.
5. BAGLEY, Constance E. **Managers and the legal environment: strategies for the 21st century**. 3.ed. Cincinnati: South-Western College/West Publishing, 2005. Para um ponto de vista acadêmico do marketing sobre algumas importantes questões legais, veja: ZAICHKOWSKY, Judith. **The psychology behind trademark infringement and counterfeiting**. Mahwah: LEA Publishing, 2006 e MORRIN, Maureen; JACOBY, Jacob. Trademark dilution: empirical measures for an elusive concept. **Journal of Public Policy & Marketing**, 19, nº 2, p. 265-276, May 2000; MORRIN, Maureen; LEE, Jonathan; ALLENBY, Greg M. Determinants of trademark dilution. **Journal of Consumer Research**, 33, p. 248-257, Sep. 2006.
6. ERDEM, Tulin. Brand equity as a signaling phenomenon. **Journal of Consumer Psychology**, 7, nº 2, p. 131-157, 1998; SWAIT, Joffre; ERDEM, Tulin. Brand effects on choice and choice set formation under uncertainty. **Marketing Science**, 26, nº 5, p. 679-697, Sep./Oct. 2007; ERDEM, Tulin; SWAIT, Joffre; VALENZUELA, Ana. Brands as signals: a cross-country validation study, **Journal of Marketing**, 70, p. 34-49, Jan. 2006.
7. DAVIS, Scott. **Brand asset management: driving profitable growth through your brands**. São Francisco: Jossey-Bass, 2000; SULLIVAN, Mary W. How brand names affect the demand for twin automobiles. **Journal of Marketing Research**, 35, p. 154-165, May 1998; BELLO, D. C.; HOLBROOK, M. B. Does an absence of brand equity generalize across product classes? **Journal of Business Research**, 34, p. 125-131, Oct. 1996.
8. Para uma discussão sobre como os consumidores se sentem fortemente atraídos por pessoas como marcas, veja: THOMSON, Matthew. Human brands: investigating antecedents to consumers' stronger attachments to celebrities. **Journal of Marketing**, 70, p. 104-119, Jul. 2006. Para dicas

de *branding* do mundo dos esportes, veja: REIN, Irving; KOTLER, Philip; SHIELDS, Ben. **The elusive fan:** reinventing sports in a crowded marketplace. Nova York: McGraw-Hill, 2006.

9. KELLER, Kevin Lane. **Strategic brand management**, 3.ed. Upper Saddle River: Prentice Hall, 2008; AAKER, David A.; JOACHIMSTHALER, Erich. **Brand leadership**. Nova York: Free Press, 2000; AAKER, David A. **Building strong brands**. Nova York: Free Press, 1996; AAKER, David A. **Managing brand equity**. Nova York: Free Press, 1991.

10. Outras abordagens se baseiam em princípios econômicos. Veja, por exemplo: ERDEM, Tulin. Brand equity as a signaling phenomenon. **Journal of Consumer Psychology**, 7, nº 2, 1998. p. 131--157. Outras ainda possuem uma perspectiva sociológica, antropológica ou biológica. Veja, por exemplo: MCCRACKEN, Grant. **Culture and consumption II:** markets, meaning, and brand management. Bloomington: Indiana University Press, 2005; FOURNIER, Susan. Consumers and their brands: developing relationship theory in consumer research. **Journal of Consumer Research**, 24, p. 343-373, Sep. 1998./ THOMPSON, Craig J.; RINDFLEISCH, Aric; ARSEL, Zeynep. Emotional branding and the strategic value of the Doppelganger brand image. **Journal of Marketing**, 70, p. 50-64, Jan. 2006.

11. KELLER, Kevin Lane. **Strategic brand management**, 3.ed. Upper Saddle River: Prentice Hall, 2008.

12. LEVITT, Theodore. Marketing success through differentiation – of anything. **Harvard Business Review**, p. 83-91, Jan./Feb. 1980.

13. AILAWADI, Kusum. Donald R. Lehmann e Scott Neslin. Revenue premium as an outcome measure of brand equity. **Journal of Marketing**, 67, p. 1-17, Oct. 2003.

14. KELLER, Kevin Lane. Building customer-based brand equity: a blueprint for creating strong brands. **Marketing Management**, 10, p. 15-19, July/Aug. 2001.

15. ATAMAN, M. Berk; MELA, Carl F.; HEERDE, Harald J. van. Building brands. **Marketing Science**, 27, nº 6, p. 1036-1054, Nov./Dec. 2008.

16. MOSSBERG, Walter. Is Bing the thing? **Wall Street Journal**, p. R4, June 2, 2009; Burt Heim, The dubbing of 'Bing'. **BusinessWeek**, p. 23, June 15, 2009; WASSERMAN, Todd. Why Microsoft chose the name 'Bing'. **Brandweek**, p. 33, June 1, 2009.

17. DODES, Rachel. From tracksuits to fast track. **Wall Street Journal**, September 13, 2006.

18. "42BELOW". Disponível em: <www.betterbydesign.org.nz>. Acesso em: September 14, 2007.

19. WHEELER, Alina. **Designing brand identity**. Hoboken: Wiley, 2003.

20. FALLON, Pat; SENN, Fred. **Juicing the orange:** how to turn creativity into a powerful business advantage. Cambridge: Harvard Business School Press, 2006; YORKSTON, Eric A.; MENON, Geeta. A sound idea: phonetic effects of brand names on consumer judgments. **Journal of Consumer Research**, 31, June p. 43-51; LOWERY, Tina M.; SHRUM, L. J. Phonetic symbolism and brand name preference. **Journal of Consumer Research**, 34, p. 406-414, Oct. 2007.

21. DOYLE, John R.; BOTTOMLY, Paul A. Dressed for the occasion: font-product congruity in the perception of logotype. **Journal of Consumer Psychology**, 16, nº 2, p. 112-123, 2006; KELLER, Kevin Lane; HECKLER, Susan; HOUSTON, Michael J. The effects of brand name suggestiveness on advertising recall. **Journal of Marketing**, 62, p. 48-57, Jan. 1998. Para mais informações sobre como os nomes de marca se desenvolveram, veja: FRANKEL, Alex. **Wordcraft:** the art of turning little words into big business. Nova York: Crown Publishers, 2004.

22. SCHULTZ, Don; SCHULTZ, Heidi. **IMC:** the next generation. Nova York: McGraw-Hill, 2003; SCHULTZ, Don E.; TANNENBAUM, Stanley I.; LAUTERBORN, Robert F. **Integrated marketing communications**. Lincolnwood: NTC Business Books, 1993.

23. SAWHNEY, Mohanbir. Don't harmonize, synchronize. **Harvard Business Review**, p. 101-108, July/Aug. 2001.

24. IACOBUCCI, Dawn; CALDER, Bobby (eds.). **Kellogg on integrated marketing**. Nova York: Wiley, 2003.

25. WELSH, Jonathan. Harley-Davidson seeks young buyers at concerts. **Wall Street Journal**, July 13, 2010; HARLEY Davidson to bring HOG to India for cruise biking. **Times of India**, July 14, 2010; CAN INDIA have cult brands? **Business Standard**, May 29, 2007.

26. DUNN, Michael; DAVIS, Scott. Building brands from the inside. **Marketing Management**, p. 32--37, May/Jun. 2003; Scott Davis e Michael Dunn, **Building the brand-driven business**. Nova York: Wiley, 2002.

27. MAKLAN, Stan; KNOX, Simon. **Competing on value**. Upper Saddle River: Financial Times, Prentice Hall, 2000.

28. MCALEXANDER, James H.; SCHOUTEN, John W.; KOENIG, Harold F. Building brand community. **Journal of Marketing**, 66, p. 38-54, Jan. 2002. Para mais informações sobre comunidades de marca, veja: ALGESHEIMER, René; DHOLAKIA, Utpal M.; HERRMANN, Andreas. The social influence of brand community: evidence from European car clubs. **Journal of Marketing**, 69, p. 19-34, Jul. 2005; MUNIZ JR., Albert M.; SCHAU, Hope Jensen. Religiosity in the Abandoned Apple Newton brand community. **Journal of Consumer Research**, 31, nº 4, p. 412-432, 2005; KOZINETS, Robert. Utopian enterprise: articulating the meanings of Star Trek's culture of consumption. **Journal of Consumer Research**, 28, p. 67-87, Jun. 2001; SCHOUTEN,

John W.; MCALEXANDER, James H. Subcultures of consumption: an ethnography of new bikers. **Journal of Consumer Research**, 22, p. 43-61, Jun. 1995.
29. MUNIZ JR., Albert M.; O'GUINN, Thomas C. Brand community. **Journal of Consumer Research**, 27, p. 412-432, Mar. 2001.
30. THOMPSON, Scott A.; SINHA, Rajiv K. Brand communities and new product adoption: the influence and limits of oppositional loyalty. **Journal of Marketing**, 72, p. 65-80, Nov. 2008.
31. JOHN, Deborah Roeddder; LOKEN, Barbara; KIM, Kyeong-Heui; MONGA, Alokparna Basu. Brand concept maps: a methodology for identifying brand association networks. **Journal of Marketing Research**, 43, p. 549-563, Nov. 2006.
32. Para uma discussão sobre os fatores que determinam o sucesso do branding no longo prazo, veja: ADAMSON, Allen P. **Brand simple**. Nova York: Palgrave Macmillan, 2006.
33. LIGHT, Larry; KIDDON, Joan. **Six rules for brand revitalization**. Upper Saddle River: Wharton School Publishing, 2009.
34. SLOTEGRAAF, Rebecca J.; PAUWELS, Koen. The impact of brand equity and innovation on the long-term effectiveness of promotions. **Journal of Marketing Research**, 45, p. 293-306, Jun. 2008.
35. Para orientações de **branding corporativo**, veja: GREGORY, James R. **The best of branding**: best practices in corporate branding. Nova York: McGraw-Hill, 2004. Para perspectivas internacionais, veja: SCHULTZ, Majken; HATCH, Mary Jo; LARSEN, Mogens Holten (eds.). **The expressive organization:** linking identity, reputation, and corporate brand. Oxford: Oxford University Press, 2000; SCHULTZ, Majken; ANTORINI, Yun Mi; CSABA, Fabian F. (eds.). **Corporate branding:** purpose, people, and process. Dinamarca: Copenhagen Business School Press, 2005.
36. BERENS, Guido; Cees RIEL, B. M. van; BRUGGEN, Gerrit H. van. Corporate associations and consumer product responses: the moderating role of corporate brand dominance. **Journal of Marketing**, 69, p. 35-48, Jul. 2005; GÜRHAN-CANLI, Zeynep; BATRA, Rajeev. When corporate image affects product evaluations: the moderating role of perceived risk. **Journal of Marketing Research**, 41, p. 197-205, May 2004; KELLER, Kevin Lane; AAKER, David A. Corporate-level marketing: the impact of credibility on a company's brand extensions. **Corporate Reputation Review**, 1, p. 356-378, Aug. 1998; BROWN, Thomas J.; DACIN, Peter. The company and the product: corporate associations and consumer product responses. **Journal of Marketing**, 61, p. 68-84, Jan. 1997; BIEHAL, Gabriel J.; SHEININ, Daniel A. The influence of corporate messages on the product portfolio. **Journal of Marketing**, 71, p. 12-25, Apr. 2007.

37. TROUT, Jack. **Differentiate or die:** survival in our era of killer competition. Nova York: Wiley, 2000; RAMDAS, Kamalini; SAWHNEY, Mohanbir. A cross-functional approach to evaluating multiple line extensions for assembled products. **Management Science**, 47, n° 1, p. 22-36, Jan. 2001.
38. KUMAR, Nirmalya. Kill a brand, keep a customer. **Harvard Business Review**, p. 87-95, Dec. 2003.
39. KIM, Byung-Do; Mary W. Sullivan. The effect of parent brand experience on line extension trial and repeat purchase. **Marketing Letters**, 9, p. 181-193, Apr. 1998.
40. MILEWICZ, John; Paul Herbig. Evaluating the brand extension decision using a model of reputation building. **Journal of Product & Brand Management**, 3, n° 1, p. 39-47, Jan. 1994; KELLER, Kevin Lane; AAKER, David A. The effects of sequential introduction of brand extensions. **Journal of Marketing Research**, 29, p. 35-50, Feb. 1992.
41. TAYLOR, Valarie A.; Bearden, William O. Ad spending on brand extensions: does similarity matter? **Journal of Brand Management**, 11, p. 63-74, Sep. 2003; BRIDGES, Sheri; KELLER, Kevin Lane; SOOD, Sanjay. Communication strategies for brand extensions: enhancing perceived fit by establishing explanatory links. **Journal of Advertising**, 29, Winter 2000. p. 1-11.; Smith, Daniel C. Brand extension and advertising efficiency: what can and cannot be expected. **Journal of Advertising Research**, p. 11-20, Nov./Dec. 1992; SMITH, Daniel C.; PARK, C. Whan. The effects of brand extensions on market share and advertising efficiency. **Journal of Marketing Research**, 29, p. 296-313, Aug. 1992.
42. LANS, Ralf van der; PIETERS, Rik; WEDEL, Michel. Competitive brand salience. **Marketing Science**, 27, n° 5, p. 922-931, Sep./Oct. 2008.
43. BALACHANDER, Subramanian; GHOSE, Sanjoy. Reciprocal spillover effects: a strategic benefit of brand extensions. **Journal of Marketing**, 67, n° 1, p. 4-13, Jan. 2003.
44. ANAND, Bharat N.; SHACHAR, Ron. Brands as beacons: a new source of loyalty to multiproduct firms. **Journal of Marketing Research**, 41, p. 135-150, May 2004.
45. KELLER, Kevin Lane; AAKER, David A. The effects of sequential introduction of brand extensions. **Journal of Marketing Research**, 29, p. 35-50, Feb. 1992. Para implicações relacionadas ao consumidor, veja: MAO, Huifung; KRISHNAN, H. Shanker. Effects of prototype and exemplar fit on brand extension evaluations: a two-process contingency model. **Journal of Consumer Research**, 33, p. 41-49, June 2006; SHINE, Byung Chul; PARK, Jongwon; WYER JR., Robert S. Brand synergy effects in multiple brand extensions. **Journal of Marketing Research**, 44, p. 663-670, Nov. 2007.
46. MORRIN, Maureen. The impact of brand extensions on parent brand memory structures and retrieval pro-

cesses. **Journal of Marketing Research**, 36, nº 4, p. 517-525, Nov. 1999; QUELCH, John A.; KENNY, David. Extend profits, not product lines. **Harvard Business Review**, p. 153-160, Sep./Oct. 1994; Perspectivas dos editores. The logic of product-line extensions. **Harvard Business Review**, p. 53-62, Nov./Dec. 1994.

47. JOHN, Deborah Roedder; LOKEN, Barbara; JOINER, Christopher. The negative impact of extensions: can flagship products be diluted. **Journal of Marketing**, p. 19-32, Jan. 1998; BRONIARCYZK, Susan M.; ALBA, Joseph W. The importance of the brand in brand extension. **Journal of Marketing Research**, p. 214-228, May 1994; LOKEN, Barbara; JOHN, Deborah Roedder. Diluting brand beliefs: when do brand extensions have a negative impact? **Journal of Marketing**, p. 71-84, Jul. 1993. Veja também: PULLIG, Chris; SIMMONS, Carolyn; NETEMEYER, Richard G. Brand dilution: when do new brands hurt existing brands? **Journal of Marketing**, 70, p. 52-66, Apr. 2006; AHLUWALIA, R.; GÜRHAN-CANLI, Z. The effects of extensions on the family brand name: an accessibility-diagnosticity perspective. **Journal of Consumer Research**, 27, p. 371-381, Dec. 2000; GÜRHAN-CANLI, Z.; DURAIRAJ, M. The effects of extensions on brand name dilution and enhancement. **Journal of Marketing Research**, 35, p. 464-473, Nov. 1998; MILBERG, S. J.; PARK, C. W.; MCCARTHY, M. S. Managing negative feedback effects associated with brand extensions: the impact of alternative branding strategies. **Journal of Consumer Psychology**, 6, p. 119-140, 1997; VÖLCKNER, Franziska; SATTLER, Henrik. Drivers of brand extension success. **Journal of Marketing**, 70, p. 1-17, Apr. 2006.

48. BERTHON, Pierre; HOLBROOK, Morris B.; HULBERT, James M.; PITT, Leyland F. Viewing brands in multiple dimensions. MIT **Sloan Management Review**, p. 37-43, Winter 2007.

49. RUST, Roland T.; ZEITHAML, Valerie A.; LEMON, Katherine A. Measuring customer equity and calculating marketing ROI. GROVER, Rajiv; VRIENS, Marco (eds.). **Handbook of marketing research**. Thousand Oaks: Sage Publications, 2006. p. 588--601; RUST, Roland T.; ZEITHAML, Valerie A.; LEMON, Katherine A. **Driving customer equity**. Nova York: Free Press, 2000.

50. BLATTBERG, Robert C.; DEIGHTON, John. Manage marketing by the customer equity test. **Harvard Business Review**, p. 136-144, July/Aug. 1996.

51. Grande parte dessa seção é baseada em: LEONE, Robert; RAO, Vithala; KELLER, Kevin Lane; LUO, Man; MCALISTER, Leigh; SRIVATSTAVA, Rajendra. Linking brand equity to customer equity. **Journal of Service Research**, 9, p. 125-138, Nov. 2006.

52. DAWAR, Niraj. What are brands good for? MIT **Sloan Management Review**, p. 31-37, fall 2004.

**PARTE 3:
Construindo
marcas fortes**

capítulo **9**

Desenvolvimento eficaz do posicionamento da marca e da competitividade

Neste capítulo, abordaremos as seguintes questões:

1. Como uma empresa desenvolve e estabelece um posicionamento eficaz?
2. Como as marcas se diferenciam?
3. Como os profissionais de marketing podem identificar e analisar a concorrência?
4. Como empresas líderes, desafiantes, seguidoras e ocupantes de nicho podem competir de maneira efetiva?

Administração de marketing na Method

A Method Products é uma ideia concebida por dois antigos amigos de escola, Eric Ryan e Adam Lowry. Eles perceberam que, apesar de enorme, a categoria de produtos de limpeza doméstica era incrivelmente entediante. Assim, Ryan e Lowry desenvolveram uma embalagem para sabão charmosa e despojada que tinha também uma vantagem funcional – ela foi projetada para deixar o sabão sair pela parte de baixo, de modo que os usuários jamais precisassem virá-la de cabeça para baixo.

Ao criar uma linha singular de produtos de limpeza não tóxicos e biodegradáveis, com cores brilhantes e design insinuante, a Method cresceu, alcançando mais de 100 milhões de dólares em receitas. Sua grande oportunidade veio quando ela colocou seus produtos no Target, que desenvolve parcerias com empresas conhecidas por seu design para oferecer produtos diferenciados a um preço acessível. Agora, o desafio da Method é se diferenciar não só pelo design, para que possa concorrer de maneira eficiente e evitar cópias que corroam a elegância da marca. A empresa, com um orçamento de marketing limitado, está capitalizando sobre o interesse em produtos verdes, ao enfatizar ingredientes que não agridem o meio ambiente.[1]

Criar um posicionamento de marca persuasivo, que seja realmente diferenciado, como a Method fez, requer um aguçado entendimento das necessidades e dos desejos do consumidor, dos recursos do cliente e das ações da concorrência. Neste capítulo, delineamos um processo por meio do qual os profissionais de marketing podem atingir um posicionamento de marca sólido. Também analisamos o papel dos concorrentes e como gerenciar marcas com base em seu posicionamento de mercado.

Desenvolvimento e implementação de um posicionamento de marca

Todas as estratégias de marketing são construídas com base na segmentação, no mercado-alvo e no posicionamento. Uma empresa descobre diferentes grupos e necessidades no mercado, mira aqueles que pode mais satisfazer e, então, posiciona suas ofertas de modo que o mercado-alvo reconheça seus produtos e imagens característicos.

O **posicionamento** é a ação de construir a oferta e a imagem da empresa para ocupar um lugar diferenciado na mente do mercado-alvo.[2] O objetivo é inserir a marca na mente dos consumidores para maximizar o benefício potencial para a empresa. Um bom posicionamento de marca ajuda a orientar a estratégia de marketing, aclarando a essência da marca, identificando as metas que ela ajuda os consumidores a alcançar e mostrando como ela faz isso de maneira singular. O verdadeiro truque consiste em atingir o equilíbrio certo entre o que a marca é e o que ela poderia ser.

O resultado do posicionamento é a criação bem-sucedida de uma *proposta de valor focada no cliente*, uma razão convincente do motivo pelo qual o mercado-alvo deve comprar o produto. O Quadro 9.1 mostra como três empresas definiram sua proposta de valor levando em conta clientes-alvo, benefícios e preços.[3]

QUADRO 9.1 EXEMPLOS DE PROPOSTA DE VALOR.

Empresa e produto	Clientes-alvo	Benefícios-chave	Preço	Proposta de valor
Perdue (frango)	Consumidores de frango preocupados com a qualidade	Carne macia	10% mais caro	Carne de frango mais macia por um preço um pouco mais alto
Volvo (*station wagon*)	Famílias de maior poder aquisitivo preocupadas com a segurança	Durabilidade e segurança	20% mais caro	A *station wagon* mais segura e durável em que sua família pode andar
Domino's (pizza)	Amantes de pizza que buscam conveniência	Rapidez na entrega e boa qualidade	15% mais caro	Uma pizza gostosa e quente, entregue prontamente na porta da sua casa, a um preço moderado

A decisão sobre o posicionamento requer (1) a determinação de uma estrutura de referência, (2) a identificação de associações de marca ideais em termos de pontos de paridade e pontos de diferença e (3) a criação de um mantra de marca para sintetizar o posicionamento.

Estrutura de referência competitiva

A **estrutura de referência competitiva** define com quais marcas uma determinada marca concorre e, portanto, quais devem ser focalizadas na análise competitiva. Um bom ponto de partida é determinar os **pertencentes à categoria** – os produtos ou grupos de produtos com os quais a marca concorre e que funcionam como seus substitutos próximos. O número de concorrentes atuais e potenciais de uma empresa pode ser muito maior do que o óbvio. Para uma marca crescer ingressando em novos mercados, uma estrutura competitiva mais ampla ou talvez mais aspiracional pode ser necessária para apontar possíveis concorrentes futuros. De fato, uma empresa é mais propensa a ser prejudicada por concorrentes emergentes ou por novas tecnologias do que por concorrentes atuais.

Podemos analisar a concorrência do ponto de vista tanto do setor como do mercado.[4] Um **setor** é um grupo de empresas que oferecem um produto ou uma classe de produtos que são substitutos próximos. Ao utilizar a abordagem de mercado, definimos *concorrentes* como empresas que satisfazem a mesma necessidade do cliente. Jeffrey F. Rayport e Bernard J. Jaworski sugerem traçar o perfil de concorrentes diretos e indiretos mapeando as etapas do comprador na obtenção e no uso do produto, a fim de destacar as oportunidades e os desafios da empresa.[5] Veja a seção "Insight de marketing", a seguir, para uma discussão sobre concorrência por meio de inovação de valor.

Uma vez que tenha identificado seus principais concorrentes, a empresa deve perguntar: o que cada concorrente está buscando no mercado? O que impulsiona o comportamento de cada um deles? Muitos fatores moldam os objetivos dos concorrentes, incluindo porte, história, administração atual e situação financeira. Se o concorrente faz parte de uma empresa maior, a matriz está buscando crescimento ou lucro – ou está apenas o explorando?[6] Com base em todas essas análises, os profissionais de marketing devem definir formalmente sua estrutura de referência competitiva para orientar seu posicionamento. Em mercados estáveis, sujeitos a poucas mudanças no curto prazo, pode ser mais fácil definir um, dois ou três principais concorrentes. Em categorias dinâmicas, em que pode existir ou surgir concorrência de diferentes formas, podem emergir diversas estruturas de referência.

Pontos de diferença e pontos de paridade

Uma vez estabelecida a estrutura de referência competitiva, os profissionais de marketing podem definir as associações apropriadas em termos de pontos de diferença e pontos de paridade.[7] **Pontos de diferença** são atributos ou benefícios que os consumidores associam fortemente com a marca, avaliam de maneira positiva e acreditam que

Insight de marketing

Alto crescimento por meio de inovação de valor

Os professores W. Chan Kim e Renée Mauborgne, da INSEAD, defendem o "pensamento de oceano azul", que cria ofertas para as quais não há concorrentes diretos. Em vez de se concentrar nas fronteiras convencionais da concorrência do setor, os gestores devem procurar posições de mercado desocupadas que representem uma verdadeira inovação de valor. O pensamento de oceano azul clássico envolve o desenvolvimento de negócios criativos que afetem positivamente tanto a estrutura de custo da empresa como sua proposta de valor para os consumidores.

Kim e Mauborgne propõem que os profissionais de marketing façam quatro perguntas para orientar o pensamento de oceano azul: (1) Quais fatores tomados por nosso setor como certos devemos eliminar? (2) Quais fatores devemos reduzir bem *abaixo* do padrão do setor? (3) Quais fatores devemos aumentar bem *acima* do padrão do setor? (4) Quais fatores nunca oferecidos pelo setor devemos criar?

Fontes: KIM, W. Chan; MAUBORGNE, Renée. **Blue-ocean strategy**. Cambridge: Harvard Business School Press, 2005; KIM, W. Chan; MAUBORGNE, Renée. Creating new market space. **Harvard Business Review**, Jan./Fev. 1999; KIM, W. Chan; MAUBORGNE, Renée. Value innovation: the strategic logic of high growth. **Harvard Business Review**, Jan./Fev. 1997.

---

não encontrariam na mesma medida em uma marca concorrente. Marcas fortes podem ter vários pontos de diferença. Dois exemplos disso são a Apple (*design, facilidade de uso e atitude irreverente*) e a Southwest Airlines (*valor, confiabilidade* e *personalidade divertida*). Criar associações fortes, favoráveis e exclusivas é um verdadeiro desafio, mas é algo essencial para o posicionamento competitivo da marca.

Três critérios determinam se uma associação pode funcionar como um ponto de diferença:

1. *Desejável para o consumidor:* os consumidores devem ver a associação de marca como pessoalmente relevante para eles.
2. *Possível de ser entregue pela empresa:* a empresa deve possuir os recursos para criar e manter, de maneira viável e lucrativa, a associação de marca na mente dos consumidores, bem como deve se comprometer a fazer isso. A associação de marca ideal é antecipativa, defensável e difícil de atacar.
3. *Diferente dos concorrentes:* os consumidores devem ver a associação de marca como diferente da dos concorrentes ou superior a ela.[8]

Pontos de paridade são atributos ou benefícios que não são necessariamente exclusivos da marca, podendo ser compartilhados com outras.[9] Esse tipo de associação assume duas formas básicas: pontos de paridade de categoria e de concorrência. Os *pontos de paridade de categoria* são associações que os consumidores consideram essenciais para uma oferta confiável dentro de uma determinada categoria, embora não necessariamente suficientes para a escolha da marca. Pontos de paridade de categoria podem mudar ao longo do tempo em razão de mudanças tecnológicas, modificações legais e tendências do consumidor.

Pontos de paridade de concorrência são associações desenvolvidas para sobrepor fraquezas percebidas da marca. Um ponto de paridade de concorrência pode ser destinado a anular pontos de diferença percebidos dos concorrentes ou uma vulnerabilidade percebida da marca. Se, aos olhos dos consumidores, uma marca consegue um "empate" nas áreas em que parece estar em desvantagem e conquista vantagem em outras áreas, ela deve ficar em uma posição competitiva forte – e talvez imbatível. Para uma oferta alcançar um ponto de paridade em um atributo ou benefício em particular, um bom número de consumidores deve acreditar que a marca é "boa o bastante" naquele aspecto.

Não é incomum uma marca identificar mais de uma estrutura de referência quando a concorrência aumenta ou a empresa ingressa em novas categorias. Uma empresa pode trabalhar com duas estruturas de referência em um único conjunto de pontos de diferença e pontos de paridade. Nesses casos, os pontos de diferença para uma categoria se tornam pontos de paridade para outra, e vice-versa. O Subway é posicionado como uma rede de restaurantes que oferece sanduíches gostosos e saudáveis. Isso faz com que a empresa tenha um ponto de paridade no gosto e um ponto de diferença na saúde em relação a outras marcas de atendimento rápido, como o McDonald's e, ao mesmo tempo, possua um ponto de paridade na saúde e um ponto de diferença no gosto com relação a restaurantes que oferecem comida saudável. Trabalhar com posicionamento duplo permite à marca expandir sua cobertura de mercado e sua base de clientes. Contudo, se o ponto de paridade e o ponto de diferença não forem confiáveis, a marca pode ser vista como um participante ilegítimo em ambas as categorias.

Escolha dos pontos de paridade e dos pontos de diferença

Ao escolher os pontos de paridade e os pontos de diferença, os profissionais de marketing normalmente se concentram nos benefícios da marca que constituem seu posicionamento. Em geral, os atributos da marca desempenham mais do que um papel coadjuvante, oferecendo "razões para acreditar" ou "evidências" que mostram por que a marca pode afirmar, com confiança, que oferece determinados benefícios. Diversos atributos podem apoiar um determinado benefício, e eles podem mudar ao longo do tempo. Para escolher benefícios que possam ser usados como pontos de paridade e pontos de diferença para posicionar uma marca, os profissionais de marketing podem utilizar *mapas perceptuais* – representações visuais das percepções e preferências dos consumidores. Esses mapas oferecem retratos quantitativos das situações de mercado e das percepções do consumidor juntamente de vários aspectos, revelando "aberturas" que sugerem necessidades não atendidas dos clientes e oportunidades de marketing.

Por exemplo, a Figura 9.1 mostra um mapa perceptual hipotético para uma categoria de bebidas. As quatro marcas – A, B, C e D – variam em termos de como os clientes veem seu sabor (suave *versus* forte) e sua imagem (contemporânea *versus* tradicional). Além disso, estão expostas no mapa "configurações" de pontos ideais para três segmentos de mercado (1, 2 e 3). Os pontos ideais representam a combinação de gosto e a imagem preferida ("ideal") de cada segmento. A Marca A é tida como mais equilibrada em termos de sabor e imagem, embora nenhum segmento de mercado pareça desejar esse equilíbrio.

A Figura 9.1 mostra duas estratégias possíveis de reposicionamento para a Marca A. Tornando sua imagem mais contemporânea, a Marca A pode se mover para A' a fim de se voltar para os consumidores do Segmento 1, alcançando um ponto de paridade na imagem e mantendo um ponto de diferença no gosto em relação à Marca B. Oferecendo um sabor mais suave, a Marca A pode se mover para A" a fim de se dirigir aos consumidores do Segmento 2, conquistando um ponto de paridade no sabor e mantendo um ponto de diferença na imagem em relação à Marca C. A decisão sobre qual reposicionamento é mais promissor e lucrativo exigiria uma análise detalhada da concorrência e dos consumidores.

FIGURA 9.1 MAPA PERCEPTUAL HIPOTÉTICO PARA UMA CATEGORIA DE BEBIDAS.

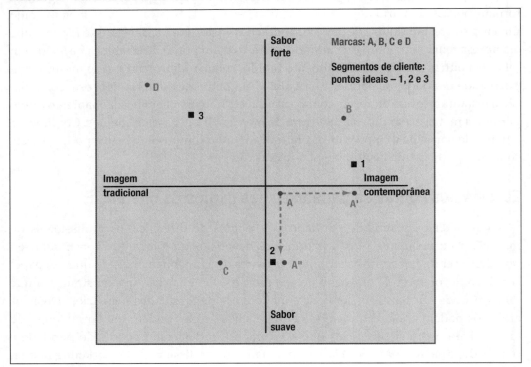

Mantras de marca

Um *mantra de marca* é uma articulação da essência e da promessa da marca que comunica em frases curtas, com três a cinco palavras, o que a marca é e o que ela *não* é. Para as marcas que estão em busca de crescimento, o mantra é útil para definir a esfera de produto ou benefício em que elas gostariam de competir – como a Nike fez com seu "desempenho atlético". Isso ajuda os funcionários e os parceiros de marketing a entender a marca, de modo que possam agir de acordo com ela. Um bom mantra de marca deve comunicar a categoria da marca e aclarar sua exclusividade; confirmar que ela é significativa e relevante, vívida e memorável.

Implementação do posicionamento da marca

A implementação do posicionamento da marca requer que os consumidores entendam o que a marca oferece e o que faz dela uma escolha competitiva superior. A abordagem típica consiste em informar os consumidores sobre a categoria à qual a marca pertence antes de apontar seus pontos de diferença. Naturalmente, os consumidores precisam saber o que o produto é e quais funções atende antes de decidir se ele é superior em relação às marcas concorrentes. No caso de novos produtos, as primeiras propagandas costumam se concentrar na criação de consciência da marca, ao passo que as propagandas seguintes tentam criar a imagem da marca.

Três maneiras de comunicar que a marca pertence a determinada categoria são:

1. *Anunciar os benefícios da categoria:* ao assegurar aos consumidores que a marca corresponderá ao principal motivo pelo qual eles utilizarão a categoria, os profissionais de marketing com frequência usam benefícios para anunciar que pertencem a essa categoria. Assim, ferramentas industriais podem afirmar que possuem durabilidade.
2. *Comparar a produtos exemplares:* marcas conhecidas e importantes em uma categoria podem ajudar a especificar a qual categoria a marca pertence. Quando Tommy Hilfiger era desconhecido, a propaganda o anunciava como um grande estilista norte-americano, associando-o a reconhecidos membros da categoria, como Calvin Klein.
3. *Contar com um nome que descreva o produto*: a descrição do produto que acompanha o nome de marca consiste em uma maneira concisa de informar a origem da categoria. A Amazon.com chama seu Kindle de "dispositivo de leitura sem fio" para comunicar a que categoria pertence.

Uma dificuldade comum na criação de um posicionamento de marca forte e competitivo é que muitos dos atributos ou benefícios que constituem os pontos de paridade e os pontos de diferença são negativamente correlacionados. Por exemplo: pode ser difícil posicionar uma marca como "barata" e "de excelente qualidade". Além disso, em termos individuais, atributos e benefícios muitas vezes possuem aspectos positivos *e* negativos. Infelizmente, em geral, os consumidores querem maximizar os *dois*, tanto atributos como benefícios, mesmo quando são negativamente correlacionados. Sem dúvida, a melhor abordagem é desenvolver um produto que se saia bem em ambos os aspectos.

Alguns profissionais de marketing adotaram outras abordagens para lidar com a questão: lançaram duas campanhas de marketing diferentes, cada qual voltada para um atributo ou benefício da marca; uniram-se a pessoas, lugares ou coisas que possuíam o tipo certo de valor como um meio de estabelecer um atributo ou benefício como um ponto de paridade ou um ponto de diferença; tentaram até mesmo convencer os consumidores de que, se considerada de outra maneira, a relação negativa entre atributos e benefícios era, na verdade, positiva.

Estratégias de diferenciação

Para evitar a armadilha da *commodity*, os profissionais de marketing devem partir do princípio de que é possível diferenciar tudo. **Vantagem competitiva** é a capacidade da empresa de apresentar, em um ou mais itens, um desempenho que os concorrentes não podem alcançar. Embora poucas vantagens competitivas sejam sustentáveis, a *vantagem alavancável* pode ser usada como trampolim para novas vantagens – a Microsoft alavancou seu sistema operacional Windows e, em seguida, suas aplicações de rede.

Para a marca estar posicionada de maneira eficaz, os clientes devem ver a vantagem competitiva como uma *vantagem para o cliente*. Por exemplo: a empresa pode afirmar que seu produto funciona mais rápido do que o da concorrência, mas essa característica só será uma vantagem para o cliente se ele valorizar a velocidade. As empresas precisam se concentrar nas vantagens do cliente para entregar alto valor e satisfação para ele, o que leva à repetição da compra e, por fim, a uma maior lucratividade.[10]

Dimensões da diferenciação

Os meios óbvios de diferenciação – e, geralmente, os mais atraentes para os consumidores – têm a ver com aspectos do produto. Em mercados competitivos, as empresas podem precisar considerar outras dimensões:

- *Dimensão baseada nos funcionários:* as empresas podem ter funcionários mais bem treinados, que oferecem atendimento superior ao cliente. A Singapore Airlines é bem conceituada em razão, em grande parte, de seus comissários de bordo.
- *Dimensão baseada no canal:* as empresas podem projetar sua cobertura, especialidade e desempenho de canal de modo a facilitar as compras, torná-las mais agradáveis e mais recompensadoras para os clientes.
- *Diferenciação baseada na imagem:* as empresas podem criar imagens fortes, persuasivas, que apelam para necessidades sociais e psicológicas dos consumidores.
- *Diferenciação baseada nos serviços:* a empresa pode se diferenciar oferecendo soluções mais efetivas e eficientes para os consumidores.

Componentes racionais e emocionais da diferenciação

Muitos especialistas em marketing acreditam que o posicionamento da marca deve ter componentes tanto racionais como emocionais, com pontos de diferença e pontos de paridade que apelam para a cabeça e o coração. Kevin Roberts, CEO da Saatchi & Saatchi, afirma que as marcas se esforçam para se tornar "lovemarks", levando o consumidor com amor e respeito por meio de uma combinação de mistério, sensualidade e intimidade.[11] A reação emocional de uma pessoa a uma marca e seu marketing vai depender de muitos fatores, incluindo autenticidade.[12] Marcas como Hershey's, Crayola e

Johnson & Johnson, que são vistas como autênticas e genuínas, podem evocar confiança, afeição e forte fidelidade.[13]

Assim, a empresa deve analisar ameaças competitivas potenciais monitorando a:

- *Participação de mercado:* a participação do concorrente no mercado-alvo.
- Share of mind: a porcentagem de clientes que mencionam o nome do concorrente ao responder à pergunta: "Nesse setor, qual a primeira empresa que lhe vem à mente?".
- *Participação de preferência* (share of heart): a porcentagem de clientes que mencionam o nome do concorrente ao responder à pergunta: "De qual empresa você preferiria comprar o produto?".

As empresas com ganhos constantes de share of mind e participação de preferência inevitavelmente terão ganhos de participação de mercado e lucratividade. Empresas como a Timberland e a Wegmans estão colhendo os benefícios de oferecer valores emocionais, experienciais, sociais e financeiros para satisfazer os clientes e todos os seus componentes.[14]

Estratégias competitivas para líderes de mercado

Vamos supor que o mercado seja ocupado pelas empresas mostradas na Figura 9.2. A *líder de mercado* fica com 40% do mercado; outros 30% dele ficam nas mãos da *desafiante de mercado*; e 20% cabem à *seguidora de mercado*, disposta a manter sua participação sem causar problemas. As *ocupantes de nicho de mercado*, atendendo pequenos segmentos que as empresas maiores não alcançam, ficam com os 10% restantes.

Uma líder de mercado como o McDonald's detém a maior participação de mercado em seu setor e geralmente lidera as mudanças de preço, os lançamentos de produto, a cobertura da distribuição e a intensidade da comunicação. Embora os profissionais de marketing assegurem que marcas conhecidas possuem uma posição diferenciada na mente dos consumidores, a menos que a empresa dominante desfrute um monopólio legalmente reconhecido, ela deve manter vigilância constante. Uma grande inovação de produto pode surgir; um concorrente pode encontrar um novo ângulo de marketing ou lançar mão de um investimento de marketing maior; a estrutura de custo da líder pode subir excessivamente.

Empresas que oferecem preços baixos e boa qualidade estão conquistando clientes no mundo todo. Hoje, mais da metade da população norte-americana vai semanalmente a varejistas de massa como o Target, por exemplo. Essas empresas geralmente se concentram em um ou poucos segmentos de consumidor; oferecem melhor entrega ou apenas um benefício adicional; combinam preços baixos com operações altamente eficientes para manter os custos baixos, mudando as expectativas do consumidor em relação ao binômio qualidade e preço.

Para competir, as grandes empresas precisam de um foco mais intenso sobre o controle dos custos e a diferenciação do produto, além de uma execução perfeita, livre de qualquer

FIGURA 9.2 ESTRUTURA HIPOTÉTICA DE MERCADO.

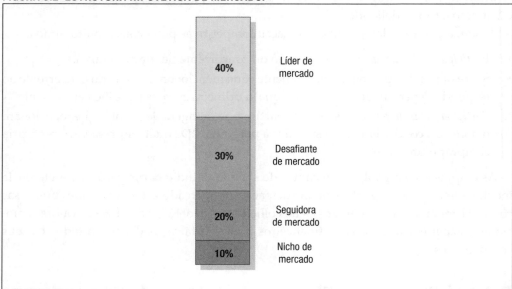

falha. A diferenciação passa a ter menos a ver com o objetivo abstrato de se situar acima da desordem competitiva e mais a ver com a identificação de aberturas deixadas por modelos de negócios de importantes participantes. Determinação de preços efetiva significa travar uma batalha a cada transação pela percepção dos consumidores predispostos a acreditar que concorrentes orientados pelo valor são sempre mais baratos.[15]

Para continuar sendo a número um, a líder de mercado deve encontrar maneiras de expandir a demanda do mercado total; proteger sua participação atual por meio de boas ações defensivas e ofensivas; aumentar sua participação de mercado mesmo que o tamanho do mercado permaneça estável.

Expansão do mercado total

Quando o mercado total expande, geralmente a empresa dominante é a que mais ganha. Se a Heinz convencer mais pessoas a consumir *ketchup*, usá-lo em mais refeições ou a utilizá-lo em todas as ocasiões, ela se beneficiará, uma vez que já vende quase dois terços do *ketchup* que circula nos Estados Unidos. Em geral, a líder de mercado deve buscar novos clientes ou mais uso por parte dos clientes existentes. Uma empresa pode buscar novos usuários entre três grupos: aqueles que podem usar o produto, mas não o fazem (*estratégia de penetração de mercado*); aqueles que nunca usaram o produto (*estratégia de novo segmento de mercado*); aqueles que moram em outros lugares (*estratégia de expansão geográfica*).

Os profissionais de marketing também tentam aumentar a quantidade, o nível ou a frequência de consumo do produto. Muitas vezes, eles podem aumentar a *quantidade* de consumo por meio da embalagem ou do redesenho do produto; embalagens maiores aumentam a quantidade que os consumidores consomem em cada utilização, por exemplo.[16] Os consumidores adquirem mais produtos de impulso, como refrigerantes, quando eles estão altamente disponíveis. Por outro lado, aumentar a *frequência* de consumo requer (1) identificar oportunidades adicionais para usar a marca do mesmo modo ou (2) identificar maneiras totalmente novas e diferentes de usar a marca.

Proteção da participação de mercado

Enquanto tenta expandir o tamanho total do mercado, a empresa dominante deve defender ativamente seus negócios atuais: a Boeing em relação à Airbus, o Google em relação à Microsoft.[17] A maneira mais construtiva de proteger a participação de mercado é por meio da *inovação contínua*. A empresa deve liderar o setor no desenvolvimento de novos produtos aos clientes, na efetividade da distribuição e na redução dos custos. Soluções abrangentes aumentam sua força competitiva e o valor para os clientes. Mesmo quando não lança ofensivas, a líder de mercado não deve deixar flancos importantes expostos. Estratégias defensivas reduzem a probabilidade de ataque, desviam os ataques para áreas menos ameaçadas e diminuem sua intensidade. Uma empresa líder pode usar seis estratégias de defesa:[18]

- *Defesa de posição:* essa estratégia significa ocupar o espaço de mercado mais cobiçado na mente dos consumidores, tornando a marca praticamente invencível, como a Procter & Gamble fez com o sabão em pó Tide para limpeza.
- *Defesa de flanco:* a líder de mercado deve erguer postos para proteger uma frente vulnerável ou para servir de apoio em um possível contra-ataque, como fizeram as fraldas Luvs da Procter & Gamble, que desempenharam papéis estratégicos defensivos e ofensivos.
- *Defesa antecipada:* uma manobra mais agressiva consiste em atacar primeiro, talvez com ação de guerrilha – atingindo um concorrente aqui, outro ali –, causando um desequilíbrio geral. Outra manobra é conquistar um grande envolvimento de mercado, sinalizando para os concorrentes que eles não devem atacar.[19] É possível ainda lançar uma série de produtos e anunciá-la com antecedência.[20]
- *Defesa contraofensiva:* a líder de mercado pode defrontar-se com um atacante, fazendo com que o rival se defenda ou coloque em prática sua influência política e econômica. A líder pode também tentar destruir o concorrente subsidiando preços mais baixos para produtos vulneráveis com a receita proveniente de produtos mais lucrativos ou anunciando prematuramente uma versão mais atualizada do produto, para evitar que os clientes comprem um produto concorrente; ela pode ainda fazer *lobby*, pedindo ações políticas para inibir a concorrência.
- *Defesa móvel:* aqui, a líder se estende para novos territórios por meio da ampliação e da diversificação do mercado. Na *ampliação do mercado*, a empresa muda o foco de um produto real para uma necessidade genérica subjacente, como fizeram as empresas de "petróleo", que se redefiniram como empresas de "energia". Na *diversificação do mercado*, a empresa se move para setores não relacionados, como fez a Altria que, proprietária da empresa de tabaco Philip Morris, se voltou para o setor de vinhos.

- *Defesa por retração:* muitas vezes, grandes empresas reconhecem que não conseguem mais defender todo seu território. Na *retração planejada* (também chamada de *retirada estratégica*), a empresa desiste dos mercados mais fracos e realoca os recursos nos mais fortes. A Motorola vendeu seu negócio de equipamento de rede para a Nokia Siemens Networks para que pudesse se concentrar em outros equipamentos de comunicação.[21]

Aumento da participação de mercado

Em muitos mercados, um ponto percentual de participação pode equivaler a dezenas de milhões de dólares, o que significa que, para expandir sua participação, a empresa depende muito de sua estratégia.[22] Uma vez que os custos de adquirir uma participação de mercado maior podem exceder de longe o valor de sua receita, as empresas devem, em primeiro lugar, considerar quatro fatores:

1. *A possibilidade de ser emplacada uma ação antitruste:* concorrentes frustrados tendem a gritar "monopólio" e a buscar ações legais quando a empresa dominante avança. A Microsoft e a Intel tiveram que se defender legalmente como resultado do que alguns consideravam práticas ilegais ou inapropriadas e abuso de poder de mercado.
2. *Custo econômico:* após um determinado ponto, a lucratividade com os ganhos de participação de mercado pode cair, em vez de aumentar. Os custos de obter participação adicional podem exceder as receitas extras se os clientes "conquistados" não gostarem da empresa, forem fiéis aos concorrentes, tiverem necessidades singulares ou preferirem lidar com empresas menores. Forçar uma participação maior é ainda menos justificável quando há segmentos não atrativos, os compradores querem aumentar as fontes de fornecimento, as barreiras à saída são altas e existe pouca economia de escala. Algumas líderes de mercado chegaram a aumentar sua lucratividade *reduzindo*, seletivamente, sua participação de mercado em áreas mais fracas.[23]
3. *A aposta em atividades de marketing equivocadas:* as empresas que conquistam participação geralmente superam os concorrentes em três áreas: atividade de novos produtos, qualidade relativa do produto e despesas de marketing.[24] Aquelas que reduzem mais incisivamente os preços do que seus concorrentes geralmente não alcançam ganhos significativos. Isso porque os rivais também diminuem os preços ou oferecem outros valores para manter os clientes.
4. *O efeito da maior participação de mercado na qualidade real e percebida:*[25] o excesso de clientes pode sobrecarregar os recursos da empresa, prejudicando o valor do produto e a entrega do serviço.

Outras estratégias competitivas

As empresas que não são líderes do setor muitas vezes são chamadas de desafiantes ou seguidoras. Algumas, como a Ford, são bastante grandes. Essas empresas podem atacar a líder e outros concorrentes com ofertas agressivas para conquistar participação de mercado, como as *desafiantes de mercado*, ou podem não causar nenhum problema, como as *seguidoras de mercado*.

Estratégias de desafiante de mercado

Muitas desafiantes de mercado cresceram ou até mesmo superaram a líder. Uma desafiante de mercado deve, em primeiro lugar, definir seu objetivo estratégico – o que geralmente ela faz visando ao aumento de sua participação de mercado. A desafiante de mercado deve decidir quem atacar. Atacar ela é uma estratégia arriscada, mas traz recompensas potencialmente boas se ela não estiver atendendo bem o mercado. As desafiantes podem atacar empresas do mesmo porte que o seu que não estejam se saindo bem ou estejam com problemas financeiros, que trabalhem com produtos ultrapassados ou altos preços ou que não estejam satisfazendo seus clientes de outras maneiras. Elas podem também atacar pequenas empresas locais e regionais.

Com oponentes e objetivos bem definidos, a desafiante pode lançar mão de cinco estratégias de ataque:

1. *Ataque frontal:* o atacante se iguala a seu oponente no que diz respeito a produto, propaganda, preço e distribuição. Um ataque frontal modificado, como uma redução dos preços, pode funcionar se a líder de mercado não reagir e o concorrente convencer o mercado de que seu produto é igual ao da líder.
2. *Ataque pelo flanco:* a estratégia de ataque pelo flanco é outro nome para a identificação de mudanças que geram lacunas a serem preenchidas. Ela é particularmente atrativa para uma desafiante com poucos recursos e tende a ser mais bem-sucedida do que os ataques frontais. Em um ataque geográfico, a desafiante identifica áreas em que o oponente não está se saindo bem. Outra estratégia de flanco consiste em atender necessidades que não estão sendo satisfeitas.
3. *Manobra de cerco:* a manobra de cerco tenta conquistar uma grande porção do território por meio do lançamento de uma grande ofensiva a diversas frentes; ela faz sentido quando a desafiante tem recursos superiores.
4. Bypass: a estratégia de *bypass*, em que você desvia do inimigo para atacar mercados mais fáceis, oferece três linhas de abordagem: diversificação baseada em produtos não relacionados; diversificação baseada em novos mercados geográficos; salto baseado em novas tecnologias, o qual leva o campo de batalha para um território onde a desafiante possui vantagem.
5. *Guerrilha:* pequenos e intermitentes, os ataques de guerrilha são convencionais ou não – incluem cortes de preço seletivos, intensas promoções-relâmpago e ações jurídicas ocasionais – e têm como objetivo para atormentar o oponente e assegurar pontos de apoio (veja a seção "Habilidades em marketing", a seguir). Para vencer o oponente, a campanha de guerrilha deve ser apoiada por um ataque mais forte.

Habilidades em marketing

Marketing de guerrilha

Quem precisa de habilidades de marketing de guerrilha? Qualquer empresa que queira conquistar participação da líder sem arriscar em incorrer em custos mais altos e sem provocar um ataque frontal. Os profissionais de marketing de guerrilha devem pensar de maneira criativa, atraindo o máximo de atenção do cliente e alcançando os objetivos de marketing com recursos limitados. Eles devem testar a ideia internamente e/ou localmente a fim de identificar potenciais problemas antes da implantação. Devem também estar preparados para mudar ou abandonar uma campanha de guerrilha que não esteja dando certo. Por fim, os profissionais de marketing devem antecipar a reação dos *stakeholders* a técnicas e mensagens controversas, bem como prestar atenção a questões legais e éticas.

Por exemplo: a Cluck-U, uma rede de 25 restaurantes de ambiente familiar que vende frangos fritos, não ataca diretamente a líder de mercado KFC ou outros importantes concorrentes. Em vez disso, ela usa o marketing de guerrilha para atingir seu público-alvo. Vestidos de frango, os funcionários da Cluck-U participam de desfiles locais e caminham por ruas próximas entregando cupons de desconto. Os mascotes chamam a atenção, fazem as pessoas sorrirem e atraem multidões para os restaurantes. "Vinte e cinco por cento do que ganhamos é graças àqueles frangos", disse o CEO da Cluck-U.[26]

Qualquer aspecto do marketing pode servir de base para o ataque, entre eles produtos com preço mais baixo ou com desconto, ofertas novas ou melhoradas, uma variedade mais ampla de ofertas e uma distribuição inovadora. O sucesso da desafiante depende da combinação de diversas estratégias mais específicas para melhorar sua posição ao longo do tempo.

Estratégias de seguidora de mercado

Theodore Levitt afirmou que uma estratégia de *imitação de produto* pode ser tão lucrativa quanto uma estratégia de *inovação de produto*.[27] O inovador arca com as despesas de desenvolver o novo produto, estabelecer a distribuição e informar o mercado. A recompensa por todo esse trabalho e risco costuma ser a liderança do mercado. Contudo, outra empresa pode copiar ou melhorar o novo produto. Embora provavelmente não ultrapasse a líder, a seguidora pode alcançar grandes lucros, uma vez que não teve que arcar com nenhuma das despesas de inovação.

Muitas empresas preferem seguir a líder de mercado a desafiá-la, especialmente em setores como o siderúrgico e o químico, em que existem poucas oportunidades para a diferenciação do produto e da imagem, a qualidade do serviço é comparável e a sensibilidade ao preço é alta. A tentativa de conseguir participação de mercado em um curto prazo gera retaliação. Assim, a maioria das empresas oferece ofertas similares aos compradores, normalmente copiando a líder, que mantém as participações de mercado estáveis.

Algumas seguidoras utilizam uma estratégia de falsificação, duplicando o produto e as embalagens da líder e vendendo-os no mercado negro ou por meio de comerciantes com má reputação. Outras são clonadoras, copiando os produtos, o nome e a embalagem da líder, com pequenas variações. Outras ainda são imitadoras, copiando algumas características da líder, mas mantendo a diferenciação na embalagem, na propaganda, no preço ou na localização. Desde que o imitador não ataque agressivamente, a líder não se preocupa com ele. Por fim, algumas seguidoras são adaptadoras: elas pegam os produtos da líder e os adaptam ou os melhoram, talvez para diferentes mercados.

Normalmente, a seguidora ganha menos do que a líder. Portanto, em geral, seguir não é o melhor caminho.

Estratégias de ocupante de nicho de mercado

Uma alternativa a ser seguidora em um mercado grande é ser líder em um mercado pequeno ou nicho. Empresas menores geralmente evitam competir com empresas maiores, concentrando-se em mercados pequenos ou desinteressantes para as grandes rivais. Mas empresas grandes e lucrativas também utilizam estratégias de nicho para algumas de suas unidades de negócios ou empresas. Seja como for, um nicho pode se esgotar ou ser atacado. Assim, as ocupantes de nicho devem procurar criar novos nichos, bem como expandir e proteger os nichos existentes. O Quadro 9.2 traz os papéis especializados disponíveis para as ocupantes de nicho.

QUADRO 9.2 PAPÉIS ESPECIALIZADOS PARA OCUPANTES DE NICHO.

Especialidade	Descrição
Especialista em usuário final	A empresa se especializa em atender um tipo de cliente que seja usuário final.
Especialista em nível vertical	A empresa se especializa em algum nível vertical da cadeia de valor produção/distribuição.
Especialista em porte de cliente	A empresa se concentra em clientes pequenos, médios ou grandes.
Especialista em clientes específicos	A empresa se limita a vender para um ou alguns poucos clientes.
Especialista geográfico	A empresa vende apenas em uma determinada localidade, região ou área do mundo.
Especialista em um produto ou linha de produtos	A empresa comercializa ou produz somente um produto ou uma linha de produtos.
Especialista em atributos de produto	A empresa se especializa em determinado tipo de produto ou de atributo de produto.
Especialista em customização	A empresa customiza seus produtos para cada cliente.
Especialista em preço/qualidade	A empresa opera nos extremos de qualidade alta ou baixa do mercado.
Especialista em serviço	A empresa oferece um ou mais serviços que não são fornecidos por outras empresas.
Especialista em canal	A empresa se especializa em atender somente um canal de distribuição.

Resumo

Para desenvolver um posicionamento efetivo, a empresa deve estudar os concorrentes, assim como os clientes existentes e potenciais. Uma empresa deve identificar os concorrentes utilizando análises baseadas tanto no setor como no mercado. O desenvolvimento de um posicionamento requer a determinação de uma estrutura de referência – por meio da identificação do mercado-alvo e da natureza resultante da concorrência – e de associações de marca ideais em termos de pontos de paridade e pontos de diferença. O segredo para a vantagem competitiva é a diferenciação relevante da marca baseada no produto em si ou em aspectos como funcionários, canais, imagem ou serviços. O branding emocional está se tornando uma importante maneira de se conectar com os clientes e criar diferenciações.

As líderes de mercado mantêm sua posição de número um expandindo a demanda do mercado total, protegendo sua participação atual por meio de boas ações defensivas e ofensivas e aumentando sua participação de mercado mesmo que o tamanho do mercado permaneça estável. As empresas que não são líderes podem, como desafiantes de mercado, desenvolver ofertas agressivas para conquistar participação, atacando a líder e outros concorrentes. Em vez de desafiar a líder, elas podem também ser seguidoras de mercado. Uma alternativa a ser seguidora em um mercado grande é ser líder em um mercado pequeno ou nicho.

Notas

1. WONG, Elaine. With leering bubbles and sexy detergent, Method embraces madness. **Adweek**, p. 22, June 7, 2010; DEBARE, Ilana. Cleaning up without dot-coms. **San Francisco Chronicle**, October 8, 2006; Marketers of the next generation. **Brandweek**, p. 30, April 17, 2006.
2. RIES, Al; TROUT, Jack. **Positioning:** the battle for your mind, 20.ed. Nova York: McGraw-Hill, 2000.
3. LANNING, Michael J.; PHILLIPS, Lynn W. Building market-focused organizations. **Gemini Consulting White Paper**, 1991.
4. SHOCKER, Allan D. Determining the structure of product-markets: practices, issues, and suggestions. In: WEITZ, Barton A.; WENSLEY, Robin (eds.). **Handbook of marketing**. London: Sage, 2002. p. 106-125. Veja também: CLARK, Bruce H.; MONTGOMERY, David B. Managerial identification of competitors. **Journal of Marketing**, 63, p. 67-83, Jul. 1999.
5. RAYPORT, Jeffrey F.; JAWORSKI, Bernard J. **e-Commerce**. Nova York: McGraw-Hill, 2001. p. 53.
6. Para uma discussão sobre as implicações do marketing no longo prazo, veja: PAUWELS, Koen. How dynamic consumer response, competitor response, company support, and company inertia shape long-term marketing effectiveness. **Marketing Science**, 23, p. 596-610, fall 2004; PAUWELS, Koen; HANSSENS, Dominique M.; SIDDARTH, S. The long-term effects of price promotions on category incidence, brand choice, and purchase quantity. **Journal of Marketing Research**, 34, p. 421-439, Nov. 2002; DEKIMPE, Marnik; HANSSENS, Dominique. Sustained spending and persistent response: a new look at long-term marketing profitability. **Journal of Marketing Research**, 36, p. 397-412, Nov. 1999.
7. KELLER, Kevin Lane; STERNTHAL, Brian; TYBOUT, Alice. Three questions you need to ask about your brand. **Harvard Business Review**, p. 80-89, Sep. 2002.
8. APPLEBAUM, Michael. Comfy to cool: a brand swivel. **Brandweek**, p. 18-19, May 2, 2005.
9. BRUNNER, Thomas A.; WÄNKE, Michaela. The reduced and enhanced impact of shared features on individual brand evaluations. **Journal of Consumer Psychology**, 16, p. 101-111, Apr. 2006.
10. BARWISE, Patrick. **Simply better:** winning and keeping customers by delivering what matters most. Cambridge: Harvard Business School Press, 2004.
11. ROBERTS, Kevin. **Lovemarks:** the future beyond brands. Nova York: Powerhouse Books, 2005; ROBERTS, Kevin. **The lovemarks effect:** winning in the consumer revolution. Nova York: Powerhouse Books, 2005; THE LOVEMARKS heart beat: January 2010. Disponível em: <www.lovemarks.com>.
12. GILMORE, James H.; PINE II, B. Joseph. **Authenticity:** what consumers really want. Cambridge: Harvard Business School Press, 2007; UPSHAW, Lynn B. **Truth:** the new rules for marketing in a skeptical world. Nova York: AMACOM, 2007.
13. JENKINS, Owen. Gimme some lovin'. **Marketing News**, p. 19, May 15, 2009.

14. SISODIA, Rajendra S.; WOLFE, David B.; SHETH, Jagdish N. **Firms of endearment:** how world-class companies profit from passion & purpose. Upper Saddle River: Wharton School Publishing, 2007.
15. KUMAR, Nirmalya. Strategies to fight low-cost rivals. **Harvard Business Review**, p. 104-112, Dec. 2006; FRANK, Robert J.; GEORGE, Jeffrey P.; NARASIMHAN, Laxman. When your competitor delivers more for less. **McKinsey Quarterly**, Winter 2004. p. 48-59. Veja também: STEENKAMP, Jan-Benedict E. M.; KUMAR, Nirmalya. Don't be undersold. **Harvard Business Review**, p. 90-95, Dec. 2009.
16. WANSINK, Brian. Can package size accelerate usage volume? **Journal of Marketing**, 60, jul. 1996. p. 1-14. Veja também: RAGHUBIR, Priya; GREENLEAF, Eric A. Ratios in proportion: what should the shape of the package be? **Journal of Marketing**, 70, p. 95-107, Apr. 2006; FOLKES, Valerie; MATTA, Shashi. The effect of package shape on consumers' judgments of product volume: attention as a mental contaminant. **Journal of Consumer Research**, 31, p. 390-401, Sep. 2004.
17. STALK JR., George; LACHANAUER, Rob. Hardball: five killer strategies for trouncing the competition. **Harvard Business Review**, 82, p. 62-71, Apr. 2004; D'AVENI, Richard. The empire strikes back: counterrevolutionary strategies for industry leaders. **Harvard Business Review**, p. 66-74, Nov. 2002.
18. Essas seis estratégias de defesa e cinco estratégias de ataque foram extraídas de: KOTLER, Philip; SINGH, Ravi. Marketing warfare in the 1980s. **Journal of Business Strategy**, p. 30-41, Winter 1981.
19. PORTER, Michael E. **Market signals, competitive strategy:** techniques for analyzing industries and competitors. Nova York: Free Press, 1998. p. 75-87; PRABHU, Jaideep; STEWART, David W. Signaling strategies in competitive interaction: building reputations and hiding the truth. **Journal of Marketing Research**, 38, p. 62-72, Feb. 2001.
20. CALANTONE, Roger J.; SCHATZEL, Kim E. Strategic foretelling: communication-based antecedents of a firm's propensity to preannounce. **Journal of Marketing**, 64, p. 17-30, Jan. 2000; ELIASHBERG, Jehoshua; ROBERTSON, Thomas S. New product preannouncing behavior: a market signaling study. **Journal of Marketing Research**, 25, p. 282-292, Aug. 1988.
21. WONG, Wailin. Motorola is selling wireless networks unit to Nokia Siemens. **Los Angeles Times**, July 19, 2010. Disponível em: <www.latimes.com>.
22. ARMSTRONG, J. Scott; GREEN, Kesten C. Competitor-oriented objectives: the myth of market share. **International Journal of Business**, 12, nº 1, p. 115-134, Winter 2007; JACKSON, Stuart E. **Where value hides:** a new way to uncover profitable growth for your business. Nova York: Wiley, 2006.
23. KUMAR, Nirmalya. **Marketing as strategy**. Cambridge: Harvard Business School Press, 2004./KOTLER, Philip; BLOOM, Paul N. Strategies for high-market-share companies. **Harvard Business Review**, p. 63-72, Nov./Dec. 1975.
24. BUZZELL, Robert D.; WIERSEMA, Frederick D. Successful share-building strategies. **Harvard Business Review**, p. 135-144, Jan./Feb. 1981.
25. HELLOFS, Linda; JACOBSON, Robert. Market share and customer's perceptions of quality: when can firms grow their way to higher versus lower quality? **Journal of Marketing**, 63, p. 16-25, Jan. 1999.
26. RANDAZZO, Steve. To guerilla or not guerilla. **Promo**, July 8, 2010. Disponível em: <http://promomagazine.com>; COMITEAU, Lauren. Marketing 0.0: forget social media. **Adweek**, p. 10, March 22, 2010; HATCH, Cary. When should you try guerilla marketing? **ABA Bank Marketing**, p. 53, Mar. 2005; CAUDRON, Shari. Guerrilla tactics. *IndustryWeek*, p. 53ff, July 16, 2001.
27. LEVITT, Theodore. Innovative imitation. **Harvard Business Review**, p. 63, Sep./Oct. 1966. Veja também: SCHNAARS, Steven P. **Managing imitation strategies:** how later entrants seize markets from pioneers. Nova York: Free Press, 1994.

Estudo de caso

Oportunidades e posicionamento competitivo

Prof. dr. Otávio Freire – EACH-USP

Construir e desenvolver uma marca forte não é tarefa das mais fáceis. Marcas fortes são criadas por profissionais que enxergam oportunidades no mercado para a formação de um posicionamento competitivo superior ao dos concorrentes e atrativo aos consumidores. Ao estabelecer um posicionamento forte, o gestor de marcas deve fixar o longo prazo e determinar a estratégia e o conjunto de ações adequados. Nesse sentido, longo prazo precisa ser entendido como uma sucessão de decisões de curto prazo que, quando bem pensadas e executadas, dão certo.

A seguir podem ser vistas algumas das decisões gerenciais de marca com foco na estruturação de posicionamento competitivo, bem como para a formação do patrimônio de marca (*brand equity*) com cada estratégia ou decisão de marca, ilustrada por exemplos bem-sucedidos de empresas ou profissionais brasileiros.

Escolhendo adequadamente os elementos de marca

Uma marca forte deve ser diagnosticada, sendo a sua presença rapidamente detectada por conta da facilidade de percepção gerada por seus elementos principais. Nomes, símbolos, logotipos, slogans, cores, formas, jingles e embalagens são alguns dos elementos utilizados na construção de marcas fortes. O banco Itaú elegeu a cor laranja como uma de suas pistas perceptuais e intensificou seu uso na gestão da marca a partir do ano 2000. O sucesso da estratégia e a capacidade de identificar positivamente a presença da marca por conta da mera menção da cor laranja foram tão grandes que o banco desenvolveu um filme publicitário bastante ousado que não apresentava a marca, mas continha uma série de elementos alaranjados, fazendo com que o reconhecimento por parte do consumidor fosse imediato.

Posicionando a marca de maneira competitiva

Desenvolver um posicionamento forte significa estabelecer uma proposta diferenciada e que, se possível, seja encarada como única pelo consumidor. Uma das formas mais preconizadas pelos estudiosos do *branding* para a estruturação do posicionamento é a definição do quadro de referência da marca. No lançamento da H2OH!, o diretor Carlos Ricardo e sua equipe de marketing da divisão Elma Chips da PepsiCo optaram por distanciar a marca da categoria de refrigerantes, evitando o entendimento de que se tratava de um refrigerante fraco e aguado, como evidenciavam as pesquisas conduzidas pela companhia. Ao aproximar a marca das águas aromatizadas, Carlos acabou por criar uma nova categoria de bebidas levemente gaseificadas, de sabores cítricos, que agradou bastante o consumidor, visto que um ano após o seu lançamento a marca já contabilizava 25% do mercado de bebidas sem açúcar no Brasil. O interessante dessa estratégia é a leitura adequada dos dados das pesquisas e a crença na posição que a marca poderia ocupar na mente dos consumidores, caso fosse ancorada corretamente.

Construindo associações positivas na mente do consumidor

Uma das maneiras de se construir associações positivas se dá por meio do uso do arcabouço sociocultural do próprio mercado. O uso de celebridades é uma forma eficaz de se conectar culturalmente com o consumidor, visto que se trata de modelos de referência e de comportamento, seja ele diante da sociedade, do ambiente, ou mesmo relacionado ao consumo. Mesmo passados quase 20 anos de sua morte, Ayrton Senna é considerado uma grande personalidade brasileira. Ao vincular seu nome a uma Organização Não Governamental com foco em projetos educacionais, o Instituto Ayrton Senna, é garantido rápido reconhecimento por parte da sociedade brasileira, além de um amplo conjunto de associações positivas ligadas à sua personalidade e às suas conquistas. Procurando gerar maior vigilância e confiança do consumidor no que diz respeito à escolha e compra de carnes resfriadas no varejo, a marca Friboi está veiculando cinco filmes estrelados pelo ator Tony Ramos. De acordo com o PERSONA – *tracking* de imagem das celebridades no Brasil – os níveis de respeito, identificação, honestidade e confiança do consumidor brasileiro em relação ao ator Tony Ramos estão muito acima da média das mais de 130 celebridades pesquisadas em 2013. Na campanha, o ator recomenda às clientes de uma grande loja de varejo de autosserviço a verificação da procedência da marca, endossando a compra da Friboi.

Outra forma de associação é o estabelecimento de conexões com a cultura local, seja a partir do pioneirismo, seja pela adoção de determinada praça geográfica, como é o caso do varejo de supermercados no Brasil, onde algumas marcas regionais possuem desempenho semelhante ou superior ao das grandes marcas globais. As marcas Angeloni e Zaffari são exemplos distintos de construção de marca regional no Sul do país. O primeiro optou pelo entendimento da lógica de compra do consumidor popular, ao passo que o segundo desenhou sua estratégia com ênfase na diferenciação e no consumo que pode ser considerado mais *gourmet*.

Incrementando a qualidade: co-branding e o efeito spillover

Alianças estratégicas entre empresas podem gerar resultados significativos em termos de *brand equity*. A união entre duas marcas fortes deve trazer benefícios mútuos, ocasionando o efeito *spillover*, ou efeito de transbordamento. É o que vem ocorrendo no varejo de moda *fast fashion* no Brasil. No final de 2012, a Riachuelo lançou a coleção Daslu, focada no público feminino. Em 2013, optou por um co-branding com a marca Pânico, dando ênfase ao público masculino. A ideia é que as marcas envolvidas obtenham resultados incrementais que não conseguiriam se não tivessem se aliado. Para a Riachuelo, há maior aproximação junto ao seu consumidor potencial, bem como ganhos na percepção de qualidade. Para Daslu e Pânico, ocorre o atingimento de públicos que não seriam alcançados com suas lojas e distribuição atual, bem como maior reconhecimento do consumidor brasileiro.

Desenvolvendo lealdade à marca

Nada melhor para a saúde financeira de uma marca do que poder contar com a estabilidade das recompras, o boca a boca positivo e a garantia de que será a primeira opção do consumidor. Aumentando a lealdade, a marca passa a contar com respostas mais efetivas aos seus programas de marketing. A rede de postos de gasolina Ipiranga lançou o programa "Km de Vantagens", que busca tanto aumentar as vendas de combustíveis quanto melhorar a lealdade do cliente à marca. A partir do sistema de pontos do programa, o cliente tem acesso a uma série de benefícios e pode trocar seus pontos dentro de uma ampla gama de produtos e serviços, transformando o simples ato de abastecer o carro numa compra de maior envolvimento, aumentando a sua preferência.

Outro exemplo brasileiro é o processo de fortalecimento da marca Corinthians. No final de 2008, após vencer o campeonato brasileiro da série B, o clube contratou o jogador Ronaldo "Fenômeno" para a temporada seguinte. Depois disso, ganhou a Copa do Brasil (2009), o Campeonato Brasileiro (2011), a Copa Libertadores da América (2012) e o Mundial de Clubes (2012). O desempenho do clube aliado à sua grande torcida no Brasil fez com que suas partidas passassem a ser prioridade na grade de programação das principais emissoras de televisão do País, gerando maiores receitas e maior visibilidade da marca. Paralelamente aos resultados positivos, o clube investiu na aproximação com o torcedor por meio da Internet e das mídias sociais, desenvolvendo uma série de ferramentas dialógicas em seu site, bem como uma ampla gama de produtos para seus fãs e torcedores. Corinthians é hoje sinônimo de marca forte, com excelente desempenho de mercado. Mais que isso: é um ativo pertencente aos próprios consumidores, status que poucas marcas possuem no mundo, como é o caso da Harley Davidson. São marcas que, mesmo que fossem abandonadas ou descontinuadas por seus gestores, dificilmente deixariam de existir, pois já construíram empatia e conexão profundas com seus públicos.

Questões para reflexão

1. Escolha uma marca notoriamente reconhecida por seus elementos. Analise-os e procure entender o porque de seu sucesso.
2. Determine o posicionamento competitivo de uma marca do setor de tecnologia.
3. Descubra uma marca regional de forte atuação onde você vive. Investigue sua estratégia de conexão com a cultura local.
4. Desenvolva uma associação entre marcas ainda inexistente e defenda sua ideia com argumentos presentes nesta seção.
5. Discuta o conceito de lealdade e aplique a um caso concreto de uma marca do setor de serviços.

Referências

"Coleção Daslu para Riachuelo". Disponível em: <www.riachuelo.com.br/estacao/2855/colecao-daslu-para-riachuelo.aspx>. Acesso em: 10 jul. 2013.

"H2OH! – um produto desacreditado que virou sucesso. Disponível em: <gecorp.blogspot.com.br/2007/09/h2oh-um-produto-desacreditado-que-virou.html>. Acesso em: 10 jul. 2013.

"Lew'Lara\TBWA cria nova campanha para a Friboi". Disponível em: <exame.abril.com.br/marketing/noticias/lewlara-tbwa-cria-nova-campanha-para-a-friboi>. Acesso em: 10 jul. 2013.

"Participe do Km de Vantagens". Disponível em: <https://www.kmdevantagens.com.br/Nhome.asp#&panel1-1>. Acesso em: 10 jul. 2013.

"Saiba aqui como o banco feito para você se tingiu de laranja". Disponível em: <http://www.itau.com.br/sobre/marca/saiba-aqui-como-o-banco-feito-para-voce-se-tingiu-de-laranja.html>. Acesso em: 10 jul. 2013.

"Um post de oportunidade – campanha Itaú". Disponível em: <umpoucosobrecor.wordpress.com/2007/10/14/um-post-de-oportunidade-campanha-itau/>. Acesso em: 10 jul. 2013.

PERSONA, 2013. Dados cedidos pela empresa ILUMEO – Marketing e Comunicação. Disponível em: <www.ilumeobrasil.com.br>. Acesso em: 10 jul. 2013.

SPORT Club Corinthians Paulista. <http://corinthians.com.br/site/home/>

PARTE 4:
Formatando ofertas ao mercado

capítulo

10

Estabelecimento de estratégia e marketing de produto ao longo de seu ciclo de vida

Neste capítulo, abordaremos as seguintes questões:

1. O que são características dos produtos e como os profissionais de marketing os classificam?
2. Como as empresas podem diferenciar seus produtos?
3. Como uma empresa constrói e gerencia seu mix de produtos e suas linhas de produtos?
4. De que maneira as empresas podem utilizar a embalagem, a rotulagem e a garantia como ferramentas de marketing?
5. Quais estratégias são adequadas para o desenvolvimento de novos produtos e ao longo de seu ciclo de vida?

Administração de marketing na Ford

A Ford Motor Company enfrentou momentos difíceis nos anos em que o preço do combustível subia e a venda de automóveis caía. Talvez a maior preocupação da empresa fosse a percepção pública de que seus produtos não eram de boa qualidade. A rejeição à ajuda financeira do governo durante a recessão do momento gerou algum retorno positivo de imagem, mas o CEO sabia que o que definiria o sucesso ou o fracasso da Ford eram veículos confiáveis, elegantes e acessíveis que tivessem um bom desempenho. Um novo Ford Fusion de alto desempenho, com componentes eletrônicos inovadores e uma opção híbrida ambientalmente correta, chamou a atenção dos clientes, assim como o moderno e urbano Ford Flex SUV, de sete lugares.

O CEO planejou usar a imensa infraestrutura e escala da Ford para criar veículos que, com pequenos ajustes, poderiam ser facilmente vendidos no mundo todo. O resultado de uma extensa pesquisa global mostrou que o Fiesta Hatch era um exemplo notável desse conceito de carro mundial. A empresa sabia que havia encontrado o que queria quando o Fiesta foi bem recebido na China, na Europa e nos Estados Unidos. A Ford também lançou mão de um marketing experiencial e de mídia social. Antes do lançamento do Fiesta nos Estados Unidos, ela enviou 150 carros para *test-drive* e deu outros 100 para blogueiros, que compartilharam suas experiências on-line. Em uma época em que a indústria automobilística norte-americana estava passando por sérias dificuldades, o Fiesta recebeu milhares de pedidos de pré-venda e ajudou a Ford a reconquistar a lucratividade.[1]

O cliente vai julgar a oferta com base em três elementos – características e qualidade do produto, mix e qualidade dos serviços e preço –, os quais devem ser combinados em uma oferta atrativa em termos competitivos. Para conquistar a liderança de mercado, as empresas devem oferecer produtos de qualidade superior que ofereçam incomparável valor ao cliente. Este capítulo discute conceitos e decisões referentes a produto, bem como o desenvolvimento de novos produtos e o ciclo de vida do produto. O Capítulo 11 examina a questão dos serviços, e o 12, a do preço.

Características e classificações do produto

Um **produto** é tudo aquilo que pode ser oferecido para um mercado a fim de satisfazer uma necessidade ou um desejo, incluindo bens tangíveis, serviços, experiências, eventos, pessoas, lugares, propriedades, organizações, informações e ideias.

Níveis de produto

Ao planejar sua oferta ao mercado, o profissional de marketing precisa levar em conta cinco níveis de produto (veja a Figura 10.1).[2] Cada nível agrega mais valor ao cliente, e os cinco juntos constituem a **hierarquia de valor para o cliente**. O nível fundamental é o *benefício central*: o serviço ou o benefício que o cliente está de fato comprando. O hóspede de um hotel está comprando descanso e repouso. O comprador de uma furadeira está adquirindo buracos. Os profissionais de marketing precisam se ver como fornecedores de benefícios.

No segundo nível, o profissional de marketing deve transformar o benefício central em um *produto básico*. Assim, o quarto do hotel inclui uma cama, um banheiro e toalhas. No terceiro nível, o profissional de marketing prepara um *produto esperado*, um conjunto de atributos e condições que os compradores geralmente esperam ao comprar seu produto. Os hóspedes de um hotel esperam camas arrumadas, toalhas limpas e assim por diante. No quarto nível, o profissional de marketing prepara um *produto ampliado*, que vai além das expectativas do cliente. Em países desenvolvidos, o posicionamento da

FIGURA 10.1 OS CINCO NÍVEIS DE PRODUTO.

marca e a concorrência se dão nesse nível. Em mercados em desenvolvimento e emergentes, a concorrência ocorre, principalmente, no nível do produto esperado. No quinto nível está o *produto potencial*, que abarca todas as possíveis ampliações e transformações que a oferta pode sofrer no futuro. É nesse nível que as empresa procuram novas maneiras de satisfazer os cliente e diferenciar suas ofertas.

Cada vez mais, a diferenciação surge e a concorrência se dá a partir da ampliação do produto, que leva o profissional de marketing a examinar o *sistema de consumo* total do usuário: o modo como o usuário obtém e utiliza os bens e os serviços relacionados a eles.[3] Contudo, toda ampliação adiciona custos, e os benefícios ampliados logo se tornam benefícios esperados, forçando os concorrentes a buscar outras características e benefícios para se diferenciarem. Enquanto algumas empresas aumentam o preço de seu produto ampliado, outras oferecem uma versão mais simples a um preço mais baixo.

Classificações de produto

Os profissionais de marketing classificam os produtos com base em durabilidade, tangibilidade e uso (de consumo ou industrial). Cada tipo de produto possui uma estratégia apropriada de mix de marketing.[4]

- *Durabilidade e tangibilidade.* *Bens não duráveis* são produtos tangíveis normalmente usados em um ou alguns dias, como cerveja e xampu. Uma vez que são comprados com frequência, a estratégia apropriada consiste em torná-los disponíveis em muitos lugares, trabalhar com uma margem pequena e fazer propaganda para induzir a experimentação e conquistar a preferência. *Bens duráveis* são produtos tangíveis (como eletrodomésticos) que são usados várias vezes, requerem venda pessoal e serviços, permitem uma margem mais alta e exigem mais garantias por parte do vendedor. *Serviços* são produtos intangíveis, inseparáveis, variáveis e perecíveis

(como uma assessoria jurídica) que geralmente requerem mais controle de qualidade, credibilidade por parte do fornecedor e adaptabilidade.
- Classificação dos bens de consumo. Classificados de acordo com os hábitos de compra, esses produtos incluem bens de conveniência (como refrigerantes), que são comprados com frequência, de imediato e com mínimo esforço; bens de compra comparada (como os principais eletrodomésticos), que os consumidores comparam em termos de adequação, qualidade, preço e estilo; bens de especialidade (como carros), com características exclusivas ou identificações de marca pelas quais um número suficiente de compradores está disposto a fazer um esforço de compra especial; bens não procurados (como detectores de fumaça), que os consumidores não conhecem ou geralmente não pensam em comprar.
- Classificação dos bens industriais. Materiais e peças são bens que entram no produto do fabricante. Matérias-primas podem ser produtos agropecuários (trigo) ou produtos naturais (minério de ferro). Materiais e peças manufaturadas podem ser materiais componentes (cimento) ou peças componentes (pequenos motores). Bens de capital são aqueles com longa duração que facilitam o desenvolvimento ou o gerenciamento do produto acabado, incluindo instalações (fábricas) e equipamentos (caminhões). Suprimentos e serviços empresariais são bens e serviços com curta duração que facilitam o desenvolvimento ou o gerenciamento do produto acabado.

Diferenciação de bens e serviços

Para possuírem uma identidade de marca, os produtos precisam ser diferenciados. Em um extremo estão os produtos que permitem pouca variação, como frango, aspirina e aço. No entanto, mesmo com eles alguma diferenciação é possível: os frangos Perdue, a aspirina Bayer e o aço da indiana Tata conquistaram identidades que os diferenciam. No outro extremo estão os produtos que permitem um alto grau de diferenciação, como automóveis e móveis.

Diferenciação de produto

Os profissionais de marketing possuem diversas possibilidades de diferenciar seus produtos, as quais incluem forma, características, customização, qualidade de desempenho, qualidade de conformidade, durabilidade, confiabilidade, facilidade de reparo e estilo.[5]
- *Forma*. Refere-se ao tamanho, ao formato ou à estrutura física do produto. Por exemplo: a aspirina pode ser diferenciada por sua posologia, forma, cor, invólucro ou tempo de ação.
- *Características*. A maioria dos produtos pode ser oferecida com **características** variáveis que complementam sua função básica. Uma empresa pode identificar e selecionar novas características realizando levantamentos com os compradores e calculando o *valor para o cliente* em relação ao *custo para a empresa* de cada caracte-

rística potencial. Ela deve considerar quantas pessoas querem cada característica, o tempo necessário para lançá-las e se os concorrentes podem copiá-las com facilidade.[6] Para evitar um "excesso de características", a empresa deve priorizá-las e dizer aos consumidores como usá-las e tirar proveito delas.[7]

- *Customização.* Com a **customização em massa**, a empresa atende às exigências de cada cliente em uma base massiva, desenvolvendo produtos, serviços, programas e comunicações em nível individual.[8] Contudo, os clientes devem saber expressar suas preferências pessoais em relação ao produto ou, então, oferecer ajuda para sua melhor customização.[9]
- *Qualidade de desempenho.* Refere-se ao nível em que as características básicas do produto operam. As empresas devem desenvolver um nível de desempenho apropriado para o mercado-alvo e a concorrência (que não necessariamente é o mais alto possível), bem como gerenciar a qualidade de desempenho ao longo do tempo.
- *Qualidade de conformidade.* Os compradores esperam uma alta **qualidade de conformidade** – o grau em que todas as unidades produzidas são idênticas e atendem às especificações prometidas. Um produto com baixa qualidade de conformidade desapontará alguns compradores.
- *Durabilidade.* A *durabilidade* – uma medida da vida operacional esperada do produto sob condições normais ou excepcionais – é um atributo valorizado para veículos e outros bens duráveis. No entanto, o adicional no preço cobrado por ela não deve ser excessivo, e o produto não pode estar sujeito à rápida obsolescência tecnológica.
- *Confiabilidade.* Os compradores geralmente pagam mais pela *confiabilidade* – uma medida da probabilidade de um produto não apresentar defeitos ou quebrar em um determinado período.
- *Facilidade de reparo.* A *facilidade de reparo* mensura a facilidade de consertar um produto quando ele apresenta defeito ou quebra. A facilidade de reparo ideal existiria se os próprios usuários pudessem consertar o produto a um baixo investimento monetário e de tempo.
- *Estilo.* O *estilo* descreve o visual do produto e a sensação que ele passa para o comprador. Ele cria uma diferenciação que é difícil de copiar, embora um estilo marcante nem sempre signifique alto desempenho. O estilo desempenha um papel-chave no marketing de muitas marcas, entre elas a Apple.

Diferenciação de serviços

Quando o produto físico não pode ser facilmente diferenciado, o segredo para o sucesso competitivo pode estar na adição de serviços valorizados e na melhoria de sua qualidade. Os principais fatores que diferenciam os serviços são: facilidade de pedido, entrega, instalação, treinamento do cliente, consultoria para o cliente e manutenção e reparo.

- *Facilidade de pedido.* Com que facilidade os clientes fazem um pedido à empresa?

- *Entrega*. Como a oferta é entregue ao cliente? Os clientes de hoje esperam rapidez: óculos feitos em uma hora. Precisão e cuidado também são importantes.
- *Instalação*. Como o produto se torna operacional no local planejado? A facilidade de instalação é um ponto importante em vendas para compradores de produtos complexos, como equipamento pesado.
- *Treinamento do cliente*. O treinamento ajuda os funcionários do cliente a utilizar os equipamentos do fornecedor de maneira apropriada e eficiente.
- *Consultoria para o cliente*. Os fornecedores podem oferecer dados, sistemas de informação e serviços de orientação para os compradores. Empresas de tecnologia, como a IBM e a Oracle, veem a consultoria como uma parte cada vez mais essencial – e lucrativa – de seus negócios.
- *Manutenção e reparo*. Programas de manutenção e reparo ajudam os clientes a manter os produtos comprados funcionando bem. A Hewlett-Packard e outras empresas oferecem suporte técnico on-line para os clientes.

A devolução de produtos é uma dura realidade dos negócios, principalmente daqueles que envolvem compras on-line. Uma estratégia de serviços básica consiste em eliminar a raiz das devoluções controláveis, ao mesmo tempo em que são desenvolvidos processos para lidar com as devoluções impossíveis de controlar.

Diferenciação do design

À medida que a concorrência se intensifica, o design oferece uma maneira contundente de diferenciar e posicionar os produtos de uma empresa.[10] **Design** é o conjunto de características que afetam a maneira como um produto se apresenta e funciona para um consumidor. Ele fornece benefícios funcionais e estéticos e apela tanto para o nosso lado racional como para o emocional.[11] Para a empresa, um produto com um bom design é fácil de produzir e distribuir. Para o cliente, um produto com um bom design é agradável de olhar e fácil de abrir, instalar, usar, consertar e descartar. O designer precisa levar todos esses fatores em consideração.[12] O design deve penetrar todos os aspectos do programa de marketing. Na busca por uma identidade universal, o diretor de design global da Coca-Cola estabeleceu quatro princípios básicos: todo design deve refletir uma destacada simplicidade, uma real autenticidade, a força do vermelho e uma essência "familiar, mas também surpreendente".[13]

Relações entre produto e marca

Todo produto pode ser relacionado a outros produtos, garantindo à empresa que ela está oferecendo e comercializando o melhor conjunto possível de produtos. Um **sistema de produtos** é um grupo de itens diferentes, porém relacionados, que funcionam de maneira compatível. Por exemplo: o sistema de produto do iPod inclui fones de ouvido, cabos, suportes, *armbands*, capas, acessórios para automóveis e acessórios para carregar a bateria. Um **mix de produtos** (também chamado de **sortimento de produtos**) é o conjunto de todos os produtos e itens que uma empresa põe à venda.

Um mix de produtos consiste de várias **linhas de produtos** – grupos de produtos dentro de uma classe de produtos que são fortemente relacionados por desempenharem funções similares, serem vendidos para os mesmos grupos de cliente, serem comercializados por meio dos mesmos canais ou pertencerem à mesma faixa de preços. A Michelin possui três principais linhas de produtos: pneus, mapas e guias de restaurantes. Um *tipo de produto* é um grupo de itens dentro de uma linha que compartilham uma das muitas formas possíveis do produto, ao passo que um *item* é uma unidade distinta dentro de uma linha que se distingue por seu tamanho, sua aparência ou outro atributo.

A *abrangência* de um mix de produtos se refere à quantidade de diferentes linhas de produtos que a empresa oferece. A *extensão* de um mix de produtos está ligada ao número total de itens no mix. A *profundidade* de um mix de produtos tem a ver com a quantidade de variações que é oferecida para cada produto da linha. A *consistência* do mix de produtos descreve o grau em que as várias linhas de produtos são relacionadas no que diz respeito ao uso final, às exigências de produção, à distribuição e a algum outro critério. Essas quatro dimensões do mix de produtos permitem à empresa se expandir por meio da adição de novas linhas de produtos (maior abrangência de seu mix de produtos), da extensão de cada linha de produtos, da soma de variações para os produtos (aprofundamento da linha de produtos) e da busca de maior consistência na linha de produtos. Para apoiar suas decisões, os profissionais de marketing precisam conduzir análises da linha de produtos.

Análise da linha de produtos

Ao oferecer uma linha de produtos, as empresas geralmente desenvolvem uma plataforma básica e módulos que podem ser agregados para atender às exigências de diferentes clientes – as montadoras fabricam seus carros com base em uma plataforma básica. Os gerentes de linha de produtos precisam conhecer as vendas e os lucros de cada item de sua linha, a fim de determinar quais devem ser desenvolvidos, mantidos, recolhidos ou abandonados.[14] Para entender o perfil do mercado de cada linha de produtos, os profissionais de marketing utilizam um *mapa de produtos*, com a finalidade de verificar quais itens dos concorrentes estão competindo com os seus. O mapeamento de produtos também identifica os segmentos de mercado e mostra até que ponto a empresa está bem posicionada para atender às necessidades de cada um deles. A análise da linha de produtos fornece informações para decisões referentes à extensão e à modernização da linha.

Extensão da linha de produtos

Geralmente, as empresas que buscam altos índices de participação e crescimento de mercado possuem grandes linhas de produtos. As empresas que enfatizam a alta lucratividade possuem linhas menores, compostas por itens cuidadosamente selecionados. Os consumidores estão cada vez mais cansados de linhas de produtos densas, marcas superestendidas e produtos com excesso de características (veja a seção "Insight de marketing", a seguir).

Uma empresa estende sua linha de produtos de duas maneiras: ampliando-a e complementando-a. A **ampliação da linha** ocorre quando a empresa estende sua linha de

Insight de marketing

Quando menos é mais

Com milhares de novos produtos lançados todos os anos, os consumidores encontram cada vez mais dificuldade para andar pelos corredores das lojas. Uma recente pesquisa mostrou que o comprador médio gasta 40 segundos ou mais no corredor de refrigerantes de um supermercado, enquanto há seis ou sete anos ele gastava 25 segundos. Embora os consumidores possam achar que a maior variedade aumenta suas chances de encontrar o produto certo para eles, a realidade muitas vezes é outra. Em um estudo, apesar de os consumidores terem expressado maior interesse em comprar a partir de uma variedade de 24 sabores de geleia em vez de um sortimento de apenas seis, eles foram dez vezes mais propensos a selecionar a geleia a partir da variedade menor.

Da mesma maneira, se a qualidade do produto em um sortimento fosse alta, os consumidores prefeririam um conjunto menor de opções. Ainda que os consumidores com preferências bem definidas possam tirar proveito de produtos mais diferenciados que ofereçam benefícios específicos capazes de atender melhor às suas necessidades, uma variedade muito grande de produtos pode lhes causar frustração, confusão e arrependimento. Além disso, expor os clientes a constantes mudanças e lançamentos de produtos pode fazer com que eles reconsiderem um produto concorrente e talvez passem a usá-lo. Por fim, alguns produtos são muitos complicados para o consumidor médio. A Royal Philips Electronics pediu para seus gerentes levarem alguns produtos da empresa para casa no final de semana e verificarem se eles conseguiam fazê-los funcionar. O número de executivos que ficaram frustrados e furiosos disse muito sobre os desafios que os consumidores comuns enfrentam.

Fontes: KUKSOV, Dimitri e VILLAS-BOAS, J. Miguel. When more alternatives lead to less choice, **Marketing Science**, 2010, no prelo; DIEHL, Kristin e POYNOR, Cait. Great expectations?! Assortment size, expectations, and satisfaction, **Journal of Marketing Research**, 46, p. 312-322, Apr. 2009; REDDEN, Joseph P. e HOCH, Stephen J. The presence of variety reduces perceived quantity, **Journal of Consumer Research**, 36, p. 406-417, Oct. 2009; CHERNEV, Alexander e HAMILTON, Ryan. Assortment size and option attractiveness in consumer choice among retailers, **Journal of Marketing Research**, 46, p. 410-420, June 2009; BRIESCH, Richard A.; CHINTAGUNTA, Pradeep K. e FOX, Edward J. How does assortment affect grocery store choice, **Journal of Marketing Research**, 46, p. 176-189, Apr. 2009; SELA, Aner; BERGER, Jonah e LIU, Wendy, Variety, vice and virtue: how assortment size influences option choice, **Journal of Consumer Research**, 35, p. 941-951, Apr. 2009; BRONIARCZYK, Susan M. Product assortment. In: HAUGTVEDT, Curt P.; HERR, Paul M. e KARDES, Frank R. (eds.). **Handbook of consumer psychology**. Nova York: Taylor & Francis, 2008, p. 755-779; MOGILNER, Cassie; RUDNICK, Tamar e IYENGAR, Sheena S. The mere categorization effect, **Journal of Consumer Research**, 35, p. 202-215, Aug. 2008; CHERNEV, Alexander. The role of purchase quantity in assortment choice, **Journal of Marketing Research**, 45, p. 171-181, Apr. 2008; GOURVILLE, John e SOMAN, Dilip. Overchoice and assortment type: when and why variety backfires, **Marketing Science**, 24, p. 382-395, Summer 2005; SCHWARTZ, Barry. **The paradox of choice:** why more is less. Nova York: HarperCollins Ecco, 2004; CHERNEV, Alexander. When more is less and less is more, **Journal of Consumer Research**, 30, p. 170-183, Sep. 2003; IYENGAR, Sheena S. e LEPPER, Mark R. When choice is demotivating: can one desire too much of a good thing?, **Journal of Personality and Social Psychology**, 79, nº 6, p. 995-1006, Dec. 2000.

---

produtos para além de sua faixa atual, seja *down-market*, *up-market* ou em ambos os sentidos. Uma empresa pode selecionar uma ampliação *down-market* – lançamento de uma linha de produtos mais barata – para atrair compradores que valorizam o preço, brigar com concorrentes que atendem o mercado de preço baixo ou evitar um mercado médio estagnado. Com a ampliação *up-market*, as empresas procuram conquistar maior crescimento, atingir margens mais altas ou se posicionar como fabricantes de linha completa. As empresas que atendem o mercado médio podem ampliar sua linha em ambos os sentidos.

Com a *complementação da linha*, a empresa adiciona mais itens à atual gama de itens de sua linha de produtos. Entre os motivos para lançar mão da complementação da linha, estão: conquistar lucros incrementais, satisfazer os revendedores que reclamam que perdem vendas por faltarem itens na linha, utilizar o excesso de capacidade, tentar se tornar a líder entre as empresas que oferecem linha completa e tampar buracos para manter os concorrentes longe.

Modernização, promoção e redução da linha

As linhas de produtos precisam ser modernizadas. As empresas planejam melhorias para incentivar os clientes a migrar para itens mais valorizados, mais caros. Elas programam as melhorias de modo que não pareçam muito adiantadas (prejudicando as vendas da linha atual) nem muito tardias (dando aos concorrentes tempo para estabelecer uma forte reputação).[15] A empresa geralmente promove um ou alguns itens selecionados na linha ou, então, promove um item de segmento superior, conferindo prestígio à linha. Além disso, os profissionais de marketing devem periodicamente rever toda a linha com o objetivo de reduzi-la, identificando itens fracos por meio de análise de vendas e custos. Um estudo descobriu que a redução do principal sortimento de um varejista alemão levou a uma queda rápida nas vendas da categoria – contudo, ao mesmo tempo, atraiu novos compradores para a categoria, compensando parcialmente as perdas das vendas dos itens descontinuados para os antigos compradores.[16] Muitas empresas multimarcas concentram recursos em suas marcas maiores e mais bem estabelecidas.

Determinação de preços do mix de produtos

Os profissionais de marketing devem mudar a lógica do estabelecimento de preços quando o produto faz parte de um mix. Na **determinação de preços do mix de produtos**, a empresa busca um conjunto de preços que maximizem os lucros do mix total. A determinação de preços é difícil porque os vários produtos possuem demanda e custo inter-relacionados e estão sujeitos a diferentes níveis de concorrência. Seis situações de determinação de preços do mix de produtos são mostradas no Quadro 10.1.

QUADRO 10.1 SITUAÇÕES DE DETERMINAÇÃO DE PREÇOS DO MIX DE PRODUTOS.

1. *Preço para a linha de produtos*. Muitas empresas trabalham com gradações de preço dentro da linha de produtos. A tarefa da empresa consiste em estabelecer diferenças percebidas de qualidade que justifiquem as diferenças de preço.
2. *Preço para características opcionais*. As fabricantes de automóveis e outras empresas oferecem produtos, características e serviços opcionais junto do produto principal. As empresas precisam decidir quais opções incluir no preço padrão e quais oferecer separadamente.
3. *Preço para produtos cativos*. Alguns produtos requerem o uso de produtos complementares ou cativos. Os fabricantes de aparelhos de barbear geralmente estabelecem um preço baixo para esse produto e um preço alto para as lâminas. Contudo, se o produto cativo for muito caro, falsificações e substitutos poderão corroer as vendas.
4. *Preço composto*. Muitas empresas de serviços cobram um valor fixo mais uma taxa de uso variável. Por exemplo: muitos usuários de celular pagam um valor mensal mais um taxa extra por chamadas que excedem os minutos acordados. A empresa precisa decidir quanto cobrar pelo serviço básico e pelo uso variável.
5. *Preço para subprodutos*. A produção de determinados produtos (como carnes) resulta em subprodutos que devem ser precificados com base em seu valor. A receita proveniente de subprodutos facilitará para a empresa cobrar menos por seu produto principal caso a concorrência a force a fazer isso.
6. *Preço para o pacote de produtos*. O *pacote puro* ocorre quando a empresa oferece seu produto somente na forma de pacote. No *pacote misto*, a empresa oferece seu produto tanto individualmente como em pacote, em geral cobrando menos pelo pacote do que pelos itens comprados de maneira avulsa. As economias com o valor do pacote devem ser suficientes para incentivar os clientes a comprá-lo.

Co-brands e marcas ingredientes

Os profissionais de marketing combinam seus produtos com os de outras empresas de várias maneiras. Em um caso de **co-brand** – também chamadas de marcas duplas ou marca combinada –, duas ou mais marcas conhecidas são unidas em um mesmo produto ou comercializadas juntas.[17] Uma forma de combinação de marcas é o co-brand *da mesma empresa*, o que ocorre quando a General Mills anuncia o cereal Trix e o iogurte Yoplait juntos. Outras formas incluem co-brand *em uma* joint-venture, co-brand *de múltiplos patrocinadores* e co-brand *no varejo*.

A principal vantagem do co-brand é que um produto pode ser posicionado de maneira convincente em virtude das diversas marcas, gerando mais vendas no mercado existente e abrindo oportunidades para novos consumidores e canais. Elas também podem reduzir o custo de introdução do produto, uma vez que combina imagens conhecidas e acelera a adoção. Além disso, podem representar uma maneira valiosa de aprender sobre os consumidores e como as outras empresas os abordam. As desvantagens potenciais do co-brand são: os riscos e a falta de controle ao se associar à outra marca. As expectativas do consumidor de co-brand costumam ser altas. Assim, um desempenho insatisfatório pode gerar repercussões negativas para todas as marcas. Um alto número de acordos de co-brand pode fazer com que a superexposição dilua a transferência de qualquer associação, resultando em falta de foco nas marcas existentes. Os consumidores também podem se sentir menos seguros em relação ao que sabem sobre a marca.[18]

A **marca ingrediente** é um caso especial dentro de co-brand.[19] Envolve a criação de *brand equity* para materiais, componentes ou peças que necessariamente fazem parte de outros produtos. Os microprocessadores da Intel e as fibras à prova d'água Gore-Tex são dois exemplos de sucesso. Uma forma interessante de marca ingrediente é o *self-branding*, em que as empresas anunciam e até mesmo registram marcas ingredientes. O Westin Hotels anuncia sua "Heavenly Bed" (cama paradisíaca) e seu "Heavenly Shower" (chuveiro paradisíaco). Uma marca ingrediente deve gerar conscientização e preferência em relação a seu produto, de modo que os consumidores não comprem um produto "hospedeiro", que não o contenha.[20]

Embalagem, rotulagem e garantias

Muitos profissionais de marketing chamam a embalagem de "o quinto P" (do inglês *packaging*), ao lado do preço, do produto, da praça e da promoção. A maioria, contudo, trata a embalagem e a rotulagem como elementos da estratégia de produto. A garantia também pode ser uma peça importante dessa estratégia.

Embalagem

A **embalagem** inclui todas as atividades de projeto e produção do recipiente ou envoltório de um produto. As embalagens podem ter até três camadas: uma embalagem primária dentro de uma caixa (embalagem secundária) e, então, uma embalagem para o transporte de uma ou mais unidades embaladas. A embalagem é o primeiro contato do comprador com o produto. Assim, ela deve chamar a atenção do consumidor e incentivá-lo a escolher o produto. A embalagem também afeta as experiências dos consumidores quando eles a abrem e utilizam o produto em casa. Embalagens diferentes como a das balas Altoids constituem uma importante parte do *brand equity*.[21] Naturalmente, os profissionais de marketing precisam levar em conta preocupações em relação ao meio ambiente e à segurança quando a planejam.

A embalagem deve atingir uma série de objetivos.[22] Ela deve identificar a marca, transmitir informações descritivas e persuasivas, facilitar o transporte e a proteção do produto, ajudar no armazenamento em casa e auxiliar no consumo do produto. Considerações estéticas referentes à embalagem incluem: tamanho, forma, material, cor, texto e ilustrações. Os elementos da embalagem precisam estar harmonizados entre si e com todas as outras peças do programa de marketing. Redesenhar ou atualizar a embalagem pode ser arriscado: se os consumidores não gostarem da nova embalagem ou a confundirem com outras marcas, eles não a comprarão. Após a PepsiCo lançar uma nova embalagem para seu suco Tropicana, as vendas do produto diminuíram tanto que a empresa rapidamente voltou para a embalagem antiga.[23]

Rotulagem

O rótulo pode ser uma simples etiqueta afixada ou algo elaborado que faz parte da embalagem. Ele pode trazer uma série de informações ou apenas o nome da marca e desempenhar diversas funções. Para começar, ele *identifica* o produto ou a marca — por exemplo, o nome Sunkist estampado em laranjas. Ele também pode *classificar* o produto; pêssegos em lata são rotulados com a classificação A, B ou C. Pode ainda *descrever* o produto: quem o fez, onde e quando, o que ele contém, como ele é usado, como utilizá-lo com segurança. Por fim, o rótulo pode *promover* o produto por meio de imagens atrativas.

Vez ou outra, os rótulos precisam ser atualizados. O rótulo do sabonete Ivory foi refeito no mínimo 18 vezes em 120 anos, com mudanças graduais nas letras. Exigências legais e regulatórias também devem ser consideradas. Por exemplo: alimentos processados precisam conter em seu rótulo informações nutricionais, como a quantidade de proteína, gordura, carboidrato e calorias, bem como a quantidade de vitamina e sais minerais com uma porcentagem das porções diárias recomendadas.[24]

Garantia

Todas as empresas são legalmente responsáveis por satisfazer às expectativas normais ou razoáveis de um comprador. **Garantias** são declarações formais, feitas pelo fabricante, acerca do desempenho esperado do produto; elas são legalmente capazes de serem cumpridas. Os produtos com garantia podem ser devolvidos ao fabricante ou enviados para a assistência técnica para reparo, substituição ou reembolso. As garantias reduzem o risco percebido do comprador, além de sugerirem que o produto é de alta qualidade e que a empresa e seus serviços são confiáveis. Elas são especialmente úteis quando a empresa ou o produto não é muito conhecido ou quando a qualidade do produto é superior à dos concorrentes.

Gerenciamento de novos produtos

Uma empresa pode agregar novos produtos por meio de aquisições (comprando outra empresa, adquirindo patentes de outra empresa ou obtendo uma licença ou franquia) ou organicamente, por meio de desenvolvimento interno (usando seus próprios laboratórios, indo atrás de pesquisadores independentes ou contratando uma empresa de desenvolvimento de novos produtos).[25] Novos produtos vão desde os totalmente novos que criam um novo mercado até pequenas melhorias ou revisões nos produtos existentes. A maior parte das atividades de novos produtos é voltada para a melhoria de produtos existentes. Em compensação, produtos totalmente novos envolvem maiores custos e riscos. Embora inovações radicais possam prejudicar o resultado da empresa no curto prazo, se bem-sucedidas, elas podem criar uma vantagem competitiva sustentável maior do que a dos produtos comuns e gerar, como resultado, recompensas financeiras significativas.[26]

O imperativo da inovação e o sucesso de novos produtos

Novos produtos fracassam por vários motivos: pesquisa de mercado ignorada ou mal interpretada; tamanho do mercado superestimado; altos custos de desenvolvimento; projeto ruim ou desempenho ineficaz; posicionamento, propaganda ou preço incorreto; apoio insuficiente de distribuição; reação firme dos concorrentes; retorno sobre o investimento inadequado. Em uma economia de rápidas mudanças, a inovação contínua é uma necessidade. Empresas altamente inovadoras são capazes de identificar e agarrar com rapidez novas oportunidades de mercado. Elas cultivam uma atitude positiva em relação à inovação e à assunção de riscos, tornam rotineiros os processos de inovação, praticam o trabalho em equipe e permitem que seus funcionários tentem e até mesmo fracassem. As empresas que não conseguem desenvolver novos produtos deixam suas ofertas existentes vulneráveis a mudanças nas necessidades e nos gostos no consumidor, a novas tecnologias, a ciclos de vida de produto mais curtos e à concorrência cada vez maior.

Robert Cooper e Elko Kleinschmidt, especialistas em novos produtos, assinalaram que produtos singulares e superiores são bem-sucedidos 98% das vezes, em comparação a produtos com vantagem moderada (58% de sucesso) e àqueles com vantagem mínima (18% de sucesso). Outros fatores de sucesso incluem: um conceito bem definido de produto, benefícios e mercado-alvo claros, sinergia entre a tecnologia e o marketing, qualidade da execução e atratividade do mercado.[27]

A maioria das empresas estabelecidas se concentra na *inovação incremental*, entrando em novos mercados por meio de produtos ajustados aos novos clientes, inserindo variações em um produto central e criando soluções intermediárias para problemas que atingem todo o setor. Empresas mais novas criam *tecnologias disruptivas*, têm menores custos e mais chances de alterar o espaço competitivo. Empresas estabelecidas podem ser lentas para reagir a essas tecnologias ou investir nelas porque ameaçam seus investimentos. Assim, de repente, elas se veem diante de novos concorrentes formidáveis – e muitas fracassam.[28] Para evitar essa armadilha, as empresas dominantes devem monitorar com cuidado as preferências do cliente e descobrir necessidades em evolução, difíceis de articular.[29]

Desenvolvimento de novos produtos

Os estágios no desenvolvimento de um novo produto são mostrados na Figura 10.2 e discutidos a seguir.

FIGURA 10.2 PROCESSO DE DESENVOLVIMENTO DE UM NOVO PRODUTO.

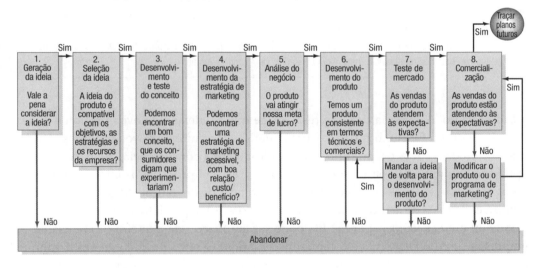

Geração da ideia. O processo começa com a busca por ideias (veja a seção "Habilidades em marketing", a seguir). Alguns especialistas acreditam que as maiores oportunidades e alavancagens com novos produtos provêm da descoberta do melhor conjunto possível de necessidades do cliente não atendidas ou de inovações tecnológicas.[30] Ideias podem surgir da interação com clientes, cientistas, funcionários e outros grupos. Podem surgir também do uso de técnicas criativas e do estudo dos concorrentes. As empresas estão cada vez mais se voltando para o público externo para gerar novas ideias. Elas convidam comunidades da Internet a ajudar na criação de conteúdo ou software e, como incentivo, geralmente oferecem prêmio em dinheiro ou uma experiência única.[31] Manter os clientes certos no caminho certo é fundamental.[32]

Seleção da ideia. O passo seguinte consiste em eliminar as ideias ruins o mais cedo possível, pois o custo de desenvolvimento de um produto aumenta substancialmente

Habilidades em marketing

Encontrando novas ideias de produto

Como os profissionais de marketing encontram ideias promissoras para novos produtos? Em primeiro lugar, tome cada contato com o cliente como uma oportunidade de identificar necessidades não atendidas ou emergentes; encontrar novas maneiras de resolver problemas antigos; ou aplicar, de modo inovador, tecnologias e técnicas existentes em novos problemas. Em seguida, observe como os clientes usam os produtos da empresa (e dos concorrentes); peça para que eles falem sobre o que lhes agrada e o que não lhes agrada; e explore o *feedback* reunido pelos profissionais de venda, atendentes e outros funcionários. Por fim, mantenha um banco de novas ideias para que os profissionais de marketing possam rever e reexaminar as ideias a qualquer momento.

Um número crescente de profissionais está obtendo ideias para produtos por meio da interação com clientes em websites e em redes sociais. A Dell, por exemplo, criou o IdeaStorm (www.ideastorm.com), um site no qual os clientes podem postar suas ideias. Inspirada pela Dell, a Starbucks criou um website e uma conta no Twitter na qual os clientes podem compartilhar suas ideias de produtos (http://mystarbucksidea.force.com; http://twitter.com/mystarbucksidea). Os profissionais de marketing da Coca-Cola tiram suas ideias para produtos dos comentários feitos na página da marca no Facebook (http://www.facebook.com/cocacola). E a Philips, fabricante de produtos elétricos, coleta ideias a partir de várias conexões no LinkedIn (http://www.linkedin.com/company/philips).[33]

---

a cada estágio. A maioria das empresas exige que as ideias de novos produtos sejam descritas em um formulário padrão, para análise do comitê de novos produtos. A descrição contém a ideia do produto, o mercado-alvo e a concorrência, além de estimar aproximadamente o tamanho do mercado, o preço do produto, os custos e o tempo de desenvolvimento, os custos de produção e a taxa de devolução. O comitê executivo analisa cada ideia de acordo com os seguintes critérios: o produto atende a uma necessidade ou oferece valor superior? Ele pode ser anunciado de maneira diferenciada? A empresa possui o *know-how* e o capital necessários? O novo produto gerará o volume de vendas, o crescimento de vendas e o lucro esperados? A empresa também estima a probabilidade geral de sucesso de cada ideia e determina o que garante a continuidade do desenvolvimento.

Desenvolvimento do conceito. Uma *ideia de produto* é um possível produto que a empresa pode oferecer ao mercado. Um *conceito de produto* é uma versão elaborada da ideia expressa em termos de consumo. Uma ideia de produto pode ser convertida em diversos conceitos a partir das seguintes perguntas: quem vai usar esse produto? Que benefício primário ele deve oferecer? Quando as pessoas o consumirão ou o usarão? Respondendo a essas perguntas, a empresa pode formar diversos conceitos, selecionar o mais promissor e criar um *mapa de posicionamento de produto* para ele. A Figura 10.3(a) mostra o posicionamento de um produto – uma bebida instantânea de baixo custo para o café da manhã – em comparação a outros alimentos disponíveis para a refeição matinal. Esses contrastes podem ser úteis para comunicar e promover um conceito para o mercado.

Em seguida, o conceito de produto é convertido em *conceito de marca*. Para transformar o conceito de bebida instantânea de baixo custo em um conceito de marca, a empresa deve decidir quanto cobrar pela bebida e quantas calorias ela terá. A Figura 10.3(b) mostra o posicionamento de três marcas de bebida instantânea para o café da manhã. O novo conceito teria que se diferenciar no mercado de preço médio e quantidade média de calorias ou no mercado de alto preço e grande quantidade de calorias.

FIGURA 10.3 POSICIONAMENTO DE PRODUTO E DE MARCA.

Teste do conceito. Testar o conceito significa apresentar o conceito do produto para consumidores-alvo, física ou simbolicamente, e observar suas reações. Quanto mais os conceitos testados se parecem com o produto ou a experiência final, mais confiável é o teste. Antigamente, criar protótipos físicos era custoso e consumia muito tempo. Hoje as empresas podem utilizar a *criação rápida de protótipos* para projetar produtos no computador e, então, produzir modelos para mostrar aos potenciais consumidores, a fim de ver suas reações.

As empresas também estão usando *realidade virtual* para testar conceitos de produto. São mostradas para os entrevistados diferentes ofertas hipotéticas formadas pela combinação de vários níveis de atributos e, em seguida, é pedido que eles as classifiquem.

A gerência pode verificar a oferta com mais apelo, bem como sua participação de mercado e seu lucro estimados. Note que as ofertas com grande apelo entre os clientes nem sempre são as mais lucrativas para a empresa.

Desenvolvimento da estratégia de marketing. Após um teste de conceito bem-sucedido, a empresa traça uma estratégia preliminar composta de três partes para lançar o novo produto. A primeira parte descreve o tamanho, a estrutura e o comportamento do mercado-alvo; o posicionamento do produto planejado; as metas de vendas; participação de mercado e lucro perseguidas nos primeiros anos. A segunda parte traz o preço planejado, a estratégia de distribuição e o orçamento de marketing para o primeiro ano. A terceira parte apresenta as metas de vendas e lucro no longo prazo, bem como a estratégia de mix de marketing ao longo do tempo. Esse plano forma a base para o estágio seguinte: a análise do negócio.

Análise do negócio. A empresa avalia a atratividade do negócio gerado pelo produto proposto preparando projeções de vendas, custo e lucro a fim de determinar se elas satisfazem seus objetivos. Caso satisfaçam, o conceito pode seguir para o estágio de desenvolvimento. À medida que novas informações surgem, a análise do negócio passa por revisões e ampliações.

As vendas totais estimadas correspondem à soma das vendas iniciais, de reposição e repetidas estimadas. Os métodos de estimativa de vendas variam, dependendo se o produto é comprado uma única vez (como um anel de noivado), esporadicamente ou com frequência. Para os produtos comprados uma única vez, as vendas aumentam no começo, atingem seu pico e se aproximam do zero à medida que o número de compradores potenciais se esgota; se novos compradores continuarem entrando no mercado, a curva não chegará ao zero. Produtos comprados esporadicamente, como carros, possuem ciclos de reposição ditados pelo desgaste físico ou pela obsolescência associada a mudanças no estilo, nas características e no desempenho; assim, a previsão de vendas requer estimativas separadas para vendas iniciais e de reposição. No caso de produtos comprados com frequência, o número de compradores iniciais aumenta em um primeiro momento e, então, diminui, uma vez que sobram menos compradores (considerando uma população fixa). Compras repetidas ocorrem logo, desde que o produto satisfaça alguns compradores. A curva de vendas normalmente se estabiliza, representando um nível de volume estável de compras repetidas; nesse momento, o produto já não é mais novo. Como parte de sua análise financeira, as empresas podem conduzir uma análise de ponto de equilíbrio ou de riscos.

Desenvolvimento do produto. Até agora a existência do produto se resumiu a uma descrição, um desenho ou um protótipo. Os estágios a seguir representam um salto em investimentos que faz com que os custos incorridos até então pareçam minúsculos. Neles, a empresa decide se a ideia do produto pode ser traduzida em um produto técnica e comercialmente viável.

A tarefa de traduzir as exigências do cliente-alvo em um protótipo que funcione é apoiada por um conjunto de métodos conhecido como *desdobramento da função de qualidade* (QFD – *quality function deployment*). Essa metodologia pega a lista dos *atributos desejados pelo cliente*, gerada pela pesquisa de marketing, e a transforma em uma lista dos *atributos da engenharia*, que os engenheiros podem usar. Por exemplo: os clientes de um caminhão proposto podem querer um determinado nível de aceleração; os engenheiros podem transformar essa informação em potência ou outros equivalentes em engenharia. O QFD melhora a comunicação entre profissionais de marketing, engenheiros e o pessoal da produção.[34]

O departamento de P&D (pesquisa e desenvolvimento) desenvolve um protótipo que incorpora os principais atributos da declaração de conceito do produto, funciona de maneira segura sob condições e uso normais e pode ser produzido dentro dos custos de fabricação orçados; esse processo está sendo acelerado pela tecnologia de realidade virtual e pela Web. Quando os protótipos estão prontos, eles passam por rigorosos testes funcionais e com os clientes antes de irem para o mercado. O *teste alfa* verifica o produto dentro da empresa para ver como ele se sai em diferentes aplicações. Após refinar ainda mais o protótipo, a empresa parte para o *teste beta* com clientes. O teste com o consumidor pode assumir diversas formas, que vão desde levar os consumidores a um laboratório até dar a eles amostras para usarem em casa.

Teste de mercado. Quando a gerência estiver satisfeita com o desempenho funcional e psicológico do produto, este estará pronto para receber um nome, um logo, uma embalagem e seguir para o teste de mercado. Nem todas as empresas fazem teste de mercado. A quantidade de testes é influenciada, por um lado, pelo custo do investimento e pelo risco e, por outro, pela pressão do tempo e pelo custo da pesquisa. Os testes de produtos de consumos procuram estimar quatro variáveis: *experimentação*, *primeira repetição*, *adoção* e *frequência de compra*. O Quadro 10.2 traz quatro métodos para testar produtos de consumo, começando com o menos oneroso e seguindo progressivamente até chegar ao mais custoso.

Produtos corporativos também se beneficiam do teste de mercado. Produtos industriais caros e novas tecnologias geralmente passam pelos testes alfa e beta. Durante o teste beta, o pessoal técnico da empresa observa como os clientes utilizam o produto – prática que com frequência revela problemas não previstos e alerta a empresa para as necessidades de treinamento do cliente e serviços. Em feiras setoriais, a empresa pode observar quanto interesse os compradores demonstram pelo novo produto, como eles reagem a suas diversas características e quantos expressam intenção em comprá-lo ou fazem pedidos. Em *showrooms* de distribuidores e revendedores, o produto pode ficar próximo aos outros produtos do fabricante e, possivelmente, aos dos concorrentes, gerando informações sobre preferências e preços na atmosfera de vendas normal do produto. Contudo, os clientes que vão aos *showrooms* podem não representar o mercado-alvo ou podem querer fazer pedidos, os quais não poderão ser atendidos.

QUADRO 10.2 QUATRO MÉTODOS PARA TESTAR O MERCADO DE BENS DE CONSUMO.

Método	Descrição
Pesquisa de onda de vendas	O produto é novamente oferecido para os consumidores que o experimentaram no início de graça, agora a um preço um pouco mais baixo que o normal. Também pode ser oferecido um produto do concorrente a um preço mais baixo. A oferta pode ser feita até cinco vezes (ondas de vendas), enquanto a empresa observa quantos clientes escolhem novamente o produto e o nível de satisfação que eles reportam.
Mercado-teste simulado	Entre 30 e 40 compradores qualificados respondem a perguntas sobre a familiaridade com as marcas e suas preferências em uma determinada categoria de produtos. Eles também assistem a uma rápida exibição de anúncios. Os compradores, então, recebem uma pequena quantia em dinheiro e são convidados a ir a uma loja para comprar. A empresa observa quantos deles compram a nova marca e marcas concorrentes. Ela também pergunta aos compradores por que eles compraram ou não compraram. Aqueles que não compram o novo item ganham uma amostra grátis e são entrevistados novamente depois, com o objetivo de determinar atitudes, uso, satisfação e intenção de compra.
Mercado-teste controlado	Uma empresa de pesquisa entrega o produto para um grupo de lojas participantes e controla sua posição na prateleira, seu preço e o número de exibições, *displays* e promoções no ponto de venda, a fim de testar as vendas e o impacto da propaganda local, bem como determinar as impressões dos clientes em relação ao produto.
Mercados-teste	A empresa escolhe algumas cidades representativas, disponibiliza o produto e lança uma campanha de comunicação de marketing completa. Os profissionais de marketing devem decidir em quantas cidades fazer o teste, sua duração e quais dados coletar. No final, como resultado do teste, eles devem decidir quais ações tomar.

Comercialização. Na comercialização, que é o estágio mais oneroso do processo, a empresa realiza contratações para a fabricação do produto; ela também pode construir ou alugar uma instalação para a fabricação. Além disso, a empresa prepara sua campanha de comunicação. Nos Estados Unidos, a campanha de um novo bem de consumo embalado lançado em nível nacional pode custar de 25 a 100 milhões de dólares no primeiro ano.

O momento de entrada no mercado, o *timing*, é fundamental. Se a empresa descobre que um concorrente está trabalhando em um novo produto, ela pode escolher *entrar primeiro* – ser a primeira no mercado, conquistar os principais distribuidores e clientes e obter a vantagem da liderança; isso, entretanto, pode ser um tiro no pé, se o produto não estiver totalmente livre de problemas. A empresa pode escolher também *entrar junto* (lançar seu produto ao mesmo tempo que o concorrente pode fazer com que ambos ganhem mais atenção[35]) ou *entrar depois* (adiando o lançamento até que o concorrente tenha absorvido o custo de instruir o mercado e mostrado os problemas a serem evitados).

Muitas empresas desenvolvem um lançamento planejado de mercado ao longo de determinado período. Para isso, elas selecionam alguns mercados com base em seu potencial, na reputação local da organização, nos custos de abrir o mercado, nos custos de comunicação, na influência da área sobre outras e na penetração da concorrência. Pequenas empresas selecionam uma cidade atrativa e fazem uma campanha intensa, entrando somente depois em outras cidades, e em uma de cada vez. Grandes empresas geralmente realizam o lançamento em uma região e, então, partem para a seguinte. Empresas com rede de distribuição nacional, como as fabricantes de automóveis, lançam modelos em nível nacional. Cada vez mais as empresas estão lançando produtos simultaneamente em várias partes do mundo; contudo, organizar um lançamento global oferece desafios, e o lançamento sequencial pode ser ainda a melhor opção.[36] Nos mercados de lançamento, a empresa deve direcionar a promoção e a distribuição iniciais para os melhores grupos potenciais.

Como lançamentos de produtos geralmente demoram e custam mais do que o esperado, é importante alocar tempo e recursos suficientes – mas sem gastar demais – a fim de permitir que o novo produto ganhe força no mercado.[37] Para coordenar as muitas tarefas envolvidas no lançamento de um produto, a gerência pode utilizar técnicas de planejamento de redes como a *programação da trajetória crítica* (CPS – *critical path scheduling*), que usa um gráfico para mostrar as atividades simultâneas e sequenciais que devem ser levadas a cabo. Ao estimar de quanto tempo cada atividade precisa, os planejadores podem prever o tempo de duração do projeto. Qualquer demora em uma atividade da trajetória crítica o atrasará.[38]

O processo de adoção do consumidor

Adoção é uma decisão de um indivíduo de se tornar um usuário regular de um produto. Ela é seguida pelo *processo de fidelidade do consumidor*. Geralmente, os profissionais de marketing de novos produtos miram adotantes imediatos (*early adopters*) e utilizam a teoria da difusão da inovação e da adoção do consumidor para identificá-los.

Etapas no processo de adoção

Uma **inovação** é qualquer bem, serviço ou ideia que alguém *percebe* como nova, independentemente de quanto tempo tem. Everett Rogers define o **processo de difusão da inovação** como "a disseminação de uma nova ideia a partir de sua fonte de invenção ou criação até seus usuários ou adotantes finais".[39] O *processo de adoção do consumidor* abrange as etapas mentais pelas quais um indivíduo passa desde que ouve falar pela primeira vez de uma inovação até sua adoção final.[40] Essas cinco etapas são: (1) *conscientização* (o consumidor toma conhecimento da inovação, mas falta informações sobre ela); (2) *interesse* (o consumidor é estimulado a buscar informações); (3) *avaliação* (o consumidor considera se vai experimentar a inovação); (4) *experimentação* (o consumidor experimenta a inovação para estimar seu valor); (5) *adoção* (o consumidor decide fazer uso total e regular da inovação).

Fatores que influenciam a adoção

Everett Rogers define o nível de inovação de uma pessoa como "o grau em que um indivíduo é relativamente mais ágil para adotar novas ideias do que os outros membros de seu sistema social". Como mostra a Figura 10.4, os inovadores são os primeiros a adotar algo novo, ao passo que os retardatários são os últimos. Após um início lento, um número cada vez maior de pessoas adota a inovação; esse número atinge um pico e, então, diminui, à medida que restam poucos que não a adotaram. Os cinco grupos de adotantes diferem em suas orientações de valor e em seus motivos para adotar o novo produto ou resistir a ele.[41]

A **influência pessoal** – o efeito que uma pessoa exerce sobre a atitude ou a probabilidade de compra de outra – tem maior importância em algumas situações e para algumas pessoas, e é mais relevante na avaliação do que nas outras etapas de adoção. Ela exerce mais poder sobre os adotantes retardatários do que sobre os imediatos e em situações de risco.

Cinco características influenciam a taxa de adoção de uma inovação. A primeira é a *vantagem relativa* – o grau em que a inovação parece superior aos produtos existentes. A segunda é a *compatibilidade* – o grau em que a inovação corresponde aos valores e às experiências das pessoas. A terceira é a *complexidade* – o grau em que a inovação é difícil de ser entendida ou utilizada. A quarta é a *divisibilidade* – o grau em que a inovação pode ser experimentada em uma base limitada. A quinta é a *comunicabilidade* – o grau em que os benefícios do uso são observáveis ou podem ser descritos para as pessoas. Outras características que influenciam a taxa de adoção são: custo, risco e incerteza, credibilidade científica e aprovação social.

Por fim, a adoção tem a ver com variáveis no ambiente da organização (nível de progresso da comunidade, sua renda), na organização em si (tamanho, lucro, pressão para

FIGURA 10.4 CLASSIFICAÇÃO DOS ADOTANTES COM BASE NO TEMPO RELATIVO DE ADOÇÃO DE INOVAÇÕES.

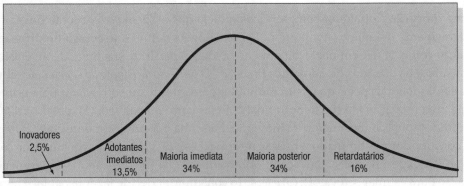

Fonte: Tungsten, http://en.wikipedia.org/wiki/Everett_Rogers. Baseado em: ROGERS, Everett M. **Diffusion of innovations**. New York: Free Press, 1962.

mudanças) e na administração (grau de instrução, idade, sofisticação). Outras forças entram em cena quando se tenta fazer com que um produto seja adotado em organizações que recebem a maior parte de seus recursos do governo, como nas escolas públicas. Um produto polêmico ou inovador pode ser arrasado pela opinião pública negativa.

Marketing ao longo do ciclo de vida do produto

A estratégia de posicionamento e diferenciação da empresa deve mudar à medida que o produto, o mercado e os concorrentes mudam ao longo do *ciclo de vida do produto* (CVP). Dizer que um produto possui um ciclo de vida é o mesmo que afirmar que (1) os produtos têm vida limitada; (2) as vendas do produto passam por diferentes estágios, cada qual com desafios e oportunidades distintos para o fornecedor; (3) os lucros aumentam e diminuem nos diferentes estágios; e (4) os produtos requerem estratégias de marketing, finanças, produção, compras e recursos humanos diferentes para cada estágio.

Ciclos de vida do produto

A maioria das curvas de ciclo de vida de produto assume a forma de sino (veja a Figura 10.5). Geralmente, essa curva é dividida em quatro estágios: introdução, crescimento, maturidade e declínio. Na *introdução*, as vendas crescem lentamente, à medida que o produto é introduzido; não há lucros por causa das grandes despesas com a introdução. O *crescimento* é um período de rápida aceitação do mercado e substancial melhoria dos lucros. Na *maturidade*, o crescimento das vendas se torna mais lento, pelo fato de o produto já ter alcançado a aceitação da maioria dos compradores em potencial, e os lucros se estabilizam ou diminuem, por conta da concorrência mais acirrada. No *declínio*, as vendas caem vertiginosamente e os lucros desaparecem.

FIGURA 10.5 CICLOS DE VIDA DE VENDAS E LUCRO.

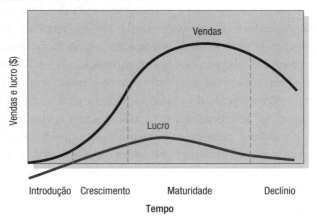

Estratégias de marketing: estágio de introdução e a vantagem de ser a pioneira

Uma vez que leva tempo preparar um novo produto, solucionar os problemas técnicos, abastecer os revendedores e conquistar a aceitação do consumidor, o crescimento das vendas tende a ser lento durante a introdução.[42] Os lucros são negativos ou baixos, e as despesas promocionais superam as vendas por conta da necessidade de (1) informar os consumidores potenciais, (2) induzir a experimentação do produto e (3) garantir a distribuição.[43]

Ser a primeira a entrar no mercado com um novo produto pode ser recompensador, mas também arriscado e caro.[44] Quando Steven Schnaars estudou os setores em que as imitadoras superaram as inovadoras, ele descobriu uma série de pontos fracos nas pioneiras que fracassaram.[45] Esses pontos fracos incluíam: novos produtos ainda muito crus, posicionados de maneira errada ou que surgiram antes que houvesse uma demanda sólida; custos de desenvolvimento que esgotaram os recursos da inovadora; recursos insuficientes para competir com rivais maiores; incompetência gerencial ou complacência. As imitadoras bem-sucedidas ofereceram preços mais baixos, melhoraram o produto em uma base contínua ou usaram um agressivo poder de mercado para ultrapassar a pioneira.

Gerald Tellis e Peter Golder identificaram cinco fatores que sustentam a liderança de mercado no longo prazo: visão do mercado de massa, persistência, incansável inovação, responsabilidade financeira e alavancagem de ativos.[46] Outra pesquisa destacou a importância da novidade da inovação do produto.[47]

Estratégias de marketing: estágio de crescimento

O estágio de crescimento é marcado por um rápido aumento nas vendas; os adotantes imediatos gostam do produto e outros consumidores começam a comprá-lo. À medida que vão chegando, os concorrentes lançam novas características e expandem a distribuição, e os preços se estabilizam ou caem ligeiramente, dependendo da rapidez com que a demanda aumenta. As empresas mantêm ou elevam as despesas promocionais para acompanhar a concorrência, mas as vendas aumentam mais rapidamente do que os custos. Os lucros aumentam à medida que os custos promocionais se diluem por um volume maior, e os custos de produção unitários diminuem com mais rapidez do que o preço.

Para apoiar o rápido crescimento da participação de mercado, a empresa deve melhorar a qualidade do produto, adicionar novas características e aprimorar o estilo; acrescentar novos modelos e produtos adjacentes para proteger o produto principal; entrar em novos segmentos de mercado; aumentar a cobertura da distribuição e ingressar em novos canais; deixar para trás a comunicação dirigida para a conscientização e a experimentação e se voltar para a comunicação que mira a preferência e a fidelidade; diminuir o preço a fim de atrair compradores sensíveis a ele. Ao investir na melhoria do produto, na promoção e na distribuição, a empresa pode conquistar uma posição dominante, abrindo mão do máximo de lucro que poderia ter hoje para conquistar uma grande participação de mercado – e na esperança de obter lucros ainda maiores no estágio seguinte.

Estratégias de marketing: estágio de maturidade

Em um determinado momento, o índice de crescimento das vendas se torna lento e o produto entra em um estágio de relativa maturidade. A maioria dos produtos se encontra nesse estágio do ciclo de vida, que normalmente dura mais do que os anteriores. Três maneiras de alterar o curso de uma marca no estágio de maturidade são: modificação do mercado, modificação do produto e modificação do programa de marketing. A empresa pode tentar expandir o mercado aumentando o número de usuários da marca (convertendo não usuários, ingressando em novos segmentos ou atraindo clientes dos concorrentes) e o índice de utilização entre os usuários (convencendo os clientes atuais a usarem o produto em mais ocasiões, a usarem-no mais em cada ocasião ou a usarem-no de novas maneiras). Os gerentes também podem tentar estimular as vendas melhorando a qualidade, as características ou o estilo. Por fim, os gerentes de marca podem tentar estimular as vendas modificando elementos de marketing, em especial o preço, a distribuição e a comunicação.

Estratégias de marketing: o estágio de declínio

As vendas declinam por uma série de motivos, entre os quais avanços tecnológicos, mudanças nos gostos do consumidor e intensificação da concorrência. Todos esses motivos podem levar a um excesso de capacidade, a um crescente corte no preço e ao desaparecimento do lucro. À medida que, durante um longo período de tempo, as vendas e os lucros vão declinando, algumas empresas vão deixando o mercado. Aquelas que permanecem podem reduzir o número de produtos que oferecem, retirar-se de segmentos menores e canais mais fracos, reduzir o orçamento de marketing e diminuir os preços. A menos que existam fortes razões para manter um produto fraco, fazer isso é geralmente muito custoso.

Um forte concorrente em um setor não atrativo deve considerar a redução seletiva; um concorrente forte em um setor atrativo deve considerar a intensificação de seus investimentos. As empresas que reposicionam ou rejuvenescem com sucesso um produto maduro geralmente fazem isso adicionando valor a ele. Duas outras opções são colher e abandonar o produto. *Colher* implica reduzir gradualmente os custos de um produto ou negócio ao mesmo tempo em que se tenta manter as vendas. Quando uma empresa quer *abandonar* um produto com forte distribuição e apelo residual, ela em geral consegue vender o item para outra organização. Se não conseguir encontrar compradores, a empresa deve decidir se liquida a marca rápida ou lentamente.

Críticas ao conceito de ciclo de vida do produto

O Quadro 10.3 resume as características, os objetivos e as estratégias nos quatro estágios do ciclo de vida do produto. Em geral, o conceito de CVP ajuda os profissionais de marketing a interpretar a dinâmica do produto e do mercado, conduzir o planejamento

QUADRO 10.3 RESUMO DAS CARACTERÍSTICAS, OBJETIVOS E ESTRATÉGIAS DO CICLO DE VIDA DO PRODUTO.

	Introdução	Crescimento	Maturidade	Declínio
Características				
Vendas	Vendas baixas	Vendas em rápido crescimento	Vendas atingem seu pico	Vendas em declínio
Custos	Custo alto por cliente	Custo médio por cliente	Custo baixo por cliente	Custo baixo por cliente
Lucros	Lucros negativos	Lucros crescentes	Lucros altos	Lucros em declínio
Clientes	Inovadores	Adotantes imediatos	Maioria mediana	Retardatários
Concorrentes	Poucos	Número crescente	Número estável começando a declinar	Número em declínio
Objetivos de marketing				
	Gerar conscientização e experimentação para o produto	Maximizar a participação de mercado	Maximizar o lucro e, ao mesmo tempo, defender a participação de mercado	Reduzir as despesas e extrair o máximo da marca
Estratégias				
Produto	Oferecer um produto básico	Oferecer extensões de produto, serviços, garantia	Diversificar as marcas e os itens	Eliminar produtos fracos
Preço	Preço acima do custo	Preço para penetrar no mercado	Preço equivalente ao da concorrência ou melhor	Preço reduzido
Distribuição	Distribuição seletiva	Distribuição intensiva	Distribuição mais intensiva	Distribuição seletiva: eliminação de pontos de venda não lucrativos
Comunicação	Gerar conscientização e experimentação para o produto entre os adotantes e os distribuidores imediatos	Gerar conscientização e interesse no mercado de massa	Enfatizar as diferenças e os benefícios da marca e encorajar a mudança de marca	Reduzir ao mínimo necessário para manter os fiéis convictos

Fontes: WASSON, Chester R. **Dynamic competitive strategy and product life cycles**. Austin: Austin Press, 1978; WEBER, John A. Planning corporate growth with inverted product life cycles, **Long Range Planning**, p. 12-29, Oct. 1976; DOYLE, Peter. The realities of the product life cycle, **Quarterly Review of Marketing**, Summer 1976.

e o controle, e fazer previsões. Contudo, alguns críticos afirmam que os padrões de ciclo de vida são muito variáveis em sua forma e duração para serem generalizados e que raramente os profissionais de marketing conseguem dizer em que estágio seu produto se encontra. Um produto pode parecer maduro quando, na verdade, apenas se estabilizou antes de outra subida. Os críticos também dizem que o padrão de CVP é resultado do marketing e que o marketing habilidoso pode levar a um crescimento contínuo.[48] As empresas precisam visualizar o caminho de evolução do *mercado*, uma vez que ele é afetado por novas necessidades, concorrentes, tecnologia, canais e outros acontecimentos, e então mudar o posicionamento do produto e da marca para o acompanhar.[49]

Resumo

Um produto é tudo que pode ser oferecido a um mercado para satisfazer uma necessidade ou um desejo. Ao planejar a oferta ao mercado, o profissional de marketing precisa levar em conta os cinco níveis de produto: o benefício central, o produto básico, o produto esperado, o produto ampliado e o produto potencial. Os profissionais de marketing classificam os produtos com base na durabilidade, na tangibilidade e no uso (de consumo ou industrial). Para possuírem identidade de marca, os produtos precisam ser diferenciados. Um mix de produtos pode ser classificado de acordo com sua abrangência, extensão, profundidade e consistência. Produtos tangíveis podem ser embalados e rotulados, possuir embalagens bem projetadas e ter garantia.

O processo de desenvolvimento de um novo produto consiste de geração da ideia, seleção da ideia, desenvolvimento e teste do conceito, desenvolvimento da estratégia de marketing, análise do negócio, desenvolvimento do produto, teste de mercado e comercialização. O processo de adoção — por meio do qual os clientes não apenas tomam conhecimento do novo produto, mas também o avaliam e o experimentam para, então, adotá-lo ou rejeitá-lo — é influenciado por muitos fatores. Cada estágio do ciclo de vida do produto (introdução, crescimento, maturidade e declínio) requer diferentes estratégias de marketing.

Notas

1. BIRD, Guy. Creating a new roadmap for one Ford's marketing, **Marketing Week**, Disponível em: <www.marketingweek.co.uk/in-depthanalysis/features/creating-a-new-roadmap-foroneford%E2%80%99s-marketing/3019775> Acesso em: October 28, 2010; FRANK, John. Beep! Beep! Coming through, **Marketing News**, p. 12-14, September 30, 2009; KILEY, David. Ford's savior?, **BusinessWeek**, p. 31-34, March 16, 2009; Alex Taylor III, Fixing up Ford, **Fortune**, p. 45-50, May 25, 2009; KILEY, David. One Ford for the whole wide world, **BusinessWeek**, p. 58-59, June 15, 2009; FORD'S EUROPEAN arm lends a hand", **Economist**, p. 72-73, March 8, 2008.
2. Essa discussão é adaptada de um artigo clássico: LEVITT, Theodore. Marketing success through differentiation: of anything, **Harvard Business Review**, p. 83-91, Jan./Feb. 1980. O primeiro nível, benefício central, foi adicionado à discussão de Levitt.
3. BOYD JR, Harper W. e LEVY, Sidney. New dimensions in consumer analysis, **Harvard Business Review**, p. 129-140, Nov./Dec. 1963.
4. Para algumas definições, veja: BENNETT, Peter D. (ed.). **Dictionary of marketing terms**. Chicago: American Marketing Association, 1995. Veja também: MURPHY, Patrick E. e ENIS, Ben M. Classifying products strategically, **Journal of Marketing**, p. 24-42, July 1986.
5. Algumas dessas bases são discutidas em: GARVIN, David A. Competing on the eight di-

mensions of quality, **Harvard Business Review**, p. 101-109, Nov./Dec. 1987.
6. Marco Bertini, Elie Ofek e Dan Ariely, The impact of add-on features on product evaluations, **Journal of Consumer Research**, 36, p. 17-28, June 2009; GILL, Tripat, Convergent products: what functionalities add more value to the base, **Journal of Marketing**, 72, p. 46-62, Mar. 2008; MEYER, Robert J; ZHAO, Sheghui e HAN, Jin K. Biases in valuation vs. usage of innovative product features, **Marketing Science**, 27, p. 1083-1096, Nov./Dec. 2008.
7. KEDROSKY, Paul. Simple minds, **Business 2.0**, p. 38, Apr. 2006; THOMPSON, Debora Viana; HAMILTON, Rebecca W. e RUST, Roland. Feature fatigue, **Journal of Marketing Research**, 42, p. 431-442, Nov. 2005.
8. GILMORE, James H. e PINE, B. Joseph. **Markets of one**. Boston: Harvard Business School Press, 2000.
9. FRANKE, Nikolaus; KEINZ, Peter e STEGER, Christoph J. Testing the value of customization, **Journal of Marketing**, 73, p. 103-121, Sep. 2009.
10. NUSSBAUM, Bruce. The power of design. **BusinessWeek**, p. 88-94, May 17, 2004; Masters of design, **Fast Company**, p. 61-75, June 2004. Veja também: KOTLER, Philip. Design: a powerful but neglected strategic tool, **Journal of Business Strategy**, p. 16-21, Fall 1984.
11. CHITTURI, Ravindra; RAGHUNATHAN, Rajagopal e MAHAJAN, Vijay. Delight by design: the role of hedonic versus utilitarian benefits, **Journal of Marketing**, 72, p. 48-63, May 2008.
12. ORTH, Ulrich R. e MALKEWITZ, Keven. Holistic package design and consumer brand impressions, **Journal of Marketing**, 72, p. 64-81, May 2008; BORDEN, Mark. Less Hulk, more Bruce Lee, **Fast Company**, p. 86-91, Apr. 2007.
13. TISCHLER, Linda. Pop artist David Butler, **Fast Company**, p. 91-97, Oct. 2009; SCANLON, Jessie. Coca-Cola's new design direction, **BusinessWeek**, August 25, 2008.
14. ORHUN, Yesim. Optimal product line design when consumers exhibit choice set-dependent preferences, **Marketing Science**, 28, p. 868-886, Sep./Oct. 2009; BORDLEY, Robert. Determining the appropriate depth and breadth of a firm's product portfolio, **Journal of Marketing Research**, 40, p. 39-53, Feb. 2003; BOATWRIGHT, Peter e NUNES, Joseph C. Reducing assortment: an attribute-based approach, **Journal of Marketing**, 65, p. 50-63, July 2001.
15. GORDON, Brett R. A dynamic model of consumer replacement cycles in the PC processor industry, **Marketing Science**, 28, p. 846-867, Sep./Oct. 2009; RAO, Raghunath Singh; NARASIMHAN, Om e JOHN, George; Understanding the role of trade-ins in durable goods markets, **Marketing Science**, 28, p. 950-967, Sep./Oct. 2009.
16. SLOOT, Laurens M.; FOK, Dennis e VERHOEF, Peter. The short- and long-term impact of an assortment reduction on category sales, **Journal of Marketing Research**, 43, p. 536-548, Nov. 2006.
17. RAO, Akshay R.; QU, Lu e RUEKERT, Robert W. Signaling unobservable quality through a brand ally, **Journal of Marketing Research**, 36, p. 258-268, May 1999; RAO, Akshay R. e RUEKERT, Robert W. Brand alliances as signals of product quality, **Sloan Management Review**, p. 87-97, Fall 1994.
18. GEYLANI, Tansev; INMAN, J. Jeffrey e HOFSTEDE, TER, Frenkel. Image reinforcement or impairment: the effects of co-branding on attribute uncertainty, **Marketing Science**, 27, p. 730-744, July/Aug. 2008; LEBAR, Ed; BUEHLER, Phil; KELLER, Kevin Lane et. al. Brand equity implications of joint branding programs, **Journal of Advertising Research**, 45, Dec. 2005.
19. KOTLER, Philip e PFOERTSCH, Waldermar. **Ingredient branding:** making the invisible visible. Heidelberg: Springer-Verlag, 2011.
20. TRADII, Joe. Ingredient branding: time to check that recipe again, **Brandweek**, p. 44, March 29, 2010; LEVY, Piet. B-to-B-to-C, **Marketing News**, p. 15-20, September 30, 2009.
21. RICHARDS, Fred. Memo to CMOs: it's the packaging, stupid, **Brandweek**, p. 22, August 17, 2009.
22. BASSIN, Susan B. Value-added packaging cuts through store clutter, **Marketing News**, p. 21, September 26, 1988.
23. ELLIOTT, Stuart. Tropicana discovers some buyers are passionate about packaging, **New York Times**, February 23, 2009; ZMUDA, Natalie. Tropicana line's sales plunge 20% post-rebranding, **Advertising Age**, April 2, 2009.
24. KOZUP, John C.; CREYER, Elizabeth H. e BURTON, Scot. Making healthful food choices: the influence of health claims and nutrition information on consumers' evaluations of packaged food products and restaurant menu items, **Journal of Marketing**, 67, p. 19-34, Apr. 2003; Siva K. Balasubramanian e Catherine Cole, Consumers' search and use of nutrition information, **Journal of Marketing**, 66, p. 112-127, July 2002.
25. Para uma visão geral de diferentes abordagens do setor, veja: ROTHAERMEL, Frank T. e HESS, Andrew M. Innovation strategies combined, **MIT Sloan Management Review**, p. 13-15, Spring 2010. Veja também: CARSON, Stephen J. When to give up control of outsourced new-product development, **Journal of Marketing**, 71, p. 49-66, Jan. 2007.
26. SRINIVASAN, Shuba; PAUWELS, Koen et, al. Product innovations, advertising and stock returns, **Journal of Marketing**, 73, p. 24-43, Jan. 2009; SORESCU, Alina B. e SPANJOL, Jelena. Innovation's effect on firm value and risk: insights from consumer packaged goods, **Journal of Marketing**, 72, p. 114-132, Mar. 2008; MIN, Sungwook; KALWANI, Manohar U. e ROBINSON, William T. Market pioneer and early follower survival risks, **Journal of Marketing**, 70, p. 15-33, Jan. 2006; MOREAU, C. Page; MARKMAN, Arthur B.

e LEHMANN, Donald R. "What is it?" Category flexibility and consumers' response to really new products, **Journal of Consumer Research**, 27, p. 489-498, Mar. 2001.
27. COOPER, Robert G. e KLEINSCHMIDT, Elko J. **New products:** the key factors in success. Chicago: American Marketing Association, 1990.
28. CHRISTENSEN, Clayton M. **Disrupting class:** how disruptive innovation will change the way the world learns. Nova York: McGraw-Hill, 2008; CHRISTENSEN, Clayton M. **The innovator's solution:** creating and sustaining successful growth. Boston: Harvard University Press, 2003; CHRISTENSEN, Clayton M. **The innovator's dilemma.** Boston: Harvard University Press, 1997.
29. DAHAN, Ely e HAUSER, John R. Product development: managing a dispersed process. In: WEITZ, Bart e WENSLEY, Robin (eds.). **Handbook of marketing.** Londres: Sage, 2002, p. 179-222.
30. HAUSER, John; TELLIS Gerard J. e GRIFFIN, Abbie. Research on innovation: a review and agenda for marketing science, **Marketing Science**, 25, p. 687-717, Nov./Dec. 2006.
31. HOWE, Jeff. **Crowdsourcing:** why the power of the crowd is driving the future of business. Nova York: Crown Business, 2008.
32. YLI-RENKO, Helena e JANAKIRAMAN, Ramkumar. How customer portfolio affects new product development in technology-based firms, **Journal of Marketing**, 72, p. 131-148, Sep. 2008; DONNA L. Hoffman; PRAVEEN K. Kopalle e THOMAS P. Novak. The 'right' consumers for better concepts, **Journal of Marketing Research**, 47, Oct. 2010.
33. CHOUEKE, Mark. Q&A with Alexandra Wheeler of Starbucks, **Marketing Week**, August 12, 2010, <www.marketingweek.co.uk>; HARGRAVE, Sean. Social media research, **New Media Age**, August 5, 2010, <www.nma.co.uk>; HAMM, Steve. Speed demons, **BusinessWeek**, p. 69-76, March 27, 2006.
34. HAUSER, John. House of quality, **Harvard Business Review**, p. 63-73, May/June 1988. A engenharia orientada pelo cliente é também chamada de "desdobramento da função da qualidade". Veja: GUINTA, Lawrence R. e PRAIZLER, Nancy C. **The QFD book:** the team approach to solving problems and satisfying customers through quality function deployment. Nova York: AMACOM, 1993; SRINIVASAN, V.; LOVEJOY, William S. e BEACH, David; Integrated product design for marketability and manufacturing, **Journal of Marketing Research**, 34, nº 1, p. 154-163, Feb. 1997.
35. PRINS, Remco e VERHOEF, Peter C. Marketing communication drivers of adoption timing of a new e-service among existing customers, **Journal of Marketing**, 71, p. 169-183, Apr. 2007.
36. EVERDINGEN, Yvonne van; FOLK, Dennis e STREMERSCH, Stefan. Modeling global spillover in new product takeoff, **Journal of Marketing Research**, 46, p. 637-652, Oct. 2009; GIELENS, Katrijn e STEENKAMP, Jan-Benedict E. M. Drivers of consumer acceptance of new packaged goods, **International Journal of Research in Marketing**, 24, p. 97-111, June 2007; FISCHER, Marc; SHANKAR, Venkatesh; e CLEMENT, Michael. Can a late mover use international market entry strategy to challenge the pioneer?, **Marketing Science Institute Working Paper**. 05-118, Cambridge; SHANKAR, Venkatesh; CARPENTER, Gregory S. e KRISHNAMUKTHI, Lakshman. Late mover advantages, **Journal of Marketing Research**, 35, p. 54-70, Feb. 1998.
37. LESLIE, Mark e HOLLOWAY, Charles A. The sales learning curve, **Harvard Business Review**, p. 114-123, July/Aug. 2006.
38. Para mais detalhes, veja: LOCKYER, Keith G. **Critical path analysis and other project network techniques.** London: Pitman, 1984. Veja também: RANGASWAMY, Arvind e LILIEN, Gary L. Software tools for new-product development, **Journal of Marketing Research**, 34, nº 1, p. 177-184, Feb. 1997.
39. A discussão a seguir se apoia bastante em: ROGERS, Everett M. **Diffusion of innovations**. Nova York: Free Press, 1962. Veja também a terceira edição do livro, publicada em 1983.
40. MOREAU, C. Page; LEHMANN, Donald R. e MARKMAN, Arthur B. Entrenched knowledge structures and consumer response to new products, **Journal of Marketing Research**, 38, p. 14-29, Feb. 2001.
41. ROGERS, Everett M. **Diffusion of innovations**. Nova York: Free Press, 1962, p. 192; MOORE, Geoffrey A. **Crossing the chasm:** marketing and selling high-tech products to mainstream customers. Nova York: HarperBusiness, 1999. Para uma interessante aplicação com serviços, veja: LIBAI, Barak; MULLER, Eitan e PERES, Renana. The diffusion of services, **Journal of Marketing Research**, 46, p. 163-175, Apr. 2009.
42. BUZZELL, Robert D. Competitive behavior and product life cycles. In: WRIGHT, John S. e GOLDSTUCKER, Jack (eds.). **New ideas for successful marketing.** Chicago: American Marketing Association, 1956, p. 51.
43. CHANDY, Rajesh J.; TELLIS, Gerard J.; MACINNIS, Deborah J. e THAIVANICH, Pattana. What to say when: advertising appeals in evolving markets, **Journal of Marketing Research**, 38, p. 399-414, Nov. 2001.
44. URBAN, Glen L. et al. Market share rewards to pioneering brands, **Management Science**, p. 645-659, June 1986; ROBINSON, William T. e FORNELL, Claes. Sources of market pioneer advantages in consumer goods industries, **Journal of Marketing Research**, p. 305-317, Aug. 1985.
45. SCHNAARS, Steven P. **Managing imitation strategies**. Nova York: Free Press, 1994. Veja também: HAN, Jin K. KIM, Namwoon e KIN, Hony-Bom. Entry barriers: a dull-, one-, or two-edged sword for incumbents?, **Journal of Marketing**, p. 1-14, Jan. 2001.

46. TELLIS, Gerald e GOLDER, Peter. **Will and vision:** how latecomers can grow to dominate markets. Nova York: McGraw-Hill, 2001; CHANDY, Rajesh K. e TELLIS, Gerald J. The incumbent's curse? Incumbency, size, and radical product innovation, **Journal of Marketing Research**, p. 1-17, July 2000.
47. MIN, Sungwook; KALWANI, Manohar U. e ROBINSON, William T. Market pioneer and early follower survival risks, **Journal of Marketing**, 70, p. 15-35, Jan. 2006. Veja também: SRINIVASAN, Raji; LILIEN, Gary L. e RANGASWAMY, Arvind. First in, first out? The effects of network externalities on pioneer survival, **Journal of Marketing**, 68, p. 41-58, Jan. 2004.
48. MOON, Youngme. Break free from the product life cycle, **Harvard Business Review**, p. 87-94, May 2005.
49. GATIGNON, Hubert e SOBERMAN, David. Competitive response and market evolution. In: WEITZ, Barton A. e WENSLEY, Robin (eds.). **Handbook of marketing**. London: Sage Publications, 2002, p. 126-147; BUZZELL, Robert D. Market functions and market evolution, **Journal of Marketing**, 63, p. 61-63, 1999.

PARTE 4: Formatando ofertas ao mercado

capítulo **11**

Desenvolvimento e gerenciamento de serviços

Neste capítulo, abordaremos as seguintes questões:

1. Como os serviços são definidos e classificados?
2. Qual a nova realidade dos serviços?
3. Como as empresas podem melhorar a qualidade dos serviços?
4. Como as empresas que trabalham com bens físicos podem melhorar os serviços de atendimento ao cliente?

Administração de marketing no Cirque du Soleil

O Cirque du Soleil (do francês, "circo do sol") coloca elementos do circo tradicional, como trapezistas, palhaços e contorcionistas, em um ambiente nada convencional, com roupas exuberantes, música new age e cenários espetaculares. Cada produção é vagamente associada a um tema, como "um tributo à alma nômade" (Varekai). O grupo, cujas origens remontam a *performances* de rua em Quebec, tornou-se uma empresa de serviço global, com 5 mil funcionários em quatro continentes que anualmente entretêm milhões de pessoas.

A empresa cria uma nova produção todos os anos. Além do mix de mídia e da promoção local do Cirque, um extenso programa de e-mail interativo para os milhões de membros do Cirque Club garante uma comunidade on-line de fãs – de 20 a 30% de todos os ingressos são vendidos a partir dos membros do clube. Ao gerar 800 milhões de dólares em receita por ano, a marca Cirque du Soleil se expandiu, abrangendo um selo musical, uma operação de varejo e produções fixas em Las Vegas, Orlando, Tóquio e outras cidades.[1]

Muitos profissionais de marketing que trabalham em empresas que comercializam bens alcançam uma significativa lucratividade fornecendo serviço superior, ou seja, realizando entregas no prazo, oferecendo respostas melhores e mais rápidas a consultas e solucionando reclamações com agilidade. Grandes prestadoras de serviços como o Cirque du Soleil conhecem bem essas vantagens e sabem como criar experiências memoráveis para o cliente.[2] Neste capítulo, vamos analisar sistematicamente os serviços e como oferecê-los da maneira mais eficiente possível.

A natureza dos serviços

Setores de serviços estão em todos os lugares. O *setor governamental* possui tribunais, serviços de colocação de mão de obra, serviços militares, departamentos de polícia, corpos de bombeiro, serviços postais, agências regulatórias e escolas. No *setor privado sem fins lucrativos*, os serviços incluem museus, instituições de caridade, igrejas, universidades e hospitais. Uma boa parte do *setor empresarial*, com suas companhias aéreas, bancos, hotéis, escritórios de advocacia, consultorias, empresas de manutenção e imobiliárias, está no negócio de serviços. Muitas pessoas que trabalham no *setor de produção*, como contadores e advogados, são prestadores de serviços – eles formam uma "fábrica de serviços" que presta serviços para a "fábrica de bens". E aqueles que atuam no *setor de varejo*, como caixas e vendedores, também estão fornecendo serviços.

Um **serviço** é um ato ou uma realização que uma parte pode oferecer a outra e que é essencialmente intangível e não resulta na propriedade de nada. Sua produção pode ou não estar vinculada a um bem físico. Cada vez mais, fabricantes, distribuidores e varejistas estão oferecendo serviços de valor agregado ou excelente atendimento ao cliente para se diferenciarem. Muitas empresas de prestação de serviço puro estão agora utilizando a Internet para alcançar clientes; algumas atuam apenas on-line.

Categorias do mix de serviços

O componente "serviço" pode constituir a parte principal ou menor da oferta total. As cinco categorias de ofertas são:

- *Bens tangíveis puros:* um bem tangível que não é acompanhado por nenhum serviço, como um creme dental.
- *Bens tangíveis acompanhados por serviços:* um bem tangível que é acompanhado por um ou mais serviços, como um celular. Geralmente, quanto mais tecnologicamente sofisticado o bem, maior a necessidade de serviços de apoio de alta qualidade.
- *Híbrida:* uma oferta cujos bens e serviços representam partes iguais, como uma refeição em um restaurante.

- *Serviço principal acompanhado por bens e serviços menores:* um serviço principal – como uma viagem aérea – acompanhado por serviços adicionais ou bens de apoio, como bebidas.
- *Serviço puro:* essencialmente um serviço intangível, como aqueles prestados por uma babá ou um terapeuta.

Os clientes não podem julgar a qualidade técnica de alguns serviços mesmo após os terem recebido, como mostra a Figura 11.1.[3] Na esquerda estão os produtos com alto nível de *qualidades pesquisáveis* – ou seja, com características que o comprador pode avaliar antes da compra. No centro estão os produtos com alto nível de *qualidades experimentáveis* – características que o comprador pode avaliar após a compra. Na direita estão os produtos com alto nível de *qualidades credenciáveis* – características que o comprador normalmente acha difícil avaliar mesmo depois do consumo.[4]

Como os serviços geralmente possuem um alto nível de qualidades experimentáveis e credenciáveis, sua compra envolve mais risco. Como resultado, os consumidores de serviços em geral confiam mais no boca a boca do que na propaganda. Eles também se apegam bastante ao preço, ao fornecedor e a fatores visuais para julgar a qualidade. Além disso, são muito fiéis a prestadores de serviços que os satisfazem. Por fim, uma vez que os custos de mudança são altos, a inércia do consumidor pode representar um desafio para conquistar negócios de um concorrente.

FIGURA 11.1 *CONTINUUM* **DE AVALIAÇÃO PARA DIFERENTES TIPOS DE PRODUTOS.**

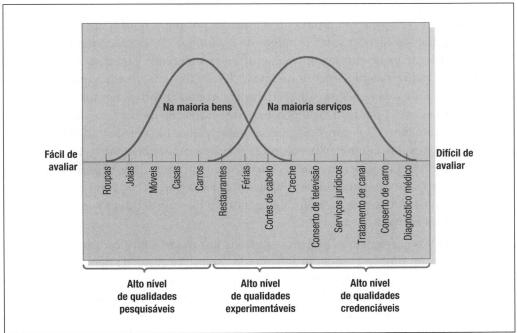

Fonte: ZEITHAML, Valarie A. How consumer evaluation processes differ between goods and services. In: DONNELLY, J. e GEORGE, W. R. (eds.). **Marketing of services**. Chicago: American Marketing Association, 1981. Reproduzido com permissão da American Marketing Association.

Características dos serviços

Quatro principais características dos serviços afetam bastante a elaboração dos programas de marketing: *intangibilidade, inseparabilidade, variabilidade* e *perecibilidade*.

Intangibilidade. Diferentemente dos bens, os serviços não podem ser vistos, provados, sentidos, ouvidos ou cheirados antes de serem comprados. Uma pessoa que se submete a uma cirurgia plástica, por exemplo, não pode ver os resultados antes da compra. Para reduzir a incerteza, os compradores procuram evidências de qualidade, tirando conclusões com base no lugar, nas pessoas, nos equipamentos, nas instalações, na comunicação, nos símbolos e no preço. Portanto, a tarefa do provedor de serviços é "gerenciar as evidências" para "tangibilizar o intangível".[5] As empresas de prestação de serviços podem tentar demonstrar a qualidade de seus serviços por meio de *prova física* e *apresentação*.[6]

Inseparabilidade. Enquanto os bens são fabricados, estocados, distribuídos e, somente então, consumidos, os serviços em geral são produzidos e consumidos simultaneamente.[7] Uma vez que com frequência o cliente está presente, a interação entre ele e o prestador de serviços é uma característica especial do marketing de serviços. Existem diversas estratégias para contornar as limitações da inseparabilidade. Quando os clientes gostam muito de um prestador de serviços, este pode aumentar seu preço em razão de seu tempo limitado. O prestador também pode trabalhar com grupos maiores ou treinar mais prestadores e conquistar a confiança do cliente.

Variabilidade. Os serviços são altamente variáveis porque a qualidade depende não apenas de quem os fornece, mas também de quando e onde o fazem e para quem. Para tranquilizar os clientes, algumas empresas oferecem *garantias de serviço*, as quais podem reduzir as percepções de risco.[8] Três ações que visam aumentar o controle de qualidade dos serviços são: (1) investir em bons procedimentos de contratação e treinamento; (2) padronizar o processo de realização de serviços; (3) monitorar a satisfação do cliente. As empresas podem desenvolver bancos de dados e sistemas com informações dos clientes para oferecer serviços mais personalizados, especialmente on-line.[9] E, por saberem que os serviços constituem uma experiência subjetiva, as empresas podem elaborar comunicações para que os consumidores possam aprender mais sobre a marca, indo além daquilo que aprendem somente de seu contato com os serviços.

Perecibilidade. Os serviços não podem ser estocados, o que significa que a perecibilidade pode ser um problema quando a demanda oscila. Por conta da demanda no horário de rush, as empresas de transporte público precisam ter muito mais equipamentos do que precisariam se a demanda fosse estável ao longo do dia. A gestão da demanda ou da produção é fundamental – para maximizar a lucratividade, os serviços certos precisam estar disponíveis para os clientes certos nos lugares certos no momento certo e com o preço certo.

Diversas estratégias podem resultar em um melhor equilíbrio entre a demanda e a oferta de serviços.[10] Do lado da demanda, as estratégias incluem: transferência de alguma demanda de períodos de pico para os de baixa (como os preços mais baixos cobrados por cinemas na parte da manhã); fomento de demanda nos períodos de baixa (como faz o McDonald's, que fornece serviços de café da manhã); oferecimento de serviços complementares como alternativas (como fazem os bancos, que fornecem caixas eletrônicos); uso de sistema de reservas para gerenciar a demanda (como fazem as companhias aéreas). Do lado da oferta, as estratégias incluem: contratar funcionários que, ao trabalharem meio período, apenas lidam com a demanda em período de pico; manter funcionários para realizar apenas tarefas essenciais durante os períodos de pico; aumentar a participação do consumidor (como quando os compradores embalam suas compras no mercado); compartilhar serviços (como quando os hospitais compartilham compras de equipamentos médicos); possuir instalações visando a uma futura expansão.

As novas realidades dos serviços

Embora as empresas de prestação de serviços tenham largado atrás das do setor industrial no que se refere à utilização do marketing, elas estão agora entre as mais habilidosas da área. Contudo, nos Estados Unidos, nos últimos anos, em muitos setores de serviços, como no aéreo, bancário, varejista e hoteleiro, a satisfação do cliente não aumentou significativamente – e, em alguns casos, até mesmo diminuiu.[11] Esse é apenas um indicador da mudança no relacionamento entre as prestadoras de serviços e seus clientes.

Mudança no relacionamento com o cliente

Profissionais experientes de marketing que trabalham com serviços reconhecem três novas realidades: o recente *empowerment* do cliente, a coprodução com o cliente e a necessidade de envolver os funcionários tanto quanto se envolvem os clientes.

Empowerment do cliente. Os clientes estão mais refinados com relação à compra de serviços de apoio e estão pressionando por "serviços avulsos", para que possam selecionar os elementos que realmente querem. Eles também não gostam de ter que lidar com vários prestadores de serviços que trabalham com diferentes tipos de equipamentos. A Internet tem fornecido *empowerment* aos clientes ao lhes permitir descarregar sua raiva de um serviço ruim – ou recompensar um serviço bom – com um clique no mouse. Embora seja mais provável que uma pessoa que teve uma boa experiência com o serviço fale sobre isso, aqueles que tiveram uma experiência ruim a contarão para mais pessoas.[12] Não causa espanto o fato de a maioria das empresas responder rapidamente a uma insatisfação e trabalhar com afinco para preveni-la ou corrigi-la (veja a seção "Habilidades em marketing", a seguir).

Habilidades em marketing

Recuperação de serviços

Por meio de habilidades de recuperação de serviços, os profissionais de marketing podem transformar uma experiência ruim com os serviços em uma oportunidade de fortalecer os laços com os clientes. A recuperação dos serviços tem início com um foco intenso no entendimento das necessidades dos clientes e na sua satisfação, de modo que os profissionais de marketing possam antecipar potenciais problemas e planejar soluções apropriadas. Muitas empresas lançam mão de treinamento cruzado e capacitam seus funcionários da linha de frente para resolver problemas de imediato. Pessoas que trabalham com serviços devem escutar com atenção, fazer perguntas com jeito para entender a situação, pedir desculpas quando for o caso e prontamente oferecer uma solução aceitável tanto para o cliente como para a empresa. Por fim, a empresa deve informar os clientes sobre o que acontecerá e quando – e fazer um acompanhamento para ter certeza da satisfação.

Um número cada vez maior de empresas mantém especialistas em atendimento ao cliente que monitoram contas em redes sociais a fim de responder, com rapidez, a reclamações e problemas. A Delta Air Lines, por exemplo, possui uma conta no Twitter voltada para questões de serviços (http://twitter.com/DeltaAssit). Os clientes que postam mensagens sobre perda de bagagens, conexões perdidas e outras preocupações recebem uma resposta rápida e gentil dos representantes de atendimento ao cliente da empresa, com detalhes trocados por meio de mensagens diretas para proteger a privacidade do cliente. "A ideia é trabalhar para resolver os problemas de modo que eles não se intensifiquem", disse um porta-voz da Delta.[13]

Coprodução com o cliente. A verdade é que os clientes não compram e usam um serviço simplesmente; eles também desempenham um papel ativo em sua entrega.[14] Suas palavras e ações afetam a qualidade de suas experiências de serviços e a dos outros. Elas também afetam a produtividade dos funcionários da linha de frente. Contudo, essa coprodução pode estressar os funcionários e reduzir sua satisfação, especialmente se eles diferirem em termos culturais ou de outras maneiras dos clientes.[15] Um estudo mostrou que um terço de todos os problemas dos serviços são causados pelo cliente.[16]

Prever falhas no serviço é fundamental, uma vez que a recuperação do serviço é sempre um desafio. Embora muitas empresas possuam procedimentos bem elaborados e bem executados para lidar com suas próprias falhas, elas acham muito difícil gerenciar as falhas do cliente. A Figura 11.2 traz as quatro causas gerais de falhas do cliente. Soluções incluem: redesenhar processos e os papéis do cliente para simplificar a prestação do serviço; utilizar tecnologias para auxiliar os clientes e os funcionários; intensificar a clareza do papel do cliente, bem como sua motivação e sua capacidade; incentivar os clientes a ajudar outros compradores.[17]

Satisfazer os funcionários tanto quanto os clientes. Excelentes empresas de serviços sabem que atitudes positivas dos funcionários levam a uma maior fidelidade do cliente.[18] Instilar uma forte orientação para o cliente nos funcionários também pode aumentar sua satisfação no trabalho e seu comprometimento. Os funcionários se dão bem nas posições de contato com o cliente quando têm uma orientação interna para (1) mimá-lo, (2) ler com precisão suas necessidades, (3) desenvolver um relacionamento pessoal com ele e (4) entregar serviços de qualidade para resolver seus problemas.[19] Dada a

FIGURA 11.2 CAUSAS GERAIS DE FALHAS DO CLIENTE.

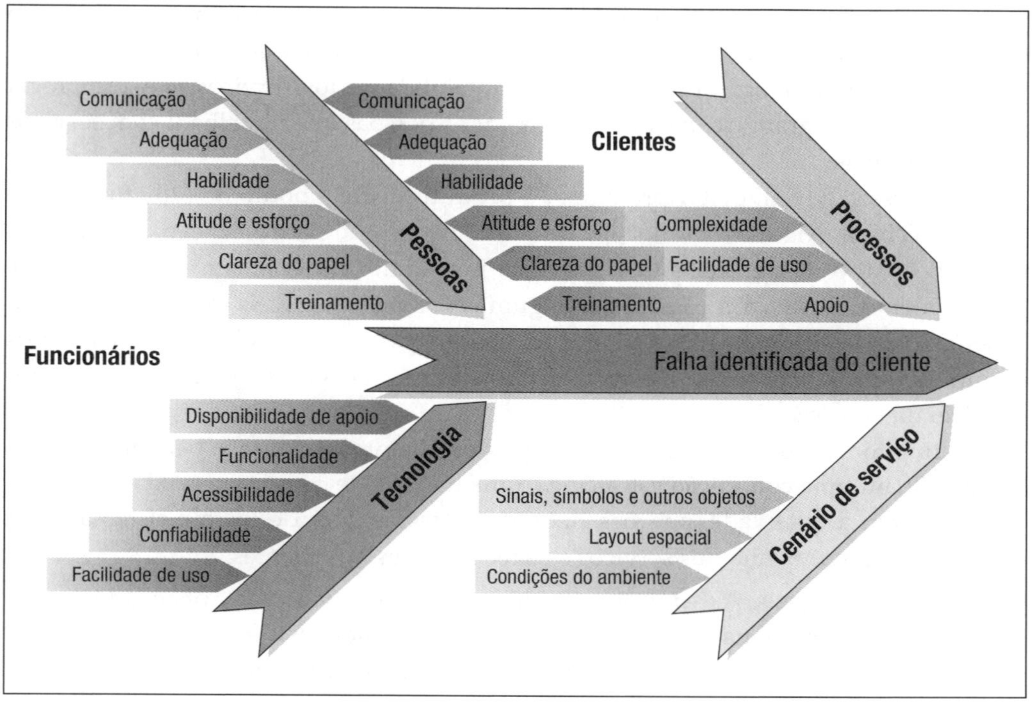

[Diagrama de espinha de peixe com os seguintes elementos:]

Funcionários (Pessoas):
- Comunicação
- Adequação
- Habilidade
- Atitude e esforço
- Clareza do papel
- Treinamento

Clientes (Pessoas):
- Comunicação
- Adequação
- Habilidade
- Atitude e esforço
- Clareza do papel
- Treinamento

Processos:
- Complexidade
- Facilidade de uso
- Apoio

Tecnologia:
- Disponibilidade de apoio
- Funcionalidade
- Acessibilidade
- Confiabilidade
- Facilidade de uso

Cenário de serviço:
- Sinais, símbolos e outros objetos
- Layout espacial
- Condições do ambiente

→ **Falha identificada do cliente**

Fonte: TAX, Stephen; COLGATE, Mark e BOWEN, David. **MIT Sloan Management Review**, p. 30-38, Spring 2006.

importância das atitudes positivas dos funcionários para a satisfação do cliente, as empresas que prestam serviços devem atrair os melhores funcionários que conseguirem encontrar. Elas precisam propor uma carreira, elaborar um bom programa de treinamento, auditar a satisfação com o trabalho e não apenas apoiar, mas também recompensar o bom desempenho.

Excelência de marketing

A importância cada vez maior do setor de serviços reajustou o foco com relação ao que é importante no marketing de serviços.[20] Nesse setor, o marketing requer excelência em três amplas áreas: marketing externo, marketing interno e marketing interativo.[21] O *marketing externo* tem a ver com o trabalho normal de preparação, precificação, distribuição e promoção do serviço aos clientes. O *marketing interno* refere-se ao treinamento e à motivação dos funcionários para atender bem os clientes. O departamento de marketing deve ser "excepcionalmente hábil em fazer com que todos na organização façam marketing".[22]

O *marketing interativo* está relacionado à habilidade dos funcionários em atender o cliente. Os clientes julgam os serviços não apenas por sua *qualidade técnica* (a cirurgia foi bem-sucedida?), mas também por sua *qualidade funcional* (o cirurgião demonstrou preocupação e inspirou confiança?).[23] No marketing interativo, geralmente o trabalho em equipe é o segredo, e delegar autoridade para os funcionários da linha de frente pode levar a uma maior flexibilidade e adaptabilidade dos serviços.[24] A tecnologia também tem uma grande capacidade de tornar as pessoas que trabalham com serviços mais produtivas.

As empresas devem evitar pressionar a produtividade a ponto de reduzir a qualidade percebida. Alguns métodos levam a um excesso de padronização. Prestadoras de serviços devem oferecer alta tecnologia, mas também, igualmente, alto nível de envolvimento. A Amazon.com possui algumas das mais incríveis inovações tecnológicas do varejo on-line, mas ela também mantém os clientes altamente satisfeitos quando um problema surge, mesmo quando eles nem chegaram a falar com um funcionário da empresa.[25]

Ao atingirem a excelência de marketing, as prestadoras de serviço bem gerenciadas compartilham uma concepção estratégica, uma história de compromisso da alta administração com a qualidade, padrões rigorosos, classificações de lucro e sistemas para monitorar o desempenho dos serviços e as reclamações dos clientes.

Concepção estratégica. As grandes prestadoras de serviços são "obcecadas pelos clientes". Elas não apenas sabem quem são seus clientes-alvo e conhecem suas necessidades, como também desenvolvem uma estratégia diferenciada para atender a essas necessidades.

Compromisso da alta administração. Empresas como o Marriott e a USAA têm um compromisso sério com a qualidade dos serviços. A alta administração dessas empresas verifica mensalmente não apenas seu desempenho financeiro, mas também o desempenho de seus serviços. Sam Walton, do WalMart, exigia a seguinte promessa de seus funcionários: "Eu, solenemente, juro e declaro que sorrirei para todo cliente que estiver a até 3 metros de mim, bem como olharei em seus olhos e perguntarei, educadamente, se ele precisa de alguma coisa".

Altos padrões. As melhores prestadoras de serviços estabelecem padrões de qualidade altos. Os padrões devem ser estabelecidos de maneira *apropriadamente* rigorosa. Um padrão de eficiência de 98% pode parecer bom, mas resultaria em 3 milhões de correspondências perdidas por dia pelo serviço postal norte-americano e falta de energia elétrica oito dias por ano.

Classificações de lucro. As empresas decidiram aumentar as taxas e diminuir os serviços daqueles clientes que dificilmente gastam muito e afagar os grandes gastadores para mantê-los o máximo de tempo possível. Os clientes classificados como de alto lucro recebem descontos especiais, ofertas promocionais e uma série de serviços; os clientes considerados de lucro mais baixo podem ter mais taxas, menos serviços e mensagens de voz para processar suas perguntas. Entretanto, as empresas que oferecem níveis diferenciados de serviços precisam tomar cuidado na hora de afirmar que possuem serviço superior – clientes que recebem tratamento inferior falarão mal da empresa e prejudicarão sua reputação.

Sistemas de monitoramento. Grandes empresas auditam o desempenho de seus serviços e o dos serviços dos concorrentes em uma base regular. Elas usam um método de avaliação chamado *voz do cliente* (VOC – *voice of the customer*) para investigar o que satisfaz e o que desagrada os clientes. Além disso, utilizam comparações de compra, compradores misteriosos ou fantasmas, levantamentos com o cliente, formulários para sugestões e reclamações, equipes de auditoria dos serviços e cartas ao presidente.

Atendimento das reclamações dos clientes. Em média, 40% dos clientes que têm uma experiência ruim com os serviços param de fazer negócios com a empresa.[26] Aquelas que incentivam os clientes insatisfeitos a reclamar – e também dão autonomia aos funcionários, permitindo-os remediar a situação imediatamente – têm conquistado receitas mais altas e maiores lucros do que aquelas que não possuem uma abordagem sistêmica para lidar com falhas nos serviços.[27] Os clientes avaliam os incidentes que levam a reclamações em termos dos resultados que obtêm, dos procedimentos usados para atingir esses resultados e do tratamento que recebem durante o processo.[28] As empresas também estão melhorando a qualidade de suas centrais de atendimento e de seus representantes de atendimento ao cliente (veja a seção "Insight de marketing", a seguir).

Insight de marketing

Melhorando as centrais de atendimento da empresa

Muitas empresas aprenderam da maneira mais difícil que os clientes com *empowerment* não vão mais aceitar serviços ruins quando entrarem em contato com elas. Após a fusão da Sprint com a Nextel, a empresa passou a tratar suas centrais de atendimento como centrais de custos, em vez de como um meio de intensificar a fidelidade do cliente. Os funcionários eram recompensados pelo rápido atendimento. E, quando a gerência começou a monitorar até mesmo as idas ao banheiro, o moral foi por água abaixo. Com a rotatividade dos clientes fugindo do controle, a Sprint Nextel começou a enfatizar o bom serviço, em vez da eficiência, recompensando os funcionários por resolverem o problema na primeira ligação do cliente, e não por serem velozes no atendimento.

Algumas empresas estão mais atentas com relação ao tipo de chamada que enviam para centrais de atendimento no exterior. Elas estão investindo mais em treinamento, bem como no envio de chamadas mais complexas para representantes locais altamente experientes. Gerenciar o número de representantes de atendimento ao cliente também é importante. Um estudo mostrou que, se apenas quatro representantes forem cortados de uma central de atendimento com 36 funcionários, o número de clientes colocado na espera por quatro minutos ou mais vai subir de zero para 80. Por fim, o treinamento cruzado está aumentando a produtividade. Por exemplo: o banco USAA realiza treinamentos cruzados com representantes de centrais de atendimento para que funcionários que respondem a perguntas de clientes sobre investimentos possam também atender a chamadas referentes a seguros.

Fontes: CROSMAN, Penny. Citi, USAA execs share social media best practice, **Bank Systems & Technology**, May 14, 2010, www.banktech.com; SANSERINO, Michael e TUNA, Cari. Companies strive harder to please customers, **Wall Street Journal**, p. B4, July 27, 2009; ANTE, Spencer E. Sprint's wake-up call, **BusinessWeek**, p. 54-57, March 3, 2008; McGREGOR, Jena. Customer service champs, **BusinessWeek**, March 5, 2007; McGREGOR, Jena. When service means survival, **BusinessWeek**, p. 26-30, March 2, 2009.

Diferenciação dos serviços

Os profissionais de marketing podem diferenciar suas ofertas de serviços de várias maneiras. O que o cliente espera é chamado de *pacote primário de serviços*. A prestadora pode, então, adicionar ao pacote *características secundárias de serviços*. No setor hoteleiro, diversas redes passaram a oferecer características secundárias de serviços, como café da manhã grátis e programas de fidelidade. O principal desafio reside no fato de que a maioria das ofertas e das inovações de serviços é facilmente copiada. Contudo, a empresa que lança inovações regularmente ganha uma sucessão de vantagens temporárias em relação a seus concorrentes. Outro ponto: muitas empresas estão usando a Internet para oferecer características primárias e secundárias de serviços que não tinham como ser oferecidas antes.

Gerenciamento da qualidade dos serviços

Toda vez que um serviço é prestado, sua qualidade é testada. De acordo com um estudo, os fatores que levam os clientes a mudar de serviço recaem em oito categorias: preço, inconveniência, falha no serviço central, falhas na prestação do serviço, resposta à falha no serviço, concorrência, problemas éticos e mudança involuntária.[29] Dois importantes elementos na entrega de serviços de qualidade são: gerenciamento das expectativas do cliente e incorporação de tecnologias de autoatendimento.

Gerenciamento das expectativas do cliente

Os clientes criam expectativas com relação ao serviço a partir de muitas fontes, como experiências anteriores, boca a boca e propaganda. Em geral, os clientes comparam o *serviço percebido* com o *serviço esperado*.[30] Se o serviço percebido fica abaixo do serviço esperado, os clientes ficam insatisfeitos. Empresas de sucesso adicionam a suas ofertas benefícios que não apenas *satisfazem* os clientes, mas também os surpreendem e os *encantam*.[31] O modelo de qualidade dos serviços na Figura 11.3 destaca cinco *gaps* que podem levar ao fracasso na prestação do serviço:[32]

1. *Gaps entre a expectativa do consumidor e a percepção da gerência:* a gerência nem sempre percebe corretamente o que os clientes querem. Os administradores de um hospital podem achar que os pacientes querem uma comida melhor, quando na verdade eles estão mais preocupados com a qualidade dos serviços de enfermagem.
2. *Gaps entre a percepção da gerência e a especificação da qualidade do serviço:* a gerência pode perceber corretamente o que os clientes querem, mas não estabelecer um padrão de desempenho. Os administradores de um hospital podem pedir às enfermeiras para prestar um serviço "rápido", mas não especificar isso em minutos.
3. *Gaps entre a especificação da qualidade do serviço e a entrega do serviço:* os funcionários podem não ser bem treinados para seguir o padrão, ser incapazes de segui-lo

FIGURA 11.3 MODELO DE QUALIDADE DOS SERVIÇOS.

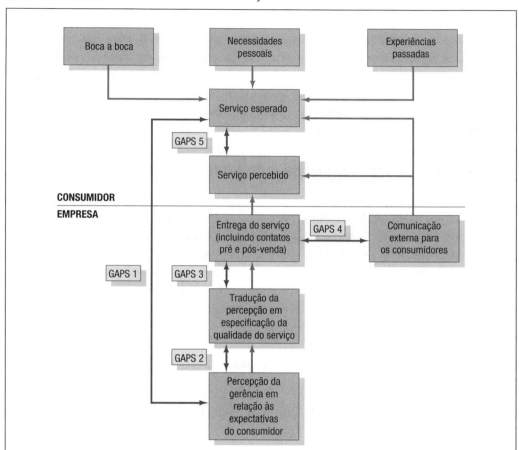

Fontes: PARASURAMAN, A.; ZEITHAML, Valarie A. e BERRY, Leonard L. A conceptual model of service quality and its implications for future research, **Journal of Marketing**, p. 41-50, Fall 1985. Reproduzido com permissão da American Marketing Association. Esse modelo é mais bem discutido e elaborado em: ZEITHAML, Valarie; BITNER, Mary Jo e GREMLER, Dwayne D. **Services marketing:** integrating customer focus across the firm, 4ed. Nova York: McGraw-Hill, 2006.

ou não querer fazê-lo. Eles também podem receber padrões conflitantes, como orientações para dedicar o tempo que for necessário para ouvir os clientes e atendê-los com rapidez.

4. *Gaps entre a entrega do serviço e a comunicação externa:* as expectativas do consumidor são afetadas por declarações feitas por representantes e anúncios da empresa. Se o prospecto de um hospital mostra acomodações bonitas e os pacientes as acham sem nada de mais, a comunicação distorceu as expectativas do cliente.

5. *Gaps entre o serviço percebido e o serviço esperado:* essa lacuna ocorre quando o consumidor não percebe corretamente a qualidade do serviço. Um médico pode visitar sempre um

paciente para mostrar que se preocupa com ele, mas o paciente pode interpretar essas visitas como um indicador de que alguma coisa está muito errada com sua saúde.

Com base nesse modelo, pesquisadores identificaram cinco determinantes da qualidade dos serviços. Em ordem de importância, eles são: confiabilidade, capacidade de resposta, segurança, empatia e itens tangíveis.[33] Eles também observaram que existe uma *zona de tolerância* ou uma faixa em que as dimensões de um serviço seriam consideradas satisfatórias, ancoradas pelo nível mínimo que os consumidores estariam dispostos a aceitar e pelo nível que acreditam que poderia e deveria ser oferecido.

Incorporação de tecnologias de autoatendimento

Os consumidores valorizam a conveniência nos serviços.[34] Muitas interações pessoais nos serviços estão sendo substituídas por tecnologias de autoatendimento. Às tradicionais máquinas de vendas podem-se adicionar os caixas eletrônicos, o autoabastecimento em postos de gasolina e uma série de atividades on-line, como a compra de ingressos. Nem todas as tecnologias de autoatendimento melhoram a qualidade dos serviços, mas elas podem tornar as transações mais precisas, convenientes, rápidas e baratas. A Comverse, uma empresa de tecnologia, estima que o custo de responder a um questionamento por meio de uma central de atendimento é de sete dólares; on-line, esse valor cai para 10 centavos de dólar. É por essa razão que muitas empresas estão partindo para tecnologias de autoatendimento desenvolvidas na Web.[35]

Gerenciamento dos serviços de suporte ao produto

Os fabricantes de equipamentos – pequenos eletrodomésticos, equipamentos de escritório, tratores, *mainframes*, aviões – precisam oferecer *serviços de suporte ao produto*, fazendo disso um campo de batalha por vantagem competitiva. Algumas empresas de equipamentos, como a Caterpillar e a John Deere, obtêm uma porcentagem significativa de seus lucros dos serviços de suporte ao produto.[36] No mercado global, as empresas que fabricam um bom produto mas oferecem um serviço de suporte local ruim estão em grande desvantagem.

Identificação e satisfação das necessidades do cliente

Em geral, os clientes possuem três preocupações sobre os serviço relacionados a produtos físicos.[37] A primeira preocupação tem a ver com a confiabilidade e a *frequência dos defeitos*. Um agricultor pode tolerar uma ceifadora que quebra uma vez por ano, mas não mais do que isso. A segunda preocupação é a *demora*. Quanto maior a demora, maiores os custos. Por essa razão, os compradores contam com a *confiança no serviço* do fornecedor – a capacidade do fornecedor de consertar o bem rapidamente ou, no mínimo, oferecer outro emprestado. A terceira preocupação são os *custos extras*. Quanto serão os custos de manutenção e reparo?

Um comprador considera todos esses fatores e tenta estimar o **custo ao longo do tempo**, que é o custo da compra do bem somado ao custo descontado de manutenção e reparo menos o valor descontado obtido com o descarte. Para oferecer o melhor suporte, o fabricante deve identificar os serviços que os clientes mais valorizam e sua relativa importância. Os fabricantes de equipamentos caros podem oferecer *serviços facilitadores*, como instalação, treinamento da equipe e financiamento. Eles também podem adicionar *serviços de ampliação do valor*, que vão além do funcionamento e do desempenho do produto.

Um fabricante pode oferecer serviços de suporte ao produto – e cobrar por eles – de diferentes maneiras. Por exemplo: uma empresa do setor químico oferece uma oferta padrão mais um nível básico de serviço. Se o cliente empresarial deseja serviços adicionais, ele pode pagar um valor extra ou elevar suas compras anuais para um patamar superior, no qual serviços adicionais estão incluídos. Muitas empresas oferecem *contratos de serviços* (também chamados de *garantias estendidas*), concordando em oferecer serviços de manutenção e reparo gratuitamente durante um determinado período a um preço contratual específico.

Empresas que trabalham com produtos físicos precisam levar em conta seu plano estratégico e sua vantagem competitiva na hora de desenvolver os serviços. As unidades de serviço visam apoiar e proteger os negócios de produto existentes ou têm como objetivo crescer como uma plataforma independente? As fontes de vantagem competitiva são baseadas em economias de escala ou economias de habilidade?[38]

Estratégia de serviço pós-venda

Embora geralmente os clientes tomem a iniciativa de solicitar serviços após uma compra, algumas empresas, em uma atitude proativa, contatam os clientes para oferecer serviços pós-venda.[39] Ao planejar uma estratégia de serviço pós-venda, os fabricantes normalmente começam operando por conta própria um departamento de peças e serviços, a fim de ficar perto do equipamento e conhecer seus problemas. Eles também acham caro e demorado treinar outras pessoas e descobrem que podem lucrar com peças e serviços, uma vez que, como fornecedores exclusivos, podem cobrar um preço mais alto. De fato, muitos fabricantes cobram um preço baixo por seu equipamento e preços mais altos pelas peças e serviços.

Ao longo do tempo, os fabricantes repassam mais serviços de manutenção e reparo para distribuidores de revendedores autorizados. Esses intermediários estão mais próximos dos clientes, operam em mais localidades e podem oferecer serviços com mais rapidez. Mais adiante, surgem as prestadoras de serviço independentes, que oferecem um preço mais baixo ou um serviço mais rápido. Prestadoras de serviço independentes lidam com computadores, equipamentos de telecomunicações e uma série de outras linhas de equipamentos.

As opções de serviços para os clientes estão crescendo rapidamente, e os fabricantes precisam decidir como ganhar dinheiro com seus equipamentos, independentemente dos contratos de serviços. Hoje, alguns carros novos possuem garantia até os 160 mil quilômetros, e só depois disso os serviços começam a contar. O aumento de equipamentos descartáveis ou que nunca apresentam defeitos faz com que os clientes se sintam menos inclinados a pagar, anualmente, de 2 a 10% do preço de compra por um serviço. Alguns clientes empresariais podem achar mais barato manter seu próprio pessoal para realizar o serviço.

Resumo

Um serviço é um ato ou uma realização que uma parte pode oferecer a outra e que é essencialmente intangível e não resulta na propriedade de nada. Ele pode ou não estar vinculado a um produto físico. O componente "serviço" pode constituir a parte principal ou menor da oferta total. Os serviços são intangíveis, inseparáveis, variáveis e perecíveis, e cada uma dessas características apresenta desafios para o marketing. Os profissionais de marketing devem encontrar maneiras de tangibilizar o intangível, aumentar a produtividade das prestadoras de serviços, aumentar e padronizar a qualidade dos serviços fornecidos e combinar a demanda de serviços com a oferta.

No século XXI, os profissionais de marketing de serviços enfrentam novas realidades por causa do *empowerment* do cliente, da coprodução com o cliente e da necessidade de satisfazer os funcionários tanto quanto se satisfazem os clientes. Os profissionais de marketing podem diferenciar suas ofertas por meio tanto de características primárias e secundárias de serviços como de inovação contínua. A entrega de serviço superior requer o gerenciamento das expectativas do cliente e a incorporação de tecnologias de autoatendimento. Para oferecer o melhor suporte, o fabricante deve identificar os serviços que os clientes mais valorizam e sua relativa importância. Ele também deve planejar a entrega de serviços após a compra.

Notas

1. Call of the circus: Daniel Lamarre, president and chief executive, Cirque du Soleil. **New York Times**, p. 8, 20 June 2010; KRANTZ, Matt. Tinseltown gets glitzy new star. **USA Today**, August 24, 2009; TISCHLER, Linda. Join the circus. **Fast Company**, p. 53-58, July 2005; Cirque du Soleil. **America's Greatest Brands**, 3, 2004; KEIGHLEY, Geoff. The factory. **Business 2.0**, p. 102, Feb. 2004.
2. BERRY, Leonard L. **On great service:** a framework for action. Nova York: Free Press, 2006; BERRY, Leonard L. **Discovering the soul of service success**. Nova York: Free Press, 1999; WIERSEMA, Fred (ed.). **Customer service:** extraordinary results at Southwest Airlines, Charles Schwab, Lands' End, American Express, Staples, and USAA. Nova York: HarperBusiness, 1998.
3. ZEITHAML, Valarie A. How consumer evaluation processes differ between goods and services. In: DONNELLY, J.; GEORGE, W. R. (eds.). **Marketing of services**. Chicago: American Marketing Association, 1981. p. 186-190.
4. OSTROM, Amy; IACOBUCCI, Dawn. Consumer trade-offs and the evaluation of services. **Journal of Marketing**, p. 17-28, Jan. 1995.
5. LEVITT, Theodore. Marketing intangible products and product intangibles. **Harvard Business Review**, p. 94-102, May/June 1981; BERRY, Leonard L. Services marketing is different. **Business**, p. 24-29, May/June 1980.
6. BOOMS, B. H.; BITNER, M. J. Marketing strategies and organizational structures for service firms. In: DONNELLY, J.; GEORGE, W. R. (eds.). **Marketing of services**. Chicago: American Marketing Association, 1981. p. 47-51.
7. Para alguns recentes resultados de pesquisa sobre os efeitos de separar os serviços em termos de tempo e espaço, veja: KEH, Hean Tat; PANG, Jun.

Customer reaction to service separation. **Journal of Marketing**, 74, p. 55-70, Mar. 2010.
8. FRUCHTER, Gila E.; GERSTNER, Eitan. Selling with "satisfaction guaranteed". **Journal of Service Research**, 1, nº 4, p. 313-323, May 1999. Veja também: SLOTEGRAAF, Rebecca J.; INMAN, J. Jeffrey. Longitudinal shifts in the drivers of satisfaction with product quality: the role of attribute resolvability. **Journal of Marketing Research**, 41, p. 269-280, Aug. 2004.
9. RAYPORT, Jeffrey F.; JAWORSKI, Bernard J.; KYUNG, Ellie J. Best face forward: improving companies' service interface with customers. **Journal of Interactive Marketing**, 19, p. 67-80, Fall 2005; ANSARI, Asim; MELA, Carl F. E-customization. **Journal of Marketing Research**. 40, p. 131-145, May 2003.
10. SASSER, W. Earl. Match supply and demand in service industries. **Harvard Business Review**, p. 133-140, Nov./Dec. 1976.
11. BRADY, Diane. Why service stinks. **BusinessWeek**, p. 119-128, October 23, 2000.
12. SULLIVAN, Elisabeth. Happy endings lead to happy returns. **Marketing News**, p. 20, October 30, 2009.
13. CREDEUR, Mary Jane. Delta monitors Twitter to remedy customer complaints. **BusinessWeek**, August 16, 2010. Disponível em: <www.businessweek.com>; CUSTOMER service: disaffected nation. **Marketing**, p. 32, June 8, 2005; GEIER, Robert. How to create disaster recovery plans for customer contact operations. **Customer Contact Management Report**, p. 36, May 2002.
14. TAX, Stephen S.; COLGATE, Mark; BOWEN, David. How to prevent your customers from failing. **MIT Sloan Management Review**, p. 30-38, Spring 2006; XUE, Mei; HARKER, Patrick T. Customer efficiency: concept and its impact on e-business management. **Journal of Service Research**, 4, nº 4, p. 253-267, May 2002; MEUTER, Matthew L.; OSTROM, Amy L.; ROUNDTREE, Robert I.; BITNER, Mary Jo. Self-service technologies: understanding customer satisfaction with technology-based service encounters. **Journal of Marketing**, 64, nº 3, p. 50-64, July 2000.
15. CHAN, Kimmy Wa; YIM, Chi Kin (Bennett); LAM, Simon S. K. Is customer participation in value creation a double-edged sword?. **Journal of Marketing**, 74, p. 48-64, May 2010.
16. ZEITHAML, Valarie; BITNER, Mary Jo; GREMLER, Dwayne D. **Services marketing:** integrating customer focus across the firm. 4.ed. Nova York: McGraw-Hill, 2006.
17. TAX, Stephen S.; COLGATE, Mark; BOWEN, David. How to prevent your customers from failing. **MIT Sloan Management Review**, p. 30-38, Spring 2006; SANSERINO, Michael; TUNA, Cari. Companies strive harder to please customers. **Wall Street Journal**, p. B4, July 27, 2009.
18. HESKETT, James L. W.; SASSER JR., Earl; WHEELER, Joe. **Ownership quotient:** putting the service profit chain to work for unbeatable competitive advantage. Boston: Harvard Business School Press, 2008.
19. DONOVAN, D. Todd; BROWN, Tom J.; MOWEN, John C. Internal benefits of service worker customer orientation: job satisfaction, commitment, and organizational citizenship behaviors. **Journal of Marketing**, 68, p. 128-146, Jan. 2004.
20. FREI, Frances X. The four things a service business must get right. **Harvard Business Review**, p. 70-80, Apr. 2008.
21. GRONROOS, Christian. A service-quality model and its marketing implications. **European Journal of Marketing**, 18, no 4, p. 36-44, 1984.
22. BERRY, Leonard. Big ideas in services marketing. **Journal of Consumer Marketing**, p. 47-51, Spring 1986. Veja também: SINGH, Jagdip. Performance productivity and quality of frontline employees in service organizations. **Journal of Marketing**, 64, p. 15-34, Apr. 2000; MARINOVA, Detelina; YE, Jun; SINGH, Jagdip. Do frontline mechanisms matter? Impact of quality and productivity orientations on unit revenue, efficiency, and customer satisfaction. **Journal of Marketing**, 72, p. 28-45, Mar. 2008; HAUSER, John R.; SIMESTER, Duncan I.; WERNERFELT, Birger. Internal customers and internal suppliers. **Journal of Marketing Research**, p. 268-280, Aug. 1996; GREENE, Walter E.; WALLS, Gary D.; SCHREST, Larry J. Internal marketing: the key to external marketing success. **Journal of Services Marketing**, 8, no 4, p. 5-13, 1994.
23. GRONROOS, Christian. A service-quality model and its marketing implications. **European Journal of Marketing**, 18, no 4, p. 36-44, 1984; HARTLINE, Michael D.; MAXHAM III, James G.; MCKEE, Daryl O. Corridors of influence in the dissemination of customer-oriented strategy to customer-contact service employees. **Journal of Marketing**, p. 35-50, Apr. 2000.
24. JONG, Ad de; RUYTER, Ko de; LEMMINK, Jos. Antecedents and consequences of the service climate in boundary-spanning self-managing service teams. **Journal of Marketing**, 68, p. 18-35, Apr. 2004; HARTLINE, Michael D.; FERRELL, O. C. The management of customer-contact service employees. **Journal of Marketing**, 60, p. 52-70, Oct. 1996; HOMBURG, Christian; WIESEKE, Jan; BORNEMANN, Torsten. Implementing the marketing concept at the employee-customer interface: the role of customer need knowledge. **Journal of Marketing**, 73, p. 64-81, July 2009; YIM, Chi Kin (Bennett); TSE, David K.; CHAN, Kimmy Wa. Strengthening customer loyalty through intimacy and passion. **Journal of Marketing Research**, 45, p. 741-756, Dec. 2008.
25. GREEN, Heather. How Amazon aims to keep you clicking. **BusinessWeek**, p. 34-40, March 2, 2009.
26. DOUGHERTY, Dave; MURTHY, Ajay. What service customers really want. **Harvard Business Review**, p. 22, Sep. 2009. Para um ponto de vista contrá-

rio, veja: KASABOV, Edward. The compliant customer. **MIT Sloan Management Review**, p. 18-19, Spring 2010.

27. BLODGETT, Jeffrey G.; ANDERSON, Ronald D. A Bayesian network model of the customer complaint process. **Journal of Service Research**, 2, no 4, p. 321-338, May 2000; TAX, Stephen S.; BROWN, Stephen W. Recovering and learning from service failures. **Sloan Management Review**, p. 75-88, Fall 1998; FORNELL, Claes; WERNERFELT, Birger. A model for customer complaint management. **Marketing Science**, 7, p. 271-286, Summer 1988.

28. TAX, Stephen S.; BROWN, Stephen W.; CHANDRASHEKARAN, Murali. Customer evaluations of service complaint experiences: implications for relationship marketing. **Journal of Marketing**, 62, p. 60-76, Apr. 1998; TAX, Stephen S.; BROWN, Stephen W. Recovering and learning from service failures. **Sloan Management Review**, p. 75-88, Fall 1998.

29. KEAVENEY, Susan M. Customer switching behavior in service industries: an exploratory study. **Journal of Marketing**, p. 71-82, Apr. 1995. Veja também: GANESH, Jaishankar; ARNOLD, Mark J.; REYNOLDS, Kristy E. Understanding the customer base of service providers. **Journal of Marketing**, 64, p. 65-87, July 2000; HARTLINE, Michael D.; FERRELL, O. C. The management of customer-contact service employees. **Journal of Marketing**, p. 52-70, Oct. 1996; PRICE, Linda L.; ARNOULD, Eric J.; TIERNEY, Patrick. Going to extremes: managing service encounters and assessing provider performance. **Journal of Marketing**, p. 83-97, Apr. 1995; MOHR, Lois A.; BITNER, Mary Jo; BOOMS, Bernard H. Critical service encounters: the employee's viewpoint. **Journal of Marketing**, p. 95-106, Oct. 1994.

30. VOSS, Glenn B.; PARASURAMAN, A.; GREWAL, Dhruv. The role of price, performance, and expectations in determining satisfaction in service exchanges. **Journal of Marketing**, 62, p. 46-61, Oct. 1998.

31. RUST, Roland T.; OLIVER, Richard L. Should we delight the customer?. **Journal of the Academy of Marketing Science**, 28, nº 1, p. 86-94, Fall 2002.

32. PARASURAMAN, A.; ZEITHAML, Valarie A.; BERRY, Leonard L. A conceptual model of service quality and its implications for future research. **Journal of Marketing**, p. 41-50, Fall 1985. Veja também: BRADY, Michael K.; J. CRONIN JR., Joseph. Some new thoughts on conceptualizing perceived service quality. **Journal of Marketing**, 65, p. 34-49, July 2001; DEVLIN, Susan J.; DONG, H. K. Service quality from the customers' perspective. **Marketing Research**, p. 4-13, Winter 1994.

33. BERRY, Leonard L.; PARASURAMAN, A. **Marketing services:** competing through quality. Nova York: Free Press, p. 16, 1991.

34. BERRY, Leonard L.; SEIDERS, Kathleen; GREWAL, Dhruv. Understanding service convenience. **Journal of Marketing**, 66, p. 1-17, July 2002.

35. HELP yourself. **Economist**, p. 62-63, July 2, 2009.

36. FANG, Eric; PALMATIER, Robert W.; STEENKAMP, Jan-Benedict E. M. Effect of service transition strategies on firm value. **Journal of Marketing**, 72, p. 1-14, Sep. 2008.

37. VANDENBOSCH, Mark; DAWAR, Niraj. Beyond better products: capturing value in customer interactions. **MIT Sloan Management Review**, 43, p. 35-42, Summer 2002; LELE, Milind M.; KARMARKAR, Uday S. Good product support is smart marketing. **Harvard Business Review**, p. 124-13, Nov./Dec. 1983.

38. AUGUSTE, Byron G.; HARMON, Eric P.; PANDIT, Vivek. The right service strategies for product companies. **McKinsey Quarterly**, 1, p. 41-51, 2006.

39. CHALLAGALLA, Goutam; VENKATESH, R.; KOHLI, Ajay K. Proactive postsales service: when and why does it pay off? **Journal of Marketing**, 73, p. 70-87, Mar. 2009.

PARTE 4: Formatando ofertas ao mercado

capítulo **12**

Desenvolvimento de programas e estratégias de determinação de preços

Neste capítulo, abordaremos as seguintes questões:

1. Como os clientes processam e avaliam os preços?
2. Como a empresa deve estabelecer o preço inicial de seus bens e serviços?
3. Como a empresa deve adaptar seus preços para atender a circunstâncias e oportunidades variáveis?
4. Como a empresa deve iniciar uma mudança de preço e responder à mudança de preço de um concorrente?

Administração de marketing na Tiffany & Co.

Por mais de 170 anos, o nome Tiffany foi sinônimo de diamantes e luxo. Um ícone cultural – sua cor Tiffany Blue é uma marca registrada –, a Tiffany sobreviveu a inúmeros altos e baixos na economia ao longo dos anos. No final dos anos 1990, com o surgimento da ideia de "luxo acessível", a Tiffany aproveitou o momento para criar uma linha de joias de prata mais baratas. Os ganhos foram imensos nos cinco primeiros anos, mas trouxeram problemas de imagem e determinação de preços para a empresa.

No início de 2002, a Tiffany aumentou seus preços, lançou coleções exclusivas, renovou suas lojas para destacar itens caros e partiu para uma agressiva expansão em novas cidades e shoppings. Quando a recessão começou, em 2008, a empresa sabia que tinha de ser cuidadosa para não diluir seu apelo superior. A Tiffany compensou as vendas bem mais escassas com corte de custos e gestão do estoque. Além disso, sorrateiramente, diminuiu o preço de seus anéis de noivado mais vendidos em cerca de 10%. Em 2010, a Tiffany estava planejando novas lojas na China, onde as marcas que dão *status* são altamente cobiçadas, e na Europa, onde suas margens de lucro são melhores do que nas Américas.[1]

O preço é o único elemento do mix de marketing que gera receita; os outros elementos geram custos. Talvez, o preço seja o elemento do mix de marketing mais fácil de ser ajustado; características de produtos, canais e mesmo comunicações levam mais tempo. Os profissionais de marketing holístico levam muitos fatores em conta na hora de tomar decisões relacionadas à determinação de preços – a empresa, os clientes, a concorrência, o ambiente de marketing, a estratégia de marketing da empresa e seus mercados-alvo. Este capítulo discute como os profissionais de marketing estabelecem e ajustam os preços.

Entendendo a determinação de preços

O preço não é simplesmente um número em uma etiqueta. Ele assume muitas formas e desempenha muitas funções, independentemente de ser chamado de aluguel, mensalidade, tarifa, taxa ou pedágio. Ao longo de boa parte da história, os preços foram estabelecidos por meio de negociações entre compradores e vendedores. O estabelecimento de um único preço para todos os compradores é uma ideia relativamente moderna, que surgiu com o desenvolvimento do varejo em larga escala no fim do século XIX. A Tiffany & Co. e outras lojas partiram para uma "política estrita de preço único" porque possuíam muitos itens e tinham muitos funcionários.

O ambiente em mudança da determinação de preços

As práticas referentes à determinação de preços mudaram bastante. Durante a recente recessão, uma combinação de ambientalismo, frugalidade renovada e preocupação com o emprego e os valores domésticos forçou muitos consumidores norte-americanos a substituir compras enormes pelo básico; a comer em casa com mais frequência; a favorecer carros pequenos, mais eficientes em termos de combustível; e a cortar despesas com *hobby* e esporte.[2]

As pressões por diminuir os preços oriundas do ambiente econômico em mutação coincidiram com algumas tendências de longo prazo no ambiente tecnológico. A Internet permitiu que os vendedores distinguissem os compradores, ao mesmo tempo em que possibilitou que os compradores distinguissem os vendedores.[3] Os vendedores podem monitorar o comportamento do comprador e elaborar ofertas individuais, assim

Habilidades em marketing

Ofertas gratuitas

Dar produtos é uma tática de marketing eficiente, e a tecnologia só tem aumentado as possibilidades de fazê-lo. No mercado digital, as empresas podem ganhar dinheiro com uma estratégia "freemium". Por exemplo: a Flickr oferece gratuitamente um gerenciamento on-line básico de fotos e, ao mesmo tempo, vende a versão FlickrPro para usuários altamente interessados. Contudo, essa estratégia pode ser complicada: "Somente uma em cada dez empresas é bem-sucedida fazendo isso", diz Howard Anderson do MIT Entrepreneurship Center. Como as empresas podem lucrar dando as coisas? Para começar, a oferta precisa ser superior e os extras baseados em taxas devem fazer parte do plano desde o início. Além disso, jamais passe a cobrar por uma oferta que era gratuita, pois isso afastaria os clientes fiéis. Por fim, mantenha fontes de receita para cobrir os custos das ofertas gratuitas.

A Ryanair, uma companhia aérea europeia que trabalha com preços baixos, lucra basicamente dando assentos em seus voos e cobrando por quase todo o resto; se fosse permitido, os passageiros pagariam por um lugar para ficar em pé (gratuito ou barato), em vez de por um assento. Cerca de 25% dos assentos da Ryanair são oferecidos gratuitamente — exceto por algumas taxas e tarifas. Contudo, a margem líquida da companhia aérea é melhor do que a da Southwest Airlines. Isso porque os extras geram muito mais receita por conta de seu baixo custo. A Ryanair também vende espaço publicitário para outras empresas em seus cartões de embarque e em seu site.[4]

---

como oferecer preços especiais para determinados clientes. Tanto os compradores como os vendedores podem negociar os preços em leilões e trocas on-line ou pessoalmente. Os compradores podem comparar os preços de milhares de fornecedores; anunciar o preço que desejam pagar e consegui-lo; e obter produtos grátis. De fato, um desafio consiste em como competir com produtos oferecidos gratuitamente. A seção "Habilidades em marketing", acima, mostra como as empresas podem lucrar nessas situações.

Como as empresas determinam os preços

Em empresas pequenas, geralmente o chefe estabelece os preços. Em grandes empresas, gerentes de divisão e de linha de produtos fazem isso. Mesmo nesse caso, a alta administração estabelece os objetivos e as políticas gerais de determinação de preços e, normalmente, aprova as propostas do nível gerencial da administração. Em setores em que a determinação de preços é um fator-chave (aéreo, ferroviário), as empresas muitas vezes criam um departamento que tem como objetivo estabelecer ou ajudar os outros a estabelecer preços apropriados. Esse departamento reporta para o departamento de marketing, o departamento financeiro ou para a alta administração. Outros que influenciam a determinação de preços são: os gerentes de vendas, os gerentes de produção, os gerentes financeiros e os contadores.

A determinação de preços pode ser uma grande dor de cabeça. Algumas empresas se concentram nos custos e batalham pelas margens tradicionais do setor. Outros erros comuns são: não revisar os preços com frequência suficiente para capitalizar nas mudanças de mercado; estabelecer o preço independentemente do programa de marketing, em vez de considerá-lo um elemento intrínseco da estratégia de posicionamento de mercado; não variar muito o preço de acordo com diferentes itens de produto, segmentos de mercado, canais de distribuição e ocasiões de compra.

A efetiva determinação de preços requer um profundo entendimento da psicologia de determinação de preços do consumidor e uma abordagem sistemática de estabelecimento, adaptação e mudança de preços.

Psicologia do consumidor e determinação de preços

Muitos economistas afirmam que os consumidores aceitam os preços como eles são oferecidos. Para os profissionais de marketing, muitas vezes os consumidores processam ativamente as informações de preço e as interpretam com base em experiências de compra anteriores, em comunicações formais (propagandas, visitas de venda, prospectos), em comunicações informais (amigos, colegas ou familiares), em recursos on-line ou presentes nos pontos de venda e em outros fatores.[5] As decisões de compra são fundamentadas no modo como os consumidores percebem os preços e naquele que consideram como sendo o preço atualmente cobrado – e *não* no preço definido pela empresa. Os clientes podem estabelecer um limite mínimo, abaixo do qual os preços representam qualidade inferior ou inaceitável, e um limite máximo, acima do qual os produtos não compensam. As atitudes dos consumidores com relação à determinação de preços mudaram bastante com a recente crise econômica, quando muitos se viram incapazes de manter seu estilo de vida.[6] Contudo, algumas empresas ainda podem estabelecer um preço premium se suas ofertas forem únicas e relevantes para um grande segmento.

Três tópicos fundamentais para entender como os consumidores chegam a suas percepções de preço são:

- *Preços de referência.* Embora possam conhecer razoavelmente bem as faixas de preços, poucos consumidores conseguem se lembrar com precisão de preços específicos.[7] Ao examinar os produtos, eles geralmente utilizam um **preço de referência**, comparando o preço observado a um preço de referência interno de que se lembram ou a uma estrutura de referência externa, como um "preço praticado no varejo".[8] As empresas vendedoras podem manipular os preços de referência situando o produto entre concorrentes caros para sugerir que ele pertence à mesma categoria, assinalando o alto preço sugerido pelo fabricante ou apontando o alto preço do rival.[9]
- *Interferências preço-qualidade.* Muitos consumidores usam o preço como um indicador da qualidade. A determinação de preços com base na imagem é particularmente eficaz em caso de produtos que mexem com o ego das pessoas, como perfumes e carros caros. Um vidro de perfume de 100 dólares pode conter o equivalente a 10 dólares de essência, mas aquele que está dando o presente paga 100 dólares para comunicar seu alto apreço pela pessoa que o está recebendo. Quando informações sobre a verdadeira qualidade estão disponíveis, o preço é um indicador menos im-

portante da qualidade. Para os clientes de bens de luxo que desejam exclusividade, a demanda pode aumentar com o alto preço, uma vez que eles acreditam que poucos podem ter o produto.[10]

- *O preço com número quebrado (preço de efeito psicológico).* Os consumidores consideram um item precificado a 299 dólares como pertencente à faixa dos 200 dólares, e não dos 300; eles tendem a processar os preços da "esquerda para a direita", em vez de arredondá-los.[11] Finalizar o preço dessa maneira é importante se existe uma quebra mental no preço arredondado, maior. A finalização do preço em número ímpar sugere um desconto ou uma barganha. Assim, se quer cultivar uma imagem de preço alto, a empresa deve evitar a tática de terminar o preço com número ímpar.[12]

Estabelecimento do preço

A empresa deve estabelecer um preço pela primeira vez quando desenvolve um novo produto, quando introduz seu produto regular em uma nova área geográfica ou canal de distribuição e quando entra em licitação para novos contratos de trabalho. Ela precisa considerar muitos fatores na hora de estabelecer sua política de determinação de preços.[13] O procedimento de seis etapas para a determinação de preços consiste na (1) seleção do objetivo da determinação de preços; (2) determinação da demanda; (3) estimativa dos custos; (4) análise dos custos, dos preços e das ofertas dos concorrentes; (5) seleção de um método de determinação de preços; (6) seleção do preço final.

Etapa 1: Seleção do objetivo da determinação de preços

Os cinco principais objetivos da determinação de preços são: sobrevivência, maximização do lucro atual, maximização da participação de mercado, maximização do desnatamento do mercado e liderança na qualidade do produto. As empresas buscam a *sobrevivência* como seu principal objetivo de curto prazo quando se deparam com excesso de capacidade, intensa concorrência ou mudanças nos desejos do consumidor. Desde que os preços cubram os custos variáveis e alguns custos fixos, a empresa continua no mercado. Para *maximizar o lucro atual*, a empresa estima a demanda e os custos associados a diferentes preços e escolhe aquele que leva à maximização do lucro atual, do fluxo de caixa e do retorno sobre o investimento. Contudo, a empresa pode sacrificar seu desempenho no longo prazo ao ignorar os efeitos de outras variáveis de marketing, as reações dos concorrentes e as restrições legais sobre o preço.

Algumas empresas querem *maximizar sua participação de mercado*, acreditando que um volume de vendas mais alto levará a custos unitários menores e a lucros maiores no longo prazo. Com a **determinação de preços de penetração de mercado**, as empresas estabelecem o preço mais baixo possível, partindo do princípio de que o mercado é sensível a preço. Essa prática é apropriada quando (1) o mercado é altamente sensível a preço e o preço baixo estimula seu crescimento, (2) os custos de produção e distribuição caem com a experiência acumulada de produção e (3) o baixo preço desestimula a concorrência.

As empresas que lançam novas tecnologias preferem o estabelecimento de preços altos para *maximizar o desnatamento do mercado*. A **determinação de preços por desnatamento do mercado**, em que os preços começam altos e caem lentamente ao longo do tempo, faz sentido quando (1) um número suficiente de compradores possui uma alta demanda atual, (2) os custos unitários de produzir um pequeno volume não são tão altos a ponto de anular a vantagem de cobrar aquilo que o mercado tem condições de pagar, (3) o alto preço inicial não atrai mais concorrentes e (4) o alto preço comunica a imagem de um produto superior. Uma empresa pode ter como objetivo ser *líder na qualidade do produto*, oferecendo produtos de luxo acessível que combinam qualidade, gosto e *status* com preços apropriadamente altos.

Organizações públicas e sem fins lucrativos podem ter outros objetivos de determinação de preços. Uma universidade pode ter como objetivo a *recuperação parcial dos custos*, sabendo que vai depender de verbas públicas e doações para cobrir os custos restantes.

Etapa 2: Determinação da demanda

Cada preço leva a um nível diferente de demanda e causa um impacto diferente sobre os objetivos de marketing da empresa. A relação normalmente inversa entre preço e demanda é representada por uma curva de demanda. Quanto mais alto é o preço, menor é a demanda. No caso de produtos de prestígio, a curva de demanda muitas vezes é inclinada para cima. Isso porque, para alguns consumidores, preço mais alto é sinônimo de produto melhor. Contudo, se o preço for muito alto, a demanda poderá cair.

Sensibilidade ao preço. A curva de demanda mostra a provável quantidade comprada pelo mercado a diferentes preços, reunindo as reações de muitos indivíduos com diferentes níveis de sensibilidade ao preço. O primeiro passo na estimativa da demanda consiste em entender o que afeta a sensibilidade ao preço. Em geral, os clientes são menos sensíveis ao preço no caso de itens baratos ou que não compram com frequência. Além disso, uma empresa pode, com sucesso, cobrar um preço mais alto do que seus concorrentes se os clientes se convencerem de que ela oferece o mais baixo *custo total de propriedade*.

Obviamente, as empresas preferem os clientes que são menos sensíveis ao preço. O Quadro 12.1 relaciona alguns fatores associados a uma menor sensibilidade ao preço. Apesar de a Internet ter o potencial de *aumentar* a sensibilidade ao preço, voltar-se apenas para consumidores sensíveis ao preço pode significar "deixar dinheiro na mesa".

Estimativa das curvas de demanda. As empresas podem mensurar suas curvas de demanda utilizando diversos métodos. Em primeiro lugar, elas podem utilizar levantamentos a fim de explorar quantas unidades os consumidores comprariam a diferentes

QUADRO 12.1 FATORES QUE LEVAM A UMA MENOR SENSIBILIDADE AO PREÇO.

- O produto é diferenciado.
- Os compradores não conhecem muitos substitutos.
- Os compradores não podem comparar, com facilidade, a qualidade dos substitutos.
- O preço é uma parte menor da renda total do comprador.
- O preço é pequeno comparado ao custo total do produto final.
- Parte do custo é assumida por terceiros.
- O produto é usado em conjunto com bens comprados anteriormente.
- O produto supostamente possui mais qualidade, prestígio ou exclusividade.
- Os compradores não podem estocar o produto.

Fonte: baseado nas informações de NAGLE, Thomas T.; HOGAN, John E. e ZALE, Joseph. *The strategy and tactics of pricing*, 5ed. Upper Saddle River: Prentice Hall, 2011.

preços propostos. Os consumidores poderiam subestimar suas intenções de compra a preços mais altos com o intuito de desencorajar a empresa a determinar um alto preço, mas eles também tendem a exagerar em sua disposição para pagar por novos produtos.[14] Em segundo lugar, as empresas podem realizar experiências, cobrando diferentes preços pelo mesmo produto em territórios parecidos ou em diversos sites, a fim de verificar como a mudança afeta as vendas. Contudo, elas devem fazer isso com cuidado, para evitar aborrecer os clientes ou violar exigências regulatórias. Um terceiro método consiste em analisar estatisticamente os preços anteriores, as quantidades vendidas e outros fatores a fim de apontar suas relações; essa abordagem requer considerável habilidade.

Ao avaliar a relação entre preço e demanda, o profissional de marketing deve controlar os vários fatores que influenciam a demanda.[15] A reação do concorrente é importante. Além disso, se a empresa muda outros aspectos do programa de marketing além do preço, fica difícil isolar o efeito da mudança de preço em si.

Elasticidade de preço da demanda. Os profissionais de marketing precisam saber até que ponto a demanda é reativa ou elástica a uma mudança no preço. Se a demanda dificilmente muda com uma pequena alteração no preço, dizemos que ela é *inelástica*. Se a demanda muda consideravelmente, ela é *elástica*. Quanto maior a elasticidade, maior o volume de crescimento resultante da redução de 1% no preço. Se a demanda é elástica, as empresas podem considerar diminuir o preço para gerar mais receita total, especialmente quando seus custos por vender mais unidades não aumentam de maneira desproporcional.[16]

A elasticidade do preço depende da magnitude e da direção da mudança de preço contemplada. Ela pode ser insignificante, com uma pequena mudança no preço, e substancial, com uma grande mudança. Pode diferir em termos de corte ou aumento no preço. E pode ter uma faixa dentro da qual as mudanças de preço têm pouco ou nenhum efeito. A elasticidade de preço no longo prazo pode ser diferente da elasticidade de preço no curto prazo. Os clientes podem continuar comprando de um fornecedor após um aumento de preço, mas, depois de algum tempo, trocar de empresa. A diferença entre a elasticidade de curto e de longo prazo é que os fornecedores não saberão o efeito total de uma mudança de preço até que algum tempo passe.

Um estudo que revisou 40 anos de pesquisas acadêmicas destinadas à análise da elasticidade do preço chegou a descobertas interessantes.[17] As magnitudes da elasticidade do preço foram mais altas para bens duráveis do que para outros bens. Também foram mais altas para bens nos estágios de introdução/crescimento do ciclo de vida do produto do que nos de maturidade/declínio. Além disso, no curto prazo, as elasticidades do preço promocional foram mais altas do que as do preço corrente – embora, no longo prazo, o contrário tenha se mostrado verdadeiro.

Etapa 3: Estimativa dos custos

Se a demanda estabelece um teto para o preço do produto da empresa, os custos determinam o piso. O que a empresa quer é cobrar um preço que cubra seus custos de produção, distribuição e venda do produto e, ainda, inclua um retorno justo por seu esforço e risco.

Tipos de custos e níveis de produção. Os custos de uma empresa assumem duas formas. Os **custos fixos** (também chamados de *custos indiretos*) não variam conforme o nível de produção ou a receita de vendas. Uma empresa precisa pagar mensalmente o aluguel, os salários e assim por diante, não importando o nível de produção. Já os **custos variáveis** oscilam diretamente de acordo com o nível de produção. Por exemplo, para cada calculadora fabricada, a Texas Instruments (TI) incorre nos custos do plástico, do microprocessador e da embalagem. Esses custos tendem a ser constantes por unidade produzida; eles são chamados variáveis porque seu total varia conforme o número de unidades produzidas. Os **custos totais** representam a soma dos custos fixos e variáveis para um determinado nível de produção. O custo por unidade nesse nível de produção é o **custo médio**. Ele é igual aos custos totais divididos pela produção. No mínimo, a administração quer cobrar um preço que cubra os custos totais de produção em um determinado nível de produção.

Para compor o preço de maneira inteligente, a administração precisa saber como seus custos variam em diferentes níveis de produção. Se poucas unidades são produzidas por dia, o custo por unidade é alto. À medida que a produção aumenta, o custo médio cai, pois os custos fixos são distribuídos por mais unidades. Em algum momento, o custo médio no curto prazo aumenta, porque a fábrica se torna ineficiente em razão de problemas como quebra das máquinas com maior frequência. Ao calcular os custos para fábricas de diferentes tamanhos, a empresa pode identificar não apenas o tamanho, mas também o nível de produção ideal para conseguir economias de escala e custos médios menores. Para estimar a real lucratividade de vender para diferentes tipos de varejistas ou clientes, as empresas devem utilizar o *custeio baseado em atividades* (*activity-based cost* – ABC), em vez de os métodos-padrão.

Produção acumulada. Vamos supor que a fábrica da TI produza 3 mil calculadoras por dia. À medida que a empresa ganha experiência na fabricação desse produto, seus métodos melhoram. Os funcionários aprendem a trabalhar mais rápido, os materiais fluem com mais facilidade e os custos de compra diminuem. Resultado: com a experiência de produção acumulada, o preço médio cai. Vamos imaginar que o custo médio de produção das primeiras 100 mil calculadoras seja de 10 dólares. Quando a TI fabrica suas primeiras 200 mil calculadoras, o custo médio cai para 9 dólares. Após sua experiência de produção acumulada dobrar novamente, atingindo 400 mil calculadoras, o custo médio vai para 8 dólares. Esse declínio do custo médio com a experiência de produção acumulada é chamado de **curva de experiência** ou *curva de aprendizagem*.

Agora, vamos supor que a TI concorra com as empresa A e B nesse setor, como mostra a Figura 12.1. A TI é a empresa com custo mais baixo: 8 dólares, com uma produção que chegou a 400 mil unidades. Se as três empresas venderem sua calculadora por 10 dólares, a TI terá um lucro de 2 dólares por unidade, a empresa A lucrará 1 dólar por unidade e a empresa B ficará no ponto de equilíbrio. Nesse caso, a melhor coisa que a TI poderia fazer seria diminuir seu preço para 9 dólares, eliminando a empresa B do mercado (e, possivelmente, a A). Além disso, com o preço mais baixo, consumidores sensíveis a preço entrariam no mercado. À medida que a produção aumentasse e ultrapassasse as 400 mil unidades, os custos da TI diminuiriam ainda mais, suplantando os lucros anteriores mesmo a um preço de 9 dólares. A TI tem utilizado bastante essa estratégia de determinação de preços para conquistar participação de mercado e eliminar concorrentes.

A determinação de preços baseada na curva de experiência, contudo, é arriscada. A precificação agressiva pode conferir ao produto uma imagem negativa. Além disso, essa estratégia parte do princípio de que os concorrentes são fracos e leva a empresa a construir mais fábricas para atender à demanda. Nesse cenário, se o concorrente inova com uma tecnologia de custo mais baixo, a líder fica presa à tecnologia antiga.

FIGURA 12.1 CUSTO POR UNIDADE COMO FUNÇÃO DA PRODUÇÃO ACUMULADA: A CURVA DE EXPERIÊNCIA.

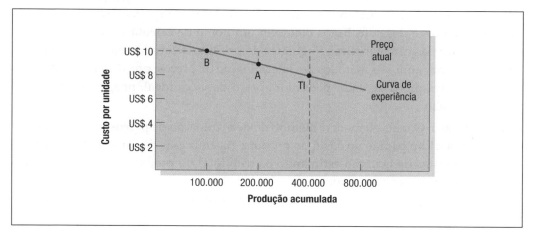

Determinação de custo-alvo. Os custos mudam com a escala e a experiência de produção. Eles também podem mudar com o esforço concentrado de projetistas, engenheiros e compradores para reduzi-los por meio da **determinação de custo-alvo**.[18] Pesquisas de mercado apontam as funções desejadas de um novo produto e o preço com o qual ele deve ser vendido, tendo como base seu apelo e os preços dos concorrentes. O preço menos a margem de lucro desejada leva ao custo-alvo que a empresa deve atingir. A empresa deve examinar cada elemento de custo – projeto, engenharia, produção, vendas – e diminuir os custos de modo que as projeções de custo final estejam dentro da meta buscada. As empresas podem cortar custos de diferentes maneiras. Elas podem, por exemplo, aplicar o que sabem sobre fabricar produtos acessíveis com produtos escassos em países em desenvolvimento.[19]

Etapa 4: Análise dos custos, dos preços e das ofertas dos concorrentes

Dentro da gama dos possíveis preços determinados pela demanda do mercado e pelos custos, a empresa deve levar em conta os custos, os preços e as possíveis reações dos concorrentes. Se sua oferta possui características que não são oferecidas pelo concorrente mais próximo, a empresa deve avaliar seu valor para o cliente e adicionar esse valor ao preço do concorrente. Se a oferta do concorrente possui algumas características que não são oferecidas pela empresa, esta deve subtrair o valor dessas características de seu próprio preço. Com isso, a empresa pode decidir se vai cobrar mais, o mesmo ou menos do que a concorrência, lembrando que a determinação de preços pode provocar reações de clientes, concorrentes, distribuidores, fornecedores e mesmo do governo.

Etapa 5: Seleção de um método de determinação de preços

A Figura 12.2 resume as três principais considerações que devem ser levadas em conta na hora de determinar preços: os custos estabelecem o piso para o preço; os preços dos concorrentes e dos substitutos oferecem um ponto de orientação; a avaliação dos clientes acerca das características singulares do produto determina o teto para o preço. Vamos examinar aqui seis métodos de determinação de preços: preço de markup, preço de retorno-alvo, preço de valor percebido, preço de valor ideal, preços de mercado e preços por leilão.

Preço de markup. O mais elementar método de determinação de preços consiste em adicionar um **markup** padrão ao custo do produto. As empresas de construção civil apresentam propostas de licitação estimando o custo total do projeto e adicionando a ele um markup padrão para o lucro.

Vamos supor que um fabricante de torradeiras tenha os seguintes custos e expectativa de vendas:

CAPÍTULO 12 | Desenvolvimento de programas e estratégias de determinação de preços **247**

FIGURA 12.2 PRINCIPAIS CONSIDERAÇÕES PARA DETERMINAR PREÇOS.

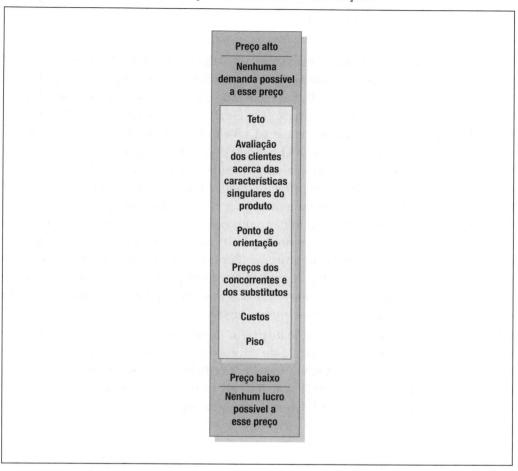

Custo variável por unidade	US$ 10
Custos fixos	US$ 300.000
Vendas esperadas em unidade	US$ 50.000

O custo unitário do fabricante é determinado por:

$$\text{Custo unitário} = \text{custo variável} + \frac{\text{custos fixos}}{\text{unidades vendidas}} = \text{US\$ }10 + \frac{\text{US\$ }300.000}{\text{US\$ }50.000} = \text{US\$ }16.$$

Se o fabricante quiser obter um markup de 20% sobre as vendas, seu preço de mark-up será determinado da seguinte maneira:

$$\text{Preço de markup} = \frac{\text{custo unitário}}{(1 - \text{retorno desejado sobre as vendas})} = \frac{\text{US\$ 16}}{1 - 0{,}20} = \text{US\$ 20.}$$

Assim, o fabricante cobrará dos revendedores 20 dólares por torradeira e lucrará 4 dólares por unidade. Se os revendedores quiserem ganhar 50% sobre o preço de venda, eles trabalharão com um markup de 100%, aumentando o preço do produto para 40 dólares.

O uso de markups-padrão faz sentido? Em geral, não. Qualquer método de determinação de preços que ignore a demanda atual, o valor percebido e a concorrência, provavelmente, não levará ao preço ideal. O método de preço de markup só funciona se o preço com markup realmente gera o nível de vendas esperado. Ainda assim, contudo, esse método continua popular. Em primeiro lugar, para as empresas, é muito mais fácil determinar os custos do que estimar a demanda. Ao vincular o preço ao custo, as empresas simplificam a tarefa de determinar o preço. Em segundo lugar, quando todas as empresas do setor utilizam esse método de precificação, os preços tendem a ser parecidos e a concorrência por preço é minimizada. Por fim, muitas pessoas acham que a determinação de preços por markup é mais justa tanto para compradores como para vendedores: os vendedores não tiram vantagem dos compradores quando a demanda aquece e recebem um retorno justo sobre seu investimento.

Preço de retorno-alvo. Na **determinação de preços de retorno-alvo**, a empresa estabelece o preço que rende a taxa que ela busca de retorno sobre o investimento. Vamos supor que o fabricante de torradeiras tenha investido 1 milhão de dólares no negócio e queira estabelecer um preço para ganhar 20% de retorno sobre o investimento, ou seja, 200 mil dólares. O preço de retorno-alvo é determinado pela seguinte fórmula:

$$\text{Preço de retorno-alvo} = \text{custo unitário} + \frac{\text{retorno desejado} \times \text{capital investido}}{\text{unidades vendidas}}$$

$$= \text{US\$ 16} + \frac{0{,}20 \times \text{US\$ 1.000.000}}{50.000} = \text{US\$ 20.}$$

O fabricante alcançará os 20% de retorno sobre o investimento desde que os custos e as vendas estimadas estejam corretos. Mas o que fazer se as vendas não alcançarem 50 mil unidades? Nesse caso, o fabricante pode elaborar um gráfico de ponto de equilíbrio para ver o que aconteceria em outros níveis de vendas (veja a Figura 12.3). Os custos fixos são estáveis, independentemente do volume de vendas, e os custos variáveis (que não aparecem na figura) aumentam conforme o volume. Os custos totais são iguais à soma dos custos fixos e variáveis; a curva de receita total tem início no zero e sobe à medida que cada unidade é vendida.

A curva de receita total e a de custo total se cruzam em 30.000 unidades. Esse é o volume do ponto de equilíbrio, que pode ser verificado pela seguinte fórmula:

FIGURA 12.3 GRÁFICO DE PONTO DE EQUILÍBRIO PARA DETERMINAR O PREÇO DE RETORNO-ALVO E O VOLUME DO PONTO DE EQUILÍBRIO.

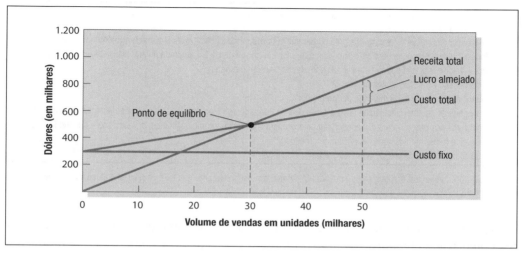

$$\text{Volume do ponto de equilíbrio} = \frac{\text{custo fixo}}{(\text{preço} - \text{custo variável})} = \frac{\text{US\$ 300.000}}{(\text{US\$ 20} - \text{US\$ 10})} = 30.000.$$

Se o fabricante vende 50 mil unidades a 20 dólares, ele ganha 200 mil dólares sobre seu investimento de 1 milhão. Entretanto, tudo depende muito da elasticidade do preço e dos preços dos concorrentes. Infelizmente, a determinação de preços de retorno-alvo tende a ignorar esses elementos. O fabricante precisa considerar diferentes preços e estimar seus prováveis impactos sobre o volume de vendas e os lucros. Ele também deve encontrar formas de diminuir seus custos fixos e variáveis, pois custos mais baixos reduzirão o volume necessário do ponto de equilíbrio.

Preço de valor percebido. Agora, muitas empresas baseiam seu preço no *valor percebido* pelo cliente. O valor percebido é constituído por diversos elementos, entre eles a imagem que o comprador tem do desempenho do produto, as entregas do canal, a garantia da qualidade, o atendimento ao cliente e atributos mais subjetivos, como reputação e confiabilidade do fornecedor. As empresas devem entregar o valor prometido por sua proposição de valor – e o cliente deve percebê-lo. Elas utilizam outros elementos do programa de marketing, como propaganda e Internet, para comunicar e intensificar o valor percebido na mente dos compradores.[20]

Mesmo quando as empresas afirmam que suas ofertas entregam mais valor total, nem todos os clientes respondem de maneira positiva. Sempre haverá um segmento de compradores preocupado apenas com preço, embora, geralmente, haja outro que se preocupa com a qualidade. O segredo para a determinação de preços de valor percebido é

QUADRO 12.2 ESTRUTURA DE PERGUNTAS PARA A PRÁTICA DA DETERMINAÇÃO DE PREÇOS DE VALOR PERCEBIDO.

1.	Qual a estratégia de mercado para o segmento? (O que o fornecedor quer conquistar? O que ele gostaria que acontecesse?)
2.	Qual valor diferencial é *transparente* para os clientes? (*Transparente* significa que os clientes-alvo entendem, com facilidade, como o fornecedor calcula o valor diferencial entre sua oferta e a segunda melhor alternativa; significa também que o valor diferencial pode ser verificado com dados do próprio cliente.)
3.	Qual o preço da segunda melhor oferta?
4.	Qual o custo da oferta de mercado do fornecedor?
5.	Quais táticas de determinação de preços serão usadas inicialmente? E no final? (*Táticas de determinação de preços* são mudanças nos preços que o fornecedor estabeleceu para sua oferta – como descontos, por exemplo – que motivam os clientes a tomar medidas que beneficiam o fornecedor.)
6.	Qual a expectativa de preço "justo" do cliente?

Fonte: ANDERSON, James C.; WOUTERS, Marc; Van ROSSUM, Wouter. Why the highest price isn't the best price, **MIT Sloan Management Review**, winter 2010, p. 69-76.

entregar mais valor exclusivo do que o concorrente e demonstrar isso para os compradores potenciais. O Quadro 12.2 traz importantes considerações para o desenvolvimento da determinação de preços de valor percebido.

Determinação de preços com base no valor ideal. A **determinação de preços com base no valor ideal** é um método no qual a empresa conquista clientes fiéis cobrando um preço relativamente baixo por uma oferta de alta qualidade. Não se trata simplesmente de estabelecer preços mais baixos: é preciso reorganizar as operações da empresa para que ela trabalhe com baixo custo sem sacrificar a qualidade, a fim de atrair um grande número de clientes que se preocupam com valor.

Um importante tipo de determinação de preços com base no valor é o **preço baixo todo dia** (*everyday low pricing* – EDLP). Ao utilizar essa prática, o varejista cobra um preço baixo constante, fazendo muito pouca ou nenhuma promoção de preço ou venda especial. Preços constantes eliminam a incerteza com relação ao preço de uma semana para outra. Eles eliminam também a determinação de preços altos e baixos dos concorrentes orientados pela promoção – na **determinação de preços altos e baixos**, os varejistas cobram, regularmente, preços mais altos, mas realizam frequentes promoções, trabalhando, temporariamente, com preços mais baixos do que os praticados pelo EDLP.[21]

O principal motivo pelo qual os varejistas adotam o EDLP é que descontos e promoções constantes, além de custosas, minam a confiança do consumidor nos preços regulares. Os consumidores também dispõem de menos tempo e paciência para hábitos antigos, como procurar ofertas especiais em supermercados e juntar cupons de desconto. Contudo, as promoções geram entusiasmo e atraem compradores, de modo que a prática de EDLP não garante sucesso. Alguns supermercados utilizam uma combinação de estratégias de preços altos e baixos e de preço baixo todo dia, com mais propaganda e promoções, para combater a concorrência de estabelecimentos rivais e canais alternativos.

Determinação de preços de mercado. Na **determinação de preços de mercado**, a empresa baseia seu preço, em grande parte, nos da concorrência. A empresa pode cobrar o mesmo, mais ou menos do que os principais concorrentes. Esse método é bastante popular. Em situações em que é difícil mensurar os custos ou a reação da concorrência é incerta, empresas adotam a solução de preços de mercado porque ela refletiria a opinião coletiva do setor.

Determinação de preços por leilão. A determinação de preços por leilão está ganhando popularidade, principalmente on-line. Os *leilões ingleses* (ascendentes) contam com um vendedor e muitos compradores, os quais aumentam o preço da oferta até que o mais alto arremata o item. Existem dois tipos de *leilão holandês* (descendente). No primeiro, o leiloeiro anuncia um alto preço por um produto e, então, o diminui até que um comprador o aceite; no segundo, compradores anunciam alguma coisa que queiram comprar e vendedores potenciais competem para oferecer o preço mais baixo. Nas *licitações com propostas lacradas*, os fornecedores interessados apresentam apenas uma proposta, sem conhecer as demais. O governo norte-americano costuma utilizar esse método para encontrar fornecedores. O fornecedor não pode apresentar sua proposta abaixo do custo, mas também não pode apresentar nada muito alto sob pena de perder o trabalho. O efeito dessas duas forças é o *lucro esperado* da proposta.[22]

Etapa 6: Seleção do preço final

Os métodos de determinação de preços limitam a faixa na qual a empresa seleciona seu preço final. Na seleção do preço, a empresa deve considerar fatores como o impacto de outras atividades de marketing, suas políticas de determinação de preços, o compartilhamento de ganhos e riscos e o impacto do preço sobre terceiros.

Impacto de outras atividades de marketing. O preço final deve levar em conta a qualidade e a propaganda da marca em relação à concorrência. Quando Paul Farris e David Reibstein examinaram as ligações entre preço relativo, qualidade relativa e propaganda relativa de 227 empresas de bens de consumo, eles descobriram que marcas com qualidade relativa mediana, mas grandes orçamentos de propaganda poderiam cobrar preços mais altos, uma vez que os consumidores pagariam mais por produtos conhecidos.[23] De fato, marcas com alta qualidade relativa e alto índice de propaganda relativa tinham os preços mais altos, ao passo que marcas com baixa qualidade e baixo índice de propaganda cobravam os preços mais baixos. No caso das líderes de mercado, a relação positiva entre preços altos e alto índice de propaganda era mais forte nos estágios finais do ciclo de vida do produto.

Políticas de determinação de preços da empresa. O preço deve ser consistente com as políticas de determinação de preços da empresa. Os profissionais de marketing devem aplicar as políticas de maneira sensata e tentar não afugentar os clientes (veja a seção "Insight de marketing"). Muitas empresas criam um departamento de precificação para determinar políticas, bem como estabelecer ou aprovar decisões. O objetivo disso é garantir que a força de vendas trabalhe com preços que sejam razoáveis para os clientes e lucrativos para a empresa.

Compartilhamento de ganhos e riscos. Os compradores podem resistir a aceitar a proposta de um vendedor por conta do alto nível de risco percebido. Em situações assim, o vendedor tem a opção de absorver parte do risco ou todo ele, caso não entregue o valor total prometido. A Baxter Healthcare, uma empresa de produtos médicos, assinou um contrato para um sistema de informação gerencial com um prestador de serviços da área de saúde, garantindo a ele milhões de dólares de economia em um período de oito anos. Um número cada vez maior de empresas — em especial aquelas que atuam no mercado empresarial e prometem grandes economias com seus equipamentos — precisa estar pronto para garantir as economias prometidas, mas também desfrutá-las se os ganhos forem maiores do que o esperado.

Impacto do preço sobre terceiros. O que os distribuidores e os revendedores acham dos preços selecionados?[24] Se não tiverem lucros suficientes, eles podem decidir não comercializar o produto. A força de vendas vai se dispor a vender por esse preço? Como os concorrentes vão reagir? Os fornecedores vão aumentar seus preços quando se depararem com o da empresa? O governo vai intervir e impedir que esse preço seja cobrado? Muitas leis federais e estaduais protegem os consumidores de práticas enganosas de determinação de preços. Por exemplo, é ilegal a empresa estabelecer preços "regulares" artificialmente altos e, então, anunciar uma "liquidação" a preços próximos dos cobrados anteriormente.

Insight de marketing

Aumento do preço dissimulado

Quando tentam aumentar sua receita sem elevar os preços, as empresas com frequência recorrem à cobrança de tarifas para serviços que eram, até então, fornecidos gratuitamente. Embora alguns consumidores detestem estratégias "caça-níqueis" de determinação de preços, a cobrança de pequenas taxas adicionais pode significar muito dinheiro. O setor de telecomunicações criou taxas para instalação, cancelamento de serviço, auxílio à lista e para outros serviços, o que acaba custando bilhões de dólares para os consumidores. Tarifas para os consumidores que pagam contas on-line, têm cheques devolvidos ou usam cartões de crédito no exterior rendem para os bancos bilhões de dólares anualmente. Governos estaduais e locais têm utilizado uma série de taxas, tarifas e multas para aumentar as receitas.

Essa explosão de taxas possui uma série de implicações. Uma vez que os preços de tabela permanecem fixos, a inflação pode ser subestimada. Além disso, pode ficar mais difícil para os consumidores compararem as ofertas concorrentes. As empresas justificam as taxas dizendo que elas representam a única maneira justa e viável de cobrir gastos sem perder clientes. Muitas argumentam que faz sentido cobrar um preço mais alto por serviços adicionais que custam mais para ser oferecidos. As empresas também usam as taxas para eliminar clientes não lucrativos ou levá-los a mudar seu comportamento. Em última instância, a viabilidade das taxas extras será decidida no mercado, no qual os consumidores opinam com sua carteira.

Fontes: GUY, Sandra, Watch out for new credit card fees, **Chicago Sun-Times**, August 5, 2010, www.suntimes.com; BURNSED, Brian, A new front in the credit card wars, **BusinessWeek**, p. 60, November 9, 2009; CHU, Kathy, Credit card fees can suck you in, **USA Today**, December 15, 2006; ARNDT, Michael, Fees! Fees! Fees!, **BusinessWeek**, p. 99-104, September 29, 2003; The price is wrong, **Economist**, p. 59-60, May 25, 2002.

Adequação do preço

Geralmente, as empresas não estabelecem um único preço. Em vez disso, elas desenvolvem uma estrutura de determinação de preços que reflete, entre outros fatores, as demandas e os custos por área geográfica, as exigências do segmento do mercado, os momentos de compra, os níveis de pedido, a frequência de entrega, as garantias e os contratos de serviços. Por conta dos descontos, das concessões e do apoio promocional, a empresa raramente obtém o mesmo lucro de toda unidade que ela vende de um produto. Vamos examinar aqui diversas estratégias de adequação do preço: determinação de preços geográficos, descontos e concessões de preço, determinação de preços promocionais e determinação de preços discriminatórios.

Determinação de preços geográficos (dinheiro, permuta, escambo)

Na determinação de preços geográficos, a empresa decide como precificar seus produtos para diferentes clientes, em locais e países diferentes. A empresa deve cobrar mais caro dos clientes que estão longe para cobrir os maiores custos com entrega ou deve estabelecer um preço mais baixo a fim de conquistar mais negócios? Como ela deve contabilizar as taxas de câmbio e a força de diferentes moedas?

Outra questão é como obter o pagamento. Essa questão é essencial quando falta força à moeda dos compradores para eles pagarem por suas compras. Nesses casos, muitos compradores querem oferecer outros itens como forma de pagamento, em uma prática conhecida como **permuta**. As empresas norte-americanas são, com frequência, forçadas a aceitar permutas para conseguir o negócio. Uma forma de permuta é o *escambo*, em que o comprador e o vendedor trocam diretamente bens, sem o envolvimento de dinheiro ou de terceiros. Outra forma é o *acordo de compensação*, em que o vendedor recebe uma porcentagem do pagamento em dinheiro e o restante em produtos. Existe ainda o *acordo de recompra*, que ocorre quando uma empresa vende uma fábrica, equipamento ou tecnologia para outro país e aceita, como pagamento parcial, produtos fabricados com o equipamento fornecido. Por fim, existe a *reciprocidade*, em que o vendedor recebe o pagamento integral em dinheiro e concorda em gastar grande parte dele no país dentro de um período determinado.

Descontos e concessões de preço

A maioria das empresas ajusta seus preços de tabela e oferece descontos e concessões para pagamentos antecipados, compras de grandes quantidades e compras fora de época (veja o Quadro 12.3). Ao fazer isso, as empresas devem tomar cuidado ou seus lucros serão muito menores do que o planejado.[25] Algumas categorias de produto se autodestroem por estarem sempre em liquidação. Os fabricantes devem levar em conta as implicações de oferecer descontos aos varejistas, pois podem acabar perdendo

QUADRO 12.3 DESCONTOS E CONCESSÕES DE PREÇOS.

Desconto	Uma redução no preço para compradores que pagam suas contas em dia. Um típico exemplo de desconto: a fatura vence em 30 dias e o comprador pode deduzir dela uma determinada porcentagem pagando a conta em 10 dias.
Desconto por quantidade	Uma redução no preço para aqueles que compram grandes volumes. Um típico exemplo de desconto por quantidade: "Pague 10 dólares por menos de cem unidades e 9 dólares por cem unidades ou mais". Esse tipo de desconto deve ser oferecido, igualmente, para todos os clientes e não deve ultrapassar as economias de custo do vendedor. Ele pode ser oferecido em cada pedido colocado ou no número de unidades pedidas em um determinado período.
Desconto funcional	Esse desconto (também chamado de *desconto comercial*) é oferecido para membros do canal de comercialização que assumem determinadas funções, como vendas e armazenamento. Os fabricantes devem oferecer os mesmos descontos funcionais dentro de cada canal.
Desconto sazonal	Uma redução no preço para aqueles que compram mercadorias ou serviços fora de época. Hotéis e companhias aéreas oferecem descontos sazonais em períodos de baixa temporada.
Concessão	Um pagamento extra para obter a participação do revendedor em programas especiais. *Concessões de troca* são concedidas com a devolução do item antigo na compra de um novo. *Concessões promocionais* recompensam os revendedores por sua participação em propagandas e programas de apoio às vendas.

lucros no longo prazo em um esforço para atingir metas de volume no curto prazo. Os níveis mais altos da administração devem conduzir uma *análise de preço líquido* para chegar ao "preço real" da oferta, que é afetado por descontos e outros gastos que reduzem o preço praticado.

Determinação de preços promocionais

As empresas podem utilizar diversas técnicas de determinação de preços para estimular compras antecipadas:

- *Determinação de preços-iscas:* muitas vezes, as lojas diminuem o preço de marcas conhecidas para estimular o movimento, o que vale a pena se a receita com as vendas adicionais compensar as margens menores dos itens com preços-iscas. Os fabricantes de marcas conhecidas geralmente desaprovam essa técnica por ela poder diluir a imagem da marca e gerar reclamações de varejistas que cobram o preço de tabela.
- *Determinação de preços de ocasião:* os vendedores estabelecem preços especiais em determinadas épocas para atrair mais clientes, como no volta às aulas.

- *Preço para clientes especiais:* lojas oferecerão preços especiais exclusivamente para determinados clientes.
- *Abatimentos em dinheiro:* empresas automobilísticas, entre outras, oferecem abatimentos em dinheiro para incentivar a compra de produtos dos fabricantes em um determinado período, diminuindo os estoques sem baixar os preços de tabela.
- *Financiamento a juros baixos:* em vez de reduzir os preços, a empresa pode oferecer aos clientes financiamentos a juros baixos.
- *Prazos de pagamento mais longos:* empresas como as automobilísticas podem ampliar o prazo de pagamento dos financiamentos, diminuindo a parcela mensal do comprador. Em geral, os consumidores se preocupam mais com sua capacidade de pagar mensalmente a conta do que com o custo (a taxa de juros) do empréstimo.
- *Garantias e contratos de serviço:* as empresas podem promover vendas oferecendo uma garantia ou um contrato de serviços gratuito ou por um baixo custo.
- *Descontos psicológicos:* a empresa estabelece um preço artificialmente alto e, então, oferece o produto com um grande desconto – por exemplo, "de US$ 359 por US$ 299". Nos Estados Unidos, a Comissão Federal de Comércio e o Departamento de Melhores Negócios combatem táticas de desconto ilegais.

As estratégias de determinação de preços promocionais não costumam gerar resultados. Quando funcionam, os concorrentes as copiam e elas perdem sua eficácia. Quando não funcionam, elas desperdiçam recursos que poderiam ter sido aplicados em outras ferramentas de marketing – por exemplo, na melhoria do serviço ou da qualidade do produto e no fortalecimento da imagem do produto por meio de propaganda.

Determinação de preços discriminatórios

As empresas costumam ajustar seus preços de tabela para comportar diferenças nos clientes, produtos, lugares e assim por diante. O **preço discriminatório** ocorre quando uma empresa vende um produto por dois ou mais preços que não refletem uma diferença proporcional em custos. Na discriminação de preços de primeiro grau, o vendedor cobra um preço para cada cliente, dependendo de seu grau de exigência. Na discriminação de preços de segundo grau, o vendedor cobra menos daqueles que compram volumes maiores. Já na discriminação de preços de terceiro grau, o vendedor cobra valores diferentes para diferentes classes de compradores:

- *Determinação de preços por segmento de cliente:* diferentes grupos de cliente pagam diferentes preços pelo mesmo produto. Por exemplo, os museus costumam vender ingressos mais baratos para estudantes.
- *Determinação de preços pela versão do produto:* versões diferentes do produto são precificadas de maneira diferente, mas não proporcional a seus custos. A Evian chega

a cobrar 2 dólares por uma garrafa de água mineral de 1 litro e 6 dólares por 200 ml da mesma água na forma de *spray* hidratante.
- *Determinação de preços pela imagem:* algumas empresas determinam dois níveis diferentes de preço para o mesmo produto, com base em diferenças de imagem. O fabricante de um perfume pode colocar o produto em um frasco, dar a ele um nome e uma imagem e lhe atribuir o preço de 10 dólares por 100 ml; o mesmo perfume em um frasco diferente, com um nome e uma imagem diferentes, pode custar 30 dólares por 100 ml.
- *Determinação de preços pelo canal:* a Coca-Cola pratica preços diferentes, que dependem do local em que o consumidor compra o produto — em um restaurante fino, uma lanchonete ou uma máquina de vendas.
- *Determinação de preços por localização:* o mesmo produto é precificado de maneira diferente em diferentes locais, embora o custo de oferecê-lo seja o mesmo. Em um teatro, o preço das poltronas varia de acordo com as preferências do público por diferentes lugares.
- *Determinação de preços por período:* os preços variam por temporada, dia ou hora. Nos Estados Unidos, as empresas de energia elétrica cobram diferentes tarifas de usuários comerciais, dependendo tanto do horário do dia como do dia da semana.

O setor aéreo e o de hospitalidade utilizam sistemas de administração de rendimentos e *determinação de preços por rendimento*. Eles oferecem descontos, mas também compras antecipadas limitadas, compras de última hora com preços mais altos e taxas mais baixas sobre ofertas não vendidas pouco antes de elas expirarem.[26] As companhias aéreas cobram diferentes tarifas de passageiros do mesmo voo, dependendo da classe em que viajam, da hora do dia, do dia da semana e assim por diante.

A tendência de trabalhar com diferentes tabelas de determinação de preços para diferentes consumidores, ajustando os preços dinamicamente, está crescendo muito.[27] A discriminação de preços funciona quando: (1) é possível segmentar o mercado e os segmentos apresentam diferentes níveis de demanda; (2) os membros do segmento de preço mais baixo não podem revender o produto para o segmento de preço mais alto; (3) os rivais não podem vender mais barato do que a empresa no segmento de preço mais alto; (4) o custo de segmentar e monitorar o mercado não excede a receita extra derivada da discriminação do preço; (5) a prática não gera ressentimento e indignação no cliente; (6) a forma específica de determinação de preços não é ilegal.[28]

Iniciativas e reações a mudanças de preço

As empresas costumam precisar reduzir ou aumentar os preços em determinadas situações.

Iniciativas de redução de preços

Diversas circunstâncias podem levar a empresa a reduzir seus preços. Um delas é o *excesso de capacidade da fábrica*: a empresa precisa de negócios adicionais e não consegue gerá-los com um maior esforço de vendas ou outras medidas. Muitas vezes, a empresa toma a iniciativa de reduzir os preços para *dominar o mercado por meio de custos mais baixos*. Nesse caso, ou a empresa começa com custos mais baixos que os da concorrência, ou inicia os cortes na esperança de obter participação de mercado e diminuição dos custos. A redução de preços pode levar a outras possíveis armadilhas: (1) os clientes pressupõem que a qualidade é baixa; (2) o preço baixo compra participação de mercado, mas não fidelidade, pois o cliente vai sempre se voltar para empresas com preços mais baixos; (3) concorrentes com preços mais altos também diminuem seus preços, mas possuem mais resistência para isso, por terem reservas financeiras maiores; (4) uma guerra de preços pode ser deflagrada.[29]

Iniciativas de aumento de preços

Quando o aumento de preços dá certo, ele pode elevar consideravelmente os lucros. Se a margem de lucro da empresa for de 3% sobre as vendas, um aumento de 1% nos preços elevará os lucros em 33%, desde que o volume de vendas não seja afetado. Muitas vezes, a empresa aumenta os preços por causa da *inflação de custos*, quando as margens de lucro são achatadas por aumentos nos custos não acompanhados por ganhos em produtividade. Em geral, o aumento dos preços das empresas ultrapassa o dos custos, em uma antecipação da inflação adicional. Essa prática é chamada *remarcação antecipada de preços*.

Outro fator que leva a aumentos de preço é o *excesso de demanda*. Quando não pode atender a todos os clientes, a empresa pode usar as seguintes técnicas de determinação de preços:

- *Determinação de preços pela data de entrega:* a empresa não determina um preço final até que o produto seja finalizado ou entregue. Esse tipo de determinação de preços prevalece em setores com prazos de produção longos.
- *Cláusulas de reajuste:* a empresa exige que o cliente pague não apenas o preço contratado, mas também, integral ou parcialmente, qualquer aumento que ocorra antes da entrega por conta da inflação.
- *Desagrupamento:* a empresa mantém o preço, mas retira ou precifica separadamente um ou mais elementos que faziam parte da oferta inicial, como entrega ou instalação grátis.
- *Redução de descontos:* a empresa deixa de oferecer seus habituais descontos por pagamento à vista ou por quantidade.

Em geral, os consumidores preferem aumentos de preço pequenos e regulares a repentinos e bruscos, e eles podem se virar contra a empresa se a virem como exploradora.

Preços que sobem sem investimentos correspondentes no valor da marca aumentam a vulnerabilidade da empresa à concorrência de preços mais baixos. Para evitar uma reação hostil a um aumento de preços, os profissionais de marketing devem se mostrar íntegros, avisando sobre o aumento com antecedência, para que os clientes possam antecipar suas compras ou procurar algo melhor. Aumentos de preço bruscos precisam ser explicados para os clientes de um modo compreensível.

Reações a mudanças de preços dos concorrentes

Na hora de decidir como reagir à redução de preços do concorrente, a empresa deve levar em conta: o estágio do produto no ciclo de vida, sua posição no portfólio de produtos, as intenções e os recursos do concorrente, a sensibilidade do mercado a preço e qualidade, o comportamento dos custos em relação ao volume e as alternativas de que dispõe. Em mercados caracterizados por produtos muito homogêneos, a empresa pode buscar maneiras de melhorar seu produto ampliado; caso contrário, ela pode precisar acompanhar a redução de preços. Quando o concorrente aumenta seus preços em um mercado de produtos homogêneos, as outras empresas podem não acompanhá-lo, a menos que o aumento beneficie o setor como um todo. Nesse caso, o concorrente precisará cancelar o aumento.

Em mercados de produtos heterogêneos, a empresa deve levar em conta o motivo pelo qual o concorrente alterou seus preços. Sua intenção era roubar mercado, utilizar sua capacidade excessiva, acompanhar alterações nas condições de custo ou liderar uma mudança de preço no setor? A mudança de preço do concorrente é temporária ou permanente? O que acontecerá com a participação de mercado e os lucros da empresa se ela não reagir? As outras empresas estão propensas a reagir? Quais são as prováveis respostas do concorrente e das outras empresas para cada uma das possíveis reações? Para estarem preparados, os profissionais de marketing devem antecipar possíveis mudanças de preço dos concorrentes e planejar reações de contingência.

Resumo

O preço é o único elemento que gera receita; os outros geram custos. Na hora de estabelecer sua política de determinação de preços, a empresa deve seguir seis etapas: (1) seleção do objetivo da determinação de preços; (2) determinação da demanda; (3) estimativa dos custos; (4) análise dos custos, dos preços e das ofertas dos concorrentes; (5) seleção de um método de determinação de preços; (6) seleção do preço final. Para adequar seu preço, a empresa pode utilizar a determinação de preços geográficos, os descontos e as concessões de preço, a determinação de preços promocionais e a determinação de preços discriminatórios.

As empresas precisam alterar seus preços com frequência. Uma redução de preços pode ocorrer em situações em que há excesso de capacidade na fábrica ou o desejo de dominar o mercado por meio de preços mais baixos. Já um aumento de preços pode ocorrer em situações em que há inflação de custos ou excesso de demanda. Quando aumentam seus preços, as empresas devem administrar as percepções dos clientes com cuidado. Elas devem antecipar as mudanças de preço dos concorrentes e preparar reações de contingência, que podem depender do fato de os produtos serem homogêneos ou heterogêneos.

Notas

1. CHENG, Andria. Tiffany hints at cautious consumers as 2Q net rises. **Wall Street Journal**, August 27, 2010. Disponível em: <www.wsj.com>; GOTTFRIED, Miriam. Tiffany is diamond in stockmarket rough, **Barron's**, July 22, 2010. Disponível em: <http://online.barrons.com>; BURNSED, Brian. Where discounting can be dangerous. **BusinessWeek**, p. 49, August 3, 2009; Tiffany's profit tops expectations, **Associated Press**, November 26, 2009; WILSON, Cintra. If bling had a Hall of Fame. **New York Times**, July 30, 2009; BYRON, Ellen. Fashion victim: to refurbish its image, Tiffany risks profits. **Wall Street Journal**, p. A1, January 10, 2007.
2. NEWMAN, Rick. The great retail revolution. **U.S. News & World Report**, p. 19-20, Mar. 2010; MOELLER, Philip. Tough times are molding tough consumers. **U.S. News & World Report**, p. 22-25, Mar. 2010; HAMM, Steve. The new age of frugality. **BusinessWeek**, p. 55-60, October 20, 2008; MARTIN, Timothy W. Frugal shoppers drive grocers back to basics. **Wall Street Journal**, p. B1, June 24, 2009.
3. Para uma discussão sobre algumas das questões acadêmicas envolvidas, veja: ZETTELMEYER, Florian. Expanding to the Internet: pricing and communication strategies when firms compete on multiple channels. **Journal of Marketing Research**, 37, p. 292-308, Aug. 2000; LYNCH JR., John G.; ARIELY, Dan. Wine online: search costs affect competition on price, quality, and distribution. **Marketing Science**, 19, n. 1, p. 83-103, Winter 2000; LAL, Rajiv; SARVARY, Miklos. When and how is the Internet likely to decrease price competition?. **Marketing Science**, 18, n. 4, p. 485-503, Fall 1999.
4. DAVIDSON, Andrew. We don't mind if you hate us, just keep flying. **Sunday Times**, p. 6, July 25, 2010; ANDERSON, Chris. **Free**: the future of a radical price. Nova York: Hyperion, 2009; HEIRES, Katherine. Why it pays to give away the store. **Business 2.0**, p. 36-37, Oct. 2006; KIM, Ju-Young; NATTER, Martin; SPANN, Martin. Pay what you want: a new participative pricing mechanism. **Journal of Marketing**, 73, p. 44-58, Jan. 2009; PAUWELS, Koen; WEISS, Allen. Moving from free to fee: how online firms market to change their business model successfully. **Journal of Marketing**, 72, p. 14-31, May 2008; MAIER, Matthew. A radical fix for airlines: make flying free. **Business 2.0**, p. 32-34, Apr. 2006.
5. Para uma análise atualizada da pesquisa de determinação de preços, veja: OFIR, Chezy; WINER, Russell S. Pricing: economic and behavioral models. In: WEITZ, Bart; WENSLEY, Robin (eds.). **Handbook of marketing**. Londres: Sage Publications, 2002.
6. HOROVITZ, Bruce. Sale, sale, sale: today everyone wants a deal. **USA Today**, p. 1A, 2A, April 21, 2010.
7. DICKSON, Peter R.; SAWYER, Alan G. The price knowledge and search of supermarket shoppers. **Journal of Marketing**, 54, n. 3, p. 42-53, July 1990. Para uma qualificação metodológica, veja: ESTALAMI, Hooman; HOLDEN, Alfred; LEHMANN, Donald R. Macro-economic determinants of consumer price knowledge: a meta-analysis of four decades of research. **International Journal of Research in Marketing**, 18, p. 341-355, Dec. 2001.
8. Para uma análise abrangente, veja: MAZUMDAR, Tridib; RAJ, S. P.; SINHA, Indrajit. Reference price research: review and propositions. **Journal of Marketing**, 69, p. 84-102, Oct. 2005. Para um ponto de vista diferente, veja: JANISZEWSKI, Chris; LICHTENSTEIN, Donald R. A range theory account of price perception. **Journal of Consumer Research** 25, n. 4, p. 353-368, Mar. 1999.
9. RAJENDRAN, K. N.; TELLIS, Gerard J. Contextual and temporal components of reference price. **Journal of Marketing**, 58, n. 1, p. 22-34, Jan. 1994; KALYANARAM, Gurumurthy; WINER, Russell S. Empirical generalizations from reference-price research. **Marketing Science**, 14, n. 3, p. G161-G169, Summer 1995. Veja também: SAINI, Ritesh; RAO, Raghunath Singh; MONGA, Ashwani. Is the deal worth my time? The interactive effect of relative and referent thinking on willingness to seek a bargain, **Journal of Marketing**, 74, p. 34-48, Jan. 2010.
10. AMALDOSS, Wilfred; JAIN, Sanjay. Pricing of conspicuous goods: a competitive analysis of social effects. **Journal of Marketing Research**, 42, n. 1, Feb. 2005; CHAO, Angela; SCHOR, Juliet B. Empirical tests of status consumption. **Journal of Economic Psychology**, 19, n. 1, p. 107-131, Jan. 1998.
11. STIVING, Mark; WINER, Russell S. An empirical analysis of price endings with scanner data. **Journal of Consumer Research**, 24, p. 57-68, June 1997.
12. ANDERSON, Eric T.; SIMESTER, Duncan. Effects of $9 price endings on retail sales: evidence from

field experiments. **Quantitative Marketing and Economics**, 1, n. 1, p. 93-110, Mar. 2003.
13. DUTTA, Shantanu; ZBARACKI, Mark J.; BERGEN, Mark. Pricing process as a capability: a resource-based perspective. **Strategic Management Journal**, 24, n. 7, p. 615-630, July 2003.
14. PARK, Joo Heon; MACLACHLAN, Douglas L. Estimating willingness to pay with exaggeration bias-corrected contingent valuation method. **Marketing Science**, 27, p. 691-698, July/Aug. 2008.
15. NAGLE, Thomas T.; HOLDEN, Reed K. **The strategy and tactics of pricing**, 3ed. Upper Saddle River: Prentice Hall, 2002.
16. Para um resumo dos estudos sobre elasticidade, veja: HANSSENS, Dominique M.; PARSONS, Leonard J.; SCHULTZ, Randall L. **Market response models:** econometric and time series analysis. Boston: Kluwer, 1990. p. 187-191.
17. BIJMOLT, Tammo H. A.; VAN HEERDE, Harald J.; PIETERS, Rik G. M. New empirical generalizations on the determinants of price elasticity. **Journal of Marketing Research**, 42, p. 141-156, May 2005.
18. SIVY, Michael. Japan's smart secret weapon, **Fortune**, p. 75, August 12, 1991.
19. JANE, Reena. From India, the latest management fad. **Bloomberg BusinessWeek**, p. 57, December 14, 2009; JARGON, Julie. General Mills takes several steps to combat high commodity costs. **Wall Street Journal**, September 20, 2007; KIMES, Mina. Cereal cost cutters. **Fortune**, November 10, 2008. p. 24.
20. CHANG, Tung-Zong; WILDT, Albert R. Price, product information, and purchase intention. **Journal of the Academy of Marketing Science**, 22, n. 1, p. 16-27, Winter 1994. Veja também: KORTGE, G. Dean; OKONKWO, Patrick A. Perceived value approach to pricing. **Industrial Marketing Management**, 22, n. 2, p. 133-140, May 1993.
21. HOCH, Stephen J.; DREZE, Xavier; PURK, Mary J. EDLP, Hi-Lo, and margin arithmetic. **Journal of Marketing**, 58, n. 4, p. 16-27, Oct. 1994; LAL, Rajiv; RAO, R. Supermarket competition: the case of everyday low pricing. **Marketing Science**, 16, n. 1, p. 60-80, Winter 1997; TSIROS, Michael; HARDESTY, David M. Ending a price promotion: retracting it in one step or phasing it out gradually. **Journal of Marketing**, 74, p. 49-64, Jan. 2010.
22. Utilizar o lucro esperado para determinar o preço tem sentido para empresas que participam de muitas licitações. Aquelas que participam de licitações ocasionalmente ou que precisam muito de determinado contrato não acharão vantajoso usá-lo. Esse critério não faz distinção entre um lucro de mil dólares com uma probabilidade de 0,10 e um lucro de 125 dólares com probabilidade de 0,80. Contudo, a empresa que quiser manter a produção em funcionamento preferirá o segundo contrato ao primeiro.
23. FARRIS, Paul W.; REIBSTEIN, David J. How prices, expenditures, and profits are linked. **Harvard Business Review**, p. 173-184, Nov./Dec. 1979. Veja também: ABE, Makoto. Price and advertising strategy of a national brand against its private-label clone. **Journal of Business Research**, 33, n. 3, p. 241-250, July 1995.
24. URBANY, Joel E. Justifying profitable pricing. **Journal of Product and Brand Management**, 10, n. 3, p. 141-157, 2001; FISHMAN, Charles. The Wal-Mart you don't know. **Fast Company**, p. 68-80, Dec. 2003.
25. MARN, Michael V.; ROSIELLO, Robert L. Managing price, gaining profit. **Harvard Business Review**, p. 84-94, Sep./Oct. 1992. Veja também: AILAWADI, Kusum L.; NESLIN, Scott A.; GEDENK, Karen. Pursuing the value-conscious consumer: store brands versus national-brand promotions. **Journal of Marketing**, 65, p. 71-89, Jan. 2001; TELLIS, Gerard J. Tackling the retailer decision maze: which brands to discount, how much, when, and why?. **Marketing Science,** 14, n. 3, parte 2, p. 271-299, Summer 1995.
26. DEESIRAJU, Ramarao; SHUGAN, Steven M. Strategic service pricing and yield management. **Journal of Marketing**, 63, p. 44-56, Jan. 1999; WEIGAND, Robert E. Yield management: filling buckets, papering the house. **Business Horizons**, 42, n. 5, p. 55-64, Sep./Oct. 1999.
27. FISHMAN, Charles. Which price is right?. **Fast Company**, p. 92-102, Mar. 2003; TEDESCHI, Bob. E-commerce report. **New York Times**, September 2, 2002; KEENAN, Faith. The price is really right. **BusinessWeek**, p. 62-67, March 31 2003; COY, Peter. The power of smart pricing. **BusinessWeek**, p. 160-164, April 10, 2000. Para uma análise dos trabalhos recentes e seminais que relacionam as decisões de determinação de preços com insights operacionais, veja: FLEISCHMANN, Moritz; HALL, Joseph M.; PYKE, David F. Research brief: smart pricing. **MIT Sloan Management Review**, p. 9-13, Winter 2004.
28. Para mais informações sobre tipos específicos de discriminação de preços ilegais, veja: CHEESEMAN, Henry. **Business law**, 6. ed. Upper Saddle River: Prentice Hall, 2007.
29. VAN HEERDE, Harald J.; GIJSBRECHTS, Els; PAUWELS, Koen. Winners and losers in a major price war. **Journal of Marketing Research**, 45, p. 499-518, Oct. 2008.

Estudo de caso

Desenvolvimento e gerenciamento de serviços

Prof. dr. Miguel A. Hemzo – EACH-USP

Com o desenvolvimento da economia e o aumento do poder aquisitivo, mais pessoas preferem contratar outras para desempenhar atividades em vez de executá-las elas mesmas. Isso faz com que aumentem as atividades de prestação de serviços e sua participação na economia, além de resultar no surgimento de novos tipos de serviços. Segundo o World Factbook, em 2008 o setor de serviços correspondia a 64% do total do PIB mundial. Ou seja, quase dois terços da atividade econômica do mundo correspondem à prestação de serviços. O Brasil está um pouco acima da média mundial: segundo o IBGE, em 2012 os serviços equivaleram a 68,5% das contas nacionais. Podemos dizer, portanto, que os serviços são o principal setor de atividade econômica, e que suas características devem ser estudadas e incorporadas às estratégias de marketing das empresas. Essa análise precisa considerar o que os serviços têm de distinto dos bens físicos, objetos do marketing tradicional, e como impactam na definição das estratégias específicas para o marketing de serviços.

Os serviços têm quatro características distintivas: **são intangíveis, inseparáveis, variáveis e perecíveis.** Vamos analisar como essas características influenciam as estratégias de marketing em um setor de serviços que vem apresentando crescimento expressivo no Brasil: o da hotelaria de luxo.

Os setores de hospitalidade em geral possuem grande potencial de crescimento, em função do aquecimento da economia e de diversos eventos de grande porte que acontecerão no País, como a Copa das Confederações e a Jornada Mundial da Juventude, em 2013, a Copa do Mundo de Futebol, em 2014, e os Jogos Olímpicos, em 2016, e que irão estimular o mercado nas diversas praças brasileiras.

A cidade de São Paulo possui quatro hotéis de cinco estrelas: Grand Hyatt São Paulo, Unique, Emiliano e Fasano, que usaremos como exemplos, a seguir.

A **intangibilidade** corresponde à primeira característica dos serviços, cujos atributos, ao contrário dos bens físicos, não é possível observarmos até que eles sejam desempenhados e vivenciados através de seu consumo. Isso gera insegurança no cliente, que deve ser reduzida através de indicadores de qualidade e excelência. O preço é um desses indicadores, e esses quatro hotéis trabalham com diárias na faixa de mil reais, cerca de duas a três vezes maiores que as de outros hotéis mais populares, sinalizando seus diferenciais. Outro indicador é a decoração, como a do Fasano, de autoria dos arquitetos Isay Weinfeld e Marcio Kogan, inspirada nos anos 1940, e a do Unique, projeto do arquiteto Ruy Ohtake, em formato de barco e grandes janelas circulares com ampla visão da região à volta. O Grand Hyatt se destaca pela vista da Ponte Estaiada da Marginal Pinheiros. O Emiliano, do arquiteto Arthur de Mattos Casas, se diferencia pelo seu conceito de hotel-boutique, com ambientação clean e refinada. Também são indicadores do serviço o grau de atenção e de profissionalismo de seus funcionários e os estilos dos uniformes.

A segunda característica é a **inseparabilidade**, que significa que os serviços devem ser produzidos e consumidos simultaneamente. Enquanto bens de consumo são produzidos em uma fábrica remota e transportados para o ponto de venda, serviços são produzidos no local e momento de consumo, no que denominamos "fábrica de serviços". O serviço é criado mediante uma equipe que se coloca à disposição para o desempenho das atividades necessárias, dentro de um horário determinado.

No caso de clientes Grand Club, a categoria premium do Grand Hyatt São Paulo, por exemplo, ao chegar no hotel o hóspede é acompanhado por um mensageiro do lobby para o Grand Club Lounge, no 20º andar, para um *check-in* exclusivo, mais confortável e sem filas. Ou seja, o cliente é conduzido para a fábrica de serviços específica, correspondente à sua classe de serviço. Os quartos dessa categoria ficam nos três últimos andares, com a melhor vista e com acesso exclusivo ao Grand Club Lounge, com serviços de água, café e Internet, sofás e mesas de trabalho e música ambiente à disposição a qualquer hora do dia, além de coquetel exclusivo no final de todas as tardes, das 18h00 às 20h00, e de uso da sala de reunião por uma hora.

O serviço de café da manhã é feito por mordomos; as refeições são elaboradas por cozinheiros exclusivos e o buffet do coquetel oferece pratos quentes e finger foods, inclusive seis tipos de sobremesas e drinques.

A **variabilidade** é a terceira característica dos serviços. Na produção de bens físicos, com a evolução de processos de controle de qualidade e a automação, o nível de qualidade da produção é muito estável, e todos os consumidores de uma determinada linha de produto recebem praticamente o mesmo objeto. Já nos serviços, o desempenho depende mais de quem o realiza, em função de suas habilidades e capacidades. Por isso, a seleção, o treinamento e a motivação dos funcionários são fundamentais para o bom desempenho. Para que os funcionários tenham condições de melhor aplicar suas capacidades, o empowerment tem sido cada vez mais executado. Ele consiste na atribuição de maiores responsabilidades e poder de decisão aos funcionários, para que eles mesmos tomem decisões sem necessitar consultar seus superiores. Esses funcionários devem ter fortes características de observação, iniciativa, capacidade de discrição e perfeccionismo. Nos quatro hotéis citados, eles são estimulados a estudar as preferências dos hóspedes e a observar detalhes como o lado da cama escolhido, uso de cobertor ou de edredom, local de depósito de sapatos e casacos, temperatura de escolha do ar condicionado, canal de TV e estação de rádio preferidos – ou seja, como manter o quarto do jeito que o hóspede gosta. Também se deve observar preferências religiosas, alimentares, hábitos e horários, e ser capaz de tomar iniciativa – buscar cabides especiais para roupas de seda, cama e alimentação específicas para animais de estimação, trazer dois pratos e conjuntos de talheres se o cliente que fez o pedido estiver acompanhado e estar atento a comentários que expressem necessidades específicas. O investimento nesses pequenos detalhes tem retorno certo pela satisfação que trazem e pelo boca a boca positivo que gera, o que justifica até autorizar os funcionários a ter uma verba definida para despesas inesperadas e que possam surpreender os hóspedes com rapidez e atenção. Esse nível de excelência só se adquire através de treinamento intensivo.

A quarta e última característica dos serviços é a **perecibilidade**. Ela significa que o serviço decorre da existência de uma capacidade potencial para que seja prestado; caso essa ação não ocorra, o custo para essa capacidade estar disponível é perdido. O Emiliano, por exemplo, possui 57 unidades. Se em um determinado dia são vendidas 50 diárias, por exemplo, as outras 7 diárias ficam perdidas irremediavelmente. Não podem ser estocadas, como bens físicos, e, portanto, no dia seguinte, a capacidade potencial será a mesma do dia anterior, ou seja, 57 unidades. Por isso, já que a capacidade não pode ser estocada e se extingue dentro de um determinado período de tempo (no caso, um dia), deve-se fazer um esforço maior para que elas sejam adquiridas e o prejuízo, evitado. Entre as diversas alternativas, analisamos a seguir as promoções especiais, em particular os pacotes românticos que os quatro hotéis oferecem. Essas promoções são voltadas para casais residentes em São Paulo que desejam passar uma noite diferente na própria cidade, hospedando-se em um desses hotéis. Ao atrair um segmento diferente dos tradicionais executivos ou turistas, o hotel busca alternativas para completar sua ocupação.

O Grande Hotel Hyatt possui o pacote *Romance Premium*, disponível ao longo de todo o ano, com o qual o casal tem direito a hospedagem de uma noite em suíte executiva, suíte diplomata ou suíte presidencial, uma garrafa de champanhe *Veuve Clicquot*, frutas e chocolates, decoração com flores, café da manhã completo servido no apartamento, roupões da grife *Trousseau* de presente e 20% de desconto nas massagens clássicas do *Amanary Spa*, incluindo opções de aromaterapia, massagem sueca, massagem esportiva, shiatsu e pedras quentes.

O hotel Unique oferece três opções de pacotes. O *Dream Blue* tem ambientação especial e inclui uma hora de massagem, chá e *petit four*, sandálias Havaianas customizadas e café da manhã servido no bar e restaurante Skye, ou na suíte. O *Dream Red* tem decoração com pétalas de rosa e velas em gel, champanhe *Veuve Clicquot*, *Surprise du Chef*, café da manhã servido no apartamento e roupões *Trussardi*. Por fim, o *Dream Purple* oferece decoração especial, coquetéis Wasabi Martinis servidos no Skye, dois vídeos picantes no quarto, uma caixa de "surpresas tentadoras" e café da manhã no quarto.

No Hotel Emiliano, a *Noite Romântica Emiliano* inclui café continental servido no apartamento, uma garrafa de champanhe *Perrier Jouet Brut*, uma garrafa de vinho tinto, uma cesta de frutas, um jornal de preferência do hóspede, decoração especial com rosas e velas, 30 minutos de massagem no spa Emiliano e uma caixa de prata personalizada com chocolates assinados pelo *chef pâtissier* Arnor Porto. Ainda é possível utilizar os ofurôs, sauna e jacuzzi do spa, o fitness center e os serviços de mordomia – um funcionário fica à disposição para dar conforto ao casal, como arrumar as roupas e preparar a cama para a noite. Adicionalmente, o restaurante do hotel oferece um menu especial de seis pratos para um jantar romântico opcional.

A rede Fasano oferece o pacote *Love by Fasano*, que inclui decoração com rosas e velas, champanhe, minicake Fasano, joia exclusiva, café da manhã servido no apartamento, upgrade de acordo com disponibilidade, serviço de mordomia e 15 minutos de massagem no spa.

Concluindo, serviços possuem características distintivas que demandam cuidados especiais nas decisões do marketing mix mais adequado.

Questões para reflexão

1. Como as características distintivas dos serviços afetam as decisões do marketing mix?
2. Quais as diferenças do papel dos funcionários na produção de bens físicos e de serviços?
3. Considerando as diferenças da questão anterior, qual a importância de processos e métricas de produtividade em serviços?

Referências

"Grand Club, Grand Hyatt São Paulo". Disponível em: <http://www.estilohyatt.com.br/category/mala-pronta/>. Acesso em: 13 jul. 2013.

Guia Quatro Rodas. "10 pacotes românticos de luxo para curtir o amor sem sair da cidade". Disponível em: <http://viajeaqui.abril.com.br/materias/pacotes-romanticos-luxo-sp-rio-fotos>. Acesso em: 13 jul. 2013.

Hotel Emiliano. Disponível em: <www.emiliano.com.br>. Acesso em: 13 jul. 2013.

Hotel Unique. Disponível em: <www.hotelunique.com>. Acesso em: 13 jul. 2013.

Instituto Brasileiro de Geografia e Estatística. "Pesquisa anual de serviços". Disponível em: <http://www.ibge.gov.br/home/estatistica/pesquisas/pesquisa_resultados.php?id_pesquisa=29> Acesso em: 13 jul. 2013.

Rede Fasano. Disponível em: <www.fasano.com.br>. Acesso em: 13 jul. 2013.

The World Factbook. Disponível em: <https://www.cia.gov/library/publications/the-world-factbook/>. Acesso em: 13 jul. 2013.

**PARTE 5:
Entregando valor**

capítulo **13**

Projeto e gerenciamento de canais de marketing integrados

Neste capítulo, abordaremos as seguintes questões:

1. O que é um sistema de canal de marketing e uma rede de valor?
2. O que os canais de marketing fazem?
3. Com que decisões a empresa se depara ao projetar, gerenciar e integrar seus canais?
4. Quais importantes questões os profissionais de marketing enfrentam quando se deparam com o e-commerce e o m-commerce?

Administração de marketing na Netflix

Convencido de que o DVD era a mídia doméstica do futuro, Reed Hastings, fundador da Netflix, surgiu, em 1997, com uma forma de aluguel de DVD diferente da usada por estabelecimentos tradicionais como a Blockbuster, líder de mercado na época. A sólida fidelidade do cliente da Netflix e seu boca a boca positivo resultam das características diferenciadas dos serviços da empresa: assinaturas acessíveis, não aplicação de multas por atraso, entrega (praticamente) a noite toda e um catálogo de mais de 100 mil filmes e programas de TV. O serviço também conta com um software proprietário que permite aos clientes, com facilidade, procurarem filmes pouco conhecidos e descobrirem títulos novos.

Com a concorrência crescente dos 22 mil quiosques de aluguel de DVD da Redbox, espalhados por supermercados e outros locais – e custos mais altos de postagem –, a Netflix passou a se voltar mais para a distribuição de vídeos por *streaming* e mecanismos de entrega instantâneos. Mas a empresa ainda vê crescer o aluguel de DVDs em sua base de mais de 15 milhões de assinantes. O sucesso da Netflix também tem chamado atenção de Hollywood: suas comunidades on-line de clientes que escrevem e leem resenhas e comentários podem ser uma importante fonte de fãs de filmes.[1]

O sucesso na criação de valor depende do sucesso na entrega de valor. Os profissionais de marketing holístico estão, cada vez mais, encarando seus negócios como uma rede de valor, analisando toda a cadeia de suprimento que, além de interligar matérias-primas, componentes e bens manufaturados, mostra como eles chegam aos consumidores finais. Este capítulo discute questões estratégicas e táticas relacionadas a canais de marketing e redes de valor. Já o Capítulo 14 explora os canais de marketing da perspectiva dos varejistas, atacadistas e agentes de distribuição física.

Canais de marketing e redes de valor

A maioria dos fabricantes não vende seus produtos diretamente para os usuários finais. Entre eles, reside uma série de intermediários que desempenham várias funções. Esses intermediários constituem os **canais de marketing** (também chamados canais comerciais ou canais de distribuição) – conjuntos de organizações interdependentes que participam do processo de tornar um produto disponível para uso ou consumo. Eles são os caminhos que um produto percorre após sua produção, culminando com a compra e o consumo pelo usuário final.[2]

A importância dos canais

Um **sistema de canais de marketing** é o conjunto específico de canais utilizado por uma empresa. As decisões relacionadas a esse sistema estão entre as mais importantes enfrentadas pela gerência. Nos Estados Unidos, os membros do canal recebem margens que, somadas, correspondem de 30% a 50% do preço final de vendas, enquanto a propaganda normalmente corresponde a menos de 7% do preço final.[3] Os canais de marketing também representam um substancial custo de oportunidade. Isso porque eles não apenas *servem* mercados – eles também devem *criar* mercados.[4]

Os canais selecionados afetam todas as outras decisões de marketing. A determinação de preços da empresa depende de ela usar lojas on-line que oferecem grandes descontos ou lojas que primam pela alta qualidade. Suas decisões relacionadas à força de vendas e à propaganda dependem do quanto de treinamento e motivação os distribuidores precisam. Além disso, decisões de canal incluem compromissos relativamente de longo prazo com outras empresas, assim como um conjunto de políticas e procedimentos. Quando uma montadora de automóveis contrata distribuidores independentes para vender seus produtos, ela não pode desfazer o negócio no dia seguinte e implantar pontos de venda próprios. Os profissionais de marketing holístico garantem que as decisões de marketing em todas essas áreas sejam tomadas coletivamente, para maximizar o valor.

Ao gerenciar seus intermediários, a empresa deve decidir quanto esforço dedicar às estratégias de marketing push e pull. Na **estratégia push**, o fabricante utiliza força de vendas, orçamento para promoção comercial e outros meios a fim de induzir os intermediários a expor, promover e vender o produto aos usuários finais. Essa estratégia é apropriada quando o grau de fidelidade a marcas na categoria é baixo, a escolha da marca é feita na loja, o produto é comprado por impulso e seus benefícios são bem compreendidos. Na **estratégia pull**, o fabricante usa a propaganda e outras comunicações para persuadir os consumidores a demandar o produto dos intermediários, induzindo-os, assim, a encomendá-lo. Essa estratégia é apropriada quando o grau de fidelidade a marcas e de envolvimento na categoria é alto, os consumidores percebem diferenças entre as marcas e a escolha da marca é feita antes da chegada ao estabelecimento. Empresas de destaque em marketing, como a Coca-Cola e a Nike, empregam, com habilidade, ambas as estratégias.

Canais híbridos e marketing de multicanal

As empresas bem-sucedidas de hoje normalmente utilizam canais híbridos e marketing multicanal, multiplicando o número de canais em todas as áreas do mercado. Os **canais híbridos** ou **marketing multicanal** ocorrem quando uma única empresa utiliza dois ou mais canais de marketing para atingir segmentos de cliente. A Hewlett-Packard usa a força de vendas para atender grandes clientes, reserva o telemarketing para clientes de médio porte, envia e-mails com um número de contato para clientes de pequeno porte, emprega varejistas para clientes de porte ainda menor e utiliza a Internet para produtos especializados.

No marketing multicanal, cada canal é voltado para um segmento diferente de compradores (ou uma necessidade diferente do mesmo comprador) e entrega os produtos certos nos lugares certos da maneira certa, a um custo mínimo. As empresas devem garantir que seus múltiplos canais funcionem em harmonia e combinem com a maneira preferida de fazer negócios de cada segmento-alvo. Os clientes esperam uma *integração de canais*, de modo que eles possam: (1) fazer um pedido on-line e retirá-lo em um estabelecimento convenientemente localizado; (2) devolver uma encomenda feita on-line na loja mais próxima; (3) receber descontos e ofertas com base em todas as compras feitas no canal.

Redes de valor

A empresa deve, primeiramente, pensar no mercado-alvo e, então, projetar a cadeia de suprimento a partir desse ponto, em uma estratégia chamada **planejamento da** cadeia de demanda.[5] Uma visão mais ampla vê a empresa no centro de uma **rede de valor** – um sistema de parcerias e alianças que a empresa cria para produzir, aumentar e entregar suas ofertas. Uma rede de valor inclui não apenas os fornecedores da empresa, mas também os fornecedores de seus fornecedores, seus clientes imediatos e seus clientes finais. Ela inclui também relacionamentos valiosos com terceiros, como pesquisadores de universidades e agências regulamentadoras do governo.

O planejamento da cadeia de demanda gera vários insights.[6] Para começar, a empresa pode estimar se ganha mais dinheiro no fluxo ou no contrafluxo, podendo integrar a cadeia de cima ou de baixo. Além disso, ela pode detectar turbulências na cadeia de suprimento que poderiam mudar custos, preços ou fornecedores. Por fim, pode, junto de seus parceiros de negócios, utilizar a Internet para acelerar suas comunicações, transações e pagamentos, para reduzir custos e para aumentar a precisão.

O papel dos canais de marketing

Por que um fabricante delegaria parte do trabalho de vendas a intermediários, renunciando ao controle sobre como os produtos são vendidos e para quem? Por meio de seus contatos, experiência, especialização e escala de operação, os intermediários tornam os produtos disponíveis e acessíveis para os mercados-alvo, geralmente de maneira mais eficiente e eficaz do que o fabricante faria.[7] Para muitos fabricantes, faltam recursos financeiros e *expertise* para vender diretamente. Não seria prático para a William Wrigley Jr. Company montar pontos de venda de chicletes ou vendê-los por correio. É mais fácil trabalhar com uma ampla rede de empresas independentes de distribuição. Mesmo para a Ford seria complicado assumir todas as tarefas realizadas por seus quase 12 mil distribuidores espalhados pelo mundo.

Funções e fluxos do canal

O trabalho do canal de marketing consiste em transferir os produtos dos fabricantes para os consumidores. Ele preenche as lacunas de tempo, lugar e posse que separam produtos e serviços daqueles que precisam deles ou os desejam. Os membros do canal de marketing realizam uma série de funções importantes (veja o Quadro 13.1).

Algumas funções (estocagem e transporte de mercadorias, transferência de propriedade, comunicação) constituem um *fluxo* da atividade da empresa para o cliente. Outras funções (pedido e pagamento) constituem um *contrafluxo* dos clientes para a empresa. Outras ainda (informação, negociação, finanças e assunção de riscos) ocorrem em ambas as direções. A Figura 13.1 ilustra cinco fluxos para a comercialização de empilhadeiras. Se esses fluxos fossem sobrepostos em um diagrama, veríamos a tremenda complexidade mesmo de canais de marketing simples.

Um fabricante que vende um bem físico e serviços pode precisar de três canais: um *canal de vendas*, um *canal de entregas* e um *canal de serviços*. A questão não é *se* várias funções de canal precisam ser realizadas – elas têm que ser –, mas sim *quem* vai realizá-las. Todas as funções de canal contam com recursos escassos, podem em geral ser mais bem realizadas por quem é especializado e podem ser trocadas entre os membros do canal. Transferir algumas funções para os intermediários diminui os custos e os preços do fabricante. Contudo, os intermediários podem adicionar uma margem para compensar seu trabalho. Se os intermediários forem mais eficientes do que o fabricante, os preços para os consumidores deverão cair. Se os próprios consumidores realizarem algumas funções, eles deverão desfrutar de preços mais baixos ainda.

QUADRO 13.1 FUNÇÕES DOS MEMBROS DO CANAL.

- Obter informações sobre clientes atuais e potenciais, concorrentes e outros participantes e forças do ambiente de marketing.
- Desenvolver e disseminar comunicações persuasivas para estimular a compra.
- Entrar em acordo sobre o preço e outras condições, de modo que seja possível realizar a transferência de propriedade ou posse.
- Formalizar pedidos com os fabricantes.
- Levantar recursos para financiar estoques em diferentes níveis no canal de marketing.
- Assumir riscos relacionados à operação do canal.
- Oferecer condições para a armazenagem e o transporte dos produtos físicos.
- Possibilitar que os compradores paguem suas contas em bancos e outras instituições financeiras.
- Supervisionar a transferência da propriedade de uma organização ou pessoa para outra organização ou pessoa.

FIGURA 13.1 CINCO FLUXOS NO CANAL DE MARKETING PARA EMPILHADEIRAS.

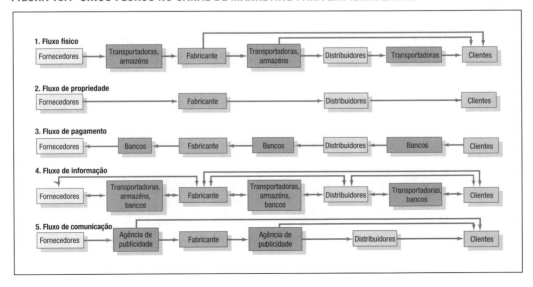

Níveis de canal

O fabricante e o cliente final fazem parte de todos os canais. Vamos utilizar o número de níveis intermediários para designar a extensão de um canal. A Figura 13.2(a) mostra muitos canais de marketing de bens de consumo, ao passo que a Figura 13.2(b) ilustra canais de marketing industriais.

Um **canal de nível zero** (também chamado **canal de marketing direto**) consiste de um fabricante que vende diretamente para os clientes finais por meio de vendas porta a porta, reuniões domiciliares, pedidos por correio, telemarketing, vendas pela TV, vendas pela Internet, lojas próprias e outros métodos. Um *canal de um nível* contém um único intermediário de vendas. Um *canal de dois níveis* conta com dois intermediários – em mercados de bens de consumo, eles são, geralmente, um atacadista e um varejista. Um *canal de três níveis* contém três intermediários. Obter informações sobre os usuários finais e exercer o controle se torna mais difícil para o fabricante à medida que o número de níveis de canal aumenta.

Normalmente, os canais descrevem um movimento de produtos da sua origem para o usuário. No entanto, *canais de fluxo reverso* também são importantes para (1) a reutilização de produtos ou recipientes (como garrafas reutilizáveis), (2) a recauchutagem de produtos para a revenda (como computadores), (3) a reciclagem de produtos (como papel) e (4) o descarte de produtos e embalagens. Entre os intermediários de fluxo reverso, estão grupos comunitários, especialistas em coleta de lixo e centros de reciclagem.

FIGURA 13.2 CANAIS DE MARKETING DE BENS DE CONSUMO E INDUSTRIAIS.

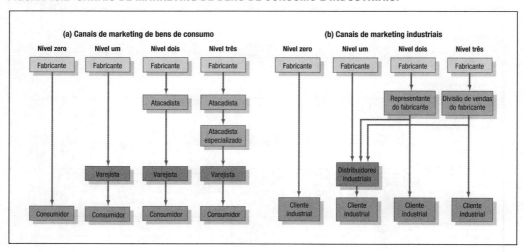

Canais do setor de serviços

À medida que a Internet e outras tecnologias avançam, setores de serviços, como o bancário e o de viagens, passam a operar por meio de novos canais. A Kodak oferece a seus clientes quatro maneiras de imprimir suas fotos digitais – minilaboratório em lojas, impressoras residenciais, serviços on-line em seu site e quiosques de autoatendimento. Com 80 mil quiosques, a Kodak lucra vendendo as unidades e oferecendo os produtos químicos e o papel usados para imprimir as fotografias.[8]

Os canais de marketing também estão mudando o "marketing pessoal". Além do entretenimento ao vivo e programado, músicos e outros artistas podem alcançar seus fãs on-line de diversas maneiras – por meio de seu próprio site, de redes sociais como o Facebook e o Twitter e de sites de terceiros. Organizações sem fins lucrativos, como escolas, estão desenvolvendo "sistemas de disseminação educacional" e hospitais estão criando "sistemas de entrega de saúde" para atingir seus mercados-alvo.

Decisões de projeto do canal

Para projetar um sistema de canal de marketing, os profissionais da área devem analisar as necessidades e os desejos dos clientes, estabelecer objetivos e reconhecer obstáculos. Eles devem também identificar e avaliar as principais alternativas de canal.

Análise das necessidades e dos desejos dos clientes

Os consumidores podem escolher os canais que preferem com base no preço, na variedade do produto e na conveniência, bem como em suas próprias metas de compra (econômicas, sociais ou experienciais).[9] Assim como acontece com os produtos, existe aqui a segmentação, e os profissionais de marketing devem estar atentos para o fato de que diferentes consumidores apresentam diferentes necessidades durante o processo de compra. Em uma compra, um mesmo cliente pode escolher diferentes canais para diferentes funções – ele pode navegar pelo catálogo da loja antes de visitá-la ou realizar o *test-drive* do carro em uma concessionária antes de fazer seu pedido on-line.

Os canais geram cinco níveis de serviço:

1. *Tamanho do lote:* é o número de unidades que o canal permite que um cliente normal compre em uma determinada ocasião. Na hora de comprar carros para sua frota, a Hertz prefere um canal do qual ela possa comprar um grande lote. Já uma família quer um canal que lhe possibilite comprar um único carro.
2. *Tempo de espera:* trata-se do tempo médio que os clientes esperam para receber os produtos. Cada vez mais, os clientes preferem canais que entreguem com mais rapidez.

3. *Conveniência espacial:* é o grau em que o canal de marketing facilita a compra do produto para os clientes.
4. *Variedade do produto:* é a variedade oferecida pelo canal de marketing. Geralmente, os clientes preferem uma variedade maior, embora muitas opções possam, às vezes, criar um efeito negativo.[10]
5. *Apoio de serviços:* trata-se dos serviços adicionais (crédito, entrega, instalação, reparos) fornecidos pelo canal.

Oferecer maiores níveis de serviço significa aumentar os custos do canal e subir os preços. O sucesso das lojas de descontos (on-line e off-line) indica que muitos consumidores aceitam níveis de serviço menores se, com isso, puderem economizar.

Estabelecimento dos objetivos e reconhecimento dos obstáculos

Os profissionais de marketing devem estabelecer seus objetivos de canal em termos de níveis de serviço, bem como de níveis de apoio e custos associados, adaptando esses objetivos a um ambiente mais amplo. Em situações de concorrência, os membros do canal devem organizar suas tarefas funcionais de modo que minimize custos e, ainda assim, ofereça os níveis de serviço desejados.[11] Em geral, é possível identificar diversos segmentos de mercado com base no serviço desejado e escolher os melhores canais para atender a cada um deles.

Os objetivos do canal variam de acordo com as características do produto. Produtos volumosos, como materiais de construção, exigem canais que minimizem a distância e o manuseio no transporte. Produtos que requerem serviços de instalação ou manutenção, como sistemas de aquecimento e refrigeração, normalmente são vendidos e conservados pela própria empresa ou por franqueados. Produtos com alto valor unitário, como turbinas, costumam ser vendidos pela força de vendas da empresa, em vez de por intermediários. Regulações e restrições legais também afetam o projeto do canal.

Identificação das principais alternativas de canal

Todo canal – da força de vendas a representantes, distribuidores e revendedores, passando pela mala direta, pelo telemarketing e pela Internet – tem seus pontos fortes e fracos. As alternativas de canal se diferem em três pontos: os tipos de intermediários, o número de intermediários necessário e os direitos e as responsabilidade de cada um.

Tipos de intermediários. Alguns intermediários (os *comerciantes*, como os atacadistas e os varejistas) compram o produto, tomam posse dele e o revendem. Já os *representantes*, como os corretores e os representantes de vendas, buscam clientes e podem negociar em nome do fabricante, mas não tomam posse dos produtos. Os *facilitadores* (transportadoras, armazéns independentes, bancos, agências de publicidade), por sua vez, auxiliam na distribuição, mas não tomam posse dos produtos nem negociam compras ou vendas deles. Às vezes, a empresa escolhe um canal novo ou não tradicional por conta da dificuldade, dos custos ou da ineficiência de trabalhar com o canal dominante.

Número de intermediários. O número de intermediários depende da estratégia da empresa, que pode usar a distribuição exclusiva, a distribuição seletiva e a distribuição intensiva. A **distribuição exclusiva** implica limitar severamente o número de intermediários. Ela é apropriada quando o fabricante quer controlar o nível de serviço do revendedor. Em muitos casos, isso inclui *acordos de exclusividade*, por meio dos quais o fabricante espera obter mais dedicação e conhecimento no processo de vendas.

A **distribuição seletiva** envolve somente alguns intermediários dispostos a comercializar um determinado produto. Com ela, a empresa não precisa se preocupar em conquistar muitos pontos de venda: ela pode ter uma cobertura de mercado adequada com mais controle e menos custo do que na distribuição intensiva. A **distribuição intensiva** coloca a oferta no maior número possível de pontos de venda. Trata-se de uma boa estratégia para salgadinhos, refrigerantes, jornais, balas e chicletes – produtos que os consumidores compram com frequência ou em vários lugares.

Direitos e responsabilidades dos membros do canal. Os principais elementos do "mix de relações comerciais" são: política de preços, condições de venda, direitos territoriais e serviços específicos que cada parte deve realizar. A *política de preços* determina que o fabricante estabeleça uma lista de preços e um programa de descontos que os intermediários tomem como justos. As *condições de venda* referem-se às condições de pagamento e às garantias do fabricante. A maioria dos fabricantes oferece aos distribuidores descontos em dinheiro por pagamento antecipado. Eles também podem oferecer uma garantia contra produtos com defeito ou contra queda nos preços. Os *direitos territoriais* definem os territórios dos distribuidores e as condições sob as quais o fabricante pode adicionar outros distribuidores. Normalmente, os distribuidores esperam receber crédito total por todas as vendas realizadas em seu território, independentemente de elas terem ou não sido fechadas por eles. Os *serviços e responsabilidades mútuos* devem ser cuidadosamente expressos, especialmente em canais franqueados e exclusivos.

Avaliação das principais alternativas de canal

Toda alternativa de canal precisa ser avaliada com base em critérios econômicos, de controle e de adaptação. A Figura 13.3 mostra como seis diferentes canais de vendas se sobrepõem em termos de valor agregado por venda e custo por transação. Os profissionais de marketing devem estimar quantas vendas cada alternativa, provavelmente, vai gerar e os custos associados à venda de diferentes volumes por meio de cada canal, comparando, em seguida, as vendas e os custos. As empresas vão tentar fechar com clientes e canais para maximizar a demanda a um custo geral mais baixo, substituindo canais de alto custo por outros de baixo custo, desde que o valor agregado por venda seja suficiente.

FIGURA 13.3 VALOR AGREGADO *VERSUS* CUSTO DE DIFERENTES CANAIS.

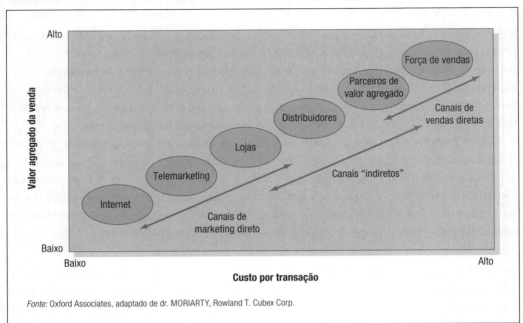

Fonte: Oxford Associates, adaptado de dr. MORIARTY, Rowland T. Cubex Corp.

O controle pode ser um fator importante, especialmente para canais que não são diretos. Por exemplo, representantes de venda podem se concentrar em clientes que compram mais, e não necessariamente naqueles que compram os produtos do fabricante. Eles também podem não dominar os detalhes técnicos do produto da empresa ou não saber trabalhar com seus materiais promocionais de modo eficaz. Por fim, para desenvolver um canal, seus membros devem se comprometer uns com os outros por um determinado período. Isso reduz a capacidade do fabricante de reagir a mudanças e incertezas, muito embora ele precise de estruturas e políticas de canal que sejam adaptáveis.

Decisões de gerenciamento do canal

Após escolher um sistema de canal, a empresa deve selecionar, treinar, motivar e avaliar individualmente os intermediários de cada canal. Ela também pode modificar o projeto e os arranjos do canal ao longo do tempo.

Seleção dos membros do canal

Para os clientes, os canais são a empresa. Pense na impressão negativa que os clientes teriam da Mercedes-Benz se suas concessionárias parecessem sujas ou ineficientes.

Os fabricantes devem determinar quais características diferenciam os melhores intermediários – tempo no negócio, outras linhas comercializadas, histórico de crescimento e lucro, solidez financeira, capacidade de cooperação e reputação. Se os intermediários forem representantes de vendas, os fabricantes deverão avaliar não apenas a quantidade de outras linhas comercializadas e suas características, mas também o tamanho e a qualidade da força de vendas. Se os intermediários quiserem exclusividade, os locais em que atuam, seu potencial de crescimento futuro e seu tipo de clientela precisarão ser levados em conta.

Treinamento e motivação dos membros do canal

A empresa precisa enxergar seus intermediários da mesma maneira que enxerga seus usuários finais – ou seja, ela precisa determinar suas necessidades e desejos e desenvolver suas ofertas de canal sob medida, a fim de oferecer a eles valor superior. Cuidadosamente implementados, treinamentos, pesquisas de mercado e outros programas de desenvolvimento de habilidades podem motivar os intermediários e melhorar seu desempenho. A empresa também deve constantemente dizer que os intermediários são parceiros fundamentais no esforço cooperativo para satisfazer os usuários finais do produto.

Os fabricantes variam muito em termos de **poder de canal** – a capacidade de alterar o comportamento dos membros do canal, fazendo-os tomar medidas que, de outra forma, não tomariam.[12] A maioria dos fabricantes considera um enorme desafio a obtenção da cooperação dos intermediários. Em muitos casos, os varejistas detêm o poder. Nessas situações, os fabricantes devem conhecer o critério de aceitação usado pelos compradores e gerentes da loja. As empresas mais gabaritadas tentam firmar uma parceria de longo prazo com os distribuidores.[13] O fabricante comunica com clareza o que quer dos distribuidores em termos de cobertura de mercado e outras questões relacionadas a canal, podendo lançar um plano de recompensa pela adesão a essas políticas.

Avaliação dos membros do canal

Os fabricantes devem, periodicamente, avaliar o desempenho dos intermediários com base em critérios como alcance das metas de vendas, níveis médios de estoque, tempo de entrega ao cliente, tratamento dispensado a produtos perdidos e danificados e cooperação em programas de promoção e treinamento (veja a seção "Habilidades em marketing", a seguir). Os distribuidores com baixo desempenho precisam ser aconselhados, retreinados, motivados ou eliminados.

Modificação do projeto e dos arranjos do canal

O fabricante deve, continuamente, rever e modificar o projeto e os arranjos de seu canal.[14] Em geral, uma empresa nova começa como uma operação local que atua em

Habilidades em marketing

Avaliação dos membros do canal

Quão importante é para os profissionais de marketing avaliar e gerenciar fornecedores, varejistas e outros membros do canal? Uma empresa descobriu que entregas imprevisíveis de fornecedores estavam fazendo com que ela arcasse com 200 milhões de dólares em excesso de estoque. Ao avaliar os fornecedores com base em critérios como entrega no prazo, essa empresa diminuiu consideravelmente seus custos. Para começar, determine como os fornecedores (e os fornecedores deles) podem influenciar o desempenho da empresa. Faça o mesmo com os distribuidores. Além disso, traduza as mensurações e metas estratégicas da empresa em medidas e objetivos específicos para todos os parceiros de canal ao longo da cadeia de suprimento. Por fim, avalie e recompense continuamente o desempenho, a fim de manter os canais eficientes, ágeis na reação e confiáveis.

Um número cada vez maior de fabricantes e varejistas está incluindo métricas de sustentabilidade ambiental em suas avaliações de canal. O Walmart, por exemplo, analisa o desempenho de seus fornecedores com base em critérios e metas ambientais específicos, como redução de emissão de substâncias tóxicas e eliminação de embalagem em excesso. De maneira similar, a Procter & Gamble lançou um placar de sustentabilidade para avaliar o desempenho ambiental das 75 mil empresas que compõem sua cadeia de suprimento global, incentivando progressivamente, ano a ano, práticas positivas voltadas para o meio ambiente.[15]

---

um mercado razoavelmente restrito. Nesse momento, o problema é convencer os intermediários a trabalhar com sua linha de produtos. Se a empresa dá certo, ela pode entrar em novos mercados, com diferentes canais. Com o tempo, o canal pode precisar de modificação. Afinal, os padrões de compra mudam, o mercado expande, novos concorrentes surgem e o produto se movimenta em direção aos estágios mais avançados do ciclo de vida.[16] Adicionar ou eliminar membros do canal exige uma análise incremental, que pode ser realizada por meio do uso de ferramentas sofisticadas.[17] A grande questão é: como ficam as vendas e os lucros da empresa com e sem esse intermediário?

Considerações acerca do canal global

Os mercados internacionais apresentam nítidos desafios, como variações nos hábitos de compra dos clientes, mas apresentam também oportunidades.[18] Muitos dos mais importantes varejistas globais, como a britânica Tesco e a espanhola Zara, adaptam sua imagem a necessidades e desejos locais quando entram em um novo mercado. Ficar próximo dos clientes é essencial para o planejamento efetivo do canal global. Por exemplo, para adaptar suas roupas ao gosto europeu, a Urban Outfitters, sediada na Filadélfia, montou uma unidade de desenho e colocação de produtos no mercado em Londres antes de abrir lojas na Europa. Apesar dos custos mais altos, o visual meio norte-americano meio europeu ajudou a varejista a se estabelecer.[19]

Integração de canal e sistemas

Os canais de distribuição não são estáticos. Aqui, vamos analisar o recente crescimento de sistemas verticais, horizontais e multicanais de marketing. Na seção seguinte, verificamos como esses sistemas cooperam, entram em conflito e concorrem entre si.

Sistemas verticais de marketing

Um *canal convencional de marketing* é composto por fabricante independente, atacadista(s) e varejista(s). Cada um deles constitui um negócio independente que busca maximizar seus lucros, mesmo que essa meta reduza o lucro do sistema como um todo. Nenhum membro do canal tem controle total ou substancial sobre os outros membros.

Um **sistema vertical de marketing** (SVM), por sua vez, inclui o fabricante, o(s) atacadista(s) e o(s) varejista(s), que agem como um sistema unificado. Um membro do canal (o *administrador do canal*) é dono ou franqueador dos outros ou, então, tem tanto poder que todos os outros cooperam com ele. A seção "Insight de marketing" mostra como os *administradores de canal* – um conceito que se relaciona bem aqui – podem trabalhar.

Os SVMs surgiram das tentativas de fortes membros do canal de controlar o comportamento dele e acabar com o conflito oriundo de membros independentes buscarem seus próprios objetivos. Eles obtêm economias por conta do tamanho, do poder de barganha e da eliminação de serviços duplicados. De fato, os SVMs são, hoje, o modo de distribuição dominante no mercado consumidor norte-americano.

Existem três tipos de SVMs: o corporativo, o administrado e o contratual. Um *SVM corporativo* combina os sucessivos estágios de produção e distribuição sob um único proprietário. Já um *SVM administrado* coordena os sucessivos estágios de produção e distribuição com base no tamanho e no poder de um membro – é dessa maneira que a Gillette e outras grandes marcas garantem a cooperação e o apoio do revendedor. O *SVM contratual*, por sua vez, consiste de empresas independentes, com diferentes níveis de produção e distribuição, que integram seus programas por meio de contratos para obter mais economias ou impacto nas vendas do que obteriam sozinhas.[20] Entre os SVMs contratuais, estão:

1. *Redes voluntárias patrocinadas pelos atacadistas*, os quais organizam grupos de varejistas independentes para competir melhor com grandes redes por meio de práticas de venda padronizadas e economias de compra.
2. *Cooperativas de varejistas*, em que os varejistas tomam a iniciativa e organizam uma entidade de negócios para efetuar as tarefas do atacado e, possivelmente, algumas da produção. Os membros concentram suas compras na cooperativa e planejam em conjunto a divulgação, com os lucros retornando a eles na proporção de suas compras.
3. *Organizações de franquia*, em que um *franqueador* vincula diversos estágios sucessivos no processo de produção e distribuição – trata-se da franquia de varejista

Insight de marketing

A importância do administrador de canal

V. Kasturi Rangan, da Universidade de Harvard, acredita que a empresa deve adotar uma nova abordagem para atuar no mercado: a administração de canal. Rangan define a *administração de canal* como a capacidade de determinado participante de um canal de distribuição (um administrador) de criar uma estratégia de mercado que, ao mesmo tempo, atenda aos principais interesses dos clientes e gere lucros para todos os parceiros do canal. O administrador de canal coordena persuadindo os parceiros de canal a agir de acordo com os interesses de todos. Ele pode ser o fabricante do produto (Procter & Gamble), o fabricante de um componente-chave (Intel), o fornecedor ou montador (Dell), o distribuidor (W.W. Grainger) ou o varejista (Walmart).

A administração de canal (1) aumenta o valor para os clientes dos administradores, expandindo o mercado ou as compras dos clientes existentes ao longo do canal, e (2) cria um canal fortemente amarrado e, ainda assim, adaptável, recompensando os membros valiosos e eliminando os menos valiosos. Uma abordagem evolutiva para a mudança de canal, a administração requer monitoramento, aprendizagem e adaptação constantes – tudo voltado para os principais interesses dos clientes, dos parceiros de canal e do próprio administrador.

Fonte: RANGAN, V. Kasturi, **Transforming your go-to-market strategy:** the three disciplines of channel management. Boston: Harvard Business School Press, 2006; RANGAN, Kash, Channel stewardship: an introductory guide, www.channelstewardship.com; ROSE, Partha e DEY, Romit, Channel stewardship: driving profitable revenue growth in high-tech with multi-channel management, **Infosys ViewPoint**, August 2007.

---

patrocinada pelo fabricante (a Ford e suas concessionárias), da franquia de atacadista patrocinada pelo fabricante (a Coca-Cola e suas engarrafadoras) e da franquia de varejista patrocinada pela empresa de serviços (o McDonald's e seus franqueados).

Sistemas horizontais de marketing

No **sistema horizontal de marketing**, duas ou mais empresas não relacionadas unem recursos ou programas para explorar uma nova oportunidade de marketing. No caso, faltam a essas empresas o capital, o *know-how*, a produção ou o marketing para se aventurarem sozinhas ou, então, elas receiam em assumir riscos. As empresas podem trabalhar juntas temporária ou permanentemente. Elas podem também criar uma *joint-venture*. Por exemplo, muitas redes de supermercados têm acordo com bancos para oferecer serviços bancários em suas lojas.

Sistemas multicanais de marketing

No **sistema multicanal de marketing**, as estratégias e as táticas de venda usadas em um canal refletem as utilizadas em outro ou até em mais canais. Um benefício de adicionar mais canais é a maior cobertura de mercado. Com isso, os clientes podem comprar os produtos da empresa em mais lugares, e aqueles que compram em mais de um canal geralmente são mais lucrativos do que os que compram em um único canal.[21] Outro benefício é o custo mais baixo de canal – vender para clientes pequenos por telefone é mais barato do que vender pessoalmente. Um terceiro benefício é a venda mais customizada, com o acréscimo, por exemplo, de uma força de vendas técnica para vender equipamentos complexos. Contudo, novos canais normalmente geram conflitos e problemas em termos de controle e cooperação.

As empresas que trabalham com multicanal precisam decidir quanto de seus produtos oferecerão em cada canal. A Patagonia vê a web como o canal ideal para apresentar toda sua linha de produtos, tendo em vista que suas lojas têm espaço para oferecer somente alguns deles e mesmo seu catálogo promove menos de 70% de suas mercadorias.[22] Outras empresas, por sua vez, limitam suas ofertas on-line, argumentando que os clientes procuram nos sites e catálogos o melhor dentre as opções de produto e não querem ter que clicar em dezenas de páginas.

Conflito, cooperação e concorrência

Não importa quão bem os canais sejam projetados e gerenciados: sempre haverá algum conflito, pois os interesses de entidades de negócios independentes nem sempre coincidem. O **conflito de canal** é gerado quando as ações de um membro impedem que outro atinja seu objetivo. A **coordenação do canal** se dá quando os membros se juntam para atingir as metas do canal em vez de suas próprias metas, potencialmente incompatíveis.[23] Vamos examinar aqui três questões: quais tipos de conflito surgem nos canais? O que causa conflito? Como ele pode ser gerenciado?

Tipos de conflito e concorrência

O *conflito horizontal de canal* ocorre entre membros que estão no mesmo nível. Já o *conflito vertical de canal* se dá entre diferentes níveis do canal. O fortalecimento do varejista tem levado a mais pressão por preço e mais influência por parte deles.[24] O Walmart, por exemplo, é o principal comprador de muitos fabricantes (incluindo a Disney) e pode liderar uma redução nos preços ou descontos por quantidade dos fornecedores.[25] O *conflito multicanal* acontece quando o fabricante possui dois ou mais canais para vender no mesmo mercado.[26] Esse conflito tende a ser especialmente intenso quando os membros de um canal conseguem um preço mais baixo (com base em um maior volume de compras) ou trabalham com uma margem de lucro menor.

Causas do conflito de canal

Uma importante causa de conflito de canal é a *incompatibilidade de objetivos*. O fabricante pode querer penetrar rapidamente o mercado por meio de uma política de preço baixo, mas os distribuidores podem querer margens de lucro mais altas, visando à lucratividade no curto prazo. Outra causa de conflito de canal são os *papéis e direitos pouco claros*. A HP pode vender computadores para grandes contas por meio de sua força de vendas, mas seus distribuidores licenciados também podem tentar vender para as grandes contas. Os limites territoriais e o crédito pelas vendas, com frequência, geram conflito.

O conflito também pode emergir de *diferenças na percepção*. Isso ocorre, por exemplo, quando o fabricante está otimista com relação à economia e quer que os distribuidores mantenham estoques maiores, mas os distribuidores estão pessimistas. Às vezes, o conflito ocorre por conta da *dependência* dos intermediários em relação ao fabricante. Isso se dá, por exemplo, quando o destino dos distribuidores exclusivos (como concessionárias de automóveis) é profundamente afetado pelas decisões de produto e preço do fabricante.

Gerenciamento do conflito de canal

Alguns conflitos de canal podem ser construtivos e levar a uma melhor adaptação a um ambiente de mudanças, mas a maioria é disfuncional.[27] O desafio é gerenciar o conflito bem, por meio de mecanismos como: justificativa estratégica (mostrar aos canais ou membros que eles atendem a segmentos distintos); remuneração dupla (pagar os canais existentes pelas vendas feitas por meio de novos canais); metas superordenadas (para benefício mútuo); troca de funcionários (entre os níveis do canal); membro associado (incentivar a participação em grupos de comércio); cooptação (incluindo líderes em conselhos consultivos e outros grupos); diplomacia, mediação e arbitragem (quando o conflito é crônico e grave); recursos legais (quando nada mais deu certo).[28]

Diluição e canibalização

As empresas precisam tomar cuidado para não diluir suas marcas por meio de canais inapropriados. Isso é particularmente importante no caso de marcas de luxo, cuja imagem reside na exclusividade e nos serviços personalizados. Marcas de alta costura, como a Oscar de la Renta, mantêm sites de e-commerce para que compradores ricos, pressionados pelo tempo, pesquisem e comprem produtos, bem como para ajudar a combater falsificações vendidas on-line. Por mimarem seus clientes em suas lojas, essas marcas têm tido que trabalhar muito para oferecer uma experiência on-line de alta qualidade.[29]

Questões legais e éticas nas relações de canal

De modo geral, as empresas são livres para desenvolver quaisquer arranjos de canal que as convenham. De fato, a lei busca impedi-las de usar táticas de exclusão que possam evitar que os concorrentes utilizem um canal. Aqui, consideramos brevemente a legalidade de determinadas práticas, entre elas o direito de exclusividade, a exclusividade territorial e os acordos vinculados.

Na *distribuição exclusiva*, é permitido somente a determinados pontos de venda trabalhar com os produtos do vendedor. A exigência de que esses revendedores não comercializem os produtos dos concorrentes é chamada de *direito de exclusividade*. Com esse direito, o vendedor conquista mais pontos de venda fiéis e dependentes, ao passo que os revendedores obtêm um canal de abastecimento fixo de produtos especiais, bem como um apoio mais forte. Os acordos de exclusividade são legais desde que sejam voluntários e não diminuam consideravelmente a concorrência ou tendam a criar um monopólio.

O direito de exclusividade geralmente inclui acordos de *exclusividade territorial*. O fabricante pode concordar em não vender para outros revendedores em determinada área ou, então, o comprador pode concordar em vender apenas em seu território. A primeira prática aumenta o entusiasmo do revendedor e é totalmente legal. Contudo, o fato de o fabricante poder impedir o revendedor de vender fora de seu território se tornou uma importante questão legal. Às vezes, os fabricantes de uma marca forte só vendem para revendedores que aceitam trabalhar com alguns outros itens de sua linha ou mesmo com toda ela, em uma prática chamada de *forçar a linha completa*. Esses *acordos vinculados* não são necessariamente ilegais, mas violam as leis norte-americanas, por exemplo, quando tendem a diminuir de maneira considerável a concorrência. Em geral, os vendedores não podem cortar revendedores se, por exemplo, eles se recusarem a cooperar em algo questionável como os acordos vinculados.

Práticas de marketing no e-commerce e no m-commerce

O **e-commerce** utiliza um site para realizar ou facilitar a venda de produtos on-line. Os varejistas on-line oferecem experiências convenientes, informativas e personalizadas para os mais variados tipos de consumidores e clientes empresariais. Poupando o custo do espaço da loja, da equipe e do estoque, eles podem vender pequenos volumes do produto para nichos de mercado, de maneira lucrativa. Os varejistas on-line concorrem em três aspectos-chave de uma transação: (1) interação do cliente com o site, (2) entrega e (3) capacidade de lidar com problemas quando eles surgem.[30]

As **empresas totalmente virtuais** são aquelas que lançaram um site sem ter nenhuma existência prévia como uma empresa tradicional. Já as **empresas virtuais e reais** são aquelas que agregaram um site para informações ou e-commerce.

As empresas totalmente virtuais e o e-commerce

Existem muitos tipos de empresas totalmente virtuais: ferramentas de busca, provedores de serviços de Internet, sites de comércio, sites de conteúdo e sites facilitadores. O atendimento ao cliente é fundamental para as empresas totalmente virtuais e seus sites devem ser rápidos e fáceis de usar. Coisas simples como a possibilidade de ampliar a imagem dos produtos na tela podem aumentar o tempo no site e mesmo a quantidade de compras do cliente.[31] Uma pesquisa sugere que a falta de experiências prazerosas, bem como de interação social e de uma consultoria oferecida por uma representante da empresa, constitui o principal inibidor da compra on-line.[32] Assim, os varejistas on-line estão se voltando para blogs, redes sociais e o mobile marketing para atrair compradores. A privacidade e a segurança on-line também são pontos importantes; investimentos no projeto e no processo do site podem ajudar a conquistar clientes que se preocupam com os riscos on-line.[33]

Os sites voltados para o comércio entre empresas tornaram os mercados mais eficientes, oferecendo aos compradores fácil acesso a uma grande quantidade de informações. Hoje, é possível obter informações a partir (1) do site dos fornecedores; (2) dos intermediários de informação – intermediários que agregam valor oferecendo informações sobre alternativas; (3) dos *market makers* – intermediários que unem compradores e vendedores; (4) das *comunidades de clientes*, em que os compradores podem compartilhar informações sobre os produtos dos fornecedores.[34] As empresas estão utilizando sites de leilões, catálogos on-line, sites de troca e outros recursos virtuais para obter melhores preços. Como resultado, os preços estão agora mais transparentes.[35]

As empresas virtuais e reais e o e-commerce

Apesar de, no início, muitas empresas tradicionais terem relutado em adicionar um canal de e-commerce temendo um conflito de canal, a maioria acabou se voltando para a Internet depois de ver a quantidade de negócios que era possível gerar on-line.[36] Mesmo a Procter & Gamble, que durante anos utilizou exclusivamente canais de distribuição tradicionais, hoje em dia vende algumas grandes marcas on-line, em parte para observar mais de perto os hábitos de compra dos consumidores.[37] Assim, gerenciar canais on-line e off-line se tornou uma prioridade para muitas empresas.[38]

O acréscimo de um canal de e-commerce gera, sim, a ameaça de uma represália por parte dos varejistas, representantes e outros intermediários. Na venda por meio de intermediários e on-line, as empresas podem decidir (1) oferecer diferentes marcas ou produtos na Internet, (2) oferecer aos parceiros off-line comissões mais altas, para diminuir o impacto negativo sobre as vendas, ou (3) receber pedidos on-line, mas deixar a entrega e a coleta do pagamento com os varejistas.

Marketing no m-commerce

Por causa do grande aumento no uso de celulares e smart phones, muitos apostam no m-commerce (*m* de *mobile*, de *móvel*).[39] Os canais e as mídias móveis podem manter os consumidores conectados com a marca e interagindo com ela em seu dia a dia. Recursos do tipo GPS podem ajudar os consumidores a identificar lojas que trabalham com suas marcas favoritas ou oportunidades de comprá-las. Em 2015, teremos mais pessoas acessando a Internet do celular do que do computador.[40]

Nos Estados Unidos, o mobile marketing está se tornando mais comum e assumindo diferentes formas.[41] Varejistas como a CVS lançaram sites de m-commerce que permitem aos consumidores comprar medicamentos e outros itens de seu smart phone. O setor de viagens tem usado o m-commerce para atingir executivos que precisam agendar voos e fazer reservas em hotéis enquanto estão em trânsito.[42] Um vendedor da Nordstrom aumentou em 37% sua quantidade de produtos vendidos enviando mensagens de texto e e-mails de promoção para o celular de seus clientes.[43] Contudo, o mobile marketing, bem como o fato de a empresa poder marcar a localização de um cliente ou funcionário com a tecnologia de GPS, aumentou as discussões sobre privacidade.

Resumo

A maioria dos fabricantes não vende seus produtos diretamente para os usuários finais. Entre eles, reside um (ou mais) canal de marketing – um conjunto de intermediários de marketing que desempenham uma série de funções. Os fabricantes utilizam intermediários quando lhes faltam recursos financeiros para arcar com o marketing direto, quando o marketing direto não é possível e quando eles ganham mais trabalhando dessa maneira. As principais funções desempenhadas pelos intermediários são: informação, comunicação, negociação, pedido, finanças, assunção de riscos, posse física, pagamento e transferência de propriedade.

Os fabricantes podem vender diretamente ou, então, utilizar canais de um, dois ou três níveis, dependendo das necessidades do cliente, dos objetivos do canal e dos tipos e número de intermediários envolvidos. O gerenciamento eficiente do canal requer selecionar intermediários, treiná-los e motivá-los para a construção de uma parceria lucrativa. Três importantes tendências são: os sistemas verticais de marketing, os sistemas horizontais de marketing e os sistemas multicanais de marketing. Todos os canais possuem potencial para conflito e concorrência. No projeto do canal, as empresas devem levar em conta questões éticas e legais, como o direito de exclusividade, a exclusividade territorial e os acordos vinculados. À medida que o e-commerce e o m-commerce crescem em importância, as empresas gerenciam suas vendas on-line e off-line por meio da integração de canal.

Notas

1. MANJOO, Farhad. Netflix. Meet Hulu. Now, how about merging together?. **Fast Company**, October 1, 2010. Disponível em: <www.fastcompany.com>; BARY, Andrew. An overnight Hollywood success. **Barron's**, August 18, 2010. Disponível em: <http://online.barrons.com>; TUTTLE, Brad. Movies for cheap. **Time**, p. 50, March 8, 2010; GRAHAM, Jefferson. Netflix is still renting strong. **USA Today**, p. 2B, July 1, 2009; GROVER, Ronald; SATARIANO, Adam; LEVY, Ari. Honest, Hollywood, Netflix is your friend. **Bloomberg BusinessWeek**, p. 54-55, January 11, 2010; COPELAND, Michael V. Tapping tech's beautiful minds. **Fortune**, p. 35-36, October 12, 2009; MINTZ, Jessica. Redbox machines take on Netflix's red envelope. **USA Today**, June 22, 2009; KRAUS, Michael. How Redbox is changing retail. **Marketing News**, p. 23, November 15, 2009.

2. COUGHLAN, Anne T.; ANDERSON, Erin; STERN, Louis W.; EL-ANSARY, Adel I. **Marketing channels**, 7ed. Upper Saddle River: Prentice Hall, 2007.

3. STERN, Louis W.; WEITZ, Barton A. The revolution in distribution. **Long Range Planning 30**, n. 6, p. 823-829, Dec. 1997.

4. ANDERSON, See Erin; COUGHLAN, Anne T. Channel management: structure, governance, and relationship management. In: WEITZ, Bart; WENSLEY, Robin (eds.). **Handbook of marketing**. Londres: Sage, 2001, p. 223-247; FRAZIER, Gary L. Organizing and managing channels of distribution. **Journal of the Academy of Marketing Sciences**, 27, n. 2, p. 226-240, Spring, 1999.
5. DEV, Chekitan S.; SCHULTZ, Don E. In the mix: a customer-focused approach can bring the current marketing mix into the 21st century. **Marketing Management**, 14, Jan./Feb. 2005.
6. SHAW, Robert; KOTLER, Philip. Rethinking the chain. **Marketing Management**, p. 18-23, July/Aug. 2009.
7. COUGHLAN, Anne T. Channel management. In: WEITZ, Bart; WENSLEY, Robin (eds.). **Handbook of marketing**. Londres: Sage, 2001. p. 223-247.
8. BULKELEY, William M. Kodak revamps Wal-Mart kiosks. **Wall Street Journal**, p. B2, September 6, 2006; KEENAN, Faith. Big yellow's digital dilemma. **BusinessWeek**, p. 80-81, March 24, 2003.
9. ANSARI, Asim; MELA, Carl F.; NESLIN, Scott A. Customer channel migration. **Journal of Marketing Research**, 45, p. 60-76, Feb. 2008; THOMAS, Jacquelyn S.; SULLIVAN, Ursula Y. Managing marketing communications. **Journal of Marketing**, 69, p. 239-251, Oct. 2005; BALASUBRAMANIAN, Sridhar; RAGHUNATHAN, Rajagopal; MAHAJAN, Vijay. Consumers in a multichannel environment. **Journal of Interactive Marketing**, 19, n. 2, p. 12-30, Spring 2005; FOX, Edward J. MONTGOMERY, Alan L.; LODISH, Leonard M. Consumer shopping and spending across retail formats. **Journal of Business**, 77, n. 2, p. S25-S60, Apr. 2004.
10. BRONIARCZYK, Susan. Product assortment. In: HAUGTVEDT, Curtis; HERR, Paul; KARDES, Frank (eds.). **Handbook of consumer psychology**. Nova York: Lawrence Erlbaum Associates, 2008. p. 755-779; CHERNEV, Alexander; HAMILTON, Ryan. Assortment size and option attractiveness in consumer choice among retailers. **Journal of Marketing Research**, 46, p. 410-420, June 2009; BRIESCH, Richard A.; CHINTAGUNTA, Pradeep K.; FOX, Edward J. How does assortment affect grocery store choice . **Journal of Marketing Research**, 46, p. 176-189, Apr. 2009.
11. BUCKLIN, Louis P. **A theory of distribution channel structure**. Berkeley: Institute of Business and Economic Research, University of California, 1966.
12. ANDERSON, Erin; COUGHLAN, Anne T. Channel management, **Handbook of Marketing**. London: Sage Publications, 2002. p. 223-247; DRAGANSKA, Michaela; KLAPPER, Daniel; VILLA-BOAS, Sofia B. A larger slice or a larger pie? An empirical investigation of bargaining power in the distribution channel. **Marketing Science**, 29, p. 57-74, Jan./Feb. 2010.
13. SRIVASTAVA, Joydeep; CHAKRAVARTI, Dipankar. Channel negotiations with information asymmetries. **Journal of Marketing Research**, p. 557-572, 46, Aug. 2009.
14. Veja: SHANG, Jennifer; YILDRIM, Tuba Pinar; TADIKAMALLA, Pandu; MITTAL, Vikas; BROWN, Lawrence. Distribution network redesign for marketing competitiveness. **Journal of Marketing**, 73, p. 146-163, Mar. 2009.
15. P&G LAUNCHES supplier sustainability scorecard. **Environmental Leader**, May 12, 2010. Disponível em: <www.environmentalleader.com>; WAL-MART taps CDP for emissions reporting in sustainability index. **Environmental Leader**, July 16, 2009. Disponível em: <www.environmentalleader.com>; WAL-MART rolls out packaging scorecard. **Environmental Leader**, February 1, 2008. Disponível em: <www.environmentalleader.com>; COOK, Miles; TYNDALL, Rob. Lessons from the leaders. **Supply Chain Management Review**, p. 22, Nov./Dec. 2001.
16. CHEN, Xinlei; JOHN, George; NARASIMHAN, Om. Assessing the consequences of a channel switch. **Marketing Science**, 27, p. 398-416, May/June 2008.
17. DAVENPORT, Thomas H.; HARRIS, Jeanne G. **Competing on analytics:** the new science of winning. Boston: Harvard Business School Press, 2007.
18. EINHORN, Bruce. China: where retail dinosaurs are thriving. **Bloomberg BusinessWeek**, p. 64, February 1-8, 2010.
19. ARNDT, Michael. Urban Outfitters grow-slow strategy. **Bloomberg BusinessWeek**, p. 56, March 1, 2010; ARNDT, Michael. How to play it: apparel makers. **Bloomberg BusinessWeek**, p. 61, March 1, 2010.
20. JOHNSTON, Russell; LAWRENCE, Paul R. Beyond vertical integration: the rise of the value-adding partnership. **Harvard Business Review**, p. 94-101, July/Aug. 1988. Veja também: BOVIK, Arnt; JOHN, George. When does vertical coordination improve industrial purchasing relationships. **Journal of Marketing**, 64, p. 52-64, Oct. 2000; SIGUAW, Judy A.; SIMPSON, Penny M.; BAKER, Thomas L. Effects of supplier market orientation on distributor market orientation and the channel relationship. **Journal of Marketing**, p. 99-111, July 1998.
21. VENKATESAN, Rajkumar; KUMAR, V.; RAVISHANKER, Nalini. Multichannel shopping: causes and consequences. **Journal of Marketing**, 71, p. 114-132, Apr. 2007.
22. CASEY, Susan. Eminence green. **Fortune**, p. 64-70, April 2, 2007.
23. COUGHLAN, Anne; STERN, Louis. Marketing channel design and management. In: IACOBUCCI, Dawn (ed.). **Kellogg on marketing**. Nova York: Wiley, 2001. p. 247-269.
24. BOYLE, Matthew. Brand killers. **Fortune**, p. 51-56. August 11, 2003. Para uma visão contrária, veja: DUKES, Anthony J.; GAL-OR, Esther; SRINIVASAN, Kannan. Channel bargaining with retailer asymmetry. **Journal of Marketing Research**, 43, p. 84-97, Feb. 2006.

25. USEEM, Jerry; SCHLOSSER, Julie; KIM, Helen. One nation under Wal-Mart. **Fortune** (Europa), March 3, 2003.
26. BHASKARAN, Sreekumar R.; GILBERT, Stephen M. Implications of channel structure for leasing or selling durable goods. **Marketing Science**, 28, p. 918-934, Sep./Oct. 2009.
27. Alguns conflitos podem ser úteis. Veja: ARYA, Anil; MITTENDORF, Brian. Benefits of channel discord in the sale of durable goods. **Marketing Science**, 25, p. 91-96, Jan./Feb. 2006; KUMAR, Nirmalya. Living with channel conflict. **CMO Magazine**, Oct. 2004.
28. Essa seção é baseada em: COUGHLAN, A. T.; ANDERSON, E.; STERN, L. W.; EL-ANSARY, A. I. **Marketing channels**, Capítulo 9. Veja também: HIBBARD, Jonathan D.; KUMAR, Nirmalya; STERN, Louis W. Examining the impact of destructive acts in marketing channel relationships. **Journal of Marketing Research**, 38, p. 45-61, Feb. 2001; ANTIA, Kersi D.; FRAZIER, Gary L. The severity of contract enforcement in interfirm channel relationships. **Journal of Marketing**, 65, p. 67-81, Oct. 2001; BROWN, James R.; DEV, Chekitan S.; LEE, Dong-Jin. Managing marketing channel opportunism. **Journal of Marketing**, 64, p. 51-65, Apr. 2001; VINHAS, Alberto Sa; ANDERSON, Erin. How potential conflict drives channel structure. **Journal of Marketing Research**, 42, p. 507-515, Nov. 2005.
29. SELLING luxury goods online: the chic learn to click. *Economist*, p. 61, July 24, 2010; PASSRIELLO, Christina. Fashionably late?. **Wall Street Journal**, May 19, 2006.
30. COLLIER, Joel C.; BIENSTOCK, Carol C. How do customers judge quality in an e-tailer. **MIT Sloan Management Review**, p. 35-40, Fall 2006.
31. BORDEN, Jeff. The right tools. **Marketing News**, p. 19-21, April 15, 2008.
32. BARLOW, Alexis K. J.; SIDDIQUI, Noreen Q.; MANNION, Mike. Development in information and communication technologies for retail marketing channels. **International Journal of Retail and Distribution Management**, 32, p. 157-163, Mar. 2004; G&J ELECTRONIC MEDIA SERVICES. **7th wave of the GfK – Online-Monitor**. Hamburg: GfK Press, 2001.
33. SCHLOSSER, Ann E.; WHITE, Tiffany Barnett; LLOYD, Susan M. Converting Web site visitors into buyers. **Journal of Marketing**, 70, p. 133-148, Apr. 2006.
34. ABLER, Ronald; ADAMS, John S.; GOULD, Peter. **Spatial organizations**: the geographer's view of the world. Upper Saddle River: Prentice Hall, 1971. p. 531-532.
35. Veja: LYNCH JR., John G.; ARIELY, Dan. Wine online: search costs and competition on price, quality, and distribution. **Marketing Science**, 19, p. 83-103, Winter 2000.
36. CHANG, Andrea. Retailers fuse stores with e-commerce. **Los Angeles Times**, June 27, 2010.
37. CORDEIRO, Anjali. Procter & Gamble sees aisle expansion on the Web. **Wall Street Journal**, p. B6A, September 2, 2009; CORDEIRO, Anjali; BYRON, Ellen. Procter & Gamble to test online store to study buying habits. **Wall Street Journal**, January 15, 2010.
38. ZHANG, Xubing. Retailer's multichannel and price advertising strategies. **Marketing Science**, 28, p. 1080-1094, Nov./Dec. 2009.
39. SHANKAR, Venkatesh; BALASUBRAMANIAN, Sridhar. Mobile marketing: a synthesis and prognosis. **Journal of Interactive Marketing**, 23, n. 2, p. 118-129, 2009; LAMONT, Douglas. **Conquering the wireless world**: the age of m-commerce. Nova York: Wiley, 2001; NYSVEEN, Herbjørn; PEDERSEN, Per E.; THORBJØRNSEN, Helge; BERTHON, Pierre. Mobilizing the brand: the effects of mobile services on brand relationships and main channel use. **Journal of Service Research**, 7, n. 3, p. 257-276, 2005; SHANKAR, Venkatesh; VENKATESH, Alladi; HOFACKER, Charles; NAIK, Prasad. Mobile marketing in the retailing environment. **Journal of Interactive Marketing** (edição especial).
40. THE MOBILE Internet report, **Morgan Stanley**, disponível em: <www.morganstanley.com>. Acesso em: 7 maio 2010.
41. CAHILL, Adam; ALBRIGHT, Lars; HOWE, Carl. Mobile advertising and branding. parte da série **Britt Technology Impact, Tuck School of Business**, Dartmouth College, March 31, 2010; MARS, Alexandre. Importing mobile marketing tools. **Brandweek**, p. 17, February 15, 2010.
42. JANA, Reena. Retailers are learning to love smartphones. **BusinessWeek**, October 26, 2009. Disponível em: <www.businessweek.com>.
43. BYRNES, Nanette. More clicks at the bricks, **BusinessWeek**, p. 50-51, December 17, 2007.

PARTE 5:
Entregando valor

capítulo **14**

Gerenciamento de varejo, atacado e logística

Neste capítulo, abordaremos as seguintes questões:

1. Quais os principais tipos de intermediários de marketing e com quais decisões eles se deparam?
2. Quais as principais tendências entre intermediários de marketing?
3. O que o futuro guarda para as marcas próprias?

Administração de marketing na Zappos

O atendimento ao cliente em qualidade acima da média é uma das marcas registradas da Zappos, uma varejista on-line fundada em 1999 com o objetivo de vender calçados. Com entregas e devoluções gratuitas, atendimento 24 horas por dia, nos sete dias da semana, e giro rápido de uma ampla oferta de produtos e estilos, a Zappos não terceirizou seus *call centers*. De fato, seus atendentes são encorajados a dispor do tempo de que precisam, além de receberem carta branca para resolver problemas. Quando um cliente ligou para reclamar, dizendo que um par de botas havia furado após um ano de uso, o representante lhe enviou um novo par, embora a política da empresa afirme que somente sapatos novos, sem uso, podem ser trocados.

Metade do processo de entrevista para novas contratações é voltada para descobrir se os candidatos são suficientemente extrovertidos, têm mente aberta e são criativos, de modo que possam se ajustar bem à cultura da empresa. Comprada pela Amazon.com em 2009, mas ainda operando separadamente, a Zappos agora também vende roupas, mochilas e outros acessórios. Graças a seu sucesso, a empresa oferece seminários com dois dias de duração, a um custo de 4 mil dólares, para executivos ávidos por desvendar os segredos por trás da cultura corporativa única da varejista, bem como de sua abordagem voltada para o atendimento ao cliente.[1]

Nos últimos anos, enquanto varejistas inovadores como a Zappos cresceram fortes, outros como a Gap e a Kmart tiveram que se esforçar. Intermediários de sucesso sabem como utilizar planejamento estratégico, sistemas de informação avançados e ferramentas de marketing sofisticadas. Eles segmentam seus mercados, melhoram seu posicionamento e sua seleção do mercado-alvo e buscam estratégias de expansão e diversificação. Neste capítulo, abordamos a excelência de marketing no varejo, no atacado e na logística.

Varejo

O **varejo** inclui todas as atividades relativas à venda de bens ou serviços diretamente aos consumidores finais, para uso pessoal, não comercial. Um **varejista** ou *loja de varejo* é qualquer empreendimento comercial cujo volume de vendas é proveniente, principalmente, do varejo. Qualquer organização que venda para consumidores finais – seja ela um fabricante, um atacadista ou um varejista – está inserida no varejo. Não importa *como* os bens ou serviços são vendidos (pessoalmente, por correio, por telefone, por máquina de vendas ou on-line) ou *onde* o são (em uma loja, na rua ou na casa do consumidor).

Tipos de varejistas

Hoje, os consumidores podem comprar em lojas de varejo, varejistas sem loja e organizações de varejo. O Quadro 14.1 traz os principais tipos de lojas de varejo. Diferentes formatos de lojas de varejo levam a dinâmicas competitivas e de preço diferentes. Por exemplo, as lojas de descontos competem muito mais entre si do que os outros formatos.[2]

Os varejistas podem se posicionar como ofertantes de um dos quatro níveis de serviço a seguir:

1. *Autosserviço:* o autosserviço é a base de todas as operações de desconto. Muitos clientes se dispõem a procurar, comparar e selecionar produtos para economizar.
2. *Autoatendimento:* os clientes ficam encarregados de encontrar os produtos, embora possam pedir ajuda.
3. *Serviço limitado:* esses varejistas possuem mais bens e serviços, como crédito e vantagens na devolução de mercadorias. Os clientes precisam de mais informação, bem como de mais ajuda.

QUADRO 14.1 PRINCIPAIS TIPOS DE LOJAS DE VAREJO.

Lojas de especialidade: sua linha de produtos é restrita. *Exemplos:* The Limited, Forever 21.
Lojas de departamentos: possuem diversas linhas de produtos. *Exemplos:* JCPenney, Bloomingdale's.
Supermercados: grandes lojas de autosserviço, com baixo custo, baixa margem e alto volume, projetadas para atender a todas as necessidades por alimentos e produtos domésticos. *Exemplos:* Kroger, Safeway.
Lojas de conveniência: lojas pequenas em áreas residenciais que costumam funcionar 24 horas por dia, todos os dias da semana, e possuem uma linha limitada de produtos de conveniência com alto giro, além de produtos para viagem. *Exemplos:* 7-Eleven, Circle K.
Farmácias: trabalham com produtos vendidos com prescrição médica e outros itens farmacêuticos; possuem também mercadorias voltadas para o cuidado com a saúde e a beleza, bem como pequenos itens duráveis, entre outros. *Exemplos:* CVS, Walgreens.
Lojas de descontos: possuem mercadorias convencionais ou de especialidade; lojas com baixo preço, baixa margem e alto volume. Exemplos: Walmart e Kmart.
Lojas de ultradescontos: possuem um mix de mercadorias mais restrito do que o das lojas de descontos, mas oferecem preços ainda mais baixos. *Exemplos:* Aldi, Dollar General.
Varejistas *off-price* (de liquidação): trabalham com sobras de produtos, excedentes e mercadorias com defeito, as quais vendem a preços inferiores aos praticados pelo varejo, em *outlets* ou lojas independentes. *Exemplos:* TJ Maxx, Marshalls.
Superloja: enormes espaços de venda em que é possível encontrar alimentos e outros produtos domésticos, além de serviços. *Exemplos:* lojas com grande sortimento de uma categoria, como a Staples; uma combinação de lojas, como a Jewel-Osco; hipermercados (lojas muito grandes que reúnem supermercado, loja de descontos e atacado), como o Carrefour.
Showroom de vendas por catálogo: ampla seleção de produtos com alto preço, giro rápido e marcas conhecidas; os produtos são vendidos por catálogo, com desconto, e retirados na loja. *Exemplos:* Inside Edge Ski, Bike.

4. *Serviço completo:* os vendedores estão prontos para ajudar na procura, na comparação e na seleção de produtos. O alto custo da equipe – com a maior quantidade de produtos de especialidade e itens de giro mais lento e com a grande oferta de serviços – resulta em um varejo de alto custo.

O varejo sem loja tem crescido mais rapidamente do que o com loja. Ele pode ser dividido em quatro categorias principais: (1) *venda direta*, um setor multibilionário com centenas de empresas (como a Avon) que vendem porta a porta ou em reuniões domiciliares; (2) *marketing direto*, que, com raízes na mala direta e no catálogo, vende também por telemarketing e pela Internet; (3) *máquina de venda automática*, usada para itens comprados por impulso, como refrigerantes e cosméticos; e (4) *serviço de compras*, um varejista sem lojas que atende uma clientela específica, que obtém desconto por conta de sua filiação a essa rede.

Um número cada vez maior de lojas faz parte de *organizações de varejo* (veja o Quadro 14.2). Comparadas com as lojas independentes, essas organizações contam com maiores economias de escala, poder de compra e reconhecimento de marca. Elas também contam com funcionários mais bem treinados.

O novo ambiente do varejo

Uma série de tendências de longo prazo é evidente no novo ambiente de marketing de varejo. Para começar, novas formas de varejo estão emergindo para melhor satisfazer as necessidades dos clientes por conveniência. Uma delas é a loja temporária (pop-up),

QUADRO 14.2 PRINCIPAIS TIPOS DE ORGANIZAÇÕES DE VAREJO.

Rede corporativa: duas ou mais lojas de propriedade de determinada empresa e controladas por ela. Essas lojas possuem um sistema central de compras e divulgação, bem como vendem linhas de produtos similares. *Exemplo:* Pottery Barn.

Rede voluntária: um grupo de varejistas independentes, patrocinado por um atacadista, que realizam compras em conjunto e divulgação em comum. *Exemplo:* Independent Grocers Alliance (IGA).

Cooperativa de varejo: varejistas independentes que utilizam um sistema central de compras e efetuam esforços de promoção em conjunto. *Exemplo:* ACE Hardware.

Cooperativa de consumidores: empresa de varejo de propriedade de seus clientes. Os membros contribuem financeiramente para a abertura da loja, decidem suas políticas por meio do voto, elegem gerentes e recebem dividendos. *Exemplo:* pequenos supermercados de cooperativas locais podem ser encontrados em muitos mercados.

Franquia: acordo contratual entre o franqueador e o franqueado, é comum em uma série de produtos e áreas de serviço. *Exemplos:* McDonald's, JiffyLube.

Conglomerado de comercialização: corporação que reúne diversas linhas e formas de varejo sob uma propriedade central, com alguma integração nas áreas de distribuição e gerenciamento. *Exemplo:* a Macy's opera duas lojas de departamentos – a Macy's e a Bloomingdale's.

com tempo limitado, que permite a varejistas como a Target promover suas marcas e gerar burburinho por um breve período.[3] Outra tendência é o crescimento da chamada concorrência intraformato, em que diferentes formatos de loja concorrem pelos mesmos consumidores com o mesmo tipo de mercadoria. Além disso, lojas de varejo e varejo sem loja estão competindo entre si.

Gigantes como a Costco têm ganhado força com a ajuda de seus sistemas de informação superiores, seus sistemas logísticos e seu poder de compra, ao mesmo tempo em que varejistas de porte médio estão em declínio. Outra tendência é um investimento mais alto em tecnologia para melhorar as previsões, controlar custos de estoque, agilizar pedidos e alterar os preços rapidamente.[4] Além disso, varejistas como a IKEA e a UNIQLO, que contam com formatos únicos e posicionamento de marca forte, estão cada vez mais se expandindo para outros países. Por fim, as empresas estão reconhecendo a importância de influenciar os compradores no momento da compra.[5]

Decisões de marketing do varejista

Com esse novo ambiente de varejo em mente, examinaremos as decisões de marketing dos varejistas nas seguintes áreas: mercado-alvo, canais, sortimento de produtos, *procurement*, preços, serviços, atmosfera da loja, experiências e atividades na loja, comunicação e localização.

Mercado-alvo. Até que defina o mercado-alvo e tenha seu perfil, o varejista não pode tomar decisões consistentes sobre o sortimento de produtos, a decoração da loja, a mídia e as mensagens da propaganda, o preço e os níveis de serviço. Hoje em dia, os varejistas fatiam o mercado nos melhores segmentos possíveis e lançam linhas de lojas para explorar nichos de mercado com ofertas pertinentes. A Gymboree, por exemplo, lançou a Janie and Jack para vender roupas e presentes para bebês e crianças com até dois anos.

Canais. Com base na análise do mercado-alvo e em outras considerações discutidas no Capítulo 13, os varejistas devem decidir quais canais utilizar para atingir seus clientes. Cada vez mais, a resposta é integrar múltiplos canais. A JCPenney, por exemplo, se esforça para que seus negócios na Internet, nas lojas e nos catálogos sejam totalmente entrelaçados. Ela vende uma ampla variedade de produtos on-line, disponibiliza acesso à Internet para os 35 mil clientes que compram em suas lojas e permite que compradores on-line retirem seus pedidos e façam devoluções nas lojas.[6]

Sortimento de produtos. O sortimento de produtos do varejista deve atender às expectativas de compra do mercado-alvo em termos de *amplitude* e *profundidade*. Um restaurante pode oferecer um sortimento limitado e superficial (bufê com poucos pratos), um sortimento limitado e profundo (*delicatéssen*), um sortimento amplo e superficial (cafeteria) ou um sortimento amplo e profundo (grande restaurante). Outro desafio consiste em desenvolver uma estratégia de diferenciação de produto, oferecendo marcas não disponíveis em lojas concorrentes, fornecendo principalmente marcas próprias, realizando eventos para promover mercadorias diferenciadas, mudando com frequência os itens em exposição, disponibilizando ofertas surpresas, apresentando novos produtos, fornecendo serviços customizados ou oferecendo um sortimento altamente especializado.

Procurement. O varejista deve estabelecer fontes, políticas e práticas para a compra de produtos. As lojas estão usando a **lucratividade direta do produto (LDP)** para avaliar os custos de manuseio (custos de recebimento, transferência para o estoque, trâmite de documentos, seleção, verificação, carregamento e espaço), considerando desde o momento em que o produto chega ao estoque até o que o cliente compra. Com isso, os varejistas podem descobrir que a margem de lucro de um produto tem pouca relação com seu lucro direto. Alguns produtos de alto volume podem ter custos de manuseio tão altos que acabam sendo menos lucrativos e merecendo menos espaço na prateleira do que produtos de baixo volume.

Preços. Os preços constituem um importante fator de posicionamento e devem ser estabelecidos com base no mercado-alvo, no mix de sortimento de produtos e na concorrência.[7] Em geral, os varejistas se dividem em: *grupo de volume mais baixo e alto markup* (lojas de especialidade finas) e *grupo de volume mais alto e baixo markup* (lojas de descontos). A maioria dos varejistas atribui preços baixos a alguns itens para fazer com que eles atraiam clientes ou ultrapassem o líder ou, então, para sinalizar suas políticas de determinação de preços.[8]

Serviços. Os varejistas devem decidir que *mix de serviços* oferecerão aos clientes. Entre os serviços pré-compra, estão: aceitação de pedidos por telefone ou correio, propaganda, vitrines e provadores. Os serviços pós-compra incluem entrega, embalagem para presente, ajustes, devoluções e alterações. Já o balcão de informações, o caixa eletrônico, o estacionamento, os restaurantes e a decoração interior são exemplos de serviços auxiliares.

Atmosfera da loja. A *atmosfera* é outra ferramenta de diferenciação. Toda loja tem um visual, bem como um layout que faz com que seja difícil ou fácil a movimentação das pessoas em seu interior. O piso da Kohl's é projetado como se fosse uma pista de corrida, permitindo que os clientes passem por todas as mercadorias da loja. Ele inclui um corredor central, que os compradores podem usar como atalho, e gera níveis de gastos do consumidor mais altos do que os de muitos concorrentes.[9]

Experiências e atividades na loja. O crescimento do e-commerce forçou os varejistas tradicionais a reagir. Hoje, eles estão usando a experiência de compra como um forte diferenciador, oferecendo nas lojas atividades relacionadas à marca e à mercadoria.[10] Veja a seção "Habilidade em marketing", a seguir, para obter mais informações sobre isso.

Comunicação. Os varejistas utilizam uma série de ferramentas de comunicação para gerar movimento e compras, entre elas: propaganda, promoções, cupons de desconto, gratificações para os compradores regulares e amostras de alimentos nas lojas. Muitos deles trabalham de perto com os fornecedores a fim de produzirem materiais para o ponto de venda que reflitam tanto sua imagem como a do fabricante.[11] Os varejistas também estão utilizando redes sociais e interativas para transmitir informações e criar comunidades de determinada marca.[12]

Localização. Os três segredos por trás do sucesso no varejo são: "localização, localização e localização". Os varejistas podem estabelecer suas lojas nos seguintes locais:

- *Áreas comerciais centrais.* São as mais antigas e movimentadas áreas da cidade, geralmente chamadas de "centro da cidade".
- *Shopping centers regionais.* Shoppings grandes que abrigam de 40 a 200 lojas, com um mix de lojas menores e uma ou duas lojas âncoras, nacionalmente conhecidas ou, então, uma combinação de lojas que ocupam um grande espaço.
- *Shopping centers locais.* São shoppings menores, com uma loja âncora e de 20 a 40 lojas pequenas.
- *Galerias de bairro.* Um grupo de lojas, geralmente alocadas em um grande edifício, que atendem às necessidades de um bairro por produtos alimentícios, ferramentas, lavanderia e assim por diante.
- *Uma unidade dentro de uma loja maior.* Espaço concedido alugado pelo McDonald's ou outro varejista em uma operação maior, como um aeroporto ou uma loja de departamentos.
- *Lojas independentes.* Locais de varejo independentes, não diretamente conectados a outras lojas.

Habilidades em marketing

Marketing de experiência

Os varejistas podem se diferenciar e causar uma forte impressão criando experiências que sejam, nas palavras de um especialista, "um entretenimento, educativas, estéticas e escapistas, tudo ao mesmo tempo". Comece com um total entendimento daquilo que os clientes valorizam e esperam, bem como de suas motivações básicas. Em seguida, tente intensificar a experiência sensorial (o toque, o visual, o som, o cheiro e o gosto) de maneiras únicas e apropriadas para a marca – a Mattel utiliza a peculiar cor-de-rosa da Barbie para chamar a atenção para sua loja dedicada à boneca em Xangai, na China; além disso, para forrar as paredes com a cor, a empresa vestiu 875 bonecas em exposição com diferentes roupas (todas elas da cor-de-rosa da Barbie).

Alguns varejistas criam áreas temáticas especiais para entreter os compradores e permitem que eles as experimentem antes de realizar suas compras. A REI, que vende produtos para atividades ao ar livre, incentiva os consumidores a testar os equipamentos, escalando as paredes de sua loja, e a usar as capas de chuva Gore-Tex sob um temporal simulado. Quando a Bass Pro Shops abre uma nova loja, esta pode ter um aquário ou uma cachoeira, uma área para a prática de tiro ao alvo ou um pequeno campo de golfe. Além disso, suas lojas oferecem aulas grátis e demonstrações de produto. Não surpreende o fato de o showroom oficial da rede, em Missouri, ser o principal destino dos turistas no estado.[13]

Marcas próprias

Uma **marca própria** (também chamada de marca do revendedor, da loja, da casa ou do distribuidor) é aquela desenvolvida por varejistas e atacadistas. Para muitos fabricantes, os varejistas são tanto colaboradores como concorrentes. De acordo com a Private Label Manufacturers' Association, hoje, um entre quatro itens vendidos em supermercados, drogarias e lojas populares nos Estados Unidos é uma marca própria – em 1999, elas representavam 19% das vendas.[14] Embora as marcas próprias estejam crescendo rapidamente, alguns especialistas acreditam que 50% seja o limite natural para elas. Isso porque os consumidores preferem determinadas marcas nacionais. Além disso, em muitas categorias, não é possível ou atraente trabalhar com marcas próprias.[15]

O papel das marcas próprias

Por que os intermediários patrocinam suas próprias marcas?[16] Em primeiro lugar, essas marcas podem ser mais lucrativas. Os intermediários procuram fabricantes com excesso de capacidade para produzir mercadorias de marca própria a um custo baixo. Outros custos – como pesquisa e desenvolvimento, propaganda, promoção de vendas e distribuição – são muito menores, o que faz com que as marcas próprias gerem margens mais altas. Além disso, os varejistas desenvolvem marcas da loja, exclusivas, para se diferenciarem de seus concorrentes. Muitos consumidores sensíveis a preço preferem marcas da loja em determinadas categorias, o que confere aos varejistas maior poder de barganha junto a empresas que trabalham com marcas nacionais.

Genéricos são versões sem marca, embaladas de maneira simples e mais baratas de produtos comuns, como macarrão, papel-toalha e pêssego em lata. Eles são mais baratos por conta da rotulagem de baixo custo, do nível mínimo de propaganda e, algumas vezes, dos ingredientes de qualidade inferior. Oferecem qualidade padrão ou inferior a um preço que pode chegar a ser de 20 a 40% mais baixo do que o das marcas nacionalmente conhecidas e de 10 a 20% mais baixo do que o das marcas próprias dos varejistas.

Fatores de sucesso das marcas próprias

No confronto entre marcas dos fabricantes e marcas próprias, os varejistas detêm muitas vantagens e um poder de mercado crescente.[17] Como o espaço na prateleira é escasso, para aceitar uma nova marca, muitos supermercados cobram uma *taxa de uso do espaço*. Os varejistas também cobram por espaços especiais de exposição na loja. Geralmente, eles dão mais destaque para suas próprias marcas e se asseguram de que haja estoque delas.

Embora os varejistas levem o crédito pelo sucesso das marcas próprias, o poder cada vez maior das marcas de loja também tem a ver com o enfraquecimento das marcas nacionais. Muitos consumidores se tornaram mais sensíveis ao preço – uma tendência reforçada pela enxurrada contínua de cupons e preços especiais que acostumaram uma geração a comprar com base no preço. Fabricantes e varejistas nacionais concorrentes copiam e duplicam a qualidade e as características das melhores marcas de cada categoria, reduzindo a diferenciação do produto. Além disso, ao diminuírem o orçamento com comunicação, algumas empresas dificultaram a criação de quaisquer diferenças intangíveis na imagem da marca. Contudo, muitos fabricantes e marcas nacionais estão reagindo (veja a seção "Insight de marketing", a seguir).

Atacado

O **atacado** inclui todas as atividades relacionadas à venda de bens e serviços para aqueles que compram para revenda ou uso comercial. Ele exclui fabricantes e agricultores (por eles estarem envolvidos, principalmente, com a produção), bem como varejistas. Os principais tipos de atacadistas estão descritos no Quadro 14.3.

Os atacadistas (também chamados *distribuidores*) diferem dos varejistas de diversas maneiras. Em primeiro lugar, uma vez que lidam com clientes empresariais, e não com consumidores finais, os atacadistas prestam menos atenção na promoção, na atmosfera e na localização. Em segundo, as transações no atacado geralmente são maiores do que as no varejo, e os atacadistas cobrem uma área comercial maior do que os varejistas. Por fim, atacadistas e varejistas lidam com diferentes impostos e regulamentações.

Insight de marketing

Fabricantes reagem à ameaça da marca própria

Jan-Benedict E. M. Steenkamp, da Universidade da Carolina do Norte, e Nirmalya Kumar, da London Business School, oferecem quatro recomendações para os fabricantes competirem com as marcas próprias ou colaborarem com elas.

Combater de maneira seletiva, onde os fabricantes possam vencer as marcas próprias ou agregar valor, especialmente onde a marca é uma líder de categoria ou ocupa uma posição privilegiada. A Procter & Gamble fez isso ao vender marcas como a Jif para se concentrar em suas 20 principais marcas, com mais de 1 bilhão em vendas cada.

Fazer parcerias de maneira eficiente, buscando relacionamento de ganho mútuo por meio de estratégias que complementem as marcas próprias dos varejistas. A Estée Lauder criou quatro marcas exclusivamente para a Kohl's, a fim de ajudar o varejista a gerar volume e de proteger suas principais marcas.

Inovar de maneira brilhante, com novos produtos para ajudar a combater as marcas próprias. O lançamento contínuo de novos produtos incrementais mantém renovadas as marcas do fabricante, mas a empresa também deve lançar periodicamente novos produtos radicais e proteger a propriedade intelectual de todas as marcas.

Criar proposições de valor fortes, imbuindo a marca com imaginário simbólico, bem como com qualidade funcional, para combater as marcas próprias. Para uma proposição de valor forte, as empresas precisam monitorar a determinação de preços e garantir que os benefícios percebidos sejam equivalentes ao preço mais alto.

Fontes: STEENKAMP, Jan-Benedict E.M.; KUMAR, Nirmalya. Don't be undersold, **Harvard Business Review**, p. 91, Dec. 2009; NARUS, James A.; ANDERSON, James C. Contributing as a distributor to partnerships with manufacturers, **Business Horizons**, Sep./Oct. 1987; KUMAR, Nirmalya; STEENKAMP, Jan-Benedict E.M. **Private label strategy:** how to meet the store-brand challenge. Boston: Harvard Business School Press, 2007; KUMAR, Nirmalya. The right way to fight for shelf domination, **Advertising Age**, January 22, 2007.

QUADRO 14.3 PRINCIPAIS TIPOS DE ATACADISTAS.

Atacadistas comerciais: empresas independentes que assumem a responsabilidade pela mercadoria com a qual trabalham. Os atacadistas comerciais incluem atacadistas de serviço completo e de serviço limitado, distribuidores e estabelecimentos intermediários.

Atacadistas de serviço completo: mantêm estoque e força de vendas, oferecem crédito, fazem entrega e dão assistência gerencial. Atacadistas comerciais vendem, principalmente, para varejistas. Distribuidores industriais vendem para fabricantes e também oferecem serviços, como crédito e entrega.

Atacadistas de serviço limitado: os *atacadistas pague-e-pegue* vendem uma linha limitada de produtos de giro rápido para pequenos varejistas que pagam à vista. Os *varejistas volantes* vendem e entregam uma linha limitada de produtos perecíveis para supermercados, mercearias, hospitais, restaurantes e hotéis. Os *atacadistas intermediários* atendem setores de grande porte, como o de equipamentos pesados, assumindo a responsabilidade e os riscos pelo pedido até que ele seja entregue. Os *abastecedores* fornecem aos mercados produtos não alimentícios, disponibilizando displays, bons preços e controle de estoque; eles mantêm as mercadorias em consignação e cobram somente por aquelas que são vendidas. As *cooperativas de produtores* reúnem produtos agrícolas para vender em mercados locais. Os *atacadistas de mala direta* enviam catálogos para clientes varejistas, industriais e institucionais, enviando o pedido por correio, trem, avião ou caminhão.

Corretores e agentes: facilitam a compra e a venda e, para isso, recebem comissão; possuem funções limitadas; geralmente se especializam em uma linha de produtos ou um tipo de cliente. Os *corretores* aproximam compradores e vendedores e auxiliam na negociação; eles são pagos pela parte que os contratou. Já os *agentes* representam os compradores ou os vendedores em uma base mais permanente. A maioria dos agentes é, na verdade, uma pequena empresa com alguns poucos vendedores habilidosos. Os agentes de vendas têm autoridade contratual para vender a produção inteira do fabricante; os agentes de compras realizam compras para terceiros e, geralmente, recebem, inspecionam, armazenam e despacham a mercadoria; os agentes comissionados negociam vendas e adquirem produtos.

Filiais e escritórios de fabricantes e varejistas: nesse caso, as operações de atacado são conduzidas pelos próprios vendedores ou compradores, em vez de por atacadistas independentes. Filiais e escritórios à parte são voltados para vendas e compras.

Atacadistas especializados: cooperativas agrícolas (compram a produção de muitos agricultores), depósitos e terminais de petróleo (reúnem a produção de muitos poços) e empresas de leilão (leiloam carros, equipamentos etc. para distribuidores e outros negócios).

Funções do atacado

Por que, afinal, os atacadistas são utilizados? Em geral, eles são mais eficientes na hora de desempenhar uma ou mais das seguintes funções:

- *Vendas e promoção*. A força de vendas dos atacadistas ajuda os fabricantes a alcançar pequenos clientes empresariais a um custo relativamente baixo.
- *Compras e formação de sortimento*. Os atacadistas podem selecionar itens e formar o sortimento de que seus clientes precisam, poupando-lhes um trabalho considerável.
- *Quebra de lotes de compra*. Os atacadistas conseguem economizar para seus clientes comprando grandes lotes e dividindo-os em unidades menores.
- *Armazenagem*. Os atacadistas mantêm estoques, reduzindo assim os custos de estocagem e os riscos de fornecedores e clientes.
- *Transporte*. Por estarem mais perto dos compradores, normalmente os atacadistas podem oferecer uma entrega mais rápida.
- *Financiamento*. Os atacadistas financiam os clientes garantindo crédito a eles; financiam também os fornecedores, fazendo seus pedidos com antecedência e pagando as faturas em dia.
- *Administração de riscos*. Os atacadistas absorvem riscos ao assumirem e administrarem os custos por roubo, danos, avaria e obsolescência.
- *Informação de mercado*. Os atacadistas disponibilizam para fornecedores e clientes informações sobre as atividades, os novos produtos, os preços dos concorrentes.
- *Serviços de gerenciamento e consultoria*. Os atacadistas geralmente ajudam os varejistas a melhorar suas operações – eles treinam a equipe, auxiliam na exposição das mercadorias na loja e estabelecem sistemas contábeis e de controle de estoque.

Tendências no atacado

Nos últimos anos, os distribuidores-atacadistas foram pressionados por novas fontes de concorrência, clientes mais exigentes, novas tecnologias e programas de compra direta para grandes compradores. Os fabricantes afirmam que os atacadistas não promovem agressivamente sua linha de produtos, agindo mais como tiradores de pedido; não mantêm estoque suficiente e, portanto, não atendem aos pedidos dos clientes com a rapidez necessária; não oferecem ao fabricante informações atualizadas sobre o mercado, o cliente e a concorrência; cobram caro.

Os distribuidores com visão estão agregando valor a seu canal, adaptando seus serviços para atender às necessidades em mudança de seus fornecedores e clientes-alvo. Eles estão melhorando a produtividade dos ativos, por meio de um melhor gerenciamento dos estoques e dos recebíveis, e cortando custos, com investimento em tecnologia de manuseio de materiais e sistemas de informação. Estão também melhorando suas decisões estratégicas relacionadas a mercados-alvo, sortimento de produtos, serviços, determinação de preços, comunicação e distribuição. O atacado, contudo, permanece vulnerável diante de uma das mais duradouras tendências – a resistência feroz aos aumentos de preço e à triagem de fornecedores com base no custo e na qualidade.

Logística de mercado

A distribuição física começa na fábrica, quando os gerentes escolhem os depósitos e as transportadoras que levarão os produtos a seu destino final no tempo desejado ou ao custo total mais baixo possível. Hoje, a distribuição física se expandiu para um conceito mais amplo de **gerenciamento da cadeia de suprimento** (SCM – *supply chain management*). Esse gerenciamento começa antes da distribuição física, abrangendo a compra de insumos (matérias-primas, componentes e equipamentos), sua conversão em produtos acabados e o transporte do produto a seu destino final. Uma perspectiva ainda mais ampla leva em conta o modo como os fornecedores da empresa obtêm seus insumos. Muitas empresas estão melhorando a sustentabilidade de sua cadeia de suprimento reduzindo suas emissões de carbono e utilizando embalagens recicláveis.

A **logística de mercado** envolve o planejamento da infraestrutura para atender à demanda, seguido pela implantação e pelo controle dos fluxos físicos dos materiais e dos produtos finais dos pontos de origem aos pontos de uso, para atender às exigências do cliente e lucrar. O planejamento de logística de mercado é composto por quatro etapas:[18]

1. Decisão acerca da proposição de valor da empresa para seus clientes. (Que padrão de tempo de entrega se deve oferecer? Que níveis de precisão de pedido e cobrança se deve atingir?)
2. Seleção do melhor desenho de canal e estratégia de rede para atingir os clientes. (Devemos atingir os clientes diretamente ou por meio de intermediários? Quantos depósitos se deve ter e onde eles devem ser localizados?)
3. Desenvolvimento de excelência operacional na previsão de vendas, bem como no gerenciamento do depósito, do transporte e dos materiais.
4. Implantação da solução com os melhores sistemas de informação, equipamentos, políticas e procedimentos.

Sistemas logísticos integrados

A tarefa da logística de mercado requer **sistemas logísticos integrados** (ILS – *integrated logistics systems*). Esses sistemas incluem gestão de materiais, sistemas de fluxo de materiais e distribuição física, que são auxiliados por tecnologia da informação para diminuir o tempo do ciclo do pedido, reduzir os erros e melhorar o controle. A logística de mercado engloba diversas atividades, começando com a previsão de vendas, para planejar a distribuição, a produção e os níveis de estoque. Os planos da produção indicam os materiais que o departamento de compras deve solicitar. Transportados, esses materiais chegam, entram na área de recebimento e são armazenados no estoque de matérias-primas, para serem convertidos em produtos acabados. O estoque de produtos acabados é o elo entre os pedidos dos clientes e as atividades de manufatura: os pedidos dos clientes diminuem o nível de estoque de produtos acabados e as atividades de manufatura aumentam esse nível. Os produtos acabados deixam a linha de montagem e passam pela embalagem, pelo depósito interno, pelo local de expedição, pelo transporte, pelo depósito externo e pela entrega e atendimento ao cliente.

As empresas estão preocupadas com o custo total da logística de mercado, que pode representar entre 30 e 40% do custo do produto. Custos mais baixos de logística de mercado permitiriam preços mais baixos, margens de lucros mais altas ou ambos. Contudo, embora o custo da logística de mercado possa ser alto, um programa bem planejado pode ser uma importante ferramenta no marketing competitivo.

Objetivos da logística de mercado

Muitas empresas definem seu objetivo para a logística de mercado da seguinte maneira: "Levar os produtos certos para os lugares certos no prazo certo ao menor custo possível". Infelizmente, nenhum sistema pode, ao mesmo tempo, maximizar os serviços ao cliente e minimizar os custos de distribuição. Um atendimento excelente ao cliente implica grandes estoques, transporte de primeira linha e diversos depósitos – fatores que elevam os custos de logística de mercado. Tendo em vista que as atividades de logística de mercado requerem opções que impactam diversos elementos, os gerentes devem tomar decisões com base em um sistema total, começando com aquilo que os clientes exigem e os concorrentes oferecem. Os clientes querem entregas pontuais, respostas rápidas a necessidades emergenciais, manuseio cuidadoso das mercadorias e troca rápida de produtos com defeito. Geralmente, as empresas tentam igualar ou superar o nível de serviço dos concorrentes. O objetivo, no entanto, é maximizar os lucros, e não as vendas.

Dados os objetivos da logística de mercado, a empresa deve desenhar um sistema que minimize os custos para atingir esses objetivos. Cada sistema de logística de mercado possível levará ao seguinte custo:

$$L = F + AF + AV + P$$

no qual:
L = custo total da logística de mercado do sistema proposto.
F = custo total do frete do sistema proposto.
AF = custo fixo total da armazenagem do sistema proposto.
AV = custo fixo variável da armazenagem do sistema proposto.
P = custo total das vendas perdidas por conta do atraso médio nas entregas sob o sistema proposto.

Selecionar um sistema de logística de mercado requer a verificação do custo total (L) associado com os diferentes sistemas propostos, bem como a escolha de um sistema que minimize esse custo. Caso seja difícil mensurar a variável P, a empresa deve ter como objetivo minimizar $F + AF + AV$ para atingir o nível desejado de atendimento ao cliente.

Decisões de logística de mercado

A empresa deve tomar quatro importantes decisões sobre sua logística de mercado: (1) Como lidar com os pedidos (processamento de pedidos)? (2) Onde estabelecer o estoque (armazenagem)? (3) Qual nível de estoque manter (estocagem)? (4) Como despachar os produtos (transporte)?

Processamento de pedido. A maioria das empresas quer diminuir o *ciclo pedido-pagamento* – o tempo transcorrido entre o recebimento do pedido, a entrega e o pagamento. Esse ciclo possui muitas etapas, entre elas a transmissão do pedido pelo vendedor, a entrada do pedido e a verificação do crédito do cliente, a programação do estoque e da produção, o envio do pedido e da fatura e o recebimento do pagamento. Quanto mais longo esse ciclo, menor a satisfação do cliente e os lucros da empresa.

Armazenagem. Toda empresa precisa estocar produtos acabados até que eles sejam vendidos, pois os ciclos de produção e consumo raramente coincidem. Mais locais de estocagem significa produtos entregues aos clientes com mais rapidez, mas os custos de armazenagem e estoque são mais altos. Para reduzir esses custos, a empresa pode centralizar o estoque e utilizar transporte rápido para atender aos pedidos.

Parte do estoque é mantida na fábrica ou próximo dela; o restante fica em depósitos em outros locais. A empresa pode contar com armazéns próprios e, também, alugar espaço em armazéns públicos. Os *depósitos* armazenam produtos por períodos de média e longa duração. Os *centros de distribuição* recebem produtos de diversas fábricas da empresa e de fornecedores e os distribuem o mais rápido possível. Já os *depósitos automatizados* utilizam sistemas avançados de manuseio de materiais que ficam sob o controle de um computador central. Esses depósitos estão, cada vez mais, se tornando a regra.

Estocagem. Os vendedores gostariam que a empresa mantivesse estoque suficiente para atender aos pedidos de todos os clientes imediatamente. Isso, entretanto, não é efetivo em termos de custo. *O custo de estocagem aumenta a uma taxa crescente à medida que o nível de atendimento ao cliente se aproxima de 100%*. A gerência precisa saber quanto as vendas e os lucros da empresa aumentariam se fossem mantidos maiores estoques e prometidas entregas mais rápidas e, então, tomar uma decisão.

Uma vez que o nível de estoque diminui, a gerência precisa saber quando deve colocar um novo pedido para evitar a falta do produto. Esse nível de estoque é chamado de *ponto de pedido* (ou *ponto de reposição*). Um ponto de pedido de 20 significa que a reposição é necessária quando o estoque cai para 20 unidades. Outra decisão se refere a quanto pedir. Quanto maior a quantidade pedida, menor a frequência com que um novo pedido precisa ser colocado. A empresa tem que equilibrar os custos de processamento de pedidos com os custos de manutenção de estoque. Para um fabricante, os *custos de processamento de pedidos* consistem nos *custos de ajuste* e nos *custos de operação* (custos operacionais quando a produção está em andamento) para o item. Se os custos de ajuste forem baixos, o fabricante poderá produzir o item com frequência, com o custo médio por item estável e igual aos custos de operação. Se os custos de ajustes forem altos, o fabricante poderá reduzir o custo médio por unidade produzindo por um longo período e mantendo maiores estoques.

Os custos de processamento de pedidos devem ser comparados aos *custos de manutenção de estoque*. Quanto maior o estoque médio mantido, maiores os custos com a manutenção desse estoque, os quais incluem custos de armazenagem e de capital, impostos e seguros, depreciação e obsolescência. Os gerentes de marketing que querem que a empresa mantenha grandes estoques precisam demonstrar que, com isso, as margens brutas incrementais excederiam os custos extras de manutenção.

É possível determinar o tamanho ideal do pedido observando como os custos de processamento de pedidos e os de manutenção de estoque se comportam em diferentes níveis de pedido. A Figura 14.1 mostra que o custo unitário de processamento de pedidos diminui com o número de unidades pedidas, porque os custos do pedido são diluídos em uma quantidade maior de unidades. Por sua vez, os custos unitários de manutenção de estoque aumentam com o número de unidades pedidas, pois cada unidade permanece mais tempo em estoque. As duas curvas de custo devem ser somadas verticalmente, obtendo-se uma curva de custo total, e o ponto mais baixo dessa curva é projetado no eixo horizontal, assinalando o tamanho ideal do pedido, Q^*.[19]

FIGURA 14.1 DETERMINAÇÃO DO TAMANHO IDEAL DO PEDIDO.

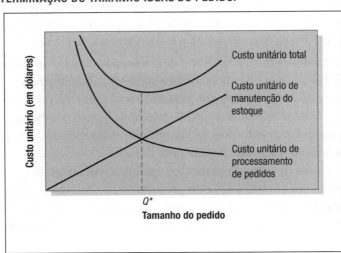

As empresas estão reduzindo seus custos de estocagem ao fazer uma diferenciação entre itens de gargalo (alto risco, baixa oportunidade), itens críticos (alto risco, alta oportunidade), *commodities* (baixo risco, alta oportunidade) e itens problemáticos (baixo risco, baixa oportunidade).[20] Seja como for, o melhor para manter o *estoque próximo do zero* é produzir para atender ao pedido em vez de produzir para estocar.

Transporte. As escolhas relacionadas a transporte afetam a determinação de preço do produto, a pontualidade da entrega e a condição do produto quando chega ao destino – todos esses fatores afetam a satisfação do cliente. Na hora de enviar os produtos para os depósitos, os distribuidores e os clientes, a empresa pode escolher entre trem, avião, caminhão, navio ou tubulação. Os responsáveis pela expedição levam em conta critérios como rapidez, frequência, confiabilidade, capacidade, disponibilidade, rastreabilidade e custo. Quando se quer rapidez, avião, trem e caminhão são as melhores opções. Se a meta for baixo custo, então a escolha será navio ou tubulação.

Os responsáveis pela expedição estão, cada vez mais, combinando dois ou mais meios de transporte. Graças à **conteinerização**, eles estão inserindo os produtos em caixas ou reboques facilmente transferidos de um meio de transporte para outro. O termo ferrodoviário se aplica ao uso de trem e caminhões; hidrorrodoviário se refere a navio e caminhões; hidroferroviário tem a ver com navio e trem; aerodoviário está relacionado com avião e caminhões. Cada combinação de meios de transporte oferece vantagens específicas. Por exemplo, além de ser mais barato usar o ferrodoviário do que apenas caminhões, ele oferece mais flexibilidade e praticidade.

Além disso, os responsáveis pela expedição podem escolher entre transportadores particulares, contratados ou comuns. Quando eles adquirem uma frota própria de caminhões ou aviões, tornam-se *transportadores particulares*. Um *transportador contratado* é uma organização independente que vende seus serviços de transporte para terceiros, mediante contrato. Já um *transportador comum* oferece serviços entre pontos predeterminados, seguindo uma programação, e trabalha com todos os responsáveis pela expedição, cobrando preços de mercado. Na Europa, a P&G utiliza um sistema de logística tripartite para programar entregas de produtos que tenham giro rápido ou lento, bem como de bens volumosos e de itens pequenos, de modo mais eficiente.[21]

Lições organizacionais

As estratégias de logística de mercado devem partir das estratégias de negócios, e não apenas de considerações acerca dos custos. O sistema de logística deve transmitir informações e estabelecer laços eletrônicos entre todas as partes significativas. Por fim, a empresa deve estabelecer suas metas de logística para se equiparar aos padrões de serviços dos concorrentes ou superá-los; deve também envolver os membros de todas as equipes relevantes no processo de planejamento. Empresas com visão ajustarão suas estratégias de logística às exigências dos grandes clientes. Elas criarão uma *distribuição diferenciada*, oferecendo programas de serviços específicos para diferentes clientes.

Resumo

O varejo inclui todas as atividades relativas à venda de bens ou serviços diretamente aos consumidores finais, para uso pessoal, não comercial. Os varejistas podem estar envolvidos em lojas de varejo ou varejo sem loja; podem, ainda, ser parte de uma organização de varejo. O ambiente de varejo mudou, à medida que novas formas de varejo emergiram; a concorrência entre o varejo interformato, o com loja e o sem loja se acirrou; gigantes varejistas se uniram para derrotar varejistas de porte médio; o investimento em tecnologia e em expansão global aumentou; e o marketing nas lojas, voltado para os compradores, se tornou uma prioridade.

O atacado inclui todas as atividades relacionadas à venda de bens e serviços para aqueles que compram para revenda ou uso comercial. Entre as funções do atacado, estão: vendas e promoção, compras e formação de sortimento, quebra de lotes de compra, armazenagem, transporte, financiamento, administração de riscos, disseminação de informações de mercado e oferecimento de serviços de gerenciamento e consultoria. Os fabricantes de produtos devem tomar decisões acerca da logística de mercado – planejamento da infraestrutura para atender à demanda, seguido pela implantação e pelo controle dos fluxos físicos dos materiais e dos produtos finais dos pontos de origem aos pontos de uso, para atender às exigências do cliente e lucrar. As decisões relacionadas à logística de mercado abrangem processamento de pedido, armazenagem, estocagem e transporte.

Notas

1. PALMER, Kimberly. The secrets to Zappos' success. **U.S. News & World Report**. August 10, 2010. Disponível em: <http://money.usnews.com/money>; COSTER, Helen. A step ahead. **Forbes**. p. 78-80, June 2, 2008; ANDRUSS, Paula. Delivering wow through service. **Marketing News**. p. 10, October 15, 2008; O'BRIEN, Jeffrey M. Zappos knows how to kick it. **Fortune**. p. 55-60, February 2, 2009; MORRISSEY, Brian. Amazon to buy Zappos. **Adweek**. July 22, 2009; PALMERI, Christopher. Now for sale, the Zappos culture. p. 57, January 11, 2010.
2. HANSEN, Karsten; SINGH, Vishal. Market structure across retail formats. n. 28, p. 656-673, July/Aug. 2009.
3. MULVIHILL, Keith. Pop-up stores become popular for New York landlords. **New York Times**. June 22, 2010. Disponível em: <www.nytimes.com>.
4. DICKEY, Tim. Electronic shelf labels. **Retail Technology Trends**. February 26, 2010.
5. BELLAS, Michael C. Shopper marketing's instant impact. **Beverage World**. p. 18, Nov. 2007; WESTLUND, Richard. Bringing brands to life: the power of in-store marketing. **Adweek** (suplemento especial sobre propaganda). Jan. 2010; CHANDON, Pierre. J.; HUTCHINSON, Wesley; BRADLOW, Eric T.; YOUNG, Scott H. Does in-store marketing work?. **Journal of Marketing Research**. 73, p. 1-17, Nov. 2009.
6. JC PENNEY transforms catalog strategy to better serve customer preferences. **Business Wire**. 18 Nov. 2009; BERNER, Robert. JC PENNEY gets the net. **BusinessWeek**. p. 70, May 7, 2007; BERNER, Robert. Penney: back in fashion. **BusinessWeek**. p. 82-84, Jan. 2006.
7. SHANKAR, Venkatesh; BOLTON, Ruth N. An empirical analysis of determinants of retailer pricing strategy. **Marketing Science**, 23, p. 28-49, Winter 2004.
8. SIMESTER, Duncan. Signaling price image using advertised prices. **Marketing Science**. 14, p. 166-188, Summer 1995. Veja também: SHIN, Jiwoong. *The role of selling costs in signaling price image.* **Journal of Marketing Research**, 42, p. 305-312, Aug. 2005.
9. CORRAL, Cecile B. Profits pinched, Kohl's eyes market share. **Home Textiles Today**, February 27, 2009; JONES, Ilaina. Kohl's looking at spots in Manhattan. **Reuters**, August 19, 2009; COLEMAN, Cametta. Kohl's retail racetrack. **Wall Street Journal**, Mar. 2000.
10. Reinventing the store. **Economist**, p. 65-68, November 22, 2003; COTLIER, Moira. Census releases first e-commerce report. **Catalog Age**, May 1, 2001; ASSOCIATED Press, Online sales boomed at end of 2000. **Star-Tribune of Twin Cities**, February 17, 2001; ROSEN, Kenneth T.; HOWARD, Amanda L. E-tail: gold rush or fool's gold?. **California Management Review**, p. 72-100, Apr. 2000.
11. CIOLETTI. Jeff. Super marketing. **Beverage World**, p. 60-61, Nov. 2006.

12. PAYNTER, Ben. Happy hour. **Fast Company**, Mar. 2010. p. 34; HEMPEL, Jessi. Social media meets retailing. **Fortune**, p. 30, March 22, 2010.
13. REI to open new California store, move another. **Puget Sound Business Journal**, 11 Aug. 2010. Disponível em: <www.bizjournals.com>; PALMER, Tim. Sensing a winner. **Grocer**, p. 40, January 26, 2002; KALTCHEVA, Velitchka D.; WEITZ, Barton. When should a retailer create an exciting store environment? **Journal of Marketing**, 70, p. 107-118, Jan. 2006; Go live with a big brand experience. **Marketing**, p. 45, October 26, 2000.
14. PLMA. Disponível em: <www.plma.com> Acesso em: 3 de abril de 2010.
15. AILAWADI, Kusum; HARLAM, Bari. An empirical analysis of the determinants of retail margins: the role of store-brand share. **Journal of Marketing**, 68, p. 147-165, Jan. 2004.
16. Para mais informações sobre marcas próprias, veja: HYMAN, Michael R.; KOPF, Dennis A.; LEE, Dongdae. Review of literature — future research suggestions: private label brands: benefits, success factors, and future research. **Journal of Brand Management**, 17, p. 368-389, Mar. 2010. Veja também: AILAWADI, Kusum; HARLAM, Bari; CESAR, Jacques; TROUNCE, David. Retailer promotion profitability. **Journal of Marketing Research**, 43, p. 518-535, Nov. 2006; AILAWADI, Kusum; PAUWELS, Koen; STEENKAMP, Jan--Benedict E.M. Private label use and store loyalty. **Journal of Marketing**, 72, p. 19-30, Nov. 2008.
17. FELDING, Michael. No longer plain, simple. **Marketing News**, p. 11-13, May 15, 2006; WALKER, Rob. Shelf improvement. **New York Times**, May 7, 2006.
18. SHAW, Robert; KOTLER, Philip. Rethinking the chain: making marketing leaner, faster, and better. **Marketing Management**, p. 18-23, July/Aug. 2009; COPACINO, William C. **Supply chain management**. Boca Raton: St. Lucie Press, 1997.
19. O tamanho ideal do pedido é dado pela fórmula $Q^* = 2DS/IC$, onde D = demanda anual, S = custo para colocar um pedido e IC = custo unitário de permanência anual. Conhecida como fórmula do tamanho econômico do pedido, ela presume um custo de pedido constante, um custo de permanência constante de uma unidade adicional no estoque, uma demanda conhecida e nenhum desconto de qualidade.
20. COPACINO, William C. **Supply chain management**. Boca Raton: St. Lucie Press, 1997. p. 122-123.
21. MANUFACTURING complexity. **Economist:** A Survey of Logistics, p. 6-9, June 17, 2006.

Estudo de caso

A evolução e diversificação dos modelos do varejo brasileiro e sua influência nos fabricantes de produtos não duráveis

Prof. dr. Francisco J. S. M. Alvarez – EACH-USP

A partir do início da década de 2000, o varejo brasileiro vem consolidando a concentração de poder nas grandes redes que cada vez apresentam maior volume do que é vendido no País.

O ranking da Associação Brasileira de Supermercados (Abras) de 2013 mostra que as cinco principais redes – Grupo Pão de Açúcar, Carrefour, Walmart, Cencosud e Zaffari – representam em torno de 40% do volume de R$ 242,9 bilhões que o setor vendeu em 2012. Outro movimento que se confirma cada vez mais é a internacionalização dessas redes, já que as duas primeiras são de investidores franceses, a terceira é norte-americana e a quarta rede é chilena. Apenas a quinta ainda é 100% nacional.

Esse movimento que aparentemente se mostra consolidado tem enfrentado novos desafios com o comportamento atual dos consumidores. Eles, de um lado, tiveram um aumento considerável de renda com o chamado crescimento da classe C, consolidada a partir da estabilidade econômica do País, mas que agora começa a enfrentar preocupações oriundas da possibilidade da volta da inflação.

O consumidor começa a buscar, de um lado, produtos melhores e de marcas reconhecidas e, de outro, compras com o benefício de preços mais vantajosos.

Esse comportamento aparentemente dúbio, na realidade, se traduz em grupos diferentes de consumidores com perfis distintos e buscas de benefícios diferenciados. Daí derivam alternativas e novas possiblidades de negócios aos varejistas, mas, ao mesmo tempo, surgem maiores desafios, principalmente às grandes redes que vem dominando o mercado.

O primeiro grande desafio é o crescimento do chamado "mercado de vizinhança", no qual o consumidor que não quer estocar busca cada vez mais conveniência, privilegiando o varejista próximo que lhe oferece os produtos que procura de forma rápida e eficiente. As grandes redes procuram não apenas se expandir com lojas menores, mas também desenvolver novos modelos de gestão, dando principalmente maior autonomia aos gerentes locais para que possam fazer as adequações necessárias à sua microrregião.

Na outra ponta há a disputa centrada em preço que durante muito tempo esteve concentrada nos hipermercados que ofereciam grande variedade de itens a preços atrativos, o que compensava o esforço e o tempo empreendido na compra. Esses modelos de grandes lojas com foco em preço e de pequenas lojas que buscam um atendimento diferenciado ganharam nos últimos anos um concorrente de porte concentrado no custo e que, mesmo oriundo do atacado, se posiciona também como uma alternativa de varejo. Daí deriva o nome que lhe foi atribuído: atacarejo.

O "atacarejo" ou o atacado de *cash and carry* faz parte do fenômeno atual da integração vertical e atinge o pequeno comerciante, o empreendedor, o vendedor de hot dog, o revendedor que tem uma pequena mercearia, além do consumidor final que faz a compra do mês de material de limpeza e de alguns outros produtos – esse perfil de cliente não é atendido diretamente pelo varejo tradicional, tampouco pelos atacadistas estabelecidos.

Sua principal característica é oferecer um sortimento de produtos limitado contando com poucas marcas líderes e marcas com foco em preço, além de possuir localização e *design* de loja de baixo custo. Dessa forma, é possível reduzir tanto os custos de estoque que se concentra em produtos de alto giro quanto a operação em si, pela estrutura e pela atividade de baixa prestação de serviços.

Enquanto o mercado de consumo movimentou R$ 344 bilhões em 2012, o setor atacadista distribuidor foi responsável por 51,9% desse percentual, com um faturamento de R$ 178,5 bilhões, segundo dados do ranking ABAD/Nielsen 2013.

Entre as modalidades de atacado, o levantamento apontou a predominância do modelo distribuição e entrega (83,6%), formato seguido pelo autosserviço (8%), depois por balcão (5,2%) e, enfim, por operadores (3,2%). "O formato distribuição e entrega continua tendo importância. Mas o que chama a atenção é o crescimento do autosserviço nesse período, quando se trata das empresas comuns", afirma Carlos Gouveia, executivo de Atendimento ao Atacado e Varejo da Nielsen e responsável pela elaboração do ranking.

Nesse mesmo ano (2012), como já mencionado, o varejo de supermercado faturou R$ 242,9 bilhões, com crescimento real (descontada a inflação) de 2,3% em relação a 2011. Com o atacarejo, a receita subiu para R$ 286,2 bilhões e teve alta de 3,5% na comparação com 2011.

Com números diferentes, o 42º Relatório Anual de Supermercado Moderno identificou a mesma tendência. Em 2012, o varejo de autosserviço faturou R$ 263 bilhões e cresceu 7,6%, descontada a inflação. Nesse período, o atacarejo foi o formato de loja que mais ampliou vendas em confronto com 2011, 16,7% – mais que o dobro da média do setor, nas contas de Valdir Orsetti, responsável pelo relatório. O atacarejo responde por 9,5% do faturamento do setor, e esse tipo de loja é utilizado por 12,4 milhões de domicílios. Entre os fatores que contribuíram para esse desempenho, está o fato de esse tipo de loja oferecer preços 15% menores em relação ao do varejo alimentar e 5% abaixo do dos atacados.

Além de crescer numa velocidade maior do que o varejo e o atacado tradicional, o atacarejo passa hoje por um processo de interiorização, observa o vice-presidente da Abras, Márcio Milan. Essa tendência é confirmada por José do Egito Frota Lopes Filho, presidente da Associação Brasileira de Atacadistas e Distribuidores de Produtos Industrializados (ABAD): "Há uma tendência de expandir os atacarejos para cidades com cerca de 200 mil habitantes."

Jefferson S. Fernandes, diretor de marketing do Atacadista Roldão, diz que a empresa vai abrir entre três e quatro lojas de atacarejo neste ano, que estarão localizadas entre a capital paulista e cidades vizinhas com cerca de 300 mil habitantes. "Há uma tendência de interiorização porque o preço do terreno nas grandes cidades subiu muito."

De acordo com Enéas Pestana, presidente do Pão de Açúcar, quem compra no Assaí (atacarejo do grupo) vai continuar comprando por causa de promoções e preço.

O atacado ganha espaço porque é muito aguerrido em questão de preço, mas não oferece serviço algum, nem mesmo disponibiliza sacolinhas. Dos R$ 2 bilhões de investimento previstos, cerca de 70% são para novas lojas, com foco no Nordeste, no Centro-Oeste e no Sudeste. São dois os formatos em que está havendo mais investimento: o Assaí e o Minimercado Extra. Não porque a gente acredita mais [neles], mas por ser o momento. O Assaí foi comprado pelo Grupo Pão de Açúcar em outubro de 2007, quando ele faturava R$ 1,2 bilhão. Em 2013, deve passar de R$ 5 bilhões. A intenção é o Assaí dobrar sua presença, com ocupação de 7 para 14 estados.

Outro fator que deve ser levado em conta na diversificação e fortalecimento das redes de atacado e varejo é o lançamento de produtos de marca própria que apresentam ou o nome da própria empresa ou nome criado exclusivamente para esse fim. O atacado distribuidor Makro tem apresentado expansão de vendas desde o lançamento de suas primeiras marcas próprias na década de 1970, com atualmente mais de 800 produtos registrados sob suas marcas: Aro, Baldaracci, Clean Line, M&K, MK Teche e Q-Biz.

As empresas investem para que suas marcas conquistem e fidelizem cada vez mais consumidores finais, revendedores ou transformadores em seus estabelecimentos. E o consumidor que adquire os produtos com a marca dos distribuidores se beneficia com a garantia de qualidade, menor preço de venda e uma ampla variedade de produtos.

Todas essas mudanças e evolução dos modelos de varejo e de suas ações junto aos consumidores trazem novas oportunidades aos fabricantes, já que eles terão novas alternativas para colocar seus produtos em diferentes pontos de vendas, atingindo de forma ordenada e atrativa um maior número de consumidores. Por outro lado, ao buscar a regionalização e interiorização, as grandes redes começam a competir diretamente com os varejistas locais, o que pode resultar no enfraquecimento dessas redes menores que não possuem o mesmo poder de barganha dos grandes e principalmente não estão familiarizados com os novos modelos de gestão e com a necessidade de automação em suas lojas, tanto na interação com os consumidores quanto no processo de gestão do negócio.

Se for considerado esse potencial para que ocorra uma segunda onda de crescimento das grandes redes em detrimento dos varejistas locais e a penetração cada vez maior dos produtos de marca própria, talvez esse movimento seja mais negativo do que positivo para o fabricante, pois ele terá que trocar pontos de venda que, embora menos atrativos aos consumidores, estão mais dispostos a aceitar as orientações dos fabricantes por pontos de venda que, embora sejam pequenos, individualmente fazem parte de grandes redes e, portanto, exercerão uma forte pressão nas negociações com os fornecedores, impondo não apenas preços, mas prazos de entrega e mix de produtos.

A se confirmar essa análise, pode-se esperar para o futuro uma pressão e um aumento ainda maior de poder do canal de distribuição nas negociações com os fornecedores.

Questões para reflexão

1. O modelo de atacarejo irá acabar com outros modelos de varejo ou apenas atende um público específico? Qual é o perfil desse público?
2. Se você tivesse que tomar uma decisão agora, investiria no modelo de atacarejo, de mercado de vizinhança ou de hipermercado? Quais os fatores que devem ser analisados para tomar essa decisão?
3. Os produtos de marca própria podem vir a substituir os de marcas tradicionais, transformando os fabricantes atuais em meros fornecedores dos produtos dos varejistas?
4. Avalie quais as vantagens e quais os perigos que a movimentação do varejo oferece aos fabricantes. Analise as variáveis que influenciam a ambos e como impactam os consumidores.

Referências

"Atacarejo tem preços até 37% mais baratos". Disponível em: <http://www.dgabc.com.br/Noticia/462445/atacarejo-tem-precos-ate-37-mais-baratos?referencia=minuto-a-minuto-topo>. Acesso em: 10 jul. 2013. Publicado em 2013-06-17 11:07:39

"Pequenas redes preocupam Pão de Açúcar mais que gigantes do varejo". Disponível em: <http://www1.folha.uol.com.br/mercado/2013/05/1277245-pequenas-redes-preocupam-pao-de-acucar-mais-que-gigantes-do-varejo.shtml>. Acesso em: 10 jul. 2013.

"Setor atacadista distribuidor atinge faturamento de R$ 178,5 bilhões em 2012". Disponível em: < http://www.newtrade.com.br/noticia/setor-atacadista-distribuidor-atinge-faturamento-de-rs-1785-bilhoes-em-2012>. Acesso em: 10 jul. 2013. Publicado em 2013-04-29 11:40:49

"Vendas de marcas próprias disparam no Brasil". Disponível em: <http://varejo.espm.br/3560/vendas-de-marcas-proprias-disparam-no-brasil>. Acesso em: 10 jul. 2013.http://www.hsm.com.br/artigos/vendas-de-marcas-proprias-disparam-no-brasil

ESTADO de São Paulo. "economia e negocios - Atacarejo cresce mais que o dobro do varejo". Economia e negócios. - Estadao.com.br, 29 de abril. de 2013.

**PARTE 6:
Comunicando valor**

capítulo **15**

Planejamento de gestão da comunicação integrada de marketing

Neste capítulo, abordaremos as seguintes questões:

1. Qual o papel da comunicação de marketing?
2. Quais as principais etapas no desenvolvimento de uma comunicação eficaz?
3. O que é um mix de comunicação e como ele deve ser estabelecido?
4. O que é um programa de comunicação integrada de marketing?

Administração de marketing na Ocean Spray

Diante de uma forte concorrência e anos de queda nas vendas, Ken Romanzi, diretor de operações da Ocean Spray, e a Arnold Worldwide, agência de publicidade da empresa, decidiram "reintroduzir o *cranberry* nos Estados Unidos" como "uma frutinha surpreendentemente versátil que oferece benefícios para a vida moderna". A campanha que resultou disso – a qual lançou mão de todas as facetas da comunicação de marketing – apoiou toda a gama de produtos da empresa e propagou o fato de a marca ter nascido em uma plantação de *cranberry* e permanecer lá até hoje. Chamada "Direto da plantação", a campanha reforçou dois benefícios-chave da marca: o gosto bom dos produtos da Ocean Spray e o fato de eles serem bons para as pessoas.

Durante a campanha, pequenas plantações foram levadas para Manhattan e apresentadas em um segmento matinal do *NBC Today*, e a experiência foi reproduzida em Los

Angeles, Chicago, Londres e outras cidades. Propagandas na televisão e anúncios impressos mostravam os produtores (representados por atores) em uma plantação, conversando sobre o que faziam, geralmente de maneira bem-humorada. A campanha original incluía um site, *displays* em lojas e eventos tanto para produtores da Ocean Spray como para consumidores, e em seus últimos anos ela passou a contar com posts no Facebook e no Twitter. A inovação do produto também foi fundamental, com o lançamento de novos sucos e *cranberries* secos adocicados. Apesar do declínio contínuo na categoria de suco de frutas, essa campanha ajudou a Ocean Spray a aumentar as vendas, em média, em 10% ao ano, de 2005 a 2009.[1]

Como a Ocean Spray sabe, o marketing moderno requer mais do que desenvolver um bom produto, precificá-lo de maneira atrativa e torná-lo acessível. As empresas também devem se comunicar com seus atuais e potenciais *stakeholders*, bem como com o público geral. A questão, na verdade, não é *se* elas devem se comunicar, mas o *que* dizer, *como* e *quando* dizê-lo, *para quem* e *com que frequência*. Este capítulo mostra como a comunicação funciona, o que a comunicação de marketing pode fazer por uma empresa e como os profissionais de marketing holístico combinam e integram essa comunicação. O Capítulo 16 trata da comunicação de massa (não pessoal) — propaganda, promoção de vendas, eventos e experiências, relações públicas e publicidade; o Capítulo 17 aborda a comunicação pessoal — marketing direto e interativo, comunicação boca a boca e vendas pessoais.

O papel da comunicação de marketing

Comunicação de marketing é o meio pelo qual as empresas buscam, direta ou indiretamente, não apenas informar os consumidores sobre os produtos e as marcas que vendem, mas também persuadi-los e lembrá-los. Ela representa a voz da empresa e suas marcas e ajuda a organização a estabelecer um diálogo e a construir um relacionamento com os consumidores. A comunicação de marketing mostra para os consumidores como e por que um produto é usado, por quem, onde e quando; permite que os consumidores saibam quem fabrica o produto e o que a empresa e a marca representam; oferece um incentivo para a experimentação ou o uso. Ela também permite que as empresas vinculem suas marcas a outras pessoas, lugares, eventos, marcas, experiências, sentimentos e coisas. Pode, ainda, contribuir para o *brand equity* — estabelecendo a marca na memória e criando uma imagem de marca —, bem como fortalecer a fidelidade do cliente, impulsionar as vendas e, até mesmo, *customer equity*.[2]

O ambiente em mudança da comunicação de marketing

A tecnologia e outros fatores têm mudado muito a maneira como os consumidores processam a comunicação — isso quando eles escolhem processá-la. A rápida difusão

Insight de marketing

Não toque naquele controle remoto!

Os consumidores estão mais no comando, e talvez em nenhum lugar isso seja mais evidente do que no setor televisivo, onde os DVRs permitem que os telespectadores pulem as propagandas gravadas com um toque no botão avançar. Isso é de todo mau? Surpreendentemente, pesquisas mostram que, enquanto se concentram em uma propaganda, em geral com a intenção de pulá-la, os consumidores retêm e relembram uma boa quantidade de informação. As propagandas mais bem-sucedidas no "modo avançar" são aquelas que os consumidores já viram, que utilizam personagens conhecidos e que não têm muitas cenas. Também ajuda ter a informação relacionada à marca no centro da tela. Embora os consumidores continuem mais propensos a se lembrar de uma propaganda no dia seguinte se eles a assistirem "ao vivo", algumas lembranças de marcas surgem mesmo após a propaganda ter sido deliberadamente pulada.

A Nielsen, que trabalha com os índices de audiência dos programas de televisão, começou a oferecer recentemente índices para propagandas específicas. Antes, os anunciantes tinham que pagar com base na audiência do programa, mesmo se mais de 5 a 15% dos consumidores temporariamente trocassem de canal. Agora, os anunciantes podem pagar com base no índice de audiência disponível quando seu anúncio é mostrado. Para aumentar a visualização durante os intervalos, as principais emissoras e redes de TV a cabo estão diminuindo as pausas e postergando-as até os espectadores estarem, provavelmente, mais envolvidos com o programa.

Fontes: O'CONNELL, Andrew. Advertisers: learn to love the DVR, **Harvard Business Review**, p. 22, Apr. 2010; PLESIS, Erik du. Digital video recorders and inadvertent advertising exposure, **Journal of Advertising Research**, 49, June 2009; BRASEL, S. Adam; GIPS, James. Breaking through fast-forwarding: brand information and visual attention, **Journal of Marketing**, 72, p. 31-48, Nov. 2008; Watching the watchers, **Economist**, p. 77, November 15, 2008; KANG, Stephanie. Why DVR viewers recall some TV spots, **Wall Street Journal**, February 26, 2008; WILBUR, Kenneth C. How digital video recorder changes traditional television advertising, **Journal of Advertising**, 37, p. 143-149, Summer 2008; HELM, Burt. Cable takes a ratings hit, **BusinessWeek**, September 24, 2007.

---

dos smartphones, das conexões à Internet sem fio e de banda larga e dos DVRs (os quais permitem que programas sejam gravados sem as propagandas) tem destruído a efetividade da mídia de massa. Os consumidores não apenas têm mais escolhas em termos de mídia, mas também podem decidir se querem receber o conteúdo comercial e como. A seção "Insight de marketing", a seguir, mostra os últimos acontecimentos na propaganda televisiva.

O aglomerado de comunicação é grande. A comunicação de marketing está presente em praticamente todos os meios e formatos, e alguns consumidores acham que ela está cada vez mais invasiva. Assim, os profissionais de marketing devem ser criativos no uso da tecnologia sem se intrometer na vida dos consumidores.

Comunicação de marketing, *brand equity* e vendas

Embora, em geral, a propaganda seja um elemento central em um programa de comunicação de marketing, ela normalmente não é o único – nem o mais importante – na geração de vendas ou na melhoria do *brand equity* e do *customer equity*. O **mix de comunicação de marketing** consiste de oito principais formas de comunicação:[3]

1. *Propaganda*: qualquer forma paga de apresentação e promoção não pessoais de ideias, bens ou serviços por um patrocinador identificado.

2. *Promoção de vendas*: uma variedade de incentivos de curto prazo para estimular a experimentação ou a compra de um produto.
3. *Eventos e experiências*: atividades e programas que, patrocinados pela empresa, são elaborados para criar interações relacionadas à marca.
4. *Relações públicas e publicidade*: programas internos ou externos que promovem ou protegem a imagem da empresa ou de seus produtos.
5. *Marketing direto*: utilização de correio, telefone, fax, e-mail ou Internet para se comunicar diretamente com clientes atuais e potenciais específicos, solicitar respostas deles ou dialogar com eles.
6. *Marketing interativo*: atividades e programas on-line criados para engajar clientes atuais e potenciais e, direta ou indiretamente, melhorar o nível de conscientização, aprimorar a imagem ou obter vendas.
7. *Comunicação boca a boca*: comunicação oral, escrita ou eletrônica entre pessoas que relatam os méritos ou a experiência de comprar ou utilizar produtos.
8. *Vendas pessoais*: interação pessoal com um ou mais compradores com o objetivo de fazer apresentações, responder a dúvidas e tirar pedidos.

A comunicação da empresa vai além das plataformas específicas relacionadas no Quadro 15.1. O estilo e o preço do produto, o formato e a cor da embalagem, os modos

QUADRO 15.1 PLATAFORMAS COMUNS DE COMUNICAÇÃO.

Propaganda	Promoção de vendas	Eventos e experiência	Relações públicas e publicidade	Marketing direto e interativo	Comunicação boca a boca	Vendas pessoais
Anúncios impressos e eletrônicos	Concursos, jogos, sorteios, loterias	Esportes	Kits para a imprensa	Catálogos	Conversas	Apresentações de vendas
Espaço externo das embalagens	Prêmios e brindes	Entretenimento	Palestras	Malas diretas	Salas de bate-papo	Reuniões de vendas
Encartes nas embalagens	Amostras	Festivais	Seminários	Televendas	Blogs	Programas de incentivo
Cinema	Feiras setoriais	Artes	Relatórios anuais	Compras eletrônicas		Amostras
Manuais e brochuras	Exposições	Causas	Doações de caridade	Compras pela TV		Feiras setoriais
Cartazes e folhetos	Demonstrações	Visitas à fábrica	Publicações	Fax		
Catálogos	Cupons	Museus corporativos	Relações com a comunidade	E-mail		
Reedição de anúncios	Descontos	Atividades ao ar livre	Lobby	Correio de voz		
Outdoors	Financiamentos a juros baixos		Mídia de identidade	Blogs corporativos		
Painéis	Concessões de troca		Revista corporativa	Sites		
Displays nos pontos de venda	Programas de continuidade					
DVDs	Merchandising editorial (*Tie-ins*)					

e as roupas do vendedor, a decoração da loja – tudo comunica algo para os compradores. Todo *contato com a marca* transmite uma impressão que pode fortalecer ou enfraquecer a ideia que o cliente tem da empresa.[4] A comunicação contribui para o *brand equity* e impulsiona as vendas de diversas maneiras: criando conscientização da marca, forjando a imagem da marca na memória dos consumidores, despertando opiniões e sentimentos positivos relacionados à marca e fortalecendo a fidelidade do consumidor. Contudo, para transmitir uma mensagem consistente e alcançar o posicionamento estratégico, a comunicação de marketing precisa ser integrada.

Modelos de processo de comunicação

Os profissionais de marketing precisam entender os elementos fundamentais da comunicação eficaz. Dois modelos são úteis para isso: um macromodelo e um micromodelo. A Figura 15.1 mostra um macromodelo com nove fatores-chave para a comunicação eficaz. Dois deles representam as principais partes envolvidas – o *emissor* e o *receptor*. Dois representam as principais ferramentas – a *mensagem* e o *meio*. Quatro representam as principais funções da comunicação – *codificação*, *decodificação*, *resposta* e *feedback*. O último elemento é o *ruído* – mensagens aleatórias e concorrentes que podem interferir na comunicação pretendida.[5]

Os micromodelos da comunicação de marketing se concentram nas respostas específicas dos consumidores à comunicação. A Figura 15.2 resume os quatro clássicos *modelos de hierarquia de respostas*. Esses modelos partem do princípio de que o comprador passa pelos estágios cognitivo, afetivo e comportamental, nessa ordem. Essa sequência "aprender-sentir-agir" é apropriada quando o público tem alto envolvimento com a categoria do produto e a vê como detentora de grande diferenciação, como no caso dos automóveis.

FIGURA 15.1 ELEMENTOS DO PROCESSO DE COMUNICAÇÃO.

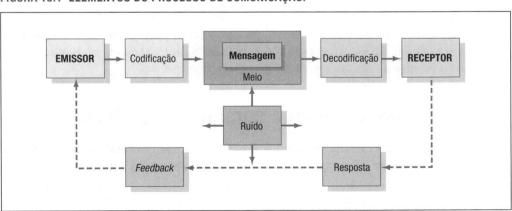

FIGURA 15.2 MODELOS DE HIERARQUIA DE RESPOSTAS.

Estágios	Modelo Aida[a]	Modelo da hierarquia de efeitos[b]	Modelo da inovação-adoção[c]	Modelo de comunicação[d]
Estágio cognitivo	Atenção	Conscientização ↓ Conhecimento	Conscientização	Exposição ↓ Recepção ↓ Resposta cognitiva
Estágio afetivo	Interesse ↓ Desejo	Simpatia ↓ Preferência ↓ Convicção	Interesse ↓ Avaliação	Atitude ↓ Intenção
Estágio comportamental	Ação	Compra	Experimentação ↓ Adoção	Comportamento

Fontes: (a) STRONG, E. K. **The psychology of selling**. New York: McGraw-Hill, p. 9, 1925; (b) LAVIDGE, Robert J.; STEINER, Gary A. A model for predictive measurements of advertising effectiveness. **Journal of Marketing**, p. 61, Oct. 1961; (c) ROGERS, Everett M. **Diffusion of innovation**. New York: Free Press, p. 79-86, 1962; (d) várias fontes.

Uma sequência alternativa, "agir-sentir-aprender", é relevante quando o público tem grande envolvimento, mas percebe pouca ou nenhuma diferenciação na categoria do produto, como no caso das passagens aéreas. Uma terceira sequência, "aprender-agir-sentir", é adequada quando o público tem baixo envolvimento e percebe pouca diferenciação, como no caso do sal. Ao escolher a sequência correta, o profissional de marketing consegue planejar melhor a comunicação.[6]

Desenvolvimento de uma comunicação eficaz

O desenvolvimento de uma comunicação eficaz requer oito etapas (veja a Figura 15.3). As etapas básicas são: (1) identificação do público-alvo, (2) determinação dos objetivos, (3) elaboração da comunicação, (4) seleção dos canais e (5) estabelecimento do orçamento. Já as etapas finais, tratadas mais adiante neste capítulo, são: (6) decisão com relação ao mix de comunicação, (7) avaliação dos resultados e (8) gerenciamento da comunicação integrada de marketing.

FIGURA 15.3 ETAPAS NO DESENVOLVIMENTO DE UMA COMUNICAÇÃO EFICAZ.

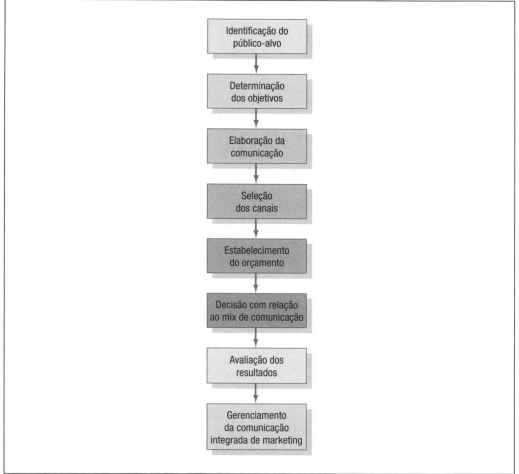

Identificação do público-alvo

O processo deve ter início com um claro público-alvo em mente: compradores potenciais dos produtos da empresa; usuários, decisores ou influenciadores atuais; indivíduos, grupos, públicos específicos ou o público geral. O público-alvo exerce uma grande influência sobre as decisões do comunicador no que diz respeito ao que dizer, como, quando, onde e para quem.

Embora possamos traçar o perfil do público-alvo de acordo com qualquer segmento de mercado identificado no Capítulo 7, geralmente é útil definir o público em termos de uso e fidelidade. O público é novo na categoria ou se trata de um usuário atual? É fiel à marca, fiel a um concorrente ou muda de marca toda hora? Caso seja um usuário da marca, ele é assíduo ou esporádico? A estratégia de comunicação vai variar dependendo da resposta. Também é possível conduzir uma *análise da imagem*, traçando o perfil do público-alvo com base no conhecimento da marca.

Determinação dos objetivos

John R. Rossiter e Larry Percy identificaram quatro possíveis objetivos. São eles:[7]

1. *Necessidade da categoria:* estabelecer uma categoria de produto como necessária para eliminar ou satisfazer uma discrepância percebida entre o estado motivacional atual e o estado emocional desejado.
2. *Conscientização da marca:* estimular a capacidade do consumidor de reconhecer a marca ou se lembrar dela dentro de uma categoria, em detalhes suficientes para realizar a compra. É mais fácil conquistar o reconhecimento do que a lembrança. De qualquer modo, a lembrança da marca é importante fora da loja, enquanto o reconhecimento é importante dentro. A conscientização da marca é a base para o *brand equity*.
3. *Atitude em relação à marca:* ajudar os consumidores a avaliar a capacidade da marca de atender a uma necessidade atualmente relevante. As necessidades relevantes satisfeitas pela marca podem ser orientadas negativamente (eliminação de problemas, fuga de problemas, satisfação incompleta, esgotamento natural) ou positivamente (gratificação sensorial, estímulo intelectual ou aprovação social).
4. *Intenção de compra da marca:* levar os consumidores a decidir comprar a marca ou tomar medidas relacionadas à compra.

Elaboração da comunicação

O processo de elaboração da comunicação para obter a resposta desejada requer a solução de três problemas: o que dizer (estratégia de mensagem), como dizê-lo (estratégia criativa) e quem deve dizê-lo (fonte da mensagem).

Estratégia de mensagem. Ao determinar a estratégia de mensagem, a gerência busca por apelos, temas ou ideias que combinam com o posicionamento da marca e ajudam a estabelecer pontos de paridade e diferença. Alguns deles podem estar diretamente relacionados com o desempenho do produto (qualidade, economia ou valor da marca), enquanto outros podem estar ligados a considerações mais extrínsecas (contemporaneidade, popularidade ou tradicionalismo da marca). Para o pesquisador John C. Maloney, os compradores esperam de um produto uma das seguintes recompensas: satisfação racional, satisfação sensorial, satisfação social ou satisfação do ego.[8] Os compradores podem visualizar essas recompensas a partir da experiência dos resultados de uso, da experiência do produto em uso ou da experiência incidental de uso.

Estratégia criativa. As *estratégias criativas* representam o modo como os profissionais de marketing traduzem suas mensagens em uma comunicação específica. Podemos classificar essas estratégias em apelos informativos ou transformacionais.[9] Um **apelo informativo**

apresenta os atributos ou benefícios de um produto partindo do princípio de que os consumidores processarão a comunicação de maneira muito lógica. Exemplos de apelos informativos são: anúncios com foco na solução de problemas (o Excedrin acaba com a mais forte dor de cabeça), anúncios de demonstração de produto (a Thompson Water Seal resiste a climas extremos), anúncios de comparação de produto (a DirecTV oferece melhores opções de HD do que os provedores de TV a cabo e por satélite) e testemunhos (LeBron James, estrela da NBA, fazendo propaganda para a Nike).

Os melhores anúncios com apelo informativo fazem perguntas e permitem que os consumidores tirem suas próprias conclusões.[10] Se a Honda tivesse martelado a ideia de que o Element era para pessoas mais jovens, essa forte definição poderia ter afastado os compradores mais velhos. Algumas ambiguidades de estímulo podem levar a uma definição de mercado mais ampla e a mais compras espontâneas. Pode-se pensar que apresentações unilaterais que elogiam o produto são mais eficazes do que argumentos bilaterais que mencionam suas deficiências também. Contudo, mensagens bilaterais podem ser mais apropriadas, principalmente quando associações negativas devem ser superadas.[11] Mensagens bilaterais são mais eficazes com públicos mais instruídos e com aqueles que apresentam resistência inicial.[12] Por fim, a ordem em que os argumentos são apresentados é importante.[13]

Um **apelo transformacional** apresenta um benefício ou uma imagem não relacionada ao produto. Ele pode descrever o tipo de pessoa que usa a marca (nos Estados Unidos, a Volkswagen se volta para pessoas jovens, ativas, com sua famosa campanha "Procuram-se motoristas"). Pode ainda descrever o tipo de experiência que resulta do uso (também nos Estados Unidos, a Pringles anuncia que "Uma vez que começa, a diversão não para"). Em geral, os apelos transformacionais tentam provocar emoções que motivarão a compra. Os comunicadores utilizam apelos negativos, como o medo, a culpa e a vergonha, para conseguir que as pessoas façam coisas (escovar os dentes) ou deixem de fazê-las (fumar). Eles utilizam também apelos emocionais positivos, como humor, amor, orgulho e alegria. Elementos motivacionais – como a presença de bebês engraçadinhos – chamam a atenção e aumentam o envolvimento com o anúncio. Esses elementos, entretanto, podem diminuir a compreensão, ter desgastada sua rápida receptividade e ofuscar o produto.

Fonte da mensagem. Mensagens transmitidas por fontes atraentes ou populares podem conquistar maior atenção e lembrança. É por isso que os anunciantes, com frequência, utilizam celebridades como porta-vozes. As celebridades tendem a ser eficazes quando gozam de credibilidade ou personificam um atributo importante do produto – os consumidores veem os anúncios da atriz Valerie Bertinelli para o programa de redução de peso Jenny Craig como uma boa combinação. Os três fatores identificados como fontes de credibilidade são: domínio do assunto, confiabilidade e atratividade.[14] *Domínio do assunto* é o conhecimento especializado que o comunicador possui para sustentar o argumento. A *confiabilidade* está relacionada ao grau em que a fonte é considerada objetiva e honesta. Confia-se mais nos amigos do que em estranhos ou vendedores, e fontes não pagas são vistas como mais confiáveis do que fontes pagas.[15] A *atratividade* tem a ver com a simpatia da fonte. Qualidades como sinceridade, humor e naturalidade tornam uma fonte mais atrativa. A fonte com maior credibilidade teria uma boa pontuação em domínio do assunto, confiabilidade e atratividade.

Quando uma pessoa possui uma atitude positiva em relação a uma fonte ou mensagem ou uma atitude negativa com relação a ambos, dizemos que existe uma *congruência*. Quando um consumidor ouve uma celebridade por quem nutre simpatia elogiar uma marca de que ele não gosta, C. E. Osgood e P. H. Tannenbaum acreditam que uma mudança de atitude ocorre, aumentando a congruência entre as duas avaliações.[16] De acordo com o **princípio da congruência**, os comunicadores podem utilizar sua boa imagem para reduzir alguns sentimentos negativos em relação a uma marca, mas, durante esse processo, eles podem perder um pouco da estima do público.

Seleção dos canais de comunicação

Selecionar um meio eficiente para transmitir uma mensagem se torna cada vez mais difícil, à medida que os canais de comunicação se mostram mais fragmentados e congestionados. Os canais de comunicação podem ser pessoais e não pessoais. Os profissionais de marketing devem se relacionar com os consumidores, com prudência, em todos os tipos de canal (veja a seção "Habilidades em marketing", a seguir).

Canais de comunicação pessoais. Os **canais de comunicação pessoais** permitem que duas ou mais pessoas se comuniquem pessoalmente – na forma de conversa ou de apresentação para uma plateia –, por telefone, por correio ou por e-mail. Sua eficácia provém da apresentação e do *feedback* individualizados, e eles dizem respeito ao marketing

Habilidades em marketing

Marketing de permissão

O marketing de permissão é uma maneira orientada e eficiente em termos de custo de construir relacionamento com clientes atuais e potenciais. Como os profissionais de marketing desenvolvem essa habilidade? De acordo com Seth Godin, o primeiro passo consiste em avaliar o valor do ciclo de vida do cliente e determinar um orçamento para sua aquisição. Em seguida, é preciso criar mensagens para instruir os clientes-alvo acerca do valor das ofertas da empresa e obter sua permissão para dar início a um diálogo contínuo. À medida que aprende mais sobre cada cliente, a empresa pode customizar mensagens e oferecer incentivos (como descontos) para continuar com o diálogo. Por fim, é preciso solicitar sempre uma resposta, a fim de ver como os clientes reagem às mensagem e de avaliar os resultados.

Recentemente, a O2 – uma empresa britânica que vende serviços de telefonia celular e acesso de banda larga à Internet – utilizou o marketing de permissão para atrair mais de um milhão de clientes para seu programa O2 Mais. Os clientes que deram sua permissão receberam, via celular, mensagens de empresas como Adidas e Cadbury. Como os clientes escolhiam as marcas das quais queriam receber notícias, as mensagens foram consideradas mais relevantes e de maior interesse.[17]

interativo e direto, comunicação boca a boca e vendas pessoais. É possível fazer uma distinção entre canais de comunicação defensores, especialistas e sociais. Os *canais defensores* consistem de vendedores da empresa que contatam compradores no mercado-alvo. Os *canais especialistas* são constituídos de especialistas independentes que fazem apresentações para os compradores-alvo. Já os *canais sociais* são formados por vizinhos, amigos, familiares e colegas que falam com os compradores-alvo.

Um estudo da Burson-Marsteller e da Roper Starch Worldwide descobriu que o boca a boca de uma pessoa influente tende a afetar as atitudes de compra de, em média, outras duas pessoas, e esse ciclo de influência salta para oito pessoas no ambiente on-line. A influência pessoal tem grande peso especialmente quando os produtos (1) são caros, oferecem risco ou não são comprados com frequência e (2) sugerem algo com relação ao status ou ao gosto do usuário. As pessoas costumam pedir às outras indicações de médico, encanador, hotel, advogado, contador, corretor de seguro e consultor financeiro.

Canais de comunicação não pessoais (de massa). Os canais não pessoais são comunicações dirigidas para mais de uma pessoa e se relacionam com propaganda, promoção de vendas, relações públicas, eventos e experiências. As empresas estão buscando melhores maneiras de quantificar os benefícios do patrocínio e exigindo dos produtores e organizadores dos eventos maior responsabilidade com relação aos resultados. Os eventos podem atrair a atenção, embora o efeito duradouro sobre a conscientização, o conhecimento e a preferência de marca varie, dependendo da qualidade do produto, do evento em si e do modo como ele é realizado.

Integração dos canais de comunicação. Apesar de a comunicação pessoal geralmente ser mais eficaz do que a comunicação de massa, a mídia de massa pode ser o principal meio para estimular a comunicação pessoal. A comunicação de massa afeta atitudes e comportamentos individuais por meio de um processo de duas etapas. As ideias normalmente fluem do rádio, da televisão e dos veículos impressos para líderes de opinião e, deles, para grupos da população menos envolvidos com a mídia.

Esse fluxo de duas etapas tem diversas implicações. Para começar, a influência da mídia de massa sobre a opinião pública não é direta, poderosa e automática, como os profissionais de marketing supunham. Ela é mediada pelos líderes de opinião – pessoas cuja opinião é solicitada pelos outros ou que levam sua opinião a eles. Além disso, o fluxo de duas etapas desafia a ideia de que os estilos de consumo são influenciados, principalmente, por um efeito de "gotejamento descendente" ou "gotejamento ascendente" da mídia de massa. As pessoas interagem, em primeiro lugar, com seus grupos sociais e adquirem ideias dos líderes de opinião desses grupos. Por fim, a comunicação de duas etapas sugere que os comunicadores de massa devem direcionar suas mensagens especificamente para os líderes de opinião e deixar que eles as transmitam para os outros.

Estabelecimento do orçamento da comunicação total de marketing

Os setores e as empresas variam consideravelmente no que diz respeito à quantia gasta com comunicação de marketing. Os gastos podem alcançar de 40 a 45% no setor de cosméticos e de 5 a 10% no setor de equipamento industrial, com variações de empresa para empresa. Quatro métodos comumente usados na hora de tomar uma decisão com relação ao orçamento são:

1. *Método dos recursos disponíveis:* estabelecimento do orçamento para comunicação de acordo com aquilo que os gerentes acreditam que a empresa pode gastar. O método ignora não apenas o papel da promoção como investimento, mas também seu impacto imediato no volume de vendas. Isso leva a um orçamento anual incerto, que dificulta o planejamento de longo prazo.
2. *Método da porcentagem das vendas:* estabelecimento do orçamento para comunicação com base em uma porcentagem específica das vendas atuais ou antecipadas ou, então, do preço de venda. Esse método satisfaz os gerentes financeiros, os quais acreditam que as despesas devem estar intimamente relacionadas ao movimento das vendas corporativas no ciclo empresarial. Ele também incita a gerência a pensar na relação entre o custo de comunicação, o preço de venda e o lucro por unidade e estimula a estabilidade, na medida em que empresas concorrentes gastam, aproximadamente, a mesma porcentagem com comunicação. Por outro lado, esse método vê as vendas como um determinante da comunicação, e não como um resultado. Ele leva ao estabelecimento do orçamento com base na disponibilidade de fundos, em vez de nas oportunidades de mercado, e desencoraja experimentações, como comunicações anticíclicas e investimentos agressivos. Esse método também não oferece nenhuma base lógica para a escolha da porcentagem específica nem possibilita que seja determinado o orçamento que cada produto e cada território merecem.
3. *Método da paridade com a concorrência:* estabelecimento do orçamento de comunicação com vista a alcançar paridade com o orçamento dos concorrentes. A ideia por trás disso é que as despesas dos concorrentes representam o senso comum do setor e que a manutenção da paridade com a concorrência evita guerras de comunicação. Nenhum desses argumentos é válido. A reputação, os recursos, as oportunidades e os objetivos das empresas diferem tanto que dificilmente os orçamentos serão um parâmetro. E não existem evidências de que a paridade com a concorrência desestimule guerras de comunicação.
4. *Método de objetivos e tarefas:* desenvolvimento do orçamento por meio da definição de objetivos específicos, da determinação das tarefas que precisam ser desempenhadas para o alcance desses objetivos e da estimativa dos custos para a realização dessas tarefas. A soma desses custos representa o orçamento de comunicação proposto. Esse método tem a vantagem de exigir que os profissionais de marketing apresentem suas hipóteses no que diz respeito à relação entre dinheiro gasto, níveis de exposição, índices de experimentação e uso regular.

Em tese, os profissionais de marketing devem estabelecer o orçamento total de comunicação de modo que o lucro marginal do último tostão investido em comunicação seja igual ao lucro marginal do último tostão investido no melhor uso não comunicacional. Implementar esse princípio, no entanto, não é nada fácil.

Decisão sobre o mix de comunicação de marketing

As empresas devem alocar o orçamento de comunicação nas oito principais formas de comunicação – propaganda, promoção de vendas, relações públicas e publicidade, eventos e experiências, marketing direto, marketing interativo, comunicação boca a boca e força de vendas. Em um mesmo setor, as empresas podem se diferenciar consideravelmente no que diz respeito às escolhas de formas e canais. As empresas estão sempre buscando ganhar eficiência substituindo uma ferramenta de comunicação por outras. Essa possibilidade de substituição explica por que as funções de marketing precisam ser coordenadas.

Características do mix de comunicação de marketing

Todas as ferramentas de comunicação possuem custos próprios e características exclusivas. Nós as analisaremos brevemente aqui, discutindo-as com mais detalhes nos capítulos 16 e 17.

- A *propaganda* alcança compradores geograficamente dispersos. Ela pode construir uma imagem duradoura para um produto (anúncios da Coca-Cola) ou estimular vendas rápidas (um anúncio da Macy's acerca de uma liquidação no fim de semana). A propaganda pode ser persuasiva, oferecer oportunidades para explorar a empresa e suas ofertas e permitir aos anunciantes se concentrarem em aspectos específicos da marca e do produto.
- A *promoção de vendas* utiliza ferramentas como cupons, concursos, prêmios e afins para conseguir uma resposta mais intensa e rápida do comprador. Os três principais benefícios da promoção de vendas são: ela chama atenção para o produto, oferece um incentivo para o cliente e o convida a efetuar a transação imediatamente.
- As *relações públicas e a publicidade* podem ser extremamente eficazes quando coordenadas com outros elementos do mix de comunicação. Seu apelo é baseado em três qualidades distintivas: grande credibilidade, capacidade de atingir compradores difíceis de alcançar e capacidade de contar a história da empresa, da marca ou do produto.
- Os *eventos e as experiências* têm a vantagem de serem vistos como altamente relevantes e ativamente envolventes para os consumidores; eles também são considerados uma abordagem indireta de "venda não agressiva".
- O *marketing direto e interativo* pode assumir muitas formas, que compartilham três características: são customizadas para a pessoa endereçada, podem ser preparadas muito rapidamente e podem ser alteradas, dependendo da resposta.

- A *comunicação boca a boca* também assume muitas formas, on-line e off-line. Elas podem ser influentes, pessoais e precisas.
- As *vendas pessoais* são as mais eficazes em estágios avançados do processo de compra, especialmente no desenvolvimento de preferência, convicção e atitude por parte do comprador. Três qualidades notáveis das vendas pessoais são: interação pessoal, capacidade de cultivar relacionamentos e escolhas pessoais como resposta.

Fatores no estabelecimento do mix de comunicação de marketing

As empresas devem considerar uma série de fatores na hora de desenvolver seu mix de comunicação: o tipo de mercado do produto, a disposição do consumidor para realizar a compra e o estágio no ciclo de vida do produto.

Em primeiro lugar, as alocações do mix de comunicação diferem nos mercados consumidores e nos organizacionais. Comparativamente, os mercados consumidores tendem a gastar mais com promoção de vendas e propaganda. Embora, comparativamente, os mercados organizacionais tendam a gastar mais com vendas pessoais, a propaganda, ainda assim, desempenha um papel ao apresentar a empresa e seus produtos, explicar as características do produto, lembrar os clientes das ofertas do produto, gerar *leads* para os representantes de vendas, legitimar a empresa e tranquilizar os clientes com relação às compras. As vendas pessoais também podem contribuir bastante com a comercialização de bens de consumo, ajudando a convencer os revendedores a manter mais estoque, entusiasmando-os, conquistando mais revendedores e aumentando as vendas das contas atuais.

Em segundo lugar, a relação custo-benefício das ferramentas de comunicação varia nos diferentes estágios de disposição do comprador (veja a Figura 15.4). A propaganda e a publicidade são as ferramentas mais importantes no estágio de desenvolvimento da conscientização. A compreensão do cliente é afetada, fundamentalmente, pela propaganda e pelas vendas pessoais. Já sua convicção é influenciada, sobretudo, pelas vendas pessoais. O fechamento da venda é influenciado, principalmente, pelas vendas pessoais e pela promoção de vendas. A repetição da compra também é influenciada, primordialmente, pelas vendas pessoais e pela promoção de vendas – e menos pela propaganda e pela publicidade, que visam à lembrança.

Em terceiro lugar, a relação custo-benefício das ferramentas de comunicação varia nos diferentes estágios do ciclo de vida do produto. Durante a introdução, as ferramentas com melhor custo-benefício são: propaganda, eventos e experiências e publicidade, seguidas por vendas pessoais, para obter cobertura de distribuição, e promoção de vendas e marketing direto, para induzir a experimentação. No estágio de crescimento, a demanda é impulsionada pelo boca a boca e pelo marketing direto. Propaganda, eventos e

FIGURA 15.4 RELAÇÃO CUSTO-BENEFÍCIO DE TRÊS DIFERENTES FERRAMENTAS DE COMUNICAÇÃO NOS DIFERENTES ESTÁGIOS DE DISPOSIÇÃO DO COMPRADOR.

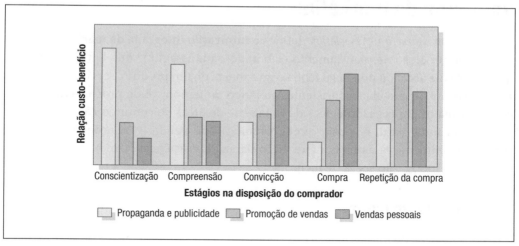

experiências e vendas pessoais se tornam mais importantes no estágio de maturidade. No estágio de declínio, a promoção de vendas continua forte, outras ferramentas de comunicação são reduzidas e os vendedores dispensam o mínimo de atenção possível ao produto.

Avaliação dos resultados da comunicação

Após implementar o plano de comunicação, a empresa deve avaliar seu impacto perguntando aos integrantes do público-alvo se eles reconhecem a mensagem ou se lembram dela, quantas vezes a viram, de quais pontos se lembram, como se sentem em relação a ela e quais são suas atitudes anteriores e atuais relacionadas ao produto e à empresa. O comunicador também deve coletar dados comportamentais acerca da resposta do público, como a quantidade de pessoas que compraram o produto, gostaram dele e conversaram com outros sobre ele.

Vamos supor que 80% dos clientes-alvo tenham consciência da marca, 60% já a tenham experimentado e somente 20% dos que a provaram tenham ficado satisfeitos. Isso indica que o programa de comunicação é eficaz na criação de conscientização, mas o produto fracassa no atendimento das expectativas do consumidor. Por outro lado, se 40% dos clientes-alvo tiverem consciência da marca e somente 30% a tiverem experimentado – mas 80% dos que a provaram tenham ficado satisfeitos –, o programa de comunicação precisará ser fortalecido para tirar vantagem da força da marca.

Gerenciamento do processo de comunicação integrada de marketing

A *American Marketing Association* define **comunicação integrada de marketing (CIM)** como "um processo de planejamento elaborado para assegurar que todos os contatos que um cliente atual ou potencial tenha com a marca de um produto, serviço ou empresa sejam relevantes para ele e consistentes ao longo do tempo". Esse processo de planejamento avalia os papéis estratégicos de uma série de áreas da comunicação – por exemplo, propaganda geral, resposta direta, promoção de vendas e relações públicas – e combina habilmente essas áreas, oferecendo clareza, consistência e o máximo de impacto por meio da integração coesa de mensagens.

Coordenação de mídia

A coordenação de mídia pode ocorrer entre diferentes tipos de meios ou dentro deles. Seja como for, os profissionais de marketing devem combinar canais de comunicação pessoais e não pessoais por meio de *campanhas de veículos e estágios múltiplos*, a fim de causar o máximo de impacto possível e aumentar o alcance e o efeito da mensagem. As promoções podem ser mais eficazes quando combinadas com propaganda, por exemplo.[18] A conscientização e as atitudes geradas pelas campanhas de propaganda podem aumentar o sucesso de discursos de venda mais diretos. A propaganda pode expressar o posicionamento de uma marca e se beneficiar de banners na Internet ou do marketing de ferramenta de busca, que geram um forte apelo à ação.[19]

Muitas empresas estão coordenando suas atividades de comunicação on-line e off-line. O endereço eletrônico presente em anúncios (especialmente impressos) e embalagens permite que as pessoas explorem mais os produtos da empresa, saibam a localização das lojas e obtenham mais informação sobre o produto. Mesmo que os consumidores não realizem pedidos on-line, as empresas podem usar seu site e suas páginas no Facebook para direcionar os compradores às lojas.

Implementação da comunicação integrada de marketing (CIM)

A comunicação integrada de marketing pode produzir mensagens mais consistentes, bem como ajudar a construir *brand equity* e a gerar mais impacto sobre as vendas.[20] Ela força a gerência a pensar em todas as formas pelas quais o cliente estabelece contato com a empresa, em como esta comunica seu posicionamento, na importância relativa de cada veículo e na questão do timing. Além disso, atribui a alguém a responsabilidade – onde antes não existia – de unificar as imagens e as mensagens da marca ao longo das milhares de atividades da empresa. A CIM deve aprimorar a capacidade da empresa de atingir os clientes certos com as mensagens certas, no momento e no local corretos.[21]

Resumo

O mix de comunicação de marketing consiste de propaganda, promoção de vendas, relações públicas e publicidade, eventos e experiências, marketing direto, marketing interativo, comunicação boca a boca e vendas pessoais. O processo de comunicação inclui emissor, receptor, mensagem, meio, codificação, decodificação, resposta, *feedback* e ruído. O desenvolvimento de uma comunicação eficaz requer oito etapas: (1) identificação do público-alvo, (2) determinação dos objetivos, (3) elaboração da comunicação, (4) seleção dos canais, (5) estabelecimento do orçamento, (6) decisão com relação ao mix de comunicação, (7) avaliação dos resultados e (8) gerenciamento da comunicação integrada de marketing.

A comunicação pode ter como objetivo criar necessidade pela categoria, conscientização da marca, atitude em relação à marca ou intenção de compra da marca. A formulação da comunicação requer decisões acerca da estratégia de mensagem, da estratégia criativa e da fonte da mensagem. Os canais de comunicação podem ser pessoais (canais defensores, especialistas e sociais) ou não pessoais (mídia, atmosfera e eventos). Para o estabelecimento do orçamento de comunicação, normalmente o método de objetivo e tarefa é o mais eficaz. Na hora de escolher o mix de comunicação, os profissionais de marketing devem avaliar as vantagens e os custos de cada ferramenta, bem como o tipo de mercado do produto, a disposição do comprador e o estágio do ciclo de vida do produto. As empresas avaliam a eficácia da comunicação perguntando aos integrantes do público-alvo se eles reconhecem a mensagem ou se lembram dela, quantas vezes a viram, de quais pontos se lembram, como se sentem em relação a ela e quais são suas atitudes anteriores e atuais. A comunicação integrada de marketing (CIM) reconhece o valor agregado de um plano abrangente para avaliar os papéis estratégicos de uma série de áreas da comunicação e combina essas áreas, oferecendo clareza, consistência e o máximo de impacto por meio da integração coesa de mensagens.

Notas

1. ROMANZI, Ken. Reintroducing the cranberry to America! Palestra na Tuck School of Business, Dartmouth, January 7, 2010; Breakaway brands: Ocean Spray tells it straight from the bog, **MediaPost**, October 9, 2006; KELLY III, Francis J.; SILVERSTEIN, Barry. **The breakaway brand**. New York: McGraw-Hill, 2005.
2. LUO, Xueming; DONTHU, Naveen. Marketing's credibility: a longitudinal investigation of marketing communication productivity and shareholder value, **Journal of Marketing**, 70, p. 70-91, Oct. 2006.
3. Algumas dessas definições foram adaptadas de: BENNETT, Peter D. (org.). **Dictionary of marketing terms**. Chicago: American Marketing Association, 1995.
4. DUNCAN, Tom; MORIARTY, Sandra. How integrated marketing communication's "touch points" can operationalize the service-dominant logic. In: LUSCH, Robert F.; VARGO, Stephen L. (orgs.). **The service-dominant logic of marketing**. Armonk: M.E. Sharpe, 2006; DUNCAN, Tom. **Principles of advertising and IMC**, 2ed. New York: McGraw-Hill/Irwin, 2005.
5. Para um modelo de comunicação alternativo desenvolvido especialmente para comunicações de propaganda, veja: STERN, Barbara B., A revised communication model for advertising, **Journal of Advertising**, p. 5-15, Jun. 1994. Para outras perspectivas, veja: DUNCAN, Tom; MORIARTY, Sandra E. A communication-based marketing model for managing relationships, **Journal of Marketing**, p. 1-13, Apr. 1998.
6. VAKRATSAS, Demetrios; AMBLER, Tim. How advertising works: what do we really know?, **Journal of Marketing**, 63, n.1, p. 26-43, Jan. 1999.
7. Essa seção é baseada em um excelente texto. Veja: ROSSITER, John R.; PERCY, Larry. **Advertising and promotion management**, 2ed. New York: McGraw-Hill, 1997.

8. ENGEL, James F.; BLACKWELL, Roger D.; MINIARD, Paul W. **Consumer behavior**, 9ed. Fort Worth: Dryden, 2001.
9. ROSSITER, John R.; PERCY, Larry. **Advertising and promotion management**, 2ed. New York: McGraw-Hill, 1997.
10. ENGEL, James F.; BLACKWELL, Roger D.; MINIARD, Paul W. **Consumer behavior**, 9ed. Fort Worth: Dryden, 2001.
11. CROWLEY, Ayn E.; HOYER, Wayne D. An integrative framework for understanding two-sided persuasion, **Journal of Consumer Research**, p. 561-574, Mar. 1994.
12. HOVLAND, C. I.; LUMSDAINE, A. A.; SHEFFIELD, F. D. **Experiments on mass communication**, v.3. Princeton: Princeton University Press, 1949; CROWLEY, Hoyer. An integrative framework for understanding two-sided persuasion. Para um ponto de vista alternativo, veja: BELCH, George E. The effects of message modality on one- and two-sided advertising messages. In: BAGOZZI, Richard P.; TYBOUT, Alice M. (orgs.), **Advances in consumer Research**. Ann Arbor: Association for Consumer Research, p. 21-26, 1983.
13. HAUGTVEDT, Curtis P.; WEGENER, Duane T. Message order effects in persuasion: an attitude strength perspective, **Journal of Consumer Research**, p. 205-218, Jun. 1994; RAOUNNAVA, H.; BURNKRANT, Robert E.; EREVELLES, Sunil. Effects of presentation order and communication modality on recall and attitude, **Journal of Consumer Research**, p. 481-490, Dec. 1994.
14. KELMAN, Herbert C.; HOVLAND, Carl I. Reinstatement of the communication in delayed measurement of opinion change, **Journal of Abnormal and Social Psychology**, 48, p. 327-335, July 1953.
15. MOORE, David J.; MOWEN, John C.; REARDON, Richard. Multiple sources in advertising appeals, **Journal of the Academy of Marketing Science**, p. 234-243, summer 1994.
16. OSGOOD, C. E.; TANNENBAUM, P. H. The principles of congruity in the prediction of attitude change, **Psychological Review**, 62, p. 42-55, Jan. 1955.
17. WARRILLOW, John. What Seth Godin did on his summer vacation, **Inc.**, October 5, 2010. Disponível em: <www.inc.com/articles/ 2010/10/seth-godin-on-building-a-valuablecompany.html>; CARPENTER, Nicola. O2 getting more people opting in to mobile marketing, **Direct Marketing Association**, September 20, 2010. Disponível em: <www.dma.org.uk>; MIDDLETON, James. O2 claims success from mobile ad unit, **Telecoms.com**, September 20, 2010. Disponível em: <www.telecoms.com>; ERWIN, L. The secret behind permission-based marketing, **Point of Purchase**, p. 41, Feb. 2001; LEHMANN, John. Permission marketing personalizes the sales pitch, **Crain's Cleveland Business**, p. 23, September 13, 2004.
18. NESLIN, Scott. **Sales promotion, MSI relevant knowledge series**. Cambridge: Marketing Science Institute, 2002.
19. PFEIFFER, Markus; Zinnbauer, Markus, Can old media enhance new media?, **Journal of Advertising Research**, p. 42-49, Mar. 2010.
20. MADHAVARAM, Sreedhar; BADRINARAYANAN, Vishag; McDonald, Robert E. Integrated marketing communication (IMC) and brand identity as critical components of brand equity strategy, **Journal of Advertising**, 34, p. 69-80, Winter 2005; REID, Mike; LUXTON, Sandra; MAVONDO, Felix. The relationship between integrated marketing communication, market orientation, and brand orientation, **Journal of Advertising**, 34, p. 11-23, Winter 2005.
21. SCHULTZ, Don E.; SCHULTZ, Heidi. **IMC, the next generation**. New York: McGraw-Hill, 2003; SHULTZ, Don E.; TANNENBAUM, Stanley I.; LAUTERBORN, Robert F. **Integrated marketing communications: putting it together and making it work**. Lincolnwood: NTC Business Books, 1992.

**PARTE 6:
Comunicando valor**

capítulo **16**

Gerenciamento da comunicação de massa: propaganda, promoção de vendas, eventos e experiências e relações públicas

Neste capítulo, abordaremos as seguintes questões:

1. Quais são as etapas envolvidas no desenvolvimento de um programa de propaganda?
2. Como devem ser tomadas as decisões que envolvem promoção de vendas?
3. Quais são as diretrizes para o desenvolvimento de eventos e experiências eficazes na construção da marca?
4. Como as empresas podem explorar o potencial das relações públicas e da assessoria de imprensa?

Administração de marketing na Old Spice

Entre as propagandas mais bem-sucedidas que foram ao ar no Super Bowl 2010, está a do sabonete líquido Old Spice, da Procter & Gamble. Ao transformar o que seria um ponto negativo (o fato de ser uma marca antiga) em algo positivo (o fato de ser experiente), a Old Spice deu uma virada memorável, deixando de ser o "pós-barba do pai" para se tornar uma moderna marca de fragrância masculina. Em um novo movimento estratégico, considerando o importante papel das mulheres no processo de compra, o anúncio do Super Bowl era voltado tanto para elas como para eles. O irônico anúncio trazia o forte Isaiah Mustafa, ex-jogador de futebol americano da NFL, como "O homem que seu homem poderia cheirar igual".

Além de exibido na televisão, o anúncio foi visto por mais de 10 milhões de pessoas no YouTube e em redes sociais. A página da Old Spice no Facebook trazia um aplicativo chamado "Meu amor eterno", no qual Mustafa oferecia aos homens a oportunidade de serem "mais iguais a ele" por meio do envio de e-mails ou tweets com mensagens românticas virtuais para suas amadas. Por seus esforços, a Wieden+Kennedy, agência de propaganda por trás da campanha, recebeu um prêmio no Festival Internacional de Cannes. Em junho de 2010, um anúncio de reforço mostrava Mustafa em uma nova série de atividades de "homem perfeito", entre elas assando bolos de aniversário, construindo uma casa literalmente com as próprias mãos e, sim, andando sobre a água.[1]

Embora a Old Spice tenha tido grande sucesso em sua campanha, outras empresas estão tentando entender como usar a mídia de massa no novo ambiente de comunicação, ainda em mudança.[2] Apesar de ter havido um enorme aumento na utilização da comunicação pessoal pelas empresas nos últimos anos, por conta da rápida penetração da Internet e de outros fatores, a mídia de massa ainda é um importante componente do programa de comunicação de marketing moderno. Neste capítulo, vamos examinar a natureza e a aplicação de quatro ferramentas de comunicação de massa: (1) propaganda, (2) promoção de vendas, (3) eventos e experiências e (4) relações públicas e assessoria de imprensa.

Desenvolvimento e gerenciamento de um programa de propaganda

Propaganda é qualquer forma paga de apresentação não pessoal e promocional de um produto por um patrocinador identificado. Ela pode significar uma maneira eficiente em termos de custo de disseminar mensagens, sejam para desenvolver preferência de marca ou para instruir pessoas. Mesmo no atual ambiente em mudança da mídia, bons anúncios podem valer a pena, como valeram os da Old Spice, da P&G.

Ao desenvolver um programa de propaganda, os gerentes de marketing devem sempre começar pela identificação do mercado-alvo e das motivações dos compradores. Depois, eles podem tomar as cinco principais decisões, conhecidas como "as 5Ms": *Missão* – quais são os objetivos da propaganda? *Moeda* – quanto gastar e como alocar os gastos pelos diferentes tipos de mídia? *Mensagem* – qual mensagem enviar? *Mídia* – quais tipos de mídia usar? *Mensuração* – como mensurar os resultados? Essas decisões estão resumidas na Figura 16.1 e descritas nas seções a seguir.

FIGURA 16.1 OS 5Ms DA PROPAGANDA.

Estabelecimento dos objetivos

Um **objetivo de propaganda** (ou meta de propaganda) é uma tarefa de comunicação específica e um nível de sucesso que deve ser atingido junto a um público determinado, em um período de tempo estabelecido. Podemos classificar os objetivos da propaganda de acordo com seu propósito, que pode ser informar, persuadir, lembrar ou reforçar. Esses objetivos correspondem a diferentes estágios no *modelo de hierarquia de respostas*, discutido no Capítulo 15.

A *propaganda informativa* tem como propósito gerar conscientização e conhecimento de marca no que diz respeito a novos produtos ou novas características de produtos existentes.[3] Já a *propaganda persuasiva* tem como meta gerar simpatia, preferência, convicção e a compra de um produto ou serviço. Algumas propagandas persuasivas utilizam a propaganda comparativa, que, explicitamente, compara os atributos de duas ou mais marcas. Esse tipo de propaganda funciona melhor quando desperta, ao mesmo tempo, motivações cognitivas e afetivas e quando os consumidores processam a propaganda de um modo detalhado, analítico.[4] A *propaganda de lembrança* tem como objetivo estimular a repetição de compra de produtos ou serviços (os anúncios da Coca-Cola fazem isso). Por fim, a *propaganda de reforço* tem como propósito convencer os compradores atuais de que eles fizeram a escolha certa – os anúncios de automóvel, com frequência, trazem clientes satisfeitos desfrutando características especiais de seu novo carro.

O objetivo da propaganda deve surgir de uma análise completa da situação atual do mercado. Por exemplo, se a classe do produto estiver madura, a empresa for líder de mercado e o uso da marca for baixo, o objetivo será estimular mais o uso. Agora, se a classe do produto for nova e a empresa não for líder de mercado, mas a marca for superior à líder, então o objetivo será convencer o mercado da superioridade da marca.

Decisão sobre o orçamento de propaganda

Cinco fatores devem ser levados em conta na hora de estabelecer o orçamento de propaganda. São eles:[5]

1. *Estágio no ciclo de vida do produto:* novos produtos normalmente recebem grandes orçamentos, para gerar conscientização e para ser experimentados pelos consumidores. Marcas estabelecidas, por sua vez, em geral, recebem orçamentos mais baixos, que são calculados como uma porcentagem das vendas.
2. *Participação de mercado e base de consumidores:* marcas com forte participação de mercado geralmente requerem menos gastos com propaganda como uma porcentagem das vendas para manter sua participação. Para conquistar participação por meio do aumento do tamanho do mercado, são necessários gastos maiores.
3. *Concorrência e saturação:* em um mercado com muitos concorrentes e altos gastos com propaganda, uma marca precisa anunciar maciçamente para ser ouvida. Na verdade, a simples saturação de propagandas não diretamente concorrentes da marca gera a necessidade de anunciar de maneira mais pesada.
4. *Frequência da propaganda:* o número de repetições necessárias para transmitir a mensagem da marca aos consumidores gera um impacto óbvio sobre o orçamento da propaganda.
5. *Nível de substituição do produto:* marcas de produtos genéricos ou não tão bem diferenciados (cerveja, refrigerante) requerem uma propaganda maciça para estabelecer uma imagem exclusiva.

Desenvolvimento da campanha de propaganda

Na hora de elaborar uma campanha publicitária, os profissionais de marketing empregam tanto arte como ciência para desenvolver a *estratégia de mensagem* ou o posicionamento de um anúncio (*o que* o anúncio tenta transmitir sobre a marca) e para desenvolver sua *estratégia criativa* (*como* o anúncio expressa as vantagens da marca). Os anunciantes passam por três fases: (1) geração e avaliação da mensagem, (2) desenvolvimento e execução criativos e (3) análise da responsabilidade social.

Geração e avaliação da mensagem. Um bom anúncio geralmente se concentra em uma ou duas proposições de venda principais. Como parte do refinamento do posicionamento da marca, o anunciante deve conduzir uma pesquisa de mercado a fim de determinar qual apelo funciona melhor com seu público-alvo e, então, preparar um briefing criativo, normalmente com uma ou duas páginas. Trata-se de uma declaração de posicionamento e inclui considerações como mensagem principal, público-alvo, objetivos da comunicação (fazer, saber, acreditar), principais benefícios da marca, apoios para a promessa da marca e mídia. Quanto maior o número de temas explorados para os anúncios, maior a probabilidade de encontrar um que seja excelente. Algumas empresas convidam consumidores para fazer parte de sua equipe criativa – uma estratégia muitas vezes chamada "fonte aberta" ou *crowdsourcing*.[6]

Desenvolvimento e execução criativos. O impacto do anúncio depende não apenas do que é dito, mas também de *como* é dito – ponto que, com frequência, é mais importante. A execução pode ser decisiva. Todo veículo de propaganda tem suas vantagens e desvantagens. Por exemplo, a televisão, que pode retratar a personalidade da marca e demonstrar seus benefícios, atinge um amplo espectro de consumidores a um baixo custo por exposição. Os anúncios impressos podem oferecer informações detalhadas sobre o produto e comunicar, com eficácia, o imaginário do usuário e do uso. O rádio, um veículo flexível e barato, atinge mais de 90% da população norte-americana com mais de 12 anos, em casa ou longe dela. À medida que o acesso a *streaming* via Internet cresce, as tradicionais emissoras de rádio AM/FM sentem a pressão – hoje, elas representam menos da metade daquilo que é ouvido em casa.[7] Duas desvantagens do rádio são: a falta de imagens e a natureza relativamente passiva do processamento pelo consumidor.

Questões legais e sociais. Para se destacar na multidão, alguns anunciantes acreditam que têm que ser provocativos. No entanto, eles precisam se certificar de que sua propaganda está de acordo com as diretrizes regulatórias e legais, bem como não ofende o público geral, grupos étnicos, minorias raciais ou grupos de interesse especial. Por exemplo, os anunciantes não podem fazer declarações falsas, como afirmar que um produto cura algo que ele não cura. O desafio reside em saber diferenciar trapaça e exagero – exagero que não pretende ser levado a sério e que é permitido por lei. A propaganda pode desempenhar um papel social positivo mais amplo. A Ad Council é uma organização sem fins lucrativos que utiliza grandes talentos do setor para produzir e distribuir anúncios de utilidade pública para órgãos governamentais e sem fins lucrativos.

Decisão sobre a mídia e mensuração de sua eficácia

Após escolher a mensagem, a tarefa seguinte consiste em optar pela mídia que vai veiculá-la. Aqui, as etapas são: decidir sobre o alcance, a frequência e o impacto desejados; escolher entre os principais tipos de mídia; selecionar veículos de comunicação específicos; decidir sobre o *timing* da mídia; decidir sobre a distribuição geográfica da mídia.

Decisão sobre o alcance, a frequência e o impacto

Selecionar a mídia significa encontrar a mídia mais eficiente em termos de custo para entregar o número e o tipo de exposições desejados para o público-alvo. O anunciante busca um objetivo de propaganda específico e certa resposta do público-alvo – por exemplo, um determinado nível de experimentação do produto – que depende, entre outras coisas, do nível de conscientização da marca. O efeito das exposições sobre a conscientização do público depende do alcance, da frequência e do impacto:

- *Alcance (A).* Número de pessoas ou lares diferentes expostos a uma determinada programação da mídia pelo menos uma vez durante um período de tempo especificado.
- *Frequência (F).* Número de vezes dentro do período de tempo especificado que, em média, uma pessoa ou lar é exposto à mensagem.
- *Impacto (I).* Valor qualitativo de uma exposição em determinado meio (um anúncio de comida vai ter mais impacto na revista *Good Housekeeping* do que na *Fortune*).

Apesar de a conscientização do público ser maior com índices de alcance, frequência e impacto maiores, existem importantes considerações aqui. O alcance é mais importante nos casos que envolvem lançamento de produtos, marcas paralelas, extensões de marcas bastante conhecidas ou marcas compradas com pouca frequência. É importante também quando se busca um mercado-alvo indefinido. A frequência é mais importante em situações que envolvem fortes concorrentes, uma história complexa a ser contada, grande resistência do consumidor ou um ciclo de compra frequente.[8] A principal razão para a repetição é o esquecimento. Quanto mais alta a taxa de esquecimento associada à marca, à categoria de produto ou à mensagem, mais alto o nível de repetição justificado. Os anunciantes, no entanto, não devem se apoiar em um anúncio batido; em vez disso, eles devem insistir em novidades com sua agência de publicidade.[9]

Escolha entre os principais tipos de mídia

Os planejadores de mídia devem conhecer a capacidade que os principais tipos de mídia têm de oferecer alcance, frequência e impacto, bem como seus custos, vantagens e limitações (veja o Quadro 16.1). Eles tomam suas decisões levando em conta fatores como hábitos de mídia do público-alvo, características do produto, características da mensagem e custo.

Opções alternativas de propaganda

Nos últimos anos, com a redução da eficácia da mídia de massa tradicional, os anunciantes passaram a dar mais ênfase à mídia alternativa. A **propaganda externa** é uma categoria ampla que inclui diversas formas criativas e inesperadas de atrair a atenção dos consumidores. O argumento por trás dela é que as empresas se saem melhor quando alcançam as pessoas onde elas trabalham, se divertem e, claro, compram. Opções comuns de propaganda externa são: cartazes (incluindo imagens em 3D), espaços públicos (como telas de cinema e elevadores de hotel), *merchandising* (em filmes e na

QUADRO 16.1 PERFIL DOS PRINCIPAIS TIPOS DE MÍDIA.

Meio	Vantagens	Limitações
Jornal	Flexibilidade; bom *timing*; ampla cobertura do mercado local; alta credibilidade.	Vida curta; baixa qualidade de reprodução; pequena circulação de leitores.
Televisão	Combina visão, som e movimento; traz apelo aos sentidos; alto nível de atenção; alto índice de alcance.	Custo muito alto; grande saturação; exposição passageira; menor seletividade do público.
Mala direta	Seletividade do público; flexibilidade; nenhum anúncio concorrente no mesmo meio; personalização.	Custo relativamente alto; imagem de "correspondência inútil".
Rádio	Uso em massa; alta seletividade geográfica e demográfica; baixo custo.	Somente apresentação sonora; nível de atenção mais baixo que o da televisão; preços não tabelados; exposição passageira.
Revista	Alta seletividade geográfica e demográfica; credibilidade e prestígio; reprodução de alta qualidade; vida longa; boa circulação de leitores.	Espaço do anúncio precisa ser comprado com antecedência; existe certo desperdício na circulação.
Outdoor	Flexibilidade; alto grau de repetição da exposição; baixo custo; baixa concorrência.	Seletividade do público limitada; limitações criativas.
Páginas Amarelas	Excelente cobertura local; alta credibilidade; amplo alcance; baixo custo.	Grande concorrência; espaço do anúncio precisa ser comprado com antecedência; limitações criativas.
Informativo	Seletividade muito alta; controle total; oportunidades de interação; custos relativamente baixos.	Os custos podem fugir do controle.
Brochura	Flexibilidade; controle total; possibilita a dramatização das mensagens.	A produção em excesso pode fazer os custos saírem do controle.
Telefone	Muitos usuários; oportunidade de oferecer um toque pessoal.	Custo relativo alto; resistência cada vez maior do consumidor.
Internet	Alta seletividade; possibilidades de interação; custo relativamente baixo.	Saturação crescente.

televisão) e **pontos de venda**, para alcançar os consumidores onde as decisões de compra são tomadas – normalmente no ambiente de varejo (isso inclui anúncios nos carrinhos de compra e prateleiras, demonstrações na loja e emissoras internas de rádio e televisão).

Hoje, os anúncios podem estar presentes em, praticamente, qualquer lugar que os consumidores tenham alguns minutos ou mesmo segundos para reparar neles. Se a mensagem for simples e direta, esses anúncios poderão atingir um público muito preciso e cativo, de uma maneira bastante eficiente em termos de custo. No entanto, anúncios diferentes, elaborados para sobressair na multidão, podem ser vistos como invasivos e inoportunos. O desafio da mídia não tradicional é demonstrar seu alcance e efetividade por meio de uma pesquisa confiável, independente.

Sempre haverá espaço para maneiras criativas de posicionar a marca diante dos consumidores, como algumas empresas estão fazendo por meio dos *advergames* (veja a seção "Insight de marketing", a seguir).

Insight de marketing

Jogando *videogame* com marcas

Mais da metade dos adultos norte-americanos com mais de 18 anos joga *videogame*, e cerca de um em cada cinco joga todo dia ou quase todo dia. Praticamente todos os adolescentes dos Estados Unidos (97%) jogam *videogame*. Um total de 40% dos jogadores são mulheres. Diante dessa popularidade esmagadora, muitos anunciantes concluíram que, "se não é possível vencê-los, junte-se a eles" e estão acrescentando *advergames* em seu mix de comunicação. Os *advergames* podem ser jogados na homepage do patrocinador, em portais de jogos ou mesmo em locais como restaurantes.

A Honda desenvolveu um jogo on-line que permite aos usuários escolherem um de seus veículos e percorrerem as ruas da cidade repletas de logos da empresa. Nos primeiros três meses, 78 mil pessoas jogaram por, em média, oito minutos cada. O custo por mil (CPM) do jogo de 7 dólares foi considerado satisfatório, em comparação aos 11,65 dólares de CPM das propagandas de televisão no horário nobre. As empresas coletam dados valiosos sobre os clientes no momento em que eles se cadastram e, em geral, pedem permissão para enviar e-mails. Empresas reconhecidas por seu marketing como a Apple, a Procter & Gamble, a Toyota e a Visa já aderiram aos *advergames*. Uma pesquisa sugere que os jogadores aceitam os anúncios. Um estudo mostrou que 70% deles achavam que os anúncios "contribuíam para o realismo", "se encaixavam nos jogos" em que apareciam e eram "bacanas".

Fontes: In-game advertising research proves effectiveness for brands across categories and game titles. Disponível em: www.microsoft.com. Acesso em: 3 jun. 2008; LENHART, Amanda. Video games: adults are players too. Disponível em: www.pewresearch.org. Acesso em: 7 dez. 2008; BROWN, Erika. Game on! **Forbes**, p. 84-86, July 24, 2006; RADD, David. Advergaming: you got it. **BusinessWeek**. Acesso em: 11 out. 2006; ELLIOTT, Stuart. Madison Avenue's full-court pitch to video gamers. **New York Times**, October 16, 2005.

Seleção de veículos específicos

Os planejadores de mídia devem buscar o veículo mais eficiente em termos de custo dentro de cada tipo de mídia escolhida. Para isso, eles devem se basear nos serviços de avaliação, que estimam o tamanho e a composição do público, bem como os custos da mídia. Em seguida, devem calcular o custo por mil pessoas atingidas pelos veículos e classificar cada um deles de acordo com seu custo, dando preferência àqueles com custo mais baixo por mil consumidores-alvo atingidos. Por fim, os planejadores de mídia ajustam as classificações considerando (1) a qualidade da audiência, (2) a probabilidade de o público prestar atenção no anúncio, (3) a qualidade editorial do veículo e (4) as políticas de colocação de anúncios e os serviços adicionais.

Decisão sobre o *timing* e a alocação da mídia

Na hora de escolher a mídia, o anunciante se depara com uma decisão de macroprogramação e uma de microprogramação. A *decisão de macroprogramação* tem a ver com a sazonalidade e o ciclo do negócio. Vamos supor que 70% das vendas de um produto ocorra entre junho e setembro. A empresa pode variar seus gastos com propaganda para seguir esse padrão sazonal, para se opor a ele ou para que as vendas sejam constantes ao longo do ano.

A *decisão de microprogramação* requer a alocação dos gastos com propaganda dentro de um curto período para obter o máximo de impacto. As mensagens da propaganda podem ser concentradas (propaganda de "explosão"), dispersas de maneira contínua ao longo do mês ou dispersas de modo intermitente. O padrão escolhido deve atender aos objetivos da comunicação estabelecidos de acordo com a natureza do produto, os clientes-alvo, os canais de distribuição e outros fatores de marketing.

No lançamento de um produto, o anunciante precisa escolher entre continuidade, concentração, alternância e intermitência. *Continuidade* significa fazer exposições regulares durante determinado período; os anunciantes utilizam a continuidade em casos de ampliação do mercado, com itens comprados com frequência e com categorias de compradores bem definidas. A *concentração* requer o gasto de todo o orçamento com propaganda em um único período, o que faz sentido no caso de produtos vendidos em uma única temporada ou ocasião. Já a *alternância* requer um período com propaganda, que é seguido por um período sem propaganda, o qual, por sua vez, é seguido por um segundo período com propaganda. A alternância é útil quando os recursos são limitados, o ciclo de compra é relativamente infrequente e os itens são sazonais. Na *intermitência*, a propaganda contínua a níveis baixos é periodicamente reforçada por ondas de atividade mais intensa, que têm por objetivo ajudar o público a entender a mensagem mais completamente, a um custo mais baixo para a empresa.

A empresa precisa decidir como alocar seu orçamento com propaganda tanto no espaço como no tempo. Ela faz "compras nacionais" quando anuncia em rede nacional ou em revistas de circulação nacional. Faz "compras localizadas" quando compra tempo na TV em apenas alguns mercados ou em edições regionais de revistas. E faz "compras locais" quando anuncia em jornais e rádios locais, bem como em *outdoors*.

Avaliação da eficácia da propaganda

A maioria dos anunciantes tenta avaliar o efeito da comunicação de um anúncio – isto é, seu potencial impacto sobre a conscientização, o conhecimento ou a preferência. Eles também gostariam de avaliar o efeito de um anúncio sobre as vendas (para saber mais sobre anúncios que obtiveram resultados durante períodos econômicos ruins, veja a seção "Habilidades em marketing", a seguir).

A **pesquisa de efeito da comunicação**, chamada de *pré-teste de texto*, procura determinar se um anúncio está comunicando a mensagem de maneira eficaz. Os profissionais de marketing devem fazer esse teste antes de o anúncio ser colocado na mídia (pré-teste) e depois de ele ser impresso ou transmitido (pós-teste). Muitos anunciantes utilizam pós-testes para avaliar o impacto geral de uma campanha concluída.

Para saber se está gastando de mais ou de menos com propaganda, a empresa pode trabalhar com a fórmula mostrada na Figura 16.2. A *participação nos investimentos em propaganda* leva a determinada *participação em relação à concorrência* (*share of voice* – proporção da propaganda que a empresa faz de um produto em relação a todas as propagandas feitas daquele produto), a qual gera uma *participação na lembrança e na preferência dos consumidores* (*share of mind* e *share of heart*) e, em última instância, uma *participação no mercado*.

Habilidades em marketing

Propaganda em tempos difíceis

As empresas que conseguem desenvolver uma propaganda eficaz em tempos difíceis estão mais bem preparadas para desenvolver anúncios em qualquer tipo de situação econômica. Quando os outros estão reduzindo os gastos com propaganda, as empresas cujas mensagens se destacam conquistam uma importante vantagem. Garanta que as mensagens ofereçam insights sobre o que a marca significa. Não tome decisões com base, exclusivamente, na pesquisa de mercado, pois, com frequência, as pessoas rejeitam ideias originais ou fora do comum simplesmente por elas serem diferentes. Por fim, mire com cuidado, a fim de atingir grupos de cliente influentes, e use a criatividade, lançando mão de abordagens que geram resultado.

A Southwest Airlines conseguiu conquistar participação de mercado durante a recente recessão – período em que as companhias aéreas estavam em dificuldades – fazendo da chamada "Bagagens voam de graça" sua principal mensagem em todas as mídias. A campanha se destacou por abordar a irritação dos consumidores com as diversas taxas adicionais cobradas pelas empresas aéreas concorrentes. Uma propaganda bem-humorada mostrava funcionários da Southwest que lidam com as bagagens dizendo a palavra *grátis*, com as letras estampadas no peito, enquanto colocavam as malas em uma aeronave da empresa. Essa campanha ajudou a Southwest a alcançar pessoas que viajam a trabalho e a passeio, bem como a conquistar um significativo aumento nas vendas, apesar da crise econômica.[10]

Os pesquisadores tentam avaliar o impacto nas vendas por meio da análise de dados históricos ou experimentais. Utilizando técnicas estatísticas avançadas, a *abordagem histórica* relaciona tanto as vendas como os gastos passados com propaganda.[11] Outros pesquisadores utilizam um *modelo experimental* para avaliar o impacto da propaganda sobre as vendas.

FIGURA 16.2 FÓRMULA PARA AVALIAR O IMPACTO DA PROPAGANDA SOBRE AS VENDAS.

Promoção de vendas

A **promoção de vendas**, um elemento fundamental nas campanhas de marketing, consiste de uma série de ferramentas de incentivo, a maioria de curto prazo, elaboradas para estimular a compra mais rápida ou em maior quantidade de determinados produtos ou serviços por parte do consumidor ou do comércio.[12] Enquanto a propaganda oferece uma *razão* para comprar, a promoção de vendas oferece um *incentivo*. A promoção de vendas inclui ferramentas para *promoção de consumo* – amostras, cupons, reembolsos, descontos, brindes, prêmios, recompensas, experimentações gratuitas, garantias, promoções combinadas, promoções cruzadas, displays em pontos de venda e demonstrações. Ela inclui também ferramentas para *promoção de comércio* (bonificações por propaganda e exposição, descontos e mercadorias gratuitas) e para *promoção setorial e da equipe de vendas* (feiras comerciais e convenções, concursos para representantes de vendas e propaganda dirigida).

Objetivos da promoção de vendas

A promoção de vendas pode ser utilizada para o alcance de uma série de objetivos. As empresas utilizam promoções de incentivo para fazer com que mais pessoas experimentem o produto, para recompensar clientes fiéis e para aumentar as taxas de recompra de usuários eventuais. Geralmente, as promoções de vendas atraem pessoas que estão sempre mudando de marca, as quais buscam, principalmente, preços baixos, valor agregado ou valores adicionais. Se, de outra maneira, algumas dessas pessoas não tivessem experimentado a marca, a promoção pode gerar aumento na participação de mercado no longo prazo.[13] Em mercados com grande similaridade entre as marcas, as promoções de vendas podem gerar altas vendas no curto prazo, mas pouco ganho permanente em preferência de marca em um prazo mais longo. Já em mercados com grande diferença entre as marcas, elas podem alterar participações de mercado em base permanente. Com as promoções de vendas, além da troca de marca, os consumidores podem se voltar para a estocagem – comprando antes que o habitual (aceleração da compra) ou quantidades extras. Isso, no entanto, pode gerar um declínio nas vendas pós-promoção.[14]

Propaganda *versus* promoção

Principalmente nos mercados consumidores, diversos fatores têm contribuído para o crescimento dos gastos com promoção de vendas como uma porcentagem do orçamento total de comunicação. A promoção passou a ser mais aceita pela alta administração como uma ferramenta de vendas eficaz, o número de marcas aumentou, as concorrentes passaram a utilizar as promoções com mais frequência, muitas marcas passaram a ser vistas como similares, os consumidores se tornaram mais orientados pelo preço, o comércio passou a demandar mais promoções dos fabricantes e a eficácia da propaganda diminuiu.

Entretanto, o rápido crescimento da promoção de vendas gerou certa saturação. Além disso, os compradores fiéis a uma marca tendem a não mudar seus padrões de compra como resultado de promoções da concorrência. A propaganda parece ser mais eficiente para intensificar a fidelidade à marca, embora possamos distinguir promoções de valor agregado de promoções de preço.[15] As promoções de preço podem não gerar volume permanente dentro do total da categoria. Um estudo que envolveu mais de mil promoções concluiu que somente 16% delas se pagaram.[16]

Concorrentes com pequena participação de mercado podem achar vantajoso utilizar promoção de vendas. Isso porque eles não só não conseguem acompanhar os grandes orçamentos de propaganda dos líderes de mercado, como também não conseguem espaço nas prateleiras sem oferecer compensações para o comerciante nem estimular a experimentação do consumidor sem oferecer incentivos. As marcas líderes fazem promoções com menos frequência porque a maioria delas beneficia apenas usuários atuais. Como resultado, muitas empresas de bens de consumo embalados se sentem forçadas a usar mais promoção de vendas do que gostariam.

Principais decisões

Ao utilizar a promoção de vendas, a empresa precisa estabelecer seus objetivos, selecionar as ferramentas, desenvolver o programa, realizar o pré-teste do programa, implantar e controlar esse programa e avaliar os resultados.

Estabelecimentos dos objetivos. Os objetivos da promoção de vendas derivam de objetivos de promoção mais amplos, os quais derivam de objetivos de marketing mais básicos para o produto. No que diz respeito aos consumidores, os objetivos incluem: incentivar a compra de quantidades maiores, gerar experimentação entre os não usuários e atrair pessoas que mudam de marca, afastando-as das marcas concorrentes. Em termos ideais, as promoções para os consumidores geram impacto nas vendas no curto prazo, bem como efeitos sobre o *brand equity* no longo prazo.[17] No que diz respeito aos comerciantes, os objetivos incluem: persuadir os varejistas a trabalhar com novos itens e níveis mais altos de estoque, estimular a compra fora de época, incentivar o estoque de itens relacionados, equiparar as promoções dos concorrentes, construir fidelidade à marca e conquistar novos varejistas. Por fim, no que diz respeito à equipe de vendas, os objetivos incluem: estimular o apoio a um novo produto ou modelo, incentivar a prospecção de clientes potenciais e encorajar as vendas fora de época.[18]

Seleção das ferramentas de promoção para o consumidor. As principais ferramentas de promoção para o consumidor estão resumidas no Quadro 16.2. Tomando o exemplo do setor automobilístico, as *promoções do fabricante* são constituídas de descontos e brindes para motivar *test-drives* e compras. Já as *promoções do varejista* incluem redução de preço, propaganda das características do produto, cupons de desconto e concursos ou prêmios oferecidos pelo varejista.[19]

Podemos também fazer uma distinção entre as ferramentas de promoção de vendas que *reforçam a compreensão da marca* pelo consumidor e as que não o fazem. As primeiras transmitem, com a oferta, uma mensagem de vendas. É o caso das amostras grátis, dos cartões de fidelidade e dos prêmios relacionados ao produto. Entre as ferramentas de promoção de vendas que, em geral, *não* visam à construção da marca, estão: pacotes de desconto, concursos e sorteios, ofertas de reembolso e compensações comerciais. As promoções que reforçam a compreensão da marca pelo consumidor oferecem o melhor dos dois mundos, uma vez que constroem *brand equity* ao mesmo tempo em que aumentam as vendas. Nos últimos anos, as amostras ganharam popularidade – empresas como o McDonald's e a Starbucks já deram milhões de amostras de novos produtos. Isso se deve ao fato de os consumidores gostarem das amostras e, geralmente, no caso de produtos de qualidade, impulsionarem um aumento nas vendas no longo prazo.[20] Os cupons digitais, que podem ser entregues por celular, Twitter, e-mail ou Facebook, eliminam os custos de impressão, reduzem os gastos com papel, são fáceis de serem atualizados e possuem índices de resgate mais altos.[21]

QUADRO 16.2 PRINCIPAIS FERRAMENTAS DE PROMOÇÃO PARA O CONSUMIDOR.

Amostra: oferta gratuita de uma parcela de um produto ou serviço entregue em casa, enviada por e-mail, recebida em uma loja, anexa a outro produto ou exibida em uma oferta de propaganda.

Cupom: cédula que confere ao portador o direito a um desconto declarado na compra de um produto específico; pode ser enviada por correio, embutida ou acoplada em outros produtos e inserida em anúncios impressos ou digitais.

Reembolso: oferece uma redução no preço após a compra, e não na loja – o consumidor envia determinada "prova de compra" para o fabricante, que, pelo correio, reembolsa parte do valor pago.

Pacote de desconto: oferece aos consumidores descontos, estampados no rótulo ou na embalagem, sobre o preço regular de um produto. Um *pacote com preço reduzido* consiste em um único produto vendido a um preço menor (como dois pelo preço de um). Já um *pacote conjugado* consiste em dois produtos relacionados vendidos juntos (como uma escova de dente e um creme dental).

Brinde: mercadoria oferecida a um preço mais baixo ou gratuitamente como forma de incentivo para a compra de determinado produto. Um *brinde clássico* acompanha o produto dentro da embalagem ou anexo a ela. Um *brinde pelo correio* é enviado aos consumidores que enviam uma prova de compra, como uma parte da embalagem ou o código de barras. Um *brinde a preço de liquidação* é vendido abaixo de seu preço de varejo normal para consumidores que o solicitam.

Programa de fidelidade: programa que oferece recompensas relacionadas à frequência e à intensidade com que o consumidor adquire os produtos e os serviços da empresa.

Prêmio (concurso, sorteio, jogo): o *prêmio* consiste em oportunidades de ganhar dinheiro, viagens ou mercadorias em decorrência da compra de alguma coisa. Um *concurso* pede que os consumidores enviem algo para ser examinado por um corpo de jurados, que escolherão os melhores. Um *sorteio* requer que os consumidores enviem seu nome em um determinado cupom. Um *jogo* oferece aos consumidores algo todas as vezes que eles compram – números para um bingo, letras que estão faltando –, que pode ajudá-los a ganhar um prêmio.

Recompensa: valor em dinheiro ou em outras formas que tenham a ver com a clientela de um determinado revendedor ou grupo de revendedores.

Experimentação gratuita: compradores potenciais são convidados a experimentar o produto sem custo, na esperança de que eles, posteriormente, o comprem.

Garantia: promessa explícita ou implícita da empresa de que o produto vai ter o desempenho especificado ou de que, em determinado período, ela o consertará ou reembolsará o cliente.

Promoção combinada: duas ou mais marcas ou empresas que, para aumentar seu poder de atração, se unem, oferecendo cupons e reembolsos ou promovendo concursos.

Promoção cruzada: o uso de uma marca para divulgar outra, que não é concorrente.

Displays em pontos de venda e demonstrações: displays em pontos de venda e demonstrações que ocorrem nesses pontos.

Seleção das ferramentas de promoção para o comércio. Os fabricantes utilizam uma série de ferramentas de promoção para o comércio (veja o Quadro 16.3).[22] Eles oferecem incentivos em dinheiro aos comerciantes para (1) persuadir o varejista ou o atacadista a trabalhar com a marca; (2) persuadir o varejista ou o atacadista a estocar mais unidades do que o habitual; (3) induzir os varejistas a promover a marca, destacando-a, expondo-a e reduzindo seu preço; (4) estimular os varejistas e seus vendedores a oferecer o produto. O poder crescente dos grandes varejistas tem aumentado sua capacidade de exigir promoção à custa da promoção para o consumidor e da propaganda.[23] A promoção para o comércio pode ser complexa de se administrar, além de poder levar à perda de receita.

QUADRO 16.3 PRINCIPAIS FERRAMENTAS DE PROMOÇÃO PARA O COMÉRCIO.

Desconto: desconto direto no preço de tabela concedido para cada caixa comprada durante um período de tempo estipulado.
Bonificação: quantia oferecida ao varejista que, em troca, deve destacar os produtos do fabricante de alguma maneira. Uma *bonificação por propaganda* compensa os varejistas por anunciar o produto do fabricante. Uma *bonificação por exposição* os compensa por expor o produto de maneira especial.
Mercadoria gratuita: oferta de caixas extras de mercadorias para intermediários que compram determinada quantidade ou dão destaque a certo sabor ou tamanho.

Seleção das ferramentas de promoção setorial e da equipe de vendas. As empresas gastam bilhões de dólares com ferramentas de promoção setorial e da equipe de vendas (veja o Quadro 16.4), com a finalidade de obter *leads*, impressionar e recompensar os clientes e motivar a força de vendas.[24] Normalmente, as empresas elaboram orçamentos para as ferramentas que permanecem razoavelmente constantes de ano para ano. Para muitos novos negócios que querem chamar a atenção do público-alvo, as feiras setoriais constituem uma importante ferramenta; no entanto, o custo por contato é o mais alto de todas as opções de comunicação.

QUADRO 16.4 PRINCIPAIS FERRAMENTAS DE PROMOÇÃO SETORIAL E DA EQUIPE DE VENDAS.

Feira comercial e convenção: associações setoriais organizam, anualmente, feiras comerciais e convenções. As empresas que participam desses eventos esperam uma série de benefícios, entre os quais: geração de novos *leads* de venda, manutenção do contato com os clientes, lançamento de produtos, encontro com novos clientes, ampliação das vendas para os clientes atuais e oferecimento de instrução para os clientes, por meio de publicações, vídeos e outros materiais audiovisuais.
Concurso de vendas: um concurso de vendas tem como objetivo induzir a força de vendas ou os revendedores a aumentar seus resultados de vendas durante determinado período, com prêmios (dinheiro, viagens, brindes ou pontos) para aqueles que forem bem-sucedidos.
Propaganda dirigida: a propaganda dirigida consiste de artigos úteis e de baixo custo, com o nome e o endereço da empresa — e, às vezes, com uma mensagem publicitária — que o vendedor dá para os clientes atuais ou potenciais. Artigos comuns são: canetas esferográficas, calendários, chaveiros, lanternas, sacolas e bloco de notas.

Desenvolvimento do programa. Na hora de decidir sobre o uso de um incentivo em particular, os profissionais de marketing devem levar em conta: (1) o *tamanho* do incentivo, (2) as *condições* para a participação, (3) a *duração* da promoção, (4) o *veículo de distribuição*, (5) o *timing* da promoção e (6) o *orçamento total da promoção de vendas*. O custo de uma determinada promoção consiste do custo administrativo (impressão, postagem e promoção da oferta) e do custo de incentivo (custo do brinde ou do desconto, incluindo o reembolso) multiplicados pelo número esperado de unidades vendidas.

Implantação e avaliação do programa. Os gerentes de marketing precisam preparar planos de implantação e controle que cubram o tempo de preparação (tempo necessário para preparar o programa antes de lançá-lo) e o tempo de vendas (que começa com o lançamento da promoção e termina quando, aproximadamente, 95% da mercadoria em oferta está nas mãos dos consumidores). Os fabricantes podem avaliar o programa utilizando dados de vendas, pesquisas com consumidores e experimentações. Os dados de vendas (obtidos com scanners) ajudam a analisar os tipos de pessoas que aproveitaram a promoção, o que elas compravam antes da promoção e como se comportaram depois da promoção em relação não apenas à marca, mas também a outras marcas. As promoções de vendas funcionam melhor quando atraem clientes dos concorrentes, que passam, então, a usar a marca. As pesquisas podem descobrir quantos consumidores se lembram da promoção, o que acharam dela, quantos a aproveitaram e como ela afetou o comportamento subsequente deles em relação à escolha da marca.[25]

Eventos e experiências

Fazer parte de um momento importante na vida pessoal dos consumidores por meio de eventos e experiências pode ampliar e aprofundar o relacionamento de uma empresa ou uma marca com seu público-alvo. Encontros diários com as marcas também podem afetar as atitudes e as crenças dos consumidores em relação a elas. Atmosferas são "ambientes embalados" que criam ou reforçam inclinações para a compra de um produto. Escritórios de advocacia decorados com tapetes orientais e móveis de carvalho comunicam "estabilidade" e "sucesso".[26] Um hotel cinco estrelas terá candelabros elegantes, colunas de mármore e outros sinais tangíveis de luxo. Muitas empresas estão criando experiências com o produto e a marca dentro e fora de lojas, como a Everything Coca-Cola, em Las Vegas, e o M&M World na Times Square, em Nova York.[27]

Objetivos dos eventos

As empresas apresentam uma série de razões para patrocinar eventos:

1. *Criar identificação com um determinado mercado-alvo ou estilo de vida:* os clientes podem ser atingidos de forma geográfica, demográfica, psicográfica ou comportamental, dependendo do evento. A Old Spice patrocina esportes universitários e automobilísticos – incluindo as participações de Tony Stewart na Nextel Cup e na Busch Series – para ressaltar a importância do produto entre seu público-alvo: garotos de 16 a 24 anos.[28]
2. *Aumentar a importância do nome da empresa ou do produto:* geralmente, o patrocínio oferece uma exposição prolongada para a marca – uma condição necessária para reforçar sua importância. A conscientização top-of-mind dos patrocinadores da

Copa do Mundo de futebol, como a Hyundai e a Sony, é beneficiada pela exposição repetida da marca ao longo de um mês de torneio.
3. *Criar ou reforçar percepções de importantes associações com a imagem da marca:* os eventos em si possuem associações que ajudam a criar ou reforçar as associações com a marca.[29] Para fortalecer sua imagem e agradar a região central dos Estados Unidos, o Toyota Tundra patrocinou o torneio de pesca B.A.S.S.
4. *Intensificar a imagem corporativa:* o patrocínio pode contribuir para a ideia de que a empresa é simpática e respeitosa. Embora a Visa veja seu patrocínio de longa data aos Jogos Olímpicos como um meio de obter conscientização internacional de marca e aumentar seu índice de utilização e seu volume, esse patrocínio também gera um sentimento patriótico e toca na questão emocional do espírito olímpico.[30]
5. *Criar experiências e provocar sensações:* as sensações provocadas por um evento empolgante ou recompensador podem ser indiretamente associadas à marca – como a Visa descobriu com o patrocínio aos Jogos Olímpicos.
6. *Expressar compromissos com a comunidade ou com questões sociais:* o marketing de causas patrocina organizações sem fins lucrativos e instituições de caridade. Empresas como a Timberland, a Home Depot e a Stonyfield Farms fizeram do marketing de causas uma importante base para seus programas de marketing.
7. *Entreter clientes importantes ou recompensar funcionários essenciais:* muitos eventos incluem deslumbrantes pavilhões de recepção e outros serviços e atividades especiais somente para patrocinadores e seus convidados, com o objetivo de construir uma boa reputação e estabelecer valiosos contatos de negócios. A BB&T, uma grande empresa de serviços bancários e financeiros, utilizou seu patrocínio à NASCAR Busch Series para entreter os clientes, ao passo que seu patrocínio à segunda divisão da liga de beisebol foi usado para gerar entusiasmo entre os funcionários.[31]
8. *Permitir oportunidades de exposição ou promoção:* muitas empresas amarram concursos ou sorteios, exposição nas lojas, resposta direta ou outras atividades de marketing com um evento. A Ford e a Coca-Cola utilizaram dessa maneira seu patrocínio ao programa *American Idol*, sucesso da TV.

Apesar dessas vantagens potenciais, o resultado de um evento pode ser imprevisível e estar fora do controle do patrocinador. Além disso, embora muitos consumidores valorizem os patrocinadores por oferecem o suporte financeiro que torna possível a realização do evento, alguns podem se ressentir com sua comercialização.

Principais decisões de patrocínio

O patrocínio de sucesso requer a escolha de eventos apropriados, a criação de um excelente programa de patrocínio e a avaliação de seus efeitos.

- *Escolha das oportunidades de evento.* O evento deve se encaixar com os objetivos de marketing e a estratégia de comunicação que foram definidos para a marca, atrair o público-alvo desejado, gerar suficiente conscientização e atribuições favoráveis, possuir a imagem desejada e ser capaz de criar os efeitos buscados. Um evento ideal é singular – e não é repleto de patrocinadores. Ele também ajuda em atividades de marketing complementares e reflete ou aprimora a imagem do patrocinador.[32]

- *Criação de programas de patrocínio.* Muitos profissionais de marketing acreditam que o programa de marketing que acompanha o patrocínio de um evento é o que, no final das contas, determina seu sucesso. No mínimo, de duas a três vezes do valor investido no patrocínio deve ser gasto em atividades de marketing relacionadas. A *criação de eventos* é uma habilidade particularmente importante na divulgação de movimentos de obtenção de fundos para organizações sem fins lucrativos.

- *Avaliação das atividades de patrocínio.* Avaliar o sucesso dos eventos é um desafio. O método da *oferta* se concentra na potencial exposição da marca, avaliando a extensão da cobertura da mídia, e o método da *demanda* foca na exposição relatada pelos consumidores, bem como nas atitudes e nas intenções relacionadas ao patrocinador que dela resultam. Embora o método da oferta forneça medidas quantificáveis, equiparar a cobertura da mídia com a exposição da propaganda significa ignorar o conteúdo da comunicação. A cobertura da mídia e as transmissões de TV apenas expõem a marca, e não necessariamente incrementam seu significado de maneira direta.

Criação de experiências

Grande parte do marketing local, de raízes é, na verdade, marketing de experiência, que não apenas comunica características e benefícios, mas também conecta um produto ou serviço a experiências singulares e interessantes. "A ideia não é vender algo, mas sim mostrar como uma marca pode enriquecer a vida do cliente."[33] Os consumidores parecem gostar disso. Em um levantamento, quatro em cada cinco entrevistados disseram que participar de um evento ao vivo era mais interessante do que todas as outras formas de comunicação. A esmagadora maioria também achava que o marketing de experiência lhes oferecia mais informações do que outras formas de comunicação e os tornava não apenas mais propensos a falar sobre o evento com outras pessoas, mas também receptivos a outras formas de marketing voltado para a marca.[34]

Relações públicas

A empresa deve se relacionar de maneira construtiva não apenas com clientes, fornecedores e revendedores, mas também com um grande número de públicos interessados. Um **público** é qualquer grupo que tenha interesse atual ou potencial na capacidade da empresa em atingir seus objetivos ou que possa impactar essa capacidade. As **relações públicas** (**RP**) incluem uma série de programas para promover ou proteger a imagem da empresa ou de produtos.

Uma empresa sensata toma medidas concretas para gerenciar, com êxito, o relacionamento com seus principais públicos. A maioria das empresas possui um departamento de relações públicas que, além de monitorar as atitudes dos públicos da organização, divulga informações para construir uma boa reputação. Os melhores departamentos de RP aconselham a alta administração a adotar programas positivos e a eliminar práticas questionáveis, a fim de evitar propaganda negativa. Eles desempenham as cinco funções a seguir:

1. *Relações com a imprensa:* apresentam notícias e informações sobre a organização com o enfoque mais positivo possível.
2. *Publicidade de produto:* realizam esforços para anunciar produtos específicos.
3. *Comunicação corporativa:* promovem o entendimento da organização por meio de comunicações internas e externas.
4. *Lobby:* negociam com legisladores e oficiais do governo para promover ou anular leis e regulamentações.
5. *Aconselhamento:* orientam a administração no que diz respeito a questões públicas, bem como a posições e à imagem da empresa durante momentos bons e ruins.

Relações públicas de marketing

Muitas empresas estão se voltando para as **relações públicas de marketing** (RP), a fim de apoiar a promoção corporativa ou de produtos, bem como a construção de imagem. A RP de marketing, assim como a RP financeira e a RP comunitária, atende um cliente especial: o departamento de marketing. O antigo nome da RP de marketing era **assessoria de imprensa**, que tinha como tarefa garantir espaço editorial – em oposição ao espaço pago – na mídia impressa e eletrônica com a finalidade de promover ou divulgar um produto, serviço, ideia, lugar, pessoa ou organização. A RP de marketing vai além da simples assessoria de imprensa, desempenhando um importante papel nas seguintes tarefas:

- *Apoio no lançamento de produtos.* O impressionante sucesso comercial de brinquedos como a Silly Bandz – uma recente febre entre a criançada nos Estados Unidos – deve-se, em grande parte, à forte publicidade.
- *Reposicionamento de um produto maduro.* A cidade de Nova York era muito criticada na imprensa na década de 1970, até o lançamento da campanha "I love New York". Trata-se de um clássico estudo de caso de RP.
- *Desenvolvimento de interesse por uma categoria de produto.* Empresas e associações comerciais utilizaram o RP de marketing para renovar o interesse por *commodities* em declínio (como ovos, leite e batatas), bem como para aumentar o consumo de produtos como chá e suco de laranja.

- *Influência sobre grupos-alvo específicos.* Nos Estados Unidos, o McDonald's patrocina eventos especiais em comunidades latinas e afro-americanas para construir uma boa reputação.
- *Defesa de produtos que tiveram problemas públicos.* Os profissionais de RP precisam estar aptos para gerenciar crises, como as que recaíram sobre marcas conhecidas como Tylenol, Toyota e BP.
- *Construção de uma imagem corporativa que reflita nos produtos de maneira favorável.* As apresentações bastante aguardadas de Steve Jobs na Macworld ajudaram a criar uma imagem inovadora, iconoclasta para a Apple.

Como o poder da propaganda de massa vem diminuindo, os gerentes de marketing estão se voltando para a RP de marketing a fim de construir conscientização e conhecimento de marca para produtos tanto novos como já estabelecidos. A RP de marketing também é eficaz na cobertura de comunidades locais e no alcance de grupos específicos, além de poder ser mais eficiente em termos de custo do que a propaganda. Contudo, ela precisa ser planejada em conjunto com a propaganda.[35]

Principais decisões na RP de marketing

Ao considerar quando e como utilizar a RP de marketing, a administração deve estabelecer os objetivos de marketing, escolher as mensagens e os veículos de RP, implantar o plano com cuidado e avaliar os resultados. As principais ferramentas da RP de marketing estão descritas no Quadro 16.5.

Na hora de estabelecer os objetivos da RP de marketing, as empresas podem buscar desenvolver *conscientização* divulgando histórias na mídia a fim de chamar a atenção para um produto, serviço, pessoa, organização ou ideia. Elas também podem utilizar a RP de marketing para construir *credibilidade*, comunicando a mensagem em um contexto editorial, e para aumentar o *entusiasmo* da força de vendas e dos revendedores, com histórias acerca de um novo produto antes de ele ser lançado. A RP de marketing pode reduzir os *custos de promoção*, uma vez que custa menos do que mala direta e propaganda na mídia.

O passo seguinte consiste no responsável pela RP de marketing desenvolver ou identificar histórias interessantes sobre o produto ou a marca. Se não houver histórias interessantes, esse profissional deverá propor o patrocínio de eventos que geram notícias, como forma de estimular a cobertura da mídia. Após implantar o plano, a empresa vai querer avaliá-lo. É difícil mensurar a contribuição da RP de marketing para o resultado da organização, uma vez que ela é utilizada junto de outras ferramentas promocionais. A maneira mais fácil de avaliar sua eficácia consiste em contabilizar o número de *exposições* na mídia. Já a melhor maneira de avaliá-la está na *mudança em termos de conscientização, compreensão e atitude com relação ao produto* como resultado da campanha de RP de marketing (após considerar o efeito de outras ferramentas promocionais).

QUADRO 16.5 PRINCIPAIS FERRAMENTAS DA RP DE MARKETING.

Publicações: as empresas dependem muito de materiais publicados (impressos e on-line) para atingir e influenciar seus mercados-alvo. Entre esses materiais, estão: relatórios anuais, brochuras, revistas corporativas e conteúdos audiovisuais.
Eventos: as empresas podem chamar atenção para novos produtos ou outras atividades organizando e divulgando eventos especiais que alcancem o público-alvo, como conferências, seminários, feiras setoriais, concursos, competições e comemorações.
Patrocínio: as empresas podem promover tanto o nome de suas marcas como seu próprio nome patrocinando e divulgando eventos esportivos e culturais, bem como causas altamente respeitadas.
Notícias: uma das principais tarefas dos profissionais de RP consiste em encontrar ou criar notícias favoráveis sobre a empresa, seus produtos e seus funcionários.
Apresentações: os executivos precisam, cada vez mais, responder a perguntas na mídia ou se apresentar em associações setoriais ou reuniões de vendas; essas aparições podem construir a imagem da empresa.
Atividades de utilidade pública: as empresas podem construir uma boa reputação contribuindo, com dinheiro e tempo, para boas causas.
Mídia de identidade: as empresas precisam de uma identidade visual que o público reconheça imediatamente. A identidade visual é transmitida pelos seguintes elementos: logos, papéis timbrados, brochuras, letreiros, cartões de visita, instalações, uniformes e vestuário.

Resumo

Propaganda é qualquer forma paga de apresentação não pessoal e promocional de ideias, produtos ou serviços por um patrocinador identificado. O desenvolvimento de um programa de propaganda consiste de um processo de cinco etapas, a saber: (1) estabelecimento dos objetivos da propaganda; (2) determinação do orçamento; (3) seleção da mensagem da propaganda e da estratégia criativa; (4) decisão sobre a mídia; (5) avaliação da comunicação e seus efeitos sobre as vendas.

A promoção de vendas consiste de ferramentas de incentivo, a maioria de curto prazo, elaboradas para estimular a compra mais rápida ou em maior quantidade de determinados produtos ou serviços por parte do consumidor ou do comércio. Ela também pode ser utilizada para gerar *leads* de vendas, recompensar clientes e motivar a equipe de vendas. Eventos e experiências são uma maneira de fazer parte de um momento especial e importante na vida pessoal dos consumidores. Se administrados de maneira apropriada, eles podem ampliar e aprofundar o relacionamento do patrocinador com seu mercado-alvo. As relações públicas (RP) incluem uma série de programas para promover ou proteger a imagem da empresa ou de seus produtos. A RP de marketing – que apoia o departamento de marketing na promoção corporativa ou de produtos, bem como na construção de imagem – pode afetar a conscientização do público por uma fração do custo da propaganda e, em geral, possui muito mais credibilidade.

Notas

1. SHAMBORA, Jessica. The adman behind Old Spice's new life, **Fortune**, October 18, 2010, p. 39; SEWALL, Dan. Old Spice rolls out new ads, **Associated Press**, July 1, 2010; TSCHORN, Adam. Old Spice ad connects women to male brand with a wink, **Los Angeles Times**, March 6, 2010; WILLIAMS, Mary Elizabeth. Take that, Super Bowl, **Salon.com**. Disponível em: www.salon.com, February 22, 2010.
2. NUNES, Paul F.; MERRIHUE, Jeffrey. The continuing power of mass advertising, **Sloan Management Review**, p. 63-69, Winter 2007.
3. AMALDOSS, Wilfred; HE, Chuan. Product variety, informative advertising, and price competition, **Journal of Marketing Research**, 47, p. 146-156, Feb. 2010.
4. Responses to comparative advertising, **Journal of Consumer Research**, 32, p. 530-540, Mar. 2006; GREWAL, Dhruv; KAVANOOR, Sukumar; BARNES, James. Comparative versus noncomparative advertising: a meta-analysis, **Journal of Marketing**, p. 1-15, Oct. 1997; ROSE, Randall L.; MINIARD, Paul W.; BARONE, Michael J.; MANNING, Kenneth C.; TILL, Brian D. When persuasion goes undetected: the case of comparative advertising, **Journal of Marketing Research**, p. 315-330, Aug. 1993.
5. CHANDY, Rajesh; TELLIS, Gerard J.; MACINNIS, Debbie; THAIVANICH, Pattana. What to say when: advertising appeals in evolving markets, **Journal of Marketing Research**, 38, n. 4, Nov. 2001; TELLIS, Gerard J.; CHANDY, Rajesh; THAIVANICH, Pattana. Decomposing the effects of direct advertising, **Journal of Marketing Research**, 37, p. 32-46, Feb. 2000; DANAHER, Peter J.; BONFRER, André; DHAR, Sanjay. The effect of competitive advertising, **Journal of Marketing Research**, 45, p. 211-225, Apr. 2008; SCHULTZ, Donald E.; MARTIN, Dennis; BROWN, William P. **Strategic advertising campaigns**. Chicago: Crain Books, 1984, p. 192-197.
6. PFANNER, Eric. When consumers help, ads are free, **New York Times**, p. B6, June 22, 2009; SULLIVAN, Elisabeth. H. J. Heinz: consumers sit in the director's chair for viral effort, **Marketing News**, p. 10, February 10, 2008; STORY, Louise. The high price of creating free ads, **New York Times**, May 26, 2007; PETRECCA, Laura. Madison Avenue wants you! (Or at least your videos), **USA Today**, June 21, 2007; PFANNER, Eric. Leave it to the professionals? Hey, let consumers make their own ads, **New York Times**, August 4, 2006.
7. The infinite dial 2009, **Arbitron**, Apr. 2009.
8. SCHULTZ et al., **Strategic advertising campaigns**. Chicago: NTC/Contemporary Publishing Company, Sep. 1994, p. 340.
9. MALAVIYA, Prashant. The moderating influence of advertising context on ad repetition effects, **Journal of Consumer Research**, 34, p. 32-40, June 2007.
10. THOMASELLI, Rich. Marketing of the year runner-up: Southwest, **Advertising Age**, October 18, 2010. Disponível em: www.adage.com; HALL, Cheryl. For Southwest Airlines, 'Bags Fly Free' is paying off, **Seattle Times**, Apr 26, 2010. Disponível em: http://seattletimes.nwsource.com/html/travel/2011708848_websouthwest26.html?syndication=rss.
11. MONTGOMERY, David B.; SILK, Alvin J. Estimating dynamic effects of market communications expenditures, **Management Science**, p. 485-501, June 1972; PALDA, Kristian S. **The measurement of cumulative advertising effects**. Upper Saddle River: Prentice Hall, 1964, p. 87.
12. BLATTBERG, Robert C.; NESLIN, Scott A. **Sales promotion**: concepts, methods, and strategies. Upper Saddle River: Prentice Hall, 1990. Uma análise abrangente do trabalho acadêmico sobre promoção de vendas pode ser encontrado em: NESLIN, Scott. Sales promotion. In: WEITZ, Bart; WENSLEY, Robin (eds.). **Handbook of marketing**. London: Sage, 2002, p. 310-338.
13. AILAWADI, Kusum; GEDENK, Karen; NESLIN, Scott A. Heterogeneity and purchase event feedback in choice models, **International Journal of Research in Marketing**, 16, p. 177-198, Sep. 1999. Veja também: AILAWADI, Kusum L.; GEDENK, Karen; LUTZKY, Christian; NESLIN, Scott A. Decomposition of the sales impact of promotion-induced stockpiling, **Journal of Marketing Research**, 44, Aug. 2007; ANDERSON, Eric T.; SIMESTER, Duncan. The long-run effects of promotion depth on new versus established customers, **Marketing Science**, 23, n. 1, p. 4-20, winter 2004. WATHIEU, Luc; MUTHUKRISHNAN, A. V.; BRONNENBERG, Bart J. The asymmetric effect of discount retraction on subsequent choice, **Journal of Consumer Research**, 31, p. 652-665, Dec. 2004. KOPALLE, Praveen; MELA, Carl F.; MARSH, Lawrence. The dynamic effect of discounting on sales, **Marketing Science**, 18, p. 317-332, Summer 1999.
14. HEERDE, Harald J. Van; GUPTA, Sachin; WITTINK, Dick. Is 75% of the sales promotion bump due to brand switching?, **Journal of Marketing Research**, 40, p. 481-491, Nov. 2003; HEERDE, Harald J. Van; LEEFLANG, Peter S. H.; WITTINK, Dick R. The estimation of pre- and postpromotion dips with store-level scanner data, **Journal of Marketing Research**, 37, n. 3, p. 383-395, Aug. 2000.
15. BROWN, Robert George. Sales response to promotions and advertising, **Journal of Advertising Research**, p. 36-37, Aug. 1974. Veja também: JEDIDI, Kamel; MELA, Carl F.; GUPTA, Sunil. Managing advertising and promotion for long-run profitability, **Marketing Science**, 18, n. 1, p. 1-22, Winter 1999. MELA, Carl F.; GUPTA, Sunil; LEHMANN, Donald R. The long-term impact of promotion and advertising on consumer brand choice,

Journal of Marketing Research, p. 248-261, May 1997; PAPATLA, Purushottam; KRISHNAMURTI, Lakshman. Measuring the dynamic effects of promotions on brand choice, **Journal of Marketing Research**, p. 20-35, Feb. 1996.

16. ABRAHAM, Magid M.; LODISH, Leonard M. Getting the most out of advertising and promotion, **Harvard Business Review**, p. 50-60, May/Jun. 1990. Veja também: SRINIVASAN, Shuba, PAUWELS, Koen; HANSSENS, Dominique; DEKIMPE, Marnik. Do promotions benefit manufacturers, retailers, or both?, **Management Science**, 50, n. 5, p. 617-629, May 2004.

17. SLOTEGRAAF, Rebecca J.; PAUWELS, Koen. The impact of brand equity innovation on the long-term effectiveness of promotions, **Journal of Marketing Research**, 45, p. 293-306, June 2008.

18. Para um modelo que visa ao estabelecimento de objetivos de promoção de vendas, veja JONES, David B. Setting promotional goals: a communications relationship model", **Journal of Consumer Marketing**, 11, n. 1, p. 38-49, 1994.

19. AILAWADI, Kusum L.; HARLAM, Bari A.; CESAR, Jacques; TROUNCE, David. Promotion profitability for a retailer, **Journal of Marketing Research**, 43, p. 518-536, Nov. 2006.

20. YORK, Emily Bryson; ZMUDA, Natalie. Sampling: the new mass media, **Advertising Age**, p. 03-56; May 12, 2008.

21. SKIDMORE, Sarah. Coupons evolve for the digital age, **Associated Press**, August 30,2009; 20 most popular comparison shopping websites, **eBizMBA**. Disponível em: www.ebizmba.com, June 2010.

22. GOMEZ, Miguel; RAO, Vithala; MCLAUGHLIN, Edward. Empirical analysis of budget and allocation of trade promotions in the U.S. supermarket industry, **Journal of Marketing Research**, 44, Aug. 2007; BRUCE, Norris; DESAI, Preyas S.; STAELIN, Richard. The better they are, the more they give: trade promotions of consumer durables, **Journal of Marketing Research**, 42, p. 54-66, Feb. 2005.

23. AILAWADI, Kusum L.; HARLAM, Bari. An empirical analysis of the determinants of retail margins, **Journal of Marketing**, 68, p. 147-166, Jan. 2004; AILAWADI, Kusum L; The retail power-performance Conundrum: what have we learned?, **Journal of Retailing**, 77, n. 3, p. 299-318, Fall 2001; FARRIS, Paul W.; AILAWADI, Kusum L. Retail power: monster or mouse?, **Journal of Retailing**, p. 351-369, winter 1992; PAUWELS, Koen. How retailer and competitor decisions drive the long-term effectiveness of manufacturer promotions, **Journal of Retailing**, 83, n. 3, p. 364-390, 2007.

24. IBIS World USA. Disponível em: www.ibisworld.com; LIM, Noah; AHEARNE, Michael J.; HAM, Sung H. Designing sales contests: does the prize structure matter?, **Journal of Marketing Research**, 46, p. 356-371, June 2009.

25. DODSON, Joe A.; TYBOUT, Alice M.; STERNTHAL, Brian. Impact of deals and deal retraction on brand switching, **Journal of Marketing Research**, p. 72-81, Feb. 1978.

26. KOTLER, Philip. Atmospherics as a marketing tool, **Journal of Retailing**, p. 48-64, Winter 1973-1974.

27. KERWIN, Kathleen. When the factory is a theme park, **BusinessWeek**, p. 94, May 3, 2004; O'CONNELL, Vanessa, 'You-are-there' advertising, **Wall Street Journal**, August 5, 2002.

28. Personal care marketers: who does what, **IEG Sponsorship Report**, p. 4, April 16, 2007.

29. CORNWELL, Bettina; HUMPHREYS, Michael S.; MAGUIRE, Angela M.; WEEKS, Clinton S.; TELLEGEN, Cassandra. Sponsorship-linked marketing: the role of articulation in memory, **Journal of Consumer Research**, 33, p. 312-321, Dec. 2006.

30. CASSIDY, Hilary. So you want to be an Olympic sponsor?, **Brandweek**, p. 24-28, November 7, 2005.

31. BB&T continues sponsorship with Clint Bowyer, Richard Childress racing, **SceneDaily**, January 14, 2010; BB&T puts name on new winston-salem ballpark, **Winston-Salem Journal**, February 24, 2010; Bank's new department, deals reflect elevated sponsorship status, **IEG Sponsorship Report**, p. 1, 8, April 16, 2007.

32. CORNWELL, T. Bettina; WEEKS, Clinton S.; ROY, Donald P. Sponsorship-linked marketing, **Journal of Advertising**, 34, Summer 2005.

33. PINE, B. Joseph; GILMORE, James H. **The experience economy**. Cambridge: Harvard University Press, 1999.

34. MORTON, Jack. **2006 experiential marketing study**. Disponível em: www.jackmorton.com.

35. Do we have a story for you!, **Economist**, p. 57-58, January 21, 2006. RIES, Al; RIES, Laura. **The fall of advertising and the rise of PR**. New York: HarperCollins, 2002.

PARTE 6:
Comunicando valor

capítulo **17**

Gerenciamento da comunicação pessoal: marketing direto e interativo, boca a boca e vendas pessoais

Neste capítulo, abordaremos as seguintes questões:

1. Como as empresas podem conduzir o marketing direto e o marketing interativo para obter vantagem competitiva?
2. Como o boca a boca afeta o sucesso do marketing?
3. Com que decisões a empresa se depara na hora de desenhar e gerenciar a força de vendas?
4. Como os profissionais de vendas podem melhorar suas habilidades de vendas, negociação e marketing de relacionamento?

Administração de marketing na PepsiCo

A PepsiCo buscou algo novo quando, em 2010, optou por não anunciar nenhuma de suas marcas de refrigerante no maior evento de mídia dos Estados Unidos: o Super Bowl. Em vez disso, ela lançou seu ambicioso projeto Pepsi Refresca. Com o slogan "Toda Pepsi refresca o mundo", a Pepsi reservou 20 milhões de dólares para financiar projetos de empresas e causas locais que "faziam do mundo um lugar melhor", concentrando-se em seis áreas: saúde, arte e cultura, alimentação e moradia, planeta, comunidade e educação. A Pepsi postou as ideias no site www.refresheverything.com e os consumidores votaram on-line para escolher os vencedores. O programa contou com uma presença significativa no Facebook, no Twitter e em outras redes sociais.

As primeiras doações financiaram projetos como: construção de um playground em uma comunidade, compra de computadores para escolas, fornecimento de cestas básicas para soldados feridos que se recuperavam em casa e oferecimento de aula de finanças para adolescentes. Desde então, a Pepsi tem alocado mais dinheiro em comunidades situadas na região do Golfo do México que foram afetadas pelo catastrófico derramamento de óleo. A campanha ajudou a Pepsi a conquistar consumidores em todos os estados norte-americanos, ao mesmo tempo que melhorou sua reputação em relação à responsabilidade social.[1]

Hoje em dia, a comunicação de marketing, cada vez mais, se dá como um diálogo entre a empresa e seus clientes. As empresas devem perguntar não apenas "Como podemos chegar até nossos clientes?", mas também "Como nossos clientes podem chegar até nós" e "Como nossos clientes podem alcançar uns aos outros?". Novas tecnologias têm incentivado as empresas a deixar o marketing de massa, buscando comunicações de duas vias mais personalizadas e direcionadas. Neste capítulo, vamos abordar o marketing direto e interativo, o marketing boca a boca, as vendas pessoais e a força de vendas.

Marketing direto

Marketing direto é o uso de canais diretos para alcançar os clientes e entregar a eles produtos sem, para isso, utilizar intermediários de marketing. Entre esses canais, estão: mala direta, catálogos, telemarketing, TV interativa, quiosques, sites e dispositivos móveis. Os profissionais de marketing direto costumam buscar uma resposta mensurável, geralmente um pedido do cliente, por meio do **marketing de pedido direto**. Nos Estados Unidos, o marketing direto tem caminhado em um ritmo mais rápido do que as vendas no varejo. Ele foi responsável por quase 53% do total de gastos com propaganda em 2009. Além disso, as empresas norte-americanos gastam mais de 149 bilhões de dólares por ano com marketing direto, que representa 8,3% do PIB do país.[2]

Os benefícios do marketing direto

Consumidores que dispõem de pouco tempo e estão cansados do trânsito e da dor de cabeça para estacionar gostam de linhas telefônicas gratuitas, de sites sempre disponíveis, de entregas no dia seguinte e do compromisso das empresas de marketing direto com o atendimento ao cliente. Além disso, muitas redes de lojas diminuíram o número de itens especializados, com saída mais lenta, criando uma oportunidade para as empresas de marketing direto promoverem esses itens para compradores interessados. Essas empresas se beneficiam também: elas podem comprar *mailings* de praticamente qualquer grupo (canhotos, milionários); customizar e personalizar mensagens para construir relacionamento com os clientes; alcançar clientes potenciais interessados no momento certo; testar, com facilidade, mídias e mensagens alternativas; avaliar as respostas a fim de determinar a lucratividade.

Mala direta

O marketing de mala direta consiste em enviar uma oferta, anúncio, lembrete ou outro item para um consumidor individual. Utilizando *mailings* altamente seletivos, as empresas que trabalham com mala direta enviam milhões de correspondências por ano – cartas, folhetos, DVDs e outros "vendedores alados". A mala direta é popular porque permite seletividade do mercado-alvo, pode ser personalizada, é flexível e possibilita a realização prévia de testes, bem como a avaliação das respostas. Apesar de o custo por cada mil pessoas ser muito mais alto do que o da mídia de massa, as pessoas atingidas são clientes potenciais muito mais promissores.

No desenvolvimento de uma campanha de mala direta eficaz, os profissionais de marketing direto devem definir objetivos, mercados-alvo, clientes potenciais e elementos da oferta, bem como estabelecer os elementos de teste da campanha e as medidas para avaliar seu sucesso.

- *Objetivos.* Os profissionais de marketing julgam o sucesso de uma campanha por seu índice de resposta. Um índice de resposta em forma de pedido de 2 a 4% é, normalmente, considerado bom, dependendo da categoria, da oferta e do preço do produto.[3] Outros objetivos podem incluir: gerar *leads*, fortalecer o relacionamento com o cliente, informar e instruir os clientes, lembrar os clientes da oferta e reforçar as decisões de compra.
- *Mercados-alvo e clientes potenciais.* Os profissionais de marketing direto aplicam a fórmula RFV (*recência, frequência* e *valor*) para selecionar os clientes de acordo com o tempo decorrido desde sua última compra, a quantidade de vezes que compraram e o montante que gastaram desde que se tornaram clientes. Os profissionais de marketing também identificam clientes potenciais com base em idade, sexo, renda, grau de instrução, compras anteriores realizadas pelo correio, ocasiões e estilo de vida. No marketing direto B2B, o cliente potencial é, normalmente, um grupo ou comitê formado por tomadores ou influenciadores de decisão.
- *Elementos da oferta.* A estratégia de oferta possui cinco elementos – o *produto*, a *oferta*, o *meio*, o *método de distribuição* e a *estratégia criativa* –, e todos eles podem ser testados.[4] O profissional de marketing direto também precisa escolher cinco elementos da mala direta em si: envelope externo, carta comercial, prospecto, formulário-resposta e envelope-resposta. Geralmente, a mala direta é seguida de um e-mail.

- *Elementos de teste.* Uma das grandes vantagens do marketing direto é sua capacidade de testar, sob condições reais de mercado, elementos como produtos e suas características, texto, tipo de mala direta, envelope, preços ou *mailings*. Os índices de resposta, normalmente, subestimam o impacto da campanha no longo prazo. É por isso que algumas empresas avaliam o efeito do marketing direto sobre a conscientização, a intenção de compra e o boca a boca.
- *Medidas de sucesso: valor ao longo do tempo.* Somando os custos planejados, o profissional de marketing direto pode determinar o índice de resposta necessário para atingir o ponto de equilíbrio (levando em conta a mercadoria devolvida e a inadimplência). Uma campanha pode fracassar no curto prazo e, ainda assim, ser lucrativa no longo prazo, caso o valor do cliente ao longo do tempo seja considerado. Calcule a longevidade média do cliente, seu gasto anual médio e a margem bruta média, subtraindo, então, o custo médio de aquisição e a manutenção do cliente (descontado o custo de oportunidade).[5]

Marketing de catálogo

No marketing de catálogo, as empresas podem enviar: catálogos de sua linha completa de produtos, catálogos especializados e catálogos empresariais. Elas os enviam normalmente na forma impressa, mas também podem fazê-lo em DVD ou on-line. Muitos profissionais de marketing direto descobriram que combinar catálogos com sites consiste em uma maneira eficaz de vender, especialmente para outros países. Os catálogos representam um negócio enorme – o setor de varejo de catálogo e Internet engloba 16 mil empresas com uma receita anual combinada de 235 bilhões de dólares.[6]

O sucesso de um negócio baseado em catálogo depende do gerenciamento cuidadoso das listas de clientes, a fim de evitar duplicações e inadimplência; do controle do estoque; da oferta de mercadorias de boa qualidade, para que o índice de devolução seja baixo; da projeção de uma imagem diferenciada. Algumas empresas adicionam ao catálogo informações e outros textos, enviam amostras de materiais, mantêm um chat on-line ou uma linha telefônica direta para responder a perguntas, mandam brindes para seus melhores clientes e doam uma porcentagem dos lucros para boas causas.

Telemarketing

O **telemarketing** consiste no uso do telefone e de *call centers* para atrair clientes novos, vender para clientes existentes e oferecer serviços, tirando pedidos e respondendo a perguntas. As empresas utilizam *call centers* para o *telemarketing receptivo* (em que recebem ligações dos clientes) e o *telemarketing ativo* (em que entram em contato com clientes potenciais e atuais). Embora o telemarketing ativo seja, tradicionalmente, a principal ferramenta de marketing direto, sua natureza potencialmente invasiva levou a *Federal Trade Commission*, dos Estados Unidos, a criar, em 2003, um registro nacional chamado "*Do not call*". Como somente organizações políticas, instituições de caridade, institutos de pesquisa e empresas que já possuem relacionamento com os consumidores ficam de fora desse cadastro, o telemarketing para o consumidor perdeu muito de sua eficácia.[7] O telemarketing empresarial, contudo, vem aumentando.

Outros meios para o marketing de resposta direta

As empresas de marketing direto utilizam todos os principais meios. Jornais e revistas trazem anúncios que oferecem livros, roupas, eletrodomésticos, viagens e outros bens e serviços que as pessoas podem solicitar por meio de um número de discagem gratuita. Anúncios de rádio apresentam ofertas 24 horas por dia. Algumas empresas utilizam *infomerciais* de 30 a 60 minutos que combinam a venda de propagandas de televisão com a apresentação de informações e entretenimento. Os canais de compra em domicílio se dedicam a vender bens e serviços por meio de um número de discagem gratuita ou pela Web, para entrega rápida.

Questões públicas e éticas no marketing direto

Em geral, as empresas de marketing direto e seus clientes gostam do relacionamento mutuamente compensador. Às vezes, no entanto, um lado não muito bom surge. Muitas pessoas não gostam das solicitações de vendas agressivas, de marketing direto. Algumas empresas de marketing direto tiram vantagem de compradores impulsivos ou mais simples e exploram pessoas vulneráveis, em especial idosos.[8] Algumas elaboram malas diretas e escrevem textos com a intenção de enganar. A *Federal Trade Commission* recebe milhares de reclamações por ano envolvendo esquemas de investimento fraudulentos e instituições de caridade falsas. Os críticos afirmam que as empresas podem ter muita informação sobre a vida dos clientes, podendo usar esse conhecimento para tirar vantagem. A maioria das empresas de marketing direto, contudo, quer aquilo que os consumidores querem: ofertas honestas e bem elaboradas, voltadas exclusivamente para aqueles que querem ouvi-las.

Marketing interativo

Os canais de comunicação com os clientes e de venda diretamente a eles que mais rapidamente crescem são os eletrônicos; hoje, poucas campanhas são consideradas completas sem um componente on-line. A Internet oferece às empresas e aos consumidores oportunidades de maior *interação* e *individualização*. Outra vantagem é a possibilidade da *contextualização*, com a compra de anúncios em sites relacionados às ofertas da empresa. Os profissionais de marketing também podem chegar até as pessoas quando elas, de fato, já deram início ao processo de compra, e as empresas podem acompanhar, com detalhes, os resultados da campanha.[9] Além disso, as organizações podem construir comunidades on-line ou se conectar a elas, convidando os consumidores a participar e criando um ativo de marketing de longo prazo no processo.

Uma desvantagem, entretanto, é que os consumidores podem rejeitar a maioria das mensagens on-line. Os anunciantes também perdem o controle total sobre suas mensagens on-line, que podem ser *hackeadas* ou danificadas. Por fim, se cliques artificiais forem gerados por sites apoiados por softwares, as empresas podem achar que seus anúncios são mais eficazes do que realmente são.[10]

Algumas das principais categorias do marketing interativo são:

- *Sites*. Os sites devem representar ou expressar o propósito, a história, os produtos e a visão da empresa; ser atrativos na primeira visualização; incentivar mais visitas.[11] Os **microsites** – páginas individuais ou um grupo de páginas que apoiam um site principal – são particularmente importantes na venda de produtos de pouco interesse. Jeffrey Rayport e Bernard Jaworski defendem que sites eficazes apresentam sete elementos de projeto (veja o Quadro 17.1).[12] Os visitantes julgam o desempenho do site com base na facilidade de uso (downloads rápidos, facilidade de entender a primeira página, facilidade de navegação) e na atratividade física (páginas limpas e não abarrotadas, texto legível, bom uso de cores e som). As empresas devem estar atentas à segurança on-line e a questões envolvendo a proteção da privacidade.[13]

- *Anúncios em sites de busca*. Uma área que vem crescendo muito no marketing interativo é a **busca paga** ou os **anúncios pagos por clique**, que são responsáveis por, aproximadamente, metade dos gastos com anúncios on-line.[14] Na busca paga, as empresas apontam termos de pesquisa que são usados como referência para os interesses de consumo ou de produto do consumidor. Quando um consumidor procura por essas palavras usando o Google, o Yahoo! ou o Bing, o anúncio da empresa aparece na página de resultados, com sua localização dependendo de quanto a empresa oferece e da relevância do anúncio para a pesquisa.[15] Os anunciantes só pagam se as pessoas clicarem nos links. A *otimização dos mecanismos de busca* se tornou uma parte essencial do marketing, e uma série de diretrizes tem sido sugerida para tornar os anúncios em sites de busca mais eficazes.[16]

- *Banners*. **Banners** são pequenas caixas retangulares que contêm texto e, às vezes, uma imagem. As empresas pagam para colocar essas caixas em sites relevantes.[17] Quanto maior o público, maior o custo. Uma vez que os usuários da Internet gastam apenas 5% de seu tempo on-line buscando realmente informações, os banners ainda são uma promessa, quando comparados aos populares anúncios em sites de busca. Os anúncios, contudo, precisam chamar mais atenção e ser mais influentes; precisam também ser mais bem direcionados, além de acompanhados mais de perto.[18] Os **interstitials** são propagandas, geralmente com vídeo ou animação, que aparecem no intervalo entre mudanças em um site. Como os consumidores acham os pop-ups invasivos e distrativos, muitos usam softwares para bloqueá-los.

- *E-mail.* Os e-mails possibilitam às empresas se comunicarem por uma fração do custo da mala direta. Os consumidores, no entanto, são bombardeados por e-mails, e muitos usam filtros anti-spam. Algumas empresas estão perguntando aos consumidores se eles gostariam de receber e-mails e quando gostariam de recebê-los. A FTD, uma varejista de flores, permite que os clientes escolham se querem receber e-mails que os lembrem de enviar flores em, praticamente, todos os feriados ou ocasiões especiais.[19]

- *Mobile marketing.* Como visto no Capítulo 13, o mobile marketing está crescendo. Celulares representam uma grande oportunidade para anunciantes de alcançar os consumidores na "terceira tela" (a primeira tela é a TV, e a segunda, o computador). Além das mensagens de texto e dos anúncios, muita coisa interessante tem sido criada na forma de *apps* – softwares "minúsculos" que podem ser carregados em smart phones. Os smart phones também possibilitam programas de fidelidade em que os clientes podem rastrear suas visitas e compras a um comerciante e receber prêmios.[20] Ao monitorar a localização dos clientes que optam por receber comunicação, os varejistas podem enviar-lhes promoções específicas (incluindo cupons digitais) quando estão perto de lojas ou outlets. As empresas devem elaborar sites simples, claros e limpos para o mobile marketing, prestando bastante atenção na experiência e na navegação do usuário.[21]

QUADRO 17.1 PROJETO WEB EFICAZ.

Elementos de design	Descrição
Contexto	Layout e design.
Conteúdo	Texto, imagens, som e vídeo que o site contém.
Comunidade	O modo como o site possibilita a comunicação entre os usuários.
Customização	A capacidade do site de se adaptar aos diferentes usuários ou de permitir aos usuários que o personalizem.
Comunicação	O modo como o site possibilita a comunicação site-usuário, entre o usuário-site ou nos dois sentidos.
Conexão	Grau em que o site é conectado a outros sites.
Comércio	A capacidade do site de permitir transações comerciais.

Fonte: RAYPORT, Jeffrey F.; JAWORSKI, Bernard J. **e-commerce**. New York: McGraw-Hill, 2001, p. 116.

Boca a boca

Diariamente, os consumidores utilizam o *boca a boca* para falar sobre dezenas de marcas, desde meios e produtos de entretenimento (como filmes, programas de televisão e publicações) até alimentos, serviços de viagem e lojas de varejo.[22] O boca a boca positivo pode ser gerado de maneira orgânica, com pouca publicidade, mas ele também pode ser gerenciado e facilitado.[23] A *mídia paga* resulta da cobertura que a imprensa faz da propaganda gerada pela empresa ou de outros esforços promocionais. A *mídia espontânea* – muitas vezes chamada de *mídia grátis* – representa todos os benefícios de relações públicas que a empresa recebe sem ter, diretamente, pago alguma coisa. São as histórias, os blogs e as conversas nas redes sociais que tratam da marca. A mídia espontânea não é exatamente grátis – a empresa precisa investir em produtos, serviços e marketing para que as pessoas não apenas prestem atenção neles, mas também escrevam e falem sobre eles. Entretanto, os gastos não são voltados para a obtenção de uma resposta da mídia.

Primeiro, vamos considerar como a mídia social promove o fluxo do boca a boca, antes de entrarmos nos detalhes de como o boca a boca é formado e se espalha.

Mídia social

A mídia social representa os meios em que os consumidores compartilham informações em forma de texto, imagem, som e vídeo com outros consumidores ou com empresas, e vice-versa, incentivando o compromisso com a marca a um nível mais amplo e profundo do que antes. As empresas podem utilizar a mídia social para estabelecer uma voz pública e uma presença na Internet, bem como para reforçar outras atividades de comunicação. Mas, independentemente de quão útil a mídia social possa ser, ela nunca deve ser a única fonte de comunicação de marketing. Adotar a mídia social, aproveitar o boca a boca e trabalhar com o buzz marketing requer que a empresa saiba aproveitar seu lado bom e seu lado ruim.

As três principais plataformas para a mídia social são: comunidades e fóruns on-line, blogs e redes sociais.

Fóruns e comunidades on-line. Muitos fóruns e comunidades on-line são criados por consumidores ou grupos de consumidores que não têm interesse comercial ou associação com a empresa. Outros são patrocinados pela empresa. Neles, seus membros se comunicam com o patrocinador e entre si por meio de posts, mensagens rápidas e bate-papos, falando sobre interesses especiais relacionados aos produtos e às marcas da organização. O fluxo de informação nos fóruns e nas comunidades on-line é de duas vias e pode oferecer às empresas insights úteis, difíceis de obter.

Blogs. Os *blogs* – jornais ou diários on-line regularmente atualizados – tornaram-se um importante fomentador do boca a boca. Um apelo óbvio dos blogs é unir pessoas com interesses em comum. As redes de blog, como a Gawker Media, oferecem às empresas um portfólio de escolhas. As organizações também estão criando seus próprios blogs e monitorando, cuidadosamente, o dos outros. Como muitos consumidores examinam as informações e as análises sobre os produtos presentes nos blogs, a Federal Trade Commission exige que os blogueiros deixem clara qualquer relação que tenham com as empresas cujos produtos eles endossam.

Redes sociais. Redes sociais como Facebook, LinkedIn e Twitter se tornaram uma importante força no marketing B2C e B2B.[24] As empresas ainda estão aprendendo como melhor explorar as redes sociais e seus públicos enormes, bem definidos. Por conta da natureza não comercial das redes – os usuários, geralmente, estão buscando se conectar com outros –, atrair a atenção e persuadir representam um desafio maior. Além disso, como os usuários geram seu próprio conteúdo, os anúncios podem parecer inapropriados ou mesmo ofensivos.[25] Ter uma página no Facebook se tornou um pré-requisito virtual para muitas empresas, e o Twitter tem beneficiado até mesmo as menores organizações.

Buzz marketing e marketing viral

Alguns profissionais de marketing enfatizam duas formas particulares de boca a boca: o buzz marketing e o marketing viral.[26] O *buzz marketing* gera agitação, cria publicidade e espalha informações novas, relevantes e relacionadas à marca via meios inesperados ou mesmo extravagantes.[27] O *marketing viral* é outra forma de boca a boca, a qual incentiva os consumidores a passar adiante informações em áudio, vídeo ou escritas sobre produtos desenvolvidos pela empresa para outros consumidores on-line.[28] Ambas as formas tentam criar um burburinho no mercado para exibir uma marca e suas principais características. Basicamente, o sucesso de qualquer campanha de buzz marketing ou marketing viral depende da disposição dos consumidores de conversar com outros consumidores.[29] Veja a seção "Habilidades em marketing", a seguir, para mais informações sobre como gerar buzz marketing.

Habilidades em marketing

Como começar um buzz marketing

Apesar de muitos efeitos do boca a boca irem além do controle dos profissionais de marketing, determinadas etapas ampliam a probabilidade de se dar início a um buzz marketing positivo. Para começar, identifique indivíduos e empresas influentes e dedique a eles energia extra. Além disso, aproxime-se de influências comunitárias, como locutores locais, presidentes de turma e líderes de grupos da localidade. Em seguida, abasteça esses contatos-chave com amostras do produto para incentivar o boca a boca. Sistematicamente, desenvolva canais de indicação para o boca a boca, a fim de movimentar o negócio. Por fim, ofereça informações persuasivas, que as pessoas queiram transmitir.

Por exemplo, o pré-lançamento da campanha norte-americana "Movimento Fiesta", da Ford, convidou cem jovens adultos, da geração do milênio, cuidadosamente selecionados, para viver com um Fiesta por seis meses. As pessoas foram escolhidas com base em sua experiência em blogs, sua rede social e um vídeo que enviaram falando sobre sua sede por aventura. Após seis meses, a campanha tinha milhões de comentários no YouTube e no Twitter, mais de 500 mil visualizações no Flickr e 50 mil clientes potenciais – 97% dos quais ainda não tinham um Ford. O buzz marketing deu tão certo que a Ford utilizou muitas das mesmas técnicas no lançamento do Focus.[30,31]

Formadores de opinião

Pessoas que trabalham com pesquisa em comunicação propõem uma visão socioestrutural da comunicação interpessoal.[32] Para elas, a sociedade é formada por *panelinhas*: pequenos grupos cujos membros interagem com frequência. Os membros da panelinha são parecidos e sua proximidade facilita a comunicação efetiva, mas também afasta a panelinha de novas ideias. O desafio consiste em criar mais abertura, de modo que as panelinhas troquem informações com outros na sociedade. Essa abertura é conquistada com a ajuda de pessoas que agem como intermediárias e conectam duas ou mais panelinhas, sem pertencer a nenhuma delas, e de *pontes* – pessoas que pertencem a uma panelinha e têm ligação com alguém que pertence a outra.

Malcolm Gladwell, autor de best-sellers, afirma que três fatores suscitam o interesse do público por uma ideia.[33] O primeiro consiste em atingir os três tipos de pessoas que podem espalhar uma ideia como se fosse uma epidemia: os *especialistas*, pessoas que sabem muito; os *conectores*, pessoas que conhecem muita gente e se comunicam com elas; os *vendedores*, que possuem o dom da persuasão. O segundo fator é a "aderência", que consiste em expressar uma ideia de modo que ela motive as pessoas a agir. O terceiro fator, o "poder do contexto", verifica se aqueles que estão espalhando a ideia são capazes de organizar grupos e comunidades a sua volta. Vale dizer que nem todos concordam com as ideias de Gladwell.[34]

Avaliação dos efeitos do boca a boca[35]

A empresa de pesquisa e consultoria Keller Fay assinala que, embora 80% do boca a boca aconteça off-line, a maioria das empresas se concentra em seus efeitos on-line por ser mais fácil rastreá-los por meio de agências digitais, de propaganda e de relações públicas.[36] A partir de dados demográficos ou *proxies* e *cookies*, as empresas podem monitorar quando os clientes entram em um blog, comentam, postam, compartilham, conectam-se, fazem um upload, adicionam um amigo, baixam conteúdo, escrevem em um mural ou atualizam um perfil. Com essas ferramentas de rastreamento, é possível, por exemplo, dizer para anunciantes de um filme que, "nas últimas 24 horas, 1 milhão de mulheres norte-americanas entre 14 e 24 anos que fizeram upload participaram de blogs, classificações, compartilhamentos ou comentários envolvendo o assunto entretenimento".[37] Outra maneira de entender o boca a boca on-line consiste em avaliar os blogs de acordo com sua relevância e autoridade.[38]

Vendas pessoais e força de vendas

A forma original e mais antiga de marketing direto é a visita de vendas. Para identificar clientes potenciais, transformá-los em clientes e expandir os negócios, a maioria das empresas voltadas para o mercado organizacional conta bastante com uma força de vendas profissional ou, então, contrata representantes e agentes dos fabricantes. Muitas empresas voltadas para o mercado consumidor, incluindo a Allstate e a Mary Kay, também utilizam uma força de vendas diretas. Não surpreende o fato de as empresas estarem tentando aumentar a produtividade de sua força de vendas por meio de melhorias na seleção, no treinamento, na supervisão, na motivação e na remuneração.[39]

Tipos de profissionais de vendas

O termo *profissional de vendas* abrange seis posições, que vão desde o tipo menos criativo de vendas até o mais criativo:[40]

1. *Entregador:* vendedor cuja principal tarefa é entregar um produto (água, combustível).
2. *Tomador de pedidos:* um tomador de pedidos interno (que fica atrás do balcão) ou externo (que visita gerentes de loja).
3. *Missionário:* não é permitido a esse vendedor tirar pedidos; em vez disso, espera-se que ele construa uma boa imagem ou instrua os usuários (como o representante de um laboratório farmacêutico).
4. *Técnico:* vendedor com alto nível de conhecimento técnico (como o engenheiro que atua, principalmente, como consultor para empresas clientes).
5. *Gerador de demanda:* vendedor que se apoia em métodos criativos para vender produtos tangíveis (aspirador de pó a vácuo) e intangíveis (serviços de propaganda).
6. *Vendedor de soluções:* vendedor cuja especialidade é resolver o problema do cliente, geralmente com um sistema de produtos da empresa (por exemplo, sistemas de computador).

Vendas pessoais e marketing de relacionamento

Vendedores eficazes possuem mais do que instinto; eles devem ser treinados em métodos de análise e gerenciamento do cliente, de modo que se tornem ativos caçadores de pedido, em vez de passivos tomadores de pedido. As seis principais etapas de qualquer processo de vendas eficaz podem ser vistas no Quadro 17.2.[41]

Os princípios das vendas pessoais e da negociação são altamente orientados para a transação porque seu propósito é fechar uma venda específica. Em muitos casos, contudo, a empresa busca não uma venda imediata, mas sim um relacionamento fornecedor-cliente de longo prazo. Os clientes de hoje preferem fornecedores que possam vender e entregar um conjunto organizado de bens e serviços em muitas localidades, que possam resolver com rapidez problemas em diversos locais e que possam trabalhar de perto com suas equipes para melhorar produtos e processos. Os fornecedores devem monitorar contas importantes, conhecer os problemas dos clientes e estar prontos para atendê-los de inúmeras maneiras, adaptando-se e respondendo às diferentes necessidades dos clientes ou situações.[42]

O marketing de relacionamento não é eficaz em todas as situações. Mas, quando ele é a estratégia certa e é implementado de maneira apropriada, a organização se concentra tanto na gestão de seus clientes como no gerenciamento de seus produtos.

QUADRO 17.2 PRINCIPAIS ETAPAS DO PROCESSO DE VENDAS EFICAZ.

Etapa de vendas	Aplicação na venda empresarial
Prospecção e qualificação	As empresas geram *leads* e os qualificam por correio ou telefone a fim de avaliar seu nível de interesse e sua capacidade financeira. Clientes potenciais "quentes" são direcionados para a equipe de vendas de campo; clientes potenciais "mornos" recebem *follow-up* do telemarketing.
Pré-abordagem	O profissional de vendas faz uma pesquisa para levantar as necessidades do cliente potencial, como funciona seu processo de compras, quem está envolvido na compra e quais são as características pessoais e os estilos de compra dos compradores. O profissional também estabelece o objetivo da visita, que pode ser qualificar o cliente potencial, obter informações ou efetuar uma venda imediata; decide se deve visitar o cliente, telefonar ou escrever para ele; planeja o *timing* da abordagem; estabelece uma estratégia de vendas geral.
Apresentação e demonstração	O vendedor conta a "história" do produto para o comprador, apresentando suas características, vantagens, benefícios e valor. Os profissionais devem evitar gastar tempo demais nas características do produto (orientação para o produto) e de menos nos benefícios e no valor (orientação para o cliente).
Superação de objeções	Os vendedores devem lidar com as objeções feitas pelos compradores durante as apresentações ou quando pedem para tirar o pedido. Aqui, o profissional deve manter uma abordagem positiva, pedir esclarecimentos, fazer perguntas que levem os compradores a responderem suas próprias objeções, negar a validade da objeção ou transformar a objeção em uma razão para a compra.
Fechamento	Para fechar a venda, o profissional pode pedir para tirar o pedido, recapitular os pontos do acordo, enfatizar o valor da oferta, ajudar a preencher o pedido, perguntar se o comprador prefere A ou B, permitir que o comprador faça escolhas menores (como as relacionadas à cor e ao tamanho) ou mostrar o que o comprador irá perder se o pedido não for feito naquele momento. O profissional pode oferecer um estímulo para fechar a venda, como serviços adicionais ou um brinde.
Acompanhamento e manutenção	Para assegurar a satisfação do cliente e a repetição do negócio, o profissional deve, imediatamente após o fechamento, confirmar detalhes como o tempo de entrega e as condições de compra. Além disso, ele deve programar um *follow-up* para garantir a instalação e o treinamento adequados após a entrega. Isso ajuda a detectar problemas, mostra interesse e reduz qualquer dissonância cognitiva. Toda conta precisa também de um plano de manutenção e crescimento.

Organização da força de vendas

Os vendedores são o elo pessoal da empresa com seus clientes. A empresa precisa levar em conta os objetivos, a estratégia, a estrutura, o tamanho e a remuneração da força de vendas na hora de organizá-la (veja a Figura 17.1). Essas etapas são discutidas a seguir.

FIGURA 17.1 ORGANIZAÇÃO DA FORÇA DE VENDAS.

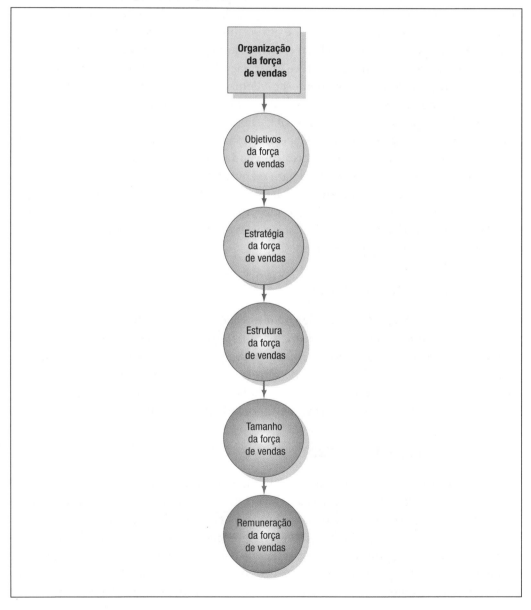

Objetivos e estratégia da força de vendas

As empresas precisam definir objetivos específicos para sua força de vendas. Por exemplo, a empresa pode querer que seus profissionais de vendas não apenas gastem 80% de seu tempo com clientes atuais e 20% com clientes potenciais, mas também que invistam 85% de seu tempo em produtos estabelecidos e 15% em produtos novos. Hoje em dia, os profissionais de vendas atuam como "gerentes de conta", promovendo contatos produtivos entre pessoas das organizações de compra e venda. Cada vez mais, o processo de vendas eficaz exige trabalho em equipe e apoio de terceiros, como o da alta administração, especialmente quando estão em jogo grandes contas ou vendas importantes; o do pessoal técnico, que oferece informações e serviços antes, durante e após a compra; o do pessoal de atendimento ao cliente, que é responsável pela instalação, manutenção e outros serviços; o da equipe que fica no escritório, composta por analistas de vendas, expedidores e assistentes.[43]

Uma vez que tenha selecionado sua estratégia, a empresa pode usar uma força de vendas direta ou contratada. Uma **força de vendas direta** é formada por funcionários pagos que trabalham exclusivamente para e empresa. Vendedores internos conduzem os negócios do escritório, utilizando o telefone, e recebem visitas de compradores potenciais; vendedores de campo viajam e visitam clientes. Já uma **força de vendas contratada** consiste de representantes dos fabricantes e vendedores autônomos que recebem uma comissão com base nas vendas.

Estrutura da força de vendas

A estratégia da força de vendas gera implicações em sua estrutura. Se a empresa vendesse uma única linha de produtos para usuários finais espalhados por muitas localidades, ela usaria uma estrutura por território. Se vendesse muitos produtos para muitos tipos de clientes, poderia precisar de uma estrutura por produto ou cliente ou, até mesmo, de uma estrutura mais complexa. A seção "Insight de marketing", a seguir, discute uma forma especializada de estrutura da força de vendas.

Tamanho da força de vendas

Uma vez que tenha definido o número de clientes que quer alcançar, a empresa pode usar uma *abordagem de carga de trabalho* para estabelecer o tamanho da força de vendas. Para tanto, ela deve seguir cinco etapas: (1) agrupar os clientes por tamanho, de acordo com o volume de vendas; (2) estabelecer a frequência de visitas (número de visitas em cada conta por ano); (3) multiplicar o número de contas em cada grupo de tamanho pela frequência de visitas para chegar à carga de trabalho em visitas de vendas por ano; (4) determinar o número médio de visitas que um profissional de vendas pode fazer por

Insight de marketing

Gerenciamento de grandes contas

Geralmente, as empresas dão especial atenção às grandes contas (também chamadas contas-chave, contas nacionais, contas globais ou contas da casa). Trata-se de clientes importantes, com diversas divisões em muitos lugares, que utilizam precificação uniforme e serviços organizados para todas as divisões. Em geral, o gerente de grandes contas (GGC), além de reportar para o gerente nacional de vendas, supervisiona os vendedores de campo, visitando as instalações dos clientes em seus territórios.

A Procter & Gamble (P&G) possui uma equipe de gerenciamento de contas estratégicas composta de 300 membros para trabalhar com o Walmart e seus escritórios nos Estados Unidos, além de pessoas alocadas nos escritórios do varejista na Europa, na Ásia e na América Latina. Gerentes de grandes contas como os da P&G atuam como pontos de contato, desenvolvem e fazem crescer os negócios do cliente, entendem o processo de decisão do cliente, identificam oportunidades que agregam valor, fornecem informações competitivas, negociam vendas e dirigem o atendimento ao cliente.

Fontes: CAPON, Noel; POTTER, Dave ; SCHINDLER, Fred. **Managing global accounts:** nine critical factors for a world-class program, 2ed. Bronxville: Wessex Press, 2008; CHEVERTON, Peter. **Global account management:** a complete action kit of tools and techniques for managing key global customer. London: Kogan Page, 2008; McDONALD, Malcolm; WOODBURN, Diana. **Key account management:** the definitive guide, 2ed. Oxford: Butterworth-Heinemann, 2007; NEFF, Jack. Bentonville or bust, **Advertising Age,** February 24, 2003.

ano; (5) dividir o total de visitas anuais (calculado na etapa 3) pela média de visitas anuais feita por um profissional (calculada na etapa 4) para verificar quantos vendedores são necessários.

Vamos supor que uma empresa estime que tenha mil contas A e 2 mil contas B. As contas A exigem 36 visitas por ano, e as contas B, 12. Isso significa que a empresa precisa de uma força de vendas que possa fazer 60 mil visitas de vendas (36.000 + 24.000) por ano. Se, em tempo integral, um vendedor médio pode fazer mil visitas por ano, a empresa precisa de 60 vendedores.

Remuneração da força de vendas

Para atrair bons vendedores, a empresa precisa de um pacote de remuneração atrativo. Ela deve avaliar quatro componentes da remuneração da força de vendas: a *quantia fixa*, um salário, que satisfaz a necessidade por estabilidade de renda; a *quantia variável*, comissões, bonificações ou participações nos lucros que servem para estimular e recompensar o esforço; a *ajuda de custo*, que permite aos profissionais de vendas cobrirem seus gastos com viagem e entretenimento; os *benefícios*, como férias remuneradas, que geram segurança e satisfação no trabalho.

A remuneração fixa é comum quando, para vender, é necessário realizar uma série de tarefas não relacionadas a vendas e quando a tarefa de vendas é tecnicamente complexa, requerendo trabalho em equipe. Essa abordagem, fácil para a empresa administrar, incentiva os vendedores a realizar tarefas que não sejam de vendas e reduz a necessidade de empurrar coisas para os clientes. A remuneração variável funciona melhor quando as vendas são cíclicas ou dependem de iniciativa individual. Planos desse tipo atraem profissionais com alto desempenho, são mais motivadores, exigem menos supervisão e diminuem os custos de vendas, embora enfatizem mais o fechamento da venda do que a construção de um relacionamento.

A combinação dos planos de remuneração fixa e variável destaca os benefícios de ambos, ao mesmo tempo em que limita suas desvantagens. Uma tendência consiste em dar menos ênfase ao volume de vendas, em favor da margem bruta, bem como da satisfação e da retenção do cliente. Outras empresas recompensam os vendedores, em parte, pela equipe de vendas ou mesmo pelo desempenho da empresa como um todo, motivando-os a trabalhar juntos para o bem comum.

Gerenciamento da força de vendas

Diversas políticas e procedimentos orientam a empresa na hora de recrutar, selecionar, treinar, supervisionar, motivar e avaliar os vendedores a fim de gerenciar sua força de vendas (veja a Figura 17.2).

Recrutamento e seleção dos profissionais de vendas

No centro de qualquer força de vendas bem-sucedida reside a seleção de vendedores eficazes. Uma pesquisa revelou que os 25 melhores de uma força de vendas são responsáveis por mais de 52% das vendas. É um grande desperdício contratar pessoas erradas. A rotatividade anual média de profissionais de vendas, em todos os setores, é de quase 20%. A rotatividade da força de vendas resulta em perda de vendas, em gastos para encontrar e treinar substitutos e, geralmente, em pressão sobre os vendedores que permanecem, os quais precisam dar conta do trabalho dos que saíram.[44]

Após desenvolver seu critério de seleção, a gerência deve iniciar o recrutamento. Ela pode solicitar indicações dos profissionais de vendas atuais, usar agências de emprego, colocar anúncios e entrar em contato com universitários. Os procedimentos de seleção podem variar de uma única entrevista informal a um longo processo envolvendo testes e entrevistas.

Estudos mostram pouca relação entre, de um lado, o desempenho nas vendas e, de outro, a experiência, o *status* atual, o estilo de vida, a atitude, a personalidade e as habilidades. Embora os resultados de testes formais sejam apenas um elemento em um conjunto que inclui características pessoais, referências, experiência profissional e reações durante as entrevistas, eles têm sido levados bastante em conta por algumas empresas. A Gillette afirma que os testes reduziram a rotatividade e que os resultados apresentam boa relação com o progresso dos novos vendedores.

FIGURA 17.2 GERENCIAMENTO DA FORÇA DE VENDAS.

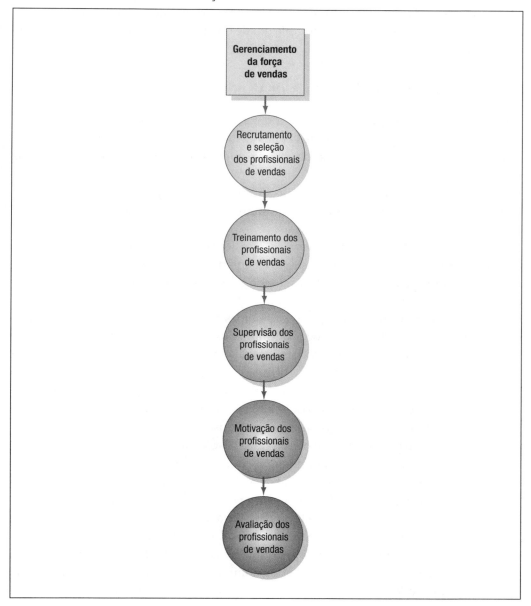

Treinamento e supervisão dos profissionais de vendas

Hoje em dia, os clientes esperam que os vendedores tenham profundo conhecimento do produto, contribuam com ideias para melhorar as operações e sejam eficientes e confiáveis. Isso exige que as empresas invistam muito mais em treinamento de vendas. Novos vendedores podem ficar de algumas semanas a diversos meses em treinamento.

O período médio de treinamento é de 28 semanas em empresas de produtos industriais, 12 em empresas de serviços e 4 em empresas de produtos de consumo. O tempo de treinamento varia de acordo com a complexidade da tarefa de vendas e o tipo de pessoa recrutada.

Produtividade dos profissionais de vendas

Quantas visitas a empresa deve fazer a um determinado cliente por ano? Pesquisas sugerem que, hoje, os profissionais de vendas gastam muito mais tempo vendendo para contas menores, menos lucrativas, do que se concentrando em contas maiores, mais lucrativas.[45]

Assim, muitas vezes, as empresas especificam quanto tempo os vendedores devem investir na prospecção de novas contas, e muitas confiam na força de vendas missionária para a conquista de novos clientes.

Os melhores profissionais de vendas administram seu tempo de maneira eficiente. A *análise tempo-tarefa* ajuda os profissionais a entender como despendem seu tempo e como poderiam melhorar sua produtividade. No curso de um dia, eles gastam seu tempo com planejamento, viagem, espera, vendas e tarefas administrativas (escrevem relatórios, enviam faturas, participam de reuniões de vendas e conversam com outros na empresa sobre produção, entrega, faturamento e desempenho das vendas). Não surpreende o fato de as vendas pessoais contabilizarem apenas 29% do tempo de trabalho total![46]

Para diminuir os custos, reduzir as demandas de tempo da força de vendas externa e potencializar as inovações relacionadas à informática e à telecomunicação, muitas empresas aumentaram sua força de vendas interna. Existem três tipos de vendedores internos: o *pessoal do suporte técnico*, que oferece informações técnicas e responde a dúvidas dos clientes; os *assistentes de vendas*, que apoiam os vendedores externos por meio da confirmação de compromissos, realização de análises de crédito, acompanhamento das entregas e respostas a dúvidas dos clientes; os *profissionais de telemarketing*, que encontram novos *leads*, avaliam esses *leads* e vendem para eles.

Os vendedores de hoje são realmente eletrônicos. Além de informações sobre vendas e estoque serem transmitidas de maneira muito mais rápida, foram criados sistemas específicos de apoio à decisão, baseados em computador, para gerentes e profissionais de vendas. Utilizando notebooks ou smart phones, os vendedores podem acessar informações valiosas sobre o produto e o cliente. O site da empresa também é uma ferramenta bastante útil para os vendedores, especialmente no momento da prospecção. Os sites podem ajudar a definir o relacionamento da empresa com contas individuais e a identificar aquelas cujo negócio justifica uma visita de vendas. Eles oferecem uma apresentação da empresa para clientes potenciais e podem, até mesmo, receber o pedido inicial. Para transações mais complexas, o site oferece um caminho para o comprador contatar o vendedor.

Motivação dos profissionais de vendas

A maioria dos profissionais de vendas precisa de estímulos e incentivos especiais, principalmente aqueles que atuam em campo.[47] A maior parte dos profissionais de marketing acredita que, quanto mais motivado o vendedor, maior será seu esforço e o desempenho, a recompensa e a satisfação resultantes – todos esses itens, por sua vez, reforçam ainda mais a motivação. Os profissionais de marketing reforçam todo tipo de recompensas intrínsecas e extrínsecas. Um estudo apontou que a recompensa mais valorizada era o pagamento, seguido pela promoção, pelo crescimento pessoal e pela sensação de realização.[48] As menos valorizadas eram simpatia e respeito, segurança e reconhecimento. Em outras palavras, os vendedores são altamente motivados pelo pagamento e pela chance de seguir adiante e satisfazer suas necessidades intrínsecas, ao passo que são menos motivados por elogios e pela segurança.

Com base no plano de marketing anual, muitas empresas estabelecem metas de vendas, que podem ser determinadas em termos de valor, volume unitário, margem, esforço ou atividade de vendas ou tipo de produto. A remuneração geralmente é ligada à porcentagem alcançada da meta. A empresa, em primeiro lugar, prepara uma previsão de vendas, que se torna a base para o planejamento da produção, da força de trabalho e das demandas financeiras. Em seguida, ela estabelece as metas por regiões e territórios, que geralmente são mais altas do que a previsão de vendas, para estimular os gerentes e os vendedores a darem o melhor de si. Caso eles não consigam atingir suas metas, ainda assim a empresa pode alcançar sua previsão de vendas.

O gerente de vendas de cada área divide sua meta entre os vendedores. Às vezes, as metas de um vendedor são altas, para estimular um esforço extra; outras vezes, são mais modestas, para construir confiança. A opinião geral é a de que a meta do vendedor deve ser, no mínimo, igual às suas vendas no ano anterior, somadas a uma fração da diferença entre o potencial de vendas do território e as vendas do último ano. Quanto mais positivamente o vendedor reagir à pressão, maior deverá ser essa fração.

Avaliação dos profissionais de vendas

Até agora, descrevemos os aspectos *impulsionadores* da supervisão de vendas – como a gerência fala para os profissionais de vendas o que eles devem fazer e os motiva a fazê-lo. Contudo, bons impulsionadores requerem um bom *feedback*, o que significa obter informações regulares sobre os vendedores para avaliar seu desempenho. Informações sobre os vendedores podem advir de relatórios de vendas, observação pessoal, comentários do cliente, pesquisas com o cliente e conversas com outros vendedores.

Muitas empresas exigem que os vendedores elaborem um plano de marketing anual para seu território, a fim de desenvolver novas contas e ampliar os negócios com as contas existentes. Os profissionais de vendas apontam as atividades realizadas nos relatórios de visitas e, além disso, apresentam relatórios de despesa, de novos negócios, de negócios perdidos e de situações comerciais e econômicas. Os relatórios oferecem dados brutos dos quais os gerentes de vendas podem extrair importantes indicadores relacionados ao desempenho das vendas: (1) número médio de visita de vendas por profissional por dia, (2) tempo médio da visita de vendas por contato, (3) receita média por visita de vendas, (4) custo médio por visita de vendas, (5) custo de transporte/hospedagem/alimentação por visita de venda, (6) porcentagem de pedidos por centena de visitas de vendas, (7) número de novos clientes por período, (8) número de clientes perdidos por período e (9) custo da força de vendas como porcentagem das vendas totais.

Mesmo um vendedor eficaz na geração de vendas pode não ser muito benquisto pelo cliente. O sucesso desse profissional pode residir no fato de os vendedores dos concorrentes serem menos competentes, de seu produto ser melhor ou de ele sempre encontrar novos clientes para substituir aqueles que não gostam dele. O desempenho nas vendas também pode estar relacionado a fatores internos (esforço, capacidade, estratégia) e/ou externos (trabalho e sorte).[49]

Resumo

O marketing direto é um sistema de marketing interativo que utiliza um ou mais meios para obter uma resposta mensurável ou conseguir uma transação. Os profissionais de marketing direto planejam campanhas tomando decisões sobre os objetivos, os mercados-alvo e os clientes potenciais, as ofertas e os preços. Em seguida, eles realizam testes e estabelecem medidas para determinar o sucesso da campanha. Entre os principais canais de marketing direto, estão: vendas pessoais, mala direta, catálogos, telemarketing, TV interativa, quiosques, sites e dispositivos móveis. O marketing interativo oferece aos profissionais de marketing oportunidade para obter maior interação e individualização por meio de sites, anúncios em sites de busca, banner e e-mails. O mobile marketing, uma forma crescente de marketing interativo, apoia-se em mensagens de texto, aplicativos e anúncios. O marketing boca a boca busca maneiras de entusiasmar os clientes, de modo que eles conversem com outras pessoas sobre bens, serviços e marcas. Cada vez mais, o boca a boca está sendo impulsionado pela mídia social, como comunidades on-line, fóruns, blogs e redes sociais.

Na hora de organizar a força de vendas, é preciso tomar decisões acerca de seus objetivos, sua estratégia, sua estrutura, seu tamanho e sua remuneração. O gerenciamento da força de vendas consiste de cinco etapas: (1) recrutamento e seleção dos profissionais de vendas; (2) treinamento dos vendedores não apenas em técnicas de vendas, mas também nos produtos e nas políticas da empresa e em sua orientação voltada para a satisfação do cliente; (3) supervisão da força de vendas e ajuda aos vendedores para usarem seu tempo de maneira eficiente; (4) motivação da força de vendas e equilíbrio das metas, das recompensas financeiras e dos outros motivadores; (5) avaliação do desempenho de vendas individual e do grupo. As vendas pessoais constituem um processo de seis etapas: prospecção e qualificação; pré-abordagem; apresentação e demonstração; superação de objeções; fechamento; acompanhamento e manutenção.

Notas

1. WONG, Elaine. Pepsi's Refresh Project drives social buzz, **Brandweek**, June 9, 2010; ELLIOTT, Stuart. Pepsi invites the public to do good, **New York Times**, February 1, 2010; VRANICA, Suzanne. Pepsi benches its drinks, **Wall Street Journal**, December 17, 2009.
2. Home page da Direct Marketing Association. Disponível em: www.the-dma.org.
3. DMA releases 2010 response rate trend report, **Direct Marketing Association**, June 15, 2010. Disponível em: www.the-dma.org.
4. NASH, Edward L. **Direct marketing**: strategy, planning, execution, 4ed. New York: McGraw-Hill, 2000.
5. A longevidade média do cliente (N) está relacionada ao índice de retenção do cliente (RC). Se a empresa retém 80% de seus clientes por ano, a longevidade média do cliente é dada da seguinte forma: N = 1/(1 − RC) = 1/0,2 = 5 anos.
6. Industry overview: Internet and catalog retailers, **Hoovers**. August 22, 2010. Disponível em: www.hoovers.com.
7. Biennial Report to Congress: pursuant to the Do Not Call Registry Fee Extension Act of 2007, **Federal Trade Commission**, Dec. 2009. Disponível em: www.ftc.gov.
8. DUHIGG, Charles. Telemarketing thieves sharpen their focus on the elderly, **New York Times**, May 20, 2007.
9. Para exemplo, veja: DRÈZE, André Bonfrere Xavier. Real-time evaluation of e-mail campaign performance, **Marketing Science**, 28, p. 251-263, Mar./Apr. 2009.
10. WILBUR, Kenneth C.; ZHU, Yi. Click fraud, **Marketing Science**, 28, p. 293-308, Mar./Apr.2009.
11. HAUSER, John R.; URBAN, Glen L.; LIBERALI, Guilherme; BRAUN, Michael. Website morphing, **Marketing Science**, 28, , p. 202-223, Mar./Apr. 2009; DANAHER, Peter J.; MULLARKEY, Guy W.; ESSEGAIER, Skander. Factors affecting Web site visit duration, **Journal of Marketing Research**, 43, p. 182-194, May 2006; KOTLER, Philip. **According to Kotler**. New York: American Management Association, 2005.
12. RAYPORT, Jeffrey F.; JAWORSKI, Bernard J. **e-commerce**. New York: McGraw-Hill, 2001, p. 116.
13. ANGWIN, Julia; MCGINTY, Tom. Sites feed personal details to new tracking industry,**Wall Street Journal**, July 31, 2010.
14. eMarketer. Disponível em: www.emarketer.com. Acesso em: maio de 2010.
15. STEEL, Emily. Marketers take search ads beyond search engines, **Wall Street Journal**, January 19, 2009.
16. ANDRUSS, Paula. How to win the bidding wars, **Marketing News**, p. 28, April 1, 2008; GRAHAM, Jefferson. To drive traffic to your site, you need to give good directions, **USA Today**, June 23, 2008.
17. DANAHER, Peter J.; LEE, Janghyuk; KERBACHE, Laoucine. Optimal Internet media selection, **Marketing Science**, 29, p. 336-347, Mar./Apr. 2010; MANCHANDA, Puneet; DUBÉ, Jean-Pierre; GOH, Khim Yong; CHINTAGUNTA, Pradeep K. The effects of banner advertising on Internet purchasing, **Journal of Marketing Research**, 43, p. 98-108, Feb. 2006.
18. MORRISSEY, Brian. Big money bet on display ad tech, **Adweek**, August 1, 2010; MORRISSEY, Brian. Beefing up banner ads, **Adweek NEXT**, p. 10-11, February 15, 2010; HOF, Robert D. The squeeze on online ads, **BusinessWeek**, p. 48-49, March 2, 2009; STEEL, Emily. Web sites debate best values for advertising dollars, **Wall Street Journal**, p. B7, August 13, 2009.
19. ZMUDA, Natalie. How e-mail became a direct-marketing rock star in recession, **Advertising Age**, p. 27, May 11, 2009.
20. SILVA, Peter da. Cellphone in new role: loyalty card, **New York Times**, May 31, 2010.
21. LEVY, Piet. Set your sites on mobile, **Marketing News**, p. 6, April 30, 2010; LOWRY, Tom. Pandora: unleashing mobile-phone ads, **BusinessWeek**, p. 52-53, June 1, 2009.
22. STORY, Louise. What we talk about when we talk about brands, **New York Times**, November 24, 2006.
23. KOZINETS, Robert V.; VALCK, Kristine de; WOJNICKI, Andrea C.; WILNER, Sarah J. S. Networked narratives: understanding word-of-mouth marketing in online communities, **Journal of Marketing**, 74, p. 71-89, Mar. 2010; GODES, David; MAYZLIN, Dina. Firm-created word-of-mouth communication: evidence from a field test, **Marketing Science**, 28, p. 721-739, Jul./Aug.2009.
24. Para uma análise da literatura acadêmica relevante, veja: BULTE, Christophe Van Den; WUYTS, Stefan. **Social networks and marketing**. Cambridge: Marketing Science Institute Relevant Knowledge Series, 2007; para considerações práticas, veja: A world of connections: a special report on social networking, **Economist**, January 30, 2010.
25. Profiting from friendship, **Economist**, p. 9-12, January 30, 2010.
26. LANS, Ralf van der; BRUGGEN, Gerrit van; ELIASHBERG, Jehoshua; WIERENGA, Berend. A viral branching model for predicting the spread of electronic word of mouth, **Marketing Science**, 29, p. 348-365, Mar./Apr. 2010; BALTER, Dave; BUTMAN, John. Clutter cutter, **Marketing Management**, p. 49-50, Jul./Aug. 2006.
27. ROSEN, Emanuel. **The anatomy of buzz**. New York: Currency, 2000.
28. SILVERMAN, George. **The secrets of word-of-mouth marketing**. New York: AMACOM, 2001; ROSEN, Emanuel. **The anatomy of buzz**. New York: Currency, 2000, Capítulo 12; Viral marketing, p. 12-14, Nov. 1999.
29. CHEEMA, Amar; KAIKATI, Andrew M. The effect of need for uniqueness on word of mouth, **Journal of Marketing Research**, 47, p. 553-563, Jun. 2010.
30. BARRY, Keith. Fiesta stars in night of the living social media campaign, **Wired**, May 21, 2010; DOLAN, Matthew. Ford takes online gamble with New Fiesta, **Wall Street Journal**, April 8, 2009.
31. BIRD, Guy. Creating a new roadmap for one Ford's marketing, **Marketing Week**, October 28, 2010. Disponível em: www.marketingweek.co.uk/in-

depth-analysis/features/creating-a-new-roadmap-for-one-ford%E2%80% 99s-marketing/3019775. article; DOLAN, Matthew. Ford takes online gamble with New Fiesta, **Wall Street Journal**, April 8, 2009; BATELLE, John. The net of influence, **Business 2.0**, p. 70, Mar. 2004; MEYER, Ann. Word-of-mouth marketing speaks well for small business, **Chicago Tribune**, July 28, 2003; HALL, Malcolm Macalister. Selling by stealth, **Business Life**, p. 51-55, Nov. 2001.

32. BROWN, Jacqueline Johnson; REINGEN, Peter M.; ROGERS, Everett M. **Diffusion of innovations**, 4ed. New York: Free Press, 1995; BROWN, J. Johnson; REINGEN, Peter. Social ties and word-of-mouth referral behavior, **Journal of Consumer Research**, 14, n. 3, p. 350-362, Dec. 1987; RIENGEN, Peter H.; KERNAN, Jerome B. Analysis of referral networks in marketing, **Journal of Marketing Research**, 23, n. 4, p. 37-78, Nov. 1986.
33. GLADWELL, Malcolm. **The tipping point**. Boston: Little, Brown & Company, 2000.
34. MCDERMOTT, Terry. Criticism of Gladwell reaches tipping point, **Columbia Journalism Review**, November 17, 2009; THOMPSON, Clive. Is the tipping point toast?, **Fast Company**, February 1, 2008; WATTS, Duncan. **Six degrees**: the science of a connected age. New York: W.W. Norton, 2003.
35. Partes dessa seção é baseada em: Is there a reliable way to measure word-of-mouth marketing?, **Marketing NPV**, 3, n. 3, p. 3-9, 2006. Disponível em: www.marketingnpv.com.
36. VRANICA, Suzanne. Social media draws a crowd, **Wall Street Journal**, July 19, 2010; HEMPEL, Jessi. He measures the Web, **Fortune**, p. 94-98, November 9, 2009.
37. PENENBERG, Adam L. How much are you worth to Facebook?, **Fast Company**, October 1, 2009.
38. LAWRENCE, Rick; MELVILLE, Prem; PERLICH, Claudia; SINDHWANI, Vikas; MELIKSETIAN, Steve; HSUEH, Pei-Yun; LIU, Yan. Social media analytics, **OR/MS Today**, p. 26-30, Feb. 2010.
39. SRIDHAR, Shrihari; MANTRALA, Murali K.; ALBERS, Sönke. Personal selling elasticities: a meta-analysis, **Journal of Marketing Research**, Oct. 2010.
40. Adaptado de: MCMURRY, Robert N. The mystique of super-salesmanship, **Harvard Business Review**, p. 114, Mar./Apr. 1961. Veja também: MONCRIEF III, William C. Selling activity and sales position taxonomies for industrial sales forces, **Journal of Marketing Research**, 23, n. 3, p. 261-270, Aug. 1986.
41. Algumas das discussões a seguir são baseadas em uma análise clássica de: CRISSY, W. J. E.; CUNNINGHAM, William H.; CUNNINGHAM, Isabella C. M. **Selling**: the personal force in marketing. New York: Wiley, 1977, p. 119-129. Para algumas dicas contemporâneas, veja: YANG, Jia Lynn. How to sell in a lousy economy, **Fortune**, p. 101-106, September 29, 2008.
42. KUMAR, V.; VENKATESAN, Rajkumar; REINARTZ, Werner. Performance implications of adopting a customer-focused sales campaign, **Journal of Marketing**, 72, p. 50-68, Sep. 2008; FRANKE, George R.; PARK, Jeong-Eun. Salesperson adaptive selling behavior and customer orientation, **Journal of Marketing Research**, 43, p. 693-702, Nov. 2006; MCFARLAND, Richard G.; CHALLAGALLA, Goutam N.; SHERVANI, Tasadduq A. Influence tactics for effective adaptive selling, **Journal of Marketing**, 70, p. 103-117, Oct. 2006.
43. AHEARNE, Michael; MACKENZIE, Scott B.; PODSAKOFF, Philip M.; MATHIEU, John E.; LAM, Son K. The role of consensus in sales team performance, **Journal of Marketing Research**, 47, p. 458-469, Jun. 2010.
44. RITIGLIANO, Tony; SMITH, Benson. **Discover your sales strenghts**. New York: Random House Business Books, 2004.
45. BOMMER, Michael R. W.; O'NEIL, Brian F.; SETHNA, Beheruz N. A methodology for optimizing selling time of salespersons, **Journal of Marketing Theory and Practice**, p. 61-75, spring 1994. Veja também: JOSEPH, Lissan. On the optimality of delegating pricing authority to the sales force, **Journal of Marketing**, 65, p. 62-70, Jan. 2001.
46. Dartnell Corporation, **30th Sales-Force Compensation Survey**. Chicago: Dartnell Corp., 1999. Outros dados mostram que 12,7% é gasto em atendimentos telefônicos, 16% em tarefas administrativas, 25,1% em vendas por telefone e 17,4% em espera/viagem. Para análise desses dados, veja: MISRA, Sanjog; COUGHLAN, Anne T.; NARASIMHAN, Chakravarthi. Sales force compensation: an analytical and empirical examination of the agency theoretic approach, **Quantitative Marketing and Economics**, 3, p. 5-39, Mar. 2005.
47. VERBEKE, Willem; BAGOZZI, Richard P. Sales-call anxiety: exploring what it means when fear rules a sales encounter, **Journal of Marketing**, 64, p. 88-101, July 2000. Veja também: HUGHES, Douglas E.; Ahearne, Michael. Energizing the reseller's sales force: the power of brand identification, **Journal of Marketing**, 74, p. 81-96, Jul. 2010.
48. CHURCHILL JR., Gilbert A.; FORD, Neil M.; WALKER JR., Orville C.; JOHNSTON, Mark W.; MARSHALL, Greg W. **Sales-force management**, 9ed. New York: McGraw-Hill/Irwin, 2009. Veja também: HARRIS, Eric G.; MOWEN, John C.; BROWN, Tom J. Reexamining salesperson goal orientations: personality influencers, customer orientation, and work satisfaction, **Journal of the Academy of Marketing Science**, 33, n. 1, p. 19-35, winter 2005; KRAFFT, Manfred. An empirical investigation of the antecedents of sales-force control systems, **Journal of Marketing**, 63, p. 120-134, Jul. 1999; CHU, Wujin; GERSTNER, Eitan; HESS, James D. Costs and benefits of hard sell, **Journal of Marketing Research**, 32, n. 1, p. 97-102, Feb. 1995.
49. POSDAKOFF, Philip M.; MACKENZIE, Scott B. Organizational citizenship behaviors and sales-unit effectiveness, **Journal of Marketing Research**, 31, n. 3, p. 351-363, Aug. 1994. Veja também: DIXON, Andrea L.; SPIRO, Rosann L.; JAMIL, Magbul. Successful and unsuccessful sales calls: measuring salesperson attributions and behavioral intentions, **Journal of Marketing**, 65, p. 64-78, Jul. 2001; VERBEKE, Willem; BAGOZZI, Richard P. Sales-call anxiety, **Journal of Marketing**, 64, p. 88-101, Jul. 2000.

Estudo de caso

Crescimento da Internet desafia a gestão da comunicação integrada de marketing

Prof. dr. Josmar Andrade – EACH-USP

Provavelmente você já tenha visto este vídeo disponibilizado na Internet: <http://www.youtube.com/watch?v=XpaOjMXyJGk>. Em um cenário despojado, mulheres se autodescrevem para um artista forense que as retrata sem vê-las. Depois disso, a retratada sai, entra outra pessoa que faz a sua descrição da retratada. A comparação das duas versões é impressionante: a maneira pela qual as outras pessoas enxergam a personagem é bem menos crítica do que a autodescrição. Ao final da peça de pouco mais de três minutos, em meio a um tom emocional acentuado por trilha musical envolvente, uma assinatura constata: "Você é mais bonita do que pensa." A abordagem criativa, cativante, sensível e capaz de estimular a identificação de milhões de consumidoras em todo o mundo integra-se perfeitamente ao conceito da "Campanha pela Real Beleza" que a marca de produtos de higiene e beleza Dove vem trabalhando por meio de suas ações de comunicação integrada desde 2004, de maneira global. Essa abordagem foi criada para provocar debate e reflexão sobre o que é a beleza, ao mesmo tempo que são desenvolvidos laços de afetividade com a marca de produto que faz parte do portfólio da Unilever.

O vídeo em questão, *Dove Real Beauty Sketches,* foi criado pela equipe brasileira da agência Ogilvy, produzido em São Francisco e disponibilizado em inglês no Youtube, tornando-se o viral mais visto de todos os tempos na Internet, com estimativa de mais de 150 milhões de acessos em menos de dois meses, desde sua primeira visualização, em abril de 2013.

Seu impacto foi muito além do Youtube e da conquista do Leão de Titânio, o Grande Prêmio mais importante do famoso Festival Publicitário de Cannes, em 2013. A campanha gerou comentários em blogs, artigos na mídia, viralização por meio de redes sociais e, inclusive, uma paródia que apresenta a versão masculina do vídeo, que sugere, de forma bem humorada, que os homens são menos bonitos do que pensam.

Essa ação deve ser avaliada não somente em termos dos seus resultados efetivos para o *brand equity* da marca de produtos de higiene e beleza; também pode ser analisada pelo que representa em termos de novos paradigmas que a Internet mostra aos praticantes de marketing e que vêm desafiando estrategistas e planejadores da comunicação integrada. Essas novas oportunidades envolvem padrões de tempo maiores, ambiente global de comunicação, interação com o público e geração de *buzz* em torno da ação, com a possibilidade de que o espectador seja o próprio endossante da peça, recomendando-a para pessoas de seu relacionamento. Enfim, o viral *Sketches* foi visto milhões de vezes por pessoas que escolheram vê-lo, na hora em que quiseram, em vez de ser ignorado com troca de canal na hora em que fosse exibido.

Mudanças no perfil do consumo dos meios

Durante muitas décadas, a comunicação de marketing de produtos de consumo, como xampus e sabonetes, baseava-se em fluxos comunicacionais do tipo unilateral, com base em mídia de massa. Ou seja, mensagens eram veiculadas de alguém para alguém, sem considerar respostas e interação. Essas campanhas buscavam predominantemente meios de cobertura geográfica abrangente, na expectativa de alcance de audiências de milhões de domicílios em sincronia, ou seja, todos vendo a mesma mensagem ao mesmo tempo. Como suporte principal para essa estratégia estava a televisão, contando com o apoio de meios como o rádio, as revistas, os jornais e a mídia exterior. Sistemas de mídia consideravam o ajuste entre o perfil da programação e do público-alvo, e a peça era mostrada nos intervalos comerciais.

Diversas mudanças aconteceram ao longo do tempo. Algumas de características tecnológicas, como a criação do controle remoto, que permitiu a mudança rápida de programação para o conforto do espectador. Novos canais disponibilizados por sistemas de televisão por assinatura fragmentaram a audiência e possibilitaram maior segmentação do público por perfil de interesse. Tecnologias de gravação e reprodução de conteúdo contribuíram para a modificação dos hábitos de consumo de meios.

A Internet, porém, chegou para mudar o jogo verdadeiramente. Mais do que uma tecnologia para disponibilização de conteúdo, os novos ambientes digitais de comunicação, informação e entretenimento estão modificando com grande abrangência e rapidez os processos comunicacionais, que agora se dão em outros endereços e são baseados em outros hábitos.

A grande transformação se acelera porque cada vez mais amplos estratos socioeconômicos da população têm acesso a dispositivos como computadores e *notebooks*, *tablets* e *smartphones*. No Brasil, estudo do IBGE mostrou que entre 2005 e 2011 houve um crescimento de 143,8% no total de brasileiros com mais de 10 anos que acessam a rede. Apesar de ainda existir um expressivo percentual (53,5%) dessa população que não têm acesso à Internet, é possível supor que esses números evoluem consideravelmente à medida que ocorre maior exposição aos recursos da rede, inclusive pela facilitação de acesso à banda larga. O próprio IBGE considera que há um "efeito geração", que justifica o fato de que pessoas mais velhas, mesmo com renda mais elevada, apresentam percentuais menores de uso da Internet, em relação a estratos mais jovens, que já vêm sendo educados com o acesso ao computador e à rede em salas de aula.

Com a ampliação do acesso, novos serviços, canais e conteúdos são criados e disponibilizados, inclusive para segmentos de menor renda. Com maior interesse, há uma migração do usuário, que deixa de dedicar seu tempo a canais e programas mais tradicionais. Lenta e continuamente há uma migração do interesse do público das telonas para as telinhas. A consequência desse processo é uma grande mudança na forma de consumir meios e no perfil do público que se acentuará ao longo do tempo, pelo fenômeno da alternância de gerações.

Peculiaridades da Internet como meio de comunicação de marketing

Antes de mais nada, é preciso entender a Internet como um ambiente de comunicação. Nele há disponibilização de conteúdo em fluxos interativos, muitas vezes multilaterais, ou seja, de muitos para muitos. Esses conteúdos são informativos, educacionais, noticiosos, mas também envolvem entretenimento e diversão. Muitas vezes o que está sendo produzido, distribuído e visto é feito pelo próprio usuário, habilitado com câmeras, programas gráficos e tecnologias para postar, compartilhar e comentar. Como esse processo se dá em uma escala gigantesca, há pouca possibilidade de controle do que está sendo dito por parte do praticante de marketing.

Pelo ponto de vista da comunicação integrada, esse é um processo que evolui continuamente ao longo do tempo.

Em seus primórdios, o potencial da Internet como meio de promoção de marketing foi sendo tateado a partir das experiências mais tradicionais. Banners, pop-ups e intersticiais eram formatos análogos a comerciais e anúncios, peças típicas da Internet posicionadas em meio a conteúdo editorial, sendo a forma mais comum de obtenção de receitas publicitárias por parte de sites e portais. Aos poucos, porém, novas experiências e utilidades foram sendo acrescentadas.

A Internet tornou-se um ambiente extremamente adequado ao marketing direto, por exemplo. Links em banners passaram a conectar o usuário a sites de venda direta, ou seja, o tempo e o esforço entre o interesse de adquirir um produto ou serviço e o acesso à compra dessa oferta passou a ser de poucos minutos e cliques.

Algumas ações e recursos, entretanto, são específicos da Internet e se diferenciam: ferramentas de busca aos poucos foram assumindo importância central no dia a dia. Sites como o yahoo.com e o google.com passaram a ser indispensáveis na pesquisa por informação, endereços e telefones – inclusive para acessar avaliações de outros consumidores e resenhas críticas das ofertas. Como decorrência, palavras passaram a ser "patrocináveis", assim como a posição de anúncios pagos nas páginas de ranking da busca realizada. Esse fluxo abundante de dados e seu processamento automatizado abriram uma nova fronteira para o marketing: a microssegmentação, que envolve a exposição de mensagens bastante específicas para usuários, de acordo com seu perfil, seus hábitos na rede e interesses monitorados por meio de cookies coletados durante sua navegação. Anúncios posicionados em mapas e rotas, colocação de conteúdo promocional em sites gratuitos de e-mails, promoção durante games on-line, enfim, muitas possibilidades surgiram.

Mas a evolução não parou por aí: sites, blogs, portais de informação e as redes sociais passaram a disputar – e a ganhar – a atenção das pessoas. Praticantes de marketing tiveram que se preocupar com esses conteúdos e interações porque, querendo ou não, as pessoas passaram a falar de marcas e ofertas em proporções muito maiores do que o simples boca a boca do passado. Logo, monitorar estas conversas on-line passou a ser tarefa importante, no sentido de reagir rapidamente na gestão de crises de opinião. Por outro lado, atividades comuns de relacionamento com imprensa e formadores de opinião ganharam maior impulso: marcas precisaram desenvolver ações e programas para obter depoimentos e noticiário positivo junto a um número muito maior de pessoas. Com o advento das redes sociais onipresentes, o usuário começou a ser a própria mídia da mensagem. E a importância de programas de relações públicas em ambientes digitais se tornou central para a gestão da imagem das organizações.

Maior participação nas verbas do composto promocional

A comunicação de marketing defronta-se, dessa maneira, com desafios complexos. Gerir ambientes comunicacionais com conteúdos criados e distribuídos por consumidores em escala ampliada; monitorar comentários e pessoas influentes e buscar influenciá-los; disponibilizar canais para interação, seja para receber comentários, sugestões e reclamações, como também para realizar transações on-line; oferecer suporte para usuários que querem disponibilidade e atenção 24 horas por dia, 7 dias por semana: enfim, a tarefa é trabalhosa e abrangente. Tudo isso sem descuidar de ações mais convencionais, como manter um site atualizado, administrar uma fanpage em sites como o facebook.com e desenvolver ações como postar banners e pop-ups em sites e portais de grande fluxo.

Atualmente, qualquer gestor de marketing sabe que a Internet deve ocupar posição de grande destaque em seu composto promocional, não importa o tamanho do seu negócio, nem a natureza de seu mercado. Em contrapartida, a Internet cada vez mais absorve investimentos direcionados ao P da promoção. Recente estudo da consultoria PwC prevê uma taxa de crescimento do investimento publicitário dirigido à Internet no Brasil da ordem de 18,6% até 2017, de longe a maior taxa entre todos os meios analisados. Um percentual bem maior do que a expectativa do crescimento do mesmo meio em termos globais, previsto em 13,1%.

Se o gestor da comunicação integrada já tem bons motivos para voltar seu foco à Internet como ambiente que manterá centralidade em seus esforços nos próximos anos, é bom reservar tempo para outro fenômeno, ao mesmo tempo associado e diferente em suas peculiaridades e potencial: o mobile marketing, que envolve promoção em acessos via celulares, mercado que cresceu quatro vezes em apenas um ano, segundo estudo da Opera Mediaworks, que analisou a variação entre 2012 e 2013. Mas esse é outro assunto que ainda vai movimentar muito o mundo do marketing nos próximos anos.

Questões para reflexão

1. Identifique e liste as mudanças de programação de conteúdo em meios tradicionais como televisão, rádio, revista e jornal em função dos impactos da Internet.
2. Pense no marketing viral como a replicação de conteúdo promocional por meio de usuários da Internet, por e-mail, blogs e redes sociais. Qual a importância do endosso, ou seja, da recomendação positiva nesse processo?
3. De acordo com o estudo da PwC, o que justificaria a taxa de crescimento do investimento publicitário na Internet ser maior no Brasil do que no restante do mundo?
4. Quais serão, na sua opinião, as mudanças de médio prazo (2 ou 3 anos) no cenário da promoção provocada pelo avanço do mobile marketing?

Referências

"Dove Real Beauty Sketches". Disponível em: <http://www.youtube.com/watch?v=XpaOjMXyJGk>. Acesso em: 10 jul. 2013.

"Mercado de publicidade móvel no Brasil quase quadruplica em 1 ano". Disponível em: <http://g1.globo.com/economia/midia-e-marketing/noticia/2013/06/mercado-de-publicidade-movel-no-brasil-quase-quadruplica-em-1-ano.html>. Acesso em: 10 jul. 2013.

"Publicidade na web irá crescer mais de 18% por ano no Brasil, diz PwC". Disponível em: <http://g1.globo.com/economia/midia-e-marketing/noticia/2013/06/publicidade-na-web-ira-crescer-mais-de-18-por-ano-no-brasil-diz-pwc.html>. Acesso em: 10 jul. 2013.

"The Dove Campaign for Real Beauty". Disponível em: <http://www.dove.us/social-mission/campaign-for-real-beauty.aspx>. Acesso em: 10 jul. 2013.

"Vídeo publicitário da Dove é mais visto de todos os tempos". Disponível em: <http://exame.abril.com.br/marketing/noticias/video-publicitario-da-dove-e-mais-visto-de-todos-os-tempos>. Acesso em: 7 jul. 2013.

NEFF, Jack. "Is Dove's Real Beauty 'Sketches' Really the Most Viral Ad Ever?". Disponível em: <http://adage.com/article/digital/dove-s-sketches-viral-ad/241792/>. Acesso em: 7 jul. 2013.

SALLOWICZ, Mariana. "Acesso à Internet no Brasil cresce, mas 53% da população ainda não usa a rede". Disponível em: <http://www1.folha.uol.com.br/mercado/2013/05/1279552-acesso-a-internet-no-brasil-cresce-mas-53-da-populacao-ainda-nao-usa-a-rede.shtml>. Acesso em: 7 jul. 2013.

PARTE 7:
Gerando crescimento de longo prazo

capítulo **18**

Gerenciamento de marketing na economia global

Neste capítulo, abordaremos as seguintes questões:

1. Que fatores uma empresa deve analisar antes de decidir ingressar no mercado internacional?
2. Quais são as principais maneiras de entrar em mercados estrangeiros?
3. Quais são os fatores-chave para um marketing interno eficaz?
4. Como as empresas podem ser socialmente responsáveis?
5. Que ferramentas as empresas podem utilizar para monitorar e aprimorar suas atividades de marketing?

Administração de marketing na Timberland

A Timberland, fabricante de botas, sapatos, roupas e equipamentos resistentes, nutre uma paixão pela natureza. A empresa é voltada para pessoas que vivem, trabalham e se divertem ao ar livre. Assim, faz sentido que ela faça o que for preciso para proteger o meio ambiente. Ao longo dos anos, o compromisso e as ações da Timberland abriram caminho para empresas verdes de todo o mundo. Suas iniciativas revolucionárias incluem oferecer a seus sapatos um "selo nutricional", que mensura seu "grau ecológico" – a quantidade de energia que foi usada para fabricar os sapatos, quais foram os custos de transporte e mão de obra e quais partes são recicláveis.

A Timberland também lançou uma linha de sapatos chamada Earthkeepers, feita de algodão orgânico, garrafas PET recicladas e pneus reciclados (para as solas). Os sapatos são desenvolvidos para serem desmontáveis e mais de 50% de suas partes podem ser recicladas. A Timberland vem atraindo uma comunidade on-line para os Earthkeepers por meio do fornecimento de dicas e informações sobre eventos voltados para a preservação do meio ambiente. Suas conquistas empresariais provam que empresas social e ambientalmente responsáveis podem ser bem-sucedidas. As vendas ultrapassaram a marca de 1,2 bilhão de dólares em 2009, e a Timberland venceu inúmeros prêmios, tendo, inclusive, um lugar fixo no ranking das 100 melhores empresas para se trabalhar, da revista *Fortune*.[1]

Para apoiar um crescimento de marca saudável, de longo prazo, empresas que praticam o marketing holístico, como a Timberland, devem se envolver em uma série de atividades de marketing cuidadosamente planejadas, interconectadas, bem como atender a um conjunto cada vez maior de elementos e objetivos. Elas também devem levar em conta o mercado global, a responsabilidade social corporativa e a sustentabilidade na hora de tomar decisões. Neste capítulo, verificamos como as empresas se expandem para mercados globais, como elas organizam seus esforços de marketing e como gerenciam, controlam e avaliam a implantação do marketing em um contexto mais voltado para a responsabilidade social.

Concorrência em nível global

Muitas empresas atuam no mercado global há décadas – faz anos que empresas como a Shell, a Bayer e a Toshiba vendem produtos em todo o mundo. Entretanto, a concorrência global está se intensificando em mais categorias de produtos, à medida que novas empresas entram no cenário internacional.[2] No **setor global**, as posições estratégicas dos concorrentes nos principais mercados geográficos ou nacionais são afetadas por suas posições globais gerais.[3] Uma **empresa global** opera em mais de um país e obtém vantagens financeiras, de P&D, de produção, de logística e de marketing não disponíveis para concorrentes puramente locais.

Empresas globais planejam, operam e coordenam suas atividades em nível mundial. Muitas marcas norte-americanas mundialmente bem-sucedidas estabeleceram uma conexão com valores e necessidades universais – como a Nike, com seu desempenho esportivo. O marketing global vai além de bens físicos. Os serviços são o setor que mais cresce na economia global. Eles são responsáveis por dois terços da produção mundial, por um terço dos empregos disponíveis no mundo e, aproximadamente, por 20% do comércio mundial. Independentemente de seu tamanho ou tipo, uma empresa que parte para o mercado global deve tomar uma série de decisões (veja a Figura 18.1).

FIGURA 18.1 PRINCIPAIS DECISÕES NO MARKETING INTERNACIONAL.

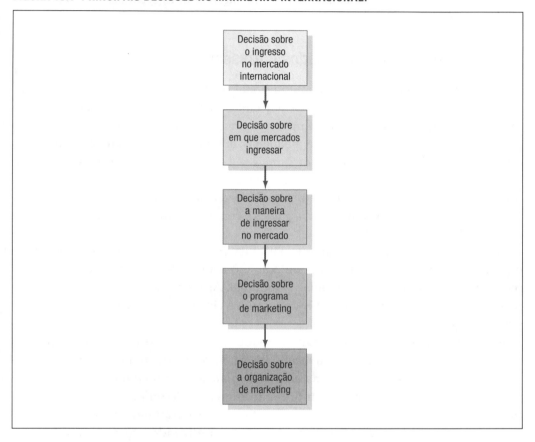

Decisão sobre o ingresso no mercado internacional

Uma série de fatores atrai as empresas para a arena internacional. Alguns mercados internacionais apresentam melhores oportunidades de lucro do que o mercado interno. A empresa pode precisar de uma base de clientes maior para atingir economias de escala ou pode querer reduzir a dependência de um único mercado. Às vezes, a empresa decide contra-atacar os concorrentes globais em seus mercados internos ou percebe que seus clientes estão se voltando para o exterior e exigindo serviços internacionais.

Antes de tomar a decisão de ingressar no mercado internacional, a empresa também deve ponderar diversos riscos. Em primeiro lugar, ela pode não entender as preferências estrangeiras e falhar na oferta de um produto atrativo em termos competitivos. Em segundo, ela pode não entender a cultura empresarial do outro país ou não saber lidar de maneira efetiva com regulamentações de fora. Em terceiro, podem faltar gestores com experiência internacional. Por fim, o outro país pode mudar suas leis comerciais, desvalorizar sua moeda ou passar por uma revolução política e, com isso, desapropriar bens estrangeiros.

Decisão sobre em que mercados ingressar

Ao decidir ingressar no mercado internacional, a empresa precisa definir seus objetivos e suas políticas de marketing. Que porcentagem do total de vendas será buscada internacionalmente? A maioria das empresas começa pequena quando se arrisca no exterior. Algumas planejam permanecer pequenas; outras têm planos maiores. Estratégias de entrada comuns são: abordagem de *entrada sequencial*, em que os países são gradualmente penetrados, em sequência, e abordagem de *entrada pulverizada*, em que a entrada ocorre em muitos países, simultaneamente. Cada vez mais, as empresas – especialmente as intensivas em tecnologia – *nascem globais* e comercializam com o mundo todo desde o princípio.

A empresa também deve decidir que países levar em consideração, tendo como base o produto, a geografia, a renda, a população e o clima político. Países desenvolvidos representam cerca de 20% da população mundial. As empresas podem atender os outros 80%, que têm muito menos poder de compra e vivem em condições que vão da leve privação à grave deficiência?

As diferenças econômicas e culturais são inúmeras, a infraestrutura de marketing pode ser precária e a concorrência local pode ser surpreendentemente forte.[4] Contudo, o sucesso é possível quando as empresas planejam com cuidado. Cerca de um terço da receita da Nestlé, maior empresa de alimentos do mundo, é proveniente de mercados em desenvolvimento, e a meta da empresa é aumentar esse percentual para 45% em uma década.[5] Muitas empresas estão utilizando lições aprendidas com o marketing em países em desenvolvimento para competir melhor em seus mercados desenvolvidos. O desafio consiste em pensar, criativamente, no modo como o marketing pode realizar o sonho da maior parte da população mundial: ter um padrão de vida melhor.[6]

Decisão sobre a maneira como ingressar no mercado

Em seguida, a empresa deve determinar a melhor maneira de entrar no mercado. Como mostra a Figura 18.2, cada estratégia subsequente envolve mais compromisso, risco, controle e potencial de lucro.

- *Exportação indireta e direta:* as empresas normalmente começam com a exportação indireta, atuando por meio de intermediários independentes, e, mais adiante, podem se voltar para a exportação direta. A exportação indireta requer menos investimento e envolve menos risco. Como os intermediários de marketing internacional agregam *know-how* e serviços ao relacionamento, a empresa vendedora comete menos erros. A empresa também pode utilizar a Internet para atrair novos clientes de fora, atender os clientes atuais sediados no exterior, comprar de fornecedores internacionais e criar conscientização de marca global. Empresas de sucesso adaptam seu site para oferecer conteúdos e serviços específicos do país para seus mercados internacionais mais promissores, de preferência na língua local.

- *Licenciamento:* o licenciador concede uma licença a uma empresa estrangeira para que ela utilize um processo de fabricação, uma marca, uma patente ou outro item de valor em troca de uma taxa fixa ou de *royalties*. O licenciador ganha entrada no mercado a um pequeno risco; o licenciado ganha *expertise* de produção ou, então, um produto ou um nome de marca conhecido. O licenciador, contudo, tem menos controle sobre o licenciado do que em suas próprias instalações de produção e vendas. Se o licenciamento der muito certo, a empresa terá aberto mão de lucros. Se e quando o contrato terminar, ela poderá descobrir que criou um concorrente.

- Joint-ventures: investidores estrangeiros podem se unir a investidores locais em uma *joint-venture*, em que compartilham a propriedade e o controle – algo muitas vezes desejável por razões políticas ou econômicas. Contudo, os parceiros podem discordar no que diz respeito a investimento, marketing ou outras políticas. Um pode querer reinvestir os ganhos visando ao crescimento, enquanto o outro pode querer distribuir mais dividendos. A propriedade conjunta também pode impedir uma multinacional de possuir políticas específicas de produção e marketing em uma base mundial.

- *Investimento direto:* a forma definitiva de envolvimento externo é a propriedade direta – a empresa de fora pode comprar uma empresa local ou parte dela; pode ainda construir instalações de produção e serviços. Se o mercado é grande o suficiente, o investimento direto oferece nítidas vantagens. Em primeiro lugar, a empresa garante economia de custo por meio de mão de obra e matéria-prima mais baratas, incentivos governamentais e economias de frete. Em segundo, ela fortalece sua imagem no país que a recebe porque gera empregos. Em terceiro, aprofunda seu relacionamento com governo, clientes, fornecedores locais e distribuidores. Em quarto, mantém total controle sobre os seus investimentos e pode implantar políticas que atendam a seus objetivos internacionais de longo prazo. Em quinto, garante acesso ao mercado no caso de o país que a hospeda insistir que os bens adquiridos localmente tenham que possuir conteúdo doméstico. A principal desvantagem é a exposição a riscos como bloqueio ou desvalorização de moedas, piora dos mercados e desapropriação.

FIGURA 18.2 CINCO MANEIRAS DE ENTRAR EM MERCADOS ESTRANGEIROS.

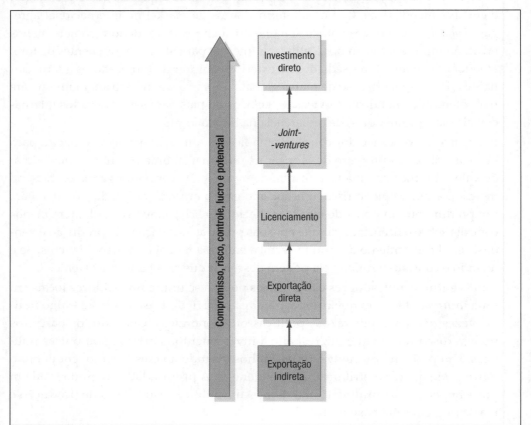

Decisão sobre o programa de marketing

Ao entrar em mercados externos, as empresas devem decidir até que ponto adaptar sua estratégia de marketing às condições locais.[7] Em um extremo, está o *programa de marketing globalmente padronizado*, que promete custos mais baixos (o Quadro 18.1 resume alguns prós e contras desse programa). Em outro, está o *programa de marketing adaptado*, em que a empresa, alinhada com sua orientação de marketing, acredita que as necessidades do consumidor variam e desenvolve atividades de marketing sob medida para cada grupo-alvo.

As melhores marcas globais são consistentes na ideia central, mas refletem diferenças significativas no comportamento do consumidor, no desenvolvimento da marca, nas forças competitivas e no ambiente político-legal. Alguns produtos cruzam fronteiras sem adaptação melhor do que outros. Fatores culturais e materiais influenciam a rapidez com que um novo produto decola em um país – embora, com o tempo, os índices de adoção e difusão estejam se tornando mais indistintos nos países.[8] Warren Keegan destacou cinco estratégias de adoção de produto e comunicação (veja a Figura 18.3).[9]

QUADRO 18.1 PRÓS E CONTRAS DO MARKETING GLOBALMENTE PADRONIZADO.

Vantagens
Economias de escala na produção e na distribuição.
Custos de marketing mais baixos.
Poder e escopo.
Consistência na imagem da marca.
Capacidade de alavancar novas ideias de maneira rápida e eficiente.
Uniformidade nas práticas de marketing.
Desvantagens
Ignora diferenças entre os consumidores no que diz respeito a necessidades, desejos e uso de padrões para os produtos.
Ignora diferenças na resposta do consumidor a programas e atividades de marketing.
Ignora diferenças no desenvolvimento da marca e do produto e no ambiente competitivo.
Ignora diferenças no ambiente legal.
Ignora diferenças em instituições de marketing.
Ignora diferenças em procedimentos administrativos.

FIGURA 18.3 CINCO ESTRATÉGIAS INTERNACIONAIS DE PRODUTO E COMUNICAÇÃO.

Produto. Com a **extensão direta**, lança-se o produto no mercado externo sem nenhuma alteração – trata-se de uma boa estratégia para câmeras, produtos eletrônicos e muitas máquinas operatrizes. A **adaptação do produto** consiste na modificação do produto para atender às condições ou às preferências locais, com o desenvolvimento de uma *versão para uma região*, uma *versão para um país*, uma *versão para uma cidade* ou diferentes *versões para revendedores*. A **invenção de produto** cria algo novo. Ela pode assumir duas formas: a *invenção retrógada* (relançamento de formatos prévios do produto que se adaptam bem às necessidades do outro país) e a *invenção à frente* (criação de um novo produto para atender a uma necessidade do outro país). Quando lançam bens e serviços em nível mundial, as empresas podem precisar mudar determinados elementos de marca.[10]

Comunicação. Modificar a comunicação de marketing para cada mercado local é um processo chamado **adaptação da comunicação**. Se a empresa adapta tanto o produto como a comunicação, dizemos que ela realiza uma **adaptação dual**. A empresa pode utilizar uma única mensagem em todos os lugares, mudando apenas o idioma, o nome e talvez as cores, a fim de evitar tabus em alguns países. Ela pode também usar globalmente a mesma mensagem e a mesma ideia central, mas adaptar sua execução. Outra abordagem, usada pela Coca-Cola e pela Goodyear, consiste em desenvolver uma série de anúncios globais e deixar o gerente de marketing de cada país selecionar o mais apropriado. Por fim, algumas empresas permitem que seus gestores criem anúncios específicos para o país, de acordo com determinadas diretrizes. Além disso, pode ser preciso modificar as táticas de vendas pessoais.

Preço. Multinacionais que vendem no exterior devem lutar contra a **escalada de preços** – aumento do preço para cobrir custos adicionais com transporte, impostos, margem do importador, margem do atacadista e margem do varejista, bem como o risco da flutuação do câmbio, mas que proporciona o mesmo lucro. As escolhas na precificação incluem o estabelecimento de um preço uniforme para todos os mercados, de um preço baseado no mercado em cada mercado ou de um preço baseado nos custos em cada mercado. Quando as empresas vendem pela Internet, o preço se torna transparente e sua diferenciação entre os países diminui.

Muitas multinacionais são incomodadas pelo **mercado paralelo**, que desvia produtos de marca de canais de distribuição autorizados no país de origem ou em fronteiras internacionais. Revendedores em um país de preço baixo vendem alguns produtos em países de preço mais alto, ganhando, assim, mais. As empresas reagem policiando os distribuidores, aumentando seus preços para os distribuidores que têm custos mais baixos ou modificando as características do produto ou as garantias do serviço em diferentes países.[11] Cópias e imitações constituem outra custosa preocupação para empresas de marca internacional. On-line, as empresas estão utilizando a tecnologia para procurar vitrines e vendas falsificadas, detectando nomes de domínio similares, usados para legitimar marcas, e sites que trazem marcas registradas e logos em sua home page sem autorização.

Distribuição. As empresas devem pensar não apenas no modo como levar os produtos para outros países, mas também na maneira como o produto é transportado dentro de um país, assumindo uma visão de "canal total" da distribuição dos produtos para os usuários finais. Os canais de distribuição internos variam consideravelmente de país para país, assim como o tamanho e as características das unidades de varejo. Grandes redes de varejo dominam o cenário norte-americano, mas, em muitos outros países, o varejo está nas mãos de empresas pequenas, independentes. Nesses países, as margens são altas, mas o preço real acaba caindo por conta da pechincha. A renda é baixa, e as pessoas compram diariamente o que conseguem levar para casa a pé ou de bicicleta. O fracionamento de grandes volumes continua sendo algo importante e ajuda a perpetuar longos canais de distribuição, os quais constituem um grande obstáculo para a expansão do varejo de larga escala em países em desenvolvimento. Por outro lado, grandes varejistas estão cada vez mais se voltando para novos mercados globais, oferecendo às empresas a oportunidade de vender em mais países e gerando um desafio para os distribuidores e os varejistas locais.[12] Naturalmente, a multinacional deve escolher os distribuidores certos, investir neles e estabelecer metas de desempenho com as quais eles podem concordar.[13]

Efeitos do país de origem

As *percepções do país de origem* são as associações mentais e as crenças ativadas por um país. As autoridades governamentais querem fortalecer a imagem do país para ajudar as empresas locais que exportam e para atrair empresas e investidores estrangeiros. Os profissionais de marketing querem usar as percepções positivas do país de origem para vender seus bens e serviços. As empresas globais sabem que os compradores têm atitudes e crenças diferentes com relação a marcas e produtos de diferentes países.[14] O simples fato de uma marca ser vista como bem-sucedida no cenário global – seja porque ela envia um sinal de qualidade, reflete mitos culturais ou reforça um sentimento de responsabilidade social – pode conferir a ela credibilidade e respeito.[15]

As empresas devem olhar para as percepções do país de origem de uma perspectiva tanto doméstica como estrangeira. No mercado doméstico, essas percepções podem mexer com ideais patrióticos dos consumidores ou lembrá-los de seu passado. À medida que o comércio internacional cresce, os consumidores podem ver determinadas marcas como simbolicamente importantes para sua herança e sua identidade culturais. Muitas pequenas empresas aproveitam o orgulho da comunidade para enfatizar suas raízes locais. Para serem bem-sucedidas, elas precisam ser claramente locais e oferecer bens e serviços que tenham apelo.[16]

Marketing interno

Em uma empresa conectada, *toda* área funcional pode interagir diretamente com os clientes. O marketing não é mais o único detentor das interações com o cliente. Pelo contrário, ele agora deve integrar todos os processos que envolvem o encontro com os clientes, de modo que estes vejam um único rosto e ouçam uma única voz ao interagir com a empresa.[17] O *marketing interno* requer que todos na organização aceitem os conceitos e as metas do marketing e que se envolvam na escolha, no fornecimento e na comunicação do valor para o cliente. Somente quando *todos* os funcionários perceberem que seu trabalho é desenvolver, atender e satisfazer clientes é que a empresa se tornará uma vendedora eficaz.[18] Vamos ver como os departamentos de marketing são organizados e como eles podem trabalhar de maneira eficaz com outros departamentos.

Organização do departamento de marketing

Os modernos departamentos de marketing podem ser organizados de diferentes (e, muitas vezes, sobrepostas) maneiras: funcionalmente, geograficamente, por produto ou marca, por mercado ou matricialmente.

Organização funcional. Na forma mais comum de organização do marketing, os especialistas funcionais (como o gerente de vendas e o gerente de pesquisa de mercado) se reportam para o diretor de marketing, que coordena suas atividades. A principal vantagem aqui é a simplicidade administrativa, embora possa ser um desafio para o departamento desenvolver relações de trabalho harmoniosas. Essa forma também pode resultar em um planejamento inadequado, à medida que o número de produtos e mercados aumenta e os grupos funcionais concorrem por orçamento e status. A todo o momento, o diretor de marketing pondera as reivindicações conflitantes e se depara com um difícil problema de coordenação.

Organização geográfica. Uma empresa que atua em nível nacional geralmente organiza sua força de vendas (e, muitas vezes, seu marketing) de acordo com limites geográficos.[19] Algumas empresas estão contratando *especialistas de mercado regional* (gerentes de marketing regionais ou locais) para apoiar os esforços de vendas em mercados de grande volume. Uma vez que a geografia altera bastante o desenvolvimento de marca, algumas empresas elaboram diferentes programas de marketing para diferentes regiões do país.

Organização por produto ou marca. Empresas que produzem uma série de produtos e marcas geralmente estabelecem uma organização por produto (ou marca) não para substituir a organização funcional, mas para criar outra camada de gestão. Um gerente de produto supervisiona gerentes de categoria de produtos, os quais, por sua vez, supervisionam gerentes de produto e de marca específicos. Esse tipo de organização faz sentido quando os produtos da empresa são muito diferentes ou quando há mais produtos do que uma organização funcional poderia lidar.

A organização por produto possibilita que o gerente de produto se concentre no desenvolvimento de um programa de marketing efetivo em termos de custo e que reaja com maior rapidez a novos produtos no mercado; ele também oferece às marcas menos importantes um defensor. Contudo, pode faltar aos gerentes de produto autoridade para cumprir com suas responsabilidades ou, então, eles podem ser especialistas em seu produto, mas não possuir *expertise* funcional. Indicar gerentes de produto para marcas importantes, e mesmo para marcas menores, pode ser custoso. Os gerentes de marca podem administrar uma marca por um curto período, levando para um pensamento de curto prazo, em vez de para uma visão de longo prazo. A fragmentação dos mercados torna mais difícil desenvolver uma estratégia nacional. Por fim, os gerentes de produto e de marca geralmente fazem com que a empresa se concentre na obtenção de participação de mercado, e não de relacionamento com o cliente.

Uma segunda alternativa são as *equipes de produto*. Algumas empresas designam suas principais marcas para uma *equipe de gestão do ativo da marca (brand-asset management team – BAMT)*, a qual consiste de representantes das funções que afetam o desempenho da marca. A BAMT se reporta a um comitê de diretores do ativo da marca, que se reporta ao diretor de *branding*. Uma terceira alternativa consiste em, no caso de produtos menos importantes, eliminar a figura do gerente de produto e designar dois ou mais produtos para os gerentes remanescentes. Isso é viável quando dois ou mais produtos são voltados para um conjunto similar de necessidades.

Uma quarta alternativa diz respeito à introdução do *gerenciamento por categorias*, que aposta em categorias de produtos para gerenciar as marcas da empresa. A Procter & Gamble (pioneira no sistema de gerenciamento por marca) e outras importantes empresas de bens de consumo fizeram uma grande mudança em direção ao gerenciamento por categorias, uma vez que existem empresas que estão fora do canal de supermercados.[20] Ao estimular a concorrência interna entre os gerentes de marca, o tradicional sistema de gerenciamento por marca criava grandes incentivos para as pessoas sobressaírem, mas também gerava competição interna por recursos e falta de coordenação. O novo esquema foi montado de modo a garantir recursos adequados para todas as categorias. Em algumas empresas de bens de consumo, o gerenciamento por categorias evoluiu para o gerenciamento por corredor, abrangendo diversas categorias relacionadas geralmente encontradas nas mesmas seções de supermercados e mercados.

Organização por mercado. Quando os clientes se dividem em diferentes grupos de usuários, com preferências e práticas de compra distintas, é desejável uma *organização por mercado*. Os gerentes de mercado supervisionam diversos gerentes de desenvolvimento de mercado, especialistas de mercado ou especialistas setoriais e se valem de serviços funcionais quando necessário. Os gerentes de mercado são pessoas de apoio (e não de linha de frente), com responsabilidades parecidas com as dos gerentes de produto. Como esse sistema organiza a atividade de marketing para atender às necessidades de diferentes grupos de clientes, ele compartilha muitas das vantagens e das desvantagens dos sistemas de gerenciamento por produto. Muitas empresas estão se reorganizando de acordo com os limites de mercado e se tornando *organizações voltadas para o mercado*. Em uma *organização de gerenciamento de clientes*, as empresas se organizam para lidar com clientes individuais, em vez de com o mercado de massa ou segmentos de mercado.[21]

Organização matricial. Empresas que produzem muitos produtos para muitos mercados podem adotar uma *organização matricial*, empregando gerentes tanto de produto como de mercado. Esse sistema, no entanto, é custoso e, muitas vezes, gera conflitos, assim como problemas com relação à autoridade e à responsabilidade. Alguns grupos corporativos de marketing auxiliam a alta administração a avaliar oportunidades, oferecem às divisões consultoria quando solicitado, ajudam as divisões que têm pouco ou nenhum marketing e promovem o conceito de marketing pela empresa.

Relacionamento com outros departamentos

De acordo com o conceito de marketing, todos os departamentos precisam pensar no cliente e trabalhar em conjunto para satisfazer suas necessidades e expectativas. Em geral, os principais executivos de marketing devem utilizar a persuasão, e não a autoridade, para (1) coordenar as atividades internas de marketing da empresa e (2) coordenar o marketing com finanças, operações e outras áreas funcionais da empresa, a fim de servir o cliente. Para ajudar o marketing e as outras áreas funcionais a determinar, em conjunto, o que é melhor para a empresa, as organizações podem promover seminários em parceria, comitês mistos, o contato entre os funcionários, programas de intercâmbio de funcionários e métodos analíticos para determinar o curso de ação mais lucrativo.

Hoje, muitas empresas se concentram em processos-chave, em vez de em departamentos, porque a organização departamental pode ser uma barreira para o bom desempenho. Elas indicam líderes de processos, os quais gerenciam equipes multidisciplinares que incluem pessoas de marketing e vendas. Dessa maneira, cada equipe é autogerenciada e, de forma indireta, se mantém ligada ao departamento de marketing

Embora seja *necessário* ser orientado para o cliente, isso não é o *suficiente*. A organização também deve ser criativa. Hoje em dia, as empresas copiam as vantagens e as estratégias das outras com uma rapidez cada vez maior, o que torna mais difícil atingir a diferenciação e reduz as margens, à medida que as empresas se tornam mais parecidas. A única resposta a isso é o desenvolvimento da capacidade de inovar e imaginar estrategicamente. Essa capacidade é proveniente de ferramentas, processos, habilidades e avaliações que possibilitam à empresa gerar mais e melhores ideias que seus concorrentes.[22]

Marketing socialmente responsável

O marketing interno efetivo deve ser combinado a um forte senso de ética, valores e responsabilidade social.[23] Uma série de forças está levando as empresas a praticar um nível mais alto de responsabilidade social corporativa, entre elas: o aumento das expectativas do cliente, a mudança nas metas e nas expectativas dos funcionários, legislação e pressão mais severas por parte do governo, o interesse dos investidores em critérios sociais, o escrutínio da mídia e a mudança nas práticas de aquisição de negócios.[24]

Praticamente todas as empresas decidiram assumir um papel estratégico mais ativo na responsabilidade social corporativa, analisando detalhadamente aquilo em que elas acreditam e o modo como devem tratar seus clientes, funcionários, concorrentes, comunidade e o ambiente. Ao assumirem essa visão mais ampla, voltada para os *stakeholders*, as empresas acreditam que vão beneficiar outro importante grupo: os acionistas. Alguns críticos defendem que investimentos empresariais importantes em áreas como P&D podem sofrer como resultado do foco na responsabilidade social, mas eles representam uma pequena minoria.[25]

Hoje em dia, muitos acreditam que a satisfação dos clientes, dos funcionários e de outros *stakeholders* e a conquista de sucesso nos negócios estão intimamente ligados à adoção e à implantação de altos padrões de conduta empresarial e de marketing. Um benefício adicional de ser visto como socialmente responsável é a capacidade de atrair funcionários que querem trabalhar para empresas com as quais eles se sintam bem. As empresas mais admiradas – e mais bem-sucedidas – têm como lei atender aos interesses das pessoas, e não aos seus próprios. O CEO da Procter & Gamble fez da "proposta da marca" um componente essencial das estratégias de marketing da empresa. Aumentar o nível do marketing socialmente responsável requer um ataque de três frentes, que consiste em comportar-se de maneira apropriada nos âmbitos legal, ético e da responsabilidade social.

Comportamento legal e ético

As organizações devem assegurar que todos os funcionários conheçam e cumpram leis importantes.[26] Determinadas práticas empresariais são claramente antiéticas ou ilegais: suborno, roubo de segredos comerciais, propaganda falsa ou enganosa, contratos que amarram a outra parte e de transação exclusiva, defeitos de qualidade e de segurança, garantias falsas, rótulos imprecisos, controle de preço e concorrência predatória. As empresas devem adotar e disseminar, por escrito, um código de ética. Elas devem também desenvolver uma tradição de comportamento ético e fazer com que sua equipe seja totalmente responsável pelo cumprimento de diretrizes éticas e legais.[27] A desconfiança generalizada dos consumidores norte-americanos com relação às empresas fica evidente em uma pesquisa em que 26% dos entrevistados disseram ver as organizações de maneira desfavorável.[28]

Comportamento de responsabilidade social

Os profissionais de marketing devem exercer sua consciência social nos relacionamentos com clientes e outros *stakeholders*. Cada vez mais, as pessoas verificam o resultado das empresas no que diz respeito à responsabilidade social e ambiental para decidir de quais comprar, em quais investir e para quais trabalhar.[29] Comunicar a responsabilidade social, no entanto, pode ser um desafio. Ao abraçarem uma iniciativa ambiental, as empresas se tornam alvo de críticas. Muitas iniciativas bem-intencionadas de produto ou de marketing podem ter consequências negativas imprevistas ou inevitáveis.

Em geral, quanto maior o compromisso da empresa com a questão da sustentabilidade e com a proteção ambiental, mais dilemas podem surgir. A filantropia empresarial também pode apresentar dilemas. A Merck, a DuPont, o Walmart e o Bank of America doaram 100 milhões de dólares ou mais para caridade em um único ano. Contudo, boas ações podem ser ignoradas – ou mesmo ser mal vistas – se a empresa for vista como exploradora ou não conseguir construir uma imagem de "boazinha".

Sustentabilidade

Hoje em dia, a *sustentabilidade* – capacidade de atender às necessidades da humanidade sem prejudicar as gerações futuras – está entre as prioridades de muitas agendas corporativas. Importantes organizações mostram, em detalhes, como estão tentando melhorar o impacto de longo prazo de suas ações sobre a comunidade e o ambiente. Como disse um consultor voltado para a área de sustentabilidade: "O resultado possui três saídas – pessoas, planeta e lucro –, e a parte da equação que envolve pessoas deve vir em primeiro lugar. Sustentabilidade significa mais do que ser ecologicamente correto: significa que você está comprometido com ela por um longo período".[30] Geralmente, as empresas que registram bons resultados em sustentabilidade possuem uma gestão de alta qualidade, que "tende a ser mais sagaz em termos estratégicos e mais bem preparada para concorrer em um ambiente global acelerado e complexo".[31] O interesse dos consumidores pela sustentabilidade está criando oportunidades de mercado (veja a seção "Insight de marketing", a seguir).

Infelizmente, o maior interesse pela sustentabilidade levou ao *greenwashing* (ou *lavagem verde*), que faz os produtos parecerem ecologicamente corretos, mas que não atende à promessa. Por conta de empresas desonestas que estão pegando carona na "onda verde", os consumidores possuem um ceticismo saudável com relação às alegações ambientais, e eles também não estão dispostos a sacrificar o desempenho e a qualidade dos produtos.[32] Muitas empresas estão acordando para o desafio e usando a necessidade de sustentabilidade para intensificar a inovação. As vendas de produtos que enfatizam a questão da sustentabilidade permaneceram firmes na recente crise econômica.[33]

Insight de marketing

O aumento dos produtos orgânicos

Produtos orgânicos e naturais são, hoje, uma forte presença em muitas categorias. A declaração de missão da Chipotle Mexican Grill ("Alimento com integridade") reflete seu foco em uma boa alimentação com uma mensagem socialmente responsável. Uma das primeiras redes de restaurante *fast-casual*, a Chipotle utiliza ingredientes naturais e orgânicos, além de servir mais carne de animais livres de hormônio do que qualquer outro restaurante. Outro exemplo: o sucesso da Caster & Pollux com alimentos orgânicos e naturais para animais de estimação fez com que ela passasse a ser distribuída em importantes redes de varejo de especialidade, como a PETCO.

Além do setor de alimentos, muitas empresas estão abraçando ofertas orgânicas, que evitam produtos químicos e pesticidas, para enfatizar a preservação ecológica. Itens orgânicos não alimentícios constituem 7% dos 26,6 bilhões de dólares do setor de produtos orgânicos – que se traduzem em 1,8 bilhão em vendas anuais. Um exemplo: o algodão orgânico cultivado por produtores que combatem pragas com joaninhas, colhem a safra com as mãos e usam estrume como fertilizante se tornou um produto de destaque no varejo.

Fontes: Industry statistics and projected growth, **Organic Trade Association**, June 2010; REKLAITIS, Victor. Chipotle's Steve Ells fine-tunes fast food, **Investor's Business Daily**, November 2, 2010. Disponível em: www.investors.com; HEIN, Kenneth. The world on a platter, **Brandweek**, p. 27-28, April 23, 2007; JOHNSTON, Megan. Hard sell for a soft fabric, **Forbes**, p. 73-80, October 30, 2006.

Marketing de causas

Muitas empresas mesclam iniciativas de responsabilidade social corporativa com atividades de marketing.[34] O **marketing de causas** relaciona as contribuições da empresa a uma causa elaborada para, direta ou indiretamente, engajar os clientes em transações com essa empresa que geram receitas para ela.[35] O marketing de causas faz parte do marketing societal corporativo, que Minette Drumwright e Patrick Murphy definem como os esforços de marketing "que têm, no mínimo, um objetivo não econômico relacionado ao bem-estar social e utilizam os recursos da empresa e/ou de seus parceiros".[36]

Um programa de marketing de causa bem-sucedido pode melhorar o bem-estar social, criar um posicionamento de marca diferenciado, construir fortes laços com o consumidor, melhorar a imagem pública da empresa, criar uma boa reputação, aumentar o moral interno e animar os funcionários, impulsionar as vendas e aumentar o valor de mercado da empresa.[37] Do ponto de vista do *branding*, especificamente, o marketing de causa pode (1) desenvolver conscientização de marca, (2) melhorar a imagem de marca, (3) estabelecer credibilidade de marca, (4) evocar sentimentos com relação à marca, (5) criar um senso de comunidade de marca e (6) obter compromisso com a marca.[38]

Alguns críticos afirmam que o marketing de causa (ou "filantropia de consumo") pode substituir ações virtuosas menos voltadas para a compra, reduzir a ênfase em soluções reais ou desviar a atenção do fato de que os mercados podem criar muitos problemas sociais.[39] Além disso, o marketing de causa pode "sair pela culatra" se os consumidores questionarem a relação entre o produto e a causa ou encararem a empresa

Habilidades em marketing

Marketing de causa

Para desenvolver habilidades de marketing de causa, as empresas devem, primeiramente, escolher que causa(s) apoiar. A maioria das empresas escolhe causas que têm a ver com sua imagem corporativa ou de marca e que constituem uma preocupação de seus funcionários e demais *stakeholders*. Em seguida, elas devem preparar o programa de marca, talvez com uma nova organização, com uma exclusiva proposta de marca, associada à causa – como acontece com o Instituto Ronald McDonald. Uma segunda abordagem consiste em aderir a um programa como patrocinador ou apoiador, complementando a imagem da marca com associações "emprestadas" e "transferidas" da causa. Uma terceira opção é estabelecer parceria com uma causa e dar uma marca ao programa relacionado a essa causa. Por fim, é preciso planejar e administrar o marketing de causa do mesmo modo cuidadoso como se trabalha com todos os outros programas de marketing.

O Dawn, da Procter & Gamble (P&G) – detergente líder em vendas nos Estados Unidos –, há tempos destaca seu benefício incomum: ele pode limpar pássaros atingidos por derramamentos de óleo. Um relatório do *U.S. Fish and Wildlife Service*, órgão do governo norte-americano, assinalou que o Dawn é "o único produto capaz de limpar pássaros que é recomendado, porque ele remove o óleo das penas, não é tóxico e não deixa resíduo". Em 2010, com o catastrófico derramamento de óleo da BP, o P&G doou milhares de frascos do produto. Além disso, a empresa colocou um código nos frascos e doou um dólar para causas relacionadas à fauna do Golfo para cada código que os clientes ativavam on-line, levantando mais de 500 mil dólares. A marca também atraiu uma grande publicidade e visitas a sua página no Facebook, que mostrava a limpeza do meio ambiente e os esforços para ajudá-lo.[40]

como oportunista, exploradora.[41] (Veja a seção "Habilidades em marketing", na página anterior, para mais informações sobre como planejar esse tipo de atividade.)

Implantação e controle do marketing

A **implantação do marketing** consiste no processo que transforma os planos de marketing em ações e garante que elas atendam aos objetivos declarados no plano.[42] Um brilhante plano estratégico de marketing não vale muita coisa se não for implantado de maneira apropriada. A estratégia trata do *quê* e do *porquê* das atividades de marketing; a implantação aborda o *quem*, *onde*, *quando* e *como*. Elas são intimamente relacionadas: uma camada da estratégia implica certas ações táticas de implantação em um nível inferior. Por exemplo: a decisão estratégica da alta administração de "colher" um produto deve ser traduzida em ações específicas. Hoje, as empresas estão lutando para tornar suas operações de marketing mais eficientes e seu retorno sobre o investimento em marketing, mais mensurável. Elas precisam de melhores modelos para os processos de marketing, de um melhor gerenciamento dos ativos de marketing e de uma melhor alocação dos recursos de marketing.

Controle e métricas de marketing

O *controle de marketing* é o processo por meio do qual as empresas avaliam os efeitos de suas atividades e programas de marketing, e realizam as mudanças e os ajustes necessários. O Quadro 18.2 relaciona quatro tipos de controle de marketing necessário: controle do plano anual, controle da lucratividade, controle da eficiência e controle estratégico.

O controle do plano anual assegura que a empresa atinja as vendas, os lucros e outras metas estabelecidas em seu plano anual. A gerência estabelece metas em uma base mensal ou trimestral, monitora o desempenho no mercado, determina as causas de grandes desvios no desempenho e toma medidas corretivas para eliminar a diferença entre as metas e o desempenho (veja a Figura 18.4).

Hoje, os profissionais de marketing contam com melhores métricas de marketing para avaliar o desempenho dos planos de marketing (veja o Quadro 18.3 para alguns exemplos).[43] Quatro ferramentas para avaliar o desempenho são: análise das vendas, análise da participação de mercado, análise das vendas em relação às despesas de marketing e análise financeira. Vamos supor que uma análise da lucratividade revele que a empresa está lucrando pouco em certos produtos, territórios ou mercados. Existem maneiras mais eficientes de gerenciar a força de vendas, a propaganda, a promoção de vendas e a distribuição?

Algumas empresas criaram a posição de *controller de marketing* para melhorar a eficiência do marketing. Em empresas como a Johnson & Johnson, os *controllers* de marketing realizam uma sofisticada análise financeira das despesas e dos resultados do marketing, examinando a aderência aos planos de lucro, ajudando a preparar o orçamento dos gerentes de marca, mensurando a eficiência das promoções, analisando os custos de produção de mídia, avaliando a lucratividade geográfica e dos clientes e instruindo a equipe de marketing sobre as implicações financeiras de suas decisões.[44]

QUADRO 18.2 TIPOS DE CONTROLE DE MARKETING.

Tipo de controle	Responsabilidade principal	Propósito do controle	Abordagens
I. Controle do plano anual	Alta administração Média gerência	Verificar se os resultados planejados estão sendo atingidos	• Análise das vendas • Análise da participação de mercado • Análise das vendas em relação às despesas de marketing • Análise financeira • Análise do desempenho com base no mercado
II. Controle da lucratividade	*Controller* de marketing	Avaliar onde a empresa está ganhando e perdendo dinheiro	Lucratividade por: • produto • território • cliente • segmento • canal comercial • tamanho do pedido
III. Controle da eficiência	Gerentes de linha de frente e de apoio *Controller* de marketing	Avaliar e melhorar a eficiência dos gastos e o impacto das despesas de marketing	Eficiência da: • força de vendas • propaganda • promoção de vendas • distribuição
IV. Controle estratégico	Alta administração Auditor de marketing	Avaliar se a empresa está buscando suas melhores oportunidades em termos de mercado, produtos e canais	• Medição da efetividade do marketing • Auditoria de marketing • Análise da excelência em marketing • Análise da responsabilidade ética e social da empresa

FIGURA 18.4 O PROCESSO DE CONTROLE.

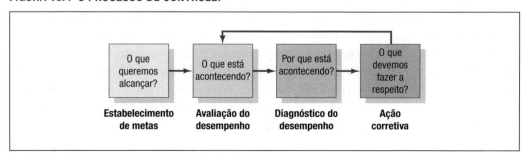

QUADRO 18.3 MÉTRICAS DE MARKETING.

Métricas de vendas	Métricas de distribuição
• Crescimento das vendas • Participação de mercado • Venda de novos produtos	• Número de pontos de venda • Participação em *handling* • Distribuição ponderada • Ganhos de distribuição • Volume médio de estoque (valor) • Cobertura de estoque em dias • Frequência em que os itens ficam fora de estoque • Participação na gôndola • Vendas médias por ponto de venda
Métricas de propensão de compra dos clientes	
• Conscientização • Preferência • Intenção de compra • Índice de experimentação • Índice de recompra	
Métricas do cliente	**Métricas de comunicação**
• Reclamações dos clientes • Satisfação dos clientes • Número de promotores em relação ao de detratores • Custos de aquisição de clientes • Obtenção de novos clientes • Perda de clientes • Risco de abandono (*churn*) de clientes • Índice de retenção • Valor vitalício do cliente • *Customer equity* • Lucratividade dos clientes • Retorno sobre os clientes	• Conscientização espontânea de marca (sem auxílio) • Conscientização *top-of-mind* de marca • Conscientização de marca provocada (com auxílio) • Conscientização espontânea de propaganda (sem auxílio) • Conscientização de propaganda provocada (com auxílio) • Alcance efetivo • Frequência efetiva • *Gross rating points* (GRP) • Índice de resposta

Auditoria de marketing

Em média, uma empresa norte-americana perde metade de seus clientes em cinco anos, metade de seus funcionários em quatro anos e metade de seus investidores em menos de um ano. Obviamente, isso indica algumas fraquezas. As empresas que descobrem fraquezas devem realizar uma auditoria de marketing.[45] A **auditoria de marketing** é uma verificação abrangente, sistemática, independente e periódica do ambiente, dos objetivos, das estratégias e das atividades de marketing da empresa ou unidade de negócios, com vistas a encontrar áreas problemáticas e oportunidades, bem como recomendar um plano para melhorar o desempenho de marketing da empresa.

Uma auditoria de marketing deve abranger o macro e o microambiente de marketing, os objetivos e as estratégias de marketing, os sistemas de marketing e as atividades específicas, identificando as melhorias mais prementes e incorporando-as a um plano de ação corretivo, com etapas de curto e de longo prazos. Geralmente, consultores externos possuem a objetividade, a experiência, o tempo e a atenção necessários para realizar uma auditoria. Uma auditoria de marketing periódica pode beneficiar tanto empresas que estão em boa situação como aquelas que estão passando por problemas.

O futuro do marketing

A alta administração reconhece que o marketing está mais envolvido com os resultados do que no passado. Para ser bem-sucedido no futuro, o marketing deve ser mais holístico e menos departamental. Os profissionais de marketing devem ter maior influência na empresa, criando sempre novas ideias, e lutar pelas ideias dos clientes, tratando-os de maneira diferente, mas apropriada. Eles devem construir suas marcas mais por meio do desempenho do que da promoção. Devem entrar no mundo eletrônico e vencer por meio do desenvolvimento de excelentes sistemas de informação e comunicação. Para acompanharem essas mudanças e se tornarem realmente holísticos, os profissionais de marketing precisam de um novo conjunto de habilidades e competências que os permitam gerenciar o relacionamento com o cliente, gerenciar o relacionamento com o parceiro, realizar database marketing e *data mining*, gerenciar centrais de contato e telemarketing, efetuar o marketing de relações públicas, gerenciar a construção da marca e do *brand equity*, realizar o marketing experimental, trabalhar com comunicação integrada de marketing e fazer análises de lucratividade.

Olhando adiante, mercados emergentes, como a Índia e a China, oferecerão novas (e enormes) fontes de demanda – geralmente, contudo, para somente determinados tipos de produtos a certos níveis de preço. Em todos os mercados, os planos e os programas de marketing serão mais localizados e sensíveis a questões culturais, ao mesmo tempo em que marcas fortes, que são bem diferenciadas e melhoram constantemente, continuarão sendo essenciais para o sucesso do marketing. As empresas continuarão utilizando mais as mídias sociais e menos as mídias tradicionais. A Internet possibilita um aprofundamento e uma abrangência sem precedentes na comunicação a na distribuição, e sua transparência exige que as empresas sejam honestas e autênticas.

Os profissionais de marketing também enfrentam dilemas éticos e complicados. Os consumidores podem valorizar a conveniência, mas como justificar produtos descartáveis ou elaborar embalagens em um mundo que está tentando diminuir o lixo? A ambição material desafia, mais e mais, a necessidade da sustentabilidade. Diante de consumidores cada vez mais sensíveis e da regulamentação governamental, empresas inteligentes estão trabalhando de maneira criativa, tendo em mente a eficiência de energia, a medição do nível de carbono, a toxidade e a questão do descartável. Algumas estão preferindo fornecedores locais, em vez de outros mais distantes. Portanto, os profissionais de marketing terão que usar soluções criativas, em que todos os lados saiam ganhando, para equilibrar as demandas conflitantes e desenvolver programas de marketing totalmente integrados para manter relacionamentos significativos com uma série de grupos.

Resumo

Ao decidir entrar em mercados internacionais, a empresa deve analisar suas metas e objetivos, pesar os riscos, decidir em quais e em quantos países entrar e determinar a forma de entrada (exportação direta e indireta, licenciamento, *joint-venture* ou investimento direto). As empresas que partem para o mercado global precisam decidir até que ponto adaptar sua estratégia de marketing às condições locais. Os efeitos do país de origem podem impactar, da mesma maneira, os consumidores e os negócios. As empresas podem organizar o marketing por função, geografia, produto e marca, mercado ou matricialmente. Todos os departamentos precisam trabalhar em conjunto para atender às necessidades e às expectativas dos clientes.

O marketing interno efetivo deve ser combinado a um forte senso de ética, valores e responsabilidade social. Deve também levar em conta a questão da sustentabilidade. O marketing de causa pode representar um meio de as empresas relacionarem, de maneira produtiva, a responsabilidade social a programas de marketing voltados para o consumidor. A implantação efetiva é necessária para garantir que os planos de marketing sejam traduzidos em atividades que efetuem seus objetivos. O departamento de marketing deve, continuamente, monitorar e controlar as atividades de marketing, a fim de avaliar as ações de marketing e fazer as mudanças e os ajustes necessários. Para encontrar fraquezas de marketing e áreas que precisam de melhoria, as empresas devem aplicar uma auditoria de marketing sistemática e abrangente. No futuro, para atingir a excelência em marketing, será necessário um novo conjunto de habilidades e competências.

Notas

1. SINGH, Aman. Timberland's smoking ban: good corporate citizenship or overkill?, **Forbes**, June 3, 2010; BORDEN, Mark; KAMENTZ, Anya. The prophet CEO, **Fast Company**, p. 126-129, Sep. 2008; WEISS, Tara. Special report: going green, **Forbes.com**, July 3, 2007; GRIMM, Matthew. Progressive business, **Brandweek**, p. 16-26, November 28, 2005; GALBRAITH, Kate. Timberland's new footprint: recycled tires, **New York Times**, April 3, 2009; CORTESE, Amy. Products: friend of nature? Let's see those shoes, **New York Times**, March 6, 2007; Timberland. Disponível em: www.timberland.com.
2. ELLIOTT, Michael. The new global opportunity, **Fortune**, p. 96-102, July 5, 2010.
3. PORTER, Michael E. **Competitive strategy**. New York: Free Press, 1980, p. 275.
4. BRONNENBERG, Bart J.; DUBÉ, Jean-Pierre; DHAR, Sanjay. Consumer packaged goods in the United States, **Journal of Marketing Research**, 44, p. 4-13, Feb. 2007; BRONNENBERG, Bart J.; DUBÉ, Jean-Pierre; DHAR, Sanjay. National brands, local branding: conclusions and future research opportunities, **Journal of Marketing Research**, 44, p. 26-28, Feb. 2007; , Bart J.; DUBÉ, Jean-Pierre; DHAR, Sanjay. Brand history, geography, and the persistence of CPG brand shares, **Journal of PoliticalEconomy**, 117, p. 87-115, Feb. 2009.
5. MULIER, Tom; PEI, Shin. Nestle's $28.1 billion pay day gives Google-size cash, **Bloomberg BusinessWeek**, June 30, 2010.
6. WILLIAMSON, Peter J.; ZENG, Ming. Value for money strategies for recessionary times, **Harvard Business Review**, p. 66-74, Mar. 2009; SKULA, Vikram. Business basics at the base of the pyramid, **Harvard Business Review**, p. 53-57, Jun. 2008.
7. Burgers and fries a la française, **Economist**, p. 60-61, April 17, 2004; JOHANSSON, Johny K. Global marketing: research on foreign entry, local marketing, global management. In: WEITZ, Bart; WENSLEY, Robin (eds.), **Handbook of marketing**. London: Sage, 2002, p. 457-483; ZOU, Shaoming; CAVUSGIL, S. Tamer. The GMS: a broad conceptualization of global marketing strategy and its effect on firm performance, **Journal of Marketing**, 66, p. 40-56, Oct. 2002; SZYMANSKI, David M.; BHARADWAJ, Sundar G.; VARADARAJAN, P. Rajan. Standardization versus adaptation of international marketing strategy, **Journal of Marketing**, 57, n. 4, p. 1-17, Oct. 1993; LEVITT, Theodore. The globalization of markets, **Harvard Business Review**, p. 92-102, May/Jun. 1983.
8. CHANDRASEKARAN, Deepa; TELLIS, Gerard J. Global takeoff of new products: culture, wealth, or vanishing differences?, **Marketing Science**, 5, p. 844-860, Sep./Oct. 2008.
9. KEEGAN, Walter J.; GREEN, Mark C. **Global marketing**, 4ed. Upper Saddle River: Prentice Hall, 2005; KEEGAN, Warren J. **Global marketing management**, 7ed. Upper Saddle River: Prentice Hall, 2002.
10. LANS, Ralf van der; COTE, J. A.; COLE, C. A.; LEONG, S. M.; SMIDTS, A.; HENDERSON, P. W.; BLUEMELHUBER, C.; BOTTOMLEY, P. A.; DOYLE, J. R.; FEDORIKHIN, A.; MOORTHY, J.; RAMASESHAN, B.; SCHMITT, B. H., Cross-national logo evaluation analysis: an individual-level approach, **Marketing Science**, 28, p. 968-985, Set./Oct. 2000.
11. BLANCHARD, David. Just in time: how to fix a leaky supply chain, **IndustryWeek**, May 1, 2007.

12. GIELENS, Katrijn; GUCHT, Linda M. Van De; STEENKAMP, Jan-Benedict E. M.; DEKIMPE, Marnik G. Dancing with a giant: the effect of Wal-Mart's entry into the United Kingdom on the performance of European retailers, **Journal of Marketing Research**, 45, p. 519-534, Oct. 2008.
13. ARNOLD, David. Seven rules of international distribution, **Harvard Business Review**, p. 131-137, Nov./Dec. 2000.
14. GURHAN-CANLI, Zeynep; MAHESWARAN, Durairaj. Cultural variations in country-of-origin effects, **Journal of Marketing Research**, 37, p. 309-317, Aug. 2000. Para algumas questões relacionadas à diferença, veja: DONG, Lily; TIAN, Kelly. The use of Western brands in asserting Chinese nationalidentity, **Journal of Consumer Research**, 36, p. 504-523, Oct. 2009; ZHANG, Yinlong; KHARE, Adwait. The impact of accessible identities on the evaluation of global versus local products, **Journal of Consumer Research**, 36, p. 524-537, Oct. 2009; VARMAN, Rohit; BELK, Russell W. Nationalism and ideology in an anticonsumption movement, **Journal of Consumer Research**, 36, p. 686-700, Dec. 2009.
15. HOLT, Douglas B.; QUELCH, John A.; TAYLOR, Earl L. How global brands compete, **Harvard Business Review**, 82, p. 68-75, Sep. 2004; STEENKAMP, Jan-Benedict E. M.; BATRA, Rajeev; ALDEN, Dana L. How perceived brand globalness creates brand value, **Journal of International Business Studies**, 34, n. 1, p. 53-65, Jan. 2003.
16. WEISUL, Kimberly. Why more are buying into 'buy local', **Bloomberg BusinessWeek**, p. 57-60, March 1, 2010.
17. WEBSTER JR., Frederick E. Expanding your network, **Marketing Management**, p. 16-23, fall 2010; WEBSTER JR., Frederick E.; MALTER, Alan J.; GANESAN, Shankar. Can marketing regain its seat at the table?, **Marketing Science Institute Report** n. 03-113. Cambridge: Marketing Science Institute, 2003; WEBSTER JR., Frederick E. The role of marketing and the firm. In: WEITZ, Barton A.; WENSLEY, Robin (eds.), **Handbook of marketing**. London: Sage, 2002, p. 39-65.
18. WIESEKE, Jan; AHEARNE, Michael; LAM, Son K.; DICK, Rolf van. The role of leaders in internal marketing, **Journal of Marketing**, 73, p. 123-145, Mar. 2009; PRINGLE, Hamish; GORDON, William. **Beyond manners**: how to create the self-confident organization to live the brand. West Sussex: Wiley, 2001; WORKMAN JR., John P; HOMBURG, Christian; GRUNER, Kjell. Marketing organization: an integrative framework of dimensions and determinants, **Journal of Marketing**, 62, p. 21-41, Jul. 1998.
19. GUILD, Todd. Think regionally, act locally: four steps to reaching the Asian consumer, **McKinsey Quarterly**, 4, p. 22-30, Sep. 2009.
20. Category management goes beyond grocery, **Cannondale Associates White Paper**. Disponível em: www.cannondaleassoc.com. Acesso em: 13 fev. 2007; FREEMAN, Laurie. P&G widens power base: adds category managers, **Advertising Age**; ZENOR, Michael J. The profit benefits of category management, **Journal of Marketing Research**, 31, p. 202-213, May 1994; KHERMOUCH, Gerry. Brandsoverboard, **Brandweek**, p. 25-39, August 22, 1994; SCHILLER, Zachary. The marketing revolution at Procter & Gamble, **BusinessWeek**, p. 72-76, July 25, 1988.
21. SELDEN, Larry; COLVIN, Geoffrey. **Angel customers & demon customer**. New York: Portfolio (Penguin), 2003.
22. HAMEL, Gary. **Leading the revolution**. Boston: Harvard Business School Press, 2000.
23. WILKIE, William L.; MOORE, Elizabeth S. Marketing's relationship to society. In: WEITZ, Barton A.; WENSLEY, Robin (eds.). **Handbook of marketing**. London: Sage, 2002, p. 1-38.
24. Special report: corporate social responsibility, **Economist**, January 17, 2008. Para uma perspectiva acadêmica mais ampla, veja: PORTER, Michael E.; KRAMER, Mark R. Strategy & society, **Harvard Business Review**, p. 78-82, Dec. 2006; CHRISTENSEN, Clayton M.; BAUMANN, Heiner; RUGGLES, Rudy; STADTLER, Thomas M. Disruption innovation for social change, **Harvard Business Review**, p. 94-101, Dec. 2006.
25. GROW, Brian. The Debate over doing good, **BusinessWeek**, August 15, 2005.
26. SULLIVAN, Elisabeth. Play by the new rules, **Marketing News**, p. 5-9, November 30, 2009.
27. HUNT Shelby D.; VITELL, Scott. The general theory of marketing ethics. In: QUELCH, John; SMITH, Craig (eds.). **Ethics in marketing**. Chicago: Irwin, 1992.
28. Distrust, discontent, anger and partisan rancor, **The Pew Research for the People & the Press**, April 18, 2010.
29. HATCH, Mary Jo; SCHULTZ, Majken. **Taking brand initiative**. San Francisco: Jossey-Bass, 2008; SCHULTZ, Majken; ANTORINI, Yun Mi; CSABA, Fabian F. **Corporate branding**. Køge: Copenhagen Business School Press, 2005; ALSOP, Ronald J. **The 18 immutable laws of corporate reputation**. New York: Free Press, 2004; GUNTHER, Marc. Tree huggers, soylovers, and profits, **Fortune**, p. 98-104, June 23, 2003; ALSOP, Ronald J. Perils of corporate philanthropy, **Wall Street Journal**, January 16, 2002.
30. O'LOUGHLIN, Sandra. The wearin' o' the green, **Brandweek**, p. 26-27, April 23, 2007. Para uma resposta crítica, veja: EHRENFIELD, John R. Feeding the beast, **Fast Company**, p. 42-43, Dec. 2006/Jan. 2007.
31. ENGARDIO, Pete. Beyond the green corporation, **BusinessWeek**, p. 50-64, January 29, 2007.
32. DOLLIVER, Mark. Thumbs down on corporate green efforts, **Adweek**, August 31, 2010; CUMMINGS, Betsy. A greenback lash gains momentum, **Brandweek**, p. 6, March 3, 2008; HOPKINS, Michael. What the 'green' consumer wants, **MIT Sloan Management Review**, summer 2009, p. 87-89. Para algumas pesquisas sobre o

consumidor relacionadas, veja: IRWIN, Julie R.; NAYLOR, Rebecca Walker. Ethical decisions and response mode compatibility, **Journal of Marketing Research**, 46, p. 234-246, Apr. 2009.

33. NEFF, Jack. Green-marketing revolution defies economic down turn, **Advertising Age**, p. 1, 23, April 20, 2009; NIDUMOLU, Ram; PRAHALAD, C. K.; RANGASWAMI, M. R. Why sustainability is now the key driver of innovation, **Harvard Business Review**, p. 57, Sep. 2009.

34. RAY, Larry Chiagouriselpshita. Saving the world with cause-related marketing, **Marketing Management**, 16, n. 4, p. 48-51, Jul./Aug. 2007; PRINGLE, Hamish; THOMPSON, Marjorie. **Brand spirit**: how cause-related marketing builds brands. Nova York: Wiley, 1999; Sue Adkins, Cause-related marketing. Oxford: Butterworth-Heinemann, 1999; Marketing, corporate social initiatives, and the bottom line, **Marketing Science Institute Conference Summary**, MSI Report n. 01-106, 2001.

35. VARADARAJAN, Rajan; MENON, Anil. Cause-related marketing: a co-alignment of marketing strategy and corporate philanthropy, **Journal of Marketing**, 52, p. 58-74, Jul. 1988.

36. DRUMWRIGHT, Minette; MURPHY, Patrick E. Corporate societal marketing. In: BLOOM, Paul N.; GUNDLACH, Gregory T. (eds.). **Handbook of marketing and society**. Thousand Oaks: Sage, 2001, p. 162-183. Veja também: DRUMWRIGHT, Minette. Company advertising with a social dimension, **Journal of Marketing**, 60, p. 71-87, Oct. 1996.

37. BHATTACHARYA, C. B.; SEN, Sankar; KORSCHUN, Daniel. Using corporate social responsibility to win the war for talent, **MIT Sloan Management Review**, 49, p. 37-44, Jan. 2008; LUO, Xueming; BHATTACHARYA, C. B. Corporate social responsibility, customer satisfaction, and market value, **Journal of Marketing**, 70, p. 1-18, Oct. 2006; AUGER, Pat; BURKE, Paul; DEVINNEY, Timothy; LOUVIERE, Jordan J. What will consumers pay for social product features?, **Journal of Business Ethics**, 42, p. 281-304, Feb. 2003; ARNETT, Dennis B.; GERMAN, Steve D.; HUNT, Shelby D. The identity salience model of relationship marketing success, **Journal of Marketing**, 67, p. 89-105, Apr. 2003; BHATTACHARYA, C. B.; SEN, Sankar. Consumer-company identification: a framework for understanding consumers' relationships with companies, **Journal of Marketing**, 67, p. 76-88, Apr. 2003; BHATTACHARYA, C. B.; SEN, Sankar. Does doing good always lead to doing better? Consumer reactions to corporate social responsibility, **Journal of Marketing Research**, 38, n. 2, p. 225-244, May 2001.

38. BLOOM, Paul N.; HOEFFLER, Steve; KELLER, Kevin Lane; BASURTO, Carlos E. How social-cause marketing affects consumer perceptions, **MIT Sloan Management Review**, p. 49-55, Winter 2006; SIMMONS, Carolyn J.; BECKER-OLSEN, Karen L. Achieving marketing objectives through social sponsorships, **Journal of Marketing**, 70, p. 154-169, Oct. 2006; BERENS, Guido; RIEL, Cees B. M. van; BRUGGEN, Gerrit H. van. Corporate associations and consumer product responses, **Journal of Marketing**, 69, p. 35-48, Jul. 2005; LICHTENSTEIN, Donald R.; DRUMWRIGHT, Minette E.; BRAIG, Bridgette M. The effect of social responsibility on customer donations to corporate-supported nonprofits, **Journal of Marketing**, 68, p. 16-32, Oct. 2004; HOEFFLER, Stephen; KELLER, Kevin Lane. Building brand equity through corporate societal marketing, **Journal of Public Policy and Marketing**, 21, n. 1, p. 78-89, Spring 2002. Veja também: Specialissue: corporate responsibility, **Journal of Brand Management**, 10, n. 4-5, May 2003.

39. EIKENBERRY, Angela M. The hidden cost of cause marketing, **Stanford Social Innovation Review**, Summer 2009; KARNANI, Aneel. The case against corporate social responsibility, **Wall Street Journal**, August 23, 2010.

40. Cone to Corporate America: 'cause marketing is dead (as we know it)', **USA Today**, November 4, 2010. Disponível em: www.usatoday.com; BELL, Melissa. Dawn dish washing detergent saves wildlife, **Washington Post**, June 17, 2010. Disponível em: www.washingtonpost.com.

41. FOREHAND, Mark R.; GRIER, Sonya. When is honesty the best policy? The effect of stated company intent on consumer skepticism, **Journal of Consumer Psychology**, 13, n. 3, p. 349-356, 2003; DEAN, Dwane Hal. Associating the corporation with a charitable event through sponsorship, **Journal of Advertising**, 31, n. 4, p. 77-87, Winter 2002.

42. Para mais informações sobre o desenvolvimento e a implantação de planos de marketing, veja: GOETSCH, H. W. **Developing, implementing, and managing an effective marketing plan**. Chicago: NTC Business Books, 1993. Veja também: BONOMA, Thomas V. **The marketing edge**: making strategies work. New York: Free Press, 1985. Boa parte dessa seção é baseada no trabalho de Bonoma.

43. Para outros exemplos, veja: FARRIS, Paul W.; BENDLE, Neil T.; PFEIFER, Phillip E.; REIBSTEIN, David J. **Marketing metrics**: 50+ metrics every executive should master. **Upper Saddle River: Wharton School Publishing, 2006**; DAVIS, John. **Measuring marketing**: 103 key metrics every marketer needs. Hoboken: Wiley, 2006.

44. GOODMAN, Sam R. **Increasing corporate profitability**. New York: Ronald Press, 1982, Capítulo 1. Veja também: JAWORSKI, Bernard J.; STATHAKOPOULOS, Vlasis; KRISHNAN, H. Shanker. Control combinations in marketing: conceptual framework and empirical evidence, **Journal of Marketing**, 57, n. 1, p. 57-69, Jan. 1993.

45. KOTLER, Philip; GREGOR, William; RODGERS, William. The marketing audit comes of age, **Sloan Management Review**, 30, n. 2, p. 49-62, Winter 1989; REICHHELD, Frederick. **The loyalty effect**. Boston: Harvard Business School Press, 1996.

Estudo de caso

Gestão da inovação e os novos desafios do marketing sob a ótica Brasil

Prof.ª dr.ª Luciane Meneguin Ortega – EACH-USP

Diante do cenário de mudanças, contexto de globalização e da necessidade crescente de se gerar inovações em termos de produtos e processos, um dos grandes desafios que o gestor de marketing encontra é a busca pela melhor e mais rápida maneira de vender a inovação.

Dentre as definições sobre inovação, tem-se que é o conhecimento incorporado em produtos, processos ou metodologias que tornam a sociedade mais viável, ao se difundirem no mercado comercial. Em outras palavras, é a ideia absorvida pelo mercado. Isso significa que deve haver mudanças em produtos, em processos, em novas formas de marketing e de distribuição, mas ela também pode ser resultado tanto do aprendizado organizacional quanto de pesquisa & desenvolvimento.

Nesse cenário, o Brasil está em 57º lugar no *ranking* do Relatório sobre o Índice de Inovação Global, que envolve 141 países. Entre os BRICs, só está à frente da Índia. Ao mesmo tempo, é um dos países que mais investem dinheiro público em pesquisa e desenvolvimento, mais que Japão e China. Contudo, o produto entre a conexão do dinheiro público e privado investido em inovação deixa muito a desejar, sabendo-se que o setor empresarial brasileiro ainda aplica muito pouco.

Uma importante colocação diante desse contexto é dada por David Kupfer, assessor da presidência do Banco Nacional de Desenvolvimento Econômico e Social (BNDES). Segundo ele, o Brasil passa pela terceira fase do desafio da inovação. Há 30 anos a inovação não era considerada fator relevante no País. Na década de 1990, o assunto surgiu com mais evidência, e o País passou para uma segunda fase, na qual inovação passou a ser tudo, a solução para todos os males. Mas os resultados no contexto de sistemas de inovação também não são factíveis de êxito. Agora, segundo ele, talvez nos últimos anos, o Brasil começa na terceira fase, em que a inovação passou a ter uma função socioeconômica e existem meios para se chegar até ela.

O Brasil vive um bom momento para os empreendedores. Tem-se uma taxa de juros em declínio, um mercado aquecido e, principalmente, tem-se crédito, coisa que não havia há algumas décadas. É aí que entra a necessidade de se investir em inovação.

Falar de inovação no Brasil parece ser mais fácil do que fazer, isso no que diz respeito às empresas, como também para os outros agentes que fazem parte desse sistema.

Se quiser melhorar sua posição, o País precisará investir nos sistemas locais de gestão da inovação, em que o segredo da inovação emerge de uma rede de conexões de vários elementos que antes não havia no Brasil. Alguns dos elementos estão dentro da empresa, outros fazem parte do ambiente externo. Quando se fala no sistema, pensa-se em todos os agentes que tratam de inovação, como: universidades, leis de incentivos, órgãos de fomento e apoio em todas as esferas de governo, empresas privadas e públicas investindo em inovação, polos tecnológicos, incubadoras, o Ministério da Ciência, Tecnologia e Inovação (MCTI), agências reguladoras, entre outras. A solução que está ao alcance é, portanto, utilizar-se mais de sistemas locais de gestão da inovação tendo como desafio alavancar investimentos privados, reinvestir na inovação e melhorar processos.

No contexto das empresas brasileiras, a inovação precisa ser tratada como questão central dos negócios, algo que seja permanente e cotidiano. Não podemos falar em empresas sem falar em inovação, e vice-versa. Esse seria um ciclo vicioso, que manteria a inovação somente dentro dos ambientes dos agentes geradores das inovações – as universidades e institutos de pesquisas –, sem difundi-la para os agentes que atuam na interface com o mercado, como as empresas. E isso, segundo Bagnato (2012, p. 31), acontece muito no Brasil. A inovação fica nas prateleiras das universidades, em discussão no governo, na academia, e muitas vezes nas próprias empresas, mas sem uma ação conjunta que se aproveite da sinergia positiva de uma integração que agentes possam gerar.

"Precisamos que as empresas superem os problemas básicos de gestão e passem a olhar mais para a frente, em busca de diferenciais competitivos", disse o diretor técnico do Sebrae Nacional, Carlos Alberto dos Santos. O que o Brasil poderia fazer mais? Segundo Glauco Arbix, presidente da Financiadora de Estudos e Projetos (Finep), o Brasil precisa crescer mais intensamente e, apesar das falhas do governo, as empresas têm muito o que fazer. "Num universo de 3 milhões de empresas, apenas 2.000 inovam sistematicamente", apontou Arbix. "Dessas, 6% praticam inovação com recursos públicos — a média em países desenvolvidos é de 50%". Para o presidente da Finep, as empresas brasileiras não têm estrutura para inovar. "A maioria possui hierarquia engessada e falta cultura e agilidade de inovação", disse.

Dentre alguns dos exemplos de como a conexão entre os agentes de inovação e o mercado traz bons resultados pode-se citar algum dos casos em que a Universidade de São Paulo toma o papel de induzir a inovação através da geração de um produto, atrelado a um processo, do qual a sociedade necessita. O exemplo brasileiro do tratamento de câncer de pele a lazer (realizado pelo departamento de Física da USP, campus São Carlos/Brasil, liderado pelo prof. dr. Vanderlei Bagnato) é um deles. A proposta surgiu do seguinte questionamento: do que morre a população brasileira? Segundo pesquisas, o câncer é a segunda doença que mais mata no Brasil. Sendo assim, quem vai tratar dessa população? Aponta-se um problema social em que não é possível oferecer tratamento para todos. Do ponto de vista econômico, no sistema de saúde pública brasileiro não existe recursos suficientes. Há ainda um problema de logística para o tratamento dos centros de treinamento: quem fará o transporte de pacientes? Governo? Acredita-se que não. A tecnologia é uma alternativa. Sendo assim, físicos que compõem grupos específicos de pesquisas ligadas à área entram em conexão e buscam entidades de fomento como BNDES e Finep para então gerar à sociedade 100 centros de 40 a 80 pacientes, onde de maneira concentrada o paciente recebe treinamento, drogas e equipamentos. O programa ainda fornece e supervisiona todas as atividades, resolvendo assim grande problema de logística com custo reduzido. Ou seja, aqui se demonstra um esforço que a universidade deve ter no sentido de privilegiar o fazer pensando em prol da sociedade, através da geração de inovação.

Portanto, como melhorar o nível de inovação brasileiro? Menos discurso e mais ação, em que a cultura da inovação esteja incorporada pelas empresas e por todos os agentes do sistema, com apontamento essencial de que o País ofereça formação de novas pessoas com esse objetivo. Nesse cenário, o gestor de marketing tem o papel de atuar como canal direto entre os produtos gerados pelas empresas e seus clientes finais, devendo ser também o porta-voz entre as oportunidades sobre a inovação que estão sendo disponibilizadas no País em termos de fomento, ferramentas e parcerias.

Questões para reflexão

1. Você concorda que, com a consolidação do processo de inovação, cresce a relevância do profissional de marketing? De que forma isso poderia ocorrer?
2. Defina quais seriam as responsabilidades de um profissional de marketing dentro de uma empresa que está iniciando seus procedimentos para inovar.
3. Como poderiam ser desenvolvidos projetos de difusão da cultura do empreendedorismo na sociedade e nas escolas no Brasil e qual o papel do profissional de marketing nessa difusão?
4. Analisando o ambiente e os fatores críticos globais, como o Brasil poderia se inserir no contexto internacional de inovação?

Referências

ANPEI – Associação Nacional de Pesquisa e Desenvolvimento das Empresas Inovadoras. <www.anpei.org.br ; www.bndes.org.br>

ANPROTEC – Associação Nacional de Entidades Promotoras de Empreendimentos Inovadores. <www.anprotec.org.br>

BAGNATO, V. S. Caminhos da Inovação. Compacta, 2012.

Glossário

A

Adaptação da comunicação: modificação do programa de comunicação de marketing para cada mercado local.

Adaptação do produto: modificação do produto para atender às condições ou às preferências locais.

Adaptação dual: adaptação tanto do produto como da comunicação para o mercado local.

Administração de marketing: a arte e a ciência da escolha de mercados-alvo e da captação, manutenção e fidelização de clientes por meio da criação, da entrega e da comunicação de um valor superior para eles.

Adoção: decisão de um indivíduo de se tornar usuário regular de um produto.

Ameaça ambiental: desafio imposto por uma tendência ou um acontecimento desfavorável que, na ausência de ações de marketing defensivas, levaria a níveis mais baixos de vendas ou lucros.

Ampliação da linha: quando a empresa estende sua linha de produtos para além da faixa atual.

Análise de cenários: desenvolvimento de representações plausíveis do possível futuro de uma empresa com base em suposições sobre as forças que dirigem o mercado e diferentes incertezas.

Apelo informativo: elaborado com base nos atributos ou benefícios do bem ou serviço, partindo do princípio de que os consumidores processarão a comunicação de maneira muito lógica.

Apelo transformacional: elaborado com base em um benefício ou uma imagem não relacionada ao produto.

Aprendizagem: mudanças em nosso comportamento decorrentes da experiência.

Associações de marca: todos os pensamentos, sensações, percepções, imagens, experiências, crenças, atitudes etc. relacionados à marca que são associados ao nó da marca.

Atacado: todas as atividades relacionadas à venda de produtos e serviços para aqueles que compram para revenda ou uso comercial.

Atenção seletiva: processo mental que envolve filtrar alguns estímulos e, ao mesmo tempo, perceber outros.

Atitudes: avaliações, sentimentos e tendências de ação duradouros, favoráveis ou não, referentes a um objeto ou ideia.

Auditoria de marca: série de procedimentos voltados para o consumidor que têm como objetivo avaliar a saúde da marca, desvendar suas fontes de *brand equity* e sugerir maneiras de aprimorá-lo e reforçá-lo.

Auditoria de marketing: verificação abrangente, sistemática, independente e periódica do ambiente, dos objetivos, das estratégias e das atividades de marketing da empresa ou unidade de negócios.

Avaliação da marca: estimativa do valor financeiro total da marca.

B

Banners de propaganda: pequenas caixas retangulares que contêm texto e, às vezes, uma imagem; as empresas pagam para colocar essas caixas em sites relevantes.

Benefício total para o cliente: valor monetário percebido de um conjunto de benefícios econômicos, funcionais e psicológicos que os clientes esperam de uma oferta ao mercado.

Bens de capital: bens empresariais com longa duração que facilitam o desenvolvimento ou o gerenciamento do produto acabado.

Bens de compra comparados: bens que os consumidores comparam em termos de adequação, qualidade, preço e estilo.

Bens de conveniência: bens de consumo que são comprados com frequência, de imediato e com o mínimo de esforço.

Bens de especialidade: bens de consumo com características exclusivas ou identificações de marca pelas quais um número suficiente de compradores está disposto a fazer um esforço de compra especial.

Bens não procurados: bens que os consumidores não conhecem ou, geralmente, não pensam em comprar.

Brand equity: é o valor agregado que uma marca atribui a produtos e serviços.

Branding: dotar produtos e serviços com o poder de uma marca.

Busca paga (também chamada de anúncios pagos por clique): as empresas apontam termos de pesquisa; quando um consumidor procura por essas palavras usando o Google, o Yahoo! ou o Bing, o anúncio da empresa aparece na página de resultados, e os anunciantes só pagam se as pessoas clicarem nos links.

C

Cadeia de suprimento (também conhecida como rede de entrega de valor): parcerias que uma empresa forma com fornecedores e distribuidores para entregar valor para os clientes.

Cadeia de valor: ferramenta para identificar maneiras de criar mais valor para o cliente; são nove atividades estrategicamente relevantes que criam valor e geram custo em um determinado negócio.

Canais de comunicação pessoal: duas ou mais pessoas se comunicam pessoalmente — na forma de conversa ou apresentação para uma plateia —, por telefone, correio ou e-mail.

Canais de marketing (também chamados canais comerciais ou canais de distribuição): conjuntos de organizações interdependentes que participam do processo de tornar um bem ou serviço disponível para uso ou consumo.

Canal de marketing direto (também chamado canal de nível zero): arranjo de canal em que o fabricante vende diretamente para os clientes finais.

Canal de nível zero: *veja* canal de marketing direto.

Classes sociais: são divisões homogêneas e duradouras de uma sociedade, hierarquicamente ordenadas, com membros que possuem valores, interesses e comportamentos similares.

Cliente potencial (*prospect*): indivíduo ou grupo do qual um profissional de marketing busca uma resposta, como uma compra, um voto ou uma doação.

Cliente rentável: uma pessoa, uma família ou uma organização que, ao longo do tempo, gera um fluxo de receita que excede, por uma margem aceitável, o fluxo de custo da empresa para atrai-lo, vender para ele e atendê-lo.

Co-brand (também chamadas de marcas duplas ou marca combinada): quando duas ou mais marcas conhecidas são unidas em um mesmo produto ou comercializadas juntas.

Competência central: atributo que é fonte de vantagem competitiva, contribuindo para os benefícios percebidos pelo cliente, que tem aplicações em uma ampla variedade de mercados e que é difícil de os concorrentes imitarem.

Comportamento do consumidor: o estudo de como os indivíduos, os grupos e as organizações selecionam, utilizam e descartam bens, serviços, ideias ou experiências para satisfazer necessidades e desejos.

Compra organizacional: processo de tomada de decisão por meio do qual as organizações estabelecem a necessidade de comprar, bem como identificam, avaliam e escolhem marcas e fornecedores alternativos.

Comunicação de marketing: o meio pelo qual as empresas buscam, direta ou indiretamente, não apenas informar os consumidores sobre os produtos e as marcas que vendem, mas também persuadi-los e lembrá-los.

Comunicação integrada de marketing (CIM): processo de planejamento elaborado para assegurar que todos os contatos que um cliente atual ou potencial tenha com a marca de um bem, serviço ou empresa sejam relevantes para ele e consistentes ao longo do tempo.

Comunidade de marca: comunidade especializada de consumidores e funcionários cuja identificação e cujas atividades se concentram ao redor da marca.

Conflito de canal: quando as ações de um membro do canal impedem que outro membro atinja sua meta.

Conhecimento de marca: todos os pensamentos, sentimentos, imagens, experiências e crenças associados à marca.

Contato de marca: qualquer experiência apoiada por informações que um cliente atual ou potencial tem com a marca, sua categoria de produto ou seu mercado.

Conteinerização: inserção dos produtos em caixas ou reboques facilmente transferidos de um meio de transporte para outro.

Coordenação do canal: quando os membros do canal se juntam para atingir as metas do canal.

Crença: pensamento descritivo que uma pessoa mantém a respeito de alguma coisa.

Cultura corporativa: experiências, histórias, crenças e normas compartilhadas que caracterizam uma organização.

Cultura: o principal determinante dos desejos e do comportamento de uma pessoa.

Curva de experiência (também chamada de curva de aprendizagem): declínio do custo médio que ocorre com a experiência de produção acumulada.

Custo ao longo do tempo: o custo da compra do produto somado ao custo descontado de manutenção e reparo menos o valor descontado obtido com o descarte.

Custo médio: o custo por unidade em um determinado nível de produção; é igual aos custos totais divididos pela produção.

Custo total para o cliente: valor monetário percebido de um conjunto de custos em que os clientes esperam incorrer para avaliar, obter, utilizar e descartar as ofertas ao mercado.

Customerização: combinação da customização em massa, levada a cabo de maneira operacional, com o marketing customizado, que permite aos consumidores desenvolverem as ofertas de produto e serviço que escolherem.

Customização em massa: a empresa atende às exigências de cada cliente em uma base massiva, desenvolvendo bens, serviços, programas e comunicações em nível individual.

Custos fixos (também chamados de custos indiretos): custos que não variam conforme o nível de produção ou a receita de vendas.

Custos totais: a soma dos custos fixos e variáveis para um determinado nível de produção.

Custos variáveis: custos que oscilam diretamente de acordo com o nível de produção.

D

Data mining: uso de técnicas estatísticas e matemáticas para extrair informações úteis sobre indivíduos, tendências e segmentos.

Data warehouse: conjunto de dados coletados pela empresa a partir do contato com os clientes; as empresas podem analisar esses dados para tirar conclusões sobre as necessidades e as respostas dos clientes em base individual.

Database marketing: processo de desenvolver, manter e utilizar bancos de dados para efetuar contatos e transações com os clientes, bem como construir relacionamento com eles.

Declaração de missão: declaração daquilo que a organização existe para realizar, a qual oferece aos funcionários um senso compartilhado de propósito, direção e oportunidade.

Demanda da empresa: participação estimada da empresa na demanda de mercado a níveis alternativos de esforço de marketing em um determinado período de tempo.

Demanda de mercado: o volume total que seria comprado por um grupo de clientes definido, em uma área geográfica definida, em um período definido, em um ambiente de marketing definido e sob um programa de marketing definido.

Design: conjunto de características que afetam a maneira como um produto se apresenta e funciona para um consumidor.

Determinação de custo-alvo: determinação do custo que deve ser alcançado para vender um novo produto ao preço que os consumidores estão dispostos a pagar, tendo como base seu apelo e os preços dos concorrentes.

Determinação de preços altos e baixos: cobrança regular de preços mais altos do que os praticados pela política de preço baixo todo dia, com a realização de promoções frequentes que, temporariamente, deixam os preços mais baixos.

Determinação de preços de bom valor: método de determinação de preços no qual a empresa conquista clientes fiéis cobrando um preço relativamente baixo por uma oferta de alta qualidade.

Determinação de preços de mercado: preços baseados, em grande parte, nos da concorrência.

Determinação de preços de penetração de mercado: estratégia de determinação de preços em que as empresas estabelecem o preço mais baixo possível, partindo do princípio de que o mercado é sensível a preço, para impulsionar um volume de vendas maior.

Determinação de preços de retorno-alvo: determinação do preço que renderá para a empresa a taxa que ela busca de retorno sobre o investimento.

Determinação de preços do mix de produtos: a empresa busca um conjunto de preços que maximizem os lucros do mix total.

Determinação de preços por desnatamento do mercado: estratégia de determinação de preços em que os preços começam altos e caem lentamente ao longo do tempo, para maximizar os lucros a partir dos clientes menos sensíveis a preço.

Diluição da marca: quando os consumidores deixam de associar a marca a um produto específico ou a um conjunto altamente parecido de produtos e começam a pensar menos nela.

Distribuição exclusiva: estratégia de canal em que o fabricante limita severamente o número de intermediários para manter o controle sobre o nível de serviço do revendedor.

Distribuição intensiva: estratégia de canal em que o fabricante coloca suas ofertas no maior número possível de pontos de venda.

Distribuição seletiva: estratégia de canal em que um fabricante conta com somente alguns intermediários dispostos a comercializar um determinado produto.

E

e-commerce: utiliza um site para realizar ou facilitar a venda de produtos e serviços on-line.

Elementos de marca: são traços próprios da empresa que identificam e diferenciam a marca.

Embalagem: todas as atividades de projeto e produção do recipiente ou envoltório de um produto.

Empresa global: uma empresa que opera em mais de um país e obtém vantagens financeiras, de P&D, de produção, de logística e de marketing, em seus custos e reputação, não disponíveis para concorrentes puramente locais.

Empresas totalmente virtuais: empresas que lançaram um site sem ter nenhuma existência prévia como uma empresa tradicional.

Empresas virtuais e reais: são empresas já existentes que agregaram um site para informações ou e-commerce.

Estilo de vida: o padrão de vida de uma pessoa expresso por atividades, interesses e opiniões.

Estratégia de branding: a quantidade e a natureza de elementos de marca comuns e característicos aplicados às ofertas da empresa.

Estratégia de empurrar (*push*): estratégia de canal em que o fabricante utiliza força de vendas ou outros meios para induzir os intermediários a expor, promover e vender o produto aos usuários finais.

Estratégia de puxar (*pull*): estratégia de canal em que o fabricante utiliza a comunicação para persuadir os consumidores a demandar o produto dos intermediários, induzindo-os, assim, a encomendá-lo.

Estratégia: é o plano da empresa para atingir suas metas.

Extensão de categoria: uso de uma marca-mãe para ingressar em uma categoria diferente daquela que ela atende.

Extensão de linha: uso de uma marca-mãe em um novo produto dentro de uma categoria que ela atende.

Extensão de marca: uso de uma marca conhecida para lançar um novo produto.

Extensão direta: lançamento do produto no mercado externo sem nenhuma alteração.

F

Família de orientação: pais e irmãos.

Família de procriação: cônjuge e filhos.

Fase da vida: maior preocupação de uma pessoa, que pode estar passando por um divórcio, cuidando dos pais ou decidindo comprar uma casa.

Fidelidade: um compromisso profundo de comprar novamente uma oferta ao mercado no futuro, apesar das influências situacionais e dos esforços de marketing capazes de causar mudanças comportamentais.

Força de vendas contratada: representantes dos fabricantes e vendedores autônomos que recebem uma comissão com base nas vendas.

Força de vendas direta: funcionários pagos que trabalham exclusivamente para a empresa, em período integral ou parcial.

Forma: refere-se ao tamanho, ao formato ou à estrutura física do produto.

Funil de marketing: ferramenta usada para identificar a porcentagem do mercado-alvo potencial em cada etapa do processo de decisão.

G

Garantias: declarações formais, feitas pelo fabricante, acerca do desempenho esperado do produto; são legalmente obrigatórias.

Genéricos: são versões sem marca, embaladas de maneira simples e mais baratas de produtos comuns.

Gerenciamento da cadeia de suprimento (SCM): gestão da cadeia de suprimento que abrange a compra de insumos, sua conversão eficiente em produtos acabados e o transporte dos produtos a seus destinos finais.

Gestão de relacionamento com parceiros: formação e gerenciamento de parcerias mutuamente satisfatórias no longo prazo com parceiros-chave, como fornecedores e distribuidores.

Gestão do relacionamento com o cliente (CRM): processo de gerenciar informações detalhadas sobre cada cliente e todos os pontos de contato com ele, a fim de maximizar a fidelidade.

Grupos de afinidade: grupos que exercem influência direta sobre o comportamento do consumidor.

Grupos de aspiração: grupos do qual uma pessoa espera participar.

Grupos de dissociação: grupos cujos valores ou comportamentos um indivíduo rejeita.

Grupos de referência: são todos os grupos que exercem influência direta ou indireta sobre as atitudes ou o comportamento do cliente.

H

Heurísticas: regras básicas no processo de decisão.

Hierarquia de valor para o cliente: cinco níveis de produto que os profissionais de marketing devem levar em conta na hora de planejar uma oferta.

I

Implantação do marketing: processo que transforma os planos de marketing em ações e garante que elas atendam aos objetivos declarados no plano.

Impulso: forte estímulo interno que impele à ação.

Índice de *churn* de clientes: taxa de evasão de clientes.

Influência pessoal: efeito que uma pessoa exerce sobre a atitude ou a probabilidade de compra de outra.

Inovação: qualquer bem, serviço ou ideia que alguém *percebe* como nova, independentemente de quanto tempo tem.

Interstitials: propagandas, geralmente com vídeo ou animação, que aparecem no intervalo entre mudanças em um site.

Invenção de produto: criação de algo novo.

J

Joint-venture: uma empresa em que diversos investidores compartilham a propriedade e o controle.

L

Líder de opinião: pessoa que oferece conselho informal ou informações acerca de um produto específico ou de uma categoria de produtos.

Linha de marca: todos os produtos (incluindo extensões de linha e de categoria) vendidos com determinada marca.

Linhas de produtos: produtos dentro de uma classe de produtos que são fortemente relacionados por desempenharem funções similares, serem vendidos para os mesmos grupos de cliente, serem comercializados por meio dos mesmos canais ou pertencerem à mesma faixa de preços.

Logística de mercado: planejamento da infraestrutura para atender à demanda, seguido pela implantação e pelo controle dos fluxos físicos dos materiais e dos produtos finais dos pontos de origem aos pontos de uso, para atender às exigências do cliente e lucrar.

Lucratividade direta do produto (LDP): uma maneira de avaliar os custos de manuseio do produto considerando desde o momento em que o produto chega ao estoque até quando o cliente o compra.

M

Marca de família (ou família de marca): marca-mãe associada a diversas extensões de marca.

Marca ingrediente: caso especial dentro de co-brand, que cria *brand equity* para materiais, componentes ou peças que fazem parte de outros produtos.

Marca própria (também chamada de marca do revendedor, da loja, da casa ou do distribuidor): é uma desenvolvida por varejistas e atacadistas.

Marca: um nome, termo, sinal, símbolo ou design, ou uma combinação de tudo isso, destinado a identificar as ofertas de um fornecedor ou grupo de fornecedores para diferenciá-las das dos concorrentes.

Marca-mãe: marca existente que origina uma extensão de marca ou submarca.

Marketing de causas: marketing que relaciona as contribuições da empresa a uma causa elaborada para, direta ou indiretamente, engajar os clientes em transações com essa empresa que geram receitas para ela.

Marketing de desempenho: parte do marketing holístico que consiste no entendimento dos retornos financeiros e não financeiros gerados para a empresa e a sociedade pelas atividades e programas de marketing.

Marketing de pedido direto: marketing em que os profissionais responsáveis buscam uma resposta mensurável, geralmente um pedido do cliente.

Marketing de relacionamento: construção de relacionamentos de longo prazo mutuamente satisfatórios com partes-chave a fim de conquistar ou manter negócios com elas.

Marketing direto: uso de canais diretos para alcançar os clientes e entregar a eles produtos e serviços sem, para isso, utilizar intermediários de marketing.

Marketing integrado: montagem e composição de atividades de marketing para maximizar seus efeitos individuais e coletivos.

Marketing interno: elemento do marketing holístico que consiste em contratar, treinar e motivar funcionários capazes que queiram atender bens os clientes.

Marketing multicanal: utilização de dois ou mais canais de marketing para atingir segmentos de cliente.

Marketing: identificação e a satisfação de necessidades humanas e sociais; é a atividade, o conjunto de instituições e os processos que criam, comunicam, entregam e trocam ofertas valiosas para os clientes, os parceiros e a sociedade em geral.

Markup: determinação do preço de um produto por meio da adição de um aumento-padrão ao seu custo.

Mercado atendido: o conjunto de consumidores que estão comprando o produto da empresa.

Mercado disponível: o conjunto de consumidores que tem interesse, renda e acesso a uma determinada oferta.

Mercado organizacional: todas as organizações que adquirem produtos e serviços utilizados na produção de outros produtos e serviços, os quais são vendidos, alugados ou fornecidos a terceiros.

Mercado paralelo: produtos de marca desviados de canais de distribuição autorizados no país de origem ou em fronteiras internacionais.

Mercado potencial: o conjunto de consumidores com um nível suficiente de interesse em uma oferta ao mercado.

Mercado: agrupamentos de clientes.

Mercado-alvo: a porção do mercado disponível qualificado no qual a empresa decide focar.

Métricas de marketing: conjunto de mensurações que as organizações usam para quantificar, comparar e interpretar seu desempenho de marketing.

Microsite: área limitada na página Web gerenciada e paga por um anunciante ou uma empresa externa.

Mix de comunicação de marketing: propaganda, promoção de vendas, eventos e experiências, relações públicas e publicidade, marketing direto, marketing interativo, boca a boca e vendas pessoais.

Mix de marca: conjunto de todas as linhas de marca que determinado fornecedor oferece.

Mix de produtos (também chamado de sortimento de produtos): conjunto de todos os produtos e itens que uma empresa põe à venda.

Modelo de expectativa de valor: os consumidores avaliam os produtos e serviços considerando suas crenças de marca — as positivas e as negativas — de acordo com sua importância.

Modelo de memória de rede associativa: representação conceitual que vê a memória como algo formado por nós e ligações interconectadas. Os nós são informações ou conceitos armazenados, ao passo que as ligações são o fortalecimento da associação entre as informações e os conceitos.

Modismo: algo imprevisível, de curta duração e sem importância no longo prazo.

Motivo: uma necessidade que alcança um nível tal de intensidade que leva a pessoa à ação.

O

Objetivo de propaganda: uma tarefa de comunicação específica e um nível de sucesso que deve ser atingido junto a um público determinado, em um período de tempo estabelecido.

Oportunidade de marketing: área de necessidade e interesse do comprador que a empresa pode satisfazer de maneira lucrativa.

Orçamento de vendas: estimativa conservadora do volume de vendas esperado utilizada, basicamente, para tomadas de decisão relativas a compras, produção e fluxo de caixa.

Orientação de marketing holístico: baseada no desenvolvimento, no projeto e na implantação de programas, processos e atividades de marketing, com o reconhecimento de sua amplitude e suas interdependências.

P

Papel: atividades que se espera que uma pessoa realize.

Participação de mercado: nível da demanda seletiva para um produto da empresa.

Percepção: processo por meio do qual selecionamos, organizamos e interpretamos as informações recebidas para criar uma imagem cheia de significados do mundo.

Permuta: quando os compradores oferecem produtos, em vez de dinheiro, como pagamento por uma compra.

Personalidade de marca: combinação específica de traços humanos atribuída a uma determinada marca.

Personalidade: traços psicológicos distintos que levam a reações relativamente consistentes e coerentes a um estímulo do ambiente.

Pertencentes à categoria: produtos ou grupos de produtos com os quais a marca concorre e que funcionam como substitutos próximos.

Pesquisa de efeito da comunicação: determina se um anúncio está comunicando a mensagem de maneira eficaz.

Pesquisa de marketing: o projeto, a coleta, a análise e a divulgação, de maneira sistemática, de dados e descobertas relevantes para uma situação de marketing específica com a qual a empresa está se deparando.

Planejamento da cadeia de demanda: o processo de projetar a cadeia de suprimento com base na adoção da perspectiva do mercado-alvo.

Plano de marketing estratégico: plano que estabelece os mercados-alvo e a proposição de valor da empresa, com base em uma análise das melhores oportunidades de mercado.

Plano de marketing tático: plano que especifica as táticas de marketing da empresa, incluindo características do produto, comunicação, comercialização, determinação de preço, canais de venda e serviços.

Plano de marketing: o instrumento central para direcionar e coordenar o esforço de marketing; um documento por escrito que resume o que a empresa sabe sobre o mercado, como ela vai alcançar seus objetivos de marketing e como vai direcionar e coordenar seu marketing.

Poder de canal: a capacidade de alterar o comportamento dos membros do canal, fazendo-os tomar medidas que, de outra forma, não tomariam.

Pontos de diferença (PODs): atributos ou benefícios que os consumidores associam com a marca, avaliam de maneira positiva e acreditam que não encontrariam em uma marca concorrente.

Pontos de paridade (POPs): atributos ou benefícios que não são necessariamente exclusivos da marca, podendo ser compartilhados com outras.

Pontos de venda: local em que a compra é realizada, normalmente no ambiente de varejo.

Portfólio de marca: conjunto de todas as marcas e linhas de marca que uma determinada empresa oferece em uma categoria ou um segmento de mercado específico.

Posicionamento: ação de construir a oferta e a imagem da empresa para ocupar um lugar diferenciado na mente do mercado-alvo.

Potencial de mercado: o limite do qual se aproxima a demanda de mercado, à medida que as despesas de marketing do setor chegam perto de se tornarem infinitas em determinado ambiente de marketing.

Preço baixo todo dia (EDLP): cobrança de um preço baixo constante, com muito pouca ou nenhuma promoção de preço ou venda especial.

Preço de referência: preço interno ou externo com o qual o cliente compara o preço observado.

Preço discriminatório: abordagem de determinação de preços em que a empresa vende uma oferta por dois ou mais preços que não refletem uma diferença proporcional em custos.

Previsão de mercado: a demanda de mercado que corresponde ao nível de despesa de marketing no setor.

Previsão de vendas da empresa: o nível esperado de vendas da empresa baseado em um plano de marketing selecionado e em um ambiente de marketing hipotético.

Previsão: a arte de antecipar aquilo que os compradores provavelmente farão sob um determinado conjunto de condições.

Princípio da congruência: os comunicadores podem utilizar sua boa imagem para reduzir alguns sentimentos negativos em relação a uma marca, mas, durante esse processo, eles podem perder um pouco da estima do público.

Processo de difusão da inovação: disseminação de uma nova ideia a partir de sua fonte de invenção ou criação até seus usuários ou adotantes finais.

Produto licenciado: uso do nome de marca licenciado de uma empresa ou um produto feito por outra empresa.

Produto: é tudo aquilo que pode ser oferecido para um mercado a fim de satisfazer uma necessidade ou um desejo.

Profissional de marketing: alguém que busca uma resposta de outra parte (o cliente potencial, também chamado *prospect*).

Programas de frequência de compras (PF): programas para recompensar clientes que compram com frequência e em grande quantidade.

Promessa de marca: a visão da empresa em relação àquilo que a marca deve ser e fazer para os consumidores.

Promoção de vendas: série de ferramentas de incentivo, a maioria de curto prazo, elaboradas para estimular a compra mais rápida ou em maior quantidade de determinados bens ou serviços por parte do consumidor ou dos membros do canal de distribuição.

Propaganda externa: categoria ampla que inclui diversas formas criativas e inesperadas de atrair a atenção dos consumidores.

Propaganda: qualquer forma paga de apresentação não pessoal e promocional de um produto por um patrocinador identificado.

Proposição de valor (ou promessa e valor): conjunto de benefícios que as empresas emitem para satisfazer as necessidades dos clientes.

Psicografia: ciência que utiliza a psicologia e a demografia para entender melhor os consumidores.

Publicidade: tarefa de garantir espaço editorial — em oposição ao espaço pago — na mídia impressa e eletrônica com a finalidade de promover algo.

Público: qualquer grupo que tenha interesse atual ou potencial na capacidade da empresa em atingir seus objetivos.

Q

Quadro de referência competitiva: definição das marcas com as quais uma marca concorre e de quais devem ser focalizadas na análise competitiva.

Qualidade de conformidade: grau em que todas as unidades produzidas são idênticas e atendem às especificações prometidas.

Qualidade de desempenho: nível em que as características básicas do produto operam.

Qualidade: totalidade de atributos e características de um bem ou serviço que afetam sua capacidade de satisfazer necessidades declaradas ou implícitas.

Quota de vendas: a meta de vendas estabelecida para uma linha de produtos, uma divisão da empresa ou um representante de vendas.

R

Recursos: complementam a função básica do produto.

Rede de entrega de valor: *veja* cadeia de suprimento.

Rede de marketing: a empresa e os *stakeholders* que a apoiam, com quem a organização construiu relacionamentos profissionais mutuamente compensadores.

Rede de valor: sistema de parcerias e alianças que a empresa cria para produzir, aumentar e entregar suas ofertas.

Relações públicas (RP): uma série de programas para promover ou proteger a imagem da empresa ou de produtos.

Relações públicas de marketing (RP): publicidade e outras atividades voltadas para a construção da imagem corporativa ou do produto a fim de facilitar o alcance das metas de marketing.

S

Satisfação: sensação de prazer ou desapontamento de uma pessoa que resulta da comparação entre o desempenho percebido do produto e suas expectativas.

Seleção de mídia: encontro da mídia mais eficiente em termos de custo para entregar o número e o tipo de exposições desejados para o público-alvo.

Serviço: um ato ou uma realização que uma parte pode oferecer a outra e que é essencialmente intangível e não resulta na propriedade de nada.

Setor global: um setor em que as posições estratégicas dos concorrentes nos principais mercados geográficos ou nacionais são profundamente afetas por suas posições globais gerais.

Setor: grupo de empresas que oferecem um produto ou uma classe de produtos que são substitutos próximos.

Sinais: estímulos menores que determinam quando, onde e como uma pessoa responde.

Sistema de canais de marketing: conjunto específico de canais utilizado por uma empresa.

Sistema de entrega de valor: todas as experiências que o cliente terá na obtenção e no uso da oferta.

Sistema de informações de marketing (SIM): pessoas, equipamentos e procedimentos dedicados a coletar, selecionar, analisar, avaliar e distribuir informações necessárias, oportunas e precisas a tomadores de decisões de marketing.

Sistema de inteligência de marketing: conjunto de procedimentos e fontes que os gerentes usam para obter informações diárias sobre acontecimentos no ambiente de marketing.

Sistema de produtos: um grupo de itens diferentes, porém relacionados, que funcionam de maneira compatível.

Sistema horizontal de marketing: arranjo de canal em que duas ou mais empresas não relacionadas unem recursos ou programas para explorar uma oportunidade de distribuição de marketing.

Sistema multicanal de marketing: canal de marketing em que as estratégias e as táticas de venda usadas em um canal refletem as utilizadas em outro canal ou até em mais.

Sistema vertical de marketing (SVM): arranjo de canal em que fabricante, atacadista(s) e varejista(s) agem como um sistema unificado.

Sistemas logísticos integrados (ILS): gestão de materiais, sistemas de fluxo de materiais e distribuição física que são auxiliados por tecnologia da informação.

Sortimento de produtos: *veja* mix de produtos.

Status: posição que uma pessoa ocupa dentro de um grupo ou sociedade.

Subculturas: grupos com valores, crenças, preferências e comportamentos compartilhados, que surgem de experiências ou circunstâncias de vida especiais.

Submarca: combinação de uma nova marca com uma já existente.

Supersegmento: conjunto de segmentos com algumas similaridades que podem ser exploradas.

T

Telemarketing: uso do telefone e de call centers para atrair clientes potenciais, vender para clientes existentes e oferecer serviços, tirando pedidos e respondendo a perguntas.

Tendência: um direcionamento ou uma sequência de eventos com força e durabilidade.

U

Unidade estratégica de negócios (UEN): um negócio que pode ser planejado separadamente do restante da empresa, com seu próprio grupo de concorrentes e um gerente responsável pelo planejamento estratégico e pelo desempenho financeiro.

V

Valor percebido pelo cliente (VPC): diferença entre a avaliação que o cliente potencial faz de todos os benefícios e os custos de uma oferta e das alternativas percebidas.

Valor vitalício do cliente: descreve o valor presente líquido do fluxo de lucros futuros que se espera obter com as compras do cliente ao longo do tempo.

Valores centrais: sistemas de crença que embasam atitudes e comportamentos e determinam as escolhas e os desejos das pessoas no longo prazo.

Vantagem competitiva: capacidade da empresa de apresentar, em um ou mais pontos, um desempenho que os concorrentes não podem alcançar.

Varejista: qualquer empreendimento comercial cujo volume de vendas é proveniente, principalmente, do varejo.

Varejo: todas as atividades relativas à venda de bens ou serviços diretamente aos consumidores finais, para uso pessoal, não comercial.

Índice de marcas e empresas

3M, 40
42BELOW, 159
7-Eleven, 289

A

A.C. Nielsen Company, 48
ACE Hardware, 290
Ad Council, 329
Adidas, 316
Airbus, 183
Aldi, 289
Allstate, 357
Aloft hotels, Starwood, 64
Altria, 183
Amazon.com, 10, 47, 82, 146, 159, 179, 228, 288
American Airlines, 49, 50, 51, 52, 53, 54, 69
American Automobile Association, 155
American Express, 32
American Express Financial Advisors, 32
American Idol, 340
American Marketing Association, 3, 254, 322
American Society for Quality, 78
Ameriprise Financial, 32
Anderson, Howard, 239
Angie's List, 34
Ante, Spencer E., 229
App Store, 60
Apple, 3, 60, 85, 103, 176, 197, 332, 343
ARAMARK, 116

Arnold Worldwide, 305
AT&T, 37
Avon, 289

B

B.A.S.S. fishing tournaments, 340
Bain, 78
Bank of America, 385
Barbie doll, 293
Bass Pro Shops, 293
Baxter Healthcare, 252
Bayer aspirin, 196, 368
BB&T Corp., 340
Bell Performance, 120
Bike 289
Bing, 24, 158, 352
Bizrate.com, 47
BlackBerry, 32
Blockbuster, 265
Bloomingdale's, 289, 290
Bob Esponja, creme dental, 147
Boeing, 183
BP, 343, 387
Breen, Bill, 62
Burberry, 164
Burson-Marsteller, 317
Busch Series, 339, 340

C

Cadbury, 316
Calvin Klein, 179
Cannes International Ad Festival, 326
Carrefour, 289
Caster & Pollux, 386
Caterpillar, 29, 74, 75, 76, 232

ChemConnect.com, 123
Chipotle Mexican Grill, 386
Circle K, 386
Circuit City, 36
Cirque du Soleil, 221, 222
Clorox, 66
Club Med (Club Mediterranée), 131, 132
Cluck-U, 186
Coca-Cola, 198, 206, 256, 267, 278, 319, 327, 340, 380
Colgate, 147
Universidade de Colúmbia, 81
Compaq, 103
Comverse, 232
Costco, 290
Cracker Jack cereal, 156
Crayola, 180
Crest, 134
Crosman, Penny, 229
Cubex Corp., 274
CVS, 271, 289

D

Dawn, 387
Deere & Company, 84
Del.icio.us, 24
Dell, 11, 103, 206, 278
Delta Air Lines, 226
DIRECTV, 301
Disney, 46, 279
Dollar General, 289
Domino's, 168
Dow Chemical, 67
DuPont, 124, 385

E

Earthkeepers, 368
EarthLink, 104
eBay, 3, 144
Edmunds, 6
Element, Honda, 301
Element hotels, Starwood, 64
ESPN, 38
Estée Lauder, 283
European Commission, 68
European Union, 68
Everything Coca-Cola, 339
Evian, 247
Excedrin, 301

F

Facebook, 1, 11, 206, 259, 294, 322, 312, 337, 334, 341, 387
Federal Trade Commission, 337, 341
FedEx, 35
Fiat, 158
Fiesta, Ford, 186, 341
Flex, Ford, 155, 186
Flickr 11, 23, 153, 239, 341
Focus, Ford, 341
Ford Motor Company, 122, 155, 184, 185, 186, 256, 278, 340, 341
Fortune, 316, 368
Freud, Sigmund, 95, 96
Frito-Lay, 65
FTD, 339
Fusion, Ford, 185

ÍNDICE DE MARCAS E EMPRESAS

G

Gap, 288
Gawker Media, 340
General Electric (GE), 15, 62, 84, 159
General Mills, 159, 194
Gerber, 29
Gillette, 48, 265, 348
GMMB, 1
Godin, Seth, 302
Good Housekeeping, 316
Goodyear, 362
Google, 23, 183, 338
GORE-TEX, 194, 293
Grainger, 121, 278
Green Works, Clorox, 66
Gronbach, Kenneth, 134
Guy, Sandra, 252
Gymboree, 290

H

Hamburguer Helper, 94
Harley-Davidson, 154
Harley Owners Group, 156
Harrah's Entertainment, 71, 72
Heinz, 114, 159, 176
Hershey, 105, 174
Hertz, 259
Hewlett-Packard (HP), 97, 101, 190, 255, 280
Home Depot, 340
Honda, 315, 332
Huggies Supreme Natural Fit, 45
Hyundai, 76, 340

I

IBM, 33, 121, 190
iBooks, 30
IdeaStorm, 206
Ihlwan,Moon, 33
IKEA, 3, 27, 290
iMac, 35
Independent Grocers Alliance(IGA), 290
Information Resources Inc., 48
Inside Edge Ski, 289
Intel, 184, 194, 278
Interbrand, 157
iPad, 60

iPhone, 3, 60
iPod, 60, 190
iTouch, 60
iTunes, 60
Ivory, 195

J

Janie and Jack, 290
JCPenney, 289, 291
JD Sports, 76
Jenny Craig, 301
Jewel-Osco, 289
Jif, 283
Jiffy Lube, 290
Jobs, Steve, 343
John Deere, 29, 82, 224
Johnson & Johnson, 175, 370
Juicy Couture, 152
Jumpcut, 24

K

Kellogg, 159
KFC, 180
Kia, 75
Kimberly-Clark, 45
Kindle, 179
Kmart, 288, 289
Kodak, 259
Kohl's, 292, 283
Komatsu, 72, 73, 74
Kroger, 289

L

LEGO, 89, 90
Lenovo, 12
Lexus, 76
Lindt, 105
LinkedIn, 206,341
Liz Claiborne, 152
London Business School, 40, 283
Lululemon, 147
Luvs, 183

M

M&M's World, 339
Macy's, 290, 305
Marketing News, 85
Marketing Week, 33
Marriott, 228

Marshalls, 289
Mary Kay, 357
Mattel, 226, 293
McDonald's, 8, 17, 135, 178, 181, 225, 278, 290, 292, 337, 343
McKinsey & Company, 37
Meetup, 1
Mercedes-Benz, 7, 274
Merck, 385
Method Products, 173
Michelin, 199
Microsoft, 24, 62, 87, 144, 158, 182, 183, 184, 332
Milliken & Company, 85
Millward Brown International, 156
MIT Entrepreneurship Center, 239
Mothers Against Drunk Driving (MADD), 65
Motorola, 184

N

NAICS (Classification System), 58
NASCAR Busch Series, 340
Nature Valley, 165
NBA, (National Basketball Association), 315
NEC, 29, 103
Nestlé, 376
Netflix, 146, 365, 366
Nextel, 229
Nextel Cup, 339
Nielsen Claritas, 134
Nike, 153, 159, 178, 267, 315, 368
Nokia Siemens Networks, 184
Nordstrom, 155, 283
North American Industry, 58
Northwestern University, 6

O

O'Connell, Andrew, 309
O2, 316
Obama, Barack, 1, 2
Ocean Spray, 305, 306
Old Spice, 325, 326, 339

Oracle, 113, 114, 198
Oscar de la Renta, 280

P

Pampers, 134
Panasonic Toughbook, 159
Patagonia, 17, 279
Pepsi, 30, 347, 348
PepsiCo, 203, 347
Perdue, 176, 196
PETCO, 386
Pfizer, 67
Philip Morris, 183
Philips, 37, 206
PlanetFeedback, 47
Plastics.com, 123
Pottery Barn, 290
Pringles, 315
Prius, 3
Private Label Manufacturers' Association, 293
Procter & Gamble (P&G), 33, 48, 100, 183, 176, 278, 282, 295, 301, 325, 326, 332, 361, 383, 385, 387
Prudential, 159

R

Redbox, 366
REI, 293
Research In Motion, 32
Ritchie Bros., 123
Ronald McDonald Children's Charities, 17
Ronald McDonald House, 17, 387
Roper Starch Worldwide, 317
Royal Dutch/Shell Group, 30, 32
Royal Philips Electronics, 200
Ryanair, 239

S

Saatchi & Saatchi, 180
Safeway, 289
Samsung, 33
Siemens Medical Solutions USA, 5

Sierra Club, 66
Silly Bandz, 342
Singapore Airlines, 155, 180
Snowshoe Mountain ski resort, 16
Sony, 340
Southwest Airlines, 27, 176, 239, 334
Sprint, 229
St. Jude Medical, 29
Universidade de Stanford, 23, 95
Staples, 80, 289
Starbucks, 206, 337
Starwood, 64
State Farm, 100
Stonyfield Farm, 340
Subway, 177
Sun Microsystems, 113
Sunkist, 203
Super Bowl, 325, 326, 347

T

Target, 173, 181, 290
Tata Steel, 196
Tesco, 4, 33, 276
Texas Instruments (TI), 244, 245
Thompson Water Seal, 315
Tide, 100, 159, 168, 183
Tiffany & Co., 237, 238
Timberland, 17, 35, 181, 340, 367, 368
Time Warner Cable, 144
TJ Maxx, 289
Tommy Hilfiger, 179
TopSource, 123
Toshiba, 103, 368
Total Rewards Loyalty Program (programa de fidelidade), 73
Toyota, 3, 332, 340, 343
Trix, 202
Tropicana, 203
Tundra, Toyota, 340
Twitter, 1, 11, 206, 226, 271, 308, 337, 348, 355
Tylenol, 343

U

UNIQLO, 290
Universidade da Carolina do Norte, 295
Urban Outfitters, 276
U.S. Census Bureau, 58
U.S. Fish and Wildlife Service, 387
U.S. Steel, 9
USAA, 228, 229

V

Venus razor, 48
Visa, 332, 340
Volkswagen, 264, 315
Volvo, 8, 76, 174

W

Walgreens, 289
Walmart, 27, 47, 123, 228, 276, 278, 279, 289, 361, 385
Walt Disney, 38
Walt Disney World's Magic Kingdom, 4
Walton, Sam, 228
Wegmans, 181
Westin Hotels, 202
Wharton, 27
Wheaties, 165
Wieden+Kennedy, 326
Wikipedia, 11
William Wrigley Jr. Company, 268
World Cup, 4, 38, 340
Worldwide, Arnold, 305
Wouters,Marc, 250
WPP, 156
W.W. Grainger, 278

X

Xerox, 77

Y

Yahoo!, 23, 24, 159, 352
Yoplait, 202
Young and Rubicam, 156, 157
YouTube, 1, 2, 11, 35, 326, 355

Z

Zale, Joseph, 243
Zaltman, Gerald, 126
Zappos, 287, 288
Zara, 276
ZDNet.com, 47

Índice remissivo

4Ps
   atualização dos, 18-9
   marketing-mix e, 17-8

A

Abordagem de carga de trabalho, 360
Abordagem de entrada sequencial, 374
Abordagens de compra, na segmentação, 140
Abrangência do setor, 10
Ação antitruste, 184
Ações pós-compra, 106, 107
Aconselhamento, 342
Acontecimentos ou transições importantes na vida, 94
Acordo de compensação, 253
Acordo de recompra, 253
Acordos vinculados, 281
Adaptação da comunicação, 380
Adaptação dual, 380
Adaptações específicas para o relacionamento, 126
Adaptador, 187
Adição de valor *versus* custo de diferentes canais, 273
Administração por objetivos (APO), 36
Administrador do canal, 277
Adoção de novos produtos, 214
Adoção, 210
Aeroviário, 301

Agentes, 273, 295
Ajuda de custo, 361
Alavancagem financeira, 41
Alcance da meta, estratégia para o, 26
   Veja também
   Formulação estratégica
Alcance, na propaganda, 328-9
Alianças de compras, 123
Alianças estratégicas, 37
Alianças logísticas, 37
Alianças promocionais, 37
Alternativas de canal, avaliação das, 273-4
   critérios de controle e de adaptação, 273
   critérios econômicos, 273
Alternativas, avaliação de, 103-4
   crenças e atitudes, 104
   modelo de expectativa em relação ao valor, 104
Alternativas de canal, identificação das, 273
   membros do canal, termos e responsabilidades dos, 273
   números de intermediários, 273
   tipos de intermediários, 273
Alto prestígio, alto nível, 166
Alto valor para o cliente, entrega de, 74
Alunos embaixadores, 153
Ambientalismo corporativo, 66

Ambiente de tarefa, 9
Ambiente demográfico, 61-3
   composição etária da população, 61, 62
   crescimento da população mundial, 61, 62
   étnico e outros mercados, 63-4
   grupos educacionais, 63
   padrões familiares, 63
Ambiente econômico
   crédito, 64
   distribuição de renda, 64
   economias, 64
   endividamento, 64
   psicologia do consumidor, 63-4
   renda, 64
Ambiente geral, 7
Ambiente natural, 66
Ambiente político-legal, 378
Ambiente sociocultural
   subculturas, existência de, 65
   valores culturais centrais, 65
   visões do, 65
Ambiente tecnológico, 67
   mudança, aceleração no ritmo do, 67
   oportunidades de inovação no, 67
   orçamentos de P&D no, 67
   regulamentação de mudanças tecnológicas no, 67

Ambiente
   ambientalismo corporativo, 66
   ameaça e, 33
   análise do macroambiente e, 60-8
   demográfico, 61-2
   determinação de preços, mudanças na, 238
   econômico, 63-4
   natural, 65-6
   político-legal, 67
   proteção, 66
   regulações, 66
   sociocultural, 65
   tecnológico, 66-7
Ameaças, 142-3
   Veja também
   Ambiente, análise do macroambiente
Amostras grátis, 210
Amostras, 337
Ampliação da linha
   down-market, 200
   em ambos os sentidos, 200
   up-market, 200
Ampliação da linha, ambos os sentidos de, 200
Ampliação mercado acima, 200
Análise da linha de produtos
   perfil do mercado, 200
   vendas e lucros, 200
Análise da lucratividade do cliente, 78
Análise da lucratividade, desempenho de marketing e, 42

ÍNDICE REMISSIVO

Análise da situação, 39
Análise de cenários, 33
Análise de demanda estatística, 59
Análise de desempenho em relação ao atendimento aos clientes, 41
Análise de desempenho em relação aos stakeholders, 41
Análise de preço líquido, 253
Análise de risco, 253
Análise de séries cronológicas, 59
Análise de variação das vendas, 41
Análise de vendas passadas, 60
Análise do ambiente externo, 34-5
Análise do ambiente interno, 35
Análise do macroambiente, 60-8
　ambiente demográfico e, 62-3
　ambiente econômico e, 63-4
　ambiente natural e, 66
　ambiente político-legal e, 67-8
　ambiente sociocultural e, 64-5
　ambiente tecnológico e, 67
　necessidades e, 51
　principais forças, identificação das, 60
　tendências e, 60, 61
Análise do valor do cliente, 78
　cadeia de valor e, 25-6
　competências centrais, 25-6
　marketing e, 24-5
　orientação de marketing holístico e, 27
　planejamento estratégico e, 26-7
　processo de entrega de valor e, 24
　tríade de, 8

versus custo da empresa, na diferenciação do produto, 197
Análise dos pontos fortes e fracos, 35, 36
Análise econométrica, 59
Análise estatística, 242
Análise financeira, 41
　na avaliação da marca, 163
Análise produto/valor, 122
Análise SWOT, 34-6
　análise do ambiente externo, 34-5
　análise do ambiente interno, 36
　Veja também Oportunidade de marketing
Análise tempo-tarefa, 365
Análises de oportunidade de mercado (AOM), 35
Análises de oportunidade e ameaça, 34-5
Anúncios pagos por clique, 353
Apelo informativo, 314
Apelo transformacionais, 317
Aprendizagem, 99
Apresentação, demonstração da qualidade do serviço por meio de, 224
　nas vendas pessoais, 357
Apresentações, 344
Aprovadores, no centro de compras, 119
Aquisição
　de cliente, 26, 42, 79, 316, 350, 390
　de produto, 73, 121
Arbitragem, 280
Armadilha da baixa qualidade, 274
Armazenagem, 299
Armazéns, 299
Associações secundárias, 160, 161-72
Atacadista de serviço completo, 295
Atacadistas, 294-5

Atacadistas comerciais, 295
Atacadistas de serviço limitado, 295
Atacadistas especializados, 295
Atacado, 294-6
　funções do, 295-6
　tendências no, 295
　tipos de, 295
Ataque de guerrilha, 185
Ataque frontal, 185
Ataque pelo flanco, 185
Atenção elevada, 101-2
Atenção seletiva, 99
Atitude em relação aos produtos, 133, 139
Atitudes definição, 104
　dos outros, como fator de interferência, 104
Atividades de apoio na cadeia de valor, 26
Atividades de lazer, 93
Atividades de utilidade pública, 344
Atividades primárias na cadeia de valor, 25
Atmosfera, 292, 339
Atratividade corporativa, 126
Atratividade do segmento, 142
Aumento de preço dissimulado, 252
　dos concorrentes, respondendo ao, 257
　iniciativas de, 257
　markup e, 246, 247
Aumento do preço dissimulado, 252
Autoimagem atual, 95
Autoimagem dos outros, 95
Autoimagem ideal, 95
Autoimagem, influência da, no comportamento do consumidor, 95
Autosserviço, varejista e, 288
Avaliação da mensagem, 327-8
Avaliação do valor para o cliente, 124

Avaliação dos membros do canal, 275, 276
　funções, 268-9
　seleção, 274
　termos e responsabilidades, 273
　treinamento e motivação, 274
Avaliações qualitativas, 52

B

Baby-boomers, 136
Banco de dados de empresa, 83
Bancos de dados, 51
Banners, 352
Batalhadores, 137
Benchmark, 37
Benefício central, 194
Benefício total para o cliente, 72
Benefícios na segmentação comportamental, 133
Bens, 4
　Veja também Produtos
Bens de capital, 196
Bens de compra comparados, 196
Bens de conveniência, 196
Bens de especialidade, 196
Bens duráveis, 196
Bens não duráveis, 196
Bens não procurados, 196
Bens tangíveis puros, 222
Blogs, 47, 80, 282, 310, 354, 366
Boca a boca, 310
　buzz marketing e, 356
　efeitos do, 356
　formadores de opinião e, 356-7
　marketing viral e, 356
　mídia social e, 355-6
　no mix de comunicação de marketing, 308, 309, 319
Brand equity
　associações secundárias, reforço das, 160, 161-2
Brand equity baseado no cliente, 156

avaliação do, 162-3
com base no cliente, 156
comunidades de marca, 162
construção da marca, 159-60
customer equity e, 14, 19, 168-9
definição de, 156
elementos de marca, seleção de, 159
gerenciamento do, 164-5
impulsionadores de, 158
marketing holístico, 159
modelos de, 156-8
na comunicação de marketing, 308-11
práticas de criação de valor, 162
reforço da marca, 164
revitalização da marca, 165
Branding emocional, 180
Branding interno, 162
Branding
branding interno, 162
Co-brands, 201
cultural, 157
decisões, 155-6
definição de, 155
emocional, 155, 157
ingrediente, 173
papel do, na avaliação da marca, 163
Briefing criativo, 328
Brinde, 337
Brinde, como ferramenta de promoção, 337
Brindes, 338
Busca ativa de informações, 102
Busca de fornecedor, 122-3
e-procurement, 122
geração de *lead*, 122-3
Busca de informação, 101-2
Busca paga, 353

Buzz marketing on-line, 136
Veja também
Marketing viral
Buzz marketing, 136, 355
Bypass, 185

C

Cadeia de suprimento (*supply chain*), 9, 26
Campanhas de estágios múltiplos, 322
Campanhas de marketing, 325-6
eventos e experiências e, 325-6
promoção de vendas e, 333-7
propaganda e, 326-49
relações públicas e, 342-4
seleção de mídia e, 328-32
Campanhas de veículos múltiplos, 322
Canais de atendimento, 229
Canais de comunicação não pessoais, 317
Canais de comunicação pessoais, 317-8
Veja também
Marketing direto,
Marketing interativo,
Vendas pessoais,
Boca a boca
Canais de distribuição, 9
armazenagem e, 299
globais, 380-1
Canais de fluxo reverso, 241
Canais de marketing
conflito de canal e, 280
decisões de gerenciamento do canal e, 275
decisões de projeto do canal e, 272-5
definição de, 267
híbridos, 267-8
importância dos, 267
integração de canal e sistemas e, 277-9
intermediários nos, 273

multicanal, 267-8
papel dos, 268-72
práticas de marketing no e-commerce e, 282
práticas de marketing no m-commerce e, 282
redes de valor e, 268
sistema de, 267
Canais defensores, 317
Canais especialistas, 317
Canais híbridos, 267
Canais sociais, 317
Canal, 292
administrador, 276-7
decisões de modificação, 275
determinação de preços, 274
diferenciação, 180
especialista, 187
parcerias, 269
poder, 275
Canal de distribuição, 241
de serviços, fracasso no, 230-1
diferenciação de serviços e, 197
Canal de dois níveis, 241
Canal de marketing convencional, 277
Canal de nível zero
Canal de três níveis, 241
Canal de um nível, 241
Canibalização antecipada, 168
Canibalização, 168
Capitação do canal, 214
Características, 197
Características pessoais na segmentação, 139
Características secundárias de serviços, 230
Catálogo eletrônico, 123
Categoria
comunicação da, 310
definição da, 304
no estabelecimento do posicionamento da marca, 310
Centro de compras, 119

influências sobre o, 119, 121
membros e papéis no, 119
Centros comerciais, 292
Centros de negócios eletrônicos funcionais, 123
Centros de negócios eletrônicos verticais, 123
Centros de negócios eletrônicos, 123
Ceticismo, 385
Chief financial officer (CFO — diretor financeiro), 2
Chief information officer (CIO — diretor de informação), 2
Chief marketing officer (CMO — diretor de marketing), 2
Ciclo de vida da família, 94
Ciclo de vida do produto
crítica ao, 215
curvas do, 214-5
estágio de crescimento, 214-5
estágio de declínio, 214, 215
estágio de introdução, 214-5
estágio de maturidade, 214, 215
estratégias de marketing, 214-7
evolução do mercado, 215
resumo do, 217
vantagem de ser pioneira, 214
Ciclo pedido-pagamento, 46, 299
Classes sociais, 93
Classificação dos bens de consumo, 196
Classificação dos bens industriais, 196
Classificações de lucro, 230
Classificações de produto
classificação de bens de consumo, 196

classificação de bens industriais, 196
Cláusulas de reajuste, 257
Cliente
　base de, 80
　churn, 81
　comunidades, 282
　conexão com, 21
　consultoria, 198
　coprodução, 225, 226
　customer equity, 168-9
　databases, 83-4
　decisões de projeto do canal, 272-3
　empowerment, 225
　expectativas do, gestão das, 230-2
　fracassos, 228
　gerenciamento da base de, 80
　lucratividade, 77-8
　mailings, 349
　mercados, 6
　necessidades e desejos, análise, 272
　necessidades, identificação e satisfação das, 232-3
　ponto de contato, 8, 79
　processo de aquisição de, 26
　reclamações, atendimento das, 228
　recomendações, 79
　retenção, 81
　satisfação, controle de qualidade e, 226
　treinamento, 198
　vantagem de, 180
Clientes mais valiosos, 80
Clientes potenciais (*prospects*), 4
　nas vendas pessoais, 357
Clones, 187
Cobertura de mercado total, 167
Co-brand da mesma empresa, 201

Co-brand de múltiplos patrocinadores, 201
Co-brand em uma *joint-venture*, 201
Co-brand no varejo, 201
Co-brand, 201-2
Codificação da memória, 100
Cognitivo, estágio na hierarquia de respostas, 311
Cohorts, 62
　Veja também Gerações
Colheita, 215
Comercialização de novos produtos, 210
Comoditização, 17
Compartilhamento de ganhos e riscos, 184, 251, 252
Compartilhamento de ganhos e riscos, 184, 251, 252
Competência corporativa, 126
Competências centrais, 26-7
Competências da empresa, que afetam o marketing, 10
Complementação da linha, 200
Componentes emocionais, branding e, 155, 157, 180
Comportamento do consumidor
　definições do, 92
　entendendo o, 93
　fatores culturais, 92
　fatores pessoais, 94-5
　fatores sociais, 93-4
　influências sobre o modelo do, 96
Comportamento ético, 385
Comportamento legal, 385
Comportamento socialmente responsável, 385
Composição etária da população, 62, 68

Compra, 292
Compra de sistemas, 118-20
Compra direta, 115
Compra empresarial on-line, 123
　Veja também e-commerce
Compra organizacional, 115-9
　compra de sistemas, 117
　mercado organizacional *versus* mercado consumidor, 115-6
　situações de compra, 116-7
　venda de sistemas, 117-9
Compra profissional, 115
Comprador, papéis de decisão do, 138
Compradores
　geograficamente concentrados, 128
　no centro de compras, 119
Compras, profissional de, 115
Compromisso da alta administração, 227-8
Comunicação corporativa, 342
Comunicação de marketing, 308-11
　ambiente em mudança da, 308
　brand equity e, 308-10
　definição de, 308
　integração da, 317
　modelos de processo e, 309-10
　vendas e, 308-10
Comunicação eficaz, 311-3
　canais de comunicação, seleção dos, 317-8
　de massa, 327
　elaboração da comunicação, 314-5
　mídia social e, 354-5
　objetivos da, determinação dos, 314

　orçamento de comunicação, estabelecimento do, 318
　pessoal, 352
　público-alvo, identificação do, 313-4
　resumo das etapas no desenvolvimento da, 313
Comunicação global, 380
Comunicação integrada de marketing (CIM), 322
　coordenação de mídia e, 323
　implementação da, 323
Comunicação no varejo, 292
Comunicação, nos 4Ps, 16, 17
Comunidades on-line, 354
Conceitos de marketing
　ambiente de marketing, 9-10
　cadeia de suprimento, 9
　canais de marketing, 8-9
　concorrência, 9
　definição de, 10
　demandas, 8
　desejos, 8
　desempenho do marketing, 12-3
　essencial, 8-9
　holístico, 13-4
　marcas, 8
　marketing de relacionamento, 14-5
　marketing integrado, 15
　marketing interno, 15
　mercados-alvo, 8
　necessidades, 8-9
　ofertas, 8
　posicionamento, 8
　produção, 11
　produto, 11
　satisfação, 8
　segmentação, 8
　valor, 8

ÍNDICE REMISSIVO

Veja também
Marketing
vendas, 11-12
Concentração em um único segmento, 145
Concepção estratégica, 227
Concessão, 338
Concessões de troca, 273
Concessões promocionais, 273
Concorrência elevada, 10
Concorrência, 9
Concorrentes
  ameaças impostas por, 181
  análise, 179
  custos, preços e ofertas, 248-9
  definição de, 175
  mudanças de preços, respondendo a, 257
Concurso, 337
Condições de venda, 273
Conectores, 356
Confiabilidade corporativa, 126
Confiabilidade, 197
  qualidade de serviço e, 230
  on-line, 227
Confiança, 126
Conflito de canal horizontal, 280
Conflito de canal, 279-80
  canibalização, 279
  causas do, 279
  definição de, 279
  diluição, 279-80
  gerenciamento no, 279
  questões éticas no, 280
  questões legais no, 280
  tipos de, 280
Conflito de multicanal, 280
Conglomerado de comercialização, 289
Congruência, 317
Conhecimento, 157
Conjunto de conscientização, 102

Conjunto de consideração, 102
Conjunto de escolha, 102
Conjunto total, compra do consumidor e, 102
Conjuntos envolvidos na tomada de decisão do consumidor, 102
Conscientização espontânea, 390
Consumidor
  capacidades do, que afetam o marketing, 11
  informação, 11
  participação, 11
  poder do compra, 11
  processo de adoção, 211
  psicologia, 66
  resistência, 11
  segmentos ambientais, 57
  testes de embalagem, 205
  tomada de decisão, 101, 102
Consumidor inteligente, 7
Contabilidade mental, 108
Contatos on-line, 53
  Veja também e-mail marketing
Contatos por correio, na pesquisa, 53
Conteinerização, 301
Contextualização, 351
Continuidade, 333
Contrafluxo no canal, 268
Contratação de sistemas, 118
Controle, no planejamento estratégico da unidade de negócios, 38, 39
Controle da eficiência, 388
Controle da lucratividade, 388
Controle de marketing, 387-8
Controle do plano anual, 388
Controle estratégico, 388
Controller de marketing, 387

Convenções, 338
Conveniência espacial, 272
Cookies, para rastreamento, 47
Cooperativa de consumidores, 289
Cooptação, 280
Coordenação do canal, 280
Coordenação vertical, benefícios da, 126
Corretores, 295
Credibilidade corporativa, 126
Crédito, 63
Crenças, 104
Crenças centrais, 65
Crenças secundárias, 65
Crescimento da população mundial, 62, 68
Crescimento integrado, 31
Crescimento intensivo, 31
Crescimento no longo prazo, 26
Crescimento por diversificação, 31
Criação de evento, 341
Crianças, como mercado-alvo, 146
Criatividade no processo de pesquisa de marketing, 38
Crise econômica, marketing na, 386
Critérios de controle para canais de marketing, 277
Critérios para canais de marketing, 273
Cultura corporativa, 32
Cultura na segmentação demográfica. *Veja* Marketing multicultural
Cultura organizacional, 31
Cultura, definição de, 92
Cupons, 337
Curva de aprendizagem, 245
Curva de experiência, determinação de preços e, 245
Custeio baseado em atividades (ABC), 78, 244

Custo da expansão da participação de mercado, 184
Custo do ciclo de vida, 232
Custo total de propriedade, 232
Custo total para o cliente, 72
Customerização, 146
Customização em massa, 197
Customização, 111, 146, 197
Custos
  custo-alvo, 245
  estimativa, 244-5
  níveis de produção, 244
  produção acumulada, 244-5
  tipos de custo, 244
Custos de ajuste, 301
Custos de manutenção de estoque, 301
Custos de operação, 301
Custos do processamento de pedido, 299-300
Custos extras, 232
Custos fixos, 244
Custos indiretos, 244
Custos médios, 244
Custos totais, 244
Custos variáveis, 244

D

Dados primários, 51
Dados secundários, 51
Dados sobre eventos, 47
Dados sobre resultados, 46
Dados
  fontes de, 51
  interdependência dos, 49
  resultados dos, 48
Data mining, 84
Data warehouse, 71, 84
Database marketing, 83-4
  banco de dados de cliente, 83
  data mining, 84

ÍNDICE REMISSIVO

data warehouse, 84
  desvantagens do, 84-5
  exemplos de, 83-4
  seleção de mercado alvo por critério comportamental e, 85
Decisão de microprogramação, 333
Decisões de compra, 104-5
  fatores que interferem nas, 104
Decisões de gerenciamento do canal, 274-6
  considerações acerca do canal global, 276
  decisões de modificação do canal, 275
  membros do canal, 275
  projeto e arranjos do canal, modificação do, 275
Decisões de projeto de canal, 271-4
  alternativas de canal, 272-3
  necessidades e desejos dos clientes, análise das, 271-2
  objetivos e reconhecimento dos obstáculos, estabelecimento dos, 272
Decisor, no centro de compras, 119, 138
Declaração de missão, características da, 29
Declaração de posicionamento, 328
Defesa antecipada, 183
Defesa contraofensiva, 183
Defesa de flanco, 183
Defesa de posição, 183
Defesa móvel, 183
Defesa por retração, 183
Demanda, 6
  curvas de, estimativa das, 242
  derivada, 115
  flutuação, 115
  inelástica, 115

gerador de, 357
mensuração da, 55
mercado organizacional *versus* mercado consumidor, 114-5
planejamento da cadeia de, 268
Demanda, determinação da, 242-4
  elasticidade de preço da demanda, 242, 244
  estimativa das curvas de, 242
  sensibilidade ao, 242
Demanda da empresa, 57
Demanda de mercado
  corrente, estimativa da, 57-8
  expansão total da, 182-3
  funções da, 56-7
  futura, estimativa da, 58
  mais uso da, 183
  novos clientes e, 182-3
Demanda derivada, 115
Demanda flutuante, 115
Demanda inelástica, 115
Demanda nos períodos de baixa, 225
Demanda primária, 56
Demanda seletiva, 56
Demora, 232
Depósitos automatizados, 299
Desafiantes de mercado, 180, 182, 184
Desagrupamento, 257
Descarte, 102
Descobertas, na pesquisa, 55
Desconto, 338
Desconto comercial, 273
Descontos, 253, 337
Descontos em dinheiro, 273
Descontos psicológicos, 273
Descrição geral da necessidade, 122
Desejos, e necessidades, 7

Desempenho dos 4Ps, 18
  análise, 126
  qualidade, 75, 197
Desenvolvimento do conceito, 206
Design, 198
Desintermediação, 11
Desinvestimento dos negócios antigos, 31
Desregulamentação, 10
Destaque da linha, 200
Determinação de custo-alvo, 245
Determinação de preços
  adequação do preço, 253-5
  aumento de preços, iniciativas de, 257
  entendendo a, 239-40
  estabelecimento do preço, 241-2
  mudanças no preço do concorrente, respondendo às, 257
  redução de preços, iniciativas de, 274
Determinação de preços, entendendo a, 239-40
  ambiente em mudança da, 239
  métodos de, 239
  psicologia do consumidor e, 239-40
Determinação de preços altos e baixos, 251
Determinação de preços de mercado, 251
Determinação de preços de ocasião, 273
Determinação de preços de penetração de mercado, 241
Determinação de preços do mix de produtos, 200, 201
  preço composto, 201
  preço para a linha de produtos, 201
  preço para subprodutos, 201
  preço para características opcionais, 201

preço para o pacote de produtos, 201
preço para produtos cativos, 201
Determinação de preços geográficos, 253
Determinação de preços iscas, 253
Determinação de preços para clientes especiais, 273
Determinação de preços pela imagem, 274
Determinação de preços pela versão do produto, 255
Determinação de preços pelo período, 255
Determinação de preços por desnatamento, 241
Determinação de preços por leilão, 251
Determinação de preços por localização, 274
Determinação de preços por markup, 248
Determinação de preços por rendimento, 274
Determinação de preços por segmento de cliente, 274
Determinação de preços promocionais, 253-4
Devoluções, 198
Devoluções controláveis, 198
Diferenciação baseada na imagem, 180
Diferenciação, 36
  determinação de preços e, 273-4
  meios de, 181
  nas estratégias de posicionamento, 180-1
  na distribuição, 301
  no design, 198
  no marketing, 156
  produtos e, 197
  segmentos e, 156
  serviços e, 197-8
Diferenciação de produto
  características, 197
  confiabilidade, 197
  customização, 197

durabilidade, 197
estilo, 197
facilidade de reparo, 197
forma, 197
qualidade de conformidade, 197
qualidade de desempenho, 197
Diferenciação dos serviços, 180, 230
  consultoria para o cliente, 198
  devoluções, 198
  entrega, 197
  facilidade de pedido, 197
  inovação com serviços, 230
  instalação, 198
  manutenção e reparo, 198
  opções de serviços, básico e secundário, 230
  treinamento do cliente, 198
Diluição, 280
Diplomacia, 280
Direitos territoriais dos distribuidores, 273
Direitos, conflito de canal e, 280
Discriminação, 99
Dispositivos tecnológicos usados na pesquisa de marketing, 52
Distorção seletiva, 99
Distribuição de renda, 64
Distribuição exclusiva, 273, 281
Distribuição física, 297
  Veja também Logística
Distribuição intensiva, 273
Distribuição seletiva, 273
Distribuidores com visão, 295
Distribuidores, 294
  direitos territoriais e, 273
Diversas estruturas de referência, 175, 176
Diversidade racial, 62

Down-market, ampliação da linha, 200
Durabilidade, 197

E

e-commerce
  empresas totalmente virtuais, 281-2
  empresas virtuais e reais, 281
  definição de, 281
  práticas de marketing e, 281-2
  Veja também Centros de negócios eletrônicos, Microsites, Compra empresarial on-line, Comunidades on-line, Contatos on-line, Websites, Marketing viral
e-commerce, entre empresas, 282
Economia comportamental, 108
Economia, influência da, sobre os padrões de consumo, 94-5
Economias, 64
Economias de subsistência, 64
Economias em industrialização, 64
Economias exportadoras de matérias-primas, 63
Economias industriais, 64
Efeitos do país de origem, 381
Elasticidade, determinação de preços e, Capítulo 12
Elementos de teste, na mala direta, 350
E-mail, 353
Embalagem, 201-2
Embalagem para o transporte, 201
Embalagem primária, 201
Embalagem secundária, 201
Emissor, 309
Emoções, 99

Empatia, qualidade de serviço e, 232
Empresa global, 374
Empresas de pesquisa de marketing, 46, 47
Empresas totalmente virtuais, 281
Empresas virtuais e reais, 282
Endividamento, 95
Enquadramento, 108
Entrada pulverizada, 374
Entrevista, 47
Entrevista pessoal, 53
Entrevista por telefone, 53
Entusiasta, 139
e-procurement, 123
Equipamento, 196
Equipe, qualidade de serviço e, 227
Equipe de gestão do ativo da marca, 383
Escambo, 253
Escritórios, 295
Espaços de mercado, 6
Especialista em atributos de produto, 187
Especialista em clientes específicos, 187
Especialista em customização, 187
Especialista em linha de produtos, 187
Especialista em nível vertical, 187
Especialista em porte de cliente, 187
Especialista em preço/qualidade, 187
Especialista em usuário final, 187
Especialista geográfico, 187
Especialistas, 356
Especialização por segmentos múltiplos, 144-5
Especialização seletiva, 143
Especificação do pedido de rotina, 124-5
Estabelecimento da meta, 36
Estabelecimento do preço, 241-52

análise dos custos, dos preços e das ofertas dos concorrentes, 246
determinação da demanda, 242-4
estimativa dos custos, 244-6
objetivo da determinação de preços, seleção, 241
resumo das etapas no, 241
seleção de um método de determinação de preços, 246-51
seleção do preço final, 251-2
Estágio afetivo na hierarquia de respostas, 312
Estágio comportamental na hierarquia de respostas, 309
Estágio de crescimento no ciclo de vida do produto, 214-5
Estágio de declínio no ciclo de vida do produto, 215
Estágio de disposição do comprador, 138
Estágio de introdução no ciclo de vida do produto, 214
Estágio de maturidade no ciclo de vida do produto, 214, 215
  modificação do mercado, 215
  modificação do produto, 215
  modificação do programa de marketing, 215
Estágio de vida no segmento demográfico, 134-5
Estágio do ciclo de vida
  fatores pessoais que influenciam o comportamento do consumidor e, 94
  na segmentação demográfica, 135
Estilo, 197

Estilo de vida
    definição de, 95
    e valores, 95-6
Estima, 157
Estimativa da demanda corrente, 57-9
    participações de mercado, 58
    potencial de mercado da área, 58
    potencial total do mercado, 57
    vendas do setor, 58-9
Estimativas da demanda futura, 59
    Veja também Previsão
Estoque, 299
Estoque gerenciado pelo fornecedor, 126
Estoque próximo do zero, 301
Estratégia, definição de, 36
Estratégia criativa, 314-5, 327
Estratégia da mensagem, 314, 327
Estratégia de ataque
    específica, 185
    geral, 184-5
Estratégia de *branding*, 164-62
    extensões de marca, 164
    definição de, 164
    marcas individuais vs. marca guarda-chuva, 165
Estratégia de busca de recursos, 36
Estratégia de desenvolvimento de mercado, 31
Estratégia de desenvolvimento de produto, 31
Estratégia de diversificação, 31
Estratégia de expansão geográfica, 183
Estratégia de mix de marketing, 142
    Veja também 4Ps
Estratégia de novo segmento de mercado, 183
Estratégia de oferta, 350

Estratégia de penetração de mercado, 31, 183
Estratégia de produto
    análise da linha de produtos, 200
    características do produto, 194
    classificações do produto, 196
    Co-brand, 201
    design, 198
    determinação de preços do mix de produtos, 200
    diferenciação do produto, 197
    diferenciação dos serviços, 197-8
    embalagem, 201-2
    extensão da linha de produtos, 200
    garantias, 203
    hierarquia do produto, 194
    marca ingrediente, 201
    rotulagem, 203
Estratégia de serviço pós-venda, 232
Estratégia de tecnologia, 29
Estratégia pull, 267
Estratégia push, 267
Estratégias competitivas
    estratégias competitivas, outras, 184-5
    estratégias de desafiante de mercado, 184-5
    estratégias de ocupante de nicho de mercado, 187
    estratégias de seguidora de mercado, 185, 187
    para líderes de mercado, 188
Estratégias da líder de mercado, 180-3
    aumento da participação de mercado, 184
    expansão do mercado total, 182-3

    proteção da participação de mercado, 183
Estratégias de desafiante de mercado, 183-4
    estratégia de ataque específico, escolha de, 184
    estratégia de ataque geral, escolha de, 183
    objetivo estratégico e oponente(s), 183-4
Estratégias de ocupante de nicho de mercado, 187
Estratégias de seguidora de mercado, 185, 187
Estratégias genéricas de Porter, 37-8
Estrutura da grade de compras, 122
Estruturas de referência
    competitivas, 175
    múltiplas, 177
Estudos de rastreamento da marca, 162
Ética
    nos conflitos de canal, 281
    na escolha dos mercados-alvo, 146
    no marketing direto, 351
Evasão de cliente, 81
Eventos e experiências, 308, 310, 319, 339-41
    criação de experiências, 341
    decisões de patrocínio e, 340-1
    nas relações públicas de marketing, 342-3
    objetivos dos, 339-40
Evolução do canal, 275
Excelência em marketing, 226-8
Excesso de capacidade da fábrica, 274
Excesso de demanda, 257
Execução, propaganda e, 328
Experiências e atividades na loja, 292
Experimentação, produto e, 337

Experimentação gratuita, 337
Experimentadores, 137
Experimento, 52
Exportação direta, 377, 378
Exportação indireta, 377, 378
Extensão da linha de produtos, 200
Extensão de categoria, 165
Extensão de linha, 165
Extensão direta, 378
Extensões de marca, 166, 167-9
    características de sucesso das, 168
    desvantagens da, 168
    vantagens das, 167-9
Extranet, fornecedores e, 126

F

Facilidade de pedido, 197
Facilidade de reparo, 197
Facilitadores, definição de, 273
Falsificador, 187
Família como influência do comportamento do consumidor, 94
Família de marca, 165
Família de orientação, 94
Família de procriação, 94
Fatores culturais, como influência do comportamento do consumidor, 90-1
Fatores pessoais, como influência do comportamento do consumidor, 94-7
    estilo de vida e valores, 95, 96
    idade e estágio no ciclo de vida, 94
    ocupação e circunstâncias econômicas, 94-5
    personalidade e autoimagem, 95
Fatores situacionais na segmentação, 141

ÍNDICE REMISSIVO

Fatores sociais, como influência do comportamento do consumidor, 7, 93–94
   família, 94
   grupos de referência, 93–94
   papéis sociais e status, 94
Fechamento, em vendas, 358
Feedback, 309, 366
   extensões de marca e, 168
   no planejamento da unidade estratégica de negócios, 38
Feira comercial, 338
Ferramentas de comunicação de massa, 317
   Veja também Propaganda, Relações públicas, Promoção de vendas
Ferramentas de promoção de negócios e da equipe de vendas, 338
Ferramentas de promoção para o canal de distribuição, 338
Ferramentas de promoção para o consumidor, 337
Ferroviário, 301
Fidelidade, 72, 83, 138-9
   Veja também Fidelidade do cliente, Programas de frequência de compra
Fidelidade do cliente
   construção da, 72
   programas de fidelidade, desenvolvimento de, 80
Fiéis divididos, 138
Fiéis inconstantes, 138
Filantropia, 17, 385
Filiais, 295
Filtros internos no centro de compras, 119
Finanças, 16
Financiamento de juros baixos, 273
Fluxo, em canais, 268

Foco, 36
Follow-up, em vendas, 357
Fonte da mensagem, 317
Fontes de informação comerciais, 102
Fontes de informação pessoais, 102
Fontes de informação públicas, 102
Fontes de informação, 101-102
Força de vendas, 358-64
   contratada, 360
   direta, 360
   estrutura da, 360
   ferramentas de promoção e, 338
   gerenciamento da, 255-8
   objetivos e estratégia da, 247-8
   organização da, 357-8
   promoção e, 333
   remuneração da, 255
   tamanho da, 360-1
Forçar a linha completa, 281
Forças do macroambiente, 39
Forças do microambiente, 25
Forma, 197
Formadores de opinião, 94, 356-7
Fórmula RFV, 350
Formulação do programa, 37
Formulação estratégica, 42-3
   alianças estratégicas e, 37
   estratégias genéricas de Porter e, 42-3
Fornecedor de solução, 356
Fornecedores, número de, 124
Fornecedores primários, 117
Fornecedores secundários, 117
Fóruns, 47, 354
Franqueador, 277

Franquia de varejista patrocinada pela empresa de serviços, 277
Freemium, 238
Frequência da propaganda, 328-9
Frequência dos defeitos, 232
Funcionários
   diferenciação baseada nos, 180
   marketing interno e, 381
   satisfação dos clientes e, 226
   troca de, 280
Funções e fluxos do canal, 268-9
Funil de marketing, 81, 138

G

Galerias, 292
Galvanômetros, 52
Garantia, 203
   estendida, 232
   de produto, 337
   na determinação de preço promocional, 273
   serviços e, 249
Garantias estendidas, 232
Genéricos, 294
Geração da ideia, para novos produtos, 205
Geração da mensagem, 327-8
Geração de *lead*, 80
Geração silenciosa, 136
Geração X, 136
Geração Y, 136
Gerações
   baby-boomers, 136
   perfil das, 136
Gerenciamento da cadeia de suprimento (SCM), 295
Gerenciamento do relacionamento com o cliente (CRM)
   análises do cliente, 80
   customer equity, 168
   definição de, 80
   desvantagens do, 84-5

   empowerment do cliente, 225
   personalização do marketing e, 80
   recomendações do cliente, 80
Gerenciamento por categoria, 383
Gerente de grandes contas, 360
Gestão de relacionamento com parceiros, 37
Giro dos ativos, 42
Globalização, 10
GPS, 7, 34, 282
Greenwashing (lavagem verde), 386
Grupo estratégico, 37
Grupos aspiracionais, 93
Grupos de afinidade, 93
Grupos de dissociativos, 93
Grupos de interesse especial, crescimento dos, 67
Grupos de referência, influência dos, no comportamento do consumidor, 93–94
Grupos educacionais, 64
Grupos primários, 93
Grupos secundários, 93
Guarda-chuva corporativo, 166
Guerra de preços, armadilha, 274

H

Heurística
   da ancoragem, 108
   da disponibilidade, 108
   da representatividade, 108
   do ajustamento, 108
Heurísticas
   escolha do consumidor e, 108
   decisão e, 108
   definição de, 108
Hidrorroviário, 301
Hierarquia de valor para o cliente, 194

Hierarquia dominante de marca, 95

I

Idade, influência da, no comportamento do cliente, 94
Idade na segmentação demográfica, 134
Ideias, marketing de, 5
Identificação de problema, 97
Identificação do segmento, 142
Imitador, 187
Impacto, 328-9
Implantação do marketing, 388
Implementação/implantação, 28, 28, 33, 37, 322
Implementação do programa, 37-8
Implicações, no valor percebido pelo cliente, 97
Impulsionadores, 365
Impulso, 99
Incentivo, 333
Incerteza
    no preço, 251
    redução da, 224
Incompatibilidade de objetivos, 280
Individualização, 351
Infiéis, 138
Inflação de custos, 257
Influência no gerenciamento do canal, 277, 280
Influência pessoal, 211
Influenciador, 138
Influenciadores no centro de compras, 119
Infomerciais, 351
Informação, como produto, 4
Informações no processo de pesquisa de marketing
    análise das, 55
    coleta das, 45
    valor e custo das, 42
Informativo, 331

Iniciador, 138
Iniciador no centro de compras, 119
Iniciativas sociais corporativas, 17
Inovação
    com serviços, 230
    na diferenciação de serviços, 187
    oportunidades e, 62
    por meio de valor, alto crescimento, 176
    processo de difusão da, 211
Inovação contínua, 183
Inovação empresarial, 32
Inovadores, 137
Insatisfatores, 98
Inseparabilidade e serviços, 224
Instalações, 196, 198
Institutos de pesquisa customizada de marketing, 49
Instrumentos de pesquisa de marketing, 52-3
    instrumentos mecânicos, 52
    pesquisas qualitativas, 52
    questionários, 52
Intangibilidade dos serviços, 224
Integração de canal e sistemas, 277-9
    sistemas horizontais de marketing, 278
    sistemas multicanais de marketing, 278
    sistemas verticais de marketing, 278-9
Integração dos canais de comunicação, 317
Integração dos conceitos de marketing, 31
Inteligência de marketing, 47-8
    aumento da quantidade e qualidade, 48
    coletando, na Internet, 48
    sistema de, 47

Intenções do comprador, levantamento das, 59
Interação, 351
Interação com os clientes, 82
Interferências preço-qualidade, 240-1
Intermediários de informação, 281
Intermediários nos canais de marketing
    dependência do fabricante, 273, 281
    número de, 273
    tipos de, 273
Interstitials, 353
Invenção retrógrada, 379
Inventor, 33
Investimentos específicos, 127

J

Jogos com marca, 332
Jogos de computador em marketing, 310
Jogos, como ferramenta de comunicação, 337
Joint-ventures, 378
Jornais, 331
Justificativa estratégica, 280

L

Laddering, 98
Legislação que regulariza os negócios, aumento da, 67
Leilão descendente, 251
Leilão holandês, 251
Leilões ascendentes, 251
Leilões ingleses, 251
Levantamento, 51
Licenciamento, 378
Licitações com propostas lacradas, 251
Liderança em custos, 36
Liderança na qualidade do produto, 251
Ligações, 100
Lobby, 342
Localização, varejo e, 292

Logística de mercado, 297-302
    decisões de, 298-9
    definição de, 297
    integrada, 297
    lições organizacionais e, 301
    objetivos da, 297-8
Logística
    de mercado, 297
    estratégias de, 301
    integrada, 297
    objetivos da, 297
Lojas independentes, 292
Lovemarks, 180
Lucratividade direta do produto (LDP), 292
Lucratividade do segmento, 142
Lucros e vendas, 200, 214

M

Mala direta, 331, 249-51
Manobra de cerco, 185
Mantra de marca, 179-80
Manutenção e reparo, 198
Manutenção reparos e operações, 117, 124
Mapas perceptuais, 176, 177
Marca
    arquitetura (*Veja* Estratégia de branding)
    associações, 100
    atitude, 314
    auditoria, 162
    avaliação, 162-3
    cálculo do valor, 163
    co-brands, 201-2
    comunidades, 160
    conhecimento, 151, 159
    conscientização, 314
    construção, 19
    consumo, expansão do, 182-3
    contato, 154
    definição de, 8, 154
    desempenho, 157
    diluição, 166
    elementos, 158

família, 164, 165
força, 156, 163
imagem, 155
intenção de compra, 314
jogos, 204
julgamentos, 157
linha, 164
luxo, 157
mais valiosas, 154
mantra, 178-9
megamarcas, 10
mix, 164
narrativa, 162
papel da, 154
personalidade, 95
pilares, 155
proeminência, 157
promessa, 155
reforço, 163
ressonância, 156, 157
revitalização, 164
sentimentos, 156
status de fidelidade, 137-9
Veja também Branding
vínculo, 156
Marca de família, 165
Marca ingrediente, 201
Marca-mãe, 165
Marcas carros-chefes, 166
Marcas de combate, 166
Marcas de entrada de nível básico, 166
Marcas duplas, 201
Marcas individuais, 166
Marcas próprias, 294
ameaça das, 295
fatores de sucesso das, 294
papel das, 294
Marcas próprias, definição de, 294
Margem de lucro, 41
Marketing
4Ps do, 17-8
ação do, no plano de marketing, 40
administração de, 4, 19
alianças de, 38
ambiente de, 7

análise de despesas de, em relação às vendas, 41
atividades de, expansão da participação de mercado e, 184
atividades de, impacto das, 251-2
auditoria de, 388, 389
canais de, 8-9
capacidades da empresa e, 12
capacidades do consumidor e, 12
conceitos essenciais de, 7-10
de varejo, 292
definição de, 2-3
desempenho do, plano de marketing e, 39-42
escopo do, 2-5
estratégia de, 36
funil de, 81, 138, 139
futuro do, 12, 389-90
implantação do, 20
importância do, 2
inovação e, 33
insights de, 19
intermediários de, 8, 273
métricas de, 29-30, 301-388, 389
mix de, 17-8 (*Veja também* 4Ps)
na recessão econômica, 95, 333
orientação para empresa para o, 10-6
painéis de, 40
personalização do, 96
rede de, 16
sistema simples de, 4-5
tarefa da administração de, 19-20
valor do acionista e forças societais que afetam o, 14
valor do cliente e, 8, 24-7
Veja também Conceitos de marketing

Marketing com esportes, 136
Marketing de catálogo, 350
Marketing de causas, 340, 387-8
Marketing de desempenho, 16
finanças, 16
marketing de responsabilidade social, 16
Marketing de eventos, 3, 136
Marketing de experiência, 3
Marketing de lugares, 3
Marketing de massa, 146
Marketing de pedido direto, 349
Marketing de permissão, 317
Marketing de relacionamento, 14, 357
Marketing de responsabilidade social, 16
Marketing defensivo, 183
Marketing direto, 289, 308, 309, 319, 348-51
benefícios do, 348-5
canal de, 241
mala direta e, 343-5
marketing de catálogo e, 344
questões éticas no, 345
questões públicas no, 345
telemarketing e, 344-5
Marketing externo, 226
Marketing holístico, 13-4
brand equity e, 160
Marketing indiferenciado, 144
Marketing individual, 145, 146
Marketing integrado, 15, 160
Marketing interativo, 227, 228, 310, 319, 351-3
Marketing internacional, decisões acerca do, 375, 377
sobre como entrar no mercado, 377-9

sobre em que mercados entrar, 374-5
sobre o ingresso no mercado internacional, 374
sobre o programa de marketing, 378-9
Marketing interno, 15, 226, 381-3
organização do departamento de marketing, 381-3
organização em matriz, 383-4
organização por função, 381
organização por geografia, 381-4
organização por mercado, 383
organização por produto ou marca, 383
relação com outros departamentos, 384
Marketing multicanal, 267-8
Marketing multicultural, 136, 137
Marketing na base, 132
Marketing on-line
Veja também e-commerce, Internet, Sites Web
Marketing socialmente responsável, 384-6
comportamento legal e ético, 385
comportamento socialmente responsável, 385
marketing de causas, 385-6, 387
sustentabilidade, 385
Marketing um-para-um, 80
Marketing verde, 66
Marketing viral, 350
Veja também Buzz marketing on-line, Comunidades on-line, Boca a boca
Materiais e peças componentes, 196
Materiais e peças manufaturadas, 196
Materiais e peças, 196

ÍNDICE REMISSIVO

Matérias-primas, 196
Maximização da participação de mercado, 241
Maximização do desnatamento do mercado, 241
Maximização do lucro atual, 241
m-commerce, 282
m-commerce, práticas de marketing no, 282
Mediação, 280
Megamarcas, 10
Melhores práticas das principais empresas de serviços, 26
   compromisso da alta administração, 228
   conceito estratégico, 228
   faixas de lucro, 228
   padrões rigorosos, 228
   reclamações de clientes, atendimento das, 229
   sistemas de monitoramento, 229
Membro associado, 280
Memória, 100-1
Memória de curto prazo, 100
Memória de longo prazo, 99-100
Memória de recuperação, 101
Mensagem de texto, 282, 353
Mensuração do desempenho do marketing, 40-2
   análise da lucratividade e, 42
   métodos de, 40
   métricas de marketing e, 40
   painéis de marketing e, 40-1
Mercado, 5, 6
   ampliação do, 183
   definições de, 5-6, 26, 55
   demanda de, 56-8, 182-3
   diversificação do, 183

   especialização de, 144-5
   evolução do, 215
   fazedores, 282
   líderes de, 180, 181
   mínimo, 56
   modificação de, 215
   multiplicador de, 2, 57, 267
   organizacional *versus* consumidor, na compra organizacional, 115-7
   orientação da empresa para o, 12-5
   perfil do, 199
   pesquisa de, 56
   pioneira de, 214
   potencial de, 56-7
   seguidoras de, 180, 182, 184
   Veja também Tipo de mercado
Mercado atendido, 41, 55
Mercado de produto homogêneo, 257
Mercado disponível, 55
Mercado disponível qualificado, 55
Mercado expansível, 56
Mercado não expansível, 56
Mercado paralelo, 380
Mercado potencial, 55
Mercado-alvo, 8, 55, 292
Mercado-alvo, definições de, 25
Mercadores, definição de, 273
Mercados consumidores, 6
   análise, 89-105
   comportamento do consumidor, influências sobre o, 90-6
   processo de decisão de compra, 102-6 (Veja também Modelo de cinco estágios)
   processos psicológicos, principais, 98-102

   teoria da decisão comportamental e economia comportamental, 107-9
   versus mercados organizacionais, 107-8
Mercados de permuta, 122
Mercados étnicos, 63
Mercados globais, 6
   comunicação, 378-9
   concorrência em, 374
   considerações de canal, 277
   efeitos do país de origem, 381
   distribuição, 380-2
   preço, 380
   produto, 378-9
   prós e contras do marketing globalmente padronizado, 378
   Veja também Decisões de marketing internacional
Mercados governamentais, 6, 116
Mercados institucionais, 115
Mercados não lucrativos, 6
Mercados organizacionais, 6
   análise, 115
   compras organizacionais, 114-7
   definição de, 114
   desafios enfrentados pelos, 114
   estágios (fases de compra) no processo de compras, 121-5
   mercados institucionais, 115-6
   participantes no processo de compra empresarial, 114-6
   processo de compra, 116
   relacionamento entre clientes organizacionais, 125-6
   versus mercados consumidores, 114-5

Mercados spot, 122
Mercados verticais, 122
Metaintermediários, 6
Metamercados, 6
Metas superordenadas, 280
Método científico, 52
Método da demanda, 341
Método da paridade com a concorrência, 318
Método da porcentagem das vendas, 318
Método de avaliação da Interbrand, 162-3
Método de cadeia de consumo, 34
Método de desenvolvimento de mercado, 58
Método de detecção de problema, 34
Método de determinação de preços
   com base no valor, 250
   de mercado, 251
   por leilão, 251
   de markup, 246, 247
   de retorno-alvo, 248-9
   de valor percebido, 249-50
   seleção do, 251-2
Método de indexação multifatorial, 58
Método de objetivos e tarefas, 318
Método dos recursos disponíveis, 318
Métodos de contato, 53
   on-line, 53
   pessoalmente, 53
   por correio, 53
   por telefone, 53
Métricas de marketing, 40-1, 388
Microanálise de vendas, 41
Microsites, 351
   Veja também e-commerce, Compra empresarial on-line, Sites Web
Mídia
   espontânea, 354

identidade de, 344
grátis, 354
na comunicação integrada de marketing, 326
paga, 354
Mídia de identidade, 344
Mídia espontânea, 354
Mídia paga, 354
Mídia social, boca a boca e, 354-5
    Veja também Blogs, Buzz marketing, Internet, Comunicação on-line, Marketing viral
Mirando
    centros de compra, 119
    empresas, 119-20
Missão corporativa, 28-9
Missionário, tipo de força de vendas, 356
Mix de comunicação de marketing, 318-20
    avaliação dos resultados da comunicação e, 322
    características do, 319
    fatores no estabelecimento do, 319-20
    modos de comunicação no, 308-309
Mobile marketing, 353-4
Modelo BrandAsset® Valuator, 156, 157
Modelo BrandZ, 156
Modelo de cinco estágios, 102-6
    alternativas, avaliação das, 103-5
    busca de informação, 102-3
    comportamento pós-compra, 105-6
    decisão de compra, 105
    fontes de informação, 102
    reconhecimento do problema, 102
    tomada de decisão do consumidor, 105-6

Modelo de expectativa de valor, 104
Modelo de memória de rede associativa, 100
Modelo de qualidade dos serviços, 230-2
Modelo experimental na, 333
Modelos de *brand equity*
    BrandAsset Valuator, 156, 157
    BrandZ, 156
    ressonância de marca, 157, 158
Modelos de hierarquia de respostas, 309, 310
Modernização da linha, 200-1
Modismo, 60
Monitoramento da satisfação do cliente, 75-6
    qualidade do produto e serviço, 76-7
    total, 75
Motivação, 97-8
    teoria de Freud, 98
    teoria de Herzberg, 98
    teoria de Maslow, 98
Motivo, definição de, 98
Movimento dos consumidores, 68

N

Nascimento global, 376
Natureza, visões da, 66
Necessidade da categoria, 314
Necessidades, 7-8
    atendidas pela oferta de serviços, 226, 232-3
    como motivos, 98
    descrição da necessidade geral e, 123
    macroambiente e, 45
    na segmentação comportamental, 138
Necessidades declaradas, 7
Necessidades fisiológicas, 98
Necessidades não declaradas, 7

Necessidades psicológicas, 180
Necessidades secretas, 7
Negociações privadas, 122
Neuromarketing, 52
Nicho de marketing, 145
Níveis de canal, 270
Níveis de produção, 244
Nome de marca da empresa, 166
Nome de marca de família, 165
Nomes de marca individuais, 165
North American Industry Classification System (Naics), 58
Nós mesmos, visões de, 65
Notícias, 344
Novas tecnologias, relações com clientes B2B e, 125
Novos entrantes, ameaça de, 142
Novos produtos
    decisões do consumidor e, 211
    gestão de, 203
    processo de desenvolvimento de, 205
    sucesso de, 205

O

Objeções, superação de, nas vendas, 357
Objetivo e oponente(s) estratégicos, 184
Objetivos
    da comunicação, 333
    da determinação de preços, 241
    da força de vendas, 359
    da logística, 298
    da mala direta, 331
    da promoção de vendas, 335
    da propaganda, 333
    das ofertas de serviço, 230
    das relações públicas de marketing, 342

dos canais, 272
dos eventos, 339
plano de marketing e, 36
Ocasiões, segmentação por, 138
Oceano azul, pensamento de, 176
Ocupação, influências da, sobre os padrões de consumo, 94-5
Ocupantes de nicho de mercado, 180, 182
Ofertas, 6
    Veja também Ofertas ao mercado, Produtos, Serviços
Ofertas ao mercado, 19
    Veja também Ofertas, Novos produtos, Produto, Serviços
Ofertas híbridas, 222
Opinião de especialistas, 59
Oportunidade de marketing
    avaliação de, 35
    definição de, 34
    indicada por profissionais de marketing, 35-6
    Veja também Análise SWOT
Oportunidades de crescimento
    crescimento integrado, 31
    crescimento intensivo, 31
    crescimento por diversificação, 31-2
    desinvestimento de negócios mais antigos, 31
    downsizing, 31
    planejamento estratégico corporativo, 31
Oportunismo nas relações comerciais, 127
Orçamento de marketing, 58
    P&D, Orçamento de vendas
    Veja também Orçamento de

ÍNDICE REMISSIVO

propaganda, Orçamento de comunicação
Organização, 6
   componentes da, 31
   no planejamento estratégico corporativo e da divisão, 31
   visões da, 65
Organização de franquia, 277, 289
Organização de gerenciamento por cliente, 383
Organização de gestão de marca, 383
Organização em matriz, 383-384
Organização geográfica, marketing interno e, 381-2
Organização por função, marketing interno e, 381
Organização por mercado, 383
Organização por produto, 383
Organizações impulsionadas pelo mercado, 27
Organizações públicas, objetivo da determinação de preços das, 241
Organizações voltadas para o mercado, 383
Orientação de marketing holístico no valor para o cliente, 27
Orientação de vendas, 13
   etapas na, efetiva, 357
   Veja também Força de vendas, Vendas pessoais
Otimização da ferramenta de busca, 353
Outdoor, propaganda em, 331
Outros, visões dos, 65

P

Pacote básico de serviços, 230
Pacote de produtos, 201
Pacote puro, 201
Padrões de consumo, 65
Padrões de qualidade de serviços, 230
Padrões familiares, 63
Páginas Amarelas, 331
Papéis de decisão na segmentação comportamental, 138
Papéis de especialista de nicho, 187
Papéis sociais, como influência do comportamento do consumidor, 93-4
Papel
   conflito de canal e, 280
   definição de, 94
Participação de mercado relativa, 41
Participação de mercado total, 41
Participação de mercado, 41, 58, 180
   análise da, 41
   aumento da, 182
   maximização da, 241
   proteção da, 183
Participação do consumidor, aumento da, 225
Participação do mercado atendido, 41
Participantes no processo de compra organizacional
   centro de compras, 119
   influências no centro de compras, 119, 120
   seleção de alvo, no centro de compras, 121
   seleção de empresas alvo e, 120-1
Patrocínios, 344
Percepção, 98-9
   atenção seletiva, 99
   diferenças na, 280
   distorção seletiva, 99
   retenção seletiva, 99
Perecibilidade, dos serviços, 225
Permuta, 253
Personalidade, como influência do comportamento do consumidor, 95
Personalidade, definição de, 95
Pesquisa causal de marketing, 50
Pesquisa comportamental, 50
Pesquisa de efeito da comunicação, 333
Pesquisa de marketing
   abordagens, 50-1
   boa, características da, 19
   causal, 50
   condução da, 52
   definição de, 49
   descritiva, 50
   em pequenas empresas, 49
   específica, 49-50
   exploratória, 50
   levantamento, 51
   no plano de marketing, 40
   de focus group e, 51
   por observação e, 51
   processo de, 49-55
   sistema de, 48-54
Pesquisa e desenvolvimento (P&D), orçamento para, 64
Pesquisa etnográfica, 51
Pesquisa por observação, 51
Pessoas, marketing por meio das, 3
Pessoas, no novo 4Ps, 18
Pioneira, não sobrevivência da, 214
Pirâmide BrandDynamics, 157
Planejamento estratégico corporativo, 30-3
   cultura organizacional e, 32
   declarações de missão, 30-1
   inovação de marketing e, 33
   oportunidades de crescimento, avaliação das, 32
   organização e, 32
   unidade estratégica de negócios, 31-2
Planejamento estratégico da divisão, 29-33
   cultura organizacional e, 32
   declaração de missão e, 30-1
   inovação em marketing e, 33-4
   oportunidades de crescimento, avaliação das, 32
   organização e, 32
   unidades estratégicas de negócios, 31-2
Planejamento estratégico da unidade de negócios, 33-7
   análise SWOT no, 34-5
   controle no, 34, 37
   feedback no, 34, 37
   formulação de metas no, 34, 35
   formulação de programa no, 34, 36
   formulação estratégica no, 34, 35-6
   implementação de programa no, 34, 36-7
   missão corporativa no, 33-4
Plano de amostragem, 53
Plano de marketing
   ação de marketing e, 39
   componentes do, 39
   definição de, 39
   desempenho do marketing e, 38-40
   desenvolvimento do, 33
   implementação do, 34
   pesquisa no, papel da, 39
   relacionamento no, papel do, 37
   tático, 19, 28
   Veja também Plano de marketing estratégico
Plano de pesquisa de marketing
   abordagens de pesquisa, 51-2

ÍNDICE REMISSIVO **427**

desenvolvimento de, 50-3
fontes de dados, 51
instrumentos de pesquisa, 52
métodos de contato, 53
pesquisa comportamental, 51
pesquisa experimental, 51
plano de amostragem, 52
Plano estratégico de marketing
    corporativo, 28-9
    definição de, 26
    divisão, 27
    papel do, no valor para o cliente, 26-7
    unidade de negócios, 28-9
Planos de compra sem estoque, 124
Plataformas de comunicação, 308-10
Podcasts, 127
Poder de barganha do comprador/vendedor, ameaça do, 142
Poder de canal, 275
Política de determinação de preços da empresa, 241
Pontes, 356
Ponto de contato, 79
Ponto de equilíbrio, gráfico de, 248, 249
Ponto de pedido/reposição, 299
Pontos de diferença (PODs)
    comunicando os, 177-9
    critérios para os, 176
    definição de, 176
    escolhendo os, 176-7
    estruturas de referência e, 176
    mantras de marca e, 178
    membros da categoria e, 180
    versus pontos de paridade, 180

Pontos de paridade (POPs)
    competitivos, 176
    comunicando os, 178-9
    definição de, 176
    escolhendo os, 176-8
    estruturas de referência e, 176
    mantras de marca e, 178
    versus pontos de diferença, 180
Pontos de paridade de categoria, 176
Pontos de paridade de concorrência, 176
Pontos de venda, 331-2, 337
Portfólios de marca, 166
    Alto prestígio, alto nível, 166
    marcas de combate, 166
    Marcas de entrada de nível básico, 166
    vacas leiteiras, 166
Pós-compra
    ações, 106
    comportamento, 106, 107
    satisfação, 106
    uso e descarte, 106, 107
Posicionamento de marca, 174-9
    abordagens alternativas, 179, 180
    branding emocional, 180
    desenvolvimento, 175-6
    estabelecimento, 179
    estratégias de diferenciação, 179-80
    meios de, 180
Posicionamento do segmento, 142
Posicionamento, 8, 174
    definição de, 174
    Veja também Posicionamento de marca
Potencial de mercado da área, 58-9

método de desenvolvimento de mercado, 58
método de indexação multifatorial, 58
Potencial de vendas da empresa, 57
Potencial total do mercado, 57
Praça, no antigo 4Ps, 18, 19
Prazos de pagamento mais longos, 273
Preço, adequação do, 253-5
    concessões de preços, 253, 273
    descontos de preço, 253, 273
    determinação de preços discriminatórios, 273-4
    determinação de preços geográficos, 253
    determinação de preços promocionais, 253, 273
Preço, seleção do, final, 253-7
    compartilhamento de ganhos e riscos, 254
    impacto de outras atividades de marketing, 253-4
    impacto do preço sobre outras partes, 198, 257
    política de determinação de preços da empresa, 252
Preço baixo todo dia (EDLP), 250
Preço composto, 201
Preço de retorno-alvo, 248-9
Preço de valor percebido, 249
Preço para a linha de produtos, 201
Preço para características opcionais, 201
Preço para o pacote de produtos, 201

Preço para produtos cativos (ou complementares), 201
Preço para subprodutos, 201
Preços
    armadilhas na redução dos, 274
    concessões de, 253, 273
    descontos de, 253, 273
    discriminatório, 273
    elasticidade da demanda e, 242, 244
    final dos, 241
    globais, 380
    impacto sobre outras partes, 252, 253
    iniciativas de redução de, 274
    mudanças nos, dos concorrentes, 257
    no mix de marketing, 17, 18
    pacotes de, 337
    política de, 273
    pressões e, 238, 280
    sensibilidade aos, 242
    varejo e, 292
Preços de referência, 240
Preços pela data de entrega, 257
Prêmio, como ferramenta de promoção, 337
Pré-teste de texto, 333
Previsão de vendas da empresa, 57
Previsão
    análise da demanda passada, 59
    definição de, 58
    intenções do comprador, levantamento das, 59
    método de teste de mercado, 59
    opiniões da força de vendas, composição das, 59
    opinião de especialistas, 59

Principais forças, identificação das, 61, 62
Principais ofertas de serviço, 222
Princípio da congruência, 317
Princípios da contabilidade mental, 108
Privacidade on-line, 226
Privacidade, questões relacionadas à, 85
Privatização, 10
PRIZM, agrupamentos, 132
Procedimento de amostragem, 53
Procedimentos de contratação, 225
Processamento de pedido, 299
Processo de compras, estágios na estrutura da grade de compras, 121
   análise do desempenho, 124
   busca por fornecedores, 122-3
   descrição geral da necessidade, 122
   especificação do pedido de rotina, 123-4
   especificação do produto, 122
   reconhecimento do problema, 121-2
   seleção do fornecedor, 123
   solicitação de propostas, 123
Processo de compreensão do mercado, 26
Processo de decisão de compra, 102-6
   Veja também Modelo de cinco estágios
Processo de gestão completa do pedido, 26
Processo de pesquisa de marketing, 36-55
   análise das informações, 54
   alternativas de decisão, 50

definição do problema, 50
tomada de decisão, 54
apresentação dos resultados, 54
desenvolvimento do plano de pesquisa, 50-1
objetivos, 50-1
coleta das informações, 54-5
Processo de realização de uma nova oferta, 26
Processo psicológico, no comportamento do consumidor, 97-101
   aprendizagem, 99
   emoções, 99
   memória, 99-101
   motivação, 97-8
   percepção, 98-9
Processos
   no valor percebido pelo cliente, 72
   nos 4Ps, 18
Processos centrais de negócios, na cadeia de valor, 26
Processos de memória, 101
Produção
   acumulada, na estimativa de custos, 244-5
   conceito de, 12
   níveis de, na estimativa de custos, 244
Produção acumulada, 244-5
Produto, 3
   adaptação, 378
   alianças, 37
   características, 194-5
   classe, 198
   definição de, 194
   empresas de, estratégias de serviço para, 232
   equipes, 383
   especialização, 144
   especificação, 122
   família, 165, 166
   hierarquia, 194
   imitação, 185, 187

   inovação, 185, 187
   invenção, 378-9
   linha de, 198
   mapa de, 200
   merchandising, 330
   mix de, 198
   no marketing global, 378-1
   nos 4Ps, 17, 18
   orientação para, 12
   pioneira, 214
   planejamento, 25
   qualidade do, 76
   sistema, 198
   sortimento, 198, 292
   tipo, 198
   variações, 198
   variedade, 272
Produto ampliado, 194
Produto básico, 194
Produto esperado, 194
Produto Interno Bruto (PIB), 59, 61
Produto licenciado, 165
Produto potencial, 194-5
Produtos agrícolas, 196
Produtos de compra por impulso, 183, 267, 289
Produtos grátis, 338
Produtos naturais, 196
Produtos orgânicos, 386
Produtos substitutos, ameaça de, 142-3
Produtos tangíveis acompanhados por serviços, 222
   puros, 222
   serviço de qualidade e, 232
Profissionais de telemarketing, 365
Profissionais de vendas, 255-8
   avaliação, 365-6
   motivação, 365
   produtividade dos, 364-5
   recrutamento e seleção, 255
   tipos de, 356
   treinamento e supervisão, 255-6
Profissional de marketing

   definição de, 5
   holístico, 27
   oportunidades identificadas por, 31-2
Programa de marketing adaptado, 378
Programa de marketing padronizado, 378
Programas, nos 4Ps, 18
Programas de frequência, 82-3, 337
Programas de reposição contínua, 126
Projeções financeiras, 40
Projeto e arranjos do canal, modificação do, 275-6
Promoção combinada, 337
Promoção cruzada, 337
Promoção de canal de distribuição, 333
Promoção de vendas, 333-7
   ferramentas, 337-8
   objetivos, 333-7, 336
   programa, 338-9
   versus propaganda, 336
Promoção de vendas e da equipe de vendas, 335
Promoção para o consumidor, 333
Propaganda, 326-9
   5Ms da, 326
   campanha de, 327-9
   de lembrança, 327
   de reforço, 327
   definição de, 326
   eficácia da, 333-4
   externa, 331
   impacto de vendas da, fórmula para mensurar o, 334
   informativa, 327
   na comunicação de marketing, 308, 309, 319
   objetivos da, 327
   opções de seleção de mídia e, 331-2
   orçamento para, 327
   persuasiva, 327
   versus promoção, 335

Propaganda de lembrança, 327
Propaganda de reforço, 327
Propaganda e Internet, 249
   busca de fornecedor, 123
   buzz marketing, 136
   compra empresarial on-line, 123
   e-procurement, 123
   na pesquisa de marketing, 42
   Veja também e-commerce, Microsites, Compra organizacional on-line, Comunidades on-line, Contatos on-line, Sites Web, Marketing viral
Propaganda externa, 331
Propaganda informativa, 327
Propaganda persuasiva, 327
Propaganda por telefone, 331
Proposição de valor focada no cliente, 249
Propriedade das ofertas de serviço, 222
Propriedades, marketing de, 3
Proteção da participação de mercado, 183
Psicografia, 136
Psicologia do consumidor e determinação de preços, 240-1
   final do preço, 241
   interferências preço--qualidade, 240-1
   preços de referência, 240
Psicológicas, fases, no ciclo de vida, 94
Publicações, 344
Publicidade, 237, 309, 319, 342
Público, definição de, 342
Público-alvo, 312-3

Q

Qualidade
   controle e, 225
   credenciável, 222, 224
   de conformidade, 176, 197
   definição de, 75
   determinantes da, 232
   do produto, 75
   do serviço, 75
   efeito da expansão da participação de mercado sobre a, 184
   excelência em marketing e, 226-8
   expectativas do cliente, gestão das, e, 230-2
   funcional, 227
   gestão da, 230-1
   impacto da, 75
   lacunas na, 230-1
   modelo da qualidade dos serviços e, 230-2
   padrões da, 230
   técnica, 227
   tecnologias de autoatendimento, incorporação de, e, 232
   total, marketing e, 75
Qualidades experimentáveis dos serviços, 222
Questionários, 52
Questionários por correio, 52
Questões legais
   na propaganda, 328
   no conflito de canal, 281
Questões públicas no marketing direto, 351
Questões sociais na propaganda, 328

R

Raça na segmentação demográfica, 136, 137
Rádio, como mídia de propaganda, 331
Realizadores, 137
Recência, frequência e valor (RFV), 350
Receptor, 309
Reciprocidade, 253
Recompensa, 337
Recompra modificada, 116
Reconhecimento do problema, 97, 102-3
Recuperação, qualidade dos serviços e, 226
Recuperação parcial dos custos, 241
Recursos não renováveis finitos, 66
Rede corporativa, 289
Rede de valor
   parceiro e, 127
   valor do cliente e, 27
Rede voluntária no varejo, 289
Redes sociais, 169, 354
Redes voluntárias patrocinadas pelos atacadistas, 277
Redução da linha, 200-1
Redução dos descontos, 257
Reembolso, 337
Reforço das associações secundárias, 160, 162
Registro "não ligue", 351
Registros internos, 46
Regulação, no ambiente de marketing, 80
Reintermediação, 11
Relacionamento
   entre comprador e fornecedor, 126
   entre fornecedor e cliente, 127
   no plano de marketing, 37
   parceiro de negócios e, 126
   Veja também Relacionamento entre clientes organizacionais
Relacionamento com o cliente
   atração e retenção de clientes, 80-2
   database marketing, 83-4
   evasão, redução da, 81
   fidelidade, 82
   gerenciamento da base de clientes, 80
   gerenciamento do relacionamento com o cliente, 80-3
   qualidade do produto e serviço, 77
   retenção, 82
   satisfação total do cliente, 74-5
   valor percebido pelo cliente, 54-55
Relacionamento com o cliente nos serviços, mudanças no, 225-6
   coprodução com o cliente, 225, 226
   empowerment do cliente, 225
   funcionários e clientes satisfeitos, 226
Relacionamento entre cliente e fornecedor, 127
Relacionamento entre clientes organizacionais
   coordenação vertical, benefícios da, 129, 130
   novas tecnologias e, 242
   riscos e oportunismo no, 129
Relacionamento entre comprador e vendedor, 124
Relacionamentos entre os parceiros de negócios, 127, 128
Relações com a imprensa, 342
Relações públicas (RP), 308, 309, 319, 342-3
   decisões no marketing de, 344
   funções de, 342
   marketing de, 342-3
Relações públicas de marketing (RP), 342-3
   decisões nas, 344
   ferramentas nas, 344
Relatórios de visita, 366
Relevância, 157
Remarcação antecipada de preços, 257

Remuneração dupla, 280
Remuneração fixa, 361
Remuneração variável como salário, 259
Renda na segmentação demográfica, 136
Reposicionamento competitivo, 104
Reposicionamento psicológico, 104
Responsabilidade social corporativa, 384
Resposta, 309
Ressonância, 165
Restrição de tempos dos consumidores, 95
Restrição financeira do consumidor, 95
Retenção seletiva, 99
Retirada estratégica, 183
Retorno sobre o investimento, 204, 241
Retorno sobre os ativos, 41
Retornos incontroláveis, 198
Retração planejada, 183
Revistas, como mídia, 344
Risco percebido, 105
Riscos, no relacionamento empresarial, 127
Rivalidade no segmento, ameaça de, 142
Rotulagem, 203
Roubo de identidade, 68
Ruído, 309

S

Satisfação, 8, 105, 226
 definição de, 72
Satisfatores, 98
Satisfeitos, 137
Segmentação baseada nas necessidades, 141, 142
Segmentação comportamental, 136-9
 papéis de decisão, 136
 necessidades e benefícios, 136
 usuário e uso, 136-7
Segmentação de mercado, 7
 avaliação do valor da marca e, 163
 comportamental, 138-9
 consumidor, 132
 demográfica, 132, 133-5
 geográfica, 132
 níveis de, 143
 organizacional, 139
 psicográfica, 137
 variáveis da, 133, 141
 Veja também Seleção de mercado alvo
Segmentação demográfica, 134-6
 idade e estágio no ciclo de vida, 134
 fase da vida, 134-5
 geração, 135
 raça e cultura, 135
 renda, 135
 sexo, 135
Segmentação geográfica, 132
Segmentação psicográfica, 136
Segmentação VALS, 136
Segmentação, seleção de alvo (*targeting*), posicionamento, 25
Segmento Lohas, 95
Segmentos acessíveis, 142
Segmentos acionáveis, 142
Segmentos mensuráveis, 142
Segmentos substanciais, 142
Seleção de fornecedor
 número de fornecedores, 124
 pressões de preço, superando as, 124
Seleção de mercado alvo por critério comportamental, 85
Seleção de mercado, 141-7
 ameaças, 142-3
 avaliação e seleção de segmentos de mercado, 143-7
 cobertura total de mercado, 144
 concentração em um único segmento, 145
 critérios, 141, 142-7
 escolha ética dos mercados-alvo, 146
 especialização por segmentos múltiplos, 144-5
 etapas na, 142
 marketing individual, 145, 146
Seleção de mídia, 329-34
 alcance, frequência e impacto, 329-30
 eficácia da propaganda, 333-4
 opções de propaganda, 330-1
 timing e alocação, 332-3
 tipos de mídia, 330
 veículos de comunicação, 332
Seleção, varejista e, 289
Sensualidade, no branding emocional, 180
Sequência "agir-sentir-aprender", 312
Sequência "aprender-agir-sentir", 312
Serviço puro, 222
Serviços, 3
 alianças e, 37
 apoio de, 272
 baseados em equipamento, 225
 canais do setor e, 241, 272
 canal de, 11, 241
 características do, 224-5
 complementares, 225
 confiança no, 232
 contratos de, 232, 273
 de ampliação do valor, 232
 de suporte ao produto físico, 232
 definição de, 196, 222
 diferenciação em, 230
 e relacionamento com o cliente, mudanças no, 225-6
 entrega de, fracassada, 230-2
 entrega fracassada de, 230-2
 especialista em, 187
 esperados, 230
 facilitadores, 232
 garantias de, 224-5
 inovação com, 230
 marketing de, 226-8
 natureza dos, 222-4
 ofertas de, 222
 opções de, primárias e secundárias, 230
 percebidos, 230
 qualidade dos, 194
 qualidade dos, gerenciamento da, 230-3
 serviços de suporte ao produto físico, gerenciamento dos, 232-3
 setor governamental e, 222
 varejo de, 292
Serviços adicionais, 272
Serviços compartilhados, 225
Serviços complementares, 225
Serviços de ampliação do valor, 232
Serviços de compra, 289
Serviços de suporte ao produto, 232-3
 estratégias de serviço para empresas de bens, 232-3
 estratégia de serviço pós-venda, 232
 necessidades dos clientes, identificação e satisfação das, 232
Serviços esperados, 195
Serviços facilitadores, 232
Serviços on-line grátis, 210
Serviços organizacionais, 194
Serviços percebidos, 230
Setor de negócios, 222
Setor de produção, 222
Setor do governo, 222
Setor global, 374

ÍNDICE REMISSIVO

Setor privado sem fins lucrativos, 222
Setor, definição de, 175
Sexo na segmentação demográfica, 136
Share of wallet (Participação em sua carteira), 81
Share of heart, 180
Share of mind, 180
Shopping centers regionais, 292
Shoppings locais, 292
Sinais, 99
Sistema de canal de marketing, 277
Sistema de consumo, 196
Sistema de informações de marketing (SIM), 46-8
    análise do macroambiente e, 60-8
    componentes do, 46
    definição de, 46
    registros internos no, 46-7
    sistema de inteligência de marketing e, 47-8
Sistema horizontal de marketing, 277
Sistema vertical de marketing (SVM), 277-8
    administrado, 277
    concorrência no varejo e, 277
    contratual, 277
    corporativo, 277
Sistemas cooperativos, 126
Sistemas de monitoramento, 230
Sistemas de reserva, 225
Sistemas logísticos integrados (ILS), 297-8
Sistemas multicanais de marketing, 277
Sites de compra, 122
Sites de leilão virtual, 122
Sites para *feedback*, 48
Sites Web, 351-353
    e-commerce entre empresas e, 282
    design de, 353
    Veja também
    e-commerce, Internet, microsites
Situações de compra de nova tarefa, 117
Situações de compra, 116-7
    nova tarefa, 117
    recompra modificada, 117
    recompra simples, 116
Sobrevivência, 241
Sobreviventes, 137
Sociedade, visões da, 65
Solicitação de propostas, 124
Sorteios, 337
Status, definição de, 94
Subculturas, 93
    existência de, 65
Submarca, 165, 166
Supersegmento, 145
Suporte técnico, equipe de, 365
Suprimentos, 196
Sustentabilidade, 385
    Veja também
    Marketing verde

T

Tamanho da amostra, na pesquisa, 53
Tamanho do lote, 272
Tangibilidade, 196
Tarefas da administração de marketing, 19-20
    captura de insights de marketing, 19
    comunicação do valor, 20
    conexão com os clientes, 19
    construção de marcas fortes, 19
    desenvolvimento de estratégias e planos de marketing, 19
    desenvolvimento de ofertas ao mercado, 19
    entrega de valor, 20
    implementação do plano de marketing, 20
    geração de sucesso no longo prazo, 20
Taxa de retorno sobre o patrimônio líquido, 41
Taxa de uso do espaço, 294
Taxas de conversão, 81
Tecnologia da informação em rede, 10
Tecnologias de autoatendimento, 232
Telemarketing, 350-1
Telemarketing ativo, 350
Telemarketing receptivo, 351
Televisão, 331
Tempo de espera e entrega, 272
Tendência exponencial, 59
Tendências, 58, 59
Teoria da cauda longa, 146
Teoria da decisão comportamental e economia comportamental, 107-8
    enquadramento, 108
    heurística de decisão, 108
Teoria da decisão comportamental, descobertas da, 107-8
Teoria de Freud, 97-8
Teoria de Herzberg, 98
Teoria de Maslow, 98
Teoria dos prospectos, 108
Teste crítico de segmento, 142
Teste de mercado, 59
Teste do conceito, 206
Tirar pedidos, em vendas, 356
Tomada de decisão no processo de pesquisa de marketing, 55
Transação contratual, 126
Transportador comum, 301
Transportador contratado, 301
Transportadores particulares, 301
Transporte, 301-2

Treinamento
    parcerias de canal e, 274
    poder de canal e, 275
    procedimentos de, 225
Trocas colaborativas, 126

U

Unidade de amostragem, 53
Unidade dentro de um espaço maior, 292
Unidade estratégica de negócios (UENs), 30
    características da, 30
    estabelecimento da, 30
    recursos designados para a, 30-1
Universo, visões do, 65
Uso
    maior, na demanda de mercado total em expansão, 182-3
    na segmentação comportamental, 138-9
    taxa de, 138
Usuários
    no centro de compras, 119
    papéis de decisão do, 138
    segmentação comportamental e, 138-9
    status dos, 138

V

Vacas leiteiras, 166
Valor
    comunicação de, 27
    conceitos e aplicações de, 76
    criação de, 27
    cultural central, 65
    determinação de preços e, 241-2
    entrega de, 27
    essencial, 95
    estilo de vida e, 95-6
    exploração de, 27
    processo de entrega de, 25-7

proposição de, 8, 72, 249
rede de entrega de, 26
redes de, 268
sistema de entrega de, 72
Veja também Valor percebido pelo cliente
Valor percebido pelo cliente, 72-4
  alto valor para o cliente, entrega de, 73
  análise do valor do cliente, 54
  conceitos de valor, aplicação de, 73
  definição de, 72
  processos e implicações, escolha de, 73
Valor vitalício do cliente (CLV), 350
  avaliação, 77
  cálculo, 79
  cliente lucrativo, 77-8
  customer equity, 168
  definição de, 77
Valores culturais centrais, 65
Valores do consumidor europeu, 277
Vantagem alavancável, 180

Vantagem competitiva, 180
Vantagem da pioneira no ciclo de vida do produto, 214
Varejista
  cooperativa de, 277, 289
  definição de, 288
  versão de produto e, 378
  tipos de, 288-9
Varejista de serviço completo, 289
Varejista de serviço limitado, 289
Varejo, 288-92
  decisões de marketing no, 292-3
  definição de, 288
  loja de, 288
  novo ambiente do, 289
  organizações de, 289
  setor de, 222
  transformação no, 12
Varejo corporativo, 289
Varejo sem loja, 289
Variabilidade, 224-5
Variantes de marca, 165
Variáveis de segmentação operacionais, 140
Variáveis na segmentação do mercado, 132

Venda automática, 289
Venda de sistemas, 118-9
Venda de solução, 117
Venda direta, 289
Venda incremental, 81
Vendas
  análises de, 41
  assistente de, 365
  canal de, 241
  concursos de, 338
  e lucros, 200, 214
  opiniões da força de, composição das, 59
  orçamento de, 57
  previsão de, 365
  promoção de, 308, 309, 319
  quota de, 57
  sistemas de informação e, 46
Vendas cruzadas, 81
Vendas do setor, 57, 58
Vendas multinível em profundidade, 120-21
Vendas pessoais, 308, 309, 319, 356
  marketing de relacionamento e, 357
  Veja também Força de vendas
Vendedores, 356
Versão do produto para um país, 378

Versão do produto para uma cidade, 378
Versão do produto para uma região, 378
Vídeos no marketing, 266, 356
Viés de otimismo (ou ilusão de positividade), 107
Viés de otimismo, 107
Vínculos institucionais, criação de, 75
Visões no ambiente sociocultural, 65
Vocabulário de mensuração da demanda
  demanda da empresa, 57
  demanda do mercado, 56
  previsão de vendas da empresa, 57
  previsão do mercado, 56
  potencial de vendas da empresa, 57
  potencial do mercado, 56
Voz do cliente (VOC), 230

W
Webnair, 127

Z
Zona de tolerância, 232